Tesoro literario

Nivel avanzado

Margaret Adey
Louis Albini

McGraw Hill Glencoe

New York, New York   Columbus, Ohio   Chicago, Illinois   Peoria, Illinois   Woodland Hills, California

The McGraw·Hill Companies

Printed in the United States of America.

Send all inquiries to:
Glencoe/McGraw-Hill
8787 Orion Place
Columbus, Ohio 43240-4027

ISBN-13: 978-0-07-874257-6
ISBN-10: 0-07-874257-9

3 4 5 6 7 8 9 027 12 11 10 09 08

About the Authors

Margaret Adey

Margaret Adey is a former teacher of Spanish at David Crockett High School in Austin, Texas. She received her B.A. and B.S. degrees from the Texas State College for Women and her M.Ed. from the University of Texas. She is a past president of the Austin Chapter of the American Association of Teachers of Spanish and Portuguese. In 1981, the State of Texas and Texas Foreign Language Association, of which she is an honorary lifetime member, named her Foreign Language Teacher of the Year. For eighteen years Mrs. Adey organized and directed the Spanish Workshop for High School Students in Guanajuato, Mexico. Mrs. Adey was active in the Spanish Heritage Exchange Program between the United States and Spain for sixteen years. She has done volunteer work teaching Spanish to Senior Citizens in the Lifetime Learning Institute of Austin, Texas. Mrs. Adey has traveled extensively throughout Mexico, Europe, many countries in Latin America, the Orient, and Canada. She continues to travel abroad yearly to enjoy friendships cultivated over many years, and to maintain awareness of new cultural developments and innovations in foreign language instruction. Mrs. Adey has co-authored twelve textbooks, all published by Glencoe/McGraw-Hill.

Louis Albini

Louis Albini was a former teacher of Spanish and chairman of the Foreign Language Department of Pascack Valley Regional High School in New Jersey. For several years he served as a consultant to McGraw-Hill as the publishing company developed its first Foreign Language Division. He has given numerous addresses, conducted seminars, published articles for professional journals, and served on state and national committees for the improvement of foreign language instruction at various levels.

Mr. Albini was awarded a coveted Rotary International Fellowship for a year of study of Spanish-American Literature at the University of San Marcos in Lima, Peru, and for several summers, he taught methods and demonstration classes at the University of Puerto Rico for the NDEA Institute. In New Jersey he pioneered the use of the language laboratory, and founded many innovative programs. He was among the first to introduce the Russian language into the High School curriculum.

In 1981, Mr. Albini was a finalist for the Teacher-of-the-Year Award in New Jersey, was named New Jersey's Supervisor of the Year, was the recipient of the New Jersey Modern Foreign Language Teacher Award for outstanding contribution to Foreign Language Education, and was presented with a citation by the New Jersey Senate in recognition of his accomplishments.

Besides co-authoring eight textbooks and the accompanying ancillary materials for Glencoe/McGraw-Hill, Mr. Albini was an accomplished writer of poetry and short stories. His film script for *La Feria, Regocijo de Sevilla* was given the Chris statuette, highest award in the Special Field category of the 14th Annual Columbus Film Festival.

Mr. Albini traveled extensively throughout the United States, Europe, Central and South America, Africa, the Orient, and the island nations.

Contenido

Tesoro literario

NIVEL AVANZADO

JOYA UNO

LA FÁBULA:
Fluoritas de fantasía

MARCO LITERARIO

Más vale pájaro en mano que cien volando.

Hoy por mí, mañana por ti.

Hijo no tenemos y nombre le ponemos.

A lo hecho, pecho.

Quien primero viene, primero tiene.

Más vale tarde que nunca.

Adonde el corazón se inclina, el pie camina.

Un hoy vale más que dos mañanas.

Estas expresiones, tan comunes en la vida cotidiana[1], son oraciones proverbiales procedentes de unas fábulas bien conocidas. Desde los tiempos más remotos, la fábula se ha empleado para enseñar. Esencialmente, la fábula (o apólogo) es una narración corta en prosa o en verso cuyo fin es comunicar una moraleja o una lección útil.

Como la fábula es una de las formas literarias más antiguas, mucho de su origen se debe adivinar. Probablemente la conclusión (la moraleja o el proverbio) vino primero. Antaño[2], cuando pocas personas sabían leer, o tal vez antes que se conociera la palabra escrita, los padres trataron de diferenciar para los hijos entre lo bueno y lo malo con lecciones reducidas a pocas palabras... fáciles de comprender, fáciles de recordar, fáciles de repetir. Estos proverbios entonces se elaboraron con cuentos y aventuras para ilustrarlos.

Los personajes en una fábula son casi siempre animales, pero los objetos inanimados, seres humanos y dioses a veces aparecen. Esto puede indicar que la fábula se originó durante una época en la cual la gente adoraba la naturaleza y creía que todas las cosas que nacían, se multiplicaban y perecían[3] tenían alma y espíritu. No era difícil imaginar que los animales hablaran. Tampoco era extraño que tuvieran los animales emociones y debilidades humanas. Así como los caricaturistas modernos dibujan animales en situaciones humanas (*Pogo, Donald Duck, Brer Rabbit*), también los fabulistas critican a la gente o a las instituciones o enseñan alguna regla de comportamiento por medio de cuentos de animales en los cuales se destacan el chacal[4], el burro, el zorro y el cuervo.

Aunque muchas veces no se conocen los autores, las fábulas se multiplican y pasan a otras naciones. Se relatan en diferentes versiones y en diferentes idiomas. Los franceses tienen su La Fontaine; los ingleses, su John Gay; los rusos, su Ivan Krylov; los alemanes, su *Fabeln*, recreados por Gotthold Ephraim Lessing, y los españoles elogian a don Tomás de Iriarte.

[1] **cotidiana** diaria

[2] **antaño** en tiempo antiguo

[3] **perecían** dejaban de ser, morían

[4] **chacal** (*jackal*)

No importa el origen. Tampoco es significante el lenguaje. Lo importante es que las fantásticas situaciones ilustradas capturen la imaginación del lector, lo arrojen en un mundo de fantasía y le hagan contemplar la sabiduría de los antiguos. En los siguientes versos de Francisco Martínez de la Rosa (1787-1862) encontramos una descripción breve y concisa de la fábula y el apólogo.

El apólogo o fábula

Breve, sencillo, fácil, inocente,
de graciosas ficciones adornado,
el apólogo instruye dulcemente:
Cual si sólo aspirase al leve agrado,
de la verdad oculta el tono grave;
al bruto, al pez, al ave,
al ser inanimado
le presta nuestra voz, nuestras pasiones,
y al hombre da, sin lastimar su orgullo
de la razón las útiles lecciones.

La lechera

Félix María Samaniego

El autor Félix María Samaniego (1745-1801) no es gran poeta, pero sí es gran fabulista. Entre las más famosas fábulas hay que señalar La lechera. Bien conocida es la mujer, camino al mercado, construyendo «castillos en el aire». En sus fábulas, Samaniego ridiculiza los defectos humanos. Escribió las Fábulas morales para los estudiantes del Seminario de Vergara.

¹ **cántaro** vasija grande de barro o metal
² **presteza** prontitud, rapidez
³ **agrado** gusto

⁴ **no apetecía,** no deseaba, no tenía ganas de

levaba en la cabeza
una lechera el cántaro¹ al mercado
con aquella presteza²,
aquel aire sencillo, aquel agrado³,
que va diciendo a todo el que lo advierte:
«¡Yo sí que estoy contenta con mi suerte!»

Porque no apetecía⁴
más compañía que su pensamiento,
que alegre la ofrecía
inocentes ideas de contento,
marchaba sola la feliz lechera,
y decía entre sí de esta manera:

«Esta leche, vendida,
en limpio[5] me dará tanto dinero,
y con esta partida
un canasto de huevos comprar quiero,
para sacar cien pollos, que al estío[6]
me rodeen cantando el *pío, pío*.[7]

[5] **en limpio** *(clear profit)*

[6] **al estío** en el verano
[7] **pío, pío** canto de los pollitos

«Del importe logrado
de tanto pollo mercaré un cochino;
con bellota[8], salvado[9],
berza[10], castaña[11], engordará sin tino[12];
tanto, que puede ser que yo consiga
ver cómo se le arrastra la barriga[13].

[8] **bellota** fruto del roble *(acorn)*
[9] **salvado** cáscara del grano
[10] **berza** col, repollo *(cabbage)*
[11] **castaña** fruto del castaño *(chestnut)*
[12] **tino** dificultad
[13] **barriga** vientre

«Llevarélo al mercado;
sacaré de él sin duda buen dinero:
compraré de contado[14]
una robusta vaca, y un ternero
que salte y corra toda la campaña
hasta el monte cercano a la cabaña.

[14] **de contado** en seguida, inmediatamente, en efectivo

Con este pensamiento
enajenada[15], brinca de manera,
que a su salto violento
el cántaro cayó. ¡Pobre lechera!
¡qué compasión!: adiós leche, dinero
huevos, pollos, lechón[16], vaca y ternero.

[15] **enajenada** loca de alegría, fuera de su juicio a causa de su alegría

[16] **lechón** cochinillo que todavía vive de la leche de la madre

¡Oh, loca fantasía,
qué palacios fabricas en el viento!
Modera tu alegría;
no sea que, saltando de contento
al contemplar dichosa tu mudanza[17],
quiebre su cantarillo de esperanza.

No seas ambiciosa
de mejor o más próspera fortuna,
que vivirás ansiosa
sin que pueda saciarte cosa alguna,
No anheles[18] impaciente el bien futuro,
mira que ni el presente está seguro.

[17] **mudanza** cambio de fortuna, de domicilio, etc.

[18] **no anheles** no desees fuertemente

PREGUNTAS

1. ¿Cómo llevaba el cántaro la lechera?
2. ¿Cómo estaba la lechera?
3. ¿Con quién hablaba?
4. ¿Cuáles eran los planes de la lechera?
5. ¿Tenían mérito sus planes? ¿Por qué?
6. ¿Cómo terminaron todos los planes de la lechera?
7. ¿Cuál es la moraleja de esta fábula?
8. En el caso de la lechera, ¿qué incidente probó que ni el presente está seguro?

PARA AUMENTAR EL VOCABULARIO

Familias de palabras

Agrado: agradar, agradable, desagradar

1. Si quieres agradar a la lechera, consíguele otro cántaro de leche. De nuevo será muy feliz.
2. Por su gracia y su simpatía, se considera a la lechera una persona agradable.
3. No poder llevar a cabo sus planes va a desagradar mucho a la lechera. No será nada feliz.

Limpio: limpiar, limpio, limpiador, limpieza

1. Para limpiar el cántaro, hay que usar agua bien caliente y detergente.
2. La lechera lava el cántaro para que esté limpio.
3. La lechera lava el cántaro con un líquido limpiador.
4. Estando libre de toda suciedad, se nota en seguida la limpieza del mercado.

Mercaré: mercar, mercante, merca, mercadear, mercado, mercader, mercantil

1. La lechera quiere mercar la leche, no comprarla.
2. La lechera, siendo mercante, buscará un cliente que compre la leche.
3. La lechera se ocupa en la venta de la leche, el cliente en la merca de ella.
4. La lechera va a mercadear un cochino por una vaca; es que dará un cochino bien gordo y recibirá una vaca.
5. La lechera camina al mercado donde venderá la leche.
6. El mercader que es el dueño del mercado es amigo de la lechera.
7. La lechera tiene una filosofía mercantil.

Ejercicios de vocabulario

A Complete los párrafos con palabras apropiadas.

Hoy es un día de mucho trabajo para la lechera. Se levanta muy temprano porque es el día en que irá al __1__ para __2__ la leche. Se nota que el cántaro está sucio. Antes de echar la leche en él, lo tiene que __3__ metiéndolo en agua bien caliente. Por fin el cántaro está bien __4__ y lo llena de leche.

Acabado este trabajo, sale para el mercado. El __5__ Juan López, el dueño del mercado, es muy amigo de la lechera. La __6__ de su mercado es notable; todo está bien arreglado y no hay suciedad ninguna.

En el camino la lechera piensa en todo el dinero que va a ganar. Tiene una filosofía muy __7__. Sus planes le __8__ mucho a la lechera y se pone muy feliz. Pero, ¿quién no sería feliz con tantos planes tan __9__? Desgraciadamente el cántaro cae y allá se van los planes y la esperanza. Ver el cantaro roto en el suelo le __10__ mucho a la pobre lechera.

B Indique la palabra que no pertenece a cada uno de los siguientes grupos.

1. moderar: moderación, moderador, moderno, moderado
2. pensamiento: pensar, pensador, pensionista, pensativo, pensado
3. importe: importar, importante, imponer, importancia
4. advierte: advertido, adverso, advertencia

Ejercicios de comprensión

A Para completar las oraciones, escoja la respuesta correcta de las que están entre paréntesis.

1. La lechera llevaba un cántaro de leche en (los brazos, la cabeza, el hombro).
2. Andaba tan (alegre, triste, desconcertada) que no (anhelaba, hallaba, encontraba) la compañía de otros.
3. Estaba (insegura de, convencida de, esperando) recibir buen precio por la leche.
4. (Intentaba, Negaba, Juraba) invertir sus ganancias en la cría de pollos.
5. Una vez vendidos los pollos, pensaba seguir (prometiendo, confiando, multiplicando) su inversión comprando (una barriga, un cochino, un tino).
6. Seguramente, éste (engordaría, enflaquecería, importaría) mucho con una dieta rara y en el mercado (perdería, prometería, conseguiría) buen precio.
7. Entonces podría comprar (en seguida, con tiempo, ansiosamente) una vaca y un ternero.
8. Pensando en esto, estaba (cometida a la cárcel, loca de alegría, desesperada) y dio (un grito, una mirada, un salto).
9. Se (pagó, rompió, pegó) el cántaro y con él se desvanecieron sus (esperanzas, mudañzas, fábricas).
10. Es una (tontería, filosofía, teoría) cambiar lo seguro por lo desconocido.

EJERCICIO CREATIVO

A Escriba la historia de esta fábula en forma de artículo para un periódico. Conteste las preguntas: ¿Quién? ¿Dónde? ¿Qué? ¿Cuándo? ¿Por qué? ¿Los resultados?

La gallina de los huevos de oro

Félix María Samaniego

«Quien todo lo quiere, todo lo pierde» bien puede ser la moraleja de esta fábula. Samaniego sacó su inspiracion de otros fabulistas antiguos y modernos, pero interpretó las fábulas con su propio optimismo. Pocas son originales, pero todas son sencillas, naturales y claras y muestran el deseo que el autor tenía por el mejoramiento de su prójimo[1].

[1] **prójimo** cualquier hombre respecto a otro *(fellow man)*

rase una gallina que ponía
un huevo de oro al dueño cada día
Aun con tanta ganancia mal contento,
quiso el rico avariento
descubrir de una vez la mina de oro,
y hallar en menos tiempo más tesoro.
Matóla; abrióla el vientre de contado;
pero, después de haberla registrado,
¿qué sucedió? Que muerta la gallina,
perdió su huevo de oro y no halló mina.

Cuántos hay que teniendo lo bastante,
enriquecerse quieren al instante,
abrazando proyectos
a veces de tan rápidos efectos,
que sólo en pocos meses,
cuando se contemplaban ya marqueses,
contando sus millones,
se vieron en la calle sin calzones.

PREGUNTAS

1. ¿Cuál es el defecto que tenía el dueño de la gallina?
2. ¿Tiene que ser un defecto de carácter, querer un hombre hacerse rico? Explique su opinión.
3. ¿Cuál fue el resultado de la avaricia del dueño?
4. ¿Aboga esta fábula en contra de la ambición?
5. ¿Qué mensaje social nos da esta fábula?

PARA AUMENTAR EL VOCABULARIO

Familias de palabras

Ganancia: ganar, ganancial, ganancioso, ganador

1. Ese rico avariento siempre quería ganar algo en la transacción; perder un solo céntimo le desagradaba mucho.
2. El avariento no recibió ningún bien ganancial por matar a la gallina.
3. Generalmente era un hombre ganancioso; siempre recibía más dinero del que pagaba.
4. Era el mejor ganador hasta que su avaricia le hizo matar a la gallina que le producía los huevos de oro.

Rico: riqueza, enriquecerse, riquísimo, ricacho

1. Por haber sacado tanto oro de la mina, la riqueza de ese hombre es increíble.
2. Aunque es tan rico, quiere enriquecerse más.
3. Con sus millones, es un joven riquísimo.
4. El ricacho, por no estar acostumbrado a tanto dinero, no sabe qué hacer con todo lo que acaba de recibir.

Tesoro: atesorar, atesorado, tesorería, tesorero

1. Atesorar el dinero con avaricia es malo.
2. Ese avariento tenía su dinero atesorado en un hoyo en la tierra; nunca lo ponía en el banco.
3. Con tantos ricos avarientos que escondían su dinero, había poco en la tesorería del Estado.
4. El tesorero tiene a su cargo todos los asuntos financieros.

Ejercicios de vocabulario

A Dé el antónimo de las siguientes palabras.

1. la pobreza
2. perder
3. perdedor
4. pérdida
5. empobrecer

B Dé una definición de las siguientes palabras.

1. tesorería
2. enriquecerse
3. ganar
4. ricacho

EJERCICIO CREATIVO

A Imagínese que la gallina de esta fábula fuera una persona. Describa en unas palabras un personaje ficticio que destruye a otro para conseguir riquezas.

Los dos conejos

Tomás de Iriarte

Tomás de Iriarte (1750-1791) escribió poemas y dramas e hizo muchas traducciones. Sin embargo, son sus fábulas que le han dado su mayor fama. Su libro Fábulas literarias *fue escrito cuando sólo contaba con 32 años. En España evocó mucho interés porque creía la gente que bajo la capa de la fábula Iriarte se burlaba de sus enemigos literarios.*

Los animales de esta fábula disputaban una cuestión de poca importancia, sin tener en cuenta lo que realmente importaba. El autor advierte que esto puede dar graves resultados.

or entre unas matas[1],
seguido de perros
(no diré que corría),
volaba un conejo.

De su madriguera[2]
salió un compañero,
y le dijo: —Tente[3],
Amigo, ¿qué es esto?

¿Qué ha de ser? responde;
sin aliento llego...
dos pícaros galgos[4]
me vienen siguiendo.

[1] **matas** plantas de tallo bajo, ramificado y leñoso; arbustillo

[2] **madriguera** cuevecilla en que habitan ciertos animales

[3] **tente** detente, párate

[4] **galgos** *(greyhounds)*

—Sí, replica el otro,
por allí los veo...
pero no son galgos.
—¿Pues que son? —Podencos[5].

[5] **podencos** cierta clase de perros de caza

—¿Qué? ¿Podencos dices?
—Sí, como mi abuelo.
—Galgos y muy galgos
bien vistos los tengo.

—Son podencos; vaya,
que no entiendes, de eso.
—Son galgos te digo.
—Digo que podencos.

En esta disputa
llegando los perros,
pillan[6] descuidados
a mis dos conejos.

[6] **pillan** roban, toman por
fuerza

Los que por cuestiones
de poco momento
dejan lo que importa,
llévense este ejemplo.

PREGUNTAS

1. ¿Cuál es la moraleja de esta fábula?
2. ¿A quién le podrá servir esta moraleja?
3. ¿Quién salió ganando en esta disputa?
4. ¿Se presta esta fábula a cuestiones políticas? ¿Cómo? Dé un ejemplo.
5. ¿Será posible perder la vida por ganar una disputa?
6. ¿Eran galgos, o podencos?
7. ¿Tiene importancia lo que eran?

PARA AUMENTAR EL VOCABULARIO

Familias de palabras

Aliento: alentar, alentado, alentador

1. De haber corrido tanto, el pobre conejo llegó sin aliento, es decir, respiraba con dificultad.
2. Alentar quiere decir animar, dar vigor a algo o a alguien.
3. Al joven alentado, le llaman valiente.
4. Don Ramón le dio un consejo muy alentador a Carmona. Así es que ella pudo tener esperanza.

Seguido: seguir, seguidilla, seguidor

1. El conejo era perseguido por los galgos. Es que los galgos iban detrás del conejo.
2. A Rodolfo no le gustaba seguir a nadie. Siempre quería ser el primero.
3. La seguidilla es una composición poética usada en los cantos populares.
4. Manuel era el líder; Alfredo era el seguidor.

Ejercicios de vocabulario

A Exprese de otra manera las palabras indicadas.

1. Al llegar, el conejo no pudo *respirar*.
2. Esta noticia *favorable* nos da esperanza.
3. A Roberto nunca le gustaba *ir detrás de* nadie.
4. Lo que me dijo me *animó* un poco.
5. Es un chico *animado*.

EJERCICIOS CREATIVOS

A Escriba la fábula en forma narrativa.

B Describa algo desagradable que le haya pasado a Ud. por no haber pensado en el aspecto más importante de la situación.

Los ricos improvisados

José Rosas Moreno (1838–1883)

José Rosas Moreno es un autor mexicano que cultivó varios géneros literarios, entre ellos, la poesía y el teatro. También escribió varias obras escénicas destinadas a los niños. La fábula que sigue tiene atracción para los niños tanto como una lección importante para los mayores.

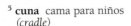

¹ **mariposa** insecto volante que proviene de la metamorfosis de una oruga

² **oruga** larva de los insectos lepidópteros (*caterpillar*)

³ **gusano** nombre vulgar de invertebrados de cuerpo blando contráctil (*worm*)

⁴ **ultraje** injuria grave que se hace de palabra

⁵ **cuna** cama para niños (*cradle*)

«Adiós, amiga mía»,
a cierta mariposa¹
dijo una oruga² un día;
y la mariposilla vanidosa,
sin verla contestó con tono vano:
«No tengo yo amistad con un gusano³.»
La pobre oruga entonces
le habló de esta manera:
«Antes que Dios le diera
ese luciente traje,
dígame usted, ¿quién era?
¿Quién es usted, señora,
que infiere a las orugas tal ultraje⁴?
¿Quién es usted ahora?
Una oruga de espléndido ropaje.»

Ricas orugas, con distintos nombres,
se hallan también, lector, entre los hombres;
pues muchos que elevarse
consiguieron,
al verse poderosos,
desprecian orgullosos,
hasta la misma cuna⁵ en que nacieron.

PREGUNTAS

1. ¿Qué insulto pronunció la mariposa a la oruga?
2. ¿Cómo respondió la oruga a tal ultraje?
3. ¿Cómo era el traje de la mariposa?
4. ¿Qué quiere decir la palabra «improvisado»?
5. ¿Dónde se encuentran ricas orugas según el fabulista?
6. ¿Qué desprecian muchos que consiguen elevarse?

PARA AUMENTAR EL VOCABULARIO

Familias de palabras

luz: lucero, lúcido(a), luciente, lucir, relucir

1. Antes de apagarse el lucero, se podía ver la luz de la madrugada en el horizonte.
2. Aunque balbucía, el enfermo expresaba pensamientos lúcidos.
3. El traje luciente de la mariposa son sus alas.
4. Todo lo que luce no es oro.
5. Los astros relucen en el firmamento.

Ejercicios de vocabulario

A Escriba una frase con cada una de las palabras siguientes: lucero, lúcido(a), luciente, lucir, relucir.

Para entablar conversación

1. ¿Dónde nacieron tus padres?
2. ¿Tu herencia es americana o extranjera?
3. ¿Eres orgulloso(a) de tus raíces? ¿Puedes dar un ejemplo de cómo manifiestas ese orgullo?
4. ¿Cómo reaccionas cuando oyes chistes étnicos?
5. ¿Te gustaría ser uno (a) de los más admirados entre tus amigos? ¿Cómo gana uno tal admiración?
6. El refrán dice: Dime con quién andas y yo te diré quién eres. ¿Con quién andas?
7. ¿Cómo juzgan tus padres a tus amigos? ¿Es importante que sean de la misma clase económica? ¿De la misma religión? ¿Con raíces parecidas?
8. Otro refrán español habla del lobo con piel de oveja. ¿Es importante cómo se visten tus amigos?
9. ¿Eres ambicioso (a)? ¿Puede ser la ambición excesiva con malas consecuencias?
10. ¿Es ignominia ser de origen humilde? ¿Ser pobre? ¿Es cosa de vergüenza?
11. ¿Es admirable querer ser lo que no eres? ¿o vergonzoso?

EJERCICIOS CREATIVOS

1. Sigue una lista de refranes españoles. Léalos. Escoja uno que pudiera ser el título de la fábula de José Rosas Moreno. Explíquelo con dos o tres frases. ¿Sería más apto que el título de Moreno?
   a. Las apariencias engañan.
   b. A quien le venga el guante, que se lo plante.
   c. No hay mejor ciego que el que no quiere ver.
   d. El deseo hace hermoso lo feo.
   e. El hábito (no) hace al monje.
   f. Quien de ajeno se viste, en la calle lo desnudan.
   g. Cada uno es como Dios lo hizo.
   h. Aunque la mona se viste de seda, mona se queda.
   i. No se acuerda el cura de cuando fue sacristán.
   j. Tanto vales cuanto tienes.
   k. Quien bien siembra, bien recoge.
   l. No hay peor cuña (wedge) que la del mismo palo.
   m. Aunque me visto de lana, no soy oveja.

La polilla desobediente

Ana Iris Chávez de Ferreiro

En una noche calurosa de verano todos nosotros hemos visto las polillas revoloteando alrededor de las luces o las llamas desafiando el peligro que las atrae. A veces, los humanos son parecidos.

A los quince años los jóvenes se creen indestructibles. Creen que los adultos saben poco, son chapados a la antigua y no comprenden a los menores. Los jóvenes se creen privados y mal entendidos, y en su deseo de ser independientes muchas veces ignoran los buenos consejos de los padres. Al llegar a los veintiún años, están sorprendidos de lo mucho que han aprendido los padres en sólo seis años.

Demasiado tarde se dan cuenta de que han sucumbido tontamente a tentaciones con malas consecuencias. La moraleja de la siguiente fábula nos pone en guardia.

La polilla vivía en un gran guardarropas. Tenía prohibido a su progenie alimentarse con los tejidos sintéticos que allí se guardaban.

—Tengan cuidado, hijos míos —les decía —no coman muy rápido los pulóveres de lana porque después no tendrán nada que llevarse a la boca. Miren que el naylón no está hecho para nosotros...

Pero una polillita descreída entendió que ese tremendismo era una artimaña muy de los nostálgicos, para alejar a los jóvenes de los privilegios que usurpan los adultos y, para no conflictuarse, se dedicó a devorar exclusivamente los tejidos de dacrón, poliéster, etc., que llenaban el armario.

Y como aún existiendo opiniones en contra, los adultos a veces siguen teniendo razón. Al poco tiempo la encontraron a la polillita con las patas rígidas, señalando sintéticamente el techo.

Moraleja: *Escucha la voz de la experiencia.*

PREGUNTAS

1. ¿Qué palabra se usa para referirse a «los hijos» de la polilla?
2. ¿Qué consejo les da la madre polilla?
3. ¿Qué comen las polillas?
4. Según la polillita descreída, ¿para qué servía la artimaña de su madre?
5. ¿Qué hizo la polillita? ¿Con qué resultado?
6. ¿Por qué es muy apropiado el uso del adverbio «sintéticamente» en la última línea de la fábula?

PARA AUMENTAR EL VOCABULARIO

Familias de palabras

Nota: Hay muchas palabras en la lengua española que se componen juntando dos palabras ordinarias. En la fábula que acaban de leer, Uds. han visto la palabra **guardarropas**, compuesta de **guardar y ropas** que es sinónimo de **armario.** Aumente su vocabulario fijándose en otras que encontrará en este texto. Tal vez sepa las siguientes:

cortaplumas	conjunto	confirmar	matamoscas
parabrisas	ferrocarril	arrastrapiés	trabalenguas
guardafango	ojituerto	pasatiempo	parasol
anteojos	sacacorchos	bienestar	kilómetro
maltratar	aguafuerte	terrateniente	aguardiente
boquiabierto	encarcelar	cumpleaños	malagradecido
bienvenido	antemano	miramar	autorretrato
paraguas	astronauta	lanzabombas	salvavidas
cabizbajo	buenaventura	mediodía	sobrehumano
paracaídas	limpiabotas	tocadiscos	

EJERCICIO CREATIVO

1. Empiece Ud. su propio diccionario español. Cada día hay que apuntar en él por lo menos tres palabras o expresiones que Ud. ha aprendido. Incluya una definición y una frase ejemplar. Al terminar el año escolar, Ud. tendrá un librito de unas mil palabras nuevas que ha aprendido. Guárdelas en orden alfabético.

CONVERSACIÓN

Entrevista con un fabulista

Nota: Estimados lectores: Teodoro Tesoro es un personaje ficticio. Es una creación de sus autores quienes le han dado toda una persona. Teodoro es latino. Es alto y guapo de pelo y ojos morenos. Tiene 24 años, vive en el suroeste y es reportero de un periódico local. Las chicas lo consideran «un gran partido». Entre sus diversos trabajos, Teodoro tiene que escribir un artículo para su columna **«Para que conozca»** donde relata los detalles de una entrevista con alguien interesante. Van ustedes a conocer bien a Teodoro porque su voz aparece en cada conversación de este libro.

TEODORO: ¿Así es que Ud. escribe día y noche?

FABULISTA: Sí, se puede decir que estoy siempre con la pluma en la mano o sentado a la computadora.

TEODORO: ¿Y en qué trabaja en estos días?

FABULISTA: Estoy por publicar una colección mía de cuentos cortos y fábulas con moralejas inspirativas para los niños.

TEODORO: ¡Ay, qué bueno! De esto pueden aprovecharse los adultos tanto como los niños.

FABULISTA: Ojalá. Será recompensa por las muchas horas que paso creando y escribiendo.

TEODORO: Seguramente ha oído Ud. del peligro de quemar la vela a los dos extremos.

FABULISTA: Sí, señor, pero la ventaja de quemarse las cejas (*burn the midnight oil*) es que esparce una luz fantástica.

E S T R U C T U R A

Repaso de los artículos y los adjetivos

▪ **El artículo definido**

Las formas del artículo definido se indican en el siguiente gráfico:

	MASCULINO	FEMENINO
SINGULAR	*el* chico	*la* chica
PLURAL	*los* chicos	*las* chicas

1. El artículo definido casi siempre se repite delante de cada sustantivo. Ej. **El hermano y la amiga van a la misma escuela.**

2. El artículo definido precede un sustantivo abstracto (usado en sentido general). Ej. **Los médicos han contribuido a la salud y la longevidad.**

3. El artículo definido se usa delante de los nombres de idiomas, pero se omite tras el verbo *hablar* y las preposiciones *de* y *en*. Ej. **Aprendo el italiano, pero prefiero hablar en español.**

4. El artículo definido se usa con ciertos nombres geográficos: La Argentina, el Brasil, el Canadá, el Ecuador, la Florida, la Habana, el Japón, el Paraguay, la América del Sur, los Estados Unidos (Esta regla se va cambiando y a veces verán el nombre del lugar sin su artículo). Ej. **Hemos vivido en el Perú, el Uruguay, pero no en México.**

5. El artículo definido se usa con los días de la semana, las estaciones y las expresiones de tiempo modificado por *próximo y pasado* (pero: Es martes.) Ej. **El jueves de la semana próxima no tenemos clase**

6. El artículo definido se usa delante de un título cuando se habla de una persona, pero se omite cuando se dirige la palabra a uno directamente. Ej. El coronel García no está en su despacho. Pero: **Pase Ud., coronel García.**

7. El artículo definido se usa delante de las partes del cuerpo y delante de las prendas de vestir cuando no hay duda del poseedor. Ej. **Tengo los ojos azules. Él se quitó la chaqueta.**

8. El artículo definido se usa delante de un nombre propio modificado por un adjetivo. Ej. **El pobre Juan está enfermo. El joven Miguel ganó la carrera.**

9. El artículo definido se usa cuando quiere decir *per* con expresiones de tiempo, cantidad, precio. Ej. **La leche cuesta un dólar la botella.**

10. El artículo definido se omite antes de los nombres en aposición. Ej. **La señora Palacios, madre de mi amiga Graciela, es abogada.**

EJERCICIOS

A Complete las oraciones con la forma apropiada del artículo definido, si es necesario.

1. _____ huevos son blancos.
2. _____ mercados son antiguos.
3. España tiene _____ mercados antiguos.
4. Queremos visitar _____ mercados antiguos de España.
5. La lechera tiene _____ proyectos interesantes.
6. _____ gallinas ponen huevos.
7. Veo _____ gallinas blancas, no las negras.
8. _____ avaricia es un defecto humano.
9. _____ avaros siempre quieren más de lo que tienen.
10. La mayoría de las gallinas del señor Paredes ponen _____ huevos blancos.

11. El artículo neutro *lo* se usa con adjetivos y con participios pasados para expresar conceptos equivalentes a un sustantivo abstracto. Ej. **No puede determinar la diferencia entre lo necesario y lo innecesario.**

12. El artículo definido se usa delante de un infinitivo empleado como sujeto cuando el infinitivo precede el verbo. Ej. **El errar es humano; el perdonar, divino.**

13. El artículo definido se usa en ciertas situaciones especiales, tales como:

We *Americans*	Nosotros, los americanos,
The fact that...	El que mi amigo haya llegado, me alegra.
Upon seeing	Al ver a mi maestra, la saludé.
Those that...	Los que viven allí son muy amables.

EJERCICIOS

B Traduzca al español las palabras inglesas.

1. (How short) _____ es la novia de Antonio.
2. Este vino cuesta veinte dólares (per) _____ botella.
3. La abogada habla de (how) _____ interesante que halla su profesión.
4. (Mr. García) _____ no es (from) _____ Paraguay.
5. Buenos días, (Mr. Hernández) _____.
6. La profesora sabe (Spanish) _____ y (Portuguese) _____.
7. (Doctors) _____ no son siempre ricos.
8. (Havana) _____ es una ciudad grande.
9. Tú no sabes (how ill) _____ que estaba.
10. Mi padre recibe cartas _____ (from Brasil), _____ (from Ecuador), _____ (from Chile), _____ (from Canadá), _____ (from España) y _____ (from the United States).

C Explique el uso del artículo definido en cada una de las siguientes oraciones.

1. El feliz Manuel encontró el tesoro.
2. Las chicas se lavan la cara.
3. El nadar mucho me cansa.
4. ¿Cuánto ganas a la semana?
5. No hay tarea para el lunes.
6. Mi amigo no quiere aprender el español.
7. Juan se puso la chaqueta antes de salir.
8. El doctor Rivera ha llegado.

■ El artículo indefinido

Las formas del artículo indefinido son:

	MASCULINO	FEMENINO
a, an	**un** libro	**una** mesa
some	**unos** chicos	**unas** chicas

1. El artículo indefinido se repite delante de cada sustantivo. Ej. **La niña está comprando un lápiz y una pluma.**

2. El artículo indefinido se omite en las siguientes situaciones.

a. Delante de un sustantivo predicado (no modificado) de profesión o nacionalidad. Pero es requerido si el nombre predicado es modificado. Ej. **Mi tía es doctora. Juan es español.** Pero: **Ella es una profesora severa.**

b. Tras la exclamación *¡Qué!* Ej. **¡Qué horror! ¡Qué bonito retrato!**

c. Delante de los números cien(to) y mil. Ej. **Hay más de cien libros en el estante.**

d. Con algunos adjetivos comunes como: cierto, medio, otro, tal. Ej. **Nunca he visto tal joya.**

e. Tras el verbo ser. Ej. **Don Pedro es médico.**

EJERCICIOS

D Complete las oraciones con el artículo indefinido si es necesario.

1. Mi sobrina es _____ profesora.
2. Luis es _____ soldado valiente.
3. Iriarte es _____ fabulista conocido.
4. Mi tío no es _____ médico.
5. ¡Qué _____ retrato más magnífico!
6. Hay _____ cien pasajeros en el tren.
7. _____ cierto hombre me habló.
8. ¡Qué _____ ejercicio tan fácil!

E Su profesión y cómo la ejercen. Sigan el modelo.

> **¿Qué es la señora Galdós?**
> *Es abogada. Es una abogada fantástica.*

1. el señor Alarcón (escritor, magnífico)
2. Joan Miró (artista, soberbio)
3. el señor Bravo (carpintero, cumplido)
4. la señora Sánchez (ingeniera, excelente)
5. Marinín Rojas (secretaria, perfecta)

■ Los adjetivos

1. El adjetivo concuerda en género y número con el nombre o pronombre que modifica. Con un adjetivo que modifica sustantivos de géneros diferentes, se usa el masculino plural para la concordancia. Ej. **La tinta y el cuaderno son negros.**

Formación del femenino de los adjetivos

1. Los adjetivos que terminan en *o,* cambian la *o* a *a* para formar el femenino. Ej. **simpático, simpática.**

2. Los adjetivos que terminan en *-án, -ón, -or* añaden *a* para formar el femenino. Se elimina el acento. Ej. **holgazán, holgazana; preguntón, preguntona.** Esta regla no se aplica a las comparaciones que terminan en *-or.* Ej. **el mejor (peor) alumno, la mejor (peor) alumna.**

3. Los adjetivos de nacionalidad que terminan en consonante añaden *a* para formar el femenino. No se usa letra mayúscula y si terminan con vocal acentuada y seguido por *n* o *s,* se quita el acento escrito en la forma femenina. Ej. **español, española; japonés, japonesa; alemán, alemana**

4. Todos los demás adjetivos no cambian en la forma femenina. Ej. **fácil, difícil, verde, azul, inteligente.**

El plural de los adjetivos

1. Los adjetivos que terminan en vocal forman el plural añadiendo *s;* los que terminan en consonante añaden *es.*

Significados especiales

1. El significado de algunos adjetivos comunes varía según su colocación (delante o detrás) con el sustantivo que modifican.

alguna pluma	*some pen*
sin ayuda alguna	*without any help*
la alta posición	*the high (exalted) position*
el edificio alto	*the tall building*

mi antiguo maestro	*my former teacher*
la Roma antigua	*ancient Rome*
nuestro caro primo	*our dear cousin*
un traje caro	*an expensive suit*
cierta persona	*a certain person*
cosa cierta	*a definite (sure) thing*
el gran pianista	*the great pianist*
la sala grande	*the big living room*
el mismo chico	*the same boy*
el chico mismo	*the boy himself*
un nuevo libro	*another book*
un libro nuevo	*a new book*
la pobre mujer	*the poor (unfortunate) woman*
la mujer pobre	*the poor (needy) woman*
de pura alegría	*from sheer joy*
el vino puro	*pure wine*

EJERCICIOS

F Complete las siguientes oraciones con la forma apropiada del adjetivo indicado.

1. (gordo) Los cochinos eran _____.
2. (sencillo) La lechera tenía un aire _____.
3. (poco) Quería enriquecerse en _____ meses.
4. (seguro) En esta vida ni el presente está _____.
5. (triste) Al romperse el cántaro, le vinieron a la mente pensamientos _____.
6. (azul, verde) El cielo _____ armonizaba con los montes _____.
7. (inglés) Estos refranes son _____.
8. (alemán) A mí me encantan las fábulas _____.
9. (andaluz) Las canciones _____ son populares en el mundo entero.
10. (español, portugués) ¿Prefieres las fábulas _____ o _____?

Alicia de Larrocha es una gran pianista

G Complete el siguiente párrafo con la forma apropiada del adjetivo indicado.

Acabo de leer una **(1)** (bueno) ___ obra dramática de Lope de Vega. ¡Qué **(2)** (bueno) ___ escritor! No hay duda que era un **(3)** (grande) ___ dramaturgo. En el **(4)** (primero) ___ acto, Lope describe la relación entre el comendador de una pequeña aldea **(5)** (español) ___ y la gente del pueblo. Desde la **(6)** (primero) ___ escena se ve que el comendador es un **(7)** (malo) ____ e injusto administrador. No propone **(8)** (ninguno) ____ ley que merezca el respeto del pueblo. **(9)** (Ninguno) ____ mandamiento es obedecido. El rey de España, acompañado de **(10)** (alguno) ____ nobles de la corte visita al pueblo pero ni la visita de una **(11)** (grande) ____ persona como el rey puede resolver los problemas. Era evidente que el comendador no tenía **(12)** (ninguno) ____ deseo de pacificar a los insurgentes de la aldea.

No vamos a decirles el desenlace en caso de que piensen leerla. Es una **(13)** (grande) ____ obra y se puede leer en poco tiempo. Tiene más de **(14)** (ciento) ____ versos pero no tiene más de **(15)** (ciento) ___ páginas.

Posición de los adjetivos

1. Los adjetivos que indican color, figura, tamaño, nacionalidad, normalmente siguen el sustantivo. Ej. **la tinta negra, la mesa redonda, el río grande, el vals criollo.**

2. Los adjetivos que limitan, es decir, números, expresiones de cantidad, posesivos, demostrativos normalmente preceden el sustantivo. Ej. **tres reglas, sus libros, muchas personas, aquella novela.**

EJERCICIOS

H Complete cada oración, colocando el adjetivo según el significado de la primera oración.

1. (nuevo) Como se rompió el cántaro, la lechera tendrá que comprar otro.
   La lechera tendrá que comprar _____.
2. (nuevo) La lechera no quiere un cántaro ya usado.
   La lechera tendrá que comprar _____.
3. (pobre) Como se ha roto el cántaro, la infeliz lechera no sabe qué hacer.
   Como se ha roto el cántaro, _____ no sabe qué hacer.
4. (pura) La moraleja es una simple tontería.
   La moraleja es _____.
5. (pobre) Como la mujer no tenía dinero, trataba de vender unas castañas para dar de comer a sus hijos.
   _____ trataba de vender unas castañas para dar de comer a sus hijos.
6. (puro) La leche que vendía la lechera no tenía impureza ninguna.
   La lechera vendía _____.
7. (cierto) El avaro tenía un plan para enriquecerse, pero no sé los detalles.
   El avaro tenía _____ para enriquecerse.
8. (cierto) El negocio de la lechera no es cosa segura.
   El negocio de la lechera no es _____.

Los adjetivos apocopados

Monumento a Cristóbal Colón, Santo Domingo, República Dominicana.

1. Con ciertos adjetivos se quita la o final delante de un sustantivo masculino singular.

bueno	**uno**	**alguno**	**postrero**
malo	**primero**	**ninguno**	**tercero**

Ej. **un buen ejercicio, un mal ejemplo, el primer día, algún dinero, postrer saludo**

2. *Grande* cambia a *gran* delante de un sustantivo de cada género. Cuando se usa delante del sustantivo significa *great/famous;* tras el sustantivo significa *big/large.* Ej. **un gran artista, una gran dama, una casa grande**

3. *Santo* cambia a *San* delante de la mayoría de los nombres de pila masculinos a menos que empiece con *To* o *Do.* Ej. **San Pedro, San Juan; pero Santo Tomás, Santo Domingo**

4. *Cualquiera* y su forma plural *cualesquiera* cambian a *cualquier* y *cualesquier* delante de un sustantivo de cada género. Ej. **cualquier carta, cualesquier ensayos,** pero **una novela cualquiera**

Comparación de adjetivos

1. Los adjetivos calificativos pueden ser usados en tres grados diferentes: (a) El positivo, **bonito, a, os, as.** (b) el comparativo, **más bonito, a, os, as,** o **menos bonito, a, os, as.** (c) El superlativo, **el (la) más bonito (a) los (las) más bonitos, (as).**

Nota: Con el superlativo, *in* se indica con *de.* Ej. **Ella es la más bonita de la clase.**

2. También se usa con regularidad el superlativo absoluto: *very* o *exceedingly pretty,* **bonitísimo, a, os, as;** *very much,* **muchísimo.**

3. Las comparaciones de igualdad se forman usando la fórmula *tan(to)* + adj. o sustantivo + *como*. Ej. **tan bonito(a, os, as) como; tanto dinero como.**

Formas de adjetivos irregulares

Positivo	Comparativo	Superlativo
bueno (*good*)	mejor (*better*)	el mejor (*best*)
malo (*bad*)	peor (*worse*)	el peor (*worst*)
grande (*large*)	más grande (*larger*)	el más grande (*largest*)
	o mayor (*older, greater*)	el mayor (*oldest, greatest*)
pequeño (*small or young*)	más pequeño (*smaller*)	el más pequeño (*smallest*)
	menor (*younger*)	el menor (*youngest*)

EJERCICIOS

I Combine las dos oraciones usando el comparativo «más...que». Luego, escriba la oración usando «menos...que». Siga el modelo.

Sacramento es grande. Nueva York es grande.
Nueva York es más grande que Sacramento.
Sacramento es menos grande que Nueva York

1. Este paquete rojo es pesado. Ese paquete negro es pesado.
2. Hace buen tiempo en la primavera. Hace buen tiempo en el verano.
3. Esta lección es fácil. Esa lección es fácil.
4. Rosa lleva joyas preciosas. Ana lleva joyas preciosas.
5. Toledo tiene habitantes. Numancia tiene habitantes.
6. Mi coche es grande. Tu coche es grande.

J Escriba la forma apropiada que corresponda a cada grado de los siguientes adjetivos: *simpática, malo, inteligente.*

1. Positivo: **a.** _____ **b.** _____ **c.** _____
2. Comparativo: **a.** _____ **b.** _____ **c.** _____
3. Comparativo: **a.** _____ **b.** _____ **c.** _____
4. Superlativo: **a.** _____ **b.** _____ **c.** _____
5. Superlativo Absoluto: **a.** _____ **b.** _____ **c.** _____

Notas adicionales con las comparaciones

1. *Than* generalmente se traduce *que.* Ej: **Es más bajo que sus amigos.** Pero ante los números, *than* se indica con *de.* Ej: **Necesitamos más de diez libros.** Seguido de un sujeto y verbo (expresado no entendido) *than* se traduce por *del que, de la que, de los que, de las que, de lo que,* según lo que se compara. Ej: **El león come más carne de la que comemos.**

2. Cuando un adjetivo forma base de la comparación, *de lo que* se usa, no importa el género y el número del adjetivo. Ej. **Es más alta de lo que creí.**

3. El superlativo absoluto se forma añadiendo *-ísimo* (*a, os, as*) a la forma masculina singular del adjetivo. Si el masculino singular termina en vocal, se quita la vocal antes de añadir el sufijo *-ísimo*. El acento escrito no cambia. Por razones fonéticas a veces se requieren cambios ortográficos. Por ejemplo: c > qu; z > c; g > gu . Ej. **riquísimo, ferocísimo, larguísimo.**

4. El superlativo absoluto también se expresa usando *muy, extremadamente,* o *sumamente* delante de la forma positiva de un adjetivo. Ej. **El payaso es sumamente gracioso.**

EJERCICIOS

K Conteste según el modelo.

Son ricos, ¿verdad?
Sí, son riquísimos.

1. El tigre es un animal feroz, ¿verdad?
2. Ese cántaro está limpio, ¿verdad?
3. Hoy el cielo parece muy azul, ¿verdad?
4. Es una vaca robusta, ¿verdad?
5. ¡Qué chico tan simpático, ¿verdad?
6. Las fábulas son interesantes, ¿verdad?
7. Los exámenes son difíciles, ¿verdad?
8. La lechera era feliz, ¿verdad?
9. Parece loco, ¿verdad?
10. El limón es una fruta amarga, ¿verdad?

L Escriba la forma superlativa de los adjetivos indicados.

1. ¿Cómo son las lecciones?
   a. divertido _____
   b. difícil _____
   c. instructivo _____
   d. aburrido _____

2. ¿Cómo es el agua del lago?
   a. tranquilo _____
   b. oscuro _____
   c. frío _____
   d. sombrío _____

3. ¿Cómo son los árboles?
   a. verde _____
   b. alto _____
   c. denso _____
   d. lindo _____

4. ¿Cómo es el edificio?
   a. grande _____
   b. bajo _____
   c. hermoso _____
   d. feo _____

Los adjetivos posesivos

1. Los adjetivos posesivos concuerdan en género y número con la cosa poseída. Hay que repetirlos delante de cada sustantivo. Ej. **He perdido mi cartera y mi dinero.**

EJERCICIOS

M Complete con la forma apropiada del adjetivo posesivo. En cada frase el sujeto es también el que posee.

1. ¿Vas al partido de fútbol con _____ amigos?
   No, yo voy al cine con _____ padres.
2. ¿Adónde van los chicos y _____ novias?
   Van a comprar _____ regalos para el Día de la Madre.
3. ¿Qué hacen ustedes durante _____ momentos de descanso?
   Nosotros tocamos música con _____ instrumentos nuevos.
4. ¿Queréis vosotros jugar _____ juego favorito?
   No, _____ amigas están muy cansadas.
5. Pasan Uds. _____ día en _____ motos?
   No, _____ pasatiempo favorito es ir a la playa para nadar.

2. Como *su, sus* puede significar «*his, her, your, its, their*», se puede evitar la ambigüedad usando una frase preposicional (tras el sustantivo) para clarificar: *de él, de ella, de Ud., de ellos*, etc. Ej. **Dime el (su) nombre de ella. He estudiado los (sus) versos de él.**

3. Cuando se refiere a diversas partes del cuerpo humano o a las prendas de vestir, se usa el artículo definido en vez del adjetivo posesivo que usamos en inglés, pero el poseedor tiene que ser claramente indicado. Ej. **Me duelen los pies. María se pone la blusa.**

4. En algunos casos el adjetivo posesivo sigue al sustantivo. En expresiones cuando se dirige la palabra a uno o con expresiones de cariño, para dar énfasis o en expresiones tales como *mine, of yours, of ours, etc.* Ej. **Hija mía, ¿qué estás haciendo? Querida, éstas son las joyas tuyas. Un pariente mío acaba de regalarme este reloj. Algunos profesores nuestros asistieron a la reunión.**

Nota: Cuando se usa de esta manera, el adjetivo posesivo toma la forma de un pronombre posesivo pero sin artículo definido.

EJERCICIOS

N Escriba el artículo definido apropiado delante del sustantivo y el adjetivo posesivo apropiado después del sustantivo.

Modelo:　　**(su)** _____ libro _____
　　　　　　el libro suyo

1. (his) _____ camisa _____
2. (our) _____ campamento _____
3. (her) _____ suéter _____
4. (your, fam.) _____ chisme _____
5. (our) _____ discusiones _____
6. (their) _____ prima _____
7. (your, for.) ____ días _____
8. (my) _____ jardín _____

EJERCICIOS

O Indique cada adjetivo posesivo en el siguiente trozo.

1. En todas las familias cada uno tiene sus propias cosas. El padre tiene las suyas; la madre tiene las suyas; los hijos tienen las suyas.

2. Tengo un hermano menor. Todos nuestros trajes, nuestras medias, nuestras camisas y nuestros pantalones son del mismo tamaño. Anteriormente, yo creía que mis zapatos, mis corbatas, mis sombreros eran míos. Pero a mi hermano le gustan más los artículos míos que los de él. Si tengo una cita para las ocho, y quiero ponerme mi nuevo traje azul, mi hermano tiene cita para las siete y ya ha salido de casa cuando estoy para vestirme. No hay remedio. Nunca me pregunta: ¿Necesitas tu traje azul esta noche? Dentro de pocos años ambos estaremos casados y entonces espero poder llevar mis propios artículos. Hasta aquel entonces, diré «nuestro» en lugar de «mi» cuando hable de mis cosas.

Los adjetivos demostrativos

1. *Este, esta, estos, estas,* significan *this o these.*

2. *Ese, esa, esos , esas* significan **that o those.** (refiriendo a las personas u objetos cerca de la persona a quien se habla)

3. *Aquel, aquella, aquellos, aquellas* significan *that o those* (refiriendo a personas u objetos más alejados)

4. Los adjetivos demostrativos concuerdan en género y número con el sustantivo modificado. Hay que repetirlos delante de cada sustantivo modificado. Ej. **Esos sombreros y esas camisas.**

P Escriba cada oración, substituyendo la palabra indicada. Haga los cambios necesarios.

1. ¿Quién escribió ese *libro?* (fábula)
2. Esta *ensalada* es deliciosa. (pasteles)
3. Aquella *clase de matemáticas* es muy aburrida. (ensayos)
4. ¿En qué tienda compraste esos *pantalones?* (camisa)
5. Estos *ejercicios* son más fáciles que los otros. (lección)

JOYA UNO: EJERCICIOS GENERALES

1. ¿Cuál de las fábulas le gustó más? ¿Por qué? ¿Es por ser humorística, creíble, lógica o buena lección para todos? Justifique sus opiniones.

2. La fábula es una manera sencilla y divertida de expresar una lección necesaria. En forma de prosa, describa un pequeño problema o disgusto menor que Ud. ha tenido que solucionar. Exprese la solución en forma de moraleja.

JOYA DOS

EL CUENTO EN ESPAÑA:
Cetrinas de fascinación

MARCO LITERARIO

Es difícil definir, clasificar o explicar el cuento. Básicamente, es un relato breve, en prosa, que difiere de la novela principalmente en su brevedad y en su énfasis en una sola impresión. Casi siempre se puede leer por completo en poco tiempo.

Por lo general, el escritor trata de dibujar un aspecto de la naturaleza humana, revelar algún conflicto de personalidades o describir personajes en un momento de tensión o decisión. No importa que su tema salga de lo natural o lo sobrenatural, lo romántico o lo realístico, lo grotesco o lo mundano, pero necesita un centro de interés imaginativo, y necesita proyectar un cuadro de la vida real o imaginaria.

Se ha dicho que «un cuadro vale mil palabras.» Como el cuadro del cuento tiene que expresar mucho en pocas palabras, se limita a un lugar, emplea pocos personajes y la trama se desarrolla dentro de poco tiempo con acción sencilla y rápida. El cuento observa todas estas unidades dramáticas, y esconde el desenlace para aumentar y sostener el interés del lector hasta el fin. Por eso es una de las formas literarias que más atrae y más fascina.

De lo que aconteció a un mancebo que se casó con una mujer muy fuerte y muy brava

Don Juan Manuel

Don Juan Manuel (1282–1349) fue hombre de Estado, corregente durante la minoría de Alfonso XI, y soldado que mandó un ejército contra los moros. Sin embargo, se destaca más como escritor. Su obra más conocida es El Conde Lucanor, *una colección de cincuenta cuentos de estilo oriental. De sencillez y encanto singulares, estos cuentos siempre presentan una moraleja útil.*

Hace muchos años vivía en una aldea un moro quien tenía un hijo único. Este mancebo era tan bueno como su padre, pero ambos eran muy pobres. En aquella misma aldea vivía otro moro, también muy bueno, pero además rico; y era padre de una hija que era todo lo contrario del mancebo[1] ya mencionado. Mientras que el joven era fino, de muy buenas maneras, ella era grosera y tenía mal genio. ¡Nadie quería casarse con aquel diablo!

Un día el mancebo vino a su padre y le dijo que se daba cuenta de lo pobre que eran y como no le agradaría pasarse su vida en tal pobreza, ni tampoco marcharse fuera de su aldea para ganarse la vida, él preferiría casarse con una mujer rica. El padre estuvo de acuerdo. Entonces el mancebo propuso casarse con la hija de mal genio del hombre rico. Cuando su padre oyó esto, se asombró mucho y le dijo que no; pues ninguna persona inteligente, por pobre que fuese, pensaría en tal cosa. «¡Nadie,» le dijo, «se casará con ella!» Pero el mancebo se empeñó[2] tanto que al fin su padre consintió en arreglar la boda.

El padre fue a ver al buen hombre rico y le dijo todo lo que había hablado con su hijo y le rogó que, pues su hijo se atrevía a casarse con su hija, permitiese el casamiento. Cuando el hombre rico oyó esto, le dijo:

—Por Dios, si hago tal cosa seré amigo falso pues Ud. tiene un buen hijo y yo no quiero ni su mal ni su muerte. Estoy seguro que si se casa con mi hija, o morirá o su vida le será muy penosa. Sin embargo, si su hijo la quiere, se la daré, a él o a quienquiera que me la saque de casa.

Su amigo se lo agradeció mucho y como su hijo quería aquel casamiento, le rogó que lo arreglase.

El casamiento se hizo y llevaron a la novia a casa de su marido. Los moros tienen costumbre de preparar la cena a los novios y ponerles la mesa y dejarlos solos en su casa hasta el día siguiente.

Así lo hicieron, pero los padres y parientes de los novios recelaban que al día siguiente hallarían al novio muerto o muy maltrecho.

[1] **mancebo** joven

[2] **se empeñó** insistió

Luego que los novios se quedaron solos en casa, se sentaron a la mesa. Antes que ella dijese algo, miró el novio en derredor de la mesa, vio un perro y le dijo enfadado:

—Perro, ¡danos agua para las manos!

Pero el perro no lo hizo. El mancebo comenzó a enfadarse y le dijo más bravamente que le diese agua para las manos. Pero el perro no se movió. Cuando vio que no lo hacía, se levantó muy sañudo[3] de la mesa, sacó su espada y se dirigió a él. Cuando el perro lo vio venir, comenzó a huir. Saltando ambos por la mesa y por el fuego hasta que el mancebo lo alcanzó y le cortó la cabeza.

[3] **sañudo** enfurecido

Así muy sañudo y todo ensangrentado[4], se volvió a sentar a la mesa, miró en derredor y vio un gato al que mandó que le diese agua para las manos. Cuando no lo hizo, le dijo:

—¡Cómo, don falso traidor! ¿No viste lo que hice al perro porque no quiso hacer lo que le mandé yo? Prometo a Dios que si no haces lo que te mando, te haré lo mismo que al perro.

[4] **ensangrentado** cubierto de sangre

Pero el gato no lo hizo porque tampoco es su costumbre dar agua para las manos. Cuando no lo hizo, el mancebo se levantó y le tomó por las patas y lo estrelló contra la pared.

Y así, bravo y sañudo, volvió el mancebo a la mesa y miró por todas partes. La mujer, que estaba mirando, creyó que estaba loco y no dijo nada.

Cuando hubo mirado por todas partes, vio su caballo, el único que tenía. Ferozmente le dijo que le diese agua, pero el caballo no lo hizo. Cuando vio que no lo hizo, le dijo:

—¡Cómo, don caballo! ¿Crees que porque tú eres mi único caballo te dejaré tranquilo? Mira, si no haces lo que te

Grabado de una boda medieval

mando, juro a Dios que haré a ti lo mismo que a los otros, pues no existe nadie en el mundo que se atreva a desobedecerme.

Pero el caballo no se movió. Cuando el mancebo vio que no le obedecía, fue a él y le cortó la cabeza.

Y cuando la mujer vio que mataba su único caballo y que decía que haría lo mismo a quienquiera que no obedeciese, se dio cuenta de que el mancebo no estaba jugando. Tuvo tanto miedo que no sabía si estaba muerta o viva.

5 saña ira

Y él, bravo y sañudo y ensangrentado, volvió a la mesa, jurando que si hubiera en la casa mil caballos y hombres y mujeres que no le obedeciesen, los mataría a todos. Luego se sentó y miró por todas partes, teniendo la espada ensangrentada en la mano. Después de mirar a una parte y otra y de no ver a nadie, volvió los ojos a su mujer muy bravamente y le dijo con gran saña[5], con la espada ensangrentada en alto:

—¡Levántate y dame agua para las manos!

La mujer, que creía que él la haría pedazos si no hacía lo que le mandaba, se levantó muy aprisa y le dio agua para las manos.

—¡Cuánto agradezco a Dios que hayas hecho lo que te mandé—le dijo él—que si no, te habría hecho igual que los otros!

Después le mandó que le diese de comer y ella lo hizo. Y siempre que decía algo, se lo decía con tal tono, con la espada en alto, que ella creía que le iba a cortar la cabeza.

Así pasó aquella noche: nunca ella habló, y hacía todo lo que él mandaba. Cuando hubieron dormido un rato, él dijo:

—No he podido dormir por culpa de lo anoche. No dejes que me despierte nadie y prepárame una buena comida.

A la mañana siguiente los padres y parientes llegaron a la puerta y como nadie hablaba creyeron que el novio estaba ya muerto o herido. Al ver a la novia y no al novio lo creyeron aun más.

Cuando la novia los vio a la puerta, llegó muy despacio y con gran miedo comenzó a decirles:

—¡Locos, traidores, ¿Qué hacen aquí? ¿Cómo se atreven a hablar aquí? ¡Cállense, que si no, todos moriremos!

Al oír esto, todos se asombraron y apreciaron mucho al joven que había domado a la mujer brava.

Y desde aquel día su mujer fue muy obediente y vivieron muy felices.

Y a los pocos días el suegro[6] del mancebo quiso hacer lo mismo que había hecho su yerno[7] y mató un gallo de la misma manera, pero su mujer le dijo:

—¡Ya es demasiado tarde para eso, don Nadie! No te valdrá de nada aunque mates cien caballos, pues ya nos conocemos demasiado bien....

6 suegro padre del esposo
de uno
7 yerno marido de la hija
de uno

Si al comienzo no muestras quien eres nunca podrás después, cuando quisieres.

PREGUNTAS

1. ¿Por qué quería casarse el moro con aquel diablo de mujer?
2. ¿Será costumbre que un padre moro hable mal de su hija?
3. ¿Por qué hablaría el rico así?
4. Según este cuento, ¿qué virtud tiene un ejemplo gráfico?
5. ¿Será posible justificar las acciones del mancebo?
6. En un matrimonio, ¿valdrá la pena el servicio sin amor?
7. ¿Serían felices, de veras, estos dos personajes?
8. ¿Por qué no triunfó el suegro?

PARA AUMENTAR EL VOCABULARIO

Familias de palabras

Se atrevía: atreverse, atrevidamente, atrevido, atrevimiento

1. No tiene miedo de nada; no le importa atreverse al peligro.
2. Vivía atrevidamente, siempre haciendo algo peligroso.
3. Era la vida de un atrevido con las muchas aventuras que tenía.
4. Todo lo hacía con atrevimiento, sin pensar en ningún resultado desagradable.

Se empeñó: empeñarse, empeñadamente, empeño

1. El mancebo sabe insistir: Se empeñó tanto que al fin su padre consintió.
2. Amelia hace su trabajo empeñadamente. No deja nada sin hacer.
3. Tengo empeño en acabar mi trabajo esta noche.

Propuso: proponer, proposición, propuesto

1. Proponer casarse es igual que tener intención de casarse.
2. El maestro demostró la proposición matemática.
3. Se fueron porque el viaje ya estaba propuesto.

Traidor: traición, traicionar, traicionero

1. Hacer traición a un amigo es un delito.
2. Daniel murió antes de traicionar a su patria.
3. El sueño es muy traicionero.

Ejercicios de vocabulario

A Complete las siguientes oraciones.

1. Cuando ella empieza un proyecto, no cesa de trabajar. Trabaja _____.
2. El que hace algo en contra de su patria es _____.
3. No tengo miedo de nada; _____ a hacer cualquier cosa.
4. Carlos lo sugirió; no fue Tomás quien lo _____.
5. Es tan peligroso que sólo un _____ puede llevar a cabo tal proyecto.
6. Él _____ tanto que por fin los otros consintieron.
7. Él lo hizo por el enemigo, así es que _____ a su patria.

B Complete los siguientes párrafos.

El mancebo, por no pasar la vida como un pobretón, quería casarse con esa mujer tan fuerte. _____ tanto que por fin su padre consintió en que se casara con ella. No hay duda que tenía mucho _____ en realizar su plan. Fue su padre quien le _____ el casamiento al padre de la mujer.

¡Qué peligro! Ese mancebo era un verdadero _____. Sabiendo lo cruel que era su mujer, todavía _____ a mandarle que le trajera agua. Lo hizo con mucho _____, pero con buen resultado. El vivir _____ por unos días cambió a su mujer.

El mancebo no quería _____ a su mujer. No era ningún _____. Sólo quería cambiarla.

Ejercicio de comprensión

Arregle en orden (vea párrafos 2 y 3) los elementos de la conversación entre padre e hijo.

MANCEBO:

a. Miseria. Privaciones. No las admito. Por eso, pienso aprovecharme del único remedio que me queda—el de casarme con X _____, la hija de tu viejo amigo.

b. La idea de pasar el resto de mi vida en este estado pobre no me apetece nada.

c. Perdona la impertinencia, padre, Permíteme insistir en que hagas lo que te pido.

d. Mi padre, hace mucho tiempo que considero un asunto de gran importancia—el de mi porvenir. Me doy cuenta de que hay sólo una manera de mejorar mi posición y asegurar mi futuro.

e. No le tengo miedo a esa moza, y te suplico que vayas a pedirle la mano a su padre.

f. Estoy contento aquí en mi tierra. No podría ser feliz en otra parte lejos de mis parientes y mis amigos. Mis raíces las tengo aquí y es aquí donde pienso quedarme.

PADRE:

g. ¿Qué oigo? ¡Casarte con X _____! ¿Has perdido el juicio? Ningún hombre inteligente aun pensaría en tal cosa. No la conoces. Tiene tan mal genio que inspira un temor espantoso a todos los que tienen la desgracia de encontrarse en su presencia. No. Esa unión es imposible.

h. ¿Por qué no buscas la fortuna fuera de aquí?

i. Pero, no sabes lo malo de....

j. Ah, mi hijo, desde hace mucho tiempo la mala suerte nos ha perseguido. Desgraciadamente, he sufrido una serie de reveses de fortuna. Ya la única herencia que te puedo ofrecer es la de haber sido un hombre honrado y respetado de todos.

k. Muy bien. Así será. Con el corazón oprimido iré a arreglar la boda, pero me aflige mucho exponerte a ese peligro.

l. Entonces, prepárate a gozar de un porvenir pobre y lleno de toda clase de privaciones. En tu porvenir, no veo más que la miseria.

EJERCICIOS CREATIVOS

1. Escriba una conversación entre los dos padres cuando el padre del mancebo le pide la mano de su hija a su amigo.
2. Escriba un párrafo expresando su opinión en cuanto a la resolución y las acciones del mancebo con su esposa.

El afrancesado[1]

Pedro Antonio de Alarcón

En 1808 España se vio sujeta a la dominación napoleónica. Pero, inspirado por el amor patriótico, el pueblo español se levantó contra los invasores franceses en una lucha sangrienta que duró hasta 1814 (la Guerra de la Independencia).

Sin embargo, algunos españoles, pertenecientes a las clases dirigentes, simpatizaron con los franceses. Estos «afrancesados» siguieron el partido de Napoleón, o por lo menos, fueron sus obedientes sirvientes.

García de Paredes parecía ser afrancesado. Este cuento, escrito por Pedro Antonio de Alarcón (1833–1891), sale de su encantadora colección de historietas nacionales.

I

n la pequeña villa del Padrón[2], sita[3] en territorio gallego y allá por el año de 1808, vendía sapos[4] y culebras y agua llovediza, a fuer de legítimo boticario[5], un tal García de Paredes, misántropo solterón, descendiente acaso, y sin acaso, de aquel varón ilustre que mataba un toro de una puñada.

Era una fría y triste noche de otoño. El cielo estaba encapotado por densas nubes, y la total carencia de alumbrado[6] terrestre dejaba a las tinieblas campar[7] por su respeto en todas las calles y plazas de la población.

A eso de las diez de aquella pavorosa noche, que las lúgubres circunstancias de la Patria hacían mucho más siniestra[8], desembocó en la plaza que hoy se llamará *de la Constitución*, un silencioso grupo de sombras, aun más negras que la oscuridad de cielo y tierra, las cuales avanzaron hacia la botica de García de Paredes, situada en un rincón próximo al Corregimiemto[9], y cerrada completamente desde *las Animas*[10], o sea desde las ocho y media en punto.

—¿Qué hacemos? —dijo una de las sombras en correctísimo gallego.

—Nadie nos ha visto...—observó otra.

—¡Derribar la puerta! —añadió una tercera.

—¡Y matarlos! —murmuraron hasta quince voces.

—¡Yo me encargo del boticario!

—¡De ése nos encargamos todos!

—¡Por judío!

—¡Por *afrancesado*!

—Dicen que hoy cenan con él más de veinte franceses...

—¡Ya lo creo! ¡Como saben que ahí están seguros, han acudido en montón!

—¡Ah! ¡Si fuera en mi casa! ¡Tres alojados llevo echados al pozo![11]

—Mi mujer degolló ayer a uno...

—¡Y yo... (dijo un fraile con voz de figle[12]) he asfixiado a dos capitanes, dejando carbón encendido en su celda, que antes era mía!

—¡Y ese infame boticario los protege!

—¡Qué expresivo estuvo ayer en las eras con esos viles excomulgados!

—¡Quién lo había de esperar de García de Paredes! ¡No hace un mes que era el más valiente, el más patriota, el más realista[13] del pueblo!

---

[1] **afrancesado** el que simpatiza con los franceses.

[2] **Padrón** pueblo en la provincia de Galicia

[3] **sita** situada

[4] **sapos** (*toads*)

[5] **boticario** el que prepara y vende medicinas

[6] **alumbrado** luces

[7] **dejaba a las tinieblas campar** (*let the shadows settle*)

[8] **siniestra** peligrosa, mala

[9] **Corregimiento** oficina del Corregidor

[10] **Animas** toque de campanas a cierta hora de la noche (aquí: a las 8:30)

[11] **¡Tres alojados llevo echados al pozo!** (*I've thrown three of the [unwanted] boarders into the well!*)

[12] **figle** instrumento musical (*antiguo*)

[13] **realista** del partido real

[14] **excitaba** (*used to arouse*)

[15] **invasores** los que invaden

[16] **se pasó a ellos** se unió al partido de ellos

[17] **¡Oíd qué algazara traen!** (*Listen to the uproar they're causing!*)

[18] **emborracharse** beber exceso de vino

[19] **¡Pido que se haga cuartos al boticario!** (*I beg that the druggist be quartered!*)

[20] **ochavos** dividido en ocho partes

[21] **parricidio** asesinato de uno de los padres

[22] **convidados** invitados

[23] **momia** (*mummy*)

[24] **hundidos en las descarnadas cuencas** (*sunk in the fleshless, emaciated sockets*)

[25] **vértigos** mareos (*dizziness*)

[26] **sondear** llegar al fondo

[27] **antípodas** cada uno de dos puntos en extremos opuestos

[28] **animada** muy activa

[29] **charlaba** conversaba

[30] **lo habían vitoreado** (*they had acclaimed him joyously*)

[31] **abatimiento** estado desanimado, degenerado

[32] **disipar** hacer desaparecer

[33] **inconcusas** indudables, ciertas

[34] **ayuno** acción de no comer por largo rato

[35] **quijotescas** absurdas

[36] **impropias** incorrectas

[37] **Mesías** Salvador

—¡Toma! ¡Como que vendía en la botica retratos del príncipe Fernando!

—¡Y ahora los vende de Napoleón!

—Antes nos excitaba[14] a la defensa contra los invasores[15]...

—Y, desde que vinieron al Padrón, se pasó a ellos[16]...

—¡Y esta noche da de cenar a todos los jefes!

—¡Oíd qué algazara traen![17] Pues no gritan *¡viva el Emperador!*

Paciencia...(murmuró el fraile). Todavía es muy temprano.

—Dejémosles emborracharse[18]... (expuso una vieja.) —Después entramos... ¡y ni uno ha de quedar vivo!

—¡Pido que se haga cuartos al boticario![19]

—¡Se le hará ochavos[20], si queréis! Un *afrancesado* es más odiado que un francés. El francés atropella a un pueblo extraño: el afrancesado vende y deshonra a su patria. El francés comete un asesinato: el afrancesado, ¡un parricidio[21]!

II

Mientras tenía lugar la anterior escena en la puerta de la botica, García de Paredes y sus convidados[22] corrían la orgía más deshecha y desaforada.

Veinte eran, en efecto, los franceses que el boticario tenía a la mesa, todos ellos jefes y oficiales.

García de Paredes tendría cuarenta y cinco años: era alto y seco y más amarillo que una momia[23] dijérase que su piel estaba muerta hacía mucho tiempo llegábale la frente a la nuca, gracias a una calva limpia y reluciente, cuyo brillo tenía algo de fosfórico sus ojos negros y apagados, hundidos en las descarnadas cuencas[24], se parecían a esas lagunas encerradas entre montañas, que sólo ofrecen oscuridad, vértigos[25] y muerte al que las mira lagunas que nada reflejan que rugen sordamente alguna vez, pero sin alterarse: que devoran todo lo que cae en su superficie; que nada devuelven; que nadie ha podido sondear[26]; que no se alimentan de ningún río, y cuyo fondo busca la imaginación en los mares antípodas[27].

La cena era abundante, el vino bueno, la conversación alegre y animada.[28]

Los franceses reían, juraban, blasfemaban, cantaban, fumaban, comían y bebían a un mismo tiempo.

Quién había contado los amores secretos de Napoleón; quién la noche del 2 de mayo en Madrid; cuál la batalla de las Pirámides; cuál otro la ejecución de Luis XVI.

García de Paredes bebía, reía y charlaba[29] como los demás, o quizá más que ninguno; y tan elocuente había estado en favor de la causa imperial, que los soldados del César lo habían abrazado, lo habían vitoreado[30], le habían improvisado himnos.

—¡Señores!—había dicho el boticario—: la guerra que os hacemos los españoles es tan necia como inmotivada. Vosotros, hijos de la Revolución, venís a sacar a España de su tradicional abatimiento[31], a despreocuparla, a disipar[32] las tinieblas religiosas, a mejorar sus anticuadas costumbres, a enseñarnos esas utilísimas e inconcusas[33] verdades «de que no hay Dios, de que no hay otra vida, de que la penitencia, el ayuno[34], la castidad y demás virtudes católicas son quijotescas[35] locuras, impropias[36] de un pueblo civilizado, y de que Napoleón es el verdadero Mesías[37], el redentor de los pueblos, el amigo de la especie humana...»¡Señores! ¡Viva el Emperador, cuanto yo deseo que viva!

—¡Bravo, vítor[38]!—exclamaron los hombres del 2 de mayo.

El boticario inclinó la frente con indecible angustia.

Pronto volvío a alzarla, tan firme y tan sereno como antes.

Bebióse un vaso de vino, y continuó:

—Un abuelo mío, un García de Paredes, un bárbaro, un Sansón[39], un Hércules, un Milón de Crotona[40], mató docientos franceses un un día...—Creo que fue en Italia. —¡Ya veis que no era tan *afrancesado* como yo! —¡Adiestróse en las lides[41] contra los moros del reino de Granada; armóle caballero el mismo Rey Católico[43], y montó más de una vez la guardia en el Quirinal[44], siendo Papa *nuestro tío* Alejandro Borja! —¡Eh, eh! ¡No me hacíais tan linajudo![45] —Pues este Diego García de Paredes, este ascendiente mío..., que ha tenido un descendiente boticario, tomó a Cosenzas y Manfredonia; entró por asalto en Ceriñola y peleó como bueno en la batalla de Pavía[46] ¡Allí hicimos prisionero a un rey de Francia, cuya espada ha estado en Madrid cerca de tres siglos, hasta que nos la robó hace tres meses ese hijo de un posadero[47] que viene a vuestra cabeza y a quien llaman Murat!

Aquí hizo otra pausa el boticario. Algunos franceses demostraron querer contestarle; pero él, levantándose, e imponiendo a todos silencio con su actitud, empuñó convulsivamente un vaso, y exclamó con voz atronadora[48]:

—¡Brindo, señores, por que maldito sea mi abuelo, que era un animal, y por que se halle ahora mismo en los profundos infiernos! ¡Vivan los franceses de Francisco I y de Napoleón Bonaparte!

—¡Vivan!...—respondieron los invasores, dándose por satisfechos. Y todos apuraron su vaso.

Oyóse en esto rumor en la calle, o, mejor dicho, a la puerta de la botica.

—¿Habéis oído?—preguntaron los franceses.

García de Paredes se sonrió.

—¡Vendrán a matarme!—dijo.

[38] **vítor** aplauso

[39] **Sansón** figura bíblica (*Samson*)

[40] **Milón de Crotona** (*Grecian athlete of 6th centrury B.C. of unsurpassable strength*)

[41] **lides** batallas

[42] **armóle caballero** (*knighted him*)

[43] **Rey Católico** Fernando V, esposo de Isabel

[44] **Quirinal** una de las siete colinas de la antigua Roma

[45] **¡No me hacíais tan linajudo!** (*Don't think that I am boasting of my lineage!*)

[46] **batalla de Pavía (Italia)** Los españoles conquistaron a los franceses y tomaron preso al rey de Francia en 1525.

[47] **posadero** dueño de posada

[48] **atronadora** (*thundering*)

¿Quién?

Los vecinos del Padrón.

—¿Por qué?

—¡Por *afrancesado!* Hace algunas noches que rondan[49] mi casa...Pero, ¿qué nos importa? Continuemos nuestra fiesta.

—Sí...¡continuemos! (exclamaron los convidados.)—¡Estamos aquí para defenderos!

Y, chocando ya botellas contra botellas, que no vasos contra vasos:

—¡Viva Napoleón! ¡Muera Fernando! ¡Muera Galicia!—gritaron a una voz. García de Paredes esperó a que se acallase el brindis, y murmuró con acento lúgubre:

—¡Celedonio!

El mancebo de la botica asomó por una puertecilla su cabeza pálida y demudada[50], sin atreverse a penetrar en aquella caverna.

—Celedonio, trae papel y tintero—dijo tranquilamente el boticario.

El mancebo volvió con recado de escribir.

—¡Siéntate! (continuó su amo). —Ahora, escribe las cantidades que yo te vaya diciendo. Divídelas en dos columnas. Encima de las columnas de la derecha, pon: *Deuda;* y encima de la otra: *Crédito.*

—Señor...(balbuceó[51] el mancebo)—En la puerta hay una especie de motín[52]...Gritan ¡*muera el boticario!*...Y ¡quieren entrar!

—¡Cállate y déjalos! Escribe lo que te he dicho.

Los franceses se rieron de admiración, al ver al farmacéutico ocupado en ajustar cuentas[53] cuando lo rodeaban la muerte y la ruina.

Celedonio alzó la cabeza y enristró[54] la pluma, esperando cantidades que anotar[55].

—¡Vamos a ver, señores! (dijo entonces García de Paredes, dirigiéndose a sus comensales[56]).—Se trata de resumir[57] nuestra fiesta en un solo brindis. Empecemos por orden de colocación[58]. Vos, capitán, decidme: ¿cuántos españoles habréis matado desde que pasasteis los Pirineos?

—¡Bravo! ¡magnífica idea!—exclamaron los franceses.

—Yo (dijo el interrogado, trepándose[59] en la silla y retorciéndose el bigote[60] con petulancia). Yo...habré matado...personalmente...con mi espada...¡poned unos diez o doce!

—¡Once a la derecha!—gritó el boticario, dirigiéndose al mancebo. El mancebo repitió, después de escribir:

—*Deuda*...once.

—¡Corriente! (prosiguió el anfitrión[61]).

¿Y vos?...Con vos hablo, señor Julio...

—Yo...seis.

—¿Y vos?, mi comandante...

—Yo...veinte.

—Yo...ocho.

—Yo...catorce.

—Yo...ninguno.

—¡Yo no sé!...He tirado a ciegas[62]...—respondía cada cual, según le llegaba su turno.

Y el mancebo seguía anotando cantidades a la derecha.

[49] **rondan** andan alrededor

[50] **demudada** alterada

[51] **balbuceó** habló con dificultad

[52] **motín** demostración de un grupo de gente enojada

[53] **ajustar cuentas** arreglar su negocio

[54] **enristró** cogió la pluma para escribir

[55] **anotar** escribir, hacer notas

[56] **comensales** (*fellow diners*)

[57] **resumir** condensar

[58] **por orden de colocación** en el orden en que están sentados

[59] **trepándose** subiéndose a un lugar alto

[60] **retorciéndose el bigote** (*twisting his mustache*)

[61] **anfitrión** (*host*)

[62] **He tirado a ciegas.** (*I've shot without taking aim.*)

—¡Veamos ahora, capitán! (continuó García de Paredes.)—Volvamos a empezar por vos. ¿Cuántos españoles esperáis matar en el resto de la guerra, suponiendo que dure todavía..tres años?

—¡Eh!...(respondió el capitán).—¿Quién calcula eso?[63]

—Calculadlo...os lo suplico.

—Poned otros once.

—Once a la izquierda...—dictó García de Paredes.

Y Celedonio repitió:

Crédito, once.

¿Y vos?—interrogó el farmacéutico por el mismo orden seguido anteriormente.

—Yo...quince.

—Yo...veinte.

—Yo...ciento.

—Yo...mil...—respondían los franceses.

—¡Ponlos todos a *diez,* Celedonio!...—murmuró irónicamente el boticario—. Ahora, suma por separado las dos columnas.

El pobre joven, que había anotado las cantidades con sudores de muerte, vióse obligado a hacer el resumen con los dedos, como las viejas. Tal era su terror.

Al cabo de un rato de horrible silencio, exclamó, dirigiéndose a su amo:

—*Deuda*...285. *Crédito*...200.

—Es decir...(añadió García de Paredes), ¡doscientos ochenta y cinco *muertos,* y doscientos *sentenciados!* ¡Total, cuatrocientas ochenta y cinco *víctimas!*

Y pronunció estas palabras con voz tan honda y sepulcral, que los franceses se miraron alarmados.

En tanto, el boticario ajustaba una nueva cuenta.

—¡Somos unos héroes!—exclamó al terminarla—. Nos hemos bebido ciento catorce botellas, o sea ciento sesenta libras y media de vino, que, repartidas entre veintiuno, pues todos hemos bebido con la misma bizarría[64], dan sobre unas ocho libras de líquido por cabeza. ¡Repito que somos unos héroes!

Crujieron a la sazón las tablas de la puerta de la botica, y el mancebo balbuceó tambaleándose[65]:

¡Ya entran!...

¿Qué hora es?—preguntó el boticario con suma[66] tranquilidad.

—Las once. Pero, ¿no oye Ud. que entran?

—¡Déjalos! *Ya es hora.*

—¡Hora!... ¿de qué—murmuraron los franceses, procurando levantarse.

Pero estaban tan ebrios, que no podían moverse de sus sillas.

—¡Que entren!, ¡que entren!... (exclamaban, sin embargo, con voz vinosa[67], sacando los sables con mucha dificultad y sin conseguir ponerse de pie).—¡Que entren esos canallas[68]! ¡Nosotros los recibiremos!

En esto, sonaba ya abajo, en la botica, el estrépito de los botes y redomas[69] que los vecinos del Padrón hacían pedazos, y oíase resonar en la escalera este grito unánime y terrible:

¡Muera el *afrancesado!*

[63] **¿Quién calcula eso?** ¿Quién sabe eso?

[64] **bizarría** extravagancia, gallardía

[65] **tambaleándose** (*staggering*)

[66] **suma** gran, mucha

[67] **vinosa** (*thick from wine*)

[68] **canallas** gente ordinaria, vil

[69] **redomas** botellas

III

⁷⁰ **como impulsado por un resorte** (*as though he had been shot out of the chair by a spring*)

⁷¹ **toque de agonía** (*death knell*)

⁷² **desenojar** pacificar

⁷³ **antepasados** parientes de tiempos pasados

⁷⁴ **verdugos** los que matan a los sentenciados

⁷⁵ **huestes** ejércitos en campaña

⁷⁶ **campeones** defensores, combatientes

⁷⁷ **desfallecida** débil

⁷⁸ **fingido** pretendido

⁷⁹ **envenenados** (*poisoned*)

Levantóse García de Paredes, como impulsado por un resorte[70], al oír semejante clamor dentro de su casa, y apoyóse en la mesa para no caer de nuevo sobre la silla. Tendió en torno suyo una mirada de inexplicable regocijo: dejó ver en sus labios la inmortal sonrisa del triunfador, y así, transfigurado y hermoso, con el doble temblor de la muerte y del entusiasmo, pronunció las siguientes palabras, entrecortadas y solemnes como las campanadas del toque de agonía[71]:

—¡Franceses!...Si cualquiera de vosotros, o todos juntos, hallarais ocasión propicia de vengar la muerte de doscientos ochenta y cinco compatriotas y de salvar la vida a otros doscientos más; si, sacrificando vuestra existencia, pudieseis desenojar[72] la indignada sombra de vuestros antepasados[73], castigar a los verdugos[74] de doscientos ochenta y cinco héroes, y librar de la muerte a doscientos compañeros, a doscientos hermanos, aumentando así las huestes[75] del ejército patrio con doscientos campeones[76] de la independencia nacional, ¿repararíais ni un momento en vuestra miserable vida? ¿Dudaríais ni un punto en abrazaros como Sansón a la columna del templo y morir, a precio de matar a los enemigos de Dios?

—¿Qué dice?—se preguntaron los franceses.

—Señor...¡los asesinos están en la antesala!—exclamó Celedonio.

—¡Que entren!...(gritó García de Paredes).—Abreles la puerta de la sala...¡Que vengan todos...a ver cómo muere el descendiente de un soldado de Pavía!

Los franceses, aterrados, estúpidos, clavados en sus sillas por un horrible letargo, creyendo que la muerte de que hablaba el español iba a entrar en aquel aposento en pos de los amotinados, hacían penosos esfuerzos por levantar los sables que yacían sobre la mesa; pero ni siquiera conseguían que sus flojos dedos asiesen las empuñaduras: parecía que los hierros estaban adheridos a la tabla por una insuperable fuerza de atracción.

En esto inundaron la estancia más de cincuenta hombres y mujeres, armados con palos, puñales y pistolas, dando tremendos alaridos y lanzando fuego por los ojos.

—¡Mueran todos!—exclamaron algunas mujeres, lanzándose las primeras.

—¡Deteneos!—gritó Garcia de Paredes con tal voz, con tal actitud, con tal fisonomía, que, unido este grito a la inmovilidad y silencio de los veinte franceses, impuso frío terror a la muchedumbre, la cual no se esperaba aquel tranquilo y lúgubre recibimiento.

—No tenéis para qué hundir los puñales...(continuó el boticario con voz desfallecida[77]).—He hecho más que todos vosotros por la independencia de la Patria...¡Me he fingido[78] *afrancesado*!...Y ¡ya veis!...los veinte oficiales invasores...¡los veinte!—no les toquéis...—¡están envenenados[79]!

Un grito simultáneo de terror y admiración salió del pecho de los españoles. Dieron éstos un paso más hacia los convidados, y hallaron que la mayor parte estaban ya muertos, con la cabeza caída hacia adelante, los brazos extendidos sobre la mesa, y la mano crispada en la empuñadura de los sables. Los demás agonizaban silenciosamente.

—¡Viva García de Paredes!—exclamaron entonces los españoles, rodeando al héroe moribundo.

—Celedonio…(murmuró éste).—Celedonio, el *opio*[80] se ha concluí-do…Manda por opio a La Coruña…

Y cayó de rodillas.

Sólo entonces comprendieron los vecinos del Padrón que el boticario estaba también envenenado.

Vierais entonces un cuadro tan sublime como espantoso.

Varias mujeres, sentadas en el suelo, sostenían en su falda y en sus bra-zos al expirante[81] patriota, siendo las primeras en colmarlo de caricias y ben-diciones, como antes fueron las primeras en pedir su muerte.

Los hombres habían cogido todas las luces de la mesa, y alumbraban arrodillados aquel grupo, en que se veían unidos el patriotismo y la caridad.

Allá quedaban en la sombra veinte muertos o moribundos, de los cuales algunos iban desplomándose contra el suelo con pavorosa pesantez[82].

Y a cada suspiro de muerte que se oía, a cada francés que venía a tierra, una sonrisa gloriosa iluminaba la faz de García de Paredes, el cual de allí a poco devolvió su espíritu al Cielo, bendecido por un ministro del Señor y llorado de sus hermanos en la Patria.

[80] **opio** (*opium*)

[81] **expirante** que moría

[82] **pesantez** (*thud*)

PREGUNTAS

1. ¿Dónde tiene lugar este cuento?
2. ¿Qué es un misántropo?
3. ¿Cuál era la profesión de García de Paredes?
4. ¿Por qué estaba tan furioso el pueblo?
5. ¿Qué es un afrancesado?
6. Según García de Paredes, ¿para qué estaban en España los franceses?
7. ¿Cuál fue la reacción de García de Paredes al oír que los asesinos estaban cerca?
8. Al entrar los asesinos, ¿de qué les informó García de Paredes?
9. Según Ud., ¿qué impulsó más a García de Paredes, el heroísmo o el amor a su patria?

PARA AUMENTAR EL VOCABULARIO

Familias de palabras

Educado: educar, educable, educación

1. Ramón es un hombre educado; tiene buenos modales.
2. El oficio de Margarita es educar. Es maestra en la escuela elemental (primaria).
3. Lola no es educable. No puede aprender nada.
4. La educación de los niños es de suma importancia.

Animada: animar, animación, animador

1. Tuvimos una conversación alegre y animada.
2. No puedo animar a Carlos a que vaya conmigo. Sigue diciendo que no quiere ir.
3. Ella posee una animación contagiosa. Todos se ponen alegres en compañía de ella.
4. Es un anuncio animador. Nos hace alegres.

Avanzaron: avanzar, avance, avanzada

1. Los asesinos avanzaron hacia la sala en que él daba la fiesta.
2. Quiere avanzar a fuerza de puro trabajar. No quiere pasar la vida haciendo la misma cosa.
3. Le dio un avance de su sueldo.
4. La avanzada se adelantó para establecer la posición del enemigo. Las otras tropas seguirían.

Botica: farmacia, boticario, farmacéutico

1. Botica y *farmacia* son términos sinónimos.
2. Boticario y *farmacéutico* son términos sinónimos.

Carencia: carecer, carecimiento

1. La sala estaba en una total carencia de alumbrado. No había luz ninguna.
2. Es triste carecer de recursos.
3. El carecimiento de agua seca la tierra.

Ejercicio de vocabulario

Escriba una frase empleando las siguientes palabras.

1. educado
2. carecer
3. botica
4. avanzar
5. animado
6. farmacéutico
7. animador

EJERCICIOS CREATIVOS

1. Prepare un informe sobre la invasión napoleónica en España.
2. Explique el significado de lo siguiente: «Un afrancesado es más odiado que un francés. El francés atropella a un pueblo extraño: el afrancesado vende y deshonra a su patria. El francés comete un asesinato: el afrancesado, ¡un parricidio!» ¿Qué opina Ud.?
3. Apunte en orden los varios acontecimientos de este cuento.

Las medias rojas

Emilia Pardo Bazán

Emilia Pardo Bazán (1852–1921) escribió de su provincia natal de Galicia en una manera muy realista. Aunque Los pazos de Ulloa y la secuela La madre naturaleza son sus mejores obras, sus cuentos fueron publicados en colecciones extensas. «Las medias rojas» viene de una colección titulada Cuentos de la tierra en la cual la autora emplea varios términos tomados de la región gallega.

En este cuento el lector llega a sentir la profunda tragedia de los dos personajes, cada uno irremediablemente cogido en la red de las circunstancias. Todos los detalles contribuyen al cruel desenlace que destruye la esperanza de un futuro mejor para la pobre campesina.

La costa de Galicia al Noroeste de España

 uando la rapaza[1] entró, cargada con el haz[2] de leña que acababa de merodear[3] en el monte del señor amo, el tío Clodio no levantó la cabeza, entregado a la ocupación de picar[4] un cigarro, sirviéndose, en vez de navaja[5], de una uña córnea[6], color de ámbar oscuro, porque la había tostado el fuego de las apuradas colillas[7].

Ildara soltó el peso en tierra y se atusó[8] el cabello, peinado a la moda "de las señoritas" y revuelto por los enganchones de las ramillas que se agarraban[9] a él. Después, con la lentitud de las faenas aldeanas, preparó el fuego, lo prendió, desgarró las berzas[10], las echó en el pote negro, en compañía de unas patatas mal troceadas[11] y de unas judías asaz secas[12], de la cosecha anterior, sin remojar[13]. Al cabo de estas operaciones, tenía el tío Clodio liado[14] su cigarrillo, y lo chupaba desgarbadamente[15], haciendo en los corrillos dos hoyos como sumideros, grises, entre el azuloso de la descuidada barba[16].

Sin duda la leña estaba húmeda de tanto llover la semana entera, y ardía mal, soltando una humareda acre; pero el labriego[17] no reparaba: al humo, ¡bah!, estaba él bien hecho desde niño. Como Ildara se inclinase para soplar

[1] **rapaza** muchacha joven
[2] **haz** conjunto de cosas atadas (bundle)
[3] **merodear** andar robando y vagando por el campo
[4] **picar** cortar ligeramente o un poco
[5] **navaja** cortaplumas, cuchillo cuya hoja se dobla
[6] **uña córnea** *(finger nail)*
[7] **apuradas colillas** *(cigar (ette) stub)*
[8] **atusarse** arreglar alizando
[9] **resuelto…se agarraban** *messed up by snagging twigs, disheveled*
[10] **desgarró las berzas** *she cut up the cabbage*
[11] **troceados** divididos en pedazos (trozos)
[12] **judías asaz secas** *enough dried beans*
[13] **remojar** mojar de nuevo
[14] **liado** *done up*
[15] **desgarbadamente** *in an uncouth manner*
[16] **haciendo…barba** *streaking grayish stains among the bluish hairs of his unkempt beard*
[17] **labriego** campesino

[18] **insólito** no usual

[19] **remendadas y encharcadas sayas** *patched and dripping wet skirts*

[20] **novidá** novedad

[21] **hirmán del abade** hermana del cura

[22] **apetecible** atractiva

[23] **golosas de vivir** *enticing delicacies*

[24] **sin amilanarse** sin tener miedo

[25] **ninguén** ninguno

[26] **nacen...monte** *"money grows on trees"*

[27] **con sorna** perezosamente

[28] **merqué** compré

[29] **engarzados...hirsutas** *set in heavy eyelids under bushy brows*

[30] **encarranchado** *slouching, sitting with bad posture*

[31] **zarandeó** sacudió

[32] **barbotaba** hablaba entre dientes

[33] **cluecas** se dice de las gallinas que quieren empollar

[34] **de mociña...requebrada** *as a pretty, courted young girl*

[35] **mancase** marcarse

[36] **aro de la criba** *metal ring of a sieve*

[37] **desgarró los tejidos** *tore the tissue*

[38] **el gancho** el agente

[39] **ladino** astuto

[40] **acorralada y acosada** *penned in and harrassed*

[41] **dale que...espejo** *always looking in the mirror*

[42] **medrosas** miedosas

[43] **se escudaba** se protegía, se defendía (como con escudo)

[44] **aporreó** golpeó

[45] **carrillos** mejillas

y activar la llama, observó el viejo cosa más insólita[18]: algo de color vivo, que emergía de las remendadas y encharcadas sayas[19] de la moza... Una pierna robusta, aprisionada en una media roja, de algodón...

—¡Ey! ¡Ildara!

—¡Señor padre!

—¿Qué novidá[20] es esa?

—¿Cuál novidá?

—¿Ahora me gastas medias, como la hirmán del abade[21]?

Incorporóse la muchacha, y la llama, que empezaba a alzarse, dorada, lamedora de la negra panza del pote, alumbró su cara redonda, bonita, de facciones pequeñas, de boca apetecible[22], de pupilas claras, golosas de vivir[23].

—Gasto medias, gasto medias—repitió sin amilanarse[24]—. Y si las gasto, no se las debo a ninguén[25].

—Luego nacen los cuartos en el monte[26]—insistió el tío Clodio con amenazadora sorna[27].

—¡No nacen!... Vendí al abade unos huevos, que no dirá menos él... Y con eso merqué[28] las medias.

Una luz de ira cruzó por los ojos pequeños, engarzados en duros párpados, bajo cejas hirsutas[29], del labrador... Saltó del banco donde estaba encarranchado[30], y agarrando a su hija por los hombros, la zarandeó[31] brutalmente, arrojándola contra la pared, mientras barbotaba[32]:

—¡Engañosa! ¡Engañosa! ¡Cluecas[33] andan las gallinas que no ponen!

Ildara, apretando los dientes por no gritar de dolor, se defendía la cara con las manos. Era siempre su temor de mociña[34] guapa y requebrada, que el padre la mancase[35], como le había sucedido a la Mariola, su prima, señalada por su propia madre en la frente con el aro de la criba[36], que le desgarró los tejidos[37]. Y tanto más defendía su belleza, hoy que se acercaba el momento de fundar en ella un sueño de porvenir. Cumplida la mayor edad, libre de la autoridad paterna, la esperaba el barco, en cuyas entrañas tantos de su parroquia y de las parroquias circunvecinas se habían ido hacia la suerte, hacia lo desconocido de los lejanos países donde el oro rueda por las calles y no hay sino bajarse para cogerlo. El padre no quería emigrar, cansado de una vida de labor, indiferente a la esperanza tardía: pues que se quedase él... Ella iría sin falta; ya estaba de acuerdo con el gancho[38], que le adelantaba los pesos para el viaje, y hasta le había dado cinco de señal, de los cuales habían salido las famosas medias... Y el tío Clodio, ladino[39], sagaz, adivinador o sabedor, sin dejar de tener acorralada y acosada[40] a la moza, repetía:

—Ya te cansaste de andar descalza de pie y pierna, como las mujeres de bien, ¿eh, condenada? ¿Llevó medias alguna vez tu madre? ¿Peinóse como tú, que siempre estás dale que tienes con el cacho de espejo[41]? Toma, para que te acuerdes...

Y con el cerrado puño hirió primero la cabeza, luego, el rostro, apartando las medrosas[42] manecitas, de forma no alterada aún por el trabajo, con que se escudaba[43] Ildara, trémula. El cachete más violento cayó sobre un ojo, y la rapaza vio, como un cielo estrellado, miles de puntos brillantes envueltos en una radiación de intensos coloridos sobre un negro terciopelo. Luego, el labrador aporreó[44] la nariz, los carrillos[45]. Fue un instante de furor, en que sin escrúpulo la hubiese matado, antes que verla marchar, dejándole a él solo, viudo, casi imposibilitado de cultivar la tierra que llevaba en arriendo[46], que fecundó[47] con sudores tantos años, a la cual profesaba un cariño maquinal, absurdo. Cesó al fin de pegar; Ildara, aturdida[48] de espanto, ya no chillaba[49] siquiera.

Salió fuera, silenciosa, y en el regato[50] próximo se lavó la sangre. Un diente bonito, juvenil, le quedó en la mano. Del ojo lastimado, no veía.

Como que el médico, consultado tarde y de mala gana, según es uso de labriegos, habló de un desprendimiento de la retina[51], cosa que no entendió la muchacha, pero que consistía... en quedarse tuerta[52].

Y nunca más el barco la recibió en sus concavidades para llevarla hacia nuevos horizontes de holganza[53] y lujo. Los que allá vayan, han de ir sanos, válidos, y las mujeres, con sus ojos alumbrando y su dentadura completa...

[46] **arriendo** terreno alquilado
[47] **que fecundó** *that he fertilized*
[48] **aturdida** *rattled*
[49] **chillaba** gritaba
[50] **regato** charco, corriente de agua
[51] **desprendimiento de la retina** *detached retina*
[52] **tuerto(a)** que no ve con un ojo
[53] **holganza** ocio, descanso *(leisure)*

PREGUNTAS

1. ¿Qué trabajo acaba de hacer la rapaza?
2. ¿Qué hacía el tío Clodio?
3. ¿Qué faenas aldeanas emprendió Ildara?
4. ¿Qué novedad observó el tío Clodio?
5. ¿Cómo explica la moza la compra de las medias?
6. ¿Por qué se defendía tanto la cara?
7. ¿Con qué soñaba la joven?
8. Al enfurecerse el tío, ¿era por él o por ella que se preocupaba?
9. ¿Cómo estaba la joven tras el abuso del tío Clodio?
10. ¿Qué desengaño sufrió Ildara a fin del cuento?

PARA AUMENTAR EL VOCABULARIO

Familias de palabras

Labrar: labrador(a), labradero(a), labranza, labriego(a)

1. Es preciso labrar la tierra antes de sembrar.
2. Los bueyes, las carretas y los arados son indispensables para los labradores.
3. Se necesita fecundar el terreno árido para convertirlo en tierra labradera.
4. El cultivo del campo es una labranza ardua.
5. El tío Clodio era un labriego gallego.

Saber: sabio(a), sabedor(a), sabiamente, sabiduría

1. No se sabe el autor de todas las fábulas.
2. La que escribió este cuento corto es una persona sabia.
3. No se puede determinar si el tío Clodio era adivinador o sabedor.
4. Sabiamente, la rapaza evitó una discusión.
5. La sabiduría de los antiguos filósofos todavía nos influye.

Diente: dentista, dental, dentadura, dentífrico (a)

1. El chico perdió un diente jugando fútbol.
2. Se recomienda visitar al dentista dos veces al año.
3. La higiene dental es sumamente importante para todos.
4. El mucho fumar le ha manchado la dentadura.
5. ¿Qué marca de pasta dentífrica compra Ud.?

Ejercicio de vocabulario

Exprese de otra manera las palabras en letra bastardilla.

1. El *trabajador* se dedicó a cultivar el maíz.
2. Se dice que la lechuza es un pájaro muy *inteligente*.
3. Después de cosechar el trigo, el *campesino* estaba muy cansado.
4. Voy a cepillarme los dientes diariamente porque no quiero tener *dientes postizos*.
5. ¿Quién iba a creer que había *tanto conocimiento* en esa pequeña cabeza?
6. ¿*Cuántas muelas* sacó el dentista?

EJERCICIO CREATIVO

Emilia Pardo Bazán es gallega y algunos creen que el gallego no es dialecto sino una lengua independiente. Coloque en un mapa de España la provincia de Galicia y las siguientes ciudades: Vigo, la Coruña, Santiago de Compostela, Pontevedra. Busque detalles del peregrinaje a Santiago de Compostela y prepárese a discutirlos con sus compañeros (as) de clase.

Navidad para Carnavalito

Ana María Matute

Ana María Matute nació en Barcelona en 1926. Recibió su educación con monjas católicas y no siguió estudios universitarios formales sino que se cultivó por medio de muchas lecturas y viajes al extranjero. Se dedicó al cuento y a la novela, ganando los más envidiados premios literarios de España.

En sus obras los protagonistas revelan cierta angustia existencial y una dolorosa soledad. La mayor parte de ellos son niños: tristes, inocentes, enfermos y sanos, ingenuos y sabedores, a veces, víctimas.

De lo más lejano de la memoria le venían aquellos sonidos: la trompeta, el tambor y algo como un entrechocar de cascabeles. A veces se quedaba quieto, agarrado a la verja[1] con las manos, mirando hacía aquel punto; la planicie, con hierba amarillenta, desgastada[2], con grandes calvas. Una hilera de árboles polvorientos, y, más allá, las primeras casas de la ciudad. La pequeña, friolera y adusta[3] ciudad provinciana, con sus farolas de gas, de globos blancos, en el amodorrado[4] atardecer. Miraba la silueta borrosa de los tejadillos puntiagudos, azuleantes y su corazón se llenaba con la extraña melancolía de los seis años.

De lo más lejano y pequeño de la memoria le venía aquella música de saltimbanquis[5], aquel retumbar de panderetas[6], que le anudaba la garganta y le pegaba allí, a la reja, mirando el trozo de tierra del otro lado, donde comenzaba el griterío de los otros muchachos.

Tenía una gran afición: hacerse caretas y gorros[7] con trozos de papel de colores. Siempre iba buscando papeles de colores, hasta en los lugares más sucios y escondidos, y por ello se ganaba castigos y palabras duras. Pero no lo podía remediar: cogía un pedazo de papel, le hacía dos agujeros para los ojos, y escondía la cara detrás. Entonces le brotaban de la garganta mil vocecillas distintas, que hacían reír a los otros muchachos. Otras veces se ponía boca abajo, con los

pies en alto y apoyando la espalda en la pared. Las piernecillas flacas se movían en el aire, y el delantal[8] azul le cubría la cabeza, como un telón. Cantaba, y nacían de lo más lejano de su pecho las hermosas canciones que hacían reír a los chicos. Otras veces, bajaba dando volteretas[9] (volteretas de verdad, que le dejaban las palmas de las manos incrustadas de arena) toda la cuestecilla[10] del huerto, detrás del edificio.

Quizás era por todo esto por lo que le llamaban Carnavalito. No sabía quién le puso el nombre. Tal vez porque cantaba, o porque se ponía del revés, o porque decía en el corro de los muchachos, con las cabezas juntas, que era hijo de Don Payaso y de Doña Payasa, que iban de pueblo en pueblo, con un oso grande, una escalera[11] blanca, un violín y un látigo de cascabeles[12]. Carnavalito se miraba en el espejo del lavabo[13] cuando, aún con el largo camisón blanco, se limpiaba los dientes. Carnavalito se embadurnaba[14] la cara con la pasta de dientes y se la dejaba blanca, como la luna, ante la risa de todos. Carnavalito se ganaba con estas cosas muchos castigos. Y, a veces,

[1] **la verja** reja que cierra una puerta, ventana o jardín

[2] **desgastada...clavas** *eroded, with big open spaces*

[3] **adusta** austera, rígida

[4] **amodorrado** dormido

[5] **saltimbanquis** *jugglers, acrobats*

[6] **pandereta** instrumento músico (*tambourine*)

[7] **caretas y gorros** *masks and caps*

[8] **delantal** camisa larga para proteger la ropa (*smock*)

[9] **volteretas** vueltas acrobáticas que se dan en el aire

[10] **cuestecilla** *slope*

[11] **escalera** escalera de mano que usan los payasos en el circo

[12] **látigo de cascabeles** palo con campanillas que emplean los bufones para molestar

[13] **lavabo** *washstand*

[14] **se embadurnaba** se untaba (*smeared*)

[15] **cosquilleo** *a tickling sensation*

[16] **rematados** terminados

[17] **bizqueando** *squinting*

[18] **zumbido en las sienes** ruido irritante en la cabeza
[19] **baldosas** *paving tiles*

[20] **rabia** enójate

[21] **saltarinas** involuntarias
[22] **tapado** abrigado

le llegaba un cosquilleo[15], como una lluvia menuda, triste y dulce, y no podía evitar el echar a correr, estuviese donde estuviese, y salir al huerto, y agarrarse con las dos manos a los hierros de la verja: negros, altos, rematados[16] en punta. Y miraba allá: siempre a aquel punto, hacia la planicie. Miraba los lejanos globos luminosos, como lunas pinchadas al extremo de los postes. Carnavalito miraba con atención, y pensaba: *Algún día, por ahí, llegará el Circo.* Oyó decir que el día que llegase el Circo los llevarían a verlo. Y Carnavalito miraba y miraba la polvareda de la planicie barrida por el viento, y el horizonte, tiñéndose de las últimas luces.

Carnavalito había reunido en una caja de cartón hasta seis lápices de colores, con los que pintaba caballos, monos, payasos y tambores en las hojas de los cuadernos destinados a las letras y a los números. Carnavalito subía muchas veces al lavabo para ensayar en el espejo sus cien caras distintas: torciendo la boca, bizqueando[17] los ojos, levantándose el cabello hacia arriba con las manos, hinchando los carrillos. Los muchachos se reían mucho: «Pon cara de perro sabio, Carnavalito.» «Pon cara de mono, Carnavalito.» «Da una voltereta, Carnavalito...» Y del fondo del baúl de su memoria de seis años brotaba el sonido de los cascabeles, el tambor, la trompeta, y una vocecilla aguda que decía: «Salta, Carnavalito.» Cuando aflojaba las manos y soltaba los barrotes de la verja, le quedaban en las palmas de las manos dos caminillos blancos, levemente doloridos.

Con el frío llegó la Navidad. La Navidad era muy hablada por todos, y Carnavalito escuchaban con atención. Alguien dijo: «Para la Navidad nos llevarán el Circo.» Carnavalito rezó mucho para que la Navidad llegara cuanto antes. El día de Navidad amaneció con un dolor apretado en la garganta y un zumbido en las sienes[18]. Carnavalito no quería que nadie lo notara, pero al ir a calzarse sus piececillos blancos no se sostenían sobre el frío de las baldosas[19]. Sor Esperanza le puso la mano en la cabeza y le obligó a acostarse. Carnavalito empezó a llorar: y notaba como las lágrimas humedecían la tela áspera de la almohada.

—No llores—dijo sor Esperanza. Y se fue a sus tareas.

El día pasaba despacio, gris y solo. Carnavalito sentía mucho dolor allí, en el baulito de la memoria, debajo de las voces de Don Payaso y Doña Payasa.

Los muchachos salieron, y a la noche volvieron diciendo que habían ido al Circo: (*Rabia*[20], *rabia, Carnavalito, que tú no viste el Circo. El Circo llegó por la planicie y pasó por detrás de los globos luminosos de la cuidad. Carnavalito, rabia, que no hay Circo para ti.*)

Carnavalito no decía nada y lloraba despacio, con sus redondas lágrimas saltarinas[21], como cuentas de cristal. El médico dijo: «Congestión pulmonar.» Sor Esperanza ordenó que estuviera quieto y muy tapado[22].

(*Ay, Don Payaso y Doña Payasa: ¿cómo pudisteis olvidar en la cuneta al pobre Carnavalito, junto al baúl de su memoria de seis años?*)

La noche se esparcía con un murmullo ascendente, con cánticos como debajo de la tierra. Los muchachos solían cantar por la Navidad, junto al Nacimiento: con sus montañas de mentira, con la nieve de harina y las palmeras, hermanadas sobre la mesa con faldas que cosió sor Anastasia. La noche se esparcía sosegadamente: frío, luces pálidas, puertas cerrándose con un crujido lento, allá abajo, más allá de la oscuridad. La noche era propicia para Carnavalito, que tenía que estar muy tapado por culpa de la congestión pulmonar.

Carnavalito estaba muy seguro de lo que hacía. Despacio, se puso las botas, el pantalón, el delantalillo. Sabía que los muchachos cantaban con sor Esperanza, sor Anastasia, sor Lucía, sor Aurelia: todas, todos, agrupados en la Navidad. Sin fiebre ni soledad, sin baulitos de seis años, sin Don Payaso y Doña Payasa esperando allí, en la planicie, antes de que se hiciese tarde para la función.

Conocía las puertas mejor que nadie, y pudo sortearlas[23] sin ser visto. En el huerto, el frío hacía daño, pero Carnavalito conocía la puerta de la verja que se abría para el lechero y para el hombre que compraba botellas vacías. Carnavalito trepó[24] por la puertecilla de hierro, y saltó al otro lado, y huyó a la planicie.

Se fue a los globos luminosos. Los globos luminosos, de cerca, eran muy altos, y el viento soplaba con ira: con una furia grande y absorbente que le dejaba atónito. Carnavalito se adentró por el suburbio, donde todas las puertas estaban cerradas o eran mudas, y todas las ventanas ciegas. (*Y se dijo: «Qué rara es la ciudad: también obligan a dormir en la ciudad.»*) A lo largo de una tapia había una calle. Carnavalito se encaminó hacia el fondo, pensando que al final estarían Don Payaso y Doña Payasa, sentados sobre una maleta, esperándole. No estaban Don Payaso ni Doña Payasa, pero sí muchos otros que cantaban, pasándose unos a otros el brazo por los hombros; y hasta algunos que llevaban gorros de piel y olían a vino, y daban mucha risa. Carnavalito los miraba. A alguno que le parecía más tranquilo, le preguntó por el Circo. (*El Circo, sí... hacia allá,* le decían). Y Carnavalito iba hacia allá, siempre hacia allá.

Por fin encontró una plaza muy grande y hermosa, donde debía estar el Circo. Pero el Circo no estaba. Sólo papeles arrugados, empujados por el viento, y una nube de polvo, como en la planicie. Carnavalito notó un ahogo grande, subiéndole pecho arriba. Se sentó en el suelo, apoyado en la tapia: extrañamente blanca, como bañada por una luna que no existía. Entonces Carnavalito oyó por fin el tambor lejano de Doña Payasa, y luego, los cantos de los gallos, llegando por el borde alto de los tejados.

El lechero y una mujer que iba a primera misa lo encontraron, blanco y quieto, contra la tapia, con los ojos abiertos, mirando hacia el Circo que no estaba. Lo cogieron en brazos y se lo llevaron a la casa de socorro. Por el camino, la mujer se santiguó[25], y dijo señalando el delantal azul:

—¡Ay, si es uno del Orfelinato[26]! ¡Qué raro, a estas horas, uno del Orfelinato!

[23] **sortearlas** evitarlas

[24] **trepó** subió

[25] **santiguó** hizo señal de la cruz

[26] **orfelinato** asilo de huérfanos

PREGUNTAS

1. Decriba el desfile de una compañía del circo.
2. ¿Qué veía Carnavalito cuando se agarraba a la verja?
3. ¿Cómo era la ciudad cerca del orfelinato donde vivía?
4. ¿Qué afición tenía Carnavalito?
5. ¿Por qué le pusieron al chico el nombre de Carnavalito?
6. ¿En qué estación del año llegó el circo?
7. ¿Por qué no pudo Carnavalito ir al circo?
8. ¿Qué hacían los otros del orfelinato cuando Carnavalito huyó a la planicie?
9. ¿Cómo reaccionó Carnavalito cuando supo que no estaba el circo?
10. ¿Qué oyó el niño en su delirio?
11. ¿Quiénes encontraron al niño y adónde lo llevaron?

PARA AUMENTAR EL VOCABULARIO

Familias de palabras

Frío: friolento (a), enfriar, friolero(a)

1. Tengo frío cuando hace frío.
2. Emprendieron el viaje en una noche friolenta.
3. ¡Qué calor! Voy a enfriarme delante del ventilador.
4. En la distancia había una pequeña, friolera y adusta aldea.

Torcer: torcido (a), torcimiento, tuerto(a)

1. Saltando así hay peligro de torcer el tobillo.
2. El accidente lo dejó con el brazo torcido.
3. El torcimiento durante los ejercicios le causó un dolor agudo.
4. Un refrán nos dice que en el reino de los ciegos el tuerto es rey.

Ciudad: ciudadela, ciudadano, ciudadanía

1. ¿Prefieres vivir en el campo o en una ciudad grande?
2. La ciudadela es una fortaleza que defiende la ciudad.
3. No se consideran ciudadanos por no poder votar.
4. Sin la ciudadanía, el hombre no tiene derecho ninguno.

Ejercicio de vocabulario

Complete las oraciones con una palabra apropiada.

1. Pon la sartén en el agua para _____ la.
2. Hay que abrigarse bien. Hace viento _____.
3. Si quieres llegar pronto al centro, es necesario _____ la esquina aquí.
4. Caminaba con muletas porque tenía el pie _____.
5. No lo permitieron trabajar aquí porque es _____ de otro país.
6. Muéstrame tu carta de _____.

EJERCICIO CREATIVO

Escriba un párrafo en el cual describe una ciudad en una noche friolenta del invierno.

El salvamento

Ana María Matute

En este cuento vemos a unos jóvenes a quienes les gusta hacer burlas. Sin embargo, las cosas que hacen por broma cesan de divertirnos cuando tienen consecuencias impensadas y desastrosas.

Era un merendero[1] muy modesto y le llamaban «El Cangrejo». En conjunto, una docena de pilastras[2] de madera, quemadas por el sol, y un techuelo de cañas. Detrás, la barraca[3] con su puerta pintada de azul añil, mostrador recubierto de zinc, la bomba del agua, el grifo[4] eternamente goteando, los barriles, las botellas y las cajas de *Coca-Cola,* con su hielo picado. Alrededor, los grandes tiestos[5] con geranios rojos y blancos, y las hojas anchas, verde intenso, de las hortensias[6]. «El Cangrejo», más que modesto, en realidad era pobre. Y, sin embargo, ningún otro merendero se veía tan concurrido. Estaba al borde de la plaza, en el principio del pinar[7]. Algo había en él: quizás el gotear del agua, la sombra azul y verde, o el runruneo[8] del vientecillo entre los pinos. No se sabía a ciencia cierta. «El Cangrejo» se poblaba de gentes chillonas y domingueras[9], con la piel enroje-

[1] **merendero** sitio donde se almuerza

[2] **pilastras** columnas cuadradas

[3] **barraca** vivienda rústica, a veces conectada al merendero

[4] **grifo** llave para dar salida al agua

[5] **tiestos** macetas para plantar flores

[6] **hortensia** una flor (hydrangea)

[7] **pinar** pine grove

[8] **runruneo** sonido

[9] **gentes chillonas y domingueras** *the noisy Sunday crowd*

cida por la quemadura del sol, poco habituada a él, se sentaron en las mesas de madera, bajo el techuelo de cañas, y sacaban fiambreras de las mochilas. Pedían vino, cerveza y *Coca-Cola;* a veces, una ensalada de lechuga, tomate y aceitunas, y, al final, café, coñac o anís. Después que marchaban en el auto-bús de las siete, aún parecía quedar enredado en el aire, en la brisa que levantaba la arena, el eco de sus risas, de sus bromas y de sus gritos.

El dueño del merendero se llamaba don Marianito. Era un hombre serio, de pocas palabras y mal encarado[10]. Con él solo no daba abasto[11] a atender a la clientela, le ayudaban los domingos tres muchachos y uno solo el resto de la semana. Este último era un chico pálido y tímido, llamado Timoteo. Los otros dos, Alberto y «El Fandanguito», la tenían tomada con él. Siempre le andaban con bromas y burlas, y, cuando ellos estaban, don Marianito lo miraba seriamente, y era el único que no le increpaba[12] de malos modos. Una vez, ante una broma del «Fandanguito» demasiado cruel, dijo:

—No os metáis así con el chico. Vale más que vosotros dos juntos...

Quizá por eso, Alberto y «El Fandanguito» le tomaron ojeriza[13] a Timoteo. Y sus bromas y malas jugadas no pararon.

Timoteo no se bañaba nunca en el mar. Le daba vergüenza de su delga-dez y su piel blanca, y sus compañeros, que lo notaron, le zaherían[14] con sus pullas[15]:

—Timoteo, ¿no te vas a refrescar hoy? ¡Está el agua más buena!

Ellos eran fornidos[16], presumidos[17] y morenos, y corrían sobre la arena a paso gimnástico. Timoteo los miraba pensativo y recordaba con amargura su infancia triste, sus espaldas estrechas y combadas[18], sus piernas como esta-cas[19]. «Yo no tengo la culpa—se decía—, no tengo la culpa».

Sin embargo, lo peor no había llegado para él. Lo peor fue el día en que descubrieron su amor por Margarita, la hija de don Marianito. Margarita, que tenía dieciséis años, empezó aquel verano a acudir los domingos al merende-ro, para ayudar a su madre. Era rubia, con grandes ojos oscuros y la piel dorada por el sol. Timoteo se enamoró de ella desde el primer día que la vio.

Alberto y «El Fandanguito» presumían. Ella seguía sus bromas. Cuando todos los de la playa se habían marchado ya, los tres se vestían el traje de baño y se lanzaban al agua, aprovechando el último calor de un sol que ya declinaba. Era la hora de sus juegos y de sus bromas. Desde el merendero, sentado en una mesa, o fregando[20], en la barraca, Timoteo los miraba con sus ojos negros y tristes, la garganta apretada de pena. Todas las bromas le hacían sufrir, pero ninguna como las de Margarita.

Un día, al «Fandanguito» se le ocurrió una broma genial:

—Margarita, vamos a darle un bromazo serio al Timoteo...

—¿Cuál?—dijo ella, ya dispuesta a reírse.

—¡Vamos a hacer que se bañe a la fuerza!

—¿Cómo?

—Verás, tú te echas a nadar, y, al cabo de un rato, finges que te ahogas...

Lo planearon al detalle. La risa les llenaba el cuerpo como de burbujas[21]. Timoteo los miraba de lejos, y sólo pensaba: «¡Qué hermosa es! No sé cómo puede haber alguien tan lleno de fuerza, de vida...»

[10] **mal encarado** inatractivo
[11] **no daba abasto** no era suficiente

[12] **increpaba** regañaba *(scolded)*

[13] **orejiza** *grudge*

[14] **zaherían** criticaban
[15] **pullas** expresiones indecentes que hieren a uno
[16] **fornidos** robustos
[17] **presumidos** vanos
[18] **combadas** *drooping*
[19] **estacas** palos con puntas para clavarlos *(stakes)*

[20] **fregando** lavando con fuerza

[21] **burbujas** ampollitas de aire en los líquidos *(bubbles)*

Cuando la vio echarse al mar, sólo pensó que nunca había visto nada tan bello. Fue luego, mucho después, cuando empezó a notar algo anormal.

Allá lejos, entre las olas, Margarita agitaba extrañamente los brazos y su cabeza aparecía y desaparecía del agua de un modo alarmante. Aún no se había hecho cargo de la situación, cuando Alberto y «El Fandanguito» empezaron a gritarle:

—¡Timo, que se ahoga! ¡Timo que se está ahogando!

Timoteo salió corriendo a la arena. Al borde del mar se detuvo, pálido y temblando. Dirigió una mirada angustiada a sus compañeros:

—¿Qué hacéis ahí? ¡Id por ella!

Pero Alberto y «El Fandanguito» se cubrían la cabeza con las manos y sus hombros se agitaban: tenían miedo.

—¡Cobardes!—dijo Timo—. ¡Cobardes!

Vestido como estaba se quitó el delantal y se lanzó al agua. Luego, ya no recordó nada más. Alberto y «El Fandanguito» lo vieron hundirse, perderse como un pelele[22], con la boca abierta.

—¡Anda, tú, si no sabía nadar...!

[22] **pelele** muñeca de paja y trapos

PREGUNTAS

1. Describa el merendero, «El Cangrejo».

2. ¿Cómo era la gente que lo poblaba?

3. ¿Quiénes ayudaban al dueño?

4. ¿Cómo trataban los otros a Timoteo? ¿Por qué?

5. ¿De quién se enamoró Timoteo?

6. ¿Qué broma se le ocurrió al «Fandanguito»?

7. ¿Quién se tiró al agua para salvar a Margarita?

8. ¿Cuál es el final del cuento?

PARA AUMENTAR EL VOCABULARIO

Familias de palabras

Merendero: merendar, merendilla, merienda

1. «El Cangrejo» era un merendero muy modesto colocado al borde de la playa.
2. Los domingos prefiero merendar en un lugar que está cerca de mi casa.
3. Para celebrar el compromiso de su prima, María ofreció una merienda a las amigas.
4. Alejandro comió tanto en el desayuno que sólo quiere una merendilla ahora.

Salvar: salvador(a), salvamento, salvo, salvavidas

1. El joven se tiró al agua para salvar a la que se ahogaba.
2. El salvador de la niña recibió una medalla de heroísmo.
3. Los detalles del salvamento aparecieron en el periódico al día siguiente.
4. Afortunadamente la pobre chica parece sana y salva.
5. El que no sabe nadar se puede ayudar con un salvavidas.

Ejercicio de vocabulario

Complete las siguientes oraciones con una palabra apropiada.

1. Si quieres _____ al fresco, hay un _____ popular cerca de la playa.
2. Vamos a tomar nuestra _____ en un lugar con aire acondicionado.
3. Si no tienes mucha hambre, pide una _____.
4. No se habría ahogado si hubiera tenido un _____.
5. Al saber del _____ de la moza, todos aplaudieron.
6. El que fue salvado ni siquiera sabía el nombre de su _____.
7. Encontraron al niño perdido sano y _____ en el bosque cerca de su casa.
8. ¿Qué agencia sirve para _____ a la gente destituida?

EJERCICIO CREATIVO

1. Busque en el periódico un artículo que relata un salvamento. Relátelo en español oralmente a la clase.

CONVERSACIÓN

Teodoro Tesoro entrevista a un nadador experto empleado en la playa.

El nadador: Mucho gusto en conocerlo, Señor Tesoro. Siento que Ud. me encuentre en traje de baño pero no sabía que me iba a entrevistar y fotografiar al instante.

TEODORO: No hay que preocuparse. No es nada formal, y me puede llamar Teo. Es un apodo que me pusieron de niño y todavía lo llevo.

EL NADADOR: Pues, bien, a sus órdenes.

TEODORO: Bueno, vamos al grano. Dígame algo del salvamento de la chiquilla desde su punto de vista.

EL NADADOR: Pues, como Ud, puede ver, tras días de mal tiempo, la marea está altísima y la resaca, fortísima. Por tres días ha sido imposible nadar y tuvimos que levantar las banderas rojas, indicando peligro. Hoy para apaciguar a los impacientes vagos de la playa, las bajamos. Naturalmente, la madre, con la niña en el brazo se metió en el mar y se distanció demasiado de la playa. El olaje las tumbó, la mujer dio un grito, la niña fue arrancada por la fuerza del mar, y al llegar nosotros, las dos se habían sumergido. La madre sabe nadar, pero por poco se ahogó la hija. La llevé a la playa donde le hice la respiración artificial, y tras un vómito del agua salada que había tragado, resucitó.

TEODORO: Su nombre, ¿cuál es?

EL NADADOR: José Rivera, pero como ya estamos con los motes, mé puede llamar Pepe.

TEODORO: No, le voy a llamar héroe porque ha salvado una vida preciosa.

EL NADADOR: Sólo hice mi trabajo, Teo.

TEODORO: ¡Salvavidas! ¡Qué trabajo tan satisfactorio!

ESTRUCTURA

Repaso de verbos irregulares

En un repaso completo de los verbos irregulares el mejor consejo que se puede dar al estudiante es que es necesario memorizar las formas porque no conforman a los modelos básicos aunque en algunos tiempos y con algunas terminaciones, parecen ser regulares. En unos casos los verbos irregulares se pueden agrupar porque tienen irregularidades en común.

Por eso, entonces, presentamos una lista de los verbos irregulares esenciales (Véase los cuadros verbales en la página 455.), y un análisis de dos clases de verbos importantes: **a.** los verbos de cambio radical y **b.** los verbos de cambio ortográfico, siendo las dos clases las que conforman a ciertos patrones especiales.

EJERCICIOS

A Conteste las siguientes preguntas en la forma afirmativa.

1. ¿Da Ud. consejo al mancebo?
2. ¿Está Ud. en el merendero los viernes?
3. ¿Va Ud. en busca del traidor?
4. ¿Conoce Ud. al boticario?
5. ¿Se lo dice al dueño?
6. ¿Oye Ud. la voz del afrancesado?
7. ¿Pone Ud. la mesa para la merienda?
8. ¿Sabe Ud. el nombre del afrancesado?
9. ¿Es Ud. estudiante?
10. ¿Dan Uds. las respuestas apropiadas?
11. ¿Están Uds. en favor del matrimonio?
12. ¿Van Uds. a merendar allí?
13. ¿Conocen Uds. a estos cuentistas?
14. ¿Dicen Uds. la verdad al mancebo?
15. ¿Oyen Uds. las palabras del traidor?
16. ¿Ponen Uds. las flores en el tiesto?
17. ¿Saben Uds. del salvamento?

B Transforme las siguientes oraciones en el pretérito

1. Carnavalito anda por la planicie.
2. Los traidores están en la botica.
3. ¿Quién trae el postre para la merienda?
4. Un adulto no cabe en ese lugar.
5. El niño hace caretas y gorros de papel.
6. Nos ponemos tristes al pensar en la muerte del huérfano.

7. La mujer no puede entender las acciones del marido.
8. El niño se pone triste al saber que el circo no viene.
9. Los muchachos quieren hacer burlas.
10. No sé nada del salvamento.
11. Viene Don Payaso con el circo.
12. No tenemos noticias del abuso cometido por el tío Clodio.

C Conteste las preguntas según el modelo.

—¿Fuiste a la botica?
—No, no fui; pero iré mañana.

1. ¿Te dijeron lo que pasó a la mujer brava?
2. ¿Lo hicieron ayer?
3. ¿Se lo dijiste ayer?
4. ¿Pudieron capturar a los traidores?
5. ¿Pusieron los salvavidas donde se puede encontrarlos fácilmente?
6. ¿Quiso Timoteo ver a Margarita?
7. ¿Supiste lo del boticario?
8. ¿Salió del orfelinato el niño?
9. ¿Tuvieron suerte los afrancesados?
10. ¿Vino el circo?

D Conteste las preguntas según el modelo.

—¿Saldrá el padre con su hijo?
—No, no saldrá porque salió ayer.

1. ¿Te dirán lo de la mujer brava?
2. ¿Irás al merendero «El Cangrejo»?
3. ¿Estarán Uds. en la botica?
4. ¿Vendrá el circo para la Navidad?
5. ¿Tendrás que hablar con el ciudadano?

■ Verbos de cambio radical

Debido a que tienen sus propias formas, los verbos de cambio radical y los de cambio ortográfico son verbos diferentes. En la mayoría de los verbos, el radical (o la raíz) es el mismo para todas las formas de un tiempo. En ciertos verbos sin embargo, hay cambios en la última vocal del radical. Estos verbos se llaman verbos radicales. Los cambios ocurren solamente en ciertas personas.

Reglas:

1. Verbos en -ar y -er, e—>ie (cerrar, entender: ind. cierro, entiendo, subj. cierre, entienda)

2. Verbos en -ar y -er, o—>ue (contar, poder: ind. cuento, puedo; subj. cuente, pueda)

3. Verbos en -ir, e—>i (pedir, servir: ind. pido, sirvo; subj. sirva, pida)

También hay un grupo en que el cambio es de *e a i y o a u,* en el gerundio, la tercera persona singular y plural del pretérito, la primera y segunda persona plural del presente de subjuntivo y en todas formas del imperfecto de subjuntivo.

cerrar	yo	tú	él, ella, Ud.
Pres. Ind.	cierro	cierras	cierra
Pres. Subj.	cierre	cierres	cierre

	nosotros	vosotros	ellos(as), Uds.
Pres. Ind.	cerramos	cerráis	cierran
Pres. Subj.	cerremos	cerréis	cierren

entender	yo	tú	él, ella, Ud.
Pres. Ind.	entiendo	entiendes	entiende
Pres. Subj.	entienda	entiendas	entienda
	nosotros	vosotros	ellos(as), Uds.
Pres. Ind.	entendemos	entendéis	entienden
Pres. Subj.	entendamos	entendáis	entiendan

sentir	yo	tú	él, ella, Ud.
Pres. Ind.	siento	sientes	siente
Pres. Subj.	sienta	sientas	sienta
Preterite	sentí	sentiste	sintió
Imp. Subj.	sintiera	sintieras	sintiera
Imp. Subj.	sintiese	sintieses	sintiese
	nosotros	vosotros	ellos(as), Uds.
Pres. Ind.	sentimos	sentís	sienten
Pres. Subj.	sintamos	sintáis	sientan
Preterite	sentimos	sentisteis	sintieron
Imp. Subj.	sintiéramos	sintierais	sintieran
Imp. Subj.	sintiésemos	sintieseis	sintiesen

morir	yo	tú	él, ella, Ud.
Pres. Ind.	muero	mueres	muere
Pres. Subj.	muera	mueras	muera
Preterite	morí	moriste	murió
Imp. Subj.	muriera	murieras	muriera
Imp. Subj.	muriese	murieses	muriese

	nosotros	vosotros	ellos(as), Uds.
Pres. Ind.	morimos	morís	mueren
Pres. Subj.	muramos	muráis	mueran
Preterite	morimos	moristeis	murieron
Imp. Subj.	muriéramos	murierais	murieran
Imp. Subj.	muriésemos	murieseis	muriesen

vestir	yo	tú	él, ella, Ud.
Pres. Ind.	visto	vistes	viste
Pres. Subj.	vista	vistas	vista
Preterite	vestí	vestiste	vistió
Imp. Subj.	vistiera	vistieras	vistiera
Imp. Subj.	vistiese	vistieses	vistiese

	nosotros	vosotros	ellos(as), Uds.
Pres. Ind.	vestimos	vestís	visten
Pres. Subj.	vistamos	vistáis	vistan
Preterite	vestimos	vestisteis	vistieron
Imp. Subj.	vistiéramos	vistierais	vistieran
Imp. Subj.	vistiésemos	vistieseis	vistiesen

4. Verbos especiales: jugar, errar, oler. Con el verbo «jugar», la u cambia a *ue*.

No hay palabras en español que empiezan con *ie* o *ue*. Por eso, el verbo radical «errar» cambia de *ie* a *ye* y el verbo «oler» cambia *ue* a *hue*.

jugar

pres. ind.	juego, juegas, juega, jugamos, jugáis, juegan
pres. subj.	juegue, juegues, juegue, juguemos, juguéis, jueguen

errar

pres. ind.	yerro, yerras, yerra, erramos, erráis, yerran
pres. subj.	yerre, yerres, yerre, erremos, erréis, yerren

oler

pres. ind.	huelo, hueles, huele, olemos, oléis, huelen
pres. subj.	huela, huelas, huela, olamos, oláis, huelan

Los siguientes verbos tienen cambios radicales:

e cambia a ie: ascender, atravesar, calentar, cerrar, comenzar, confesar, contender, despertar, despertarse, empezar, encerrar, entender, errar, extender, gobernar, helar, manifestar, negar (se), nevar, pensar, perder, plegar, recomendar, regar, sentar, sentarse, temblar, tropezar

o cambia a ue: acordar(se), acostarse, almorzar, avergonzar, contar, costar, devolver, encontrar, forzar, llover, morder, mostrar, mover, oler, probar, recordar, rogar, soler, sonar, soñar, tronar, volar, volver

e cambia a ie, i: advertir, consentir, convertir, divertir (se), herir, hervir, mentir, preferir, referir, sentir, sentirse

e cambia a i, i: conseguir, despedir (se) elegir, impedir, pedir, reír, rendir (se), reñir, repetir, seguir, servir, sonreír, vestir

o cambia a ue, u: dormir, dormirse, morir

EJERCICIOS

E Lea el siguiente relato; indique el infinitivo de los verbos indicados; luego conteste las cinco preguntas.

(1) *Me acuesto* temprano porque (2) *me despierto* a las seis de la mañana. (3) *Duermo* profundamente toda la noche. No (4) *sueño* con nada. Por la mañana me asomo a la ventana para ver si (5) *nieva,* (6) *llueve* o hace buen tiempo. (7) *Me visto* según el tiempo.

Preparo el desayuno y (8) *me siento* a la mesa para comerlo. Terminado el desayuno, (9) *me despido* de mi mamá y salgo de casa. Mi día (10)*empieza.*

1. ¿Por qué se acuesta Ud. temprano?
2. ¿Con qué sueña Ud?
3. ¿Por qué se asoma a la ventana?
4. ¿Después de desayunarse, ¿qué hace Ud.?
5. ¿Qué empieza entonces?

■　Verbos de cambio ortográfico

En español los sonidos **k, g (como en la palabra inglesa «go», gw, h, th (el ceceo)** se pueden deletrear de dos maneras según la vocal que sigue. Cuando uno de estos sonidos ocurre en la sílaba que precede la terminación del infinitivo es necesario cambiar el deletreo para preservar el mismo sonido en todas formas del verbo. Véase el siguiente gráfico.

Sonido	Deletreo delante *a, o*	Deletreo delante *e, i*
k	c (busco)	qu (busqué)
g (fuerte)	g (pago)	gu (pagué)
gw	gu (averiguo)	gu (averigüé*)
h	j (escojo)	g (escogí)
th	z (gozo)	c (gocé)

* Nótese que para preservar el sonido «gw» antes de la *e* se usa la diéresis sobre la *u*.

1. Verbos que preservan el sonido *k* (*c* cambia a *qu* delante de *e, i,*): acercarse, atacar, buscar, colocar, equivocarse, explicar, indicar, sacar, significar, suplicar, tocar.

2. Verbos que preservan el sonido *g* (fuerte) (*g* cambia a *gu* delante de *e, i*): apagar, cargar, colgar, distinguir, entregar, llegar, pagar, pegar, plegar, regar, rogar, jugar, negar.

3. Verbos que preservan el sonido *gw* (*gu* cambia a *gü* delante de *e, i*): averiguar, apaciguar, atestiguar.

4. Verbos que preservan el sonido *h* (*g* cambia a *j* delante *a, o*): coger, corregir, dirigir, elegir, escoger, proteger, recoger.

5. Verbos que preservan el sonido *th* (*z* cambia a *c* delante *e, i*): abrazar, alcanzar, almorzar, comenzar, cruzar, empezar, esforzar, forzar, gozar, lanzar, realizar, tropezar.

6. Notas especiales: Verbos cuyos infinitivos terminan en *-cer, -cir* precedidos por *o, e, u*, cambian a *zc* delante de las terminaciones de la primera personal del presente del indicativo y en todas las formas del presente del subjuntivo.

conocer

pres. ind.:   conozco, conoces, conoce, conocemos, conocéis, conocen
pres. subj.:   conozca, conozcas, conozca, conozcamos, conozcáis, conozcan

Otros verbos como conocer: agradecer, amanecer, anochecer, aparecer, crecer, conducir, establecer, lucir, merecer, obedecer, ofrecer, pertenecer, padecer, producir, reconocer, reducir

EJERCICIOS

F Para cada verbo en la siguiente lista, escriba las formas indicadas:

Presente de indicativo	yo	nosotros	
1. averiguar	_____	_____	
2. equivocarse	_____	_____	
3. bloquear	_____	_____	
4. entregar	_____	_____	
5. gozar	_____	_____	

Pretérito	yo	usted	
6. cargar	_____	_____	
7. colocar	_____	_____	
8. dirigir	_____	_____	
9. comenzar	_____	_____	
10. acercarse	_____	_____	

Imperativo	Ud.	Uds.	tú
11. apaciguar	_____	_____	_____
12. indicar	_____	_____	_____
13. explicar	_____	_____	_____
14. distinguir	_____	_____	_____
15. sacar	_____	_____	_____
16. colgar	_____	_____	_____
17. tocar	_____	_____	_____
18. escoger	_____	_____	_____
19. lanzar	_____	_____	_____
20. confiar	_____	_____	_____

G Conteste según el modelo:

—¿Qué pasó ayer? (yo) (mi hermano) ir al cine
—*Yo fui al cine; mi hermano fue al cine también*

1. yo (mi hermano) practicar en el piano
2. yo (mi hermana) hacer un viaje a un pueblo cercano
3. mi amiga (los vecinos) venir a visitarme
4. mi mamá (mis hermanas) hacer muchas compras en el centro
5. nosotros (ellos) andar por el parque
6. yo (Pepe) poner fin a un proyecto nuestro
7. yo (Uds.) no poder salir por tener tanto trabajo
8. yo (mi padre) caerse al bajar la escalera
9. mi prima (vosotros) ver una película interesante
10. tú (mis vecinos) oír un concierto al aire libre
11. yo (mi familia) saber del salvamento de la lechera

H Cambie al pretérito las siguientes frases tomadas del cuento «El afrancesado».

1. Dicen que hoy cenan con él más de veinte franceses.
2. ¡Qué expresivo está con esos viles excomulgados!

3. Pido que se haga cuartos al boticario.
4. Vosotros, hijos de la Revolución, venís a sacar a España de su tradicional abatimiento.
5. Aquí hace otra pausa el boticario.
6. Los franceses se ríen de admiración.
7. Los veinte oficiales invasores están envenenados.
8. Dan éstos un paso más hacia los convidados.

I Exprese el gerundio de los siguientes verbos.

1. conseguir   2. rogar   3. reñir   4. elegir   5. contar
6. morir   7. volver   8. jugar   9. errar   10. gruñir

J Conteste según el modelo.

> **—¿Abren la puerta los invasores?**
> *—No, ya la han abierto.*

1. ¿Se cubre el niño la cara con la careta?
2. ¿Se lo dices al ciudadano?
3. ¿Escribe el entrevistador su artículo?
4. ¿Hacen Uds. los planes para la merienda?
5. ¿Muere el huérfano?
6. ¿Se pone el gorro Carnavalito?
7. ¿Rompen los vasos en el merendero?
8. ¿Resuelves el problema?
9. ¿Vuelven del fregadero?
10. ¿Ven al dueño del merendero?

K Haga una serie de oraciones según el modelo.

> **El niño _____ en busca del circo. (ir)**
> *El niño (va, fue, iba, irá, iría, ha ido, había ido, habrá ido, habría ido) en busca del circo.*

1. Ella _____ las medias rojas. (ponerse)
2. Yo se lo _____ a él. (decir)
3. Los acróbatas _____ muchas volteretas. (hacer)
4. Nosotros _____ que hablar con el dueño del merendero. (tener)

JOYA 2 EJERCICIOS GENERALES

1. Analice el estilo de uno de los cuentos. Describa la exposición, el desarrollo y el desenlace.
2. El autor de un cuento esconde el desenlace hasta el fin para aumentar y sostener el interés del lector. De los cuentos leídos, ¿cuál tiene el desenlace más inesperado para Ud.? ¿Por qué?
3. De los personajes presentados en los cuentos ya leídos, ¿cuál es su preferido? ¿Por qué?
4. Escriba un cuento original.

JOYA TRES

ISABEL ALLENDE

JULIO CORTÁZAR

MARIO VARGAS LLOSA

JORGE LUIS BORGES

RUBÉN DARÍO

JOSÉ DONOSO

GABRIEL GARCÍA MÁRQUEZ

CARLOS FUENTES

EL CUENTO EN HISPANOAMÉRICA:
Cetrinas de fascinación

MARCO LITERARIO

En Hispanoamérica el cuento llegó a ser popular como literatura al terminar las revoluciones independentistas. Se presentaron distintos estilos según las costumbres populares. Alrededor de 1900 se desarrollaron temas americanos con el enfoque sobre el individuo y su ambiente o sobre la inquietud política.

A mediados del siglo veinte llega un fenómeno literario al que se le refiere como el "boom" debido al gran éxito y calidad literaria de un grupo de escritores jóvenes de Argentina, Chile, Perú, Colombia y México. Sus obras recibieron un ímpetu estimulante de las casas editoriales en América y en España. En poco tiempo se aumentó ese grupo con autores representando casi todos los demás países latinoamericanos. Merece señalar unos elementos que comparten estas formas hispanoamericanas que atraen la atención del resto del mundo.

1. Los autores muestran buen conocimiento de obras narrativas de Europa y de Norteamérica.

2. Es una narrativa que explora una mayor expresividad con nuevas formas y vocabulario por medio de los cuales juegan libremente con el espacio, el tiempo, y con la separación de lo corporal y lo espiritual; con monólogos coloquiales que suelen emplear vocabulario vulgar. En fin, es una narrativa sólida que introduce situaciones exageradas y verdaderas, por medio de las cuales se emplean expresiones naturales de la gente de todas clases sociales de América, y presentan la unión de lo real con lo fantástico.

3. Presenta un desenmascaramiento de hechos históricos con las injusticias sufridas debido a personajes corruptos e incompetentes en formas ficticias. Lo regionalista y lo localista se unen para formar una universalización.

La muerte de la emperatriz de la China

Rubén Darío

Rubén Darío es el seudónimo de Félix Rubén García-Sarmiento (1867–1916), poeta y cuentista nicaragüense. Darío fue un niño prodigio quien a los cinco años ya escribía poemas de belleza artística. Más tarde llevó a un punto culminante el movimiento modernista en la literatura española, dando énfasis a la forma poética y a la filosofía de «el arte por el arte.»[1]

Su vida personal fue bastante trágica. Sufrió varias desilusiones románticas. Su primera esposa murió; la segunda se separó de él. Sufrió también problemas de salud debido al alcohol y a la morfina.

Sabía animar al lector, fundiendo en sus obras los matices[2], las metáforas, las imágenes y todas las impresiones poéticas para crear una melodía verbal.

 elicada y fina como una joya humana, vivía aquella muchachita de carne rosada, en la pequeña casa que tenía un saloncito con los tapices[3] de color azul desfalleciente[4]. Era su estuche[5].

¿Quién era el dueño de aquel delicioso pájaro alegre, de ojos negros y boca roja? ¿Para quién cantaba su canción divina, cuando la señorita Primavera mostraba en el triunfo del sol su bello rostro riente, y abría las flores del campo y alborotaba la nidada[6]? Susette se llamaba la avecita que había puesto en jaula de seda, peluches y encajes[7], un soñador artista cazador, que le había cazado una mañana de mayo en que había mucha luz en el aire y muchas rosas abiertas.

Recaredo[8]... ¡capricho paternal[9]! él no tenía la culpa de llamarse Recaredo... se había casado hacía año y medio. ¿Me amas? Te amo. ¿Y tú? Con toda el alma. ¡Hermoso el día dorado, después de lo del cura! Habían ido luego al campo nuevo, a gozar libres, del gozo del amor... Después, fue la vuelta a la gran ciudad, al nido lleno de perfume de juventud y de calor dichoso.

¿Dije ya que Recaredo era escultor? Pues si no lo he dicho, sabedlo.

Era escultor. En la pequeña casa tenía su taller, con profusión de mármoles, yesos, bronces y terracotas.

Luego el incesante idilio nupcial. En puntillas[10], llegar donde él trabajaba e inundándole de cabellos la nuca[11], besarle rápidamente. Quieto, quietecito, llegar donde ella duerme en su *chaise-longue,* los piececitos calzados y con medias negras, uno sobre otro, el libro abierto sobre el regazo[12], medio dormida; y allí el beso en los labios, beso que sorbe[13] el aliento y hace que se abran los ojos, inefablemente luminosos. Y a todo esto, las carcajadas del mirlo[14], un mirlo enjaulado que cuando Susette toca de Chopín, se pone triste y no canta. ¡Las carcajadas del mirlo! No era poca cosa. ¿Me quieres? ¿No lo sabes? ¿Me amas? ¡Te adoro! Ya estaba el animalucho echando toda la risa del pico. Se le sacaba de la jaula, revolaba[15] por el saloncito azulado, se detenía en la cabeza de un Apolo de yeso, o en la frámea[16] de un viejo germano[17] de bronce oscuro. Tiiiiirit...rrrrrtch fiii...¡Vaya que a veces era malcriado e insolente en su algarabía[18]! pero era lindo sobre la mano de Susette que le mimaba, le apretaba el pico entre sus dientes hasta hacerlo desesperar, y le decía a veces con una voz severa que temblaba de ternеza: ¡Señor Mirlo, es Ud. un picarón!...

¡Cómo se amaban! El la contemplaba sobre las estrellas de Dios; su amor recorría toda la escala de la pasión, y era ya contenido, ya tempestuoso, en su querer a veces casi místico. En ocasiones dijérase aquel artista un teósofo, que veía en la amada mujer algo supremo y extrahumano, como la Ayesha de Rider Haggard...

Recaredo amaba su arte. Tenía la pasión de la forma; hacía brotar del mármol gallardas[19] diosas desnudas de ojos blancos, serenos y sin pupilas; su taller estaba poblado de un pueblo de estatuas silenciosas, animales de metal, gárgolas terroríficas, grifos de largas colas vegetales, creaciones góticas quizás inspiradas por el ocultismo. Y sobre todo, ¡la gran afición! japonerías y chinerías. Recaredo era en esto un original. No sé qué habría dado por hablar chino o japonés. Conocía los mejores álbumes; había leído buenos exotistas[20], adoraba a Loti y a Judith Gautier[21], y hacía sacrificios por adquirir trabajos legítimos, de Yokohama, de Nagasaki, de Kioto, o de Nankín o Pekín...

—Oh—le decía Susette—aborrezco tu casa de brujo[22], ese terrible taller, arca extraña que te roba a mis caricias.

El sonreía, dejaba su lugar de labor, su templo de raras chucherías[23], y corría al pequeño salón azul, a ver y mimar su gracioso dije[24] vivo, y oír cantar y reír al loco mirlo jovial.

Aquella mañana, cuando entró, vio que estaba su dulce Susette, soñolienta y tendida...

[16] **frámea** jabalina
[17] **germano** alemán
[18] **algarabía** (gibberish)

[19] **gallardas** hermosas

[20] **exotistas** escritores de obras exóticas
[21] **Loti y Judith Gautier** escritores franceses
[22] **casa de brujo** (sorcerer's den)
[23] **chucherías** cosas de poco valor
[24] **dije** joya

25 **su fez rojo de labor** su
gorro rojo que usaba cuando
trabajaba

La despertó:

—¡Susette, mi bella!

Traía la cara alegre; le brillaban los ojos negros bajo su fez rojo de labor[25]; llevaba una carta en la mano.

—Carta de Robert, Susette. ¡El bribonazo está en la China!...

¡Un excelente muchacho el tal Robert, con la manía de viajar! Llegaría al fin del mundo, Robert, un grande amigo. Le veían como de la familia. Había partido hacía dos años para San Francisco de California. ¡Habráse visto loco igual!

Comenzó a leer.

Hong Kong, 18 de enero de 1888

Mi buen Recaredo:

Vine, y vi. No he vencido aún.

En San Francisco supe de vuestro matrimonio y me alegré. Di un salto y caí en la China. He venido como agente de una casa californiana de sedas, lacas, marfiles y demás chinerías. Junto con esta carta debes recibir un regalo mío que, dada tu afición por las cosas de este país amarillo, te llegará de perlas. Ponme a los pies de Susette, y conserva el obsequio en memoria de tu

Robert.

Ni más, ni menos. Ambos soltaron la carcajada. El mirlo a su vez hizo estallar la jaula en una explosión de gritos musicales.

La caja había llegado, una caja de regular tamaño, llena de marchamos[26], de números y letras negras que decían y daban a entender que el contenido era muy frágil. Cuando la caja se abrió, apareció el misterio. Era un fino busto de porcelana, un admirable busto de mujer sonriente, pálido y encantador. En la base tenía tres inscripciones, una en caracteres chinescos, otra en inglés y otra en francés: *La emperatriz de la China.* ¡La emperatriz de la China! ¿Qué manos de artista asiático habían modelado aquellas formas atrayentes[27] de misterio? Era una cabellera recogida y apretada[28], una faz enigmática, ojos bajos y extraños, de princesa celeste, sonrisa de esfinge, cuello erguido[29] sobre los hombros columbinos[30], cubiertos por una onda de seda bordada de dragones; todo dando magia a la porcelana blanca, con tonos de cera inmaculada y cándida. ¡La emperatriz de la China! Susette pasaba sus dedos de rosa sobre los ojos de aquella graciosa soberana, un tanto inclinados, con sus curvos epicantus bajo los puros y nobles arcos de las cejas. Estaba contenta. Y Recaredo sentía orgullo de poseer su porcelana...

En un extremo del taller, formó el gabinete minúsculo, con biombos cubiertos de arrozales y de grullas[31]... En el centro, sobre un pedestal dorado y negro, se alzaba sonriendo la exótica imperial. Alrededor de ella había colocado Recaredo todas sus japonerías y curiosidades chinas. La cubría un gran quitasol nipón, pintado de camelias y de anchas rosas sangrientas. Era cosa de risa, cuando el artista soñador, después de dejar la pipa y los cinceles, llegaba frente a la emperatriz, con las manos cruzadas sobre el pecho, a hacer zalemas[32]. Una, dos, diez, veinte veces la visitaba. Era una pasión. En un plato de laca yokohamesa le ponía flores frescas, todos los días. Tenía, en

26 **marchamos** señales que se
ponen en los bultos en la
aduana

27 **atrayentes** que atraen (aquí:
fascinantes)

28 **recogida y apretada** (*pulled
back tightly*)

29 **erguido** recto

30 **columbinos** relativo a
palomas

31 **biombos cubiertos de
arrozales y de grullas**
(*screens covered with rice fields
and cranes*)

32 **zalemas** reverencias

momentos, verdaderos arrobos[33] delante del busto asiático que le conmovía en su deleitable e inmóvil majestad. Estudiaba sus menores detalles, el caracol[34] de la oreja, el arco del labio, la nariz pulida[35], el epicantus del párpado, ¡Un ídolo, la famosa emperatriz! Susette le llamaba de lejos:—¡Recaredo! ¡Voy!—Y seguía en la contemplación de su obra de arte, hasta que Susette llegaba a llevárselo a rastras y a besos[36].

Un día las flores del plato de laca desaparecieron como por encanto.

—¿Quién ha quitado las flores?—gritó el artista desde el taller.

—Yo—dijo una voz vibradora.

Era Susette que entreabría una cortina, toda sonrosada y haciendo relampaguear sus ojos negros.

Allá en lo hondo de su cerebro, se decía el señor Recaredo, artista escultor: ¿Qué tendrá mi mujercita? No comía casi. Aquellos buenos libros desflorados[37] por su espátula de marfil, estaban en el pequeño estante negro, con sus hojas cerradas, sufriendo la nostalgia de las blandas manos de rosa, y del tibio regazo perfumado. El señor Recaredo la veía triste...Y ella, al responder hablaba como los niños a quienes se ha negado un dulce. ¿Qué tendrá mi mujercita? ¡Nada! Aquel «nada» lo decía ella con voz de queja; entre sílaba y sílaba había lágrimas.

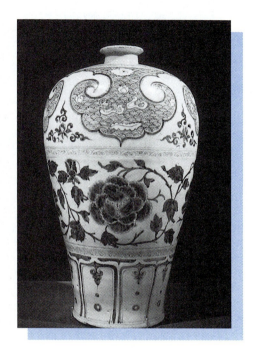

¡Oh señor Recaredo! lo que tiene vuestra mujercita es que sois un hombre abominable. ¿No habéis notado que desde que esa buena de la emperatriz de la China ha llegado a vuestra casa, el saloncito azul se ha entristecido, y el mirlo no canta ni ríe con su risa perlada? Susette despierta a Chopín, y lentamente, hace brotar la melodía enferma y melancólica del negro piano sonoro. ¡Tiene celos, señor Recaredo! Tiene el mal de los celos, ahogador y quemante, como una serpiente encendida que aprieta el alma. ¡Celos! Quizás él lo comprendió, porque una tarde, dijo a la muchachita de su corazón, estas palabras, frente a frente, a través del humo de una taza de café:—Eres demasiado injusta. ¿Acaso no te amo con toda mi alma; acaso no sabes leer en mis ojos lo que hay dentro de mi corazón?

Susette rompió a llorar. ¡Que la amaba! No, ya no la amaba. Habían huido las buenas y radiantes horas, y los besos que chasqueaban[38] también eran idos como pájaros en fuga. Ya no la quería. Y a ella, a la que en él veía su religión, su delicia, su ensueño, su rey, a ella, a Susette, la había dejado por la otra...

°[33] **arrobos** éxtasis

[34] **caracol** concha

[35] **pulida** primorosa

[36] **llevárselo a rastras y a besos** (to take him away by dragging him with her kisses)

[37] **libros desflorados** (books whose pages have been separated)

[38] **chasqueaban** (used to echo)

³⁹ **richachona** mujer rica

⁴⁰ **Elsa...Julieta** protagonistas
de la ópera Lohengrin y del
drama Romeo and Juliet

⁴¹ **heráldica** noble

⁴² **terca** obstinada

¿Lo diría por la rubia Eulogia...?

Ella movió la cabeza:—No.

—¿Por la ricachona³⁹ Gabriela...? ¿O por...Luisa...?

No, no era ninguna de ésas. Recaredo se quedó con gran asombro.

—Mira, chiquilla, dime la verdad. ¿Quién es ella? Sabes cuanto te adoro. Mi Elsa, mi Julieta⁴⁰, alma, amor mío...

Susette, con los ojos enrojecidos, secos ya de las lágrimas, se levantó irguiendo su linda cabeza heráldica⁴¹.

—¿Me amas?

—¡Bien lo sabes!

—Deja, pues, que me vengue de mi rival. Ella o yo; escoge. Si es cierto que me adoras, ¿querrás permitir que la aparte para siempre de tu camino, que quede yo sola, confiada en tu pasión?

—Sea—dijo Recaredo. Y viendo irse a su avecita celosa y terca⁴², prosiguió sorbiendo el café, tan negro como la tinta.

No había tomado tres sorbos, cuando oyó un gran ruido de fracaso, en el recinto de su taller.

Fue. ¿Qué miraron sus ojos? El busto había desaparecido del pedestal de negro y oro, y entre minúsculos mandarines caídos y descolgados abanicos, se veían por el suelo pedazos de porcelana que crujían bajo los pequeños zapatos de Susette, quien toda encendida y con el cabello suelto, aguardando los besos, decía entre carcajadas argentinas al maridito asustado: —¡Estoy vengada! ¡Ha muerto ya para ti la emperatriz de la China!

Y cuando comenzó la ardiente reconciliación de los labios, en el saloncito azul, todo lleno de regocijo, el mirlo en su jaula primorosa, se moría de risa.

PREGUNTAS

1. ¿Cómo era Susette?
2. ¿En qué mes se casaron?
3. ¿Cuánto tiempo hacía que se habían casado?
4. ¿Adónde fueron a pasar la luna de miel?
5. ¿Cómo era su casa en la ciudad?
6. ¿Cuál era la profesión de Recaredo?
7. ¿Con qué materiales trabajaba?
8. ¿Qué se oían a través de las rejas?

9. ¿Cómo llegaba Susette a su taller para darle un beso?
10. ¿Cómo se veía Susette acostada en su *chaise-longue*?
11. Describa el mirlo cuando Susette tocaba de Chopin. ¿Qué repetía?
12. Dé descripciones de cómo los jóvenes se querían; de sus momentos alegres.
13. ¿Quién era Robert y por qué le escribió a Recaredo?
14. Describa la caja que acompañaba la carta y su contenido.
15. ¿Qué hizo Recaredo para exhibirla y cobijarla?
16. Describa los efectos de la figura sobre Recaredo; sobre Susette.
17. ¿Qué hizo ella un día para comprobar el amor de su marido?
18. ¿Y qué pasó después?

PARA AUMENTAR EL VOCABULARIO

Familias de palabras

Brotar: brote

1. Ahora que ha llegado la primavera, todas las plantas van a brotar.
2. El botón de una planta es un brote.

Engañar: engañador, engaño, engañoso

1. Decirle algo a una persona, y luego hacer otra cosa, es engañarla.
2. El vino es engañador: nunca se sabe el resultado que producirá.
3. ¡Qué engaño! Hizo exactamente lo contrario de lo que había prometido.
4. No es nada serio; es engañoso.

Escultor: esculpir, escultura, escultural

1. El que hace una estatua de marfil es escultor.
2. El escultor va a esculpir una figura en mármol.
3. *La Piedad* es una escultura bien conocida.
4. Conoce el arte escultural.

Ejercicio de vocabulario

Complete las oraciones con una palabra apropiada.

1. Los _____ de las flores son muy bonitos en la primavera.
2. En un museo hay muchas pinturas y _____.
3. En el otoño muchas plantas se marchitan (mueren); en la primavera

    _____.
4. Es un hombre _____. Nunca hace lo que promete.
5. _____ a un cliente, es el peor negocio.
6. Atención a los mercaderes da la calle. Algunos son _____.
7. No es un Miguel Angel, pero es un _____ competente.
8. Es una persona abierta, no _____.
9. El artista _____ una figura de marfil.

EJERCICIOS CREATIVOS

1. Haga una lista de los sentimientos y de las emociones que se reflejan a través de este cuento. ¿Cuál predomina?

2. Composición: Ha venido un colector de arte al taller para ver la famosa figura de la emperatriz de la China. Dígale lo que pasó a la estatua como si fuera Ud. o Susette o Recaredo.

3. Prepare un informe sobre las tendencias literarias del modernismo. ¿Cómo refleja Darío estas tendencias en este cuento?

El hijo

Horacio Quiroga

El uruguayo Horacio Quiroga (1878–1937) pasó mucho tiempo en la provincia tropical de Misiones en la Argentina. Así, el ambiente primitivo de la selva sirve de base para muchos cuentos suyos. Quiroga se hizo famoso por su habilidad para retratar la lucha inútil del hombre contra la naturaleza.

En sus últimos años, Quiroga estaba mal de salud, sufrió varias desgracias y acabó por suicidarse. Muchas obras de este conocido cuentista reflejan la tristeza y la tragedia de su vida personal.

s un poderoso día de verano en Misiones, con todo el sol, el calor y la calma que puede deparar[1] la estación. La naturaleza, plenamente abierta, se siente satisfecha de sí.

Como el sol, el calor y la calma ambiente, el padre abre también su corazón a la naturaleza.

—Ten cuidado, chiquito—dice a su hijo abreviando[2] esa frase todas las observaciones del caso y que su hijo comprende perfectamente.

—Sí, papá—responde la criatura, mientras coge la escopeta y carga de cartuchos[3] los bolsillos de su camisa, que cierra con cuidado.

—Vuelve a la hora de almorzar—observa aun el padre.

—Sí, papá—repite el chico.

Equilibra[4] la escopeta en la mano, sonríe a su padre, lo besa en la cabeza y parte.

Su padre lo sigue un rato con los ojos y vuelve a su quehacer de ese día, feliz con la alegría de su pequeño.

Sabe que su hijo, educado desde su más tierna infancia en el hábito y la precaución del peligro, puede manejar un fusil y cazar no importa qué. Aunque es muy alto para su edad, no tiene sino trece años. Y parecería tener menos, a juzgar[5] por la pureza de sus ojos azules, frescos aun de sorpresa infantil.

[1] **deparar** ofrecer, proporcionar

[2] **abreviando** diciendo en pocas palabras

[3] **cartuchos** balas

[4] **equilibra** *(he balances)*

[5] **juzgar** *(to judge)*

No necesita el padre levantar los ojos de su quehacer para seguir con la mente la marcha de su hijo: Ha cruzado la picada roja[6] y se encamina rectamente[7] al monte a través del abra de espartillo[8].

Para cazar en el monte...caza de pelo...se requiere más paciencia de la que su cachorro puede rendir[9]. Después de atravesar esa isla de monte, su hijo costeará la linde de cactus[10] hasta el bañado[11], en procura de palomas, tucanes o tal cual casal de garzas[12], como las que su amigo Juan ha descubierto días anteriores.

[6] **la picada roja** (*the red-hot path*)

[7] **rectamente** directamente, en línea recta

[8] **abra de espartillo** (*valley of esparto grass*)

[9] **su cachorro puede rendir** (*his little one could furnish*)

Solo ahora, el padre esboza[13] una sonrisa al recuerdo de la pasión cinegética[14] de las dos criaturas. Cazan sólo a veces un yacútoro, un surucuá[15]...menos aun...y regresan triunfales, Juan a su rancho con el fusil de nueve milímetros que él le ha regalado y su hijo a la meseta con la gran escopeta Saint-Etienne, calibre 16, cuádruple cierre[16] y pólvora blanca.

El fue lo mismo. A los trece años hubiera dado la vida por poseer una escopeta. Su hijo, de aquella edad, la posee ahora; y el padre sonríe.

No es fácil, sin embargo, para un padre viudo, sin otra fe ni esperanza que la vida de su hijo, educarlo como lo ha hecho él, libre en su corto radio de acción, seguro de sus pequeños pies y manos desde que tenía cuatro años, consciente de la inmensidad de ciertos peligros y de la escasez[17] de sus propias fuerzas.

Ese padre ha debido luchar fuertemente contra lo que él considera su egoísmo. ¡Tan fácilmente una criatura calcula mal, siente un pie en el vacío[18] y se pierde un hijo!

[10] **costeará la linde de cactus** andará por lo largo del borde de cactus

[11] **bañado** (*swampy land*)

[12] **palomas, tucanes o tal cual casal de garzas** (*doves, toucans or perhaps a pair of herons*)

[13] **esboza** hace

[14] **cinegética** relativo a la caza

[15] **yacútoro...surucuá** pajaros de Argentina

[16] **cuádruple cierre** (*quadruple lock*)

[17] **escasez** (*shortage*)

[18] **siente un pie en el vacío** (*makes a wrong step*)

¹⁹ **amengua** disminuye

²⁰ **surgir** (*to arise*)
²¹ **se recluyó** se encerró
²² **percutía** daba golpes
²³ **bala de parabellum** una
bala grande
²⁴ **limar la hebilla** (*to file the
buckle*)

²⁵ **nimio** insignificante
²⁶ **se abstrae** se distrae, medita

²⁷ **zumbido** (*buzzing*)
²⁸ **impregna** penetra, llena
²⁹ **echa una ojeada a su
muñeca** (*glances at his wrist*)

³⁰ **banco de mecánica** banco
de trabajo

³¹ **rodar el pedregullo** (*the
gravel crunch*)
³² **a la vera** (*on the edge*)

³³ **ahuyentar** hacer desaparecer
³⁴ **demora** (*delay*)

³⁵ **alambrado** (*wire fence*)

El peligro subsiste siempre para el hombre en cualquier edad; pero su amenaza amengua[19] si desde pequeño se acostumbra a no contar sino con sus propias fuerzas.

De este modo ha educado el padre a su hijo. Y para conseguirlo ha debido resistir no sólo a su corazón, sino a sus tormentos morales; porque ese padre, de estómago y vista débiles, sufre desde hace un tiempo de alucinaciones.

Ha visto, concretados en dolorosísima ilusión, recuerdos de una felicidad que no debía surgir[20] más de la nada en que se recluyó[21]. La imagen de su propio hijo no ha escapado a este tormento. Lo ha visto una vez rodar envuelto en sangre cuando el chico percutía[22] en el taller una bala de parabellum[23], siendo así que lo que hacía era limar la hebilla[24] de su cinturón de caza.

Horribles cosas. Pero hoy, con el ardiente y vital día de verano, cuyo amor su hijo parece haber heredado, el padre se siente feliz, tranquilo y seguro del porvenir.

En ese instante, no muy lejos, suena un estampido.

—La Saint-Etienne—piensa el padre al reconocer la detonación. Dos palomas menos en el monte.

Sin prestar más atención al nimio[25] acontecimiento, el hombre se abstrae[26] de nuevo en su tarea.

El sol, ya muy alto, continúa ascendiendo. Adonde quiera que se mire...piedras, tierra, árboles..., el aire, enrarecido como en un horno, vibra con el calor. Un profundo zumbido[27] que llena el ser entero e impregna[28] el ámbito hasta donde la vista alcanza, concentra a esa hora toda la vida tropical.

El padre echa una ojeada a su muñeca[29]: las doce. Y levanta los ojos al monte.

Su hijo debía estar ya de vuelta. En la mutua confianza que depositan el uno en el otro...el padre de sienes plateadas y la criatura de trece años..., no se engañan jamás. Cuando su hijo responde «sí, papá,» hará lo que dice: dijo que volvería antes de las doce, y el padre ha sonreído al verlo partir.

Y no ha vuelto.

El hombre torna a su quehacer, esforzándose en concentrar la atención en su tarea. ¡Es tan fácil, tan fácil perder la noción de la hora dentro del monte y sentarse un rato en el suelo mientras se descansa inmóvil!

El tiempo ha pasado; son las doce y media. El padre sale de su taller, y al apoyar la mano en el banco de mecánica[30] sube del fondo de su memoria el estallido de una bala de parabellum, e instantáneamente, por primera vez en las tres horas transcurridas, piensa que tras el estampido de la Saint-Etienne no ha oído nada más. No ha oído rodar el pedregullo[31] bajo un paso conocido. Su hijo no ha vuelto y la naturaleza se halla detenida a la vera[32] del bosque, esperándolo.

¡Oh! No son suficientes un carácter templado y una ciega confianza en la educación de un hijo para ahuyentar[33] el espectro de la fatalidad que un padre de vista enferma ve alzarse desde la línea del monte. Distracción, olvido, demora[34] fortuita: ninguno de estos nimios motivos que pueden retardar la llegada de su hijo, hallan cabida en aquel corazón.

Un tiro, un solo tiro ha sonado, y hace ya mucho. Tras él, el padre no ha oído un ruido, no ha visto un pájaro, no ha cruzado el abra una sola persona a anunciarle que al cruzar un alambrado[35], una gran desgracia.

La cabeza al aire y sin machete, el padre va. Corta el abra de espartillo, entra en el monte, costea la línea de cactus, sin hallar el menor rastro de su hijo.

Pero la naturaleza prosigue detenida. Y cuando el padre ha recorrido las sendas de caza conocidas y ha explorado el bañado en vano, adquiere la seguridad de que cada paso que da en adelante lo lleva, fatal e inexorablemente[36], al cadáver de su hijo.

Ni un reproche que hacerse[37], es lamentable. Sólo la realidad fría, terrible y consumada[38]: ha muerto su hijo al cruzar un...

¿Pero dónde, en qué parte? Hay tantos alambrados allí y es tan, tan sucio el monte. ¡Oh, muy sucio! Por poco que no se tenga cuidado al cruzar los hilos con la escopeta en la mano...

El padre sofoca un grito. Ha visto levantarse en el aire. ¡Oh, no es su hijo, no! Y vuelve a otro lado, y a otro y a otro.

Nada se ganaría con ver el dolor de su tez[39] y la angustia de sus ojos. Ese hombre aun no ha llamado a su hijo. Aunque su corazón clama por él a gritos, su boca continúa muda. Sabe bien que el solo acto de pronunciar su nombre, de llamarlo en voz alta, será la confesión de su muerte.

—¡Chiquito!—se le escapa de pronto. Y si la voz de un hombre de carácter es capaz de llorar, tapémonos de misericordia los oídos ante la angustia que clama en aquella voz.

Nadie ni nada ha respondido. Por las picadas rojas de sol[40], envejecido en diez años[41], va el padre buscando a su hijo que acaba de morir.

—¡Hijito mío! ¡Chiquito mío!—clama en un diminutivo que se alza del fondo de sus entrañas[42].

Ya antes, en plena dicha y paz, ese padre ha sufrido la alucinación de su hijo rodando con la frente abierta por una bala al cromo níquel[43]. Ahora, en cada rincón sombrío del bosque ve centellos[44] de alambre: y al pie de un poste con la escopeta descargada al lado, ve a su...

—¡Chiquito! ¡Mi hijo!

[36] **inexorablemente** definitivamente, severamente
[37] **reproche que hacerse** darse la culpa
[38] **consumada** terminada

[39] **tez** piel, cutis

[40] **por las picadas rojas de sol** *(along the red-hot, sun-drenched paths)*
[41] **envejecido en diez años** *(aged ten years)*
[42] **entrañas** corazón, alma
[43] **bala al cromo níquel** *(nickel-plated bullet)*
[44] **centellos** *(flashes)*

⁴⁵ **desembocar** bajar

⁴⁶ **pique** senda

⁴⁷ **apresurar el paso** andar
más rápido

⁴⁸ **albeante** blanca

⁴⁹ **ceñida** sostenida

⁵⁰ **piapiá** papá (argentino)

⁵¹ **candente** caliente

⁵² **empapado** muy mojado

⁵³ **quebrantado** roto

⁵⁴ **enredadas en el alambre de
púa** *(tangled in the barbed
wire)*

Las fuerzas que permiten entregar un pobre padre alucinado a la más atroz pesadilla tienen también un límite. Y el nuestro siente que las suyas se le escapan, cuando ve bruscamente desembocar[45] de un pique[46] lateral a su hijo...

A un chico de trece años bástale ver desde cincuenta metros la expresión de su padre sin machete dentro del monte, para apresurar el paso[47] con los ojos húmedos.

—Chiquito—murmura el hombre. Y, exhausto, se deja caer sentado en la arena albeante[48], rodeando con los brazos las piernas de su hijo.

La criatura, así ceñida[49], queda de pie; y como comprende el dolor de su padre, le acaricia despacio la cabeza.

—Pobre papá.

En fin, el tiempo ha pasado. Ya van a ser las tres. Juntos, ahora padre e hijo emprenden el regreso a la casa.

—¿Cómo no te fijaste en el sol para saber la hora?—murmura aun el primero.

—Me fijé, papá. Pero cuando iba a volver vi las garzas de Juan y las seguí.

—¡Lo que me has hecho pasar, chiquito!

—Piapiá[50]—murmura también el chico.

Después de un largo silencio:

—Y las garzas, las mataste?—pregunta el padre.

—No.

Nimio detalle, después de todo. Bajo el cielo y el aire candente[51], a la descubierta por el abra de espartillo, el hombre vuelve a su casa con su hijo, sobre cuyos hombros, casi del alto de los suyos, lleva pasado su feliz brazo de padre. Regresa empapado[52] de sudor y aunque quebrantado[53] de cuerpo y alma, sonríe de felicidad.

Sonríe de alucinada felicidad. Pues ese padre va solo. A nadie ha encontrado, y su brazo se apoya en el vacío. Porque tras él, al pie de un poste, y con las piernas en alto, enredadas en el alambre de púa[54], su hijo bien armado yace al sol, muerto desde las diez de la mañana.

PREGUNTAS

1. ¿Qué relación tiene el hombre con la naturaleza en este cuento?
2. ¿Cómo siente el padre hacia su hijo?
3. ¿Qué señales de inocencia tenía el chico?
4. ¿Cuál es el placer vicario que tiene el padre?
5. ¿Qué filosofía tiene el padre en cuanto al peligro?
6. ¿De qué sufre el padre?
7. ¿Cómo se siente el padre ese día?
8. ¿Qué oye el padre?
9. ¿Por qué le preocupaba al padre que su hijo no hubiera vuelto para las doce?
10. ¿Qué pensamientos confunden al padre en cuanto al estampido de la escopeta?

11. ¿Para dónde sale el padre?
12. ¿Qué imágenes ve con su mente alucinada?
13. ¿Qué alivio encuentra para su pesadilla?
14. ¿Qué efecto produce en el lector el diálogo del padre?

PARA AUMENTAR EL VOCABULARIO

Familias de palabras

Abreviando: abreviar, abreviación, abreviadamente

1. Por haber hablado demasiado, fue abreviando el discurso para terminar más pronto.
2. Es muy largo el artículo. Quiero abreviarlo.
3. Es más corto ahora debido a la abreviación.
4. No pronunció ningún elogio. Sólo citó abreviadamente al autor.

Confianza: confiar, confiable, confiado

1. Mi hijo siempre me dice la verdad. Tengo mucha confianza en él.
2. Podemos confiar en él. No se lo repetirá a nadie.
3. Ella es muy confiable. Lleva a cabo todas sus responsabilidades.
4. Es un amigo confiado. Siempre tiene confianza en sí mismo.

Cruzado: cruzar, cruz, cruzada, crucero

1. En cinco horas hemos cruzado el continente, de Nueva York a San Francisco. Parece increíble.
2. Es difícil cruzar los Andes.
3. En muchas iglesias se ve una cruz.
4. Estela comenzó una cruzada anti-alcohólica.
5. Nos divertimos muchísimo en el crucero mediterráneo. El barco era fantástico.

Ejercicio de vocabulario

Complete las oraciones con una palabra apropiada.

1. _____ las montañas y las selvas tropicales es algo difícil.
2. Es muy largo, lo voy a _____.
3. No se puede _____ en él. Se lo dirá a todo el mundo.
4. Tengo que escribir una _____ de eso. Es demasiado largo ahora.
5. Si ella dice que lo hará, lo hará. Es muy _____.
6. Este verano vamos a hacer un _____ mediterráneo.
7. La _____ es un símbolo religioso.
8. Tengo mucha _____ en Ricardo. Es un chico muy honesto.
9. El cortó por el monte, _____ el paseo.
10. No es tímido. Al contrario, es demasiado _____.

EJERCICIOS CREATIVOS

1. Escriba un párrafo sobre el valor del estilo descriptivo del autor en este cuento.
2. Escriba una carta a un amigo, describiéndole la enfermedad del pobre padre de este cuento.

El remate[1]

Beatriz Guido

Beatriz Guido (1924–), es una novelista y cuentista conocida en Hispanoamérica. En muchas obras revela problemas difíciles de los adolescentes en momentos de crisis cuando la dictadura de Juan Perón estaba en vigor en la Argentina (1946–l955). Ella se dedicó a luchar contra el régimen, pero debido a los peligros, los escritores tenían que evitar denuncias claras y obvias para no caer víctimas a los dirigentes. En esta selección la protagonista espera escaparse del pasado aterrorizante, pero a lo último se encuentra contrariada.

 a hora fijada eran las cinco de la tarde. Había muy poca gente; el día era frío y todos sabían que las cosas más importantes—las porcelanas y los cuadros—habían desaparecido. Además, a nadie podía interesarle ese viejo caserón victoriano de la calle México, salvo a las pocas personas que todavía recordaban el reloj chino de la sala, los tacos de billar[2] con mango de marfil o ese *boiserie*[3] del comedor que había traído mi padre de su viaje alrededor del mundo a principios del siglo.

Ese viaje lo asociábamos al nombre de Diana Cavalieri.

En la sala habían instalado la mesa de remate y las sillas Segundo Imperio formaban la platea[4]. Me parecía imposible haber vivido tantos años junto a esa pianola cubierta por un manto de encaje de Madeira y esa promiscuidad de floreros, vajillas, estatuas de bronce marrón representando guerreros mitológicos, dianas o cervatillos[5] heridos. Yo era, sí, la última sobreviviente de esa casa, con José María que vivía desde hacía años en San Pablo. Fue él quien decidió el remate, después que murió Jacinta. Ella había cuidado la casa todos esos años, dejando las cosas intactas como cuando vivíamos allí; los almohadones por el suelo, los *saxes* en la vitrina, y ese cortinado de *crochet* —en el cual un arcángel blandía su espada sobre un dragón herido—que separaba el comedor de la sala.

El rematador era un hombre bajo, con barba y sombrero hongo[6] hundido hasta las sienes.

—Señores—decía—, esta maravillosa obra de arte— y mostraba un niño Dios regordete vestido con una túnica de hilos de plata—, esta belleza, esta magnífica pieza única, solamente trescientos pesos de base ...¿Quién se la lleva? —preguntaba— ¡Ah! El señor parece interesado...

Entregaba el objeto a un hombrecito muy parecido a él, pero sin barba, que había dicho: —Trescientos uno...

---

[1] **remate** *auction, final closeout*
[2] **tacos de billar** *billiard cues*
[3] **boiserie** *wooden ornament*
[4] **platea** *(here: workspace)*
[5] **cervatillos** *newborn fawns*
[6] **sombrero hongo** *(derby)*

Se inició un diálogo único y preciso entre ellos. A veces alguien osaba oponérseles; entonces, rematador e interesado se volvían hacia el intruso agresivamente.

Así fueron vendiendo todas las cosas; hasta los maniquíes de alambre y la colección de pipas de mi padre. Y aquellos muñecos monstruosos de cuerdas[7] que sentaban a nuestra mesa los días de cumpleaños.

—Cuando sean grandes y no puedan romperlos, jugarán con ellos...

El hombrecito de la platea compraba todo, como si quisiera que las cosas siguieran viviendo juntas, las unas con las otras.

· La gente se iba retirando y se inició un diálogo preciso y cómodo entre ellos. Yo los seguía tristemente; no porque me importara que alguien se llevara todas las cosas, sino porque me avergonzaba de ellas.

De pronto escuché un sonido seco, conocido. Me golpeó tanto, que tuve que recostarme contra la pared para volver a esperarlo. Fue un sonido único, inconfundible. Volvió a sonar dos veces más. Era el buzón de la puerta principal. Volví a reconocer los pasos de los antiguos habitantes. Yo misma, con ellos, corría a buscar lo que nos llegaba desde el otro lado de la puerta, desde el otro lado de nuestro encierro. Aparecieron de nuevo las voces, los gritos de mis hermanos, y ese nombre, Diana Cavalieri, repetido en voz baja, a hurtadillas[8], por mis tías y los sirvientes.

Tuve deseos de gritarle al hombrecito que compraba nuestras cosas:

—No, no, que no se queden las sillas en la sala, ni la pianola con su mantón de Madeira, que no sigan todavía soportando juntas el peso de aquellas vidas.

Alguien que pasaba por la calle había movido el buzón. ¿O llegaban todavía cartas para los muertos? Y otra vez volví a escuchar el mismo sonido. Como aquella vez; también aquella carta produjo el mismo sonido al caer por el buzón; la carta que provocó el suicidio de mi padre.

[7] **muñecos... de cuerdas** *(puppets)*

[8] **a hurtadillas** *(on the sly)*

⁹ **puerta cancel** *storm door*

—¿Qué me trajo aquí esta tarde?—pensé.

Corrí hasta la puerta cancel⁹ y recogí un sobre de propaganda.

Al salir a la calle, el hombrecito sin barba que compraba todas las cosas me detuvo.

—Perdone..., todo es para usted —dijo sencillamente—. Todo vuelve a usted. El señor Schultz me ordenó que comprara todo, absolutamente todo. Pensó que usted se sentiría muy feliz teniendo todo esto. Que sus cosas volvieran a ser suyas. No lo había pensado antes, por eso no se pudo parar el remate... Es suyo, todo suyo —y me miraba feliz.

No pude decirle nada. Salí a la calle. Ahora se trataba de librarme de Schultz.

PREGUNTAS

1. ¿Qué es un remate? Describa lo que ocurre en uno.
2. ¿Qué ya había desaparecido de ese caserón victoriano?
3. Describa Ud. los muebles y decoraciones de esa casa.
4. ¿Quién era Diana Cavalieri y qué importancia tenía en la familia?
5. ¿Crees que la protagonista pasó la juventud alegremente allí?
6. ¿Por qué fue arreglado el remate? ¿Qué significaba para la protagonista?
7. Describa al hombre que compró todo. ¿Qué sucedía si alguien trataba de comprar algo?
8. Describa el ruido y los efectos que produjo sobre la protagonista.
9. ¿Por qué se habría suicidado su padre?
10. ¿Cómo se sintió la muchacha al saber que todas las cosas volvían a ser suyas?
11. ¿Quién sería Schultz? ¿Por qué es interesante el uso del nombre alemán?

PARA AUMENTAR EL VOCABULARIO

Familias de palabras

Rematar: remate, rematador, rematadamente

1. Para librarse del pasado arregló rematar los contenidos de la casa.
2. En un remate los interesados hacen ofertas el uno contra el otro.
3. El rematador trata de estimular a los clientes a incrementar las ofertas.
4. Se acabó la conversación rematadamente; es decir, por completo.

Osar: osadía, osadamente, osado

1. Era valiente y osaba defender sus derechos.
2. Mostró su osadía en los conflictos.
3. Ayudó a los indefensos osadamente.
4. Ella no era persona osada y temía la amenaza del desconocido.

Ejercicio de vocabulario

Complete las oraciones con una palabra apropiada.

1. Tuvieron que _____ las pinturas valiosas.
2. Soy tímido. No puedo _____ afrentarlo.
3. Su _____ en tal resolución es admirable.
4. En enero todos los almacenes celebran _____.
5. El _____ tiene que ser alerto.
6. En el pleito se defendió _____.
7. Después del escándolo se cerró el negocio _____.
8. Siendo joven _____ proteger sus derechos.

Una demostración política en Buenos Aires, 1945

EJERCICIOS CREATIVOS

1. Prepare un informe sobre Juan Perón, su régimen, y la vida de las distintas clases sociales durante los años de su presidencia.
2. La autora emplea símbolos con doble significado. Explique la importancia de lo siguiente: las cosas importantes habían desaparecido, Diana Cavalieri, estatuas de guerreros mitológicos, dianas, certavillos, el nombre alemán, Schultz.
3. Describa el ambiente de la selección, el conflicto y la idea predominante. Explique la ironía de la escena final.

El brujo postergado[1]

Jorge Luis Borges

En junio de 1986 murió Jorge Luis Borges, el escritor argentino que era candidato perpetuo para el Premio Nóbel de Literatura. Su producción literaria es inmensa, concentrándose en el ensayo, el cuento y la poesía. Borges se destaca en los tres géneros, pero como escritor de «ficciones» y cuentos es maestro.

Borges se quedó ciego por completo en 1956 y en una autobiografía habló de la ironía de Dios que a la vez le había concedido ochocientos mil libros y la oscuridad.

Entre los temas que le interesan a Borges son la magia y el fin del hombre. Los dos se unen en el cuento de «El brujo postergado», basado en El libro del Conde Lucanor (una colección de cincuenta cuentos didácticos.)

Jorge Luis Borges en 1930

[1] **el brujo postergado** *(the sorcerer that was passed over)*

[2] **deán** jefe de una iglesia catedral

[3] **tenía codicia** deseaba intensamente

[4] **enderezó** fue directamente

[5] **postergara** pospusiera

[6] **adivinaba** *(guessed)*

[7] **merced** favor

[8] **pieza contigua** cuarto de al lado

[9] **argolla de fierro** *(iron ring)*

[10] **perdices** *(partridges)*

[11] **lecho del Tajo** *(bed of the river Tajo)*

n Santiago había un deán[2] que tenía codicia[3] de aprender el arte de la magia. Oyó decir que don Illán de Toledo la sabía más que ninguno, y fue a Toledo a buscarlo.

El día que llegó enderezó[4] a la casa de don Illán y lo encontró leyendo en una habitación apartada. Éste lo recibió con bondad y le dijo que postergara[5] el motivo de su visita hasta después de comer. Le señaló un alojamiento muy fresco y le dijo que lo alegraba mucho su venida. Después de comer, el deán le refirió la razón de aquella visita y le rogó que le enseñara la ciencia mágica. Don Illán le dijo que adivinaba[6] que era deán, hombre de buena posición y buen porvenir, y que temía ser olvidado luego por él. El deán le prometió y aseguró que nunca olvidaría aquella merced[7], y que estaría siempre a sus órdenes. Ya arreglado el asunto, explicó don Illán que las artes mágicas no se podían aprender sino en sitio apartado, y tomándolo por la mano, lo llevó a una pieza contigua[8], en cuyo piso había una gran argolla de fierro[9]. Antes le dijo a la sirvienta que tuviese perdices[10] para la cena, pero que no las pusiera a asar hasta que la mandaran. Levantaron la argolla entre los dos y descendieron por una escalera de piedra bien labrada, hasta que al deán le pareció que habían bajado tanto que el lecho del Tajo[11] estaba sobre ellos. Al pie de la escalera había una celda y luego una biblioteca y luego una especie de gabinete con instrumentos mágicos. Revisaron los libros y en eso estaban cuando entraron dos hombres con una carta para el deán, escrita por el obispo[12], su tío, en la que le hacía saber que estaba muy enfermo y que, si quería encontrarlo vivo, no demorase[13]. Al deán lo contrariaron[14] mucho estas nuevas, lo uno por la dolencia de su tío, lo otro por tener que interrumpir los estudios. Optó por escribir una disculpa y la mandó al obispo. A los tres días llegaron unos hombres de luto[15] con otras cartas para el deán, en las que se leía que el obispo había fallecido, que estaban eligiendo sucesor, y que esperaban por la gracia de Dios que lo elegirían a él. Decían también que no se molestara en venir, puesto que parecía mucho mejor que lo eligieran en su ausencia.

A los diez días vinieron dos escuderos[16] muy bien vestidos, que se arrojaron a sus pies y besaron sus manos, y lo saludaron obispo. Cuando don Illán vio estas cosas, se dirigió con mucha alegría al nuevo prelado y le dijo que agradecía al Señor que tan buenas nuevas llegaran a su casa. Luego le pidió el decanazgo[17] vacante para uno de sus hijos. El obispo le hizo saber que había reservado el decanazgo para su propio hermano, pero que había determinado favorecerlo y que partiesen juntos para Santiago.

Fueron para Santiago los tres, donde los recibieron con honores. A los seis meses recibió el obispo mandaderos[18] del Papa que lo ofrecía el arzobispado[19] de Tolosa, dejando en sus manos el nombramiento de sucesor. Cuando don Illán supo esto, le recordó la antigua promesa y le pidió ese título para su hijo . El arzobispo le hizo saber que había reservado el obispado[20] para su propio tío, hermano de su padre, pero que había determinado favorecerlo y que partiesen juntos para Tolosa. Don Illán no tuvo más remedio que asentir.

Fueron para Tolosa los tres, donde los recibieron con honores y misas. A los dos años, recibió el arzobispo mandaderos del Papa que le ofrecía el capelo[21] de Cardenal dejando en sus manos el nombramiento de sucesor. Cuando don Illán supo esto, le recordó la antigua promesa y le pidió este título para su hijo. El Cardenal le hizo saber que había reservado el arzobispado para su propio tío, hermano de su madre, pero que había determinado favorecerlo y que partiesen juntos para Roma. Don Illán no tuvo más remedio que asentir. Fueron para Roma los tres, donde los recibieron con honores y misas y procesiones. A los cuatro años murió el Papa y nuestro Cardenal fue elegido para el papado[22] por todos los demás. Cuando don Illán supo esto, besó los pies de Su Santidad, le recordó la antigua promesa y le pidió el cardenalato[23] para su hijo.

El Papa lo amenazó con la cárcel, diciéndole que bien sabía él que no era más que un brujo y que en Toledo había sido profesor de artes mágicas. El miserable don Illán dijo que iba a volver a España y le pidió algo para comer

Vista de Toledo, España

[12] **obispo** *(bishop)*
[13] **demorase** *(delay, tarry)*
[14] **contrariaron** *(upset)*

[15] **de luto** *(dressed in mourning)*
[16] **escuderos** *(squires)*
[17] **decanazgo** oficio de deán

[18] **mandaderos** mensajeros
[19] **arzobispado** oficio de arzobispo
[20] **obispado** oficio de obispo

[21] **capelo** sombrero de cardenal

[22] **papado** oficio del Papa *(Pope)*
[23] **cardenalato** oficio de cardenal

²⁴ **remozado** rejuvenecido

²⁵ **no atinaba** no lograba

durante el camino. El Papa no accedió. Entonces don Illán (cuyo rostro se había remozado[24] de un modo extraño), dijo con una voz sin temblor:

—Pues tendré que comerme las perdices que para esta noche encargué.

La sirvienta se presentó y don Illán le dijo que las asara. A estas palabras, el Papa se halló en la celda subterránea en Toledo, solamente deán de Santiago, y tan avergonzado de su ingratitud que no atinaba[25] a disculparse. Don Illán dijo que bastaba con esa prueba, le negó su parte de las perdices y lo acompañó hasta la calle, donde le deseó feliz viaje y lo despidió con gran cortesía.

PREGUNTAS

A Conteste las siguientas preguntas.

1. ¿Por qué fue el deán a Toledo?
2. ¿Cómo lo recibió don Illán?
3. ¿Qué le prometió el deán a don Illán?
4. ¿Adónde llevó don Illán al deán para enseñarle las artes mágicas? ¿Cómo llegaron allí?
5. ¿Qué le mandó preparar a la sirvienta para la cena?
6. ¿Qué noticias le trajeron los dos hombres al deán?
7. ¿Qué noticias le trajeron unos hombres de luto al deán?
8. ¿Qué hicieron los dos escuderos cuando llegaron?
9. ¿Cómo le contestaba el deán todos los pedidos que hacía don Illán?
10. ¿Honró el deán la promesa que había hecho a don Illán?
11. Explica cómo los dos estuvieron en el lugar subterráneo en Toledo.
12. ¿Fueron reales o imaginarios los sucesos en la celda subterránea?
13. ¿Quién es el verdadero postergado?

PARA AUMENTAR EL VOCABULARIO

Familias de palabras

Adivinar: adivinador, adivinación, adivinaja (*puzzle*)**, adivinanza**

1. No sé la respuesta. Tengo que adivinarla.
2. Él no es adivinador competente. No me fío de él.
3. La adivinación nos revelará nuestra fortuna.
4. Esta adivinaja es muy complicada. No puedo juntarla.
5. Sus adivinanzas nos dirán quién ganará.

Brujo: brujería, brujear

1. El brujo asusta y controla a la gente con poderes mágicos.
2. Esa mujer es experta en la brujería.
3. El exorcista o shamán tiene fama de brujear a esos pobres humildes.

Favor: favorable, favorablemente, favorcillo, favorecer, favorito(a)

1. El vecino me hizo el favor de llevar mi carta al centro.
2. Mañana si el tiempo es favorable voy a Toledo.
3. El carpintero hizo el trabajo favorablemente.
4. Ayúdame con este problema, por favorcillo.
5. No me gusta que vaya a favorecer a su sobrino.
6. Este cuento es mi favorito.

Ejercicio de vocabulario

Complete las oraciones con una palabra apropiada.

1. Se viste de _____ en Halloween.
2. Ábreme la puerta, por _____.
3. Me trajeron buena suerte sus _____.
4. Papá me ayudará porque soy su _____.
5. Asusta a todos con su habilidad de _____.
6. Juanjo te mencionó muy _____.
7. Para abrir el arco pronunció palabras de _____.
8. Don Illán _____ que el deán no era de confianza.
9. En poco tiempo los niños juntaron los pedazos de la _____.
10. Tengo miedo de los que practican _____.
11. Me agradece el _____ que le hice.
12. El _____ predijo un desastre.
13. Nos va a _____ con su presencia.
14. El pronóstico del tiempo para hoy es _____.

Los dos reyes y los dos laberintos

Jorge Luis Borges

Borges se interesaba en muchos temas frívolos tanto como en los profundos. Le interesaba el estudio de distintas religiones mundiales tanto como los efectos de ellas sobre las culturas. En la selección siguiente muestra los efectos del orgullo.

 uentan los hombres dignos de fe (pero Alá[1] sabe más) que en los primeros días hubo un rey de las islas de Babilonia que congregó a sus arquitectos y magos y les mandó construir un laberinto tan perplejo y sutil que los varones más prudentes no se aventuraban a entrar, y los que[2] entraban se perdían. Esa obra era un escándalo, porque la confusión y la maravilla son operaciones propias[3] de Dios y no de los hombres. Con el andar del tiempo[4] vino a su corte un rey de los árabes, y el rey de Babilonia

[1] **Alá** *(Allah)*
[2] **los que** *(those who)*
[3] **operaciones propias** *(deeds expected)*
[4] **el andar del tiempo** *(With the passage of time)*

[5] **vagó afrentado** *(he wandered ashamed)*

[6] **no profirieron** *(he didn't utter)*

[7] **era servido** *(willing)*

[8] **se lo daría a conocer** *(he would make it known to him)*

[9] **alcaides** *(governors)*

[10] **estragó** *(he ravaged)*

[11] **amarró** *(fastened)*

[12] **cabalgaron** *(they rode)*

[13] **cifra** *(reigning figure)*

[14] **Poderoso ha tenido a bien que te muestre el mío** *(the Almighty has seen fit for me to show you mine)*

[15] **que te veden el paso** *(that block your way)*

[16] **desató** *(untied)*

[17] **Aquel** *(Him)*

(para hacer burla de la simplicidad de su huésped) lo hizo penetrar en el laberinto, donde vagó afrentado[5] y confundido hasta la declinación de la tarde. Entonces imploró socorro divino y dio con la puerta. Sus labios no profirieron[6] queja ninguna, pero le dijo al rey de Babilonia que él en Arabia tenía un laberinto mejor y que, si Dios era servido[7], se lo daría a conocer[8] algún día. Luego regresó a Arabia, juntó sus capitanes y sus alcaides[9] y estragó[10] los reinos de Babilonia con tan venturosa fortuna que derribó sus castillos, rompió sus gentes e hizo cautivo al mismo rey. Lo amarró[11] encima de un camello veloz y lo llevó al desierto. Cabalgaron[12] tres días, y le dijo: —¡O, rey del tiempo y substancia y cifra[13] del siglo!, en Babilonia me quisiste perder en un laberinto de bronce con muchas escaleras, puertas y muros; ahora el Poderoso ha tenido a bien que te muestre el mío[14], donde no hay escaleras que subir, ni puertas que forzar, ni fatigosas galerías que recorrer ni muros que te veden el paso[15].

Luego le desató[16] las ligaduras y lo abandonó en mitad del desierto, donde murió de hambre y de sed. La gloria sea con Aquel[17] que no muere.

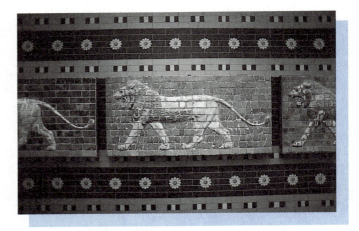

Detalle de arte decorativo. Babilonia, siglo V a. de C.

PREGUNTAS

1. ¿Qué mandó construir un rey de las islas de Babilonia?
2. ¿Por qué lo deseaba?
3. ¿Qué les pasó a los que entraban?
4. ¿Por qué se consideraba esa obra un escándalo?
5. ¿Quién fue a visitar al rey de Babilonia?
6. ¿Cuál fue el motivo del rey de Babilonia de hacer al visitante penetrar en el laberinto?
7. Una vez en el laberinto, ¿cómo fue salvado?
8. Describa cómo se portó después con el rey de Babilonia.
9. ¿Cómo se vengó después de regresar a su país?
10. ¿Probó que su laberinto era superior? Explique.
11. ¿A quién la da la gloria?

PARA AUMENTAR EL VOCABULARIO

Familias de palabras

Congregar: congregación, congreso, congresista

1. Los interesados en el proyecto van a congregar en el salón formal.
2. Durante los festivales navideños la congregación apoya al clérigo.
3. El congreso nacional es elegido por el pueblo cada cuatro años.
4. El congresista fue nombrado a servir en el comité científico.

Cabalgar: cabalgada, cabalgador(a), caballar

1. Tengo miedo de cabalgar en un animal que desconfío.
2. Hace poco pasó una cabalgada compuesta de cincuenta soldados.
3. Ha recibido varios premios por ser buen cabalgador.
4. Pobrecito. Tiene el rostro caballar; es decir, como un caballo.

Derribar: derribador, derribo

1. Se enojó de su adversario y lo intenta derribar del caballo.
2. El rey árabe fue el derribador de su enemigo.
3. Hemos visto el derribo del rey de Babilonia.

Ejercicio de vocabulario

Complete las siguientes oraciones.

1. Los senadores se _____ en el Palacio de Gobierno.
2. Las mujeres se escondían al pasar la _____.
3. Para salir del laberinto tuvo que _____ el portón.
4. El _____ representa las opiniones de los votantes.
5. El pueblo sufrió la fuerza del _____.
6. Recibió la medalla ecuestre por ser el mejor _____
7. Durante la _____ de los ministros fue nombrado jefe supremo.
8. Pobrecito feo - tiene aspecto _____.
9. Debido al conflicto de opiniones es posible el _____ del jefe supremo.
10. Ese candidato quiere ser _____ de nuestro distrito
11. A los jinetes les estimula _____ por los prados.

EJERCICIO CREATIVO

1. En la sociedad moderna, ¿dónde se introducen los brujos, los curande-ros, los magos, los(as) adivinos(as)? ¿Cree Ud. en ellos o en esta forma de magia? Exprese su opinión en un comentario breve sobre este tema.
2. La fantasía es el experimentar con futuros imaginables y alternos para reclamar un sentido de control sobre el destino. Dé ejemplo(s) y exprese su opinión de esta práctica.

El cuento: «cassette»

Enrique Anderson Imbert

Otro cuentista argentino conocido, prolífico y popular del grupo de literatura de fantasía es Enrique Anderson Imbert (1910). Combina situaciones de la vida diaria con la fantasía exagerada y poco plausible para dar con resultados sorprendentes. Nos fascina con sus relatos creativos en los cuales mezcla un poco de la realidad actual con grandes dosis de fantasía e imaginación que incluyen ideas que nos hacen reír y a la vez reflejar sobre la vida de hoy. ¿Gozamos de lo que tenemos? ¿Aprovechamos las oportunidades y posibilidades al alcance?

Año: 2132. Lugar: aula de cibernética. Personaje: un niño de nueve años.

Se llama Blas. Por el potencial de su genotipo[1] ha sido escogido para la clase Alfa. O sea, que cuando crezca pasará a integrar ese medio por ciento de la población mundial que se encarga del progreso. Entretanto, lo educan con rigor. La educación, en los primeros grados, se limita al presente: que Blas comprenda el método de la ciencia y se familiarice con el uso de los aparatos de comunicación. Después, en los grados intermedios, será una educación para el futuro: que descubra, que invente.

La educación en el conocimiento del pasado todavía no es materia para su clase Alfa: a lo más, le cuentan una que otra anécdota en la historia de la tecnología.

Está en penitencia[2]. Su tutor lo ha encerrado para que no se distraiga y termine el deber de una vez.

Blas sigue con la vista una nube que pasa. Ha aparecido por la derecha de la ventana y muy airosa se dirige hacia la izquierda. Quizás es la misma nube que otro niño, antes que él naciera, siguió con la vista en una mañana como ésta y al seguirla pensaba en un niño de una época anterior que también la miró y en tanto la miraba creía recordar a otro niño que en otra vida... Y la nube ha desaparecido.

Ganas de estudiar, Blas no tiene. Abre su cartera[3] y saca, no el dispositivo[4] calculador, sino un juguete. Es una cassette.

Empieza a ver una aventura de cosmonautas. Cambia y se pone a oír un concierto de música estocástica[5]. Mientras ve y oye, la imaginación se le escapa hacia aquellas gentes primitivas del siglo XX a las que justamente ayer se refirió el tutor en un momento de distracción.

¡Cómo se habrán aburrido, sin esta cassette!

«Allá, en los comienzos de la revolución tecnológica—había comentado el tutor—los pasatiempos se sucedían como lentos caracoles. Un pasatiempo cada cincuenta años: de la pianola a la grabadora, de la radio a la televisión, del cine mudo y monócromo al cine parlante y polícromo.»

¡Pobres! Sin esta cassette ¡cómo se habrán aburrido!

Blas, en su vertiginoso siglo XXII, tiene a su alcance miles de entretenimientos. Su vida no transcurre en una ciudad sino en el centro del universo.

[1] **genotipo** (*species of a genius*)

[2] **en penitencia** castigado

[3] **cartera** portafolio
[4] **dispositivo** aparato, mecanismo
[5] **estocástico** pulsante

La cassette admite los más remotos sonidos e imágenes; transmite noticias desde satélites que viajan por el sistema solar; emite cuerpos en relieve; permite que él converse, viéndose las caras, con un colono de Marte; remite sus preguntas a una máquina computadora cuya memoria almacena datos fonéticamente articulados y él oye las respuestas.

Voces, voces, voces, nada más que voces pues en el año 2132 el lenguaje es únicamente oral: las informaciones importantes se difunden mediante fotografías, diagramas, guiños eléctricos[6], signos matemáticos.

En vez de terminar el deber Blas juega con la cassette. Es un paralelepípedo[7] de 20X12X3 centímetros que, no obstante su pequeñez, le ofrece un variadísimo repertorio de diversiones.

[6] **guiños eléctricos** lucecitas intermitentes

[7] **paralelepípedo** figura geométrica de seis lados

¡Señor, mire en cambio qué proyectazo le traigo!

Sí, pero él se aburre. Esas diversiones ya están programadas. Un gobierno de tecnócratas resuelve qué es lo que ver y oír. Blas da vueltas a la cassette entre las manos. La enciende, la apaga. ¡Ah, podrán presentarle cosas para que él piense sobre ellos pero no obligarlo a que piense así o asá[8].

Ahora, por la derecha de la ventana, reaparece la nube. No es nube; es él, él mismo que anda por el aire. En todo caso, es alguien como él, exactamente como él. De pronto a Blas se le iluminan los ojos:

—¿No sería posible—se dice—mejorar esta cassette, hacerla más simple, más cómoda, más personal, más íntima, más libre, sobre todo más libre?

Una cassette también portátil, pero que no dependa de ninguna energía microeléctrica; que funcione sin necesidad de oprimir botones; que se encienda apenas se la toque con la mirada y se apague en cuanto se le quite la vista de encima; que permita seleccionar cualquier tema y seguir su desarrollo hacia adelante, hacia atrás, repitiendo un pasaje agradable o saltándose[9] uno fastidioso. Todo esto sin molestar a nadie, aunque se esté rodeado de

[8] **así o asá** *(this or that)*

[9] **saltándose** omitiendo, evitando

muchas personas, pues nadie, sino quien use tal cassette, podría participar en la fiesta. Tan perfecta sería esta cassette que operaría directamente dentro de la mente. Si reprodujera, por ejemplo, la conversación entre una mujer de la Tierra y el piloto de un navío sideral que acaba de llegar de la nebulosa Andrómeda. Tal cassette la proyectaría en una pantalla de nervios. La cabeza se llenaría de seres vivos. Entonces uno percibiría la entonación de cada voz, la expresión de cada rostro, la descripción de cada pasaje, la intención de cada signo. Porque, claro, también habría que inventar un código de signos. No como ésos de la matemática sino signos que transcriban vocablos: palabras impresas en láminas cosidas en un volumen manual. Se obtendría así una portentosa[10] colaboración entre un artista solitario que las recrea...

—¡Esto sí que será una despampanante[11] novedad!—exclama el niño. —El tutor me va a preguntar: «Terminaste ya tu deber?» «No», le voy a contestar. Y cuando, rabioso por mi desparpajo[12], se disponga a castigarme otra vez ¡zas! lo dejo con la boca abierta: «¡Señor, mire en cambio qué proyectazo le traigo!...»

Blas nunca ha oído hablar de su tocayo[13] Blas Pascual, a quien el padre encerró para que no se distrajera con las ciencias y estudiase lenguas. Blas no sabe que así como en 1632 aquel otro Blas de nueve años, dibujando con tiza en la pared, reinventó la Geometría de Euclides, él, en 2132, acaba de reinventar el Libro.

(*En el telar del tiempo,* Buenos Aires, Corregidor, 1982)

[10] **portentosa** maravillosa

[11] **despampanante** sobresaliente

[12] **desparpajo** (*impudence*)

[13] **tocayo** persona con el mismo nombre

PREGUNTAS

1. Identifique los elementos introductorios: cuándo, dónde, y quién.
2. ¿Por qué fue seleccionado Blas para la clase Alfa?
3. ¿Cómo se nota el pesimismo de la metodología de esa enseñanza?
4. ¿Cumple Blas con el objetivo de la penitencia?
5. ¿Qué ideas inspiran la cassette?
6. El autor nos advierte de un peligro en el sistema educativo. Identifíquelo. ¿Está Ud. de acuerdo?
7. ¿Qué novedad concibe Blas que pueda dar más satisfacción?
8. ¿Cuál es el resultado de sus pensamientos creativos?
9. ¿Qué comparte con su tocayo?

PARA AUMENTAR EL VOCABULARIO

Familias de palabras

Crecer: creciente, crecimiento, crecidamente

1. El uso de la tecnología promete crecer en el futuro.
2. La demanda creciente traería avances económicos.
3. El crecimiento de ideas progresivas es alentador.
4. Crecidamente ideas nuevas le invadieron el pensamiento.

Vértigo: vertiginoso(a), vertiginosamente

1. Al llegar a la cima de la montaña sufrió de vértigo.
2. El avión llegó a alturas vertiginosas.
3. Vertiginosamente el enfermo subió la escalera.

Obligar: obligación, obligado, obligatorio(a)

1. No debo obligar a que el niño piense como yo.
2. Tengo cantidad de obligaciones que me ocupan el tiempo hoy.
3. Viene el obligado, o contratista, con los planos y la materia prima.
4. Los profesores insisten en que haga las asignaturas obligatorias.

Tocar: tocador, tocante, tocado de la cabeza, estar tocado(a)

1. Deseo tocar la cinta cassette en este aparato.
2. La señora se arregla delante del espejo del tocador.
3. Escuchó reportajes tocantes a las nuevas invenciones.
4. Evite Ud. a ese desafortunado tocado de la cabeza.
5. Esa pintura está tocada de influencias impresionistas.

Ejercicio de vocabulario

Complete las oraciones con una palabra apropiada.

1. Al levantarse precipitadamente siente _____.
2. Quédate aquí hasta cumplir con tus _____.
3. Dejó el peine y cepillo encima del _____.
4. Se nota un uso _____ de los aparatos supersónicos.
5. El _____ pide que le pague por los ladrillos y el cemento.
6. El violinista _____ un aire de Chopín.
7. El ruido _____ molesta al oyente.
8. El cosmonauta bajó _____ en el proyectil.
9. Hace tonterías por ser _____.
10. Notó _____ de ideas para mejorar la comunicación.
11. Vivimos en un mundo poco real y _____.
12. No me _____ a trabajar en ese proyecto.
13. Nunca había leído nada _____ al alfabeto ni a libros.
14. Todos tenemos tareas _____.
15. El número de analfabetos ha _____ en forma alarmante.

EJERCICIOS CREATIVOS

1. Exprese su opinión de esta idea y diga por qué: Blas tenía derecho de construir castillos en el aire.
2. Cite ciertos problemas con estimular que los niños se dediquen a los estudios muy avanzados.
3. Exprese el efecto sobre Blas de los sonidos e imágenes proyectados desde satélites.

4. Explique la idea que concibió Blas. ¿Se puede aplicar la expresión: «Blas reinventó la rueda?»
5. Exprese sus opiniones de cómo se debe mejorar el sistema de educar a los niños y jóvenes.
6. Explique la importancia de la nube.

La luz es como el agua
Gabriel García Márquez

Gabriel García Márquez (1932–), natural de Colombia, nos deleita con un enriquecimiento de la narración castellana. Actualmente es el autor de más renombre de

todos los escritores en español. Recibió el Premio Nóbel de Literatura en 1982. Es un autor prolífico con tremendos éxitos con sus novelas y cuentos cortos.

Márquez también pertenece a la generación de escritores de fantasía e imaginación. Nos divierte con su afán de experimentar mezclando el mundo real con otro ficticio. El lector va a meterse en un ambiente extraño con niños que gozan una libertad extraordinaria llena de misterio y con consecuencias inesperadas. Esta selección forma parte de una colección titulala Doce cuentos peregrinos.

n Navidad los niños volvieron a pedir un bote de remos.
    —De acuerdo —dijo el papá, —lo compraremos cuando volvamos a Cartagena[1].

¹ **Cartagena** ciudad de Colombia

Totó, de nueve años, y Joel de siete, estaban más decididos de lo que sus padres creían.
    —No —dijeron a coro. —Nos hace falta ahora y aquí.
    —Para empezar —dijo la madre, —aquí no hay más aguas navegables que la que sale de la ducha[2].

² **ducha** regadera (*shower*)

Tanto ella como el esposo tenían razón. En la casa de Cartagena de Indias había un patio con un muelle sobre la bahía, y un refugio para dos yates grandes. En cambio aquí en Madrid vivían apretujados[3] en el piso quinto del número 47 del Paseo de la Castellana. Pero al final ni él ni ella pudieron negarse, porque les habían prometido un bote de remos con su sextante y su brújula si se ganaban el laurel del tercer año de primaria, y se lo habían ganado. Así que el papá compró todo sin decir nada a su esposa,

³ **apretujados** apretados (*crowded*)

que era la más reacia a pagar deudas de juego[4]. Era un precioso bote de aluminio con un hilo dorado en la línea de flotación.

—El bote está en el garaje —reveló el papá en el almuerzo. —El problema es que no hay cómo subirlo ni por el ascensor ni por la escalera, y en el garaje no hay más espacio disponible.

Sin embargo, la tarde del sábado siguiente los niños invitaron a sus condiscípulos para subir el bote por las escaleras, y lograron llevarlo hasta el cuarto de servicio.

—Felicidades —les dijo el papá —¿Y ahora qué?

—Ahora nada —dijeron los niños. Lo único que queríamos era tener el bote en el cuarto, y ya está.

La noche del miércoles, como todos los miércoles, los padres fueron al cine. Los niños dueños y señores de la casa, cerraron puertas y ventanas, y rompieron la bombilla encendida de una lámpara de la sala. Un chorro de luz dorada y fresca como el agua empezó a salir de la bombilla rota, y lo dejaron correr hasta que el nivel llegó a cuatro palmos. Entonces cortaron la corriente, sacaron el bote, y navegaron a placer por entre las islas de la casa.

Esta aventura fabulosa fue el resultado de una ligereza[5] mía cuando participaba en un seminario sobre la poesía de los utensilios domésticos. Totó me preguntó cómo era que la luz se encendía con sólo apretar un botón, y yo no tuve el valor de pensarlo dos veces.

—La luz es como el agua —le contesté: uno abre el grifo[6] y sale.

De modo que siguieron navegando los miércoles en la noche, aprendiendo el manejo del sextante y la brújula, hasta que los padres regresaban del cine y los encontraban dormidos como ángeles de tierra firme. Meses después, ansiosos de ir más lejos, pidieron un equipo de pesca submarina. Con todo: máscaras, aletas[7], tanques y escopetas de aire comprimido.

—Está mal que tengan en el cuarto de servicio un bote de remos que no les sirve para nada —dijo el padre. —Pero está peor que quieran tener además equipos de buceo.

—¿Y si ganamos la gardenia de oro del primer semestre? —dijo Joel.

—No —dijo la madre, asustada. —Ya no más.

El padre le reprochó su intransigencia.

—Es que estos niños no se ganan ni un clavo por cumplir con su deber —dijo ella, —pero por un capricho son capaces de ganarse hasta la silla del maestro.

Los padres no dijeron ni que sí ni que no. Pero Totó y Joel, que habían sido los últimos en los dos años anteriores, se ganaron en julio las dos gardenias de oro y el reconocimiento público del rector. Esa misma tarde, sin que hubieran vuelto a pedirlos, encontraron en el dormitorio los equipos de buzos en su empaque original. De modo que el miércoles siguiente, mientras los padres veían *El último tango en París*, llenaron el apartamento hasta la altura de dos brazas[8], bucearon como tiburones mansos por debajo de los muebles y las camas, y rescataron del fondo de la luz las cosas que durante años se habían perdido en la oscuridad.

En la premiación final los hermanos fueron aclamados como ejemplo para la escuela, y les dieron diplomas de excelencia. Esta vez no tuvieron que pedir nada, porque los padres les preguntaron qué querían. Ellos fueron tan

[4] **deudas de juego** (*bets*)

[5] **ligereza** (*inconstancy, lack of attention*)

[6] **grifo** llave (*faucet*)

[7] **aletas** (*fins*)

[8] **brazas** (*fathoms*)

[9] **agasajar** (*to entertain*)

[10] **a raudales** (*in torrents*)
[11] **se encauzó** se dirigió

Cartagena, Colombia

[12] **al garete** (*adrift*)
[13] **ciénaga** (*swamp*)

[14] **rebosado** (*overflowed*)

razonables, que sólo quisieron una fiesta en casa para agasajar[9] a los compañeros de curso.

El papá, a solas con su mujer, estaba radiante.

—Es una prueba de madurez —dijo.

—Dios te oiga —dijo la madre.

El miércoles siguiente, mientras los padres veían *La Batalla de Argel*, la gente que pasó por la Castellana vio una cascada de luz que caía de un viejo edificio escondido entre los árboles. Salía por los balcones, se derramaba a raudales[10] por la fachada, y se encauzó[11] por la gran avenida en un torrente dorado que iluminó la ciudad hasta el Guadarrama.

Llamados de urgencia, los bomberos forzaron la puerta del quinto piso, y encontraron la casa rebozada de luz hasta el techo. El sofá y los sillones forrados en piel de leopardo flotaban en la sala a distintos niveles, entre las botellas del bar y el piano de cola y su mantón de Manila que aleteaba a media agua como una mantarraya de oro. Los utensilios domésticos, en la plenitud de su poesía, volaban con sus propias alas por el cielo de la cocina. Los instrumentos de la banda de guerra, que los niños usaban para bailar, flotaban al garete[12] entre los peces de colores liberados de la pecera de mamá, que eran los únicos que flotaban vivos y felices en la vasta ciénaga[13] iluminada. En el cuarto de baño flotaban los cepillos de dientes de todos, los pomos de cremas y la dentadura de repuesto de mamá, y el televisor de la alcoba principal flotaba de costado, todavía encendido en el último episodio de la película de media noche prohibida para niños.

Al final del corredor, flotando entre dos aguas, Totó estaba sentado en la popa del bote, aferrado a los remos y con la máscara puesta, buscando el faro del puerto hasta donde le alcanzó el aire de los tanques, y Joel flotaba en la proa buscando todavía la altura de la estrella polar con el sextante, y flotaban por toda la casa sus treinta y siete compañeros de clase, eternizados en el instante de hacer pipí en la maceta de geranios, de cantar el himno de la escuela con la letra cambiada por versos de burla contra el rector, de beberse a escondidas un vaso de brandy de la botella de papá. Pues habían abierto tantas luces al mismo tiempo que la casa se había rebosado[14], y todo el cuarto año elemental de la escuela de San Julián el Hospitalario se había ahogado en el piso quinto del número 47 del Paseo de la Castellana. En Madrid de España, una ciudad remota de veranos ardientes y vientos helados, sin mar ni río, y cuyos aborígenes de tierra firme nunca fueron maestros en la ciencia de navegar en la luz.

PREGUNTAS

1. ¿Por qué no era práctico obsequiarles a los niños lo que deseaban?
2. ¿Qué les habían prometido y bajo cuál condición?
3. ¿Cómo se resolvió el problema? ¿Dónde fue necesario dejarlo?
4. ¿Cómo lograron los chicos admitirlo al cuarto del servicio?
5. ¿Cómo mintieron a los padres?
6. Describa Ud. lo que hicieron la noche del miércoles.
7. ¿De dónde sacaron esa idea?
8. Después de aprender el manejo del sextante y la brújula, ¿qué pidieron?
9. ¿Cuáles otros honores recibieron los niños?
10. En breve, describa la fiesta para agasajar a los compañeros y su final.

PARA AUMENTAR EL VOCABULARIO

Familias de palabras

Prometer: prometedor, prometido(a), promesa

1. Los padres tenían que prometer un bote en cambio de buenas notas.
2. Los niños astutos tenían un futuro prometedor.
3. Mi hermana mayor y su prometido piensan casarse en junio.
4. Los padres cumplieron con su promesa al ver las notas excelentes.

Apretar: apretadamente, apretadera, apretadizo(a), apretujados

1. Apretó el botón para iluminar la sala.
2. Salió apretadamente para no perder la función.
3. Tire Ud. de la apretadera para asegurar el bote al muelle.
4. Las cortinas apretadizas se abren fácilmente.
5. Vivían apretujados en el piso pequeño.

Premiar: premio, premiador, premiado(a), premiación

1. El colegio premia a los alumnos sobresalientes.
2. Los chicos reciben el premio por ser los más destacados.
3. El director siempre es el premiador.
4. Los dos salieron premiados por haberse aplicado más.
5. La ceremonia de premiación tendrá lugar en el salón principal.

Ejercicio de vocabulario

Complete las oraciones con una palabra apropiada.

1. Los buenos padres honran sus _____.
2. El padre _____ a los hijos por las notas sobresalientes.
3. Vivían _____ en el piso aun antes de introducir el bote.
4. Los _____ piensan casarse este año.
5. Creían que al _____ el botón saldría agua.
6. Los padres querían comprar el _____ en Colombia.
7. Para gozar de más luz abrieron las cortinas _____.
8. En adelante seré más específico al _____ regalos enormes.
9. Los chicos subieron _____ el bote por la escalera.
10. Sacaré una foto en el momento de la _____.
11. Arregló la _____ de la máscara para no perderla.
12. Fue una tragedia perder a los niños inteligentes y _____.
13. Este año el maestro será el _____.
14. Los alumnos _____ fueron muy aplaudidos.

EJERCICIOS CREATIVOS

1. Prepare un comentario sobre el estilo de este gran escritor. Cite los elementos placenteros; los plausibles o posibles; los extravagantes.
2. Explique cómo entreteje lo real con lo irreal.
3. Describa el verdadero encanto de la selección en su opinión.

De barro estamos hechos

Isabel Allende

A mediados de la década de los ochenta, varios cuentos cortos y novelas emocionantes comenzaron a llegar a los ávidos lectores de esta autora chilena. En muy poco tiempo sus obras han llegado a gozar de una gran popularidad en muchos países gracias a que han sido traducidas en treinta y tres idiomas. Isabel Allende nos atrae con sus historias y novelas de fantasía, de biografías, de una creatividad emocionante. Nos convence con su estilo directo y claro, con personalidades creíbles que comparten las emociones alegres tanto como las tristes.

La selección aquí fue adaptada de Cuentos de Eva Luna. El personaje Rolf Carlé, un fotógrafo, sufrió horrores de la guerra en Europa siendo joven. Así él siente frustración por la desesperación de la niña atrapada en una situación precaria.

I

Descubrieron la cabeza de la niña asomada en el lodo, con los ojos abiertos, llamando sin voz. Tenía un nombre de Primera Comunión, Azucena. En aquel interminable cementerio, donde el olor de los muertos atraía a los buitres[1] más remotos y donde los llantos de los huérfanos y los lamentos de los heridos llenaban el aire, esa muchacha obstinada en vivir se convirtió en el símbolo de la tragedia. Tanto transmitieron las cámaras la visión insoportable de su cabeza brotando del barro, como una negra calabaza, que nadie se quedó sin conocerla ni nombrarla. Y siempre que la vimos aparecer en la pantalla, atrás estaba Rolf Carlé, quien llegó al lugar atraído por las noticias, sin sospechar que allí encontraría un trozo de su pasado, perdido treinta años atrás.

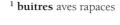

Primero fue un sollozo subterráneo que agitó los campos de algodón, como una espumosa ola. Los geólogos habían instalado sus máquinas de medir con semanas de anticipación y ya sabían que la montaña había despertado otra vez. Desde hacía mucho pronosticaban que el calor de la erupción podía desprender[2] los hielos eternos de las laderas del volcán, pero nadie hizo caso de esas advertencias, porque sonaban a cuento de viejas[3]. Los pueblos del valle continuaron su existencia sordos a los quejidos de la tierra, hasta la noche de ese miércoles de noviembre aciago[4], cuando un largo ruido anunció el fin del mundo y las paredes de nieve se desprendieron, rodando en un alud[5] de barro, piedras y agua que cayó sobre las aldeas, sepultándolas bajo metros insondables de lodo. Apenas lograron sacudirse la parálisis del primer espanto, los sobrevivientes comprobaron que las casas, las plazas, las iglesias, las blancas plantaciones de algodón, los sombríos bosques del café y los potreros de los toros habían desaparecido. Mucho después cuando llegaron los voluntarios y los soldados a rescatar a los vivos y sacar la cuenta de la magnitud del cataclismo, calcularon que bajo el lodo había más de veinte mil seres humanos y un número impreciso de bestias, pudriéndose en un caldo viscoso[6]. También habían sido derrotados los bosques y los ríos y no quedaba a la vista sino un inmenso desierto de barro.

Cuando llamaron del Canal en la madrugada, Rolf Carlé y yo estábamos juntos. Salí de la cama aturdida de sueño y partí a preparar café mientras él se vestía de prisa. Colocó sus elementos de trabajo en la bolsa de lona verde que siempre llevaba, y nos despedimos como tantas otras veces. No tuve ningún presentimiento. Me quedé en la cocina sorbiendo mi café y planeando las horas sin él, segura de que al día siguiente estaría de regreso.

Fue de los primeros en llegar, porque mientras otros periodistas se acercaban a los bordes del pantano en jeeps, en bicicletas, a pie, abriéndose camino cada uno como mejor pudo, él contaba con el helicóptero de la televisión y pudo volar por encima del alud. En las pantallas aparecieron las escenas captadas por la cámara de su asistente, donde él se veía sumergido

[1] **buitres** aves rapaces

[2] **desprender** separar
[3] **sonaban a cuento de viejas** (*sounded like an old wives' tale*)
[4] **aciago** de mal agüero
[5] **alud** avalancha

[6] **caldo viscoso** (*sticky mass*)

hasta las rodillas, con un micrófono en la mano, en medio de un alboroto de niños perdidos, de mutilados, de cadáveres y de ruinas. El relato nos llegó con su voz tranquila. Durante años lo había visto en los noticiarios, escarbando[7] en batallas y catástrofes, sin que nada le detuviera, con perseverancia, y siempre me asombró su actitud de calma ante el peligro y el sufrimiento, como si nada lograra sacudir su fortaleza ni desviar su curiosidad. El miedo parecía no rozarlo[8], pero él me había confesado que no era hombre valiente, ni mucho menos.

II

Rolf Carlé estuvo desde el principio junto a Azucena. Filmó a los voluntarios que la descubrieron y a los primeros que intentaron aproximarse a ella, su cámara enfocaba con insistencia a la niña, su cara morena, sus grandes ojos desolados, la espesura[9] de su pelo. En ese lugar el fango era denso y había peligro de hundirse al pisar. Le lanzaron una cuerda, que ella no hizo empeño en agarrar, hasta que le gritaron que la cogiera, entonces sacó una mano y trató de moverse, pero en seguida se sumergió más. Rolf soltó su bolsa y el resto de su equipo y avanzó en el pantano[10], comentando para el micrófono de su ayudante que hacía frío y que ya comenzaba la pestilencia de los cadáveres.

—¿Cómo te llamas? —le preguntó a la muchacha y ella le respondió con su nombre de flor. —No te muevas, Azucena —le ordenó Rolf Carlé y siguió hablándole sin pensar qué decía, sólo para distraerla, mientras se arrastraba lentamente con el barro hasta la cintura. El aire a su alrededor parecía tan turbio como el lodo.

Por ese lado no era posible acercarse, así es que retrocedió y fue a dar un rodeo por donde el terreno parecía más firme. Cuando al fin estuvo cerca tomó la cuerda y se la amarró bajo los brazos, para que pudieran izarla. Le sonrió, le dijo que todo iba bien, ya estaba con ella, en seguida la sacarían. Les hizo señas a los otros para que jalaran[11], pero apenas se tensó la cuerda la muchacha gritó. Lo intentaron de nuevo y aparecieron sus hombros y sus brazos, pero no pudieron moverla más, estaba atascada. Alguien sugirió que tal vez tenía las piernas comprimidas entre las ruinas de su casa, y ella dijo que no eran sólo escombros, también la sujetaban los cuerpos de sus hermanos, aferrados[12] a ella.

—No te preocupes, vamos a sacarte de aquí— le prometió Rolf. Noté que la voz se le quebraba y me sentí tanto más cerca de él por eso. Ella lo miró sin responder.

En las primeras horas Rolf Carlé agotó[13] todos los recursos de su ingenio para rescatarla. Luchó con palos y cuerdas, pero cada tirón[14] era un suplicio intolerable para la prisionera. Se le ocurrió hacer una palanca[15] con unos palos, pero eso no dio resultado y tuvo que abandonar también esa idea.

[7] **escarbando (escarbar)**
(digging)
[8] **rozar** (aquí: molestar)
[9] **espesura** *(thickness)*
[10] **pantano** *(swamp)*

[11] **jalaran** tiraran

[12] **aferrados** agarrados

[13] **agotó** aquí: usó
[14] **tirón** *(pull)*
[15] **palanca** *(lever)*

Consiguió un par de soldados que trabajaron con él durante un rato, pero después lo dejaron solo, porque muchas otras víctimas reclamaban ayuda. La muchacha no podía moverse y apenas lograba respirar, pero no parecía desesperada, como si una resignación ancestral le permitiera leer su destino. El periodista, en cambio, estaba decidido a arrebatársela a la muerte. Le llevaron un neumático, que colocó bajo los brazos de ella como un salvavidas, y luego atravesó una tabla cerca del hoyo para apoyarse y así alcanzarla mejor. Como era imposible remover los escombros a ciegas, se sumergió un par de veces para explorar ese infierno, pero salió exasperado, cubierto de lodo, escupiendo piedras. Dedujo que se necesitaba una bomba para extraer el agua y envió a solicitarla por radio, pero volvieron con el mensaje de que no había transporte y no podían enviarla hasta la mañana siguiente.

***

Les llevaron café y él se lo dio a la muchacha, sorbo a sorbo. El líquido caliente la animó y empezó a hablar de su pequeña vida, de su familia y de la escuela, de cómo era ese pedazo de mundo antes de que reventara el volcán. Tenía trece años y nunca había salido de los límites de su aldea. El periodista sostenido por un optimismo prematuro, se convenció de que todo terminara bien, llegaría la bomba, extraerían el agua, quitarían los escombros y Azucena sería traslada en helicóptero a un hospital donde se repondría con rapidez y donde él podría visitarla llevándole regalos... Esa fue una larga noche.

III
[Siguen descripciones horrorosas de los afectados sin esperanzas.]

Azucena temblaba apoyada en el neumático que la sostenía sobre la superficie. La inmovilidad y la tensión la habían debilitado mucho, pero se mantenía consciente y todavía hablaba con voz perceptible cuando le acercaban un micrófono. Su tono era humilde, como si estuviera pidiendo perdón por causar tantas molestias. ... Rolf se esforzó de nuevo por mover los obstáculos que retenían a la muchacha en esa tumba... Le dio a Azucena la taza de papilla[16] de maíz y plátano que distribuía el Ejército... Acudió un médico que comprobó que estaba afiebrada, pero dijo ...que los antibióticos estaban reservados para los casos de gangrena. También se acercó un sacerdote a bendecirla y colgarle al cuello una medalla de la Virgen. En la tarde empezó a caer una llovizna suave, persistente.

—El cielo está llorando —murmuró Azucena y se puso a llorar también.

—No te asustes —le suplicó Rolf. —Tienes que reservar tus fuerzas y mantenerte tranquila, todo saldrá bien, yo estoy contigo...

[16] **papilla** *(mush)*

[Durante la noche Rolf Carlé revivió los horrores y sufrimientos de su niñez y juventud y logró enfrentarse a las realidades de su vida en el momento presente.]

Me di cuenta del momento preciso en que Rolf dejó de luchar y se abandonó al tormento de vigilar la agonía de la muchacha... Cuando se inclinó sobre su pobre cabeza y la besó en la frente,... sentí cómo en ese instante se salvaron ambos de la desesperanza. Finalmente Rolf Carlé rezó en silencio para que se muriera pronto, porque ya no era posible soportar tanto dolor... Azucena se rindió, sus ojos perdidos en los de ese amigo que la había sostenido hasta el final. Rolf Carlé le quitó el salvavidas, le cerró los párpados, la retuvo contra su pecho por unos minutos y después la soltó. Ella se hundió lentamente, una flor en el barro.

Estás de vuelta conmigo, pero ya no eres el mismo hombre... Tus cámaras están abandonadas, ...no escribes ni cantas, te quedas durante horas ...mirando las montañas. A tu lado, yo espero que completes el viaje hacia el interior de ti mismo y te cures de las viejas heridas. Sé que cuando regreses de tus pesadillas caminaremos otra vez de la mano, como antes.

PREGUNTAS

1. ¿Dónde tiene lugar la acción de la selección?
2. ¿Qué catástrofe ha ocurrido?
3. Describa la situación de las víctimas. ¿No tuvieron noticias de antemano de la posiblidad de tal peligro?
4. ¿Cuál es la profesión del protagonista?
5. Describa el interés que Rolf Carlé mostró para con la niña. ¿Permaneció confiado de salvarla?
6. ¿Qué hicieron para tratar de sacarla? Haga lista de los varios atentados.
7. A pesar del sufrimiento físico y psicológico, ¿cómo se portó la niña?
8. ¿Qué hizo el Ejército para ayudar? ¿Por qué abandonaron los soldados el sitio sin haberla rescatado?
9. ¿Por qué fue el cura a visitar a Azucena? Describa lo que hizo.
10. ¿Qué memorias de su pasado se avivan al ver esas víctimas?
11. ¿Cuándo se entregó Rolf a la inevitabilidad de la suerte?
12. Describa la muerte y desaparición de la niña.
13. Cuando moría la niña, ¿qué comenzó a comprender Rolf?
14. Al terminar la selección, ¿por cuál proceso pasa Rolf?
15. Y la autora, ¿tiene fe que vaya a recuperarse? ¿Cómo lo indica?

PARA AUMENTAR EL VOCABULARIO

Familias de palabras

Lograr: logro, dar o prestar a logro, logrero(a)

1. Estudió constantemente para lograr buenas notas.
2. Sí, es rico, pero sus logros son sucios.
3. Dio (prestó) dinero a logro, así se aprovechó de otros.
4. Tiene fama de ser un logrero sin escrúpulos.

Probar: comprobar, comprobante

1. Quiere probar su habilidad en el campo financiero.
2. Comprobó su compasión quedándose a su lado.
3. Presenté el comprobante y me dio el paquete.

Transmitir: transmisión, transmisor(a)

1. Se quedó allí para transmitir las últimas noticias.
2. La transmisión fue excelente; vimos todo claramente.
3. Rolf trabaja con la compañía transmisora.

Ejercicio de vocabulario

Complete las oraciones con una palabra apropiada.

1. Debido a la tormenta anoche, la _____ fue mala.
2. Este negocio promete muchos _____ beneficiosos.
3. No le entrego el cheque si Ud. no me ofrece un _____.
4. No tenga nada que ver con ese _____ abusivo.
5. Van a _____ las últimas noticias a las diez en Canal 5.
6. Con tanto talento va a _____ fama en poco tiempo.
7. Tuvo que _____ su competencia por medio de un examen.
8. Si me _____ tanto dinero, los intereses serán excesivos.
9. Siga mirando este canal, su _____ favorito de TV.
10. ¿Qué más puedo hacer para _____ mi amor?

EJERCICIOS CREATIVOS

1. Cite los elementos que emplea Isabel Allende para retener el interés del lector.
2. Analice el estilo de uno de los cuentos. Describa la exposición, el desarrollo y el desenlace.
3. Escriba un relato personal de mucha acción mezclado con el interés humano.
4. De los personajes presentados en los cuentos ya leídos, ¿cuál es su preferido? ¿Por qué?

CONVERSACIÓN

Teodoro Tesoro entrevista a un coleccionista de porcelanas

TEODORO: Dispénseme, señor. ¿Me permite grabar durante esta entrevista?

COLECCIONISTA: Claro que sí... adelante.

TEODORO: ¿Hace mucho tiempo que Ud. colecciona porcelanas Lladró?

COLECCIONISTA: Desde mi juventud. Un pariente mío me regaló la primera el día de mi santo... una figura de don Quijote. Una nota acompañadora decía: «¡Que sueñes sueños imposibles como nuestro famoso hidalgo de la Mancha y que los realices todos!»

TEODORO: Palabras inspirativas. ¿Y cuántas piezas tiene usted ahora?

COLECCIONISTA: Ni siquiera sé. Tengo más de cien ejemplares de animales, pero prefiero las figuras de las mujeres creadas por los hermanos Lladró. ¡Lindísimas! Algunas con paquetes o flores en la mano; algunas con parasoles; algunas acariciando a los niños o los animalitos. Mi favorita es una llamada «Japonesa decorando.» Representa una *geisha* sonriente, de rodillas, en el acto de preparar una decoración floral en un jarrón. Parece ajustada a la vida real. Tiene diecinueve centímetros de largo, acabado en brillo. Cada dedo fue hecho individualmente para producir la ilusión de movimiento gracioso.

TEODORO: Por su modo de hablar veo que Ud. está muy entusiasmado con su colección.

COLECCIONISTA: Pero, sígame y le voy a presentar a mi familia porcelana. Compartir su belleza con otros hace aún más placentera mi actividad como coleccionista.

ESTRUCTURA

Ser y estar

1. El verbo *ser* expresa esencia o existencia. El verbo *estar* expresa estado o condición. Se usa el verbo *ser* para unir el sujeto con el predicado:

García Márquez es ganador del Premio Nóbel.

EJERCICIOS

A Complete las siguientes oraciones con la forma apropiada de *ser*.

1. Nosotros no _____ escritores de gran renombre.
2. Recaredo _____ un escultor joven.
3. Su casa _____ un nido romántico.
4. Esos forasteros _____ cazadores de Misiones, Argentina.
5. Tú _____ gran amigo de los recién casados.
6. La Argentina _____ un país enorme con clima variado.

2. Se usa *ser* para expresar origen, posesión, o la materia de la cual está hecha una cosa:

Origen	**Allende es de Chile.**
Posesión	**El rifle es del hijo.**
Composición	**La mesa es de madera, un roble fino.**

3. Se usa *estar* para expresar colocación permanente o temporal: Buenos Aires *está* en Argentina. Muchos turistas *están* allí.

EJERCICIOS

B Complete las siguientes oraciones con la forma apropiada de *ser* o *estar*.

1. Rubén Darío _____ de Nicaragua, Centro América.
2. Chile _____ al oeste de Argentina y al lado del Pacífico.
3. Blas _____ en otro aula castigado.
4. Este vino _____ de Chile.
5. La estatua de porcelana _____ en un gabinete decorado.
6. Los reyes _____ del Mesoriente.
7. Los Andes, montañas cubiertas de nieve, _____ entre Chile y Argentina.
8. El helicóptero _____ en Santiago.
9. Esa cámara alemana _____ del fotógrafo-reportero.
10. El mirlo _____ negro y _____ en su jaula.

4. Se usa *ser* para expresar una característica:

España es bella.
El programa es bueno e interesante.

5. Se usa *estar* para expresar una condición que puede cambiar:

El agua del mar está fría hoy.
Los pobres están atrapados en el lodo.

EJERCICIOS

C Complete las siguientes oraciones con la forma apropiada de *ser* o *estar.*

1. Los Andes _____ montañas altas que _____ entre Chile y Argentina.
2. Gabriel García Márquez _____ ganador del Premio Nóbel.
3. El alud de lodo _____ amenazando todo el valle.
4. La joven _____ asustada al oír el ruido del buzón.
5. La Castellana _____ una arteria principal de Madrid.
6. Los estudiantes _____ inteligentes y astutos.
7. La luz _____ como el agua para los niños.
8. El único hijo _____ muerto al lado del poste alambrado.

6. Muchas veces el significado cambia según el uso de *ser* y estar:

Azucena es morena.   **El padre solo es enfermo.**
Ana está rubia.   **Blas está enfermo.**

Los primeros ejemplos describen una característica. Azucena siempre tiene el pelo negro. Es un señor que no tiene buena salud. Tiene algo grave y es enfermo. Es una característica del pobre señor.

Los segundos ejemplos describen una condición, no una característica. Hoy tiene el pelo rubio, pero se lo tiñe. Es posible que mañana tenga el pelo castaño o rojo. Generalmente Blas goza de buena salud, pero hoy se siente mal. Es sólo una condición temporal.

EJERCICIOS

D Complete las siguientes oraciones con la forma apropiada de *ser* o *estar.*

1. Isabel _____ rubia. Nunca cambia el color de su pelo.
2. Ana _____ rubia hoy, pero es posible que mañana tenga el pelo castaño.
3. Este discurso _____ aburrido. Todos los que tienen que escucharlo _____ aburridos.
4. Este postre _____ bueno por el rico sabor que tiene.
5. Sin embargo, la comida que sirven a los niños _____ mala porque todo tiene mucha grasa.
6. Esta sopa de verduras _____ buena porque tiene muchas vitaminas.
7. La comida que dan a los atrapados _____ mala porque _____ fría.
8. La mujer del escultor _____ bonita hoy con su nuevo peinado.
9. La mujer del escultor _____ hermosa. Es difícil comparar la belleza de ella con la de otras mujeres.

7. Con la voz pasiva se usa el verbo *ser*. Se usa *por* para nombrar al agente de la acción:

El autor mismo recitó su poema.
El poema fue recitado por su autor mismo.

Se usa *estar* con el participio pasivo para expresar el resultado de una acción:

El reportero cerró los ojos de Azucena.
Los ojos están cerrados.

EJERCICIOS

E Complete las siguientes oraciones con el pretérito del verbo *ser* o el presente del verbo *estar* según el significado.

1. La geometría de Euclides _____ perfeccionado por Blas Pascual.
2. Los Andes _____ cubiertos de nieve.
3. Las escenas horripilantes _____ captadas por la televisión.
4. Con la llegada de la tecnología la lectura _____ reemplazada por las cassettes.
5. Los pobres niños no _____ bien instruidos.
6. La gran avenida _____ inundada de luz.
7. Ese programa _____ muy bien presentado.
8. El encanto _____ producido por el brujo.
9. La fiesta tuvo un fin trágico; los niños _____ víctimas de entusiasmo.
10. La transmisión _____ cortada debido a las condiciones meteorológicas.

8. El verbo *ser* puede emplearse como sinónimo de *tener lugar*:

La conferencia es mañana a las ocho.
La conferencia es en la Cámara de Diputados.

EJERCICIOS

F Cambie cada oración, empleando la forma apropiada de *ser* en vez de *tener lugar*.

1. La presentación tendrá lugar al final del curso.
2. La ceremonia tuvo lugar en el aula principal.
3. El remate tuvo lugar en la vieja casa victoriana.
4. La Ceremonia del Premio Nobel siempre tiene lugar en Estocolmo.
5. Espero que la celebración tenga lugar durante mi visita.

EJERCICIOS CREATIVOS

1. Cite los elementos que emplea Isabel Allende para retener el interés del lector.
2. Analice el estilo de uno de los cuentos. Describa la exposición, el desarrollo y el desenlace.
3. Escriba un relato personal de mucha acción mezclado con el interés humano.
4. De los personajes presentados en los cuentos ya leídos, ¿cuál es su preferido? ¿Por qué?

JOYA CUATRO

LA CARTA:
Cornalinas de comunicación

MARCO LITERARIO

Sencillamente la carta es un papel escrito que se manda a una persona para comunicar alguna información. Puede ser formal o informal; puede ser general o individual; puede ser ofical o social. Lo importante es el mensaje que presenta.

Algunas cartas son muy famosas. Revelan la personalidad del escritor o expresan tanta gracia que se las consideran parte de la literatura universal. Algunas se usan para discusiones políticas o sociales, o para comentar los sucesos del día. Por ejemplo, entre las cartas más dramáticas se encuentran las de Antonio Pérez, ministro favorito del rey Felipe II de España. Pérez había ayudado al rey a matar a un conspirador, pero el clamor público fue tal que el rey tuvo que condenarle a pesar de ser su favorito. Durante los siguientes años de fuga y de encarcelación, Pérez escribió unas cartas exponiendo la conspiración e implicando al monarca. Raras veces son las cartas más conmovedoras.

Puesto que informan, revelan, entretienen o inspiran, las cartas se leen tan extensivamente como cualquier forma literaria.

Un encuentro con Moctezuma

Hernán Cortés

Hernán Cortés (1485-1547), el gran conquistador de México, escribió una serie de cinco cartas de relación al emperador Carlos V (Carlos I de España). En estas cartas describe de una manera sencilla y clara los incidentes de la conquista de México. La carta que sigue fue escrita el 30 de octubre de 1520. En ella describe su encuentro con Moctezuma, el jefe de los aztecas.

Yo me partí luego tras ellos, muy acompañado de muchas personas, que parecían de mucha cuenta[1], como después pareció serlo; y todavía seguía el camino por la costa de aquella gran laguna. A una legua[2] del aposento[3] de donde partí, vi dentro de ella, casi a dos tiros de ballesta[4], una ciudad pequeña que podría ser hasta de mil o dos mil vecinos, toda armada sobre el agua, sin haber para ella ninguna entrada, y muy torreada, según lo que de fuera parecía. Otra legua adelante entramos por una calzada[5] tan ancha como una lanza jineta, por la laguna adentro, de dos tercios de legua, y por ella fuimos a dar a una ciudad, la más hermosa aunque pequeña que hasta entonces habíamos visto, así de muy bien obradas casas y torres como de la buena orden que en el fundamento de ella había, por ser armada toda sobre agua.

Hernán Cortés

En esta ciudad, que será hasta de dos mil vecinos, nos recibieron muy bien y nos dieron muy bien de comer. Allí me vinieron a hablar el señor y las personas principales de ella, y me rogaron que me quedase allí a dormir. Aquellas personas que conmigo iban de Moctezuma me dijeron que no parase, sino que me fuese a otra ciudad que está a tres leguas de allí, que se dice Iztapalapa, que es de un hermano de Moctezuma; y así lo hice. La salida de esta ciudad donde comimos, cuyo nombre al presente no me ocurre a la memoria, es por otra calzada que tira una legua grande hasta llegar a la tierra firme.

Llegado a esta ciudad de Iztapalapa, me salió a recibir algo fuera de ella el señor, y otro de una gran ciudad que está cerca de ella, que será obra de tres leguas, que se llama Coyoacán, y otros muchos señores que allí me estaban esperando; me dieron hasta tres o cuatro mil castellanos y algunas esclavas y ropa, y me hicieron muy buen acogimiento[6].

[1] **de mucha cuenta** de importancia
[2] **legua** *(an old measurement)*
[3] **aposento** habitación, hospedaje
[4] **a dos tiros de ballesta** no muy lejos
[5] **calzada** carretera
[6] **acogimiento** recibimiento

Tendrá esta ciudad de Iztapalapa doce o quince mil vecinos; está en la costa de una laguna salada grande, la mitad en el agua y la otra mitad en la tierra firme. Tiene el señor de ella unas casas nuevas que aún no están acabadas, que son tan buenas como las mejores de España; digo, de grandes y bien labradas, así de obra de cantería[7] como de carpintería, y suelos y cumplimientos para todo género de servicio de casa, excepto masonerías[8] y otras cosas ricas que en España usan en las casas; acá no las tienen. Tienen en muchos cuartos, altos y bajos, jardines muy frescos de muchos árboles y flores olorosas; asimismo albercas[9] de agua dulce muy bien labradas, con sus escaleras hasta lo fondo. Tiene una muy grande huerta junto a la casa, y sobre ella un mirador de muy hermosos corredores y salas, y dentro de la huerta una muy grande alberca de agua dulce, muy cuadrada, y las paredes de ella de gentil cantería, y alrededor de ella un andén de muy buen suelo ladrillado, tan ancho que pueden ir por él cuatro, paseándose; y tiene de cuadra[10] cuatrocientos pasos, que son en torno mil seiscientos. De la otra parte del andén, hacia la pared de

Moctezuma

la huerta, va todo labrado de cañas, y detrás de ella todo de arboledas y yerbas olorosas; dentro del alberca hay mucho pescado y muchas aves, así como lavancos[11] y cercetas[12] y otros géneros de aves de agua; y tantas que muchas veces casi cubren el agua.

Otro día después que llegué a esta ciudad, me partí y, a media legua andada, entré por una calzada que va por medio de esta dicha laguna dos leguas, hasta llegar a la gran ciudad de Tenochtitlán, que está fundada en medio de la dicha laguna. Esta calzada es tan ancha como dos lanzas y muy bien obrada; pueden ir por toda ella ocho de caballo a la par. En estas dos leguas de una parte y de la otra de la dicha calzada están tres ciudades. Una de ellas, que se llama Mexicaltzingo, está fundada, la mayor parte de ella, dentro de la dicha laguna; las otras dos, que se llaman, la una Mixiuacán y la otra Huitzilopocho, están en la costa de ella, y muchas casas de ellas están dentro del agua.

La primera ciudad de éstas tendrá tres mil vecinos; y en todas hay muy buenos edificios de casas y torres, en especial las casas de los señores y personas principales, y las casas de sus mezquitas u oratorios donde ellos tienen sus ídolos. En estas ciudades hay mucho trato de sal, que hacen del agua de la dicha laguna y de la superficie que está en la tierra que baña la laguna; la cuecen[13] en cierta manera y hacen panes de la dicha sal, que venden para los naturales y para fuera de la comarca[14].

[7] **cantería** piedra labrada

[8] **masonerías** piedra labrada

[9] **albercas** piscinas (*mexicano*)

[10] **de cuadra** de medida

[11] **lavancos** (*wild ducks*)
[12] **cercetas** (*widgeons*)

[13] **cuecen** (*cook*)
[14] **comarca** distrito, región, provincia

Un modelo del centro de Tenochtitlán

[15] **mengua** *(ebbs)*

[16] **vigas** *(timbers)*

[17] **luengas** largas

[18] **descalzos** sin zapatos

[19] **arrimados** *(close to)*

[20] **calzado** con zapatos

[21] **trecho** distancia
[22] **en pos** detrás de

[23] **margaritas** perlas

[24] **caracoles** *(snails)*

[25] **jeme** *(distance from end of thumb to forefinger)*
[26] **aderezada** arreglada

[27] **estrado** *(dais)*

Aquí me salieron a ver y a hablar hasta mil hombres principales, ciudadanos de la dicha ciudad, todos vestidos de la misma manera y hábito y, según su costumbre, bien rico. Cuando habían llegado para hablarme, cada uno por sí, en llegando a mí, hacía una ceremonia que entre ellos se usa mucho; ponía cada uno la mano en la tierra y la besaba. Así estuve esperando casi una hora hasta que cada uno hiciese su ceremonia.

Ya junto a la ciudad está una puente de madera de diez pasos de anchura, y por allí está abierta la calzada para que tenga lugar el agua de entrar y salir, porque crece y mengua[15], y también para fortaleza de la ciudad, porque quitan y ponen unas vigas[16] muy luengas[17] y anchas, de que la dicha puente está hecha, todas las veces que quieren. De éstas hay muchas por toda la ciudad como adelante, en la relación que haré de las cosas de ella, vuestra alteza verá.

Pasada esta puente, nos salió a recibir aquel señor Moctezuma con hasta doscientos señores, todos descalzos[18] y vestidos de otra librea o manera de ropa, asimismo bien rica a su uso y más que la ropa de los otros. Venían en dos procesiones, muy arrimados[19] a las paredes de la calle, que es tan ancha, hermosa y derecha que de un cabo se parece el otro; tiene dos tercios de legua y de la una parte y de la otra muy buenas y grandes casas, así de aposentamientos como de mezquitas. Moctezuma venía por medio de la calle con dos señores, el uno a la mano derecha, y el otro a la izquierda, de los cuales uno era aquel señor grande que dije que me había salido a hablar en las andas; el otro era el hermano de Moctezuma, señor de aquella ciudad de Iztapalapa, de donde yo había partido aquel día. Todos los tres estaban vestidos de la misma manera, excepto Moctezuma que iba calzado[20], y los otros dos señores descalzos. Cada uno le llevaba del brazo y, como nos juntamos, yo me apeé y le fui a abrazar solo. Aquellos dos señores que con él iban me detuvieron con las manos para que no le tocase; y ellos y él hicieron asimismo ceremonia de besar la tierra. Hecha esta ceremonia, mandó a su hermano, que venía con él, que se quedase conmigo y que me llevase por el brazo, y él con el otro se iba adelante de mí un poquito trecho[21]. Después de haberme hablado él, vinieron asimismo a hablarme todos los otros señores que iban en las dos procesiones en orden, una en pos[22] de otra, y luego se tornaban a su procesión. Al tiempo que yo llegué a hablar al dicho Moctezuma, me quité un collar que llevaba de margaritas[23] y diamantes de vidrio y se lo eché al cuello; y, después de haber andado la calle adelante, vino un servidor suyo con dos collares de camarones, envueltos en un paño, que eran hechos de huesos de caracoles[24] colorados que ellos tienen en mucho; y de cada collar colgaban ocho camarones de oro, de mucha perfección, tan largos casi como un jeme[25]. Como se los trajeron, se volvió a mí y me los echó al cuello; luego tornó a seguir por la calle en la forma ya dicha, hasta llegar a una casa muy grande y hermosa que él tenía para aposentarnos, bien aderezada[26]. Allí me tomó por la mano y me llevó a una gran sala que estaba frontera de un patio por donde entramos. Allí me hizo sentar en un estrado[27] muy rico, que para él lo tenía mandado hacer, y me dijo que le esperase allí, y él se fue.

Después de poco, ya que toda la gente de mi compañía estaba aposenta-
da, volvió con muchas y diversas joyas de oro y plata y plumajes, y con hasta
cinco o seis mil piezas de ropa de algodón, muy ricas y tejida y labrada de
diversas maneras. Después de habérmela dado, se sentó en otro estrado, que
luego le hicieron allí junto con el otro donde yo estaba...

Plaza de las tres culturas, México, D.F.

PREGUNTAS

1. ¿Cómo eran las ciudades de los aztecas?
2. ¿Cómo se llamaba la capital de los aztecas?
3. ¿Qué hacían los indios con la sal?
4. ¿Por qué había tanta sal?
5. ¿Cómo iban vestidos los compañeros de Moctezuma?
6. ¿Dónde encontró Cortés a Moctezuma?
7. Describa el encuentro de Cortés con Moctezuma.
8. ¿Cómo trataron los indios a los españoles?

PARA AUMENTAR EL VOCABULARIO

Familias de palabras

Vecinos: vecino (a), vecindad

1. Los vecinos son habitantes de la misma calle o del mismo pueblo.
2. Vecino a las casas de Iztapalapa había huertas y albercas.
3. Hay muchas casas lujosas en esta vecindad donde vive el jefe.

Olorosas: olor, oler (huele)

1. A los españoles les encantaban las flores olorosas de las huertas de Tenochtitlán.
2. El olor de las flores es agradable; el de algunos productos químicos es repugnante.
3. La rosa huele bien; a veces el agua de la laguna huele mal.

Acogimiento: acoger, acogedor

1. Los indios le hicieron a Cortés un buen acogimiento. Todos le recibieron con cortesía.
2. Los indios querían acoger a Cortés con mucha ceremonia.
3. Toda la recepción tenía un ambiente acogedor.

Ejercicio de vocabulario

Complete el siguiente párrafo con palabras apropiadas.

La ciudad de Iztapalapa tiene unos doce o quince mil _____. En una _____ de la ciudad, el señor de ella tiene unas casas muy lujosas. _____ a las casas hay huertas con muchos árboles y flores _____. También hay albercas de agua dulce. El _____ que sale de las huertas es tan agradable que muchos de los españoles querían _____ las flores que no habían visto antes. Al entrar Cortés en Iztapalapa, el ambiente fue _____. Le hicieron un buen _____.

EJERCICIOS CREATIVOS

1. Imagínese, en vez de Carlos V, Ud. ha recibido esta carta de Cortés. Escríbale una contestación.
2. Escriba una carta a un amigo en la cual Ud. le describe una gran ciudad que Ud. acaba de visitar por primera vez.
3. Escriba una carta describiendo la recepción de un dignatario.

Cartas desde mi celda

Gustavo Adolfo Bécquer

Gustavo Adolfo Bécquer (1836–1870) representa el poeta pobre luchando penosamente por la vida. Aparece delante de nosotros como una figura melancólica, triste, apasionada, dócil. Sus obras lloran con dolor y sufrimiento personales. Aunque son las Rimas y las Leyendas las que le han dado su fama mundial, Bécquer también produjo nueve cartas, escritas durante su estadía en el monasterio de Veruela donde había ido en busca de salud.

uando tenía yo catorce o quince años, y mi alma estaba henchida de deseos sin nombre[1], de pensamientos puros y de esa esperanza sin límites que es la más preciada joya de la juventud; cuando yo me juzgaba poeta; cuando mi imaginación estaba llena de estas risueñas fábulas del mundo clásico, iba a sentarme en la ribera del Guadalquivir, y daba rienda suelta a mis pensamientos y forjaba una de esas historias imposibles. Yo soñaba entonces una vida independiente y dichosa, semejante a la del pájaro, que nace para cantar, y Dios le procura de comer. Soñaba esa vida tranquila del poeta que irradia con suave luz de una en otra generación. Soñaba que la ciudad que me vio nacer se enorgulleciese con mi nombre, añadiéndole al brillante catálogo de sus ilustres hijos; y cuando la muerte pusiera un término a mi existencia, me colocasen para dormir el sueño de oro de la inmortalidad a la orilla del Betis[2], al que yo habría cantado en odas magníficas, y en aquel mismo punto adonde iba tantas veces a oír el suave murmullo de sus ondas. Una piedra blanca, con una cruz y mi nombre, serían todo el monumento.

[1] **estaba henchida de deseos sin nombre** estaba llena de grandes aspiraciones

[2] **Betis** nombre que los romanos daban al río Guadalquivir en el sur de España

Los álamos blancos, balanceándose[3] día y noche sobre mi sepultura, parecerían rezar por mi alma con el susurro[4] de sus hojas plateadas y verdes, entre las que vendrían a refugiarse los pájaros para cantar al amanecer un himno alegre a la resurrección del espíritu a regiones más serenas; el sauce[5], cubriendo aquel lugar de una flotante sombra, le prestaría su vaga tristeza, inclinándose y derramando en derredor de sus ramas desmayadas y flexibles como para proteger y acariciar mis despojos[6]; y hasta el río, que en las horas de creciente casi vendría a besar el borde de la losa[7] cercada de juncos[8], arrullaría mi sueño con una música agradable. Pasado algún tiempo, y después que la losa comenzara a cubrirse de manchas de musgo[9], una mata de campanillas[10], de esas campanillas azules con un disco de carmín en el fondo, que tanto me gustaban, crecería a su lado enredándose por entre sus

[3] **balanceándose** moviéndose de un lado a otro

[4] **susurro** murmullo (*whisper*)

[5] **sauce** (*weeping willow*)

[6] **despojos** restos

[7] **losa** (*gravestone*)

[8] **cercada de juncos** (*bordered by rushes*)

[9] **musgo** (*moss*)

[10] **campanillas** (*bluebells*)

[11] **grietas** (*cracks*)

[12] **revolotear** volar haciendo giros en poco espacio

[13] **cálices (cáliz)** cubiertas externas de las flores completas

[14] **descollando** sobresaliendo

[15] **ignotos** desconocidos

[16] **después de remontado el sol** después de salir el sol

[17] **al resbalar el mármol** (*as they glide over the marble*)

grietas[11] y vistiéndolas con sus hojas anchas y transparentes, que no sé por qué misterio tienen la forma de un corazón; los insectos de oro con alas de luz, cuyo zumbido convida a dormir en la calurosa siesta, vendrían a revolotear[12] en torno de sus cálices[13], para leer mi nombre, ya borroso por la acción de la humedad y los años, sería preciso descorrer un cortinaje de verdura. ¿Pero para qué leer mi nombre? ¿Quién no sabría que yo descansaba allí? Algún desconocido, admirador de mis versos, plantaría un laurel que, descollando[14] altivo entre los otros árboles, hablase a todos de mi gloria; y ya una mujer enamorada que halló en mis cantares un rasgo de esos extraños fenómenos del amor, que sólo las mujeres saben sentir y los poetas descifrar, ya un joven que se sintió inflamado por el sacro fuego que hervía en mi mente, y a quien mis palabras revelaron nuevos mundos de la inteligencia hasta entonces para él ignotos[15], o un extranjero que vino a Sevilla llamado por la fama de su belleza y los recuerdos que en ella dejaron sus hijos, echaría una flor sobre mi tumba, contemplándola un instante con tierna emoción, con noble envidia o respetuosa curiosidad; a la mañana, las gotas del rocío resbalarían como lágrimas sobre su superficie.

Después de remontado el sol[16], sus rayos la dorarían, penetrando tal vez en la tierra y abrigando con su dulce calor a mis huesos. En la tarde y a la hora en que las aguas del Guadalquivir copian temblando el horizonte de fuego, la árabe torre y los muros romanos de mi hermosa ciudad, los que siguen la corriente del río en un ligero bote en pos de una inquieta línea de oro, dirían al ver aquel rincón de verdura donde la piedra blanquea al pie de los árboles: «Allí duerme el poeta.» Y cuando el gran Betis dilatase sus riberas hasta los montes; cuando sus alteradas ondas, cubriendo el pequeño valle, subiesen hasta la mitad del tronco de los álamos, las ninfas que viven ocultas en el fondo de sus palacios, diáfanas y transparentes, vendrían a agruparse alrededor de mi tumba: yo sentiría la frescura y el rumor del agua agitada por sus juegos; sorprendería el secreto de sus misteriosos amores; sentiría tal vez la ligera huella de sus pies de nieve al resbalar el mármol[17] en una danza cadenciosa, oyendo, en fin, como cuando se duerme ligeramente se oyen las palabras y los sonidos de una manera confusa, el armonioso coro de sus voces juveniles y las notas de sus liras de cristal.

Así soñaba yo en aquella época.

PREGUNTAS

1. ¿Cuáles eran algunos de los proyectos que tenía Bécquer cuando era joven?
2. ¿Adónde iba a sentarse Bécquer para meditar?
3. ¿Cómo imaginaba Bécquer su sepultura?
4. Después de leer la carta, ¿consideraría Ud. a Bécquer un hombre satisfecho o desilusionado? ¿Por qué?

PARA AUMENTAR EL VOCABULARIO

Familias de palabras

Sepultura: sepultar, sepulcral, sepulcro

1. Los álamos se balanceaban sobre la sepultura del poeta.
2. Van a sepultar al poeta difunto a la orilla del río para cumplir con su deseo.
3. El apacible susurro y lánguido movimiento de los sauces crearon un ambiente sepulcral.
4. El sepulcro de mármol blanco adornaba el lugar del entierro.

Recuerdo: recordar, recordación, recordable

1. Todos tienen recuerdos de las últimas palabras del poeta, tan inolvidables son por su belleza.
2. Siempre quiere recordar y nunca olvidar los momentos que soñaba a la orilla del Betis.
3. La amargura de su vejez no le pudo borrar la recordación feliz de su juventud.
4. Los recordables momentos que pasó soñando con una vida tranquila son para nunca olvidarlos.

Ejercicios de vocabulario

A Sustituya la palabra indicada por otra equivalente.

Hoy es el día *del entierro* del poeta. Le van a *enterrar* en el cementerio a la orilla del río. El cielo nublado le da al lugar donde pronto estará su *tumba* un ambiente *de tristeza*.

B Complete las siguientes oraciones con el antónimo de la palabra indicada.

1. A veces *olvidar* es mejor que _____.
2. No es ningún momento *olvidadizo*, sino _____.
3. Para mí, *el olvido* es más desconcertante que el _____.

EJERCICIOS CREATIVOS

1. En unas cien palabras, describa como crea Bécquer el ambiente por medio de la naturaleza. ¿Cuál es el ambiente?
2. ¿Considera Ud. a Bécquer un hombre egoísta o humilde? ¿Por qué?
3. ¿Cómo le consolarán a Bécquer los siguientes en la vida eterna? **a.** los álamos blancos, **b.** los pájaros, **c.** el sauce **d.** el río, **e.** los insectos de oro, **f.** el sol.
4. Un ideal de los románticos es la libertad. ¿Cómo nos demuestra este ideal Bécquer en el primer párrafo?

Carta a un caballero que tomaba gran interés en la causa republicana en la América del Sur

Simón Bolívar (1783–1830)

Simón Bolívar fue uno de los generales sobresalientes de la América del Sur. Sus victorias sobre los españoles ganaron la independencia para Bolivia, Colombia, Ecuador, Perú y Venezuela. Lo llaman El Libertador y el Jorge Wáshington de Sudamérica.

La selección que sigue es un extracto de uno de los documentos más notables de Bolívar. La carta fue escrita el 6 de septiembre de 1815 mientras estaba en la isla de Jamaica buscando a hombres y armas para la causa revolucionaria. Es probable que fuera dirigida al duque de Manchester, gobernador de Jamaica.

La primera parte de la epístola traza la situación de las colonias revolucionarias en 1815 e indica los antecedentes históricos de la lucha, señalando la preparación inadecuada para la autonomía dada por el sistema colonial español. Luego aparece el trozo presentado aquí que trata de profetizar el futuro político de la América del Sur total asimismo como cada una de sus regiones. Cuando se consideran los insuficientes datos que tenía el Libertador, la predicción tiene una precisión increíble que atestigua a su asombrosa intuición histórica.

 n tanto que nuestros compatriotas no adquieran los talentos y las virtudes políticas que distinguen a nuestros hermanos del Norte[1], los sistemas enteramente populares, lejos de sernos favorables, temo mucho que vengan a ser nuestra ruina. Desgraciadamente, estas cualidades parecen estar muy distantes de nosotros, en el grado que se requiere; y, por el contrario, estamos dominados de los vicios que se contraen bajo la dirección de una nación como la española, que sólo ha sobresalido en fiereza, ambición, venganza y codicia.

«Es más difícil —dice Montesquieu[2] —sacar un pueblo de la servidumbre, que subyugar uno libre.» Esta verdad está comprobada por los anales de todos los tiempos, que nos muestran las más de las naciones libres, sometidas al yugo[3], y muy pocas de las esclavas recobrando su libertad. A pesar de este convencimiento, los meridionales de este continente han manifestado el conato[4] de conseguir instituciones liberales y aun perfectas, sin duda por efecto del instinto que tienen todos los hombres de aspirar a la mayor felicidad posible, la que se alcanza infaliblemente en las sociedades civiles, cuando ellas están fundadas sobre las bases de la justicia, de la libertad, y de la igualdad[5]. Pero, ¿seremos nosotros capaces de mantener en su verdadero equilibrio la difícil carga de una república? ¿Se puede concebir que un pueblo, reciente-

[1] **hermanos...Norte** ciudadanos de los EE.UU.

[2] **Montesquieu** filósofo político francés (1689-1755)

[3] **yugo** dominación (*yoke*)

[4] **conato** empeño

[5] **la que...igualdad** buen ejemplo de la teoría optimística de progreso que Bolívar heredó del pensamiento francés del siglo XVIII.

mente desencadenado, se lance a la esfera de la libertad, sin que, como a Ícaro[6], se le deshagan las alas y recaiga en el abismo? Tal prodigio es inconcebible, nunca visto. Por consiguiente, no hay un raciocinio verosímil que nos halague[7] con esta esperanza.

Yo deseo, más que otro alguno, ver formar en América la más grande nación del mundo, menos por su extensión y riquezas que por su libertad y gloria. Aunque aspiro a la perfección del gobierno de mi patria, no puedo persuadirme que el Nuevo Mundo sea, por el momento, regido por una gran república; como es imposible, no me atrevo a desearlo, y menos deseo una monarquía universal de América, porque este proyecto, sin ser útil, es también imposible... Para que un solo Gobierno dé vida, anime, ponga en acción todos los resortes de la prosperidad pública, corrija, ilustre y perfeccione al Nuevo Mundo, sería necesario que tuviese las facultades de un Dios, y cuando menos las luces y virtudes de todos los hombres.

El espíritu de partido, que al presente agita a nuestros estados, se encendería entonces con mayor encono[8], hallándose ausente la fuente del poder, que únicamente puede reprimirlo. Además, los magnates de las capitales[9] no sufrirían la preponderancia de los metropolitanos, a quienes considerarían como a otros tantos tiranos; sus celos llegarían hasta el punto de comparar a éstos con los odiosos españoles. En fin, una monarquía semejante sería un coloso deforme, que su propio peso desplomaría a la menor convulsión.

M. de Pradt[10] ha dividido sabiamente a la América en quince a diecisiete estados independientes entre sí, gobernados por otros tantos monarcas. Estoy de acuerdo en cuanto a lo primero, pues la América comporta la creación de diecisiete naciones; en cuanto a lo segundo, aunque es más fácil conseguirlo, es menos útil, y así no soy de la opinión de las monarquías americanas...

El distintivo de las pequeñas repúblicas es la permanencia; el de las grandes es vario, pero siempre se inclina al imperio. Casi todas las primeras han tenido una larga duración; de las segundas sólo Roma se mantuvo algunos siglos, pero fue porque era república la capital y no lo era el resto de sus dominios, que se gobernaban por leyes e instituciones diferentes. Muy contraria es la política de un rey, cuya inclinación constante se dirige al aumento de sus posesiones, riquezas y facultades; con razón, porque su autoridad crece con estas adquisiciones, tanto con respecto a sus vecinos, como a sus propios vasallos, que temen en él un poder tan formidable cuanto es su imperio, que se conserva por medio de la guerra y de las conquistas. Por estas razones pienso que los americanos, ansiosos de paz, ciencias, artes, comercio y agricultura, preferirían las repúblicas a los reinos, y me parece que estos deseos se conforman con las miras de la Europa.

No convengo en el sistema federal, entre los populares y representativos, por ser demasiado perfecto y exigir virtudes y talentos políticos muy superiores a los nuestros; por igual razón rehuso la monarquía mixta de aristocracia y democracia que tanta fortuna y esplendor ha procurado a la Inglaterra.

Simón Bolívar

[6] **Ícaro** personaje de mitología griega; huyó del laberinto de Creta con unas alas pegadas con cera. Cuando volaba cerca del sol, la cera se derritió e Ícaro cayó en el mar.

[7] **raciocinio... halague** (*a likely reason to coax us*)

[8] **encono** odio

[9] **las capitales** capitales provinciales de la Unión

[10] **M. de Pradt** Dominique Pradt (1759-1837), eclesiástico francés interesado en la causa de Bolívar, y predijo su triunfo

No siéndonos posible lograr entre las repúblicas y monarquías lo más perfecto y acabado, evitemos caer en anarquías demagógicas, o en tiranías monócratas[11]. Busquemos un medio entre extremos opuestos que nos conducirían a los mismos escollos[12], a la infelicidad y al deshonor...

De todo lo expuesto, podemos deducir estas consecuencias: las provincias americanas se hallan lidiando por emanciparse, al fin obtendrán el suceso; algunas se constituirán de un modo regular en repúblicas federales y centrales; se fundarán monarquías casi inevitablemente en las grandes secciones, y algunas serán tan infelices que devorarán sus elementos, ya en la actual, ya en las futuras revoluciones. Una gran monarquía, no será fácil consolidar; una gran república, imposible.

Es una idea grandiosa pretender formar de todo el Mundo Nuevo una sola nación con un solo vínculo que ligue sus partes entre sí y con el todo. Ya que tiene un origen, una lengua, unas costumbres y una religión, debería, por consiguiente, tener un solo gobierno que confederase los diferentes estados que hayan de formarse; mas no es posible, porque climas remotos, situaciones diversas, intereses opuestos, caracteres desemejantes dividen a la América. ¡Qué bello sería que el istmo de Panamá fuese para nosotros lo que el de Corinto para los griegos! ¡Ojalá que algún día tengamos la fortuna de instalar allí un augusto Congreso[13] de los representantes de las repúblicas, reinos e imperios, a tratar y discutir sobre los altos intereses de la paz y de la guerra, con las naciones de las otras tres partes del mundo! Esta especie de corporación podrá tener lugar en alguna época dichosa de nuestra regeneración; otra esperanza es infundada, semejante a la del abate Saint-Pierre[14], que concibió el laudable delirio de reunir un Congreso europeo para decidir de la suerte y de los intereses de aquellas naciones.

---

[11] **tiranías monócratas** gobierno tiránico de un solo hombre

[12] **escollos** peligros, riesgos

[13] **augusto congreso** nueve años tras esta carta Bolívar, como presidente de Colombia, invitó a las nuevas naciones americanas a participar en un congreso internacional en Panamá (1826). Aunque los planes para una liga de naciones del Hemisferio fueron discutidos, la conferencia fracasó, debido a las razones expresadas por Bolívar en esta carta.

[14] **abate Saint-Pierre** Charles I. Castel, abbe de Saint-Pierre, (1658–1734), crítico de instituciones sociales cuyas ideas influyeron a Rousseau. Su proposición para una unión de poderes europeos se encuentra en su *«Projet de paix perpetuelle.»*

PREGUNTAS

1. ¿En qué vicios, según Bolívar, ha sobresalido España en su dominación?
2. ¿Qué filosofía del francés Montesquieu es una verdad, según Bolívar?
3. ¿Cómo relaciona Bolívar la nueva república con Ícaro de la mitología griega?
4. ¿Qué sería necesario para que el nuevo gobierno ponga en acción los resortes de la prosperidad pública y para que perfeccione al Nuevo Mundo?
5. ¿Por qué cree Bolívar que los americanos preferirían las repúblicas a los reinos?
6. ¿Cuáles cosas deduce Bolívar a propósito de las provincias americanas que se hallan lidiando por emanciparse?
7. Según Bolívar, si una gran monarquía no es fácil consolidar, ¿qué de una gran república?
8. ¿Por qué sería difícil tener un solo gobierno que confederase los diferentes estados que hayan de formarse?
9. ¿Instalaron el augusto Congreso que mencionó Bolívar? ¿Con qué resultado?
10. ¿Qué opinas de las profecías mencionadas por Bolívar en esta carta?

PARA AUMENTAR EL VOCABULARIO

Familias de palabras

Temer: temedero(a), temerario (a), temeridad, temeroso(a)

1. ¿Es una tontería temer lo inevitable?
2. La rapaza cubrió la cara, temedera de que el tío iba a golpearla.
3. Seguir nadando durante una tempestad es conducta temeraria.
4. ¡Qué temeridad! ¡Tirarse en el mar sin poder nadar!
5. El ladrón, temeroso que lo iban a castigar, se escondió en el guardarropas.

Mostrar: mostrable, mostrado, mostrador, muestra

1. Cuando lleguemos a casa, te voy a mostrar el coche que mi padre compró.
2. Es una película mostrable...aun para los niños.
3. Ya han mostrado que son capaces de protegerse.
4. En el mostrador había joyas preciosas y costosas.
5. Este pedacito de tela es solamente una muestra para que puedas ver el tejido y el color.

Igual: igualar, igualdad, igualmente, igualador(a), desigual

1. No importa lo que haces; me es igual.
2. Será necesario igualar el peso de cada maleta que llevamos en el viaje.
3. Los rebeldes lucharon por la igualdad para todos.
4. El trabajo fue igualmente distribuido entre los varios labriegos.
5. Se hizo muy popular dando a las mujeres un sueldo igualador al de los hombres.

Ejercicio de vocabulario

Llene los espacios con palabras apropiadas.

1. El pago _____ por un trabajo _____ es un concepto _____.

2. Tras horas de trabajo el hombre dio _____ de cansancio.

3. A ver si hay algo en el _____ que quiera comprar.

4. Mamá _____ que miremos tantos programas en la televisión.

5. Se dice que la muerte es la gran _____.

6. Eres muy _____ si piensas luchar con ese mocetón tan fuerte. Tenemos que _____ las condiciones.

7. El traje que el mercante me ha _____ no me queda bien.

8. ¿Tienes la _____ de hablar de esa manera a tus superiores?

9. Uno de los combatientes pesa 60 kilos, el otro, 80 kilos. Es una lucha _____.

EJERCICIO CREATIVO

Muchos hombres de diversos países ayudaron en el movimiento independentista de la América Latina. Escoja uno de los siguientes. Busque detalles y prepare un informe para presentar oralmente en clase: Francisco de Miranda, Antonio José de Sucre, José Gaspar Francia, José Artigas, José de San Martín, Bernardo O'Higgins, Miguel Hidalgo.

Pepita Jiménez
Juan Valera (1824–1905)

Desde los trece o catorce años Valera escribía versos y narraciones. Su familia alentó sus aficiones literarias y le pagó la impresión de un juvenil libro de versos que nadie leyó.

Pepita Jiménez apareció en 1874 tras años de una carrera diplomática y un casamiento infeliz para el autor. Esta novela le consagró como escritor.

Pepita Jiménez es la historia de un amor postal. Es la historia de amor de un seminarista (Don Luis de Vargas) y una viuda joven (Pepita Jiménez), revelada por cartas que el seminarista escribe a su tío. Las cartas parecen escritas por un joven de pocos años con algún conocimiento teórico pero con ninguna práctica de las cosas del mundo. Don Luis había sido educado al lado de su tío y en el Seminario, y con gran fervor religioso y empeño decidido de ser sacerdote.

Cuando Pepita convida a Don Luis y a su padre a ver su huerta y a comer las fresas tempranas que en ella se crían, empieza una atracción entre los dos. Todas las noches de las nueve a las doce, había tertulia en casa de Pepita. Pepita jugaba al tresillo (un juego de naipes) con el padre y Don Luis trataba de apagar la pasión hacia Pepita que iba creciendo en su corazón.

En una carta del 23 de mayo escribe: «Soy un vil gusano, y no un hombre; soy el oprobio y la abyección de la humanidad; soy un hipócrita. ¡Quiero confesárselo todo!» Y así lo hace.

El seminarista tiene la firmeza de su vocación, de conocer el mal y no seguir-lo, de haber sido elegido por Dios, de no tener pasiones que vencer. Sin embargo, una noche fue a una tertulia en casa de Pepita. La próxima carta (la del 6 de junio) nos habla del primer beso entre los amantes.

Juan Valera

jalá no hubiera ido!

Pepita estaba sola. Al vernos, al saludarnos, nos pusimos los dos colorados. Nos dimos la mano con timidez, sin decirnos palabras.

Yo no estreché la suya; ella no estrechó la mía, pero las conservamos unidas un breve rato.

En la mirada que Pepita me dirigió nada había de amor, sino de amistad, de simpatía, de honda tristeza.

Había adivinado toda mi lucha interior; presumía que el amor divino había triunfado en mi alma; que mi resolución de no amarla era firme e invencible.

No se atrevía a quejarse de mí; conocía que la razón estaba de mi parte. Un suspiro, apenas perceptible, que se escapó de sus frescos labios entrea-biertos, manifestó cuánto lo deploraba.

Nuestras manos seguían unidas aún. Ambos mudos[1]. ¿Cómo decirle yo que no era para ella ni ella para mí; que importaba separarnos para siempre?

Sin embargo, aunque no se lo dije con palabras, se lo dije con los ojos. Mi severa mirada confirmó sus temores; la persuadió de la irrevocable sentencia.

De pronto se nublaron sus ojos; todo su rostro hermoso, pálido ya de una palidez traslúcida, se contrajo con una bellísima expresión de melanco-lía. Parecía la madre de los dolores. Dos lágrimas brotaron[2] lentamente de sus ojos y empezaron a deslizarse por sus mejillas.

[1] **mudos** sin hablar

[2] **brotaron** salieron

³ **enjugar el llanto** secar las
lágrimas

⁴ **inefable embriaguez** pérdida
de la razón que no se puede
explicar

No sé lo que pasó en mí. ¿Ni cómo describirlo aunque lo supiera?

Acerqué mis labios a su cara para enjugar el llanto³, y se unieron nuestras bocas en un beso.

Inefable embriaguez⁴, desmayo fecundo en peligros invadió todo mi ser y el ser de ella. Su cuerpo desfallecía y la sostuve entre mis brazos.

Quiso el cielo que oyésemos los pasos y la tos del padre Vicario, que llegaba, y nos separamos al punto.

Volviendo en mí, y reconcentrando todas las fuerzas de mi voluntad, pude entonces llenar con estas palabras, que pronuncié en voz baja e intensa, aquella terrible escena silenciosa:

—¡El primero y el último!

⁵ **apocalíptica** (de Apocalipsis)
enigmática

Yo aludía al beso profano; mas, como si hubieran sido mis palabras una evocación, se ofreció en mi mente la visión apocalíptica⁵ en toda su terrible majestad. Vi al que es por cierto el primero y el último, y con la espada de dos filos que salía de su boca me hería en el alma, llena de maldades, de vicios y de pecados.

Toda aquella noche la pasé en un frenesí, en un delirio interior, que no sé cómo disimulaba.

Me retiré de casa de Pepita muy temprano.

En la soledad fue mayor mi amargura.

Al recordarme de aquel beso y de aquellas palabras de despedida, me comparaba yo con el traidor Judas, que vendía besando, y con el sanguinario y alevoso asesino Joab, cuando, al besar a Amasá, le hundió el hierro agudo en las entrañas⁶.

⁶ **entrañas** intestinos

Había incurrido en dos traiciones y en dos falsías.

Había faltado a Dios y a ella.

Soy un ser abominable.

PREGUNTAS

1. Cuando don Luis fue a la tertulia de Pepita Jiménez, ¿cómo se saludaron?
2. ¿Qué había en la mirada que Pepita le dirigió?
3. ¿Creía Pepita que don Luis la amaba?
4. ¿Qué pensamientos tenía Luis en el silencio incómodo que los rodeaba?
5. ¿Cómo parecía Pepita en aquellos momentos?
6. ¿Qué ocurrió cuando el seminarista acercó los labios para enjugar el llanto de Pepita?
7. Tras el beso, ¿qué dijo Luis?
8. ¿Cómo pasó don Luis toda aquella noche? ¿Por qué?
9. ¿Con quiénes se comparaba don Luis?
10. ¿Por qué se creía un ser abominable?

PARA AUMENTAR EL VOCABULARIO

Familias de palabras

Besar: beso, besico, besillo, besito, besamanos

1. Todos los invitados formaron una cola para besar a la novia.
2. Al salir para la escuela cada mañana mi hermana le da un beso a mamá.
3. El bebé me dio un besito (besico, besillo) en cada carrillo.
4. El besamanos, la ceremonia que consiste en besar la mano a las personas reales, todavía se observa.

Doler: doliente, dolor, dolorido(a), dolorosamente, doloroso(a)

1. De tanto caminar me duelen los pies.
2. A causa de la herida doliente, su temperatura parecía subir.
3. La mordedura en el tobillo le produjo un dolor agudo.
4. Lleva un cabestrillo (*sling*) porque tiene el brazo dolorido.
5. Dolorosamente, la viuda secó los ojos antes de entrar en la iglesia.
6. ¿Por qué le cuentan cosas tan dolorosas?

Ejercicio de vocabulario

Complete con una palabra apropiada.

1. Ven, dame un _____, hijito mío.
2. ¿Hay algo que pueda tomar? Tengo un _____ de cabeza insoportable.
3. El cortejo andaba _____ hacia el cementerio.
4. Cuando saludas a tus parientes, ¿les das la mano o los _____?
5. El padrino se agachó para dar un _____ a su ahijado.
6. Punzadas _____ invadieron su cuerpo entero.
7. La costumbre del _____ todavía se emplea con el Papa.

EJERCICIO CREATIVO

Como si fuera el tío de don Luis, escriba una carta contestando la del sobrino.

La tesis de Nancy

Ramón J. Sender

La carta de Cortés nos interesa por su valor histórico. No presenciamos el encuentro entre el conquistador y Moctezuma y sólo podemos apreciarlo vicariamente. Al contrario, todos pueden identificarse con la carta de Nancy. En estos días los programas de intercambio entre estudiantes de diversos países han sido muy populares.

Nancy, estudiante norteamericana en Sevilla, mantiene correspondencia con una amiga de los Estados Unidos para contarle sus impresiones sobre España. En la carta que sigue relata unas incidencias suyas en el extranjero.

Vista parcial de Sevilla, España

He recibido tu carta y las fotos de Lake Forest. Encantador todo. Yo espero echar al correo esta carta dentro de unos días. Quiero que tenga veinte páginas, siguiendo la costumbre que establecimos en 1951 para contarnos nuestros viajes. ¿Te acuerdas?

Ayer compré en la calle una cosa que llaman buñuelos[1]. En Alcalá los hacen cada día. Compré tres, y al preguntar el precio, me dijo la vendedora:

—Seis reales[2], señorita.

Yo no sé lo que son seis reales. No consigo comprender las maneras populares de contar la moneda. Si me sacan de pesetas y céntimos, estoy perdida. Con los gitanos, que cuentan en «beatas»[3], no quiero tratos. Dejo que pague Mistress Dawson y le pregunto después cuál es mi parte, para abonársela[4]. La mujer de los buñuelos me miraba extrañada, como pensado: «¿No sabe lo que son seis reales y anda sola por el mundo?»

Los buñuelos son muy sabrosos, pero no sé cómo decirte. Creo que en los Estados Unidos tendrían éxito si les pusieran dentro crema o fruta en almíbar y los envolvieran en papel de estaño[5] por razones de higiene. Bueno, yo te diría que el buñelo es una cosa que la comes y es mentira. Esto último es lo que desagrada.

[1] **buñuelo** fritura con fruta

[2] **real** moneda de plata o de níquel que ha tenido diferentes valores

[3] **beata** mujer devota; aquí, moneda en que cuentan los gitanos

[4] **abonar** recompensar

[5] **papel de estaño** (*foil*)

Ayer me sucedió algo de veras trágico. Había un acto oficial en nuestra Universidad, bajo la presidencia del mismo rector, un hombre poco atlético, la verdad, cuyo discurso iba a ser la parte fuerte del programa. Habló muy bien, aunque manoteando demasiado para mi gusto, y luego todo el mundo se puso de pie y aplaudió. Como yo quería demostrar mi entusiasmo a la manera americana, me puse dos dedos en la boca y di dos o tres silbidos con toda mi fuerza. No puedes imaginar lo que sucedió. Todos callaron y se volvieron a mirarme. Yo vi en aquel momento que toda aquella gente era enemiga mía. Había un gran silencio... Luego se acercaron dos profesores y tomaron nota de mis papeles de identidad. Mistress Dawson estaba conmigo y se portó bien, lo reconozco. Explicó que en América silbamos para dar a nuestros aplausos más énfasis. Entonces un profesor, sonriente, me preguntó:

—¿Eso quiere decir que le ha gustado el discurso del rector?

PREGUNTAS

1. ¿Qué compró Nancy en la calle?
2. ¿Cuánto le costaron?
3. ¿Cuánto vale, más o menos, un real? ¿un céntimo? ¿una peseta?
4. ¿Qué problema tiene Nancy con el dinero español?
5. ¿En qué cuentan los gitanos?
6. ¿Cómo son los buñuelos?
7. ¿Qué acto oficial había ocurrido el día anterior en la universidad?
8. ¿Quién pronunció un discurso? Descríbalo.
9. ¿Cómo reaccionó el auditorio?
10. A Nancy, ¿le gustó el discurso del rector?
11. ¿Cómo demostró su entusiasmo?
12. ¿Quién sería Mistress Dawson?

PARA AUMENTAR EL VOCABULARIO

Familias de palabras

Sabor: saborear, saborete, sabroso(a), sabrosico(illo, ito)

1. Las legumbres que compramos en el mercado no tienen el mismo sabor que las que cultivamos en nuestro jardín.
2. Mamá preparó la paella saboreándola con azafrán.
3. Esta fruta tiene un saborete agrio.
4. Los buñuelos son muy sabrosos.
5. La sopa es sabrosica pero le falta un poquito de sal.

Mano: a mano, dar la mano, manos a la obra, de segunda mano, manotear, manoteo, manejar, maniobra, manipular

1. Mi hermana compró una blusa bordada a mano.
2. En vez de besarla, le di la mano.
3. Hay mucho que hacer. ¡Manos a la obra!
4. En la librería se puede comprar libros de segunda mano.
5. El manoteo del orador dio énfasis a sus palabras.
6. Aunque manoteando demasiado para mi gusto, el rector habló muy bien.
7. Sin riendas, no podía manejar el caballo.
8. Por falta de pilas eléctricas Ernestito no podía manipular su cochecito a control remoto.
9. Las maniobras de los soldados contribuyeron mucho al éxito del desfile.

Ejercicio de vocabulario

Llene los espacios con palabras apropiadas

1. Hasta que sepa _____ bien, mi padre dice que sólo me comprará un coche _____.
2. El dueño del merendero preparó una paella _____ para sus empleados.
3. Al ver nuestro tío en el centro, mi hermana lo besó, mi hermanito lo abrazó, y yo le _____.
4. El _____ del limón era tan amargo que el chico hizo una cara fea.
5. El postre parecía tan _____ que no podía esperar hasta _____ lo.
6. No demores tanto. ¡_____ a la obra!
7. Después de levantar la bandera, el regimiento siguió con sus _____.

EJERCICIOS CREATIVOS

1. El oro, la plata, el cobre y el níquel son metales que forman base del sistema monetario hoy día. ¿Qué usaban las antiguas civilizaciones en su comercio? A ver si Ud. puede determinar cuáles países usan las siguientes unidades monetarias actualmente: el peso, el boliviano, el cruzeiro, el colón, el sucre, la peseta, el quetzal, la lempira, el córdoba, el balboa, el guaraní, el escudo, la libra, el sol, el bolívar.

2. Prepare una lista de especialidades culinarias de España empezando con buñuelos.

3. Para cada país del mundo hispánico, trate de apuntar una comida típica. Por ejemplo: México, tamales. Busque la receta para hacer uno de los platos y preséntela a la clase.

4. Supongamos que Ud. ha invitado a un estudiante de intercambio a cenar con su familia. Prepare el menú de tal comida. ¿Qué sería el menú si Ud. comiera con una familia española?

PARA ENTABLAR CONVERSACIÓN

1. ¿Ha viajado fuera de los Estados\Unidos? ¿Dónde? ¿Cuándo? etc.

2. ¿Puede citar ejemplos de diferencias entre nuestra cultura y la de otro país?

3. ¿Ha probado la comida española? ¿mexicana? Explique.

4. ¿Prefiere comer en un restaurante que sirve comida italiana o francesa?

5. ¿Según la tradición norteamericana, comemos pavo en el Día de Gracias. En su casa, ¿hay comidas especiales para ciertas ocasiones? ¿Cuáles son? ¿Quién las prepara? ¿En qué ocasión?

6. Cuando asiste a una función pública, ¿cómo se comporta? ¿Cómo muestra su aprobación?

7. Hace años apareció un libro titulado *The Ugly American.* ¿Lo ha leído? ¿Puede imaginar de lo que se trata? ¿Cuáles son las cosas que hacen los norteamericanos cuando están en el extranjero que son "feas"?

[1] **Quién supiera escribir**
Would that I could write!

¡Quién supiera escribir![1]

Ramón de Campoamor (1819–1901)

Ramón de Campoamor es un poeta sentimental e irónico. Escribió muchos versos que ganaron gran popularidad en el mundo hispánico. Se juntan en su poesía la experiencia del hombre maduro y la inocencia del niño. Este poema, escrito en forma de diálogo es un buen ejemplo del estilo del autor.

Aunque no es una carta en sí mismo, trata de una carta... una carta importantísima para la moza que la pide. No sabiendo escribir, ella le pide al señor cura, un hombre bien educado, que la escriba para ella, confesando su amor. Luego, piensa copiarla.

I

—Escribidme una carta, señor cura.
—Ya sé para quién es.
—¿Sabéis quién es, porque una noche obscura
Nos visteis juntos? —Pues.

—Perdonad, mas ... — No extraño ese tropiezo
La noche ... la ocasión ...
Dadme pluma y papel. Gracias. Empiezo:
Mi querido Ramón:

—¿Querido? ... Pero, en fin, ya lo habéis puesto ...
—Si no queréis ... —¡Sí, sí!
—¡Qué triste estoy! ¿No es eso? — Por supuesto.
—¡Qué triste estoy sin ti!

Una congoja[2], al empezar, me viene...
—¿Cómo sabéis mi mal? ...
—Para un viejo, una niña siempre tiene
El pecho de cristal.

¿Qué es sin ti el mundo? Un valle de amargura.
¿Y contigo? Un edén.
—Haced la letra clara, señor cura,
Que lo entienda eso bien.

—*El beso aquel que de marchar a punto*
Te dí ... —¿Cómo sabéis?...
—Cuando se va y se viene y se está junto,
Siempre ... no os afrentéis.

[2] **congoja** angustia

Y si volver tu afecto no procura
Tanto me harás sufrir ...
—¿Sufrir y nada más? No, señor cura,
¡Que me voy a morir!

—¿Morir? ¿Sabéis que es ofender al cielo?...
—Pues, sí, señor; ¡morir!
—Yo no pongo *morir.* — ¡Qué hombre de hielo!
¡Quién supiera escribir!

II

¡Señor Rector, señor Rector! En vano
Me queréis complacer,
Si no encarnan los signos de la mano
Todo el ser de mi ser[3].

Escribidle, por Dios, que el alma mía
Ya en mí no quiere estar;
Que la pena no me ahoga cada día...
Porque puedo llorar.

Que mis labios, las rosas de su aliento,
No se saben abrir;
Que olvidan de la risa el movimiento
A fuerza de sentir.

[3] **Si... ser** if the words your hand writes do not express the innermost feelings of my heart

⁴ **afán** anhelo, deseo

Que mis ojos, que él tiene por tan bellos,
Cargados con mi afán⁴,
Como no tienen quien se mire en ellos,
Cerrados siempre están.

⁵ **Que es... atroz** (juxtapose to
after *ausencia* to convey: La
ausencia es lo peor.)

Que es, de cuantos tormentos he sufrido,
La ausencia el más atroz;⁵
Que es un perpetuo sueño de mi oído
El eco de su voz.

Que siendo por su causa, ¡el alma mía
Goza tanto en sufrir!...
Dios mío, ¡cuántas cosas le diría
Si supiera escribir!...

III
Epílogo

⁶ **arguyo** del verbo argüir
(pongo argumento), se
conjuga como huir.

—Pues señor, ¡bravo amor! Copio y concluyo:
A don Ramón ... En fin,
Que es inútil saber para esto arguyo⁶
Ni el griego ni el latín.

PREGUNTAS

1. ¿Qué le pide la moza al señor cura?
2. ¿Por qué sabe el cura para quién es?
3. ¿Cómo saluda el cura en la carta al destinatario?
4. ¿Anticipa el cura lo que la moza quiere decir en la carta?
5. ¿Cómo quiere ella que el cura haga la letra?
6. Si el novio no vuelve su afecto, ¿qué le va a pasar a ella?
7. ¿Cómo se siente la moza cuando no está con él?
8. ¿Qué es el mensaje que ella quiere comunicar con la carta?
9. ¿Qué es un epílogo? ¿Qué dice éste?

PARA AUMENTAR EL VOCABULARIO

Familias de palabras

Escribir: escribir a máquina, escritor, escritorio, escrito(a), escritura, escribano

1. La maestra escribió las frases en la pizarra.
2. Después de tomar apuntes, voy a escribir mi informe a máquina.
3. ¿Quién es el escritor de este cuento?

4. Se sentó al escritorio para contestar la carta.
5. Lea usted lo escrito en voz alta.
6. La escritura de Mario es ilegible.
7. El que por oficio público está autorizado para dar fe de los actos que pasan ante él es un escribano, pero hoy día es más común usar la palabra «notario».

Morir: moribundo, mortal, mortalmente, mortalidad, mortecino(a), muerte, muerto(a)

1. Creían que el herido iba a morir.
2. La enfermera dio auxilio al moribundo.
3. Cada uno de nosotros es mortal.
4. Un tiro de escopeta lo dejó mortalmente herido.
5. Al envejecer, el hombre pensaba más en su mortalidad.
6. Los novios parecían siluetas a la luz mortecina del día.
7. El anuncio de la muerte del famoso artista conmovió a todos.
8. ¡Imagínate! En ese país celebran el Día de los Muertos.

Ejercicio de vocabulario

Complete las frases con una palabra apropiada.

1. Si es secretaria, debe saber _____.
2. Insistió en que yo preparara el informe por _____.
3. No conozco al _____ de esa novela.
4. El fuego _____ apenas los calentó.
5. No hay que temer la _____; es inevitable.
6. Perdón, no puedo leer la _____ en este papel.
7. No sabía que Don Fulano se había _____.
8. Busca papel y pluma en el _____.
9. La _____ es inherente a la naturaleza humana.
10. Pagué poco al _____ por autenticar el documento.

EJERCICIOS CREATIVOS

1. Con un(a) compañero(a) de clase, lean la primera parte del poema como si fuera una conversación, haciendo los papeles del cura y de la moza.

2. Los dos refranes españoles que siguen equivalen el refrán que en inglés significa «*Out of sight, out of mind.*» Escoja Ud. uno y escriba un comentario.

«A espaldas vueltas, memorias muertas.»
«Ojos que no ven, corazón que no siente.»

CONVERSACIÓN

Teodoro Tesoro entrevista a un misionero de los cuerpos de la paz.

TEODORO: Dígame, padre, ¿la Madre Iglesia piensa establecer una misión entre los jíbaros del Ecuador?

PADRE: Sí, pero mi misión será un poco diferente. Ser misionero en estos días no es lo mismo que antes cuando el objetivo era dominar a los indios y convertirlos al cristianismo.

TEODORO: ¿Qué clase de trabajo hará Ud.?

PADRE: Me consideran como parte del cuerpo de la paz. Ayudaré a mejorar las condiciones de vida. No pienso predicar el evangelio sino enseñarles a los indios métodos de cumplir con los quehaceres necesarios, tal vez en la siembra y en la pesca. ¿Ha oído Ud. del barbasco?

TEODORO: ¿El barbasco?

PADRE: Sí, es una droga que causa estupor en los peces. Luego los jíbaros los pescan fácilmente con lanzas, dardos y cerbatanas.

TEODORO: ¡Qué curioso! Pero los jíbaros son salvajes, ¿no?... conocidos por su fiereza y por encoger las cabezas de los enemigos que matan.

PADRE: Los tiempos son diferentes. Los jíbaros hablan un raro idioma y siguen las costumbres de sus antecesores pero ya son más pacíficos. Se han establecido al este de los Andes en la montaña, tierra muy húmeda y caliente, no como la mayoría de los ecuatorianos que viven en los frescos valles de los Andes o en la costa.

TEODORO: Va a ser una aventura muy interesante. Cuídese bien, padre y ¡buen viaje!

PADRE: Gracias, mi hijo, y ¡que Dios le bendiga!

E S T R U C T U R A

Repaso de los usos del pretérito y el imperfecto

1. Como los dos son tiempos pasados, es importante saber cuándo es necesario emplear el imperfecto y cuándo usar el pretérito. Por lo general, el pretérito se emplea para expresar acciones o eventos que empezaron y terminaron en un momento definido del pasado. El imperfecto se emplea para expresar una acción continua, repetida o habitual en el pasado.

2. Hay sólo tres verbos que son irregulares en el imperfecto:

	ir	ser	ver
yo	iba	era	veía
tú	ibas	eras	veías
él, ella, Ud.	iba	era	veía
nosotros	íbamos	éramos	veíamos
vosotros	ibais	erais	veíais
ellos(as), Uds.	iban	eran	veían

Usos del pretérito

1. El pretérito expresa una acción comenzada en el pasado.
A las diez en punto el maestro empezó la lectura.

2. El pretérito expresa una acción terminada en el pasado.
Ellos se sentaron en el banco.

EJERCICIOS

A Complete las siguientes oraciones con la forma apropiada del verbo.

1. Cortés _____ una carta a Carlos V en 1520. (escribir)
2. Hace unos siglos los indios _____ bien a Cortés y le _____ de comer. (recibir, dar)
3. Carlos _____ las pirámides de Teotihuacán el verano pasado. (visitar)
4. Ayer todos _____ al camposanto donde _____ delante del sepulcro. (ir, rezar)
5. Yo _____ con ella anoche. (soñar)
6. Nancy _____ a una función de la universidad y _____ el discurso del rector. (asistir, oír)
7. ¿_____ tú al baile la semana pasada? (ir)
8. La señorita Ugarte _____ con el doctor Fulano hace unos años. (casarse)
9. Yo le _____ el documento ayer. (mandar)

B Mencione cinco cosas que Ud. hizo ayer.

Usos del imperfecto

1. El imperfecto expresa una acción no terminada. No importa cuándo empieza ni cuándo termina. Lo importante es la acción misma.

Leía la carta lentamente.

Cuando estábamos en México, íbamos al museo todos los días.

2. El imperfecto expresa una acción habitual o repetida muchas veces en el pasado.

Todas las noches me acostaba a las diez.

3. El imperfecto se usa para descripciones (en el pasado).

Hacía buen tiempo.

Su pelo era rubio y los ojos eran azules.

4. El imperfecto se usa para expresar un estado mental o emocional. Algunos verbos típicos usados así son: creer, desear, pensar, poder, preferir, querer, saber, sentir.

No quería hacer la tarea.

No podíamos salir a tiempo.

5. El imperfecto expresa una acción futura planeada en el pasado.

Prometió que íbamos a salir pronto.

6. El imperfecto expresa la hora del reloj en el pasado.

Era la una y media cuando mi hermano regresó.

Eran las seis de la mañana cuando sonó el teléfono.

EJERCICIOS

C Relate cinco cosas que Ud. hacía diariamente hace dos años.

D Complete con la forma apropiada del verbo en el pasado.

1. Nancy _____ a su amiga a menudo. (escribir)
2. Bécquer _____ mucho en la muerte. (pensar)
3. El sol _____ cada mañana a las seis y _____ a las siete de la tarde. (levantarse, ponerse)
4. Nosotros _____ al baile todos los viernes. (asistir)
5. Yo siempre _____ al lugar de mi nacimiento. (volver)

E Complete con la forma apropiada del imperfecto del verbo indicado.

1. (ser) La niña _____ pequeña.
2. (poder) Miguel no _____ comprender las instrucciones.
3. (ir) ¿Qué _____ a decir Uds. al escribano?
4. (ser/dormir) Cuando yo _____ joven, siempre _____ tarde los fines de semana.
5. (decir) ¿Qué _____ tus padres?
6. (tener) Le dije que _____ dos hermanas.
7. (ver) ¿Cuánto tiempo hacía que tú no la _____ cuando se enfermó?
8. (creer) Ellos no _____ lo que decía.
9. (ir) Todos los inviernos nosotros _____ a esquiar en Colorado.
10. (hacer) ¿Lo _____ vosotros de vez en cuando?

F Transforme las siguientes oraciones en el pasado.

1. Los álamos se balancean día y noche sobre la sepultura.
2. Las ramas del álamo se inclinan para acariciar los despojos.
3. La casa tiene jardines de flores olorosas.
4. Todo está labrado de cañas.
5. El hermano de la señorita Palacios es guapo e inteligente.

El pretérito y el imperfecto en la misma oración

1. En muchas oraciones hay dos verbos. El verbo que describe lo que pasa está en el imperfecto. Lo que interrumpe esta acción está en el pretérito.

Cortés estaba en Tenochtitlán cuando encontró a Moctezuma.

2. En otras oraciones hay dos acciones simultáneas. Si son acciones terminadas se usa el pretérito. Si no se sabe cuando terminaron las acciones se usa el imperfecto.

Cortés se acercó a Moctezuma y éste le dio la bienvenida.

Todos cantaban mientras Rosita tocaba el piano.

G Complete las siguientes oraciones con la forma apropiada del verbo.

1. (seguir, ver) Cortés _____ el camino por la costa cuando _____ a lo lejos una ciudad bonita.
2. (esperar, venir) El conquistador _____ a Moctezuma cuando le _____ a hablar dos señores.
3. (hacer, acercarse) Las indias _____ panes cuando _____ los soldados.
4. (llevar, encontrar) Cortés _____ un collar de margaritas y de diamantes de vidrio cuando _____ a Moctezuma.

H Complete con la forma apropiada de los verbos en el pasado.

1. Mientras que yo (trabajar) _____ todos mis amigos (ir) _____ a la playa.
2. Tú (leer) _____ tu libro de español cuando yo (llegar) _____.
3. Ellos (sentarse) _____ a la mesa para merendar y (empezar) _____ a comer pronto.
4. (Llover) _____ cuando nosotros (despertarse) _____.
5. Mis amigos (salir) _____ cada domingo, pero el sábado pasado no _____.
6. Cuando tú (estar) _____ en Acapulco, ¿(nadar) _____ en el mar?
7. Yo (hablar) _____ por teléfono cuando mi amigo (tocar) _____ a la puerta.
8. En el merendero yo (pedir) _____ frutas y legumbres.
9. (Ser) _____ las ocho cuando nosotros (salir) _____ del café.
10. Cada vez que yo (levantar) _____ la mano, él lo (hacer) _____ también.

I Combine las dos oraciones, cambiando el tiempo de los verbos al pasado.

Yo leo el periódico. Mi hermano entra.
Yo leía el periódico cuando mi hermano entró.

1. Yo miro la televisión. Recibo las noticias.
2. La secretaria escribe a máquina. Su jefe la interrumpe.
3. Mi hermana lee una novela. Su novio llega.
4. Ellos salen de la casa. El sol se pone.
5. Tú pides café con leche. Tu novia pide té helado.
6. Nosotros nos sentamos a la mesa. La cocinera sirve la merienda.
7. Yo duermo en la silla. Suena el teléfono.
8. Voy al cine todos los sábados. Mi familia me acompaña.

J Complete las siguientes oraciones con la forma apropiada del verbo.

1. Nancy (recibir) _____ los buñuelos y se los (comer) _____ todos en seguida.
2. El hombre (rezar) _____ a la orilla del río mientras el agua (bañar) _____ sus pies.
3. Algunos (bailar) _____ el tango argentino mientras los otros los (mirar) _____.
4. Moctezuma (acercarse) _____ y Cortés (apearse) _____ y le (ir) _____ a abrazar.

K Escoja la respuesta correcta.

1. _____ daban un paseo en el parque. (**a**) Ayer (**b**) Muchas veces.
2. Ellos fueron al partido de fútbol. (**a**) el sábado pasado (**b**) Muchas veces.
3. _____ que iban a la playa, llovía. (**a**) Cada vez (**b**) La última vez
4. _____ jugaba con mis muñecas. (**a**) Anoche (**b**) De niña
5. Leía el periódico cuando alguien _____ a la puerta. (**a**) tocó (**b**) tocaba

6. _____ recibí una llamadita telefónica de mi novio. **(a)** a las siete **(b)** con frecuencia.
7. —Si recibes buenas notas, voy a premiarte— dijo el padre a su hijo. **(a)** a menudo **(b)** anteayer
8. Me trajeron pequeños regalos _____. **(a)** cuando estaba en el hospital **(b)** cada día
9. Iban a ver a su abuela _____. **(a)** ayer **(b)** una vez por semana
10. El dueño me dio un día de vacación. **(a)** siempre **(b)** el sábado

L Conteste estas preguntas según la indicación.

1. ¿Dónde trabajaba su madre? (en una tienda de antigüedades)
2. ¿Qué hiciste después del baile? (ir a tomar un refresco)
3. ¿Cómo se sentían los amigos al oír del salvamento? (alegres)
4. ¿Qué hacía Ud. durante el verano? (trabajar en una tienda)
5. ¿Cuándo ocurrió el huracán? (hace un mes)
6. ¿Adónde iban ellos durante las vacaciones? (donde poder nadar)
7. ¿A qué hora volvieron Uds.? (ser las diez)

M Transforme las siguientes oraciones según el modelo.

> **Los indios siempre nos acogían con ceremonia. (Ayer)**
> **Ayer los indios nos acogieron con ceremonia.**

1. Los niños siempre olían las hortensias. (Ayer)
2. A veces le acompañaba mucha gente. (El otro día)
3. El año pasado fuimos a Montevideo. (Todos los veranos)
4. Un día le vino a hablar cierto señor. (Cada día)
5. Siempre merendábamos en una ciudad cuyo nombre se me ha escapado. (Anteayer)
6. Anoche entré por la misma puerta. (Siempre)
7. Veíamos mucho a un señor descalzo. (Esta mañana)
8. Una vez, al amanecer, los pájaros me cantaron un himno. (Muchas veces)

JOYA 4 EJERCICIOS GENERALES

1. Escríbale a un amigo íntimo una carta en la cual Ud. incluye los siguientes temas: **(a)** sus actividades actuales (como Nancy) **(b)** un suceso interesante (como el de Cortés) **(c)** una carta de amor (como la que le pide la moza al cura) o **(d)** una carta en la cual Ud. describe cómo sucedió su primer beso (como Don Luis de Vargas)
2. De las cartas que Ud. ha leído, ¿cuál revela más la personalidad del escritor? ¿Por qué?
3. ¿Cuáles son los propósitos de las siguientes cartas? **(a)** El encuentro con Moctezuma **(b)** La Tesis de Nancy **(c)** La carta de Simón Bolívar
4. Escríbale una carta a un amigo íntimo en la cual Ud. le expone su filosofía sobre la vida.

JOYA CINCO

LA NOVELA:
Nefritas de la vida

MARCO LITERARIO

La palabra «novela» en estos días se aplica a una gran variedad de obras, que tienen en común sólo el atributo de ser una ficción narrativa extensa en prosa. Como ficción, se diferencia de la historia; como narración extensa, se diferencia del cuento; como prosa, se diferencia de las narraciones extensas en verso. Por eso, incluye muchas obras diversas, y es el equivalente moderno de varias formas narrativas que le han precedido (epopeya, romance, narración picaresca, etc.).

De una manera u otra la novela nos presenta una visión o interpretación del mundo y refleja la vida y los conflictos del hombre que lo habita. Con frecuencia la novela se clasifica según las diferencias de asunto, modo de presentación o propósito. Por ejemplo, la novela sociológica acentúa la influencia sobre los personajes y los incidentes de las condiciones socioeconómicas. A veces trata aun de reformar socialmente. La novela histórica saca su inspiración, sus personajes y sus episodios de la historia misma y utiliza el elemento histórico como foco de interés. La novela regional da énfasis al ambiente y a las costumbres de una localidad particular y a la influencia que tienen éstos en los personajes y la acción. La novela sicológica revela los conflictos e íntimas emociones de los personajes, a veces en una atmósfera de tensión o de miedo. La novela picaresca tiene como protagonista un pícaro, un tipo muy español.

A pesar de su clasificación, la novela trabaja con experiencias extraídas de la vida, arregladas en orden lógico y artísticamente manipuladas por el autor. Desde su florecimiento, la novela ha reemplazado en popularidad la mayoría de las demás formas literarias y ha recibido la dedicada atención de los mejores artesanos en la literatura moderna.

La vida de Lazarillo de Tormes

Anónimo

La novela picaresca trata de la vida de un pícaro, sus aventuras, sus engaños para vivir sin trabajar y su lucha constante contra el hambre. En la literatura, el más conocido de todos los pícaros es el joven Lazarillo que nació cerca del río Tormes en España. A sus padres los condenaron por ser ladrones, y en plena juventud, el pobre Lazarillo se encuentra al servicio de un mendigo[1] ciego. Tiene que ganarse la vida vagabundeando[2] y pidiendo limosna por los pueblos de Castilla. Resulta que el ciego es un hombre egoísta y cruel que castiga al joven en cada oportunidad. Para sobrevivir[3], el pobre Lazarillo tiene que inventar toda clase de engaño.

La vida de Lazarillo de Tormes es una obra anónima del siglo XVI. El trozo que sigue relata los primeros días de Lazarillo con su amo ciego.

 n este tiempo vino a posar al mesón[4] un ciego, el cual, paresciéndole que yo sería para adestralle[5], me pidió a mi madre y ella me encomendó[6] a él diciéndole cómo era hijo de buen hombre, el cual por ensalzar[7] la fe había muerto en la de los Gelves[8] y que ella confiaba en Dios no saldría peor hombre que mi padre e le rogaba me tratase bien y mirase por mí, pues era huérfano[9].

El respondió que así lo haría y que me recibía no por mozo sino por hijo. Y así le comencé a servir e adestrar a mi nuevo e viejo amo.

Como estuvimos en Salamanca algunos días, paresciéndole a mi amo que no era la ganancia a su contento, determinó irse de allí y, cuando nos hubimos de partir, yo fui a ver a mi madre e ambos llorando, me dio su bendición y dijo:

—Hijo, yo sé que no te veré más. Procura de ser bueno y Dios te guíe. Criado te he[10] e con buen amo te he puesto, válete por ti[11].

E así me fui para mi amo, que esperándome estaba.

Salimos de Salamanca y, llegando a la puente[12], está a la entrada della un animal de piedra, que casi tiene forma de toro, y el ciego mandóme que llegase cerca del animal, e puesto allí, me dijo:

—Lázaro, llega[13] el oído a este toro e oirás un gran ruido dentro dél.

Yo simplemente llegué, creyendo ser ansí[14]. Y como sintió que tenía la cabeza par de[15] la piedra, afirmó recio la mano y dióme una gran calabazada[16] en el diablo del toro, que más de tres días me duró el dolor de la cornada, y díjome:

—Necio, aprende: que el mozo del ciego un punto ha de saber más que el diablo.

Y rió mucho la burla.

[1] **mendigo** persona que pide limosna

[2] **vagabundeando** vagando sin destino u objecto

[3] **sobrevivir** (survive)

[4] **posar al mesón** hospedarse en el mesón (to stay at the inn)

[5] **sería para adestralle** yo sería útil para guiarle

[6] **encomendó** entregó, recomendó, confió

[7] **ensalzar** exaltar

[8] **la de los Gelves** la batalla de Gelves en Túnez en 1510

[9] **huérfano** sin padre o sin madre

[10] **criado te he** te he criado

[11] **válete por ti** haz algo de tu vida

[12] **a la puente** al puente

[13] **llega** acerca

[14] **ansí** así

[15] **par de** acerca de

[16] **calabazada** golpe de la cabeza contra algo

Parescióme que en aquel instante desperté de la simpleza en que como niño estaba dormido.

Dije entre mí:

—Verdad dice éste, que me cumple avivar el ojo y avisar[17], pues solo soy, y pensar cómo me sepa valer.

Comenzamos nuestro camino y en muy pocos días me mostró jerigonza[18]. Y como me viese de buen ingenio, holgábase[19] mucho y decía:

—Yo oro ni plata no te lo puedo dar; mas avisos para vivir, muchos te mostraré.

Y fue ansí, que después de Dios, éste me dio la vida, y siendo ciego, me alumbró y adestró en la carrera de vivir.

Huelgo[20] de contar a V.M. (Vuesa Merced) estas niñerías[21], para mostrar cuánta virtud sea saber los hombres subir siendo bajos, y dejarse bajar siendo altos, cuánto vicio.

Pues tornando al bueno de mi ciego y contando sus cosas, V.M. sepa que, desde que Dios crió[22] el mundo, ninguno formó más astuto ni sagaz. En su oficio era un águila. Ciento y tantas oraciones sabía de coro[23]. Un tono bajo, reposado y muy sonable, que hacía resonar la iglesia donde rezaba, un rostro humilde y devoto, que con muy buen continente[24] ponía, cuando rezaba, sin hacer gestos y visajes[25] con boca ni ojos, como otros suelen hacer...

Usaba poner cabe sí[26] un jarrillo de vino cuando comíamos e yo muy de presto[27] le asía[28] y daba un par de besos callados[29] y tornábale a su lugar. Mas duróme[30] poco. Que en los tragos conocía la falta y por reservar su vino a salvo[31], nunca después desamparaba[32] el jarro, antes lo tenía por el asa[33] asido. Mas no había piedra imán que así trajese a sí, como yo con una paja larga de centeno[34], que para aquel menester tenía hecha, la cual, metiéndola en la boca del jarro, chupando el vino... Mas como fuese el traidor tan astuto, pienso que me sintió y dende[35] en adelante mudó propósito y asentaba su jarro entre las piernas, y atapábale con la mano y ansí bebía seguro.

Yo, como estaba hecho al vino[36], moría por él y, viendo que aquel remedio de la paja no me aprovechaba ni valía, acordé[37] en el suelo del jarro hacerle una fuentecilla y agujero sotil[38] y delicadamente con una muy delgada tortilla[39] de cera taparlo y a tiempo de comer, fingiendo haber frío[40], entrábame entre las piernas del triste ciego a calentarme en la pobrecilla lumbre que teníamos, y al calor della, luego derretida[41] la cera, por ser muy poca, comenzaba la fuentecilla a destilarme en la boca, la cual yo de tal manera ponía, que maldita la gota que se perdía. Cuando el pobrecillo iba a beber, no hallaba nada.

Espantábase, maldecíase, daba al diablo el jarro y el vino, no sabiendo qué podía ser.

—No diréis, tío, que os lo bebo yo—decía—pues no le quitáis la mano.

Tantas vueltas y tientos[42] dio al jarro, que halló la fuente y cayó en la burla; mas así lo disimuló como si no lo hubiera sentido.

Y luego otro día, teniendo yo rezumando[43] mi jarro como solía, no pensando el daño que me estaba aparejado, ni que el mal ciego me sentía, sentéme como solía, estando recibiendo aquellos dulces tragos, mi cara puesta

[17] **me cumple avivar el ojo y avisar** debo observar con atención

[18] **jerigonza** (kind of underworld jargon or slang)

[19] **holgábase** se divertía

[20] **huelgo** me gusta

[21] **niñerías** cosas de niños

[22] **crió** creó

[23] **de coro** de memoria

[24] **continente** (countenance)

[25] **sin hacer gestos y visajes** (without making gestures and wry faces)

[26] **cabe sí** cerca de sí

[27] **muy de presto** muy pronto

[28] **le asía** lo cogía

[29] **un par de besos callados** dos tragos

[30] **duróme** me duró

[31] **a salvo** fuera de peligro

[32] **desamparaba** abandonaba

[33] **el asa** mango (handle)

[34] **centeno** (rye)

[35] **dende** desde

[36] **estaba hecho al vino** era algo adicto al vino

[37] **acordé** decidí

[38] **sotil** sutil, tenue, delicado

[39] **tortilla** pedazo

[40] **haber frío** tener frío

[41] **derretida** hecha líquida

[42] **tientos** (touching with the fingers)

[43] **rezumando** haciendo salir el vino

⁴⁴ **agora** ahora

⁴⁵ **amargo** opuesto de dulce
(*bitter*)

⁴⁶ **jarrazo** golpe del jarro

⁴⁷ **roturas** heridas, cortaduras

hacia el cielo, un poco cerrados los ojos por mejor gustar el sabroso licor, sintió el desesperado ciego que agora⁴⁴ tenía tiempo de tomar de mí venganza, y con toda su fuerza, alzando con dos manos aquel dulce y amargo⁴⁵ jarro, le dejó caer sobre mi boca, ayudándose, como digo, con todo su poder, de manera que el pobre Lázaro, que de nada de esto se guardaba, antes, como otras veces, estaba descuidado y gozoso, verdaderamente me pareció que el cielo, con todo lo que en él hay, me había caído encima.

Fue tal el golpecillo, que me desatinó y sacó de sentido, y el jarrazo⁴⁶ tan grande, que los pedazos dél se me metieron por la cara, rompiéndomela por muchas partes, y me quebró los dientes, sin los cuales hasta hoy día me quedé. Desde aquella hora quise mal al ciego, y aunque me quería y regalaba y me curaba, bien vi que se había holgado del cruel castigo. Lavóme con vino las roturas⁴⁷ que con los pedazos del jarro me había hecho, y sonriéndose decía:

—¿Qué te parece, Lázaro? Lo que te enfermó te sana y da salud. Y otros donaires que a mi gusto no lo eran...

PREGUNTAS

1. ¿Por qué salió Lazarillo con el ciego?
2. ¿Cómo despertó el ciego a Lazarillo de su simpleza?
3. ¿Cuál fue el motivo del ciego?
4. ¿Tenían valor los consejos del ciego?
5. ¿Qué hizo Lazarillo con el jarro de vino?
6. ¿Cómo se vengó el ciego de Lazarillo?

PARA AUMENTAR EL VOCABULARIO

Familias de palabras

Posar: posada, posadero

1. Como el ciego no tenía alojamiento, vino a posar en nuestra casa.
2. Como no encontró ninguna posada, tuvo que pasar la noche en una casa particular.
3. El posadero nos informó que la posada estaba completa. No le quedaba ninguna habitación vacía.

Bendición: bendecir, bendito

1. Al despedirse del hijo, la madre le dio su bendición para que Dios le cuidara.
2. Ella lo quería bendecir antes de que saliera para que no le sucediera ningún mal.
3. Tan bendito era de niño que nadie le habría tomado por un maldito pícaro.

Desamparar: desamparo, desamparado

1. La madre no quería desamparar al hijo, pero después de la muerte del marido no tenía recursos para mantenerlo.
2. Encontrándose en un estado de desamparo, la pobre madre tuvo que dar a su hijo al ciego. No pudo hacer más.
3. Sin marido ni recursos, la pobre estuvo completamente desamparada.

Ejercicio de vocabulario

Indique la palabra que no corresponde en cada uno de los siguientes grupos.

1. cornada, cuerno, corona, cornadura
2. piedra, piedad, pedregoso, pedregal, pedrada
3. caliente, calentar, calentura, calefacción, califato
4. comer, comerciable, comible, comida, comilón
5. simple, similar, simplificar, simpleza

EJERCICIO CREATIVO

1. Relate el incidente del vino como si Ud. fuera el ciego.

Don Quijote de la Mancha

Miguel de Cervantes Saavedra

La vida de Miguel de Cervantes Saavedra (1547–1616) fue tan aventurera y turbulenta que parece increíble. Entre las emocionantes aventuras que experimentó hay que señalar su viaje a Italia al servicio del Cardenal Acquaviva, sus años como soldado en las fuerzas de Diego de Urbina cuando perdió el uso de la mano izquierda en la batalla de Lepanto, cinco crueles años de esclavitud con piratas turcos hasta ser rescatado por unos frailes trinitarios, su empleo como comisario para la Armada Invencible, los años en la cárcel por mala administración de sus cuentas y sus éxitos y fracasos literarios. Pero si no lo hubiera recordado la posteridad por el dinamismo de su vida personal, una de sus obras lo habría inmortalizado para siempre: El ingenioso hidalgo don Quijote de la Mancha.

En esta sátira de la caballería Cervantes no sólo recogió ricas aventuras personales sino pintó un cuadro amplio de la sociedad española de su época. Sancho Panza y don Quijote son símbolos universales. Bajo el humor de sus aventuras se disfraza la satírica tragedia de las tonterías y excesos idealistas de la España caballeresca.

Capítulo XVIII

Donde se cuentan las razones que pasó Sancho Panza con su señor don Quijote, con otras aventuras dignas de ser contadas

n estos coloquios iban don Quijote y su escudero, cuando vio don Quijote que por el camino que iban venía hacia ellos una grande y espesa polvareda; y en viéndola, se volvió a Sancho y le dijo:

—Éste es el día, ¡oh Sancho!, en el cual se ha de ver el bien que me tiene guardado mi suerte; este es el día, digo, en que se ha de mostrar, tanto como en otro alguno, el valor de mi brazo, y en el que tengo de hacer obras que queden escritas en el libro de la Fama por todos los venideros[1] siglos. ¿Ves aquella polvareda que allí se levanta, Sancho? Pues toda es cuajada de un copiosísimo ejército que de diversas e innumerables gentes por allí viene marchando.

—A esa cuenta, dos deben de ser—dijo Sancho—; porque desta parte contraria se levanta asimismo otra semejante polvareda.

Volvió a mirarlo don Quijote, y vio que así era la verdad; y alegrándose sobremanera, pensó, sin duda alguna, que eran dos ejércitos que venían a embestirse[2] y a encontrarse en mitad de aquella espaciosa llanura. Porque tenía a todas horas y momentos llena la fantasía de aquellas batallas, encantamentos, sucesos, desatinos, amores, desafíos, que en los libros de caballerías se cuentan, y todo cuanto hablaba, pensaba, o hacía era encaminado a cosas semejantes; y la polvareda que había visto la levantaban dos grandes manadas[3] de ovejas y carneros, que por aquel mismo camino de dos diferentes partes venían, las cuales, con el polvo, no se echaron de ver hasta que llegaron cerca. Y con tanto ahínco[4] afirmaba don Quijote que eran ejércitos, que Sancho lo vino a creer, y a decirle:

—Señor, pues ¿qué hemos de hacer nosotros?

—¿Qué? —dijo don Quijote—. Favorecer y ayudar a los menesterosos y desválidos[5]. Y has de saber, Sancho, que este que viene por nuestra frente le conduce y guía el gran emperador Alifanfarón, señor de la grande isla Trapobana[6]; este otro que a mis espaldas marcha es el de su enemigo el rey de los garamantas[7], Pentapolín del Arremangado Brazo, porque siempre entra en las batallas con el brazo derecho desnudo.

—Pues ¿por qué se quieren tan mal estos dos señores? —preguntó Sancho.

—Quiérense mal—respondió don Quijote—porque este Alifanfarón es un furibundo[8] pagano, y está enamorado de la hija de Pantapolín que es una muy fermosa y, además, agraciada señora, y es cristiana, y su padre no se la quiere entregar al rey pagano si no deja primero la ley de su falso profeta Mahoma[9], y se vuelve a la suya.

—¡Para mis barbas—dijo Sancho—, si no hace muy bien Pantapolín, y que le tengo de ayudar en cuanto pudiere!

—En eso harás lo que debes, Sancho—dijo don Quijote— porque para entrar en batallas semejantes no se requiere ser armado caballero.

[1] **venideros** que han de venir, futuros

[2] **embestirse (e-i)** atacar

[3] **manadas** *(flocks, herds)*

[4] **ahínco** empeño grande

[5] **menesteros y desválidos** que necesitan ayuda por ser necesitados

[6] **Trapobana** Ceilán; los nombres que cita D.Q. son fantásticos y, en general, ridiculizan los personajes de los libros de caballería

[7] **garamantas** antiguos pueblos africanos

[8] **furibundo** arrogante, orgulloso, engreído, altivo

[9] **Mahoma** profeta fundador del Islamismo *(Mohammed)*

—Bien se me alcanza eso—respondió Sancho—; pero ¿dónde pondremos a este asno, que estemos ciertos de hallarle después de pasada la refriega[10]? Porque el entrar en ella en semejante caballería no creo que está en uso hasta agora.

—Así es verdad—dijo don Quijote—. Lo que puedes hacer dél es dejarle a sus aventuras, ora se pierda o no; porque serán tantos los caballos que tendremos después que salgamos vencedores, que aun corre peligro Rocinante no le trueque[11] por otro. Pero estáme atento y mira; que te quiero dar cuenta de los caballeros más principales que en estos dos ejércitos vienen. Y para que mejor los veas y notes, retirémonos a aquel altillo que allí se hace, de donde se deben descubrir los dos ejércitos.

Hiciéronlo ansí, y pusiéronse sobre una loma, desde la cual se vieran bien las dos manadas que a don Quijote se le hicieron ejércitos, si las nubes de polvo que levantaban no les turbara y cegara la vista; pero, con todo esto, viendo en su imaginación lo que no veía ni había, con voz levantada comenzó a decir:

—Aquel caballero que allí ves de las armas jaldes[12], que trae en el escudo un león coronado, rendido a los pies de una doncella, es el valeroso Laurcalco, señor de la Puente de Plata; el otro de las armas de las flores de oro, que trae en el escudo tres coronas de plata en campo azul, es el temido Micocolembo, gran duque de Quirocia; el otro de los miembros giganteos, que está a su derecha mano, es el nunca medroso Brandabarbarán de Boliche, señor de las tres Arabias, que viene armado de aquel cuero de serpiente, y tiene por escudo una puerta, que, según es fama, es una de las del templo que derribó Sansón, cuando con su muerte se vengó de sus enemigos. Pero vuelve los ojos a estotra parte, y verás delante y en la frente destotro ejército al siempre vencedor y jamás vencido Timonel de Carcajona, príncipe de la Nueva Vizcaya, que viene armado con las armas partidas a cuarteles, azules, verdes, blancas y amarillas, y trae en el escudo un gato de oro en campo leonado[13], con una letra que dice: «Miau», que es el principio del nombre de su dama, que, según se dice, es la sin par Miaulina, hija del duque Alfeñiquén del Algarbe; el otro, que carga y oprime los lomos de aquella poderosa alfana[14], que trae las armas como nieves blancas y el escudo blanco y sin empresa alguna, es un caballero novel, de nación francés, llamado Pierres Papín, señor de las baronías de Utrique; el otro, que bate las ijadas[15] con los herrados carcaños a aquella pintada y ligera cebra y trae las armas de los veros azules[16], es el poderoso duque de Nerbia, Espartafilardo del Bosque, que trae por empresa en el escudo una esparraguera, con una letra en castellano que dice así: «Rastrea mi suerte».

Y desta manera fué nombrando muchos caballeros del uno y del otro escuadrón, que él se imaginaba, y a todos les dió sus armas, colores, empresas y motes de improviso, llevado de la imaginación de su nunca vista locura, y, sin parar, prosiguió diciendo:

—A este escuadrón frontero forman y hacen gentes de diversas naciones; aquí están los que beben las dulces aguas del famoso Xanto[17]; los montuosos que pisan los masílicos campos[18]; los que criban el finísimo y menudo oro

[10] **la refriega** pelea de poca importancia

[11] **trueque** cambio

[12] **jaldes** doradas

[13] **leonado** esmalte rubio oscuro, usado principalmente en heráldica inglesa
[14] **alfana** yegua alta y briosa

[15] **ijadas** (*flanks*)
[16] **veros azules** en heráldica, especie de vasos o campanillos de blanco y de azul que encajan perfectamente, invertidos, unos con otros; al igual que los armiños, se llaman forros
[17] **Xanto** río de Troya
[18] **masílicos campos** los montañeses que pisan los campos másilos (en Africa)

19 **Termodonte** río de
Capadocia

20 **Pactolo** río de Lidia

21 **númidas** naturales de
Numidia, comarca del
Africa antigua

22 **arcos y flechas** arqueros y
flecheros

23 **citas** Escitas, pueblo bárbaro de Escitia, región de Asia

24 **tersan y pulen** limpian,
ponen brillante, dan brillo o
lustre a una cosa

25 **sus rostros... dorado Tajo**
Esta descripción bien
podría ser una parodia de
ciertos pasajes del libro III
de *La Arcadia* de Lope
de Vega.

26 **tartesios** Tártaros

27 **ristre** (*rest or socket for a
lance*)

en la felice Arabia; los que gozan las famosas y frescas riveras del claro Termodonte[19]; los que sangran por muchas y diversas vías al dorado Pactolo[20]; y los númidas[21], dudosos en sus promesas; los persas, arcos y flechas[22] famosos; los partos, los medos, que pelean huyendo; los árabes, de mudables casas; los citas[23], tan crueles como blancos; los etíopes, de horadados labios, y otras infinitas naciones, cuyos rostros conozco y veo, aunque de los nombres no me acuerdo. En estotro escuadrón vienen los que beben las corrientes cristalinas del olivífero Betis; los que tersan y pulen[24] sus rostros con el licor del siempre rico y dorado Tajo[25]; los que gozan las provechosas aguas del divino Genil; los que pisan los tartesios[26] campos, de pastos abundantes; los que se alegran en los elíseos jerezanos prados; los manchegos, ricos y coronados de rubias espigas; los de hierro vestidos, reliquias antiguas de la sangre goda; los que en Pisuerga se bañan, famoso por la mansedumbre de su corriente; los que su ganado apacientan en las extendidas dehesas del tortuoso Guadiana, celebrado por su escondido curso; los que tiemblan con el frío del silvoso Pirineo y con los blancos copos del levantado Apenino; finalmente, cuantos toda la Europa en sí contiene y encierra.

¡Válame Dios y cuántas provincias dijo, cuantas naciones nombró, dándole a cada una, con maravillosa presteza, los atributos que le pertenecían, todo absorto y empapado en lo que había leído en sus libros mentirosos! Estaba Sancho Panza colgado de sus palabras, sin hablar ninguna, y de cuando en cuando volvía la cabeza a ver si veía los caballeros y gigantes que su amo nombraba; y como no descubría a ninguno, le dijo:

—Señor, encomiendo al diablo; hombre, ni gigante, ni caballero de cuantos vuestra merced dice, o parece por todo esto; a lo menos, yo no los veo; quizá todo debe ser encantamento, como las fantasmas de anoche.

—¿Cómo dices eso? —respondió don Quijote—. ¿No oyes el relinchar de los caballos, el tocar de los clarines, el ruido de los atambores?

—No oigo otra cosa—respondió Sancho—sino muchos balidos de ovejas y carneros.

Y así era la verdad, porque ya llegaban cerca los dos rebaños.

—El miedo que tienes—dijo don Quijote—te hace, Sancho, que ni veas ni oyas a derechas; porque uno de los efectos del miedo es turbar los sentidos y hacer que las cosas no parezcan lo que son; y si es que tanto temes, retírate a una parte y déjame solo; que solo basto a dar la victoria a la parte a quien yo diere mi ayuda.

Y diciendo esto, puso las espuelas a Rocinante y, puesta la lanza en el ristre[27], bajó de la costezuela como un rayo.

Dióle voces Sancho, diciéndole:

—Vuélvase vuestra merced, señor don Quijote; que voto a Dios que son carneros y ovejas los que va a embestir. Vuélvase, ¡desdichado del padre que me engendró! ¿Qué locura es ésta? Mire que no hay gigante ni caballero alguno, ni gatos, ni armas, ni escudos partidos ni enteros, ni veros azules ni endiablados. ¿Qué es lo que hace? ¡pecador soy yo a Dios!

Ni por ésas volvió don Quijote; antes en altas voces iba diciendo:

—Ea, caballeros, los que seguís y militáis debajo de las banderas del valeroso emperador Pentapolín del Arremangado Brazo, seguidme todos; veréis cuán fácilmente le doy venganza de su enemigo Alifanfarón de la Trapobana.

Esto diciendo, se entró por medio del escuadrón de las ovejas, y comenzó de alancearlas, con tanto coraje y denuedo[28] como si de veras alanceara a sus mortales enemigos. Los pastores y ganaderos que con la manada venían dábanle voces que no hiciese aquello; pero viendo que no aprovechaban, desciñéronse las hondas[29] y comenzaron a saludalle los oídos con piedras como el puño. Don Quijote no se curaba de las piedras; antes, discurriendo a todas partes, decía:

—¿Adónde estás, soberbio Alifanfarón? Vente a mí; que un caballero solo soy, que desea, de solo a solo, probar tus fuerzas y quitarte la vida, en pena de la que das al valeroso Pentapolín Garamanta.

Llegó en esto una peladilla de arroyo[30] y, dándole en un lado, le sepultó dos costillas en el cuerpo. Viéndose tan maltrecho, creyó, sin duda, que estaba muerto o malferido y, acordándose de su licor, sacó su alcuza[31], y púsosela a la boca, y comenzó a echar licor en el estómago; mas antes que acabase de envasar lo que a él le parecía que era bastante, llegó otra almendra y dióle en la mano y en el alcuza, tan de lleno, que se la hizo pedazos, llevándole, de camino, tres o cuatro dientes y muelas de la boca, y machucándole[32] malamente dos dedos de la mano. Tal fue el golpe primero; y tal el segundo, que le fue forzoso al pobre caballero dar consigo del caballo abajo. Llegáronse a él los pastores y creyeron que le habían muerto; y así, con mucha priesa recogieron su ganado, y cargaron de las reses muertas que pasaban de siete, y sin averiguar otra cosa, se fueron.

Estábase todo este tiempo Sancho sobre la cuesta, mirando las locuras que su amo hacía, y arrancábase las barbas, maldiciendo la hora y el punto en que la fortuna se le había dado a conocer. Viéndole, pues, caído en el suelo, y que ya los pastores se habían ido, bajó de la cuesta y llegóse a él, y hallóle de muy mal arte, aunque no había perdido el sentido, y díjole:

—¿No le decía yo, señor don Quijote, que se volviese, que los que iba a acometer no eran ejércitos, sino manadas de carneros?

—Como eso puede[33] desaparecer y contrahacer aquel ladrón del sabio mi enemigo. Sábete, Sancho, que es muy fácil cosa a los tales hacernos parecerlo que quieren, y este maligno que me persigue, envidioso de la gloria que vio que yo había de alcanzar desta batalla, ha vuelto los escuadrones de enemigos en manadas de ovejas. Si no, haz una cosa, Sancho, por mi vida, porque te desengañes y veas ser verdad lo que te digo: sube en tu asno y síguelos bonitamente, y verás cómo, en alejándose de aquí algún poco, se vuelven en su ser primero, y, dejando de ser carneros, son hombres hechos y derechos, como yo te los pinté primero. Pero no vayas agora, que he menester tu favor y ayuda: llégate a mí y mira cuántas muelas y dientes me faltan; que me parece que no me ha quedado ninguno en la boca.

[28] **denuedo** valor, ánimo

[29] **desciñéronse las hondas** desceñir (e-i), (*unbelted the slings*)

[30] **peladilla de arroyo** (guijarro) piedra redonda

[31] **alcuza** vasija en que se tiene el aceite

[32] **machucándole** golpeando, causando contusiones

[33] **eso puede** cosas como éstas puede hacer

PREGUNTAS

1. ¿Qué vio don Quijote que venía hacia ellos?
2. ¿De qué es cuajada la polvareda?
3. ¿Qué le respondió el escudero Sancho Panza?
4. ¿Qué le parecían a don Quijote en su fantasía las batallas, sucesos, encantamientos, amores y desafíos de sus aventuras?
5. ¿Qué levantaba la polvareda que don Quijote había visto?
6. Según don Quijote, ¿de quiénes eran los dos ejércitos que luchaban?
7. ¿Por qué se querían tan mal esos dos señores?
8. ¿De dónde miraban la lucha entre los dos ejércitos?
9. ¿Qué le describe detalladamente don Quijote a Sancho?
10. ¿Por qué dice Sancho que él no ve las mismas cosas que su amo?
11. ¿A quién favoreció don Quijote cuando entró en las batallas?
12. ¿Qué le pasó a don Quijote cuando bajó del altillo y entró en la batalla?
13. ¿Cómo lo dañaron los pastores?
14. ¿Por qué se fueron de prisa los pastores?
15. Cuando a don Quijote las cosas no le parecen como son en realidad, ¿a quién le atribuye el engaño?

PARA AUMENTAR EL VOCABULARIO

Familias de palabras

Barba: barbado (a), barbero, barbería, barbudo, tener pocas barbas

1. Hilos de plata corrían por la barba de mi abuelo.
2. Un hombre bien barbado vendía billetes de lotería en la esquina.
3. En la barbería un joven barría el pelo cortado por el peluquero.
4. Un viejo barbudo desempeñó el papel de Don Quijote en la representación teatral.
5. No cuente con mucho; esos adolescentes tienen pocas barbas.

Armas: armado (a), armada, armar, armamento, armadura

1. El escudero tenía que cuidar las armas de su amo.
2. Don Quijote quería verse armado caballero andante.
3. La armada invencible de España fue derrotada en 1588.
4. Armaron a todos los vecinos para que pudieran protegerse de los bandidos.
5. La armadura que vestían los que iban a combatir era muy moderna.
6. Esperando completar el armamento de sus tropas, Bolívar escribió una carta al gobernador de Jamaica.

Valeroso (a): valer, valiente, más vale tarde que nunca, válgame Dios, valor

1. En los libros de caballería hablan de los hechos valerosos de los caballeros andantes.

2. ¿Cuánto valen las joyas de la emperatriz?

3. Don Quijote era un combatiente muy valiente a pesar de su temeridad.

4. No se preocupe Ud. porque ha emprendido tarde el proyecto. Más vale tarde que nunca.

5. Válgame Dios, dijo Sancho, juro que son carneros y ovejas las que Ud. va a embestir.

6. Era difícil estimar el valor de las cosas perdidas en el incendio.

Ejercicio de vocabulario

Complete las siguientes oraciones con una palabra apropiada.

1. Después de afeitarse la _____, parece mucho más joven.

2. En tiempos antiguos los _____ hacían ciertos servicios de médico en las _____.

3. Los soldados se protegen con bayonetas y con _____ de fuego.

4. El _____ consiste en el conjunto de armas y municiones necesarias para la guerra.

5. No puedes darle demasiada responsabilidad; el mozo _____.

6. La _____ del caballero andante pesaba mucho.

7. No te desanimes si no puedes llegar a las ocho en punto. _____

8. El museo exhibió cuadros de gran _____ en el salón Goya.

9. ¡_____! Es un aguacero y he dejado el paraguas en casa.

EJERCICIOS CREATIVOS

1. Escriba una conversación entre don Quijote y Sancho Panza en la cual discuten la aventura con los carneros y las ovejas.

2. Don Quijote es el idealista; Sancho es el realista. ¿Cómo nos demuestra Sancho su realismo en este episodio?

3. A algunos El Quijote les hace reír; a otros les hace llorar. ¿Cuál fue la reacción de Ud.? ¿Por qué?

La gaviota

Fernán Caballero

Cecilia Böhl de Fáber (1796–1877), más conocida por el seudónimo de Fernán Caballero, es la verdadera creadora de la novela pintoresca de costumbres regionales en España. Nos la presenta con verdaderos tipos españoles de todas las clases, con descripciones exactas en todos detalles. Como ella misma ha dicho: «La novela no se inventa, se observa.» Su obra más notable es La gaviota[1] *que trata de las costumbres andaluzas. En el capítulo cinco de esta novela se notarán las gráficas y detalladas descripciones que caracterizan el estilo de la autora.*

Costa de Andalucía, España

[1] **gaviota** *(sea gull)*

[2] **abrigado** protegido

[3] **dehesa** campo donde pace el ganado

[4] **perfil** *(profile)*

[5] **nada** *(nothingness)*

[6] **soplo** *(gust of wind)*

[7] **se mecía** *(was rocking)*

[8] **oleadas** olas

[9] **lineamentos** *(features)*

[10] **mole** *(massiveness)*

[11] **interceptado** *(obstructed)*

[12] **caudaloso** de mucha agua

[13] **estadizo** *(stagnant)*

[14] **tablero de damas** *(checkerboard)*

El fin de Octubre había sido lluvioso, y Noviembre vestía su verde y abrigado[2] manto de invierno.

Stein se paseaba un día por delante del convento, desde donde se descubría una perspectiva inmensa y uniforme: a la derecha, el mar sin límites; a la izquierda, la dehesa[3] sin término. En medio, se dibujaba, a la claridad del horizonte, el perfil[4] oscuro de las ruinas del fuerte de San Cristóbal, como la imagen de la nada[5] en medio de la inmensidad. La mar, que no agitaba el soplo[6] más ligero, se mecía[7] blandamente, levantando sin esfuerzo sus oleadas[8], que los reflejos del sol doraban, como una reina que deja ondear su manto de oro. El convento, con sus grandes, severos y angulosos lineamentos[9], estaba en armonía con el grave y monótono paisaje: su mole[10] ocultaba el único punto del horizonte interceptado[11] en aquel uniforme panorama.

En aquel punto se hallaba el pueblo de Villamar, situado junto a un río tan caudaloso[12] y turbulento en invierno, como pobre y estadizo[13] en verano. Los alrededores, bien cultivados, presentaban de lejos el aspecto de un tablero de damas[14], en cuyos cuadros variaba de mil modos el ceniciento[15] de un olivar[16], o el verde esmeralda del trigo, que había hecho brotar las lluvias de otoño, o el verde sombrío de las higueras[17]; y todo esto dividido por el verde azulado de las pitas[18] de los vallados[19]. Por la boca del río cruzaban algunas lanchas pescadoras...

No puede compararse este árido y uniforme paisaje con los valles de Suiza, con las orillas del *Rhin* o con la costa de la isla de Wight. Sin embargo, hay una magia tan poderosa en las obras de la naturaleza, que ninguna carece de bellezas y atractivos; no hay en ellas un solo objeto desprovisto[20] de interés, y si a veces faltan las palabras para explicar en qué consiste, la inteligencia lo comprende, y el corazón lo siente.

Mientras Stein hacía estas reflexiones, vio que Momo salía de la hacienda en dirección al pueblo. Al ver a Stein, le propuso que le acompañase: éste aceptó, y los dos se pusieron en camino en dirección al lugar.

El día estaba tan hermoso, que sólo podía compararse a un diamante de aguas exquisitas, de brillante esplendor...

Momo, que traía al hombro unas alforjas bien rellenas y tenía prisa, preguntó al Comandante si iba al fuerte de San Cristóbal.

—Sí, —respondió; y de camino a ver a la hija del tío Pedro Santaló, que está mala.

—¿Quién, la Gaviota?—preguntó Momo—. No lo crea Ud. Si la he visto ayer encaramada en una peña[21] y chillando como las otras gaviotas.

—¡Gaviota!—exclamó Stein.

—Es un mal nombre—dijo el Comandante—que Momo le ha puesto a esa pobre muchacha.

—Porque tiene las piernas muy largas—respondío Momo—; porque tanto vive en el agua como en la tierra; porque canta y grita y salta de roca en roca como las otras.

—Pues tu abuela—observó don Modesto—la quiere mucho y no la llama más que Marisalada, por sus graciosas[22] travesuras y por la gracia con que canta y baila y remeda[23] a los pájaros.

—No es eso—replicó Momo—; sino porque su padre es pescador y ella nos trae sal y pescado.

—¿Y vive cerca del fuerte?—preguntó Stein, a quien habían excitado la curiosidad aquellos pormenores.

—Muy cerca—respondió el Comandante—. Pedro Santaló tenía una barca catalana que, habiendo dado a la vera para Cádiz, sufrió un temporal[24] y naufragó[25] en la costa. Todo se perdió, el buque y la gente, menos Pedro, que iba con su hija; como que a él le redobló[26] las fuerzas el ansia de salvarla y pudo llegar a tierra, pero arruinado; y quedó tan desanimado y triste, que no quiso volver a la suya. Lo que hizo fue labrar una choza entre esas rocas con los destrozos[27] que habían quedado de la barca, y se metió a pescador. Él era el que proveía de pescado al convento, y los Padres en cambio le daban pan, aceite y vinagre. Hace doce años que vive ahí en paz con todo el mundo.

Con esto llegaron al punto en que la vereda se dividía, y se separaron.

—Pronto nos veremos—dijo el veterano—. Dentro de un rato iré a ponerme a la disposición de Ud. y saludar a sus patronos.

—Dígale Ud. de mi parte a la Gaviota—gritó Momo—que me tiene sin cuidado su enfermedad, porque mala hierba nunca muere...

---

[15] **ceniciento** (*ash-colored*)

[16] **olivar** (*olive grove*)

[17] **higueras** (*fig trees*)

[18] **pitas** (*century plants*)

[19] **vallados** (*fenced-in areas*)

[20] **desprovisto** falto de lo necesario

[21] **peña** cerro grande y elevado

[22] **graciosas** humorosas

[23] **remeda** imita

[24] **temporal** (*storm*)

[25] **naufragó** perdió el buque en el agua

[26] **redobló** aumentó al doble

[27] **destrozos** fragmentos

PREGUNTAS

1. ¿En qué estación tiene lugar la novela?
2. ¿Con quién compara Fernán Caballero el mar? ¿Por qué?
3. ¿Cómo cambiaba el río de una estación a otra?
4. ¿Cómo estaban los alrededores del pueblo de Villamar?
5. ¿Por qué es importante el color verde?
6. ¿Qué tiene cada obra de la naturaleza?
7. ¿Cómo describió la autora el día?
8. ¿Qué es una gaviota?
9. ¿Por qué llaman a la hija de Santaló «la Gaviota»?
10. ¿Qué le había pasado a Santaló?

PARA AUMENTAR EL VOCABULARIO

Familias de palabras

Abrigado: abrigar, abrigo

1. Los dos se quedaron abrigados en la choza durante el temporal.
2. Después del naufragio, construyó una choza en la orilla del mar para abrigar a su hija de la lluvia otoñal.
3. Al haber perdido todo, tuvieron que construir una choza que a lo menos les serviría de abrigo.

Armonía: armonizar, armonioso, armoniosamente

1. El convento con sus severos lineamientos estaba en armonía con el grave paisaje.
2. El color verde del olivar armonizaba con el amarillento de la vid.
3. Los distintos tonos verdes le daban al paisaje un aspecto armonioso.
4. Los colores de distintas plantas se mezclaban armoniosamente.

Ejercicio de vocabulario

Busque otra palabra que tenga el mismo significado.

1. sin agua
2. sitio donde hay muchos olivos
3. donde crecen las uvas
4. de mucha agua
5. gris
6. cerro grande
7. tempestad
8. pedazos
9. elevada
10. destruido

EJERCICIOS CREATIVOS

1. En las obras de Fernán Caballero se destacan las descripciones detalladas y gráficas. Cite ejemplos que describan bien los siguientes temas:
   (a) el tiempo (b) las ruinas del fuerte (c) el mar (d) el río (e) el día
   (f) el cielo (g) la Gaviota.

2. En un breve párrafo describa uno de los siguientes:
   (a) el mar durante una tempestad
   (b) un naufragio
   (c) las gaviotas

Doña Bárbara

Rómulo Gallegos

En Doña Bárbara, Rómulo Gallegos (1884–1969) nos presenta una poética aunque realista descripción de la vida en las sabanas de Venezuela. Una de las obras más destacadas de la América Latina, la novela dramatiza la lucha del hombre contra la naturaleza y aun más, la lucha de la civilización contra el barbarismo. Como protagonistas aparecen Santos Luzardo, caballero ético y culto, y doña Bárbara, mestiza hermosa e inescrupulosa que simboliza la tiranía de los caciques durante la dictadura de Juan Vicente Gómez.

Tal vez el venezolano más distintivo sea el llanero. Los llaneros son los vaqueros de las sabanas cerca del río Orinoco. Célebres son por su equitación, por su fuerza y por el amor hacia la libertad que tienen. Siguen una vida primitiva, vigorosa, solitaria, en donde tienen que domar la naturaleza así como los caballos.

Santos Luzardo, después de una ausencia de trece años, regresa a la estancia o hato heredado de sus antepasados. Viene decidido a vender sus terrenos y regre-

sar a Caracas cuya vida urbana le complace, pero en seguida se despiertan los sentimientos llaneros dentro de su alma y opta por quedarse y restaurar el hato. Los otros personajes son:

Pajarote (mote por Juan Palacios): peón de Altamira que llegó después de la salida de Santos Luzardo.

Antonio Sandoval: viejo empleado del hato desde la infancia de Santos, a quien enseñó a montar y a adiestrar caballos.

Carmelito López: otro empleado que llegó a Altamira hace pocos años. Antonio Sandoval tiene mucha confianza en él, pero al conocer a Santos Luzardo se queda descontento; considera al patrón débil e incapaz de conducir el negocio y el trabajo del hato.

Venancio: el amansador de caballos de Altamira; receloso de las habilidades de su amo.

Balbino Paiba: el mayordomo corrupto de Altamira; amante de doña Bárbara a quien entrega continuamente el ganado robado de Altamira mientras él administra muy mal las cuentas, así defraudando al amo.

María Nieves: el cabrestero; muy deseoso de complacer al amo recién llegado.

La doma[1]

La llanura es bella y terrible a la vez; en ella caben, holgadamente[2], hermosa vida y muerte atroz. Esta acecha[3] por todas partes; pero allí nadie la teme. El llano asusta; pero el miedo del llano no enfría el corazón: es caliente como el gran viento de su soleada inmensidad, como la fiebre de sus esteros[4].

El llano enloquece y la locura del hombre de la tierra ancha y libre es ser llanero siempre...

Tierra abierta y tendida, buena para el esfuerzo y para la hazaña; toda horizontes, como la esperanza; toda caminos, como la voluntad.

—¡Alivántense[5], muchachos!

Es la voz de Pajarote, que siempre amanece de buen humor.

Ya en la cocina, un mecho de sebo[6] pendiente del techo, alumbra, entre las paredes cubiertas de hollín[7], la colada del café, y uno a uno van acercándose a la puerta los peones madrugadores[8]. Casilda les sirve la aromática infusión[9] y, entre sorbo y sorbo[10], ellos hablan de las faenas del día. Todos parecen muy esperanzados; menos Carmelito, que ya tiene ensillado el caballo para marcharse. Antonio dice:

—Lo primero que hay que hacer es jinetear[11] el potro alazano tostado[12], porque el doctor necesita una bestia buena para su silla y ese mostrenco[13] es de los mejores.

—¡Que si es bueno!—apoya Venancio, el amansador[14].

Y Pajarote agrega:

—Como que el don Balbino, que de eso sí sabe y no se le puede quitar, ya lo tenía visteado para cogérselo.

Mientras Carmelito, para sus adentros:

—Lástima de bestia, hecha para llevar más hombre encima.

Y cuando los peones se dirigieron a la corraleja[15] donde estaba el potro, detuvo a Antonio y le dijo:

---

[1] **la doma** el acto de dominar un caballo

[2] **holgadamente** ampliamente

[3] **acecha** observa a escondidas

[4] **esteros** terreno bajo que suele llenarse de agua

[5] **¡Alivántense!** ¡Levántense!

[6] **mecho de sebo** (*stub of a candle*)

[7] **hollín** (*soot*)

[8] **madrugadores** los que se levantan temprano

[9] **infusión** bebida

[10] **entre sorbo y sorbo** (*between sips*)

[11] **jinetear** andar a caballo

[12] **alazano tostado** (*dark sorrel-colored*)

[13] **mostrenco** (*stray*)

[14] **amansador** el que doma el caballo

[15] **corraleja** (*corral*)

—Siento tener que participarte[16] que yo he decidido no continuar en Altamira. No me preguntes por qué.

—No te lo pregunto, porque ya sé lo que te pasa, Carmelito—replicó Antonio—. Ni tampoco te pido que no te vayas, aunque contigo contaba, más que con ningún otro; pero sí te voy a hacer una exigencia[17]. Aguárdate un poco. Un par de días no más, mientras yo me acomodo[18] a la falta que me vas a hacer.

Y Carmelito, comprendiendo que Antonio le pedía aquel plazo con la esperanza de verlo rectificar el concepto que se había formado del amo, accedió:

—Bueno. Voy a complacerte. Por ser cosa tuya, me quedo hasta que te acomodes, como dices. Aunque hay cosas que no tienen acomodo en esta tierra.

Avanza el rápido amanecer llanero. Comienza a moverse sobre la sabana la fresca brisa matinal, que huele a mastranto[19] y a ganados.

Voces alteradas[20], allá junto a la corraleja, interrumpieron su contemplación:

La ganadería es la ocupación principal en los llanos.

—Ese mostrenco pertenece al doctor Luzardo, porque fue cazado en sabanas de Altamira y a mí no me venga Ud. con cuentos de que es hijo de una yegua miedeña[21]. Ya aquí se acabaron los manoteos[22].

Era Antonio Sandoval, encarado con un hombrachón[23] que acababa de llegar y le pedía cuentas por haber mandado a enlazar[24] el potro alazano, del cual, poco antes, le hablara al amansador.

Santos comprendió que el recién llegado debía de ser su mayordomo Balbino Paiba y se dirigió a la corraleja a ponerle fin a la pendencia[25].

—¿Qué pasa?—les preguntó.

Mas, como ni Antonio, por impedírselo la sofocación del coraje, ni el otro, por no dignarse dar explicaciones, respondían a sus palabras, insistió, autoritariamente, y encarándose con el recién llegado:

—¿Qué sucede? Preguntó.

—Que este hombre se me ha insolentado—respondió el hombretón.

—Y Ud., ¿quién es?—inquirió Luzardo, como si no sospechase quién pudiera ser.

---

[16] **participarte** darte una noticia, comunicarte

[17] **exigencia** petición por derecho o por fuerza

[18] **acomodo** arreglo

[19] **mastranto** *(mint)*

[20] **alteradas** enojadas

[21] **miedeña** del rancho El Miedo

[22] **manoteos** robos

[23] **encarado con un hombrachón** cara a cara con un hombre grande y grosero

[24] **enlazar** aprisionar un animal arrojándole el lazo

[25] **pendencia** riña *(quarrel)*

—Balbino Paiba. Para servirle.

—¡Ah!—exclamó Santos, continuando la ficción. ¡Conque es Ud. el mayordomo! A buena hora se presenta. Y llega buscando pendencias en vez de venir a presentarme sus excusas por no haber estado aquí anoche, como era su deber.

Una manotada a los bigotes[26] y una respuesta que no estaba en el plan que Balbino se había trazado para imponérsele a Luzardo desde el primer momento.

—Yo no sabía que Ud. venía anoche. Ahora es que vengo a darme cuenta de que se hallaba aquí. Digo, porque supongo que debe de ser Ud. el amo, para hablarme así.

—Hace bien en suponerlo.

Pero ya Paiba había reaccionado del momentáneo desconcierto[27] que le produjera la inesperada actitud enérgica de Luzardo, y tratando de recuperar el terreno perdido, dijo:

—Bueno. Ya he presentado mis excusas. Ahora me parece que le toca a Ud., porque el tono con que me ha hablado. Francamente no es el que estoy acostumbrado a oír cuando alguien me dirige la palabra.

Sin perder su aplomo y con una leve sonrisa irónica, Santos replicó:

—Pues no es Ud. muy exigente.

—¡Tenemos jefe!—se dijo Pajarote.

Y ya no le quedaron a Balbino ganas de bravuconadas[28] ni esperanzas de mayordomías[29].

—¿Quiere decir que estoy dado de baja y que, por consiguiente, aquí se terminó mi papel?

—Todavía no. Aun le falta rendirme cuentas de su administración. Pero eso será más tarde.

Y le dio la espalda, a tiempo que Balbino concluía a regañadientes[30]:

—Cuando Ud. lo disponga.

Antonio buscó con la mirada a Carmelito, y Pajarote, dirigiéndose a María Nieves y a Venancio—que estaban dentro de la corraleja esperando el resultado de la escena y aparentemente ocupados en preparar los cabos de soga para maniatar[31] el alazano—les gritó, llenas de intenciones las palabras:

—¡Bueno, muchachos! ¿Qué hacen Uds. que todavía no han maroteado[32] a ese mostrenco? Mírenlo cómo está temblando de rabia que parece miedo. Y eso que sólo le han dejado ver la marota[33]. ¿Qué será cuando lo tengamos planeado[34] contra el suelo?

—¡Y que va a ser ya! Vamos a ver si se quita estas marotas como se quitó las otras—añadieron María Nieves y Venancio, celebrando con risotadas[35] la doble intención de las palabras del compañero, que tanto se referían a Balbino como al alazano.

Brioso, fino de líneas y de gallarda alzada, brillante el pelo y la mirada fogosa, el animal indómito había reventado, en efecto, las maneas[36] que le pusieran al cazarlo y, avisado por el instinto de que era el objeto de la operación que preparaban los peones, se defendía procurando estar siempre en medio de la madrina[37] de mostrencos que correteaban[38] de aquí para allá dentro de la corraleja.

Al fin Pajarote logró apoderarse del cabo de soga que llevaba a rastras, y, palanqueándose[39], con los pies clavados en el suelo y el cuerpo echado atrás, resistió el envión[40] de la bestia cerril[41], dando con ella en tierra.

Puestos el tapaojos y la cabezada y abrochadas las «sueltas,»[42] dejáronlo enderezarse sobre sus remos[43] y, en seguida Venancio procedió a ponerle el simple apero[44] que usa el amansador. El mostrenco se debatía encabritándose[45] y lanzando coces[46], y cuando comprendió que era inútil defenderse, se quedó quieto, tetanizado[47] por la cólera y bañado en sudor, bajo la injuria[48] del apero que nunca habían sufrido sus lomos.

Todo esto lo había presenciado Santos Luzardo junto al tranquero[49] del corral, con el ánimo excitado por la evocación de su infancia, a caballo en pelo[50] contra el gran viento de la llanura, cuando, a tiempo que Venancio se disponía a echarle la pierna al alazán, oyó que Antonio le decía, tuteándolo[51]:

—Santos, ¿te acuerdas de cuando jineteabas tú mismo las bestias que el viejo escogía para ti?

Y no fue necesario más para que comprendiera lo que el peón fiel quería decirle con aquella pregunta. ¡La doma! La prueba máxima de llanería[52], la demostración de valor y de destreza[53] que aquellos hombres esperaban para acatarlo. Maquinalmente buscó con la mirada a Carmelito, que estaba de codos sobre la palizada[54], al extremo opuesto de la corraleja y con una decisión fulgurante, dijo:

—Deje, Venancio. Seré yo quien lo jineteará.

Antonio sonrió, complacido en no haberse equivocado respecto a la hombría[55] del amo; Venancio y María Nieves se miraron, sorprendidos y desconfiados, y Pajarote con su ruda franqueza:

—No hay necesidad de eso, doctor. Aquí todos sabemos que Ud. es hombre para lo que se necesite...

[39] **palanqueándose** (*bracing himself*)

[40] **envión** empujón

[41] **cerril** no domado

[42] **puestos el tapaojos y la cabezada y abrochadas las «sueltas»** (*after they had put on the blinders and headstall and had fastened the hobbles*)

[43] **remos** patas traseras

[44] **apero** conjunto de equipo para montar

[45] **encabritándose** levantándose sobre los remos

[46] **lanzando coces** (*kicking*)

[47] **tetanizado** paralizado

[48] **injuria** insulta

[49] **tranquero** (*gate post*)

[50] **en pelo** sin silla

[51] **tuteándolo** hablándole de manera familiar

[52] **llanería** habilidad del vaquero

[53] **destreza** habilidad, arte con que se hace algo

[54] **palizada** sitio cercado de estacas o postes

[55] **hombría** virilidad

⁵⁶ **se arrasó** (he leveled himself)

⁵⁷ **remachadas** puestas firmemente

⁵⁸ **cohibido** refrenado

⁵⁹ **bozal** (headstall)

⁶⁰ **belfos** labios de un animal

⁶¹ **proporcionara** ofreciera

⁶² **despectivamente** con desprecio

⁶³ **patiquincito** (a dude)

⁶⁴ **se afanaba en dar los inútiles consejos** (eagerly gave useless advice)

⁶⁵ **trajinando** trabajando

⁶⁶ **falseta** (check rein)

⁶⁷ **no lo sobe** no lo pegue

⁶⁸ **arranque** (lunge)

⁶⁹ **barajustador** (plunger)

⁷⁰ **corcovean** (buck)

⁷¹ **amadrinadores** vaqueros que acompañan al domador

⁷² **avasalladores** haciendo esclavo

⁷³ **retembló** tembló

⁷⁴ **tranco** paso largo

⁷⁵ **enmarañados** embrollados (tangled)

⁷⁶ **provocador** el que irrita o insulta

⁷⁷ **fustanero** (henpecked men)

⁷⁸ **ronca** ruge (roars, snorts)

⁷⁹ **llanita** de superficie lisa

⁸⁰ **saltanejas** (ruts)

⁸¹ **desnucaderos** sitios donde se puede quebrar el cuello

⁸² **caneyes** chozas

⁸³ **bribonadas** acciones viles

Pero ya Santos no atendía a razones y saltó sobre la bestia indómita, que se arrasó[56] casi contra el suelo al sentirlo sobre sus lomos.

Carmelito hizo un ademán de sorpresa y luego se quedó inmóvil, fijo en los mínimos movimientos del jinete, bajo cuyas piernas remachadas[57] a la silla, el alazán, cohibido[58] por el tapaojos y sostenido del bozal[59] por Pajarote y María Nieves, se estremecía de coraje, bañado en sudor, dilatados los belfos[60] ardientes.

Y Balbino Paiba, que se había quedado por allí en espera de que se le proporcionara[61] oportunidad de demostrarle a Luzardo, si éste volvía a dirigirle la palabra, que aún no había pasado el peligro a que se arriesgara al habarle como lo hiciera, sonrió despectivamente[62] y se dijo:

—Ya este...patiquincito[63] va a estar clavando la cabeza en su propia tierra.

Mientras, Antonio se afanaba en dar los inútiles consejos[64], la teoría que no podía habérsele olvidado a Santos:

—Déjelo correr todo lo que quiera al principio, y luego lo va trajinando[65], poco a poco, con la falseta[66]. No lo sobe[67] sino cuando sea muy necesario y acomódese para el arranque[68], porque este alazano es barajustador[69], de los que poco corcovean[70], pero se disparan como alma que lleva el diablo. Venancio y yo iremos de amadrinadores[71].

Pero Luzardo no atendía sino a sus propios sentimientos, ímpetus avasalladores[72] que le hacían vibrar los nervios, como al caballo salvaje los suyos, y dio la voz a tiempo que se inclinaba a alzar el tapaojos.

—¡Denle el llano!

—¡En el nombre de Dios!—exclamó Antonio.

Pajarote y María Nieves dejaron libre la bestia, abriéndose rápidamente a uno y otro lado. Retembló[73] el suelo bajo el corcovear furioso, una sola pieza, jinete y caballo; se levantó una polvareda y aun no se había desvanecido cuando ya el alazano iba lejos, bebiéndose los aires de la sabana sin fin.

Detrás, tendido sobre las crines de las bestias amadrinadoras, pero a cada tranco[74] más rezagados, corrían Antonio y Venancio.

Carmelito murmuró, emocionado:

—Me equivoqué con el hombre.

A tiempo que Pajarote exclamaba:

—¿No le dije, Carmelito, que la corbata era para taparse los pelos del pecho, de puro enmarañados[75] que los tenía el hombre? ¡Mírelo como se agarra! Para que ese caballo lo tumbe tiene que apearse patas arriba.

Y en seguida, para Balbino, ya francamente provocador[76]:

—Ya van a saber los fustaneros[77] lo que son calzones bien puestos. Ahora es cuando vamos a ver si es verdad que todo lo que ronca[78] es tigre.

Pero Balbino se hizo el desentendido, porque cuando Pajarote se atrevía nunca se quedaba en las palabras.

—Hay tiempo para todo—pensó—. Bríos tiene el patiquincito, pero todavía no ha regresado el alazano y puede que ni vuelva. La sabana parece muy llanita[79], vista así por encima del pajonal; pero tiene sus saltanejas[80] y sus desnucaderos[81].

No obstante, después de haber dado unas vueltas por los caneyes[82], buscando lo que por allí no tenía, volvió a echarle la pierna a su caballo y abandonó Altamira, sin esperar a que lo obligaron a rendir cuentas de sus bribonadas[83].

Al fin comienza a ceder la bravura de la bestia. Ya está cogiendo un trote más y más sosegado[84]. Ya camina a medio casco y resopla[85], sacudiendo la cabeza, bañada en sudor, cubierta de espuma, dominada, pero todavía arrogante. Ya se acerca a las casas, entre la pareja de amadrinadores, y relincha engreída[86] porque, si ya no es libre, a lo menos trae un hombre encima.

Y Pajarote la recibe con el elogio llanero:

—¡Alazano tostao, primero muerto que cansao!

[84] **sosegado** calmado
[85] **resopla** (*snorts*)

[86] **engreída** orgullosa, altiva

PREGUNTAS

1. ¿Cómo es la llanura?
2. ¿Cómo es el miedo que puede causar la llanura?
3. ¿Por qué será así el miedo?
4. ¿Cuál es el ideal del hombre de la llanura?
5. Describa las actividades de los llaneros por la mañana.
6. ¿Cuál es la primera cosa que tienen que hacer los llaneros?
7. ¿Quién quiere salir?
8. ¿Por qué no sale en seguida?
9. ¿Quién era el recién llegado? ¿Qué quería?
10. ¿Quién fue a ponerle fin a la riña?
11. ¿Por qué estaba algo enfadado Santos?
12. ¿Cree Ud. que Balbino se defendía bien? ¿Qué demostración de machismo dio él?
13. Discuta la doble intención de las palabras: «¿Qué será cuando lo tengamos planeado contra el suelo?»
14. ¿Cuánto poder tuvieron los recuerdos de su infancia en Santos Luzardo?
15. ¿Cuál es la prueba máxima de la llanería? ¿Por qué?
16. ¿Cuál era la actitud de Balbino?
17. ¿Para qué sirvieron los consejos de Antonio?
18. ¿Cuál fue el resultado de la hazaña de Santos?

PARA AUMENTAR EL VOCABULARIO

Familias de palabras

Amanece: amanecer, el amanecer

1. Pajarote siempre amanece de buen humor; es que se despierta de buen humor. o, Cuando amanece (se levanta el sol), todos los llaneros salen al trabajo suyo: la doma.
2. Ahora que llega el invierno va a amanecer tarde.
3. El amanecer (el momento en que se levanta el sol) en la llanura es un espectáculo digno de verse.

Amansador: manso, amansar, amansado, amansamiento

1. Es el amansador el que tiene que domar los potros fieros.
2. Ese potro no es nada manso; es fiero.
3. Es necesario amansar los potros de la llanura antes de montarlos.
4. Esa fiera se ha convertido en un potro amansado.
5. El amansamiento de los potros es algo peligroso pero muy interesante.

Doma: domar, domable, domador

1. La doma es la prueba suprema de la llanería.
2. Domar al caballo es el oficio del llanero.
3. Ese potro no parece nada domable por lo fiero que es.
4. Ser el mejor domador es el sueño de cada llanero.

Jineteaba: jinetear, jinetearse, jinete

1. Santos se acuerda de cuando jineteaba las bestias.
2. Jinetear (montar a caballo) por la llanura es una experiencia inolvidable.
3. Este bronco está bueno para jinetearse.
4. De todos los llaneros, es difícil decir cuál es el mejor jinete.

Ejercicio de vocabulario

Dé una palabra que quiera decir la misma cosa.

1. amansar un animal, hacerle dócil
2. la madrugada
3. gentil
4. la acción de domesticar a un animal
5. madrugar
6. montar a caballo
7. capaz de ser amansado
8. que monta caballos

EJERCICIOS CREATIVOS

1. El título «La doma» generalmente se refiere a la doma de un animal; sin embargo, en este capítulo tiene doble sentido. Prepárese a discutir esto en clase.
2. Analice las siguientes oraciones de Rómulo Gallegos.
   (a) «La llanura es bella y terrible a la vez; en ella caben holgadamente, hermosa vida y muerte atroz.» ¿Por qué será así la llanura?
   (b) «Lástima de bestia, hecha para llevar más hombre encima.» ¿Cuál será el significado?
   (c) «No le dije, Carmelito, que la corbata era para taparse los pelos del pecho...?» ¿Qué quiere decir Pajarote?

Las mudanzas de doña Bárbara

as singulares transformaciones que desde aquel día comenzaron a operarse en doña Bárbara provocaban entre la peonada[1] de El Miedo comentarios socarrones[2].

—¡Ah, compañero! ¿Qué le estará pasando a la señora que ya no llega por aquí, como enantes, cuando se le revolvían las sangres del blanco y de la india, esponjada y gritona como una chenchena? Ni tampoco viene a tocar la bandurria[3] y a contrapuntearse[4] con nosotros, como le gustaba hacerlo cuando estaba de buenas. Ahora se la pasa metida en los corotos[5], hecha una verdadera señora, y hasta con el mismo don Balbino: si te he visto, no me acuerdo.

Por primera vez se había sentido mujer en presencia de un hombre. Había ido al rodeo[6] de Mata Oscura dispuesta a envolver a Santos Luzardo en la malla[7] fatal de sus seducciones, a fin de que se repitiese en él la historia de Lorenzo Barquero; mas, aunque creía que sólo la animaban la codicia[8] y el implacable odio al varón, llevaba también, en la vehemencia[9] del alma, atormentada por este sentimento, y en los apetitos de su naturaleza, hecha para el amor, el ansia insaciada[10] de una verdadera pasión. Hasta allí todos sus amantes, víctimas de su codicia o instrumentos de su crueldad, habían sido suyos como las bestias que llevaban la marca de su hierro[11], pero al verse desairada[12] una y otra vez por aquel hombre que ni la temía ni la deseaba, sintió...con la misma fuerza avasalladora de los ímpetus que siempre la habían lanzado al aniquilamiento[13] del varón aborrecido...que quería pertenecerle, aunque tuviera que ser como le pertenecían a él las reses que llevaban grabados a fuego[14] en los costillares[15] el hierro altamireño.

Al principio fue una tumultuosa necesidad de agitación; mas no de aquella, atormentada y sombría, que antes la impulsaba a ejercitar[16] sus instintos rapaces[17], sino una ansia ardiente de gozar de sí misma con aquella región desconocida de su alma que, inesperadamente, le había mostrado su faz[18]. Los días enteros se los pasaba correteando por las sabanas sin objeto ni rumbo, sólo por gastar el exceso de energías que desarrollaba su sensualidad enardecida por el deseo de amor verdadero en la crisis de los cuarenta, ebria de sol, viento libre y espacio abierto.

Al mismo tiempo, sin ser todavía, ni con mucho, la bondad, la alegría la impulsaban a actos generosos. Una vez repartió entre sus peones dinero a puñados, para que lo gastaran en divertirse. Ellos se quedaron viendo las monedas que llenaban sus manos, les clavaron el colmillo[19], las hicieron sonar contra una piedra y todavía no se convencieron de que fuese plata de ley. Con lo avara que era doña Bárbara, ¿quién iba a creer en su largueza[20]?

Preparó un verdadero festín para agasajar[21] a Santos Luzardo cuando éste concurriese[22] al turno de vaquería en El Miedo. Quería abrumarlo a obsequios, echar la casa por la ventana, para que él y sus vaqueros saliesen de allí contentos y se acabara de una vez aquella enemistad que separaba a dueños y peones de los dos hatos[23].

---

[1] **peonada** grupo de peones
[2] **socarrones** astutos

[3] **bandurria** instrumento parecido a la guitarra
[4] **contrapuntearse** decir uno a otro palabras ofensivas
[5] **corotos** muebles o utensilios

[6] **rodeo** (roundup)
[7] **malla** red
[8] **codicia** avaricia
[9] **vehemencia** violencia

[10] **insaciada** insatisfecha

[11] **marca de su hierro** (her brand)
[12] **desairada** ignorada
[13] **aniquilamiento** destrucción
[14] **grabados a fuego** (branded)
[15] **costillares** (sides, of an animal)
[16] **ejercitar** poner en uso
[17] **rapaces** feroces
[18] **faz** rostro

[19] **les clavaron el colmillo** las mordieron
[20] **largueza** generosidad
[21] **agasajar** festejar
[22] **cuando éste concurriese** (when the latter would be present)
[23] **hatos** ranchos

[24] **trastornaba** (*disturbed*)
[25] **perturbados** molestados
[26] **hechicería** (*witchcraft*)
[27] **conjurar** evocar
[28] **maléficos** que hacen daño
[29] **dañero** el que hace daño
[30] **Socio** aquí, el diablo
[31] **esquivo** desdeñoso

[32] **cavilosa** preocupada, pensativa

[33] **mujerona** mujer poco femenina, tosca, corpulenta
[34] **se sobrepuso** dominó
[35] **naciente** creciente
[36] **cañafístola** arbusto

[37] **dominio de sí mismo** (*self-control*)
[38] **con agasajo** amistosamente
[39] **zalamerías** demostraciones de cariño afectado

[40] **cerca** pared que divide y protege distintas propiedades

[41] **recursos** bienes (dinero)

[42] **vivamente** rápidamente
[43] **se atenga (atenerse) al asunto** siga hablando del asunto

Trastornaba[24] la idea de llegar a ser amada por aquel hombre que no tenía nada de común con los que había conocido...y al hacer esta comparación se avergonzaba de haberse brutalizado a sí misma en brazos de amantes torpes y groseros, cuando en el mundo había otros como aquél, que no podían ser perturbados[25] con la primera sonrisa que se les dirigiera.

Por un momento se le ocurrió valerse de sus «poderes» de hechicería[26], conjurar[27] los espíritus maléficos[28] obedientes a la voluntad del dañero[29], pedirle al «Socio»[30] que le trajera al hombre esquivo[31], pero inmediatamente rechazó la idea con una repugnancia inexplicable. La mujer que había aparecido en ella la mañana de Mata Oscura quería obtenerlo todo por artes de mujer.

Pero como Santos Luzardo no aparecía por allá, ella andaba cavilosa[32], aunque siempre adornada y compuesta...

Por fin, una mañana vio a Santos Luzardo dirigirse hacia allá.

—Así tenía que suceder—se dijo.

Y al formular esta frase...tal como la pronunció, saturada de los sentimientos de la mujerona[33] supersticiosa que se creía asistida de poderes sobrenaturales..la verdad íntima y profunda de su ser se sobrepuso[34] al ansia naciente[35] de renovación.

Santos se apeó del caballo bajo la cañafístola[36] plantada frente a la casa y avanzó hacia el corredor, sombrero en mano.

Una mirada debió bastarle a doña Bárbara para comprender que no eran de fundarse muchas esperanzas en aquella visita, pues la actitud de Luzardo sólo revelaba dominio de sí mismo[37]; pero ella no atendía sino a sus propios sentimientos y lo recibió con agasajo[38].

—Lo bueno siempre se hace desear. ¡Dichosos los ojos que lo ven, doctor Luzardo! Pase adelante. Tenga la bondad de sentarse. Por fin me proporciona Ud. el placer de verlo en mi casa.

—Gracias, señora. Es Ud. muy amable—repuso Santos con entonación sarcástica, y en seguida, sin darle tiempo para más zalamerías[39]: —Vengo a hacerle una exigencia y una súplica. La primera, relativa a la cerca[40] de la que ya le he escrito.

—¿Sigue Ud. pensando en eso, doctor? Creía que ya se hubiera convencido de que eso no es posible ni conveniente por aquí.

—En cuanto a la posibilidad, depende de los recursos[41] de cada cual. Los míos son por ahora sumamente escasos, y por fuerza tendré que esperar algún tiempo para cercar Altamira. En cuanto a la conveniencia, cada cual tiene su criterio. Pero, por el momento, lo que me interesa saber es si está Ud. dispuesta a costear a medias, como le corresponde, la cerca divisoria de nuestros hatos. Antes de tomar otro camino he querido tratar este asunto....

—¡Acabe de decirlo, hombre! —acudió ella con una sonrisa—: Amistosamente.

Santos hizo un gesto de dignidad ofendida, y replicó:

—Con poco dinero, que a Ud. no le falta....

—Eso del dinero que haya que gastar es lo de menos, doctor Luzardo. Ya le habrán dicho que soy inmensamente rica. Aunque también le habrán hablado de mi avaricia, ¿no es verdad?...

—Señora—repuso Santos, vivamente[42]—. Le suplico que se atenga al asunto[43] que le he expuesto. No me interesa en absoluto saber si Ud. es rica o no, ni averiguar si tiene los defectos que se le atribuyen o carece de ellos. He venido solamente a hacerle una pregunta y espero su respuesta.

—¡Caramba, doctor! ¡Qué hombre tan dominador es Ud.!...No permite Ud. que uno se salga del asunto ni por un momento.

Santos...se reprochó[44] la excesiva severidad adoptada y repuso, sonriente:

—No hay tal, señora. Pero le suplico que volvamos a nuestro asunto.

—Pues bien. Me parece buena la idea de la cerca. Así quedaría solucionada, de una vez por todas, esa desagradable cuestión de nuestros linderos[45], que ha sido siempre tan oscura.

Y subrayó[46] las últimas palabras con una entonación qué volvió a poner a prueba el dominio de sí mismo de su interlocutor.

—Exacto—repuso éste. Estableceríamos una situación de hecho, ya que no de derecho.

—De eso debe de saber más que yo, Ud. que es abogado.

—Pero poco amigo de litigar[47], como ya irá comprendiendo.

—Sí. Ya veo que es Ud. un hombre raro. Le confieso que nunca me había tropezado con uno tan interesante como Ud. No. No se impaciente. No voy a salirme del asunto, otra vez. ¡Dios me libre! Pero antes de poderle responder, tengo que hacerle una pregunta. ¿Por dónde echaríamos esa cerca? ¿Por la casa de Macanillal?

—¿A qué viene esa pregunta? ¿No sabe Ud. por dónde he comenzado a plantar los postes? A menos que pretenda que todavía ese lindero no está en su sitio.

—No está, doctor.

Y se quedó mirándolo fijamente a los ojos.

—¿Es decir que Ud. no quiere situarse en el terreno...amistoso[48], como Ud. misma ha dicho hace poco?

Pero ella, dándole a su voz una inflexión acariciadora[49]:

—¿Por qué agrega: como yo he dicho? ¿Por qué no dice Ud. amistoso, simplemente?

—Señora—protestó Luzardo—. Bien sabe Ud. que no podemos ser amigos. Yo podré ser contemporizador[50] hasta el punto de haber venido a tratar con Ud.; pero no me crea olvidadizo[51].

La energía reposada con que fueron pronunciadas estas palabras acabó por subyugar[52] a la mujerona...

—¿Si yo le dijera, doctor Luzardo, que esa cerca habría que levantarla mucho más allá de Macamillal? En donde era el lindero de Altamira antes de esos litigios[53] que no lo dejan a Ud. considerarme como amiga.

Santos frunció el ceño[54]; pero, una vez más, logró conservar su aplomo, pero sin asperezas[55]. Entiendo que me promete una restitución; mas no veo cómo pueda Ud. hacerla sin ofender mi susceptibilidad.

—Ni me burlo de Ud. ni está Ud. soñando. Lo que sucede es que Ud. no me conoce bien todavía, doctor Luzardo. Ud. sabe lo que le consta y le cuesta; que yo he quitado malamente esas tierras de que ahora hablamos; pero, óigame una cosa, doctor Luzardo; quien tiene la culpa de eso es Ud.

—Estamos de acuerdo. Mas, ya eso tiene autoridad de cosa juzgada[56], y lo mejor es no hablar de ello.

[44] **se reprochó** (scolded himself)

[45] **linderos** límites

[46] **subrayó** puso énfasis en

[47] **litigar** disputar en juicio una cosa

[48] **situarse en el terreno amistoso** (to meet on friendly terms)
[49] **acariciadora** cariñosa

[50] **contemporizador** el que se acomoda al gusto de otro
[51] **olvidadizo** que se olvida
[52] **subyugar** dominar

[53] **litigios** disputas
[54] **frunció el ceño** (frowned)
[55] **asperezas** dureza (harshness)

[56] **juzgada** decidida por el juez o el tribunal

—Todavía no le he dicho todo lo que tengo que decirle. Hágame el favor de oírme esto: si yo me hubiera encontrado en mi camino con hombres como Ud., otra sería mi historia.

Santos Luzardo volvió a experimentar aquel impulso de curiosidad intelectual que en el rodeo de Mata Oscura estuvo a punto de moverlo a sondear[57] el abismo de aquella alma, recia y brava como la llanura donde se habitaba, pero que tal vez tenía, también como la llanura, sus frescos refugios de sombra incontaminada[58], de donde salieran, de improviso, aquellas palabras que eran, a la vez, una confesión y una protesta.

En efecto, sinceridad y rebeldía de un alma fuerte ante su destino era cuanto habían expresado aquellas palabras de doña Bárbara, pues al pronunciarlas no había en su ánimo intención de engaño, ni tampoco blanduras[59] sentimentales en su corazón. En aquel momento había desaparecido la mujer enamorada y necesitada de caricias verdaderas; se bastaba a sí misma y se encaraba fieramente con su verdad interior.

Y Santos Luzardo experimentó la emoción de haber oído a un alma en una frase.

Pero ella recobró en seguida su aspecto vulgar para decir:

—Yo le devuelvo esas tierras, mediante una venta simulada[60]. Dígame que acepta, y en seguida redactamos el documento. Es decir: lo redacta[61] Ud. Aquí tengo el papel sellado y estampillas. La autenticación y registro[62] lo haremos cuando Ud. disponga. ¿Quiere que busque el papel?

Entretanto, Luzardo había juzgado propicio[63] el momento para abordar[64] el segundo objeto de su visita y repuso:

—Espere un instante. Le agradezco esa buena disposición que me demuestra, porque la ha precedido Ud. de unas plabras que, sinceramente, me han impresionado; pero ya le había anunciado que eran dos los objetos que perseguía al venir a su casa. En vez de restituirme[65] esas tierras, que ya las doy por restituídas, moralmente, haga otra cosa que yo le agradecería más: devuélvale a su hija las de la Barquereña.

Pero la verdad íntima y profunda hizo fracasar el ansia de renovación. Doña Bárbara volvió a arrellanarse[66] en la mecedora[67] de donde ya se levantaba, y con una voz desagradable y a tiempo que se ponía a contemplarse las uñas, dijo:

—¡Hombre! Ahora que la nombra. Me han dicho que Marisela está muy bonita. Que es otra persona desde que vive con Ud.

Y el torpe y calumnioso[68] pensamiento que se amparaba bajo el doble sentido de la palabra «vive,» pronunciada con una entonación malévola[69], hizo ponerse de pie a Santos Luzardo con un movimiento maquinal.

—Vive en mi casa, bajo mi protección, que es una cosa muy distinta de lo que Ud. ha querido decir—rectificó, con voz vibrante de indignación—. Y vive bajo mi protección porque carece de pan, mientras Ud. es inmensamente rica, como hace poco me ha dicho. Pero yo me he equivocado al venir a pedirle a Ud. lo que Ud. no puede dar: sentimientos maternales. Hágase el cargo de que no hemos hablado una palabra, ni de esto ni de nada.

Y se retiró sin despedirse.

Doña Bárbara se precipitó al escritorio en cuya gaveta[70] guardaba el revólver, cuando no lo llevaba encima; pero alguien le contuvo la mano y le dijo:

—No matarás. Ya tú no eres la misma.

---

[57] **sondear** explorar

[58] **incontaminada** pura

[59] **blanduras** delicadezas, suavidades

[60] **simulada** pretendida
[61] **redacta** escribe
[62] **autenticación y registro** (*legal confirmation and recording*)
[63] **propicio** favorable
[64] **abordar** aproximarse a

[65] **restituir** remitir, devolver

[66] **arrellanarse** sentarse cómodamente
[67] **mecedora** (*rocking chair*)

[68] **calumnioso** que contiene a una acusación falsa
[69] **malévola** mala (*evil*)

[70] **gaveta** compartimiento (*drawer*)

PREGUNTAS

1. ¿Qué abolengo racial tenía doña Bárbara?
2. ¿Qué provocó comentarios entre los peones?
3. ¿Cómo había cambiado doña Bárbara?
4. ¿Cómo había tratado ella a sus amantes?
5. ¿Cuánto quería ella a Santos? ¿Cómo lo sabemos?
6. ¿De qué quería gozar doña Bárbara?
7. ¿Por qué iba ella por las sabanas sin objeto ni rumbo?
8. ¿Cuál fue un acto generoso de doña Bárbara?
9. ¿Tendrá el amor la fuerza de cambiar a una mujer como doña Bárbara?
10. ¿Qué conflictos producía en su mente la historia de sus amores pasados?
11. ¿Por qué no usó sus poderes de hechicería con Santos Luzardo?
12. Por fin, ¿por qué fue Santos Luzardo a la casa de doña Bárbara?
13. ¿Cómo trató doña Bárbara a Luzardo?
14. ¿Cuándo se puso enfadada doña Bárbara?
15. ¿Qué pasó cuando ella salió para ir a su escritorio?

PARA AUMENTAR EL VOCABULARIO

Familias de palabras

Agasajar: agasajo

1. Doña Bárbara quería agasajar a Santos Luzardo. Por el cariño que le tenía, lo quería recibir cordialmente.
2. Cuando Luzardo llegó, doña Bárbara lo recibió con agasajo: es que lo recibió con afecto y consideración.

Trastornar: trastorno, trastornada

1. Le trastornaba a doña Bárbara la idea de ser amada de un hombre tan distinto. Tal cambio la perturbaba bastante.
2. ¡Qué trastorno le causó a doña Bárbara su nuevo amor!
3. Se puso un poco trastornada al pensar en lo complicada que era la situación.

Escaso: escasear, escasez

1. Como sus recursos eran tan escasos, no pudo pagar los gastos por la cerca.
2. Como no tenía mucho dinero, quería escasear lo que le quedaba.
3. Por la escasez de dinero, tuvo que pedírselo a doña Bárbara.

Ejercicio de vocabulario

Complete los siguientes párrafos con palabras apropiadas.

Doña Bárbara tenía muchas ganas de ver al doctor Santos Luzardo. Pensar que estaba enamorada de un hombre como él le _____ un poco; tan distinto era de los otros que había conocido. Se puso tan _____ que decidió pasearse por las llanuras para meditar.

Un día, se enteró de que él iba a visitarla. Lo quería _____. Cuando llegó a su casa lo recibió con _____. El empezó a informarle que quería construir una cerca entre los dos ranchos. Como sus recursos eran _____ tenía que _____ el dinero que le quedaba. Dándose cuenta de la _____ de sus fondos doña Bárbara decidió ayudarle.

EJERCICIOS CREATIVOS

1. Explique el simbolismo en estos nombres: (a) Santos, (b) doña Bárbara, (c) Altamira, (d) El Miedo.

2. Rómulo Gallegos se refiere mucho a la naturaleza y también a la barbarie de las llanuras para presentar al lector la personalidad y los sentimientos de doña Bárbara. Escriba una composición en la cual Ud. analiza esta técnica de Gallegos.

Doña Perfecta

Benito Pérez Galdós

Es considerado Benito Pérez Galdós (1843–1920) uno de los mejores novelistas del idioma castellano. Escribió setenta y siete novelas y veintidós obras teatrales. En sus novelas ha recreado la realidad total de una época. No se limitó a describir sólo una parte de España sino la España total.

En su novela Doña Perfecta (1876) presenta el conflicto entre lo antiguo y lo nuevo. El siglo XIX es el siglo de conflicto entre los tradicionalistas y los progresistas. Pepe Rey, un joven ingeniero educado en Madrid y en el extranjero, va a un pueblo ficticio llamado Orbajosa. Es en Orbajosa que vive su tía, doña Perfecta. Doña Perfecta quiere que Pepe se case con su hija Rosarito, pero no todo resulta como se esperaba.

Descripción de Pepe Rey

Frisaba la edad de este excelente joven en los treinta y cuatro años. Era de complexión fuerte y un tanto hercúlea, con rara perfección formado, y tan arrogante que si llevara uniforme militar ofrecería el más guerrero aspecto y talle[1] que puede imaginarse. Rubios el cabello y la barba, no tenía en su rostro la flemática imperturbabilidad de los sajones[2], sino, por el contrario, una viveza tal que sus ojos parecían negros sin serlo. Su persona bien podía pasar por un hermoso y acabado símbolo, y si fuera estatua, el escultor habría grabado en el pedestal estas palabras: *inteligencia, fuerza.* Si no en caracteres visibles, llevábalas él expresadas vagamente en la luz de su mirar, en el poderoso atractivo que era don propio de su persona y en las simpatías a que su trato cariñosamente convidaba.

No era de los más habladores: sólo los entendimientos de ideas inseguras y de movedizo criterio propenden[3] a la verbosidad. El profundo sentido moral de aquel insigne joven le hacía muy sobrio de palabras en las disputas que constantemente traban sobre diversos asuntos los hombres del día; pero en la conversación urbana sabía mostrar una elocuencia picante y discreta, emanada siempre del buen sentido y de la apreciación mesurada y justa de las cosas del mundo...

Descripción de Rosarito

Era Rosarito una muchacha de apariencia delicada y débil, que anunciaba inclinaciones a lo que los portugueses llaman *saudades.* En su rostro fino y puro se observaba algo de la pastosidad[4] nacarada que la mayor parte de los novelistas atribuyen a sus heroínas...Pero lo principal en Rosario era que tenía tal expresión de dulzura y modestia, que al verla no se echaban de menos las perfecciones de que carecía...La hermosura real de la niña de doña Perfecta consistía en una especie de transparencia...por la cual todas las honduras[5] de su alma se veían claramente; honduras no cavernosas y horribles como las del mar, sino como las de un manso y claro río. Pero allí faltaba materia para que la persona fuese completa; faltaba cauce[6] faltaban orillas. El vasto caudal de su espíritu se desbordaba, amenazando devorar las estrechas riberas. Al ser saludada por su primo se puso como la grana[7], y sólo pronunció algunas palabras torpes[8].

¿Habrá desavenencia?

Poco después Pepe se presentaba en el comedor.

—Si almuerzas fuerte—le dijo doña Perfecta con cariñoso acento—se te va a quitar la gana de comer. Aquí comemos a la una. Las modas del campo no te gustarán.

—Me encantan, señora tía.

—Pues di lo que prefieres: ¿almorzar fuerte ahora o tomar una cosita ligera para que resistas hasta la hora de comer?

[1] **talle** (build)

[2] **sajones** (Saxons)

[3] **propenden** (tend)

[4] **pastosidad nacarada** (mother-of-pearl pastiness)

[5] **honduras** profundidades

[6] **cauce** (river bed)

[7] **se puso como la grana** se puso roja

[8] **torpes** estúpidas, tontas

—Escojo la cosa ligera para tener el gusto de comer con Uds.; y si en Villahorrenda hubiera encontrado algún alimento, nada tomaría a esta hora.

—Por supuesto, no necesito decirte que nos trates con toda franqueza. Aquí puedes mandar como si estuvieras en tu casa.

—Gracias, tía.

—¡Pero cómo te pareces a tu padre!...Juan...En el modo de mirar, sobre todo, sois como dos gotas de agua.

Pepe la emprendió con el frugal desayuno. Las expresiones, así como la actitud y las miradas de su tía y prima, le infundían tal confianza que se creía ya en su propia casa.

—¿Sabes lo que me decía Rosario esta mañana?—indicó doña Perfecta, fija la vista en su sobrino—. Pues me decía que tú, como hombre hecho a las pompas y etiquetas de la corte y a las modas del Extranjero, no podrás soportar esta sencillez un poco rústica con que vivimos y esta falta de buen tono, pues aquí todo es a la pata la llana[9].

—¡Qué error!—repuso Pepe, mirando a su prima—. Nadie aborrece más que yo las falsedades y comedias de lo que llaman alta sociedad. Crean Uds. que hace tiempo deseo darme, como decía no sé quién, un baño de cuerpo entero en la Naturaleza; vivir lejos del bullicio[10], en la soledad y sosiego[11] del campo. Anhelo la tranquilidad de una vida sin luchas, sin afanes, ni envidioso ni enviado, como dijo el poeta...No hay que hablarme, pues, de sociedades altas ni bajas, ni de mundos grandes ni chicos, porque de buen grado los cambio todos por este rincón.

Esto decía, cuando los cristales de la puerta que comunicaba el comedor con la huerta se oscurecieron por la superposición de una larga opacidad negra. Los vidrios de unos espejuelos despidieron, heridos por la luz del sol, fugitivo rayo; rechinó[12] el picaporte[13], abrióse la puerta, y el señor penitenciario penetró con gravedad en la estancia. Saludó y se inclinó, quitándose la canaleja hasta tocar con el ala de ella al suelo.

—Es el señor penitenciario de esta santa catedral—dijo doña Perfecta—persona a quien estimamos mucho y de quien espero serás amigo. Siéntese Ud., señor don Inocencio.

Pepe estrechó la mano del venerable canónigo, y ambos se sentaron.

—Pepe, si acostumbras fumar después de comer, no dejes de hacerlo—manifestó benévolamente doña Perfecta—ni el señor penitenciario tampoco.

[9] **a la pata la llana** sin afectación, con naturalidad

[10] **bullicio** ruido de la multitud
[11] **sosiego** calma, tranquilidad

[12] **rechinó** (squeaked)
[13] **picaporte** (doorhandle, latch)

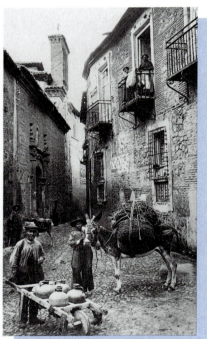

Un pueblo español, siglo XIX

A la sazón el buen don Inocencio sacaba de debajo de la sotana una gran petaca[14] de cuero, marcada con irrecusables señales de antiquísimo uso, y la abrió, desenvainando de ella dos largos pitillos[15], uno de los cuales ofreció a nuestro amigo...bien pronto ingeniero y canónigo echaban su humo el uno sobre el otro.

—¿Y qué le parece al señor don José nuestra querida ciudad de Orbajosa?—preguntó el canónigo, cerrando fuertemente el ojo izquierdo, según su costumbre mientras fumaba.

—Todavía no he podido formar idea de este pueblo—dijo Pepe—. Por lo poco que he visto, me parece que no le vendrían mal a Orbajosa media docena de grandes capitales dispuestos a emplearse aquí, un par de cabezas inteligentes que dirigieran la renovacíon de este país y algunos miles de manos activas. Desde la entrada del pueblo hasta la puerta de esta casa he visto más de cien mendigos[16]...

—Para eso está la caridad—afirmó don Inocencio—. Por lo demás, Orbajosa no es un pueblo miserable. Ya sabe Ud. que aquí se producen los primeros ajos[17] de toda España. Pasan de veinte las familias ricas que viven entre nosotros.

—Verdad es—indicó doña Perfecta—que los últimos años han sido detestables a causa de la seca; pero aun así las paneras[18] no están vacías, y se han llevado últimamente al mercado muchos miles de ristras de ajos.

—En tantos años que llevo de residencia en Orbajosa—dijo el clérigo, frunciendo el ceño[19]—he visto llegar aquí innumerables personajes de la corte, traídos unos por la gresca[20] electoral, otros por visitar algún abandonado terruño o ver las antigüedades de la catedral, y todos entran hablándonos de arados ingleses, de trilladoras[21] mecánicas, de saltos de aguas, de bancos y qué sé yo cuántas majaderías. El estribillo es que esto es muy malo y que podía ser mejor. Váyanse con mil demonios, que aquí estamos muy bien sin que los señores de la corte nos visiten, mucho mejor sin oír ese continuo clamoreo de nuestra pobreza y de las grandezas y maravillas de otras partes. Más sabe el loco en su casa que el cuerdo en la ajena, ¿no es verdad, señor don José? Por supuesto, no se crea ni remotamente que lo digo por Ud. de ninguna manera. Pues no faltaba más. Ya sé que tenemos delante a uno de los jóvenes más eminentes de la España moderna, a un hombre que sería capaz de transformar en riquísimas comarcas nuestras áridas estepas...Ni me incomodo porque Ud. me cante la vieja canción de los arados ingleses y la arboricultura y la selvicultura....Nada de eso; a hombres de tanto, de tantísimo talento, se les puede dispensar el desprecio que muestran hacia nuestra humildad. Nada, amigo mío, nada, señor don José; está Ud. autorizado para todo, incluso para decirnos que somos poco menos que cafres[22].

Esta filípica, terminada con marcado tono de ironía y harto impertinente toda ella, no agradó al joven; pero se abstuvo de manifestar el más ligero disgusto y siguió la conversación...

Era el penitenciario muy amigo del loro[23]. Cuando dejó a la señora y a Rosario en coloquio con el viajero, llegóse a él, y dejándose morder con la mayor complacencia el dedo índice, le dijo:

—Tunante[24], bribón, ¿por qué no hablas? Poco valdrías si no fueras charlatán. De charlatanes está lleno el mundo de los hombres y el de los pájaros...

[14] **petaca** (*cigarette case*)
[15] **pitillos** cigarillos (*butts*)

[16] **mendigos** (*beggars*)

[17] **ajos** (*garlics*)

[18] **paneras** sitio donde se guarda el pan o el trigo

[19] **frunciendo el ceño** (*squinting*)
[20] **gresca** jaleo (*uproar*)
[21] **trilladoras** (*threshing machines*)

[22] **cafres** (*fig.: uncouth ones*)

[23] **loro** (*parrot*)

[24] **tunante** (*rogue, villain*)

Donde se ve que puede surgir la desavenencia cuando menos se espera

De súbito se presentó el señor don Cayetano Polentinos, hermano político de doña Perfecta, el cual entró con los brazos abiertos, gritando:

—¡Venga acá, señor don José de mi alma!

Y se abrazaron cordialmente. Don Cayetano y Pepe se conocían, porque el distinguido erudito y bibliófilo solía hacer excursiones a Madrid cuando se anunciaba almoneda[25] de libros procedente de la testamentaría de algún *buquinista*[26]. Era don Cayetano alto y flaco, de edad mediana, si bien el continuo estudio o los padecimientos le habían desmejorado mucho; se expresaba con una corrección alambicada[27] que le sentaba a las mil maravillas, y era cariñoso y amable, a veces con exageración. Respecto de su vasto saber, ¿qué puede decirse sino que era un verdadero prodigio? En Madrid su nombre no se pronunciaba sin respeto, y si don Cayetano residiera en la capital, no se escapara sin pertenecer, a pesar de su modestia, a todas las academias existentes y por existir. Pero él gustaba del tranquilo aislamiento, y el lugar que en el alma de otros tiene la vanidad, teníalo en el suyo la pasión pura de los libros, el amor al estudio solitario y recogido, sin otra ulterior mira y aliciente[28] que los propios libros y el estudio mismo.

Había formado en Orbajosa una de las más ricas bibliotecas que en toda la redondez de España se encuentran, y dentro de ella pasaba largas horas del día y de la noche, compilando, clasificando, tomando apuntes y entresacando diversas suertes de noticias preciosísimas, o realizando quizá algún inaudito y jamás soñado trabajo, digno de tan gran cabeza.

Vivían don Cayetano y doña Perfecta en una armonía tal, que la paz del Paraíso no se le igualara. Jamás riñeron. Es verdad que él no se mezclaba para nada en los asuntos de la casa, ni ella en los de la biblioteca más que para hacerla barrer y limpiar todos los sábados, respetando con religiosa admiración los libros y papeles que sobre la mesa y en diversos parajes estaban de servicio.

Después de las preguntas y respuestas propias del caso, don Cayetano dijo:

—Ya he visto la caja. Siento mucho que no me trajeras la edición de 1527. Tendré que hacer yo mismo un viaje a Madrid....¿Vas a estar aquí mucho tiempo? Mientras más, mejor, querido Pepe. ¡Cuánto me alegro de tenerte aquí! Entre los dos vamos a arreglar parte de mi biblioteca y a hacer un índice de escritores de la Gineta. No siempre se encuentra a mano un hombre de tanto talento como tú....Verás maravillas, verdaderas maravillas, tesoros inapreciables, rarezas que sólo yo poseo...

El canónigo se inclinó, y sonriendo mostraba simpáticamente su aquiescencia. La comida fue cordial, y en todos los manjares se advertía la abundancia desproporcionada de los banquetes de pueblo...La conversación recayó en asuntos diversos.

—Es preciso que visite Ud. cuanto antes nuestra catedral—dijo el canónigo—. ¡Cómo ésta hay pocas, señor don José!...Verdad es que Ud., que tantas maravillas ha visto en el extranjero, no encontrará nada notable en nuestra vieja iglesia....Nosotros, los pobres patanes[29] de Orbajosa, la encontramos divina...

[25]**almoneda** (*auction, clearance sale*)

[26] **buquinista** (*book collector*)

[27] **alambicada** sutil

[28] **aliciente** (*incentive*)

[29] **patanes** rústicos

Cada vez disgustaba más a Pepe Rey el lenguaje irónico del sagaz canónigo; pero...Doña Perfecta tomó en seguida la palabra...

—Cuidado, Pepito; te advierto que si hablas mal de nuestra santa iglesia perderemos las amistades...

—Lejos de creer que este edificio no es bello—repuso Pepe—lo poco que de su exterior he visto me ha parecido de imponente hermosura. De modo, señora tía, que no hay para qué asustarse; ni yo soy sabio ni mucho menos.

—Poco a poco—dijo el canónigo, extendiendo la mano y dando paz a la boca por breve rato para que, hablando, descansase del mascar—. Alto allá; no venga Ud. aquí haciéndose el modesto, señor don José, que hartos estamos de saber lo muchísimo que Ud. vale, la gran fama de que goza y el papel importantísimo que desempeñará dondequiera que se presente. No se ven hombres así todos los días. Pero ya que de este modo ensalzo[30] los méritos de Ud....

Detúvose para seguir comiendo, y luego que la sin hueso quedó libre, continuó así:

—Ya que de este modo ensalzo los méritos de Ud., permítaseme expresar otra opinión con la franqueza que es propia de mi carácter.

Sí...la ciencia, tal como la estudian y la propagan los modernos, es la muerte del sentimiento y de las dulces ilusiones. Con ella la vida del espíritu se amengua; todo se reduce a reglas fijas, y los mismos encantos sublimes de la Naturaleza desaparecen. Con la ciencia destrúyese lo maravilloso en las artes, así como la fe en el alma. La ciencia dice que todo es mentira y todo lo quiere poner en guarismos[31]...Los admirables sueños del alma, su arrobamiento[32] místico, la inspiración misma de los poetas, mentira. El corazón es una esponja; el cerebro, una gusanera[33].

Todos rompieron a reír, mientras él daba paso a un trago de vino.

—Vamos, ¿me negará el señor don José—añadió el sacerdote–que la ciencia, tal como se enseña y se propaga hoy, va derecha a hacer del mundo y del género humano una gran máquina?

—Eso, según y conforme—dijo don Cayetano—. Todas las cosas tienen su pro y su contra.

—Tome Ud. más ensalada, señor penitenciario—dijo doña Perfecta—. Está cargadita de mostaza[34], como a Ud. le gusta.

Pepe Rey no gustaba de entablar vanas disputas, ni era pedante, ni alardeaba[35] de erudito, mucho menos ante mujeres y en reuniones de confianza; pero la importuna verbosidad agresiva del canónigo necesitaba, según él, un correctivo. Para dárselo le pareció mal sistema exponer ideas que, concordando con las del canónigo, halagasen a éste, y decidió manifestar las opiniones que más contrariaran y más acerbamente[36] mortificasen al mordaz penitenciario.

—Quieres divertirte conmigo—dijo para sí—. Verás qué mal rato te voy a dar.

Y luego añadió en voz alta:

—Cierto es todo lo que el señor penitenciario ha dicho en tono de broma. Pero no es culpa nuestra que la ciencia esté derribando a martillazos un día y otro tanto ídolo vano, la superstición, el sofisma, las mil mentiras de

[30] **ensalzo** exalto

[31] **guarismos** (*figures, numerals*)
[32] **arrobamiento** éxtasis

[33] **gusanera** (*worm hole*)

[34] **mostaza** (*mustard*)
[35] **alardeaba** (*boasted, bragged*)

[36] **acerbamente** (*sharply*)

lo pasado, bellas las unas, ridículas las otras, pues de todo hay en la viña del Señor. El mundo de las ilusiones, que es como si dijéramos un segundo mundo, se viene abajo con estrépito...El sentimentalismo vano, el misticismo, la fiebre, la alucinación, el delirio desaparecen, y el que antes era enfermo, hoy está sano y se goza con placer indecible en la justa apreciación de las cosas... Dirija Ud. la vista a todos lados, señor penitenciario, y verá el admirable conjunto de realidad que ha sustituído a la fábula. El cielo no es una bóveda, las estrellas no son farolillos, la luna no es una cazadora traviesa**37**, sino un pedrusco opaco; el sol no es un cochero emperejilado**38** y vagabundo, sino un incendio fijo. No hay Parnaso, no hay Olimpo; no hay laguna Estigia, ni otros Campos Elíseos que los de París. En suma, señor canónigo de mi alma, se han corrido las órdenes para dejar cesantes a todos los absurdos, falsedades, ilusiones, ensueños, sensiblerías y preocupaciones que ofuscan el entendimiento del hombre. Celebremos el suceso.

Cuando concluyó de hablar, en los labios del canónigo retozaba una sonrisilla, y sus ojos habían tomado animación extraordinaria. Don Cayetano se ocupaba en dar diversas formas, ora romboides**39**, ora prismáticas, a una bolita de pan. Pero doña Perfecta estaba pálida y fijaba sus ojos en el canónigo con insistencia observadora. Rosarito contemplaba llena de estupor a su primo. Este se inclinó hacia ella, y al oído le dijo disimuladamente en voz muy baja:

—No me hagas caso, primita. Digo estos disparates para sulfurar al señor canónigo.

La desavenencia crece

—Puede que creas—indicó doña Perfecta con ligero acento de vanidad—que el señor don Inocencio se va a quedar callado sin contestarte a todos y cada uno de estos puntos.

—¡Oh, no!—exclamó el canónigo, arqueando las cejas—. No mediré yo mis escasas fuerzas con adalid**40** tan valiente y al mismo tiempo tan bien armado. El señor don José lo sabe todo, es decir, tiene a su disposición todo el arsenal de las ciencias exactas. Bien sé que la doctrina que sustenta es falsa; pero yo no tengo talento ni elocuencia para combatirla....Un pobre clérigo ignorante, un desdichado que no sabe matemáticas, ni filosofía alemana, en que hay aquello de *yo* y *no yo*, un pobre dómine que no sabe más que la ciencia de Dios y algo de poetas latinos, no puede entrar en combate con estos bravos corifeos**41**.

Pepe Rey prorrumpió en francas risas.

—Veo que el señor don Inocencio—dijo—ha tomado por lo serio estas majaderías que he dicho.... Vaya, señor canónigo, vuélvanse cañas las lanzas y todo se acabó. Aquí el ignorante soy yo. Si he querido bromear, dispénsenme todos; yo soy así.

—Gracias—repuso el presbítero visiblemente contrariado—. ¿Ahora salimos con ésa? Bien sé yo, bien sabemos todos que las ideas que Ud. ha sustentado son las suyas. No podía ser de otra manera. Ud. es el hombre del siglo, No puede negarse que su entendimiento es prodigioso, verdaderamente prodigioso. Mientras Ud. hablaba, yo, lo confieso ingenuamente, al mismo tiempo que en mi interior deploraba error tan grande, no podía menos de

37 traviesa (*bold*)
38 emperejilado adornado

39 romboides paralelogramas de lados desiguales

40 adalid lider, campeón

41 corifeos jefes de los coros en las tragedias antiguas

admirar lo sublime de la expresión, la prodigiosa facundia, el método sorprendente de su racioncinio, la fuerza de los argumentos... ¡Qué cabeza, señora doña Perfecta, qué cabeza la de este joven sobrino de Ud.! Cuando estuve en Madrid y me llevaron al Ateneo[42], confieso que me quedé absorto al ver el asombroso ingenio que Dios ha dado a los ateos[43].

—Señor don Inocencio—dijo doña Perfecta...creo que Ud., al juzgar a este chico, traspasa los límites de la benevolencia....No te enfades, Pepe, ni hagas caso de lo que digo...pero me parece que el señor don Inocencio acaba de dar una prueba de su gran modestia y caridad cristiana, negándose a apabullarte[44], como podía hacerlo, si hubiese querido....

[42] **Ateneo** asociación científica, literaria y artística de Madrid

[43] **ateos** (*atheists*)

[44] **apabullar** (*squash, flatten*)

La Plaza Mayor en «Viejo Madrid»

—¡Señora, por Dios!—dijo el eclasiástico.

—El es así—añadió la señora—. Siempre haciéndose la mosquita muerta....Y sabe más que los siete doctores. ¡Ay, señor don Inocencio, qué bien le sienta a Ud. el nombre que tiene! Pero no se nos venga acá con humildades importunas. Si mi sobrino no tiene pretensiones....Si ha aprendido el error, ¿qué más puede desear sino que Ud. le ilustre y le saque del infierno de sus falsas doctrinas?

—Justamente, no deseo otra cosa, sino, que el señor penitenciario me saque...—murmuró Pepe, comprendiendo que, sin quererlo, se había metido en un laberinto.

[Pepe trata de cambiar el rumbo de la conversación y habla de un reciente descubrimiento arqueológico.]

—Supongo que el señor de Rey será también muy experto en cosas de arqueología—dijo el canónigo, que siempre implacable corría tras su víctima, siguiéndola hasta su más escondido refugio.

—Por supuesto—dijo doña Perfecta—. ¿De qué no entenderán estos despabilados niños del día? Todas las ciencias las llevan en las puntas de los dedos...

—¡Oh! eso es injusto—repuso el canónigo, observando la penosa impresión que manifestaba el semblante del ingeniero.

—Mi tía tiene razón—afirmó Pepe—. Hoy aprendemos un poco de todo, y salimos de las escuelas con rudimentos de diferentes estudios.

⁴⁵ **empolvarme** (*get dusty*)

⁴⁶ **turbamulta** muchedumbre

⁴⁷ **empleomanía** afán por desempeñar empleos públicos

⁴⁸ **a machamartillo** muy bien
⁴⁹ **huecas** vacías

⁵⁰ **esquilón** campana grande

—Decía—añadió el canónigo—que será Ud. un gran arqueólogo.

—No sé una palabra de esa ciencia—repuso el joven—. Las ruinas son ruinas, y nunca me ha gustado empolvarme⁴⁵ en ellas.

Don Cayetano hizo una mueca muy expresiva.

—No es esto condenar la arqueología—dijo vivamente el sobrino de doña Perfecta, advirtiendo con dolor que no pronunciaba una palabra sin herir a alguien—. Bien sé que del polvo sale la historia. Esos estudios son preciosos y utilísimos.

—Ud.—dijo el penitenciario, metiéndose el palillo en la última muela—se inclinará más a los estudios de controversia. Ahora se me ocurre una excelente idea. Señor don José: Ud. debiera ser abogado.

—La abogacía es una profesión que aborrezco—replicó Pepe Rey—. Conozco abogados muy respetables, entre ellos a mi padre...A pesar de tan buen ejemplo, en mi vida me hubiera sometido a ejercer una profesión que consiste en defender lo mismo el pro que el contra de las cuestiones...La primera y más terrible plaga de España es la turbamulta⁴⁶ de jóvenes abogados, para cuya existencia es necesario una fabulosa cantidad de pleitos. Las cuestiones se multiplican en proporción de la demanda. Aun así, muchísimos se quedan sin trabajo, y como un señor jurisconsulto no puede tomar el arado ni sentarse al telar, de aquí proviene es brillante escuadrón de holgazanes, llenos de pretensiones, que fomentan la empleomanía⁴⁷, perturban la política, agitan la opinión y engendran las revoluciones. De alguna parte han de comer. Mayor desgracia sería que hubiera pleitos para todos.

—Pepe, por Dios, mira lo que hablas—dijo doña Perfecta, con marcado tono de severidad—. Pero dispénsele Ud., señor don Inocencio..., porque él ignora que Ud. tiene un sobrinito, el cual, aunque recién salido de la Universidad, es un portento en la abogacía.

—Yo hablo en términos generales—manifestó Pepe con firmeza—. Siendo como soy hijo de un abogado ilustre...

—No..., si mi sobrino es un chiquillo todavía—dijo el canónigo, afectando humildad—. Muy lejos de mi ánimo afirmar que es un prodigio de saber, como el señor de Rey. Con el tiempo, quién sabe....Su talento no es brillante ni seductor. Por supuesto, las ideas de Jacintito son sólidas, su criterio sano; lo que sabe lo sabe a machamartillo⁴⁸. No conoce sofisterías ni palabras huecas⁴⁹....

Pepe Rey aparecía cada vez más inquieto. La idea de que, sin quererlo, estaba en contradicción con las ideas de los amigos de su tía, le mortificaba, y resolvió callar por temor a que él y don Inocencio concluyeran tirándose los platos a la cabeza. Felizmente, el esquilón⁵⁰ de la catedral, llamando a los canónigos a la importante tarea del coro, le sacó de situación tan penosa. Levantóse el venerable varón y se despidió de todos, mostrándose con Pepe tan lisonjero, tan amable, cual si la amistad más íntima desde largo tiempo les uniera. El canónigo después de ofrecerse a él para servirle en todo, le prometió presentarle a su sobrino, a fin de que le acompañase a ver la población, y le dijo las expresiones más cariñosas, dignándose agraciarle al salir con una palmadita en el hombro. Pepe Rey, aceptando con gozo aquellas fórmulas de concordia, vio, sin embargo, el cielo abierto cuando el sacerdote salió del comedor y de la casa.

PREGUNTAS

1. ¿Cuáles son dos características importantes de Pepe Rey?
2. ¿Con qué compara Galdós a Rosarito? ¿Por qué?
3. ¿Por qué está contento Pepe de estar en Orbajosa?
4. ¿Quién es don Inocencio?
5. ¿Cuál será el significado de lo siguiente: «bien pronto ingeniero y canónigo echaban su humo el uno sobre el otro»?
6. ¿Cuáles son las opiniones que tiene Pepe de Orbajosa?
7. ¿Qué se producen en Orbajosa? ¿Cuál es el significado de esto?
8 ¿Qué opina el canónigo de los hombres de la corte que visitan a Orbajosa?
9. ¿Cómo describe el canónigo a Pepe Rey?
10. ¿Quién es don Cayetano?
11. ¿Qué tenía don Cayetano?
12. ¿Qué querían que visitara Pepe?
13. ¿Qué opina don Inocencio de la ciencia?
14. ¿Qué le hará al hombre la ciencia?
15. ¿Por qué no le interesa a Pepe la arqueología?
16. ¿Qué opina Pepe de la abogacía?
17. ¿Por qué podrán ofender al canónigo las opiniones de Pepe?

PARA AUMENTAR EL VOCABULARIO

Familias de palabras

Sosiego: sosegado, sosegar

1. Pepe dijo que quería gozar de la soledad y sosiego del campo, lejos del bullicio de la ciudad.
2. Orbajosa tenía un ambiente sosegado mientras Madrid tenía un ambiente agitado.
3. Cada vez que su tía se ponía nerviosa, Pepe trataba de sosegarla.

Cercano : cerca, acercarse

1. Don Cayetano tomaba una merienda en un pueblo cercano, no muy lejos de Orbajosa.
2. Alamillos está cerca de Orbajosa, no lejos.
3. Después de caminar un rato, Pepe se acercó a la catedral.

Aislamiento: aislado, aislar, aislacionismo

1. Don Cayetano gustaba del aislamiento de Orbajosa para seguir sus estudios sin interrupción.
2. Estando tan lejos de cualquier ciudad, es un pueblo aislado.
3. Querían aislar al joven de las tentaciones de la vida moderna.
4. Los orbajosenses seguían una política de aislacionismo, sin meterse en asuntos extranjeros.

Arqueología: arqueólogo, arqueológico

1. A don Cayetano le encantaba la arqueología; estudiaba todas las ruinas alrededor de Orbajosa.
2. Siendo arqueólogo, don Cayetano conocía bien la historia de Orbajosa.
3. Cerca de Orbajosa, había algunas ruinas de interés arqueológico.

Empolvarse: polvo, polvareda

1. Pepe no quería empolvarse en las ruinas antiguas.
2. Como nadie la había limpiado, la biblioteca de don Cayetano estaba llena de polvo.
3. Por lo seca que estaba la tierra, el viento causó una gran polvareda.

Ejercicios de vocabulario

A Indique el contrario de las siguientes palabras.

1. lejano
2. calmado
3. tranquilidad
4. alejarse
5. calmar
6. lejos

B Complete los siguientes párrafos.

Pepe decidió ir a Orbajosa para visitar a su tía. Quería divertirse en el ambiente **(1)** _____ del pueblecito, lejos del bullicio madrileño. El **(2)** _____ del lugar le permitiría meditar y descansar. Por la tarde podría ir a otro pueblo **(3)** _____, no muy lejos de Orbajosa, a tomar una merienda.

Una vez establecido en el pueblo, se dio cuenta del **(4)** _____ del lugar. Nunca se había sentido tan **(5)** _____, tan lejos de todo. La filosofía de los orbajosenses le chocó un poco a Pepe.

En Orbajosa, conoció a don Cayetano, el hermano político de doña Perfecta. Don Cayetano era **(6)** _____; es que estudiaba las ruinas de interés **(7)** _____ que estaban en los alrededores de Orbajosa. A don Cayetano le encantaba la **(8)** _____. Pepe le explicó que no quería **(9)** _____ en las ruinas. Sin decirlo pensó que ya había visto bastante **(10)** _____ en la biblioteca de don Cayetano. A veces los comentarios y las opiniones de Pepe Rey molestaban a su tía y él la tenía que **(11)** _____.

EJERCICIOS CREATIVOS

1. ¿Cuáles son los problemas que nos plantea Galdós en la novela *Doña Perfecta*? ¿Todavía existen estos problemas en varias partes del mundo?

2. Dé sus opiniones sobre los siguientes personajes: (a) Pepe Rey, (b) doña Perfecta, (c) don Cayetano, (d) don Inocencio.

La tía Angustias (*Nada*)

Carmen Laforet

La guerra civil de España terminó en 1939, después de tres años de luchas san-
grientas, peligros e inseguridades, desapariciones y separaciones familiares. La pri-
mera novela de Carmen Laforet, Nada, *apareció en 1941. Fue premiada interna-*
cionalmente porque no sólo representaba las condiciones de la época posguerra sino
cómo el individuo se destila las varias experiencias en el proceso de desarrollar su
propio destino.

    Andrea, la protagonista de unos 18 años, es una estudiante universitaria que
fue a vivir con su abuela y demás familia en Barcelona. Se vio necesitada de adap-
tarse a vivir con familiares que intentaban controlarla. Tuvo que aguantar la dis-
ciplina hostil de un hogar que no comprendía la nueva juventud, sus inquietudes y
necesidades. En ese ambiente negativo de tensiones e inseguridades la joven se ve
tratando de descubrirse y desarrollar sus propios valores. La tía Angustias intenta
imponer sus propios valores sobre la chica sin comprender ni la edad ni el estado
psicológico de la sobrina.

—**N**o importa que hoy pierdas tus clases. Tienes que oírme... Durante quince días he estado pidiendo a Dios tu muerte... o el milagro de tu salvación. Te voy a dejar sola en una casa que no es ya lo que ha sido... porque antes era como el paraíso y ahora —tía Angustias tuvo una llama de inspiración— con la mujer de tu tío Juan ha entrado la serpiente maligna. Ella lo ha emponzoñado[1] todo. Ella, única-mente ella, ha vuelto loca a mi madre..., porque tu abuela está loca, hija mía, y lo peor es que la veo precipitarse a los abismos del infierno si no se corrige antes de morir. Tu abuela ha sido una santa, Andrea. En mi juventud, gracias a ella he vivido en el más puro de los sueños, pero ahora ha enloquecido con la edad. Con los sufrimientos de la guerra, que aparentemente soportaba tan bien, ha enloquecido. Y luego esa mujer, con sus halagos, le ha aca-bado de trastornar la conciencia[2]. Yo no puedo comprender sus acti-tudes más que así.

    —La abuela intenta entender a cada uno...

Barrio Gótico, Barcelona

[1] **emponzoñado (emponzoñar)** envenenado

[2] **conciencia** *awareness*

3 **zona roja** area controlled by
Republicans (*here implied:
communist) forces*

4 **golfilla** *tramp*

5 **como quien oye llover** *in
one ear and out the other*

6 **triturará** *will grind you to
pieces*

—Sí, hija, sí... Y a ti te viene muy bien. Parece que hayas vivido suelta en
zona roja[3] y no en un convento de monjas durante la guerra. Aun Gloria tiene
más disculpas que tú en sus ansias de emancipación y desorden. Ella es una golfilla[4] de la calle, mientras que tú has recibido una educación... y no te disculpes
con tu curiosidad de conocer Barcelona. Barcelona te la he enseñado.

Miré el reloj instintivamente.

—Me oyes como quien oye llover[5], ya lo veo... ¡infeliz! ¡Ya te golpeará la
vida, ya te triturará[6], ya te aplastará! Entonces me recordarás... ¡Oh! ¡Hubiera
querido matarte cuando pequeña antes de dejarte crecer así! Y no me mires
con ese asombro. Ya sé que hasta ahora no has hecho nada malo. Pero lo
harás en cuanto yo me vaya... ¡Lo harás! ¡Lo harás! Tú no dominarás tu cuerpo y tu alma. Tú no, tú no... Tú no podrás dominarlos.

*Anuncio político durante la guerra
civil en España*

7 **de refilón** *in a side glance*

8 **crispándose** *twitching*
9 **desgarrada** *torn, misshapen*

Yo veía en el espejo, de refilón[7], la imagen de mis dieciocho años áridos
encerrados en una figura alargada y veía la bella y torneada mano de
Angustias crispándose[8] en el respaldo de una silla. Una mano blanca, de
palma abultada y suave. Una mano sensual, ahora desgarrada[9], gritando con
la crispación de sus dedos más que la voz de mi tía.

Empecé a sentirme conmovida y un poco asustada, pues el desvarío de
Angustias amenazaba abrazarme, arrastrarme también.

Terminó temblorosa, llorando. Pocas veces lloraba Angustias sinceramente. Siempre el llanto la afeaba, pero éste, espantoso, que la sacudía ahora,
no me causaba repugnancia, sino cierto placer. Algo así como ver descargar
una tormenta.

—Andrea—dijo al fin, suave, Andrea...Tengo que hablar contigo de *otras
cosas*—se secó los ojos y empezó a hacer cuentas—. En adelante, recibirás tú
misma, directamente, tu pensión. Tú misma le darás a la abuela lo que creas
conveniente para contribuir a tu alimentación y tú misma harás equilibrios
para comprarte lo más necesario...No tengo que decir que gastes en ti el
mínimo posible. El día que falte mi sueldo, esta casa va a ser un desastre. Tu
abuela ha preferido siempre a sus hijos varones, pero esos hijos —aquí me
pareció que se alegraba— le van a hacer pasar mucha penuria...En esta casa
las mujeres hemos sabido conservar mejor la dignidad.

Suspiró.

PREGUNTAS

1. ¿Quiénes son los dos personajes en esta escena?
2. ¿Qué ha estado pidiendo la tía Angustias para Andrea? ¿Por qué?
3. Según la tía, ¿cómo era la casa antes?
4. ¿Qué dice de la mujer del tío Juan?
5. ¿Y de su madre?
6. Según Angustias, ¿qué ha causado la locura de su madre?
7. ¿Está de acuerdo Andrea?
8. ¿Cómo responde Angustias?
9. Cuando Andrea mira el reloj, ¿de qué le acusa Angustias?
10. Describa las manos de Angustias. ¿Qué más pueden representar?
11. Describa el efecto de la escena sobre Andrea.
12. ¿Qué sentía Andrea al verla llorar?
13. ¿Cómo terminó la escena?
14. ¿Qué revela Angustias en cuanto a su posición familiar?

PARA AUMENTAR EL VOCABULARIO

Familias de palabras

Loco: enloquecer(se), enloquecimiento, locamente, locura

1. Pobre abuela - la toman por loca.
2. Sin atención psicológica, se va a enloquecer.
3. El enloquecimiento es resultado de la depresión.
4. La pobre gritaba locamente.
5. La locura es privación del juicio.

Dominar: dominación, dominador, dominante

1. El tirano quería dominar por completo a sus sujetos.
2. Vivían bajo la dominación del clérigo.
3. Era dominador cruel y absoluto.
4. Sus cualidades dominantes son la fidelidad y la sinceridad.

Halagar: halago, halagüeño(a), halagador(a)

1. Trata de halagar a todos con sus atenciones ofensivas.
2. Me dio vergüenza el halago ridículo.
3. No le hagas caso a ese señor halagüeño.
4. Es un hombre insincero y halagador.

Ejercicio de vocabulario

Llene los espacios con palabras apropiadas.

1. El _____ se encargó del caballo.
2. Cree que le hago caso a sus _____.
3. La guerra es la causa de su _____.
4. Los horrores de la guerra la dejaron _____.
5. ¡Qué chistoso es ese tonto _____!
6. La tía quería _____ la educación de Andrea.
7. Procuro evitar la _____ de mi pobre abuela.
8. Prefiero gente sincera a la _____.
9. Don Quijote se _____ de leer libros de caballería.
10. Un rasgo _____ de esos tiempos era la obediencia.
11. No puedo _____ si no soy sincero.
12. Don Quijote habló _____ al dueño de las ovejas.
13. Los argentinos protestaban la _____ de los militares.

EJERCICIO CREATIVO

Exprese su opinión de la conducta de la tía. ¿A qué se puede atribuir su actitud para con Andrea? ¿Qué habría hecho usted en tal situación? Tome en cuenta: las condiciones económicas; las inseguridades de los que vivían bajo un nuevo régimen gubernamental; las inseguridades de una adolescente sin quién la aconseje.

San Manuel Bueno, Mártir

Miguel de Unamuno

Unamuno nació en 1864 en Bilbao, la ciudad liberal del País Vasco. Era católico por tradición y familia, y fue el escritor más religioso de su tiempo. Pasó la vida en una lucha constante - con otros y consigo mismo.

Sirvió como profesor de griego en la Universidad de Salamanca y en 1900 fue nombrado Rector de la misma, pero fue destituido en 1916 por razones políticas. Por haber hablado abiertamente contra el propio rey y después contra la dictadura del General Primo de Rivera, fue desterrado. Más tarde, al caer la dictadura regresó a su posición de Rector en Salamanca donde permaneció hasta la dimisión por razones políticas en 1936, cuatro meses antes de su muerte.

Era y sigue siendo muy controversial, pero muy querido y respetado. Fue conocido por el gran volumen de sus obras de poesía, ensayos, novelas, críticas, y hasta obras teatrales. San Manuel Bueno, mártir refleja mejor su angustia personal en esta historia apasionada en parte autobiográfica espiritual. El protagonista es un sacerdote luchando contra su propia incredulidad para estimular la fe de los del pueblo. No revela su agonía a los creyentes, quienes después de su muerte, lo proponen para ser santo.

En la noche de San Juan, la más breve del año, solían acudir a nuestro lago[1] todas las pobres mujerucas, y no pocos hombrecillos, que se creen poseídos, endemoniados, y que parece no son sino histéricos y a las veces epilépticos, y Don Manuel emprendió la tarea de aliviarles y si era posible de curarlos. Y era tal la acción de su presencia, de su mirada, y tal sobre todo la dulcísima autoridad de sus palabras y sobre todo de su voz —¡qué milagro de voz!— que consiguió curaciones sorprendentes. Con lo que creció su fama, que atraía a nuestro lago y a él a todos los enfermos del contorno. Y alguna vez llegó una madre pidiéndole que hiciese un milagro en su hijo, a lo que contestó sonriendo tristemente:

—No tengo la licencia del señor obispo para hacer milagros.

Le preocupaba, sobre todo, que anduviesen todos limpios. Si alguno llevaba un roto en su vestidura, le decía: «Anda a ver al sacristán, y que te remiende eso.» El sacristán era sastre. Y cuando el día primero de año iban a felicitarle por ser el de su santo —su santo patrono era el mismo Jesús Nuestro Señor—, quería don Manuel que todos se le presentasen con camisa nueva, y al que no la tenía se la regalaba él mismo.

Por todos mostraba el mismo afecto, y si algunos distinguían más con él era a los más desgraciados y a los que aparecían como más díscolos[2]. Y como hubiera en el pueblo un pobre idiota de nacimiento, Blasillo, el bobo, a éste es a quien más acariciaba y hasta llegó a enseñarle cosas que parecía milagro que las hubiese podido aprender. Y es que el pequeño rescoldo[3] de inteligencia que aún quedaba en el bobo se le encendía en imitar, como un pobre mono, a su don Manuel.

Su maravilla era la voz, una voz divina, que hacía llorar. Cuando al oficiar en misa mayor o solemne entonaba el prefacio, estremecíase la iglesia y todos los que le oían sentían conmovidos en sus entrañas. Su canto, saliendo del templo, iba a quedarse dormido sobre el lago, y al pie de la montaña. Y cuando en el sermón de Viernes Santo clamaba aquello de: «¡Dios mío!, ¿por qué me has abandonado?», pasaba por el pueblo todo un temblor hondo como por sobre las aguas del lago en días de cierzo[4] y de hostigo[5]. Y era como si oyesen a Nuestro Señor Jesucristo mismo, como si la voz brotara de aquel viejo crucifijo a cuyos pies tantas generaciones de madres habían depositado sus congojas. Como una vez, al oírle su madre, la de don Miguel, no pudo contenerse, y desde el suelo del templo, en que se sentaba gritó: «¡Hijo mío!» Y fue un chaparrón[6] de lágrimas entre todos. Creeríase que el grito maternal había brotado de la boca entreabierta de aquella Dolorosa —el corazón traspasado por siete espadas— que había en una de las capillas del templo. Luego, Blasillo el tonto iba repitiendo en tono patético por las calle-

[1] **nuestro lago** la piscina de Bezatá, donde Cristo curó a un paralítico, según el evangelio de San Juan, 5, 1-10.

[2] **díscolos** (*wayward, ungovernable*)

[3] **rescoldo** (*here: spark*)

[4] **cierzo** (*cold, northerly wind*)
[5] **hostigo** (*beating of rain against a wall*)

[6] **chaparrón** (*downpour, outburst*)

[7] Alusión al Evangelio según San Mateo, 7, 1

La ciudad de Bilbao

[8] Alusión al Evangelio según San Mateo. 7, 1

[9] Alusión al episodio de la mujer adúltera, perdonada por Jesús; Evangelio según San Juan, 8, 3-11

jas, y como en eco, el «¡Dios mío! ¿por qué me has abandonado?», y de tal manera que al oírselo se les saltaban a todos las lágrimas, con gran regocijo del bobo por su triunfo imitativo.

Su acción sobre las gentes era tal, que nadie se atrevía a mentir ante él, y todos, sin tener que ir al confesionario, se le confesaban. A tal punto que como hubiese una vez ocurrido un repugnante crimen en una aldea próxima, el juez, un insensato que conocía mal a Don Manuel, le llamó y le dijo:

—A ver si usted, Don Manuel, consigue que este bandido declare la verdad.

—¿Para que luego pueda castigársele? —replicó el santo varón. —No, señor juez, no; yo no saco a nadie una verdad que le lleva acaso a la muerte. Allá entre él y Dios... La justicia humana no me concierne. «No juzguéis para no ser juzgados», dijo Nuestro Señor[7].

—Pero es que yo, señor cura...

—Comprendido; dé usted, señor juez, al César lo que es del César, que yo daré a Dios lo que es de Dios[8].

Y al salir, mirando fijamente al presunto reo, le dijo:

—Mira bien si Dios te ha perdonado, que es lo único que importa[9].

PREGUNTAS

1. ¿Cuándo y dónde tiene lugar la introducción de la selección?

2. ¿Quiénes asisten? Explique la importancia de ese festival.

3. ¿Qué deseaba una madre?

4. ¿Por qué no podía acceder a su petición?

5. De todos los feligreses, ¿a quién prestó más atención? ¿Y con cuáles resultados?

6. Describa la maravilla de su voz y el efecto sobre los oyentes.

7. ¿Qué otros poderes tenía sobre la gente?

8. ¿Por qué no quería oír la confesión del acusado de un crimen horroroso?

9. ¿Cómo se despidió del acusado?

10. Para San Manuel, ¿qué es más importante: su desolación personal o la fe de otros?

11. Explique el simbolismo de: el lago, la montaña, don Manuel, el deseo que todos estuvieran limpios, la voz de don Manuel.

PARA AUMENTAR EL VOCABULARIO

Familias de palabras

Autorizar: autoritarismo, autoridad, autorizador, autorización

1. El ayudante no puede autorizar el uso del edificio.
2. Protestaron el autoritarismo del líder recién elegido.
3. No tengo la autoridad de entregarle el documento.
4. El autorizador es el único que dispensa tal orden.
5. El juez tiene la autorización de sentenciarlo.

Curar: cura (dos significados), curación, curable

1. La medicina recién llegada puede curarle.
2. La cura de la herida depende de su cooperación.
3. El cura nuevo rezó la misa hoy.
4. La curación es completa y costosa.
5. Sufre mucho pero es una enfermedad curable.

Distinguir: distinguido, distinción, distintivo

1. No puedo distinguir las cifras en la oscuridad.
2. Unamuno sigue siendo distinguido en la literatura española.
3. Tenía la distinción de representar la universidad.
4. Los niños llevan el distintivo del colegio en la chaqueta.

Ejercicio de Vocabulario

Complete las frases con una palabra apropiada.

1. El policía tiene la _____ de arrestarlo.
2. Es un escritor respetado y un señor _____.
3. La nueva medicina puede _____ en pocos días.
4. El rector tiene la _____ de cambiar el programa.
5. Por ser ciego puede _____ las voces de sus alumnos.
6. ¡Felicidades, doctor! Es una _____ completa.
7. Espere el documento hasta que regrese el _____.
8. El _____ ofreció rezar por su bien.
9. Ese coche tiene la _____ de ser el más rápido.
10. El jefe va a _____ el uso del vehículo.
11. Veo por el _____ que son del club acuático.
12. Con buena atención médica la _____ fue rápida y completa.

Cien años de soledad

Gabriel García Márquez

En 1967, después de haber escrito varias novelas ubicadas en un pueblo imaginario con el nombre de Macondo en la selva de Colombia, el conocido escritor del mismo país, Gabriel García Márquez, llevó al mundo la novela más cotizada y popular del siglo. Ningún otro libro escrito en castellano en los últimos cincuenta años ha gozado tanta popularidad como éste que lleva al lector en una serie de aventuras que superficialmente parecen extraordinarias, imposibles, y con personajes desequilibrados, pero pronto uno comprende que es un relato del hombre de muchas etapas de la historia y más comprensiva de lo que parece inicialmente.

En efecto, Cien años de soledad es un eslabón entre la soledad y la falta de comprensión de la historia de Latinoamérica contrastada con la necesidad de comprensión para el futuro de lo mismo. Conocemos al pueblo de Macondo aislado de las ciencias modernas (progresos) y fuera de la historia del resto del mundo. Varias influencias llegan a cambiar el trayecto de su historia.

Si Ud., estimado lector, ha gozado de visitar y jugar en un parque de fantasía o de escaparse de su ambiente mundano, puede repetir tal momento y participar en una experiencia que le hace reír, le deja perplejo, o le ayuda comprender los problemas de establecer distintos centros de viviendas que contribuyeron al desarrollo de culturas y su historia. Diviértase y tal vez, puede crear sus propias fantasías.

Muchos años después, frente al pelotón de fusilamiento, el coronel Aureliano Buendía había de recordar aquella tarde remota en que su padre lo llevó a conocer el hielo. Macondo era entonces una aldea de veinte casas de barro y cañabrava[1] construidas a la orilla de un río de aguas diáfanas que se precipitaban por un lecho de piedras pulidas, blancas y enormes como huevos prehistóricos. El mundo era tan reciente, que muchas cosas carecían de nombre, y para mencionarlas había que señalarlas con el dedo. Todos los años, por el mes de marzo, una familia de gitanos desarrapados[2] plantaba su carpa[3] cerca de la aldea, y con un grande alboroto de pitos y timbales daban a conocer los nuevos inventos. Primero llevaron el imán[4]. Un gitano corpulento, de barba montaraz[5] y manos de gorrión, que se presentó con el nombre de Melquíades, hizo una truculenta demostración pública de lo que él mismo llamaba la octava maravilla de los sabios alquimistas de Macedonia. Fue de casa en casa arrastrando dos lingotes[6] metálicos, y todo el mundo se espantó al ver que los calderos, las pailas[7], las tenazas y los anafes[8] se caían de su sitio, y las maderas crujían por la desesperación de los clavos y los tornillos tratando de desenclavarse, y aun los objetos perdidos desde hacía mucho tiempo aparecían por donde más se les había buscado, y se arrastraban en desbandada turbulenta detrás de los fierros mágicos de Melquíades. «Las cosas tienen vida propia —pregonaba el gitano con áspero acento—, todo es cuestión de despertarles el ánima.» José Arcadio Buendía, cuya desaforada[9] imaginación iba siempre más lejos que el ingenio de la naturaleza, y aun más allá del mila-

[1] **cañabrava** *(bamboo)*

[2] **desarrapados** *(ragged)*
[3] **carpa** *(tent)*
[4] **imán** *(magnet)*
[5] **montaraz** *(untamed)*

[6] **lingotes** *(ingots)*
[7] **pailas** *(kettles)*
[8] **anafes** *(braziers)*

[9] **desaforada** *(outrageous)*

gro y la magia, pensó que era posible servirse de aquella invención inútil para desentrañar el oro de la tierra. Melquíades, que era un hombre honrado, le previno: «Para eso no sirve.» Pero José Arcadio Buendía no creía en aquel tiempo en la honradez de los gitanos, así que cambió su mulo y una partida de chivos por los dos lingotes imantados. Úrsula Iguarán, su mujer, que contaba con aquellos animales para ensanchar el desmedrado[10] patrimonio doméstico, no consiguió disuadirlo. «Muy pronto ha de sobrarnos oro para empedrar[11] la casa», replicó su marido. Durante varios meses se empeñó en demostrar el acierto de sus conjeturas. Exploró palmo a palmo la región, inclusive el fondo del río, arrastrando los dos ligotes de hierro y recitando en voz alta el conjuro[12] de Melquíades. Lo único que logró desenterrar fue un armadura del siglo XV con todas sus partes soldadas por un cascote[13] de óxido, cuyo interior tenía la resonancia hueca de un enorme calabazo lleno de piedras. Cuando José Arcadio Buendía y los cuatro hombres de su expedición lograron desarticular[14] la armadura, encontraron dentro un esqueleto calcificado que llevaba colgado en el cuello un relicario de cobre con un rizo[15] de mujer.

[10] **desmedrado** (*depleted*)
[11] **empedrar** pavimentar de piedras

[12] **conjuro** invocación supersticiosa
[13] **cascote** (*debris*)
[14] **desarticular** separar

[15] **rizo** (*curl, lock of hair*)

Las cosas tienen vida propia —pregonaba el gitano...

En marzo volvieron los gitanos. Esta vez llevaban un catalejo[16] y una lupa[17] del tamaño de un tambor, que exhibieron como el último descubrimiento de los judíos de Amsterdam. Sentaron una gitana en un extremo de la aldea e instalaron el catalejo a la entrada de la carpa. Mediante el pago de cinco reales, la gente se asomaba al catalejo y veía a la gitana al alcance de su mano. «Dentro de poco, el hombre podrá ver lo que ocurre en cualquier lugar de la tierra, sin moverse de su casa.» Un mediodía ardiente hicieron una asombrosa demostración con la lupa gigantesca: pusieron un montón de hierba seca en mitad de la calle y le prendieron fuego mediante la concentración de los rayos solares. José Arcadio Buendía, que aún no acababa de consolarse por el fracaso de sus imanes, concibió la idea de utilizar aquel invento como un arma de guerra. Pasaba largas horas en su cuarto, haciendo cálculos sobre las posibilidades estratégicas de su arma novedosa[18] hasta que

[16] **catalejo** (*spyglass*)
[17] **lupa** (*magnifying glass*)

[18] **novedosa** (*novelty*)

logró componer un manual de una asombrosa claridad didáctica y un poder de convicción irresistible. Lo envió a las autoridades acompañado de numerosos testimonios sobre sus experiencias y de varios pliegos[19] de dibujos explicativos, al cuidado de un mensajero que atravesó la sierra, se extravió pantanos desmesurados, remontó ríos tormentosos y estuvo a punto de perecer bajo el azote de las fieras, la desesperación y la peste, antes de conseguir una ruta de enlace con las mulas del correo. A pesar de que el viaje a la capital era en aquel tiempo poco menos que imposible, José Arcadio Buendía prometía intentarlo tan pronto como se lo ordenara el gobierno, con el fin de hacer demostraciones prácticas de su invento ante los poderes militares, y adiestrarlos[20] personalmente en las complicadas artes de la guerra solar. Durante varios años esperó la respuesta. Por último, cansado de esperar, se lamentó ante Melquíades del fracaso de su iniciativa, y el gitano dio entonces una prueba convincente de honradez: le devolvió los doblones a cambio de la lupa, y le dejó además unos mapas portugueses y varios instrumentos de navegación. De su puño y letra[21] escribió una apretada síntesis de los estudios del monje Hermann[22], que dejó a su disposición para que pudiera servirse del astrolabio, la brújula y el sextante. José Arcadio Buendía pasó los largos meses de lluvia encerrado en un cuartito que construyó en el fondo de la casa para que nadie perturbara sus experimentos. Habiendo abandonado por completo las obligaciones domésticas, permaneció noches enteras en el patio vigilando el curso de los astros, y estuvo a punto de contraer una insolación por tratar de establecer un método exacto para encontrar el mediodía. Cuando se hizo experto en el uso y manejo de sus instrumentos, tuvo una noción del espacio que le permitió navegar por mares incógnitos, visitar territorios deshabitados y trabar relación con seres espléndidos, sin necesidad de abandonar su gabinete. Estuvo varios días como hechizado, repitiéndose a sí mismo en voz baja un sartal[23] de asombrosas conjeturas, sin dar crédito a su propio entendimiento. Por fin, un **martes de diciembre**, a la hora del almuerzo, soltó de un golpe toda la carga de su tormento. Los niños habían de recordar por el resto de su vida la augusta solemnidad con que su padre se sentó a la cabecera de la mesa, temblando de fiebre, devastado por la prolongada vigilia y por el encono[24] de su imaginación, y les reveló su descubrimiento.

—La tierra es redonda como una naranja.

Úrsula perdió la paciencia. «Si has de volverte loco, vuélvete tú solo —gritó—. Pero no trates de inculcar a los niños tus ideas de gitano.» José Arcadio Buendía, impasible, no se dejó amedrentar[25] por la desesperación de su mujer, que en un rapto de cólera le destrozó el astrolabio contra el suelo. Construyó otro, reunió en el cuartito a los hombres del pueblo y les demostró, con teorías que para todos resultaban incomprensibles, la posibilidad de regresar al punto de partida navegando siempre hacia el Oriente. Toda la aldea estaba convencida de que José Arcadio Buendía había perdido el juicio, cuando llegó Melquíades a poner las cosas en su punto. Exaltó en público la inteligencia de aquel hombre que por pura especulación astronómica había construido una teoría ya comprobada en la práctica, aunque desconocida hasta entonces en Macondo, y como una prueba de su admiración le hizo un regalo que había de ejercer una influencia terminante en el futuro de la aldea: un laboratorio de alquimia.

[19] **pliegos** (specifications)

[20] **adiestrar** (to train)

[21] **de su puño y letra** (in his own handwriting)

[22] **monje Hermann** Hermannus Contractus (Herman of Reichneau). Monje, escritor de crónicas, poeta, músico, matemático y astrónomo alemán del siglo XI.

[23] **sartal** (string of beads similar to a rosary; here, many)

[24] **encono** (rancor)

[25] **amedrentar** (here: to be frightened)

PREGUNTAS

1. ¿A cuál sitio bíblico se parece Macondo? Dé constancias.
2. ¿Quiénes visitaban regularmente? Descríbalos.
3. ¿Qué llevaron al pueblo? Describa los efectos sobre los aldeanos.
4. ¿Por qué quería José Arcadio Buendía poseer ese instrumento?
5. ¿Cuánto pagó por él?
6. Describa lo que hizo en el uso de tal. ¿Qué fue lo único que encontró?
7. ¿Qué llevaban al año siguiente? Describa la primera demostración.
8. ¿Qué idea se le ocurrió a José Arcadio Buendía? ¿Qué hacía durante largas horas? ¿Dónde?
9. ¿A quiénes y cómo quería comunicar esas noticias? Explique los problemas que impidieron el éxito deseado.
10. ¿Por qué le devolvió Melquíades su dinero? ¿Qué nuevo interés se despertó en José Arcadio Buendía?
11. Describa la escena de un martes de diciembre. ¿Qué impacto habría tenido sobre la familia? ¿Sobre el pueblo? ¿Cómo reaccionó Ursula?
12. ¿Cómo ayudó Melquíades a restablecer confianza en José Arcadio Buendía?

Estuvo varios días como hechizado, repitiéndose a sí mismo en voz baja un sartal de asombrosas conjeturas ...

II

Para esa época, Melquíades había envejecido con una rapidez asombrosa. En sus primeros viajes parecía tener la misma edad de José Arcadio Buendía. Pero mientras éste conservaba su fuerza descomunal[1], que le permitía, derribar un caballo agarrándolo por las orejas, el gitano parecía estragado[2] por una dolencia tenaz. Era, en realidad, el resultado de múltiples y raras enfermedades contraídas en sus incontables viajes alrededor del

[1] **descomunal** enorme, extraordinario
[2] **estragado (estragar)** dañado

[3] **claves** llaves

[4] **percance** daños

[5] **escorbuto** (*scurvy*)

[6] **nasciancenos** Natural de Nascianzo, antigua ciudad de Capadocia (Asia Menor)

[7] **encías** *gums*

[8] **engastados** *encased*

[9] **alborozo** alegría

[10] **postiza** *false*

mundo. Aquel ser prodigioso que decía poseer las claves[3] de Nostradamus, era un hombre lúgubre, envuelto en un aura triste, con una mirada asiática que parecía conocer el otro lado de las cosas. Usaba un sombrero grande y negro, como las alas extendidas de un cuervo, y un chaleco de terciopelo patinado por el verdín de los siglos. Pero a pesar de su inmensa sabiduría y de su ámbito misterioso, tenía un peso humano, una condición terrestre que lo mantenía enredado en los minúsculos problemas de la vida cotidiana. Se quejaba de dolencias de viejo, sufría por los más insignificantes percances[4] económicos y había dejado de reír desde hacía mucho tiempo, porque el escorbuto[5] le había arrancado los dientes.

Cuando volvieron los gitanos, Úrsula había predispuesto contra ellos a toda la población. Pero la curiosidad pudo más que el temor, porque aquella vez los gitanos recorrieron la aldea haciendo un ruido ensordecedor con toda clase de instrumentos músicos, mientras el pregonero anunciaba la exhibición del más fabuloso hallazgo de los nasciancenos[6]. De modo que todo el mundo se fue a la carpa, y mediante el pago de un centavo vieron un Melquíades juvenil, repuesto, desarrugado, con una dentadura nueva y radiante. Quienes recordaban sus encías[7] destruidas por el escorbuto, sus mejillas fláccidas y sus labios marchitos, se estremecieron de pavor ante aquella prueba terminante de los poderes sobrenaturales del gitano. El pavor se convirtió en pánico cuando Melquíades se sacó los dientes, intactos, engastados[8] en las encías, y se los mostró al público por un instante —un instante fugaz en que volvió a ser el mismo hombre decrépito de los años anteriores— Y se los puso otra vez y sonrió de nuevo con un dominio pleno de su juventud restaurada. Hasta el propio José Arcadio Buendía consideró que los conocimientos de Melquíades habían llegado a extremos intolerables, pero experimentó un saludable alborozo[9] cuando el gitano le explicó a solas el mecanismo de su dentadura postiza[10]. Aquello le pareció a la vez tan sencillo y prodigioso, que de la noche a la mañana perdió todo interés en las investigaciones de alquimia; sufrió una nueva crisis de mal humor, no volvió a comer en forma regular y se pasaba el día dando vueltas por la casa. «En el mundo están ocurriendo cosas increíbles —le decía a Úrsula—. Ahí mismo, al otro lado del río, hay toda clase de aparatos mágicos, mientras nosotros seguimos viviendo como los burros.» Quienes lo conocían desde los tiempos de la fundacíon de Macondo, se asombraban de cuánto había cambiado bajo la influencia de Melquíades.

Al principio, José Arcadio Buendía era una especie de patriarca juvenil, que daba instrucciones para la siembra y consejos para la crianza de niños y animales, y colaboraba con todos, aun en el trabajo físico, para la buena marcha de la comunidad.

José Arcadio Buendía, que era el hombre más emprendedor que se veía jamás en la aldea, había dispuesto de tal modo la posición de las casas, que desde todas podía llegarse al río y abastecerse de agua con igual esfuerzo, y trazó las calles con tan buen sentido que ninguna casa recibía más sol que otra a la hora del calor. En pocos años, Macondo fue una aldea más ordenada y laboriosa que cualquiera de las conocidas hasta entonces por sus 300 habitantes. Era en verdad una feliz aldea, donde nadie era mayor de treinta años y donde nadie había muerto.

Aquel espíritu de iniciativa social despareció en poco tiempo, arrastrado por la fiebre de los imanes, los cálculos astronómicos, los sueños de trasmutación y las ansias de conocer las maravillas del mundo. De emprendedor y limpio, José Arcadio Buendía se convirtió en un hombre de aspecto holgazán[11], descuidado en el vestir, con una barba salvaje que Úrsula lograba cuadrar[12] a duras penas con un cuchillo de cocina. No faltó quien lo considerara víctima de algún extraño sortilegio[13]. Pero Úrsula fue insensible a su clarividencia.

—En vez de andar pensando en tus alocadas[14] novelerías debes ocuparte de tus hijos —replicó—. Míralos cómo están abandonados a la buena de Dios, igual que los burros.

José Arcadio Buendía tomó al pie de la letra las palabras de su mujer. Miró a través de la ventana y vio a los dos niños descalzos en la huerta soleada, y tuvo la impresión de que sólo en aquel instante habían empezado a existir, concebidos por el conjuro de Úrsula. Algo ocurrió entonces en su interior; algo misterioso y definitivo que lo desarraigó[15] de su tiempo actual y lo llevó a la deriva por una región inexplorada de los recuerdos. Mientras Úrsula seguía barriendo la casa que ahora estaba segura de no abandonar en el resto de su vida, él permaneció contemplando a los niños con mirada absorta, hasta que los ojos se le humedecieron y se los secó con el dorso de la mano, y exhaló un hondo suspiro de resignación. —Bueno —dijo—. Diles que vengan a ayudarme a sacar las cosas de los cajones.

[11] **holgazán** perezoso
[12] **cuadrar** (*here: to trim*)

[13] **sortilegio** encanto
[14] **alocadas** locas

[15] **desarraigó (desarraigar)** *uprooted*

PREGUNTAS II

1. Describa: los cambios físicos en Melquíades; los de personalidad. ¿A qué se atribuían?
2. Durante la ausencia de los gitanos, ¿qué había hecho Ursula? ¿Le hicieron caso?
3. ¿Qué gran sorpresa les esperaba en la carpa? En un breve momento, ¿qué pudieron observar?
4. Explica las dudas que José Arcadio Buendía comenzó a tener.
5. ¿Qué cambios observaron los que le conocían de antes? ¿Y los cambios en Macondo?
6. ¿Qué papel tuvo Úrsula en efectuar un cambio?

III

José Arcadio, el mayor de los niños, había cumplido catorce años. Tenía la cabeza cuadrada, el pelo hirsuto y el carácter voluntarioso[1] de su padre. Aunque llevaba el mismo impulso de crecimiento y fortaleza física, ya desde entonces era evidente que carecía de imaginación. Fue concebido y dado a luz durante la penosa travesía de la sierra, antes de la fundación de Macondo, y sus padres dieron gracias al cielo al comprobar que no tenía ningún órgano de animal[2]. Aureliano, el primer ser humano que nació en Macondo, iba a cumplir seis años en marzo. Era silencioso y retraído. Había llorado en el vientre de su madre y nació con los ojos abiertos. Mientras le cortaban el ombligo movía la cabeza de un lado a otro recono-

[1] **voluntarioso** *willful*

[2] **no tenía ningún órgano de animal** (*A superstition that incest would cause such a deformity in child of such a union.*)

ciendo las cosas del cuarto, y examinaba el rostro de la gente con una curiosidad sin asombro. Luego, indiferente a quienes se acercaban a conocerlo, mantuvo la atención concentrada en el techo de palma, que parecía a punto de derrumbarse bajo la tremenda presión de la lluvia. Úrsula no volvío a acordarse de la intensidad de esa mirada hasta un día en que el pequeño Aureliano, a la edad de tres años, entró a la cocina en el momento en que ella retiraba del fogón y ponía en la mesa una olla de caldo hirviendo. El niño, perplejo en la puerta, dijo: «Se va a caer.» La olla estaba bien puesta en el centro de la mesa, pero tan pronto como el niño hizo el anuncio, inició un movimiento irrevocable hacia el borde, como impulsada por un dinamismo interior, y se despedazó en el suelo. Úrsula, alarmada, le contó el episodio a su marido, pero éste lo interpretó como un fenómeno natural. Así fue siempre, ajeno a la existencia de sus hijos, en parte porque consideraba la infancia como un período de insuficiencia mental, y en parte porque siempre estaba demasiado absorto en sus propias especulaciones quiméricas.

Pero desde la tarde en que llamó a los niños para que lo ayudaran a desempacar las cosas del laboratorio, les dedicó sus horas mejores. En el cuartito apartado, cuyas paredes se fueron llenando poco a poco de mapas inverosímiles y gráficos fabulosos, les enseñó a leer y escribir y a sacar cuentas, y les habló de las maravillas del mundo no sólo hasta donde le alcanzaban sus conocimientos, sino forzando a extremos increíbles los límites de su imaginación. Fue así como los niños terminaron por aprender que en el extremo meridional del Africa había hombres tan inteligentes y pacíficos que su único entretenimiento era sentarse a pensar, y que era posible atravesar a pie el mar Egeo saltando de isla en isla hasta el puerto de Salónica. Aquellas alucinantes sesiones quedaron de tal modo impresas en la memoria de los niños, que muchos años más tarde, un segundo antes de que el oficial de los ejércitos regulares diera la orden de fuego al pelotón de fusilamiento, el coronel Aureliano Buendía volvió a vivir la tibia tarde de marzo en que su padre interrumpió la lección de física, y se quedó fascinado, con la mano en el aire y los ojos inmóviles, oyendo a la distancia los pífanos[3] y tambores y sonajas[4] de los gitanos que una vez más llegaban a la aldea, pregonando el último y asombroso descubrimiento de los sabios de Memphis.

Eran gitanos nuevos. Hombres y mujeres jóvenes que sólo conocían su propia lengua, ejemplares hermosos de piel aceitada y manos inteligentes, cuyos bailes y músicas sembraron en las calles un pánico de alborotada alegría, con sus loros pintados de todos los colores que recitaban romanzas italianas, y la gallina que ponía un centenar de huevos de oro al son de la pandereta, y el mono amaestrado que adivinaba el pensamiento, y la máquina múltiple que servía al mismo tiempo para pegar botones y bajar la fiebre, y el aparato para olvidar los malos recuerdos, y el emplasto[5] para perder el tiempo, y un millar de invenciones más, tan ingeniosas e insólitas, que José Arcadio Buendía hubiera querido inventar la maquina de la memoria para poder acordarse de todas. En un instante transformaron la aldea. Los habitantes de Macondo se encontraron de pronto perdidos en sus propias calles, aturdidos por la feria multitudinaria.

[3] **pífanos** *fifes or shrill flute*
[4] **sonajas** *rattlers, noise makers*

[5] **emplasto** *poultice or salve*

Llevando un niño de cada mano para no perderlos en el tumulto, tropezando con saltimbanquis de dientes acorazados[6] de oro y malabaristas de seis brazos, José Arcadio Buendía andaba como un loco buscando a Melquíades por todas partes, para que le revelara los infinitos secretos de aquella pesadilla fabulosa. Se dirigió a varios gitanos que no entendieron su lengua. Por último llegó hasta el lugar donde Melquíades solía plantar su tienda, y encontró un armenio taciturno que anunciaba en castellano un jarabe[7] para hacerse invisible. Se había tomado de un golpe una copa de la sustancia ambarina, cuando José Arcadio Buendía se abrió paso a empujones por entre el grupo absorto que presenciaba el espectáculo, y alcanzó a hacer la pregunta. El gitano lo envolvió en el clima atónico de su mirada, antes de convertirse en un charco de alquitrán[8] pestilente y humeante sobre el cual quedó flotando la resonancia de su respuesta: «Melquíades murió.» Aturdido por la noticia, José Arcadio Buendía permaneció inmóvil, tratando de sobreponerse a la aflicción, hasta que el grupo se dispersó reclamando por otros artificios y el charco del armenio taciturno se evaporó por completo. Más tarde, otros gitanos le confirmaron que en efecto Melquíades había sucumbido a las fiebres en los médanos[9] de Singapur, y su cuerpo había sido arrojado en el lugar más profundo del mar de Java. A los niños no les interesó la noticia. Estaban obstinados en que su padre los llevara a conocer la portentosa novedad de los sabios de Memphis, anunciada a la entrada de una tienda que, según decían, perteneció al rey Salomón. Tanto insistieron, que José Arcadio Buendía pagó los treinta reales y los condujo hasta el centro de la carpa, donde había un gigante de torso peludo y cabeza rapada, con un anillo de cobre en la nariz y una pesada cadena de hierro en el tobillo, custodiando un cofre de pirata. Al ser destapado por el gigante, el cofre dejó escapar un aliento glacial. Dentro sólo había un enorme bloque transparente, con infinitas agujas internas en las cuales se despedazaba en estrellas de colores la claridad del crepúsculo. Desconcertado, sabiendo que los niños esperaban una explicación inmediata, José Arcadio Buendía se atrevió a murmurar.:

—Es el diamante más grande del mundo.

—No —corrigió el gitano—. Es hielo.

José Arcadio Buendía, sin entender, extendió la mano hacia el témpano[10], pero el gigante se la apartó. «Cinco reales más para tocarlo», dijo. José Arcadio Buendía los pagó, y entonces puso la mano sobre el hielo, y la mantuvo puesta por varios minutos, mientras el corazón se le hinchaba de temor y de júbilo al contacto del misterio. Sin saber qué decir, pagó otros diez reales para que sus hijos vivieran la prodigiosa experiencia. El pequeño José Arcadio se negó a tocarlo. Aureliano, en cambio, dio un paso hacia adelante, puso la mano y la retiró en el acto. «Está hirviendo», exclamó asustado. Pero su padre no le prestó atención. Embriagado por la evidencia del prodigio, en aquel momento se olvidó de la frustración de sus empresas delirantes y del cuerpo de Melquíades abandonado al apetito de los calamares. Pagó otros cinco reales, y con la mano puesta en el témpano, como expresando un testimonio sobre el texto sagrado, exclamó:

—Este es el gran invento de nuestro tiempo.

[6] **acorazados** *covered*

[7] **jarabe** miel

[8] **alquitrán** *tar*

[9] **médanos** *dunes*

[10] **témpano** *small drum*

PREGUNTAS III

1. Describa al niño José Arcadio en cuanto a lo físico; su carácter; su personalidad.

2. Explique algo sobre el nacimiento de Aureliano, y algún poder que tenía.

3. ¿Qué clase de educación recibieron los niños? Describa las ideas de José Arcadio Buendía en cuanto a la infancia.

4. Explique el cambio en su carácter y cómo cambió la enseñanza de sus hijos.

5. Una tarde de marzo, ¿quiénes llegaron a Macondo? Explique cómo se diferenciaban de los gitanos y sus animales de los de antes.

6. ¿Qué efectos produjo su llegada sobre los habitantes de Macondo?

7. ¿Por qué tuvo dificultades José Arcadio Buendía en localizar a Melquíades? ¿Qué sorpresa desconcertante recibió?

8. ¿Qué habían anunciado que les interesó a los niños?

9. ¿Cuánto cobró para entrar? ¿Y una vez adentro?

10. Describa el espectáculo que encontraron en la carpa.

11. ¿A quién le impresionó más? ¿Qué declaró por fin?

EJERCICIOS CREATIVOS

1. Prepare una composición en la cual describe sus primeras impresiones de esta condensación del capítulo introductorio.

2. Describa los dos mundos que se enfrentan y los efectos producidos. ¿Existen tales situaciones en el momento actual?

3. Describa el uso y el efecto de adjetivos y comparaciones.

4. Prepare un estudio descriptivo de José Arcadio Buendía.

5. Prepare un comentario sobre la posición de la mujer.

CONVERSACIÓN

Teodoro Tesoro entrevista a un ganadero

TEODORO: Los que leen mi columna se interesan mucho en la crianza del ganado Santa Gertrudis que se ha introducido en la Argentina. ¿Puede Ud. hacer algún comentario para mis lectores?

GANADERO: Nada en particular. Es una casta con la cual hemos experimentado hace muchos años. El ganado, Ud. sabe, es el corazón de nuestra nación. No sólo comemos la carne en varias formas sino que el ganado también suple a las lecheras y a los tamberos (dairymen). El pellejo nos da el cuero usado en tantos productos, provee materiales para la fabricación de medicinas, jabón y cola (glue). En las fincas lo emplean para tirar arados y carretas.

TEODORO: ¿Y la casta Santa Gertrudis?

GANADERO: Es una mezcla de Cuernocorto y Brahman. Los becerros crecen rápidamente y llegan a ser muy grandes. Es una cosa económica.. más animal, más carne y más leche.

TEODORO: ¿Es difícil la vida del ganadero?

GANADERO: No tanto, pero el trabajo nunca termina. En la primavera los becerros se marcan con un hierro de marcar (branding iron) calientísimo para identificar la ganadería. En el otoño se los destetan (wean) y se los encierran en praderas para que se engorden antes de arreglar la venta en los corrales de ganado (stockyards).

TEODORO: ¿Por qué hay que encerrarlos?

GANADERO: Para que no se desmanden (stray). El mantener cercas y el alambre de púas es una preocupación constante.

TEODORO: ¿Pierden Uds. muchos?

GANADERO: A veces. Siempre hay el peligro de abigeos (cattle thieves). Y también el peligro de enfermedades—ántrax, fiebre aftosa (hoof and mouth disease)— hay muchas.

TEODORO: Los hombres prehistóricos también tenían ganado, pero nada de lo que me ha dicho se refleja en los dibujos del ganado en las paredes de las cuevas de Altamira en España.

ESTRUCTURA

Hace... que y hacía... que

1. Con la expresión idiomática *hace...que* se usa el presente para expresar una acción que empieza en el pasado y que continúa en el presente. En inglés se usa el presente perfecto.

> **Hace un rato que Pepe habla con el sacerdote.**
> **Hace tiempo que Carlos y Pablo son amigos.**

2. Con la expresión *hacía...que* se usa el imperfecto para expresar una acción que empezó en el pasado y continuó hasta cierto tiempo cuando algo la interrumpió. En inglés se usa el pluscuamperfecto.

> **Hacía varios años que ellos se conocían cuando tuvieron que separarse.**
> **Hacía dos horas que yo esperaba cuando ella llegó.**

EJERCICIOS

A Complete las siguientes oraciones con la forma apropiada del verbo.

1. Hace mucho tiempo que los llaneros _____ los caballos fieros. (amansar)
2. Hace siglos que _____ fama El Quijote. (tener)
3. Hace dos horas que nosotros _____ el problema. (discutir)
4. Hace años que ellos _____ ajo en Orbajosa. (cultivar)

EL INGENIOSO
HIDALGO DON QVI-
XOTE DE LA MANCHA,

Compuesto por *Miguel de Ceruantes*
Saauedra.

DIRIGIDO AL DVQVE DE BEIAR,
Marques, de Gibraleon, Conde de Benalcaçar, y Baña-
res, Vizconde de la Puebla de Alcozer, Señor de
las villas de Capilla, Curiel, y
Burguillos

Año, 1605.

CON PRIVILEGIO,
EN MADRID Por Iuan de la Cuesta.

Vendese en casa de Francisco de Robles, librero del Rey nro señor

B Combine las dos oraciones según el modelo.

Doña Bárbara todavía quiere a Luzardo. Es cuestión de dos años.
Hace dos años que ella quiere a Luzardo.

1. Todavía tienen influencia los carlistas. Es cuestión de cien años.
2. Todavía llovizna en la costa. Es cuestión de dos días.
3. Todavía quiere conocer a la Gaviota. Es cuestión de una semana.
4. Todavía son enemigos. Es cuestión de mucho tiempo.

C Complete las siguientes oraciones con la forma apropiada del verbo.

1. Hacía años que Pablo y Pepe _____ amigos cuando éste _____ de la hermana de aquél. (ser, enamorarse)
2. Hacía solo dos horas que Pepe _____ en Orbajosa cuando _____ a don Ignacio. (estar, conocer)
3. Hacía poco tiempo que Lazarillo _____ a su amo cuando los dos _____ a reñir. (servir, empezar)

El presente progresivo

1. Se usa la forma progresiva (*estar* + el participio presente) para indicar una acción que tiene lugar en el momento.

Mi hermana está leyendo en la sala (en este momento).

2. También se usa la forma progresiva para expresar una acción que tiene lugar de vez en cuando.

Estamos estudiando la literatura española.

No estamos estudiando necesariamente en este momento pero hemos empezado el estudio de la literatura española y seguimos con el estudio de ella.

3. El verbo auxiliar principal es *estar.* Otros verbos que se pueden usar con el participio presente para formar tiempos progresivos son: *ir, andar, seguir, continuar.*

Un amigo mío anduvo viajando por todo el mundo.
Los precios de la comida siguen subiendo todos los años.

4. Cuando el participio presente (gerundio) es un verbo de moción, *ir* o *venir* se usan como auxiliarios.

Voy recorriendo los campos.

EJERCICIOS

D Sustituya el presente progresivo (en lugar del presente).

1. Don Quixote riñe con los pastores.
2. Pepe visita la catedral de Orbajosa.
3. Lazarillo bebe el vino de su amo.
4. Comienza a llover.
5. Los labradores segaron el ajo.

E Dé el gerundio del verbo indicado.

1. La nieve está (caer) _____.
2. El señor Paredes siguió (decir) _____ la misma cosa.
3. ¿Qué estaba (leer) _____ ella?
4. Estarán (comer) _____ a las siete.
5. Los niños estarán (divertirse) _____ en la nieve.
6. ¿Qué estaban (construir) _____ en la esquina?
7. Los niños están (pelear) _____ con bolas de nieve.

F Forme preguntas y respuestas según el modelo.

Profesor:	**Pregúntele a Juan qué hace aquí. (buscar un buen libro)**
Miquel:	*Juan, ¿qué estás haciendo aquí?*
Juan:	*Estoy buscando un buen libro.*

1. Pregúntele a María si monta a caballo. (sólo vestirse de vaquera)
2. Pregúntele a Roberto si miente a su padre. (decir la verdad)
3. Pregúntele a su amigo dónde vive ahora. (vivir cerca de la playa)
4. Pregúntele a Fernando si duerme en la clase. (pensar con ojos cerrados)
5. Pregúntele a ser hermanito quién le persigue. (seguir un amigo pero no perseguir)

Los tiempos perfectos

1. Los tiempos perfectos son tiempos compuestos que se forman con el verbo auxiliar *haber* + el participio pasado.

2. Para formar el participio pasado, hay que quitar la terminación *-ar* del infinitivo de los verbos de primera clase y añadir -ado. Para los verbos de segunda y tercera clase, hay que quitar las terminaciones *-er -ir* del infinitivo y añadir *-ido*.

3. Los siguientes participios pasados son irregulares:

abrir - abierto	hacer - hecho	cubrir - cubierto
morir - muerto	decir - dicho	poner - puesto
devolver - devuelto	romper - roto	escribir - escrito
ver - visto	freír - frito	volver - vuelto

El presente perfecto

1. Se usa el presente perfecto para indicar una acción que ha ocurrido recientemente en el pasado.

Han llegado esta mañana.

2. Se usa también para indicar una acción que ha ocurrido en el pasado. Existe la posibilidad que ocurra de nuevo en el futuro.

He estudiado español.

Lo he estudiado; no lo estudio ahora pero es posible que lo estudie otra vez en el futuro.

EJERCICIOS

G Exprese las siguientes ideas en el presente perfecto.

1. Lazarillo engañó a su amo.
2. Don Quixote estuvo enfermo.
3. Pepe Rey visitó la catedral.
4. La familia de Paco vivió en Madrid.
5. Los labradores segaron el ajo.

H Papá está ensamblando un juguete de Navidad para los peques. Mamá lo supervisa y le hace varias preguntas. Siga el modelo.

encontrar el martillo/usarlo
Mamá: *¿Has encontrado el martillo?*
Papá: *Lo he encontrado pero no lo he usado.*

1. leer las instrucciones / comprenderlas
2. encontrar todos los pedazos / hallar los tornillos (screws)
3. pedir ayuda / recibirla
4. separar los colores / contarlos
5. abrir la botella de cola (glue) / probarla
6. hacer lo que dicen las instrucciones / encontrar todo

I Conteste las siguientes preguntas con el presente perfecto.

1. ¿Has visitado El Prado?
2. ¿Has oído la música de una orquesta sinfónica?
3. ¿Has hecho muchas amistades en la escuela?
4. ¿Has vuelto al pueblo donde naciste?
5. ¿Has escrito un testamento?
6. ¿Has obtenido una licencia para manejar?

El pluscuamperfecto

1. El pluscuamperfecto se forma con el imperfecto de haber + el participio pasado. Se usa para indicar una acción ocurrida anteriormente a otra acción.

No vieron a doña Bárbara porque ya se había ido.

EJERCICIOS

J Cambie las siguientes oraciones según el modelo.

Pepe discutió el problema con su tía después de que salió el canónigo.
El canónigo ya había salido cuando Pepe discutió el problema con su tía.

1. El ciego le dio un golpe después de que el joven le robó el vino.
2. Los pastores lo maltrataron después de que Don Quixote mató las ovejas.

3. La tempestad terminó después de que se perdió el buque.
4. La policía vino después de que el ladrón se escapó.
5. Don Quixote se puso enfermo después de que le armaron caballero andante.

K Lola tiene que hacer la reseña (review) de un libro recién leído para su clase de inglés. Ha escogido *Don Quixote* por Miguel Cervantes. Su amiga Maruja lo está discutiendo con ella. Siga el modelo.

Maruja: ¿Por qué escogiste *Don Quixote*?
Lola: Porque no lo había leído antes.

1. Lola, ¿por qué escogiste *Don Quixote*?

    a. no encontrar otro que me interesaba
    b. no leer nada escrito por Cervantes
    c. un amigo me lo prestó
    d. Mamá me lo sugirió
    e. la profesora me lo recomendó
    f. oír que era interesante

2. Lola, ¿por qué recibiste mala nota en la última reseña?

    a. no entregarla a tiempo
    b. escribirla con lápiz en vez de pluma
    c. no dar suficientes detalles
    d. no leer el libro entero
    e. hacer muchos errores de puntuación
    f. no descubrir unas sutilezas del autor

El futuro perfecto

1. Este tiempo expresa lo que habrá ocurrido. Se forma con el futuro de *haber* + el participio pasado

Para las dos habré completado la tarea.

El condicional perfecto

1. Este tiempo expresa lo que habría ocurrido. Se forma con el condicional de *haber* + el participio pasado.

Yo habría comprado el regalo si hubiera tenido el dinero.

2. Discurso directo e indirecto. En discurso directo el presente o el futuro sigue un verbo en el pasado. En discurso indirecto, el presente se convierte en el imperfecto y el futuro en el condicional.

Dijo: Leo una novela interesante. Dijo que leía una novela interesante

Dijo: Leeré una novela interesante. Dijo que leería una novela interesante.

EJERCICIOS

L Complete con la forma apropiada del futuro perfecto.

1. Yo romperé la piñata pero mi hermanito dice que la _____ antes
2. Yo pondré la mesa el sábado; mi hermana la _____ los otros días de la semana
3. Mis padres celebrarán su aniversario en junio; mis abuelos _____ el suyo en mayo.
4. Juan saldrá para el aeropuerto a las cinco; Pepe _____ a las tres.
5. Pagaremos nuestras obligaciones al fin de mes; mis tíos _____ las suyas más temprano.

M Convierta la frase de discurso directo a discurso indirecto según el modelo.

María dijo: Esta novela es interesante.
María dijo que esta novela era interesante.

1. Doña Bárbara dijo: Le prestaré el dinero.
2. Sancho dijo: La medicina no sirve para nada.
3. Don Quixote dijo: Yo no pagaré los daños.
4. Don Quixote dijo: Los caballeros andantes no tienen que pagar.
5. Los llaneros dijeron: Este potro será díficil de amansar.
6. Lazarillo dijo: Quiero más vino.

N Introduzca las siguientes oraciones con *Soñé que...*

1. Capturarán al ladrón.
2. Lazarillo tiene que salir de su casa.
3. El hombre hace milagros.
4. Orbajosa es una ciudad fantástica.
5. Don Quixote luchará con los pastores.

O Traduzca las palabras en inglés al español.

1. Ella (has written) _____ su nombre en la nieve.
2. La nieve (had put) _____ su manto sobre todo.
3. La naturaleza (has not died) _____.
4. Ellos (would have covered) _____ las plantas con plástico.
5. El invierno (has opened) _____ las puertas a las noches largas.
6. (It would have broken) _____ el hilo.
7. Nadie (had seen) _____ caer la nieve.
8. ¿Qué (has done) _____ la naturaleza?
9. La naturaleza está (dead) _____.

JOYA 5 EJERCICIOS GENERALES

1. Compare la personalidad de doña Perfecta con la de doña Bárbara.
2. ¿En cuál de las obras leídas tiene más importancia la descripción? ¿Por qué?
3. De las obras leídas, ¿cuál parece tener más interés universal? ¿Por qué?

JOYA SEIS

LA POESÍA:
Perlas de emoción

MARCO LITERARIO

[1] **patrones** *(patterns)*

De todos los géneros literarios, la poesía es tal vez el más difícil de definir porque tiene tantas formas, evoca tantas imágenes, expresa tantos sentimientos y despierta tantas emociones. En esencia, una obra poética es una composición en verso. El autor escoge sus palabras con precisión y exactitud, las emplea en ciertos patrones[1] de verso, de sonido y de pensamiento y, como decía Unamuno, «desnuda en palabras rítmicas el alma.»

La poesía despierta la imaginación del lector y le permite partir de las experiencias del autor o reconstruir situaciones a base de su propia experiencia vital.

El cantar de mío Cid
Anónimo

El cantar de mío Cid es el poema épico de la literatura española. Compuesto por el año 1140, el autor es anónimo. El poema canta las hazañas de El Cid, el héroe nacional de España, en sus luchas contra los árabes.

La despedida de El Cid

l Cid a doña Ximena   ívala abraçar
doña Ximena al Cid   la mano va a besar
llorando de los ojos,   qué non sabe que se far.
E él a las niñas   tornólas a catar:
«A Dios vos acomiendo   e al padre spiritual;
agora nos partimos   Dios sabe el ajuntar.»
Llorando de los ojos   que non vidiestes atal,
assis parten unos d'otros,   commo la uña de la carne.

En lenguaje más moderno dice:
El Cid a doña Jimena   la iba a abrazar
doña Jimena al Cid   la mano va a besar
llorando de los ojos,   que no sabe qué hacer.
Y él a las niñas   las tornó[1] a mirar:
«A Dios os encomiendo   y al padre espiritual,
ahora nos partimos   Dios sabe el ajuntar[2].»
Llorando de los ojos   como no viste jamás
así parten unos de otros   como la uña de la carne.

La entrada en Valencia

Adeliñó[3] mío Cid   con ellas a alcaçar[4],
allá las subió   en el más alto logar[5].
Ojos vellidos   catan[6] a todas partes,
miran Valencia   como yace la ciudad,
e del[7] otra parte   a ojo han el mar.
Miran la huerta,   espesa e grand,
e todas las otras cosas   que eran de solaz[8];
alçan[9] las manos   por a Dios rogar,
desta[10] ganancia   como es buena e grand
mío Cid e sus compañas,   tan a gran sabor[11] están.

[1] **tornó** volvió a mirarlas

[2] **ajuntar** cuando nos veremos

[3] **adeliñó** acercó
[4] **alcaçar** alcázar
[5] **logar** lugar

[6] **catan** miran
[7] **del** de la
[8] **solaz** placer, descanso

[9] **alçan** alzan, levantan
[10] **desta** de esta
[11] **a gran sabor** muy a gusto

PREGUNTAS

1. ¿De quiénes se despide El Cid?
2. ¿Cómo se llama la mujer de El Cid?
3. ¿Qué les dice El Cid a sus hijas?
4. ¿Cómo está El Cid?
5. Cuando vuelve a Valencia, ¿adónde va El Cid con su familia?
6. ¿Qué miran?
7. ¿A quién alzan las manos? ¿Para qué?
8. ¿Cuál es la ganancia de El Cid?

Ejercicios de vocabulario

A Complete las siguientes oraciones con una palabra apropiada.

1. El Cid estaba _____ tanto que las lágrimas le salían de los ojos.
2. El Cid _____ a sus hijas al padre espiritual.
3. El Cid _____ a su mujer y ella le _____ a él.
4. El Cid _____ al alcázar con su familia.

B Busque en el poema una palabra o expresión equivalente.

1. va a darle un beso
2. un jardín de mucha vegetación
3. nos vamos
4. pedir
5. la cima
6. lo ganado

EJERCICIOS CREATIVOS

1. En un párrafo describa los elementos humanos que encontramos en estos versos de El Cid.
2. Si Ud. ha leído *Beowulf,* la épica inglesa, haga una comparación entre Beowulf y El Cid en cuanto a los elementos personales.
3. ¿Cuál es la oración que mejor demuestra la tristeza de El Cid?
4. Escriba un párrafo corto en el cual Ud. demuestra la tristeza de una familia que tiene que separarse por un período indefinido.

El libro de buen amor

Juan Ruiz, Arcipreste de Hita

Se sabe muy poco de la vida de Juan Ruiz (1283-1351). Es cierto que pasó unos trece años en la cárcel y que fue allí donde produjo la mayoría de su obra. En sus poesías ataca los vicios de su época con un fuerte humor satírico.

I

Ejemplo de la propiedad que el dinero ha

ucho hace el dinero, mucho es de amar;
al torpe hace bueno y hombre de prestar[1],
hace correr al cojo[2] y al mudo hablar;
el que no tiene manos, dineros quier' tomar.

Sea un hombre necio[3] y rudo labrador
los dineros le hacen hidalgo y sabidor,
cuanto más algo tiene, tanto es de más valor;
el que no ha dineros, no es de sí señor[4].

[1] **prestar** valor
[2] **cojo** el que no puede caminar bien
[3] **necio** tonto

[4] **no es de sí señor** no es dueño de sí mismo

Yo vi allá en Roma, do es la santidad,
que todos al dinero hacíanle humildad,
gran honra le hacían con gran solemnidad:
todos a él se humillan como a la majestad.

Hacía muchos priores, obispos y abades,
arzobispos, doctores, patriarcas, potestades;
a muchos clérigos necios dábales dignidades;
hacía verdad mentiras y mentiras verdades.

[5] **quebranta** rompe

[6] **cepos y grillos** (stocks and shackles)

[7] **esposas** (handcuffs)

El dinero quebranta[5] las cadenas dañosas,
tira cepos y grillos[6], prisiones peligrosas;
al que no da dineros, échanle las esposas[7]:
por todo el mundo hace cosas maravillosas.

Vi hacer maravillas a do él mucho usaba:
muchos merecían muerte, que la vida les daba,
otros eran sin culpa, que luego los mataba:
muchas almas perdía, muchas almas salvaba.

[8] **desaliña** (upset)

[9] **su sarna y su tiña** (itch and ringworm)

[10] **guiña** (winks, looks away)

Hace perder al pobre su casa y su viña;
sus muebles y raíces todo lo desaliña[8],
por todo el mundo cunde su sarna y su tiña[9],
do el dinero juzga, allí el ojo guiña[10].

El hace caballeros de necios aldeanos,
condes y ricos-hombres de algunos villanos,
Con el dinero andan todos hombres lozanos,
cuantos son en el mundo le besan hoy las manos.

PREGUNTAS

1. ¿Qué le hace al torpe el dinero?
2. ¿Qué le hace al cojo?
3. ¿Qué le hace al mudo?
4. ¿Qué le pasa a un hombre necio cuando tiene dinero?
5. ¿Qué hacían todos en Roma?
6. ¿Qué significa: «El dinero quebranta las cadenas dañosas»?
7. ¿Qué significa: «Do el dinero juzga, allí el ojo guiña»?

Ejercicios de vocabulario

A Complete las siguientes oraciones con una palabra apropriada.

1. El que no puede andar bien es _____.
2. El que no puede hablar es _____.
3. El que sabe mucho es _____.
4. Lo que no es verdad, es _____.
5. Para juntarle las manos a un prisionero, le ponen _____

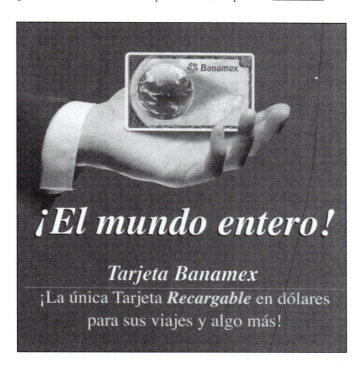

B Escriba el sustantivo que corresponda a cada uno de los siguientes adjetivos.

1. santo
2. humilde
3. solemne
4. majestuoso
5. digno
6. dañoso
7. peligroso
8. maravilloso

EJERCICIOS CREATIVOS

1. ¿Qué opina Ud. de las ideas de Juan Ruiz en cuanto al dinero?
2. ¿Hubiera podido escribir tal poesía en el siglo XXI?

Coplas a la muerte de su padre

Jorge Manrique

Jorge Manrique (1440–1478) escribió unas coplas en honor a su padre. En ellas compara a su padre, don Rodrigo Manrique, con muchas figuras ilustres de la historia. También presenta ideas interesantes sobre la vida y la muerte.

A la muerte del maestro de Santiago don Rodrigo Manrique, su padre

ecuerde el alma dormida,
avive el seso y despierte
contemplando
cómo se pasa la vida, cómo se viene la muerte
tan callando:
cuán presto¹ se va el placer,
cómo después de acordado da dolor..
cómo a nuestro parecer
cualquiera tiempo pasado fue mejor.

Nuestras vidas son los ríos
que van a dar en la mar,
que es el morir:
allí van los señoríos
derechos a se acabar²
y consumir;
allí los ríos caudales³
allí los otros medianos
y más chicos:
allegados, son iguales
los que viven por sus manos
y los ricos.

Este mundo es el camino
para el otro, qu'es morada⁴
sin pesar;
mas cumple tener buen tino⁵
para andar esta jornada
sin errar.

¹ **presto** rápido
² **se acabar** acabarse
³ **caudales** grandes, de mucha agua

⁴ **morada** (*dwelling*)
⁵ **tino** (*judgment, skill*)

partimos cuando nacemos,
andamos mientras vivimos,
y llegamos
al tiempo que fenecemos[6];
así que cuando morimos
descansamos.

Ved de cuán poco valor
son las cosas tras que andamos
y corremos:
que en este mundo traidor
aun primero que muramos
las perdemos.
D'ellas deshace la edad,
d'ellas casos desastrados[7]
que acaecen[8]
d'ellas por su calidad,
en los más altos estrados
desfallecen[9].

Decidme: la hermosura,
la gentil frescura y tez
de la cara,
la color y la blancura,
cuando viene la vejez,
¿cuál se para?
Las mañas[10] y ligereza
y la fuerza corporal
de juventud,
todo se torna graveza
cuando llega al arrabal[11]
de senectud[12].

Hable la muerte
al padre
Diciendo: «Buen caballero,
dejad al mundo engañoso
y su halago[13];
muestre su esfuerzo famoso
vuestro corazón de acero
en este trago;
y pues de vida y salud
hiciste tan poca cuenta

[6] **fenecemos** terminamos, morimos
[7] **desastrados** infelices, desgraciados
[8] **acaecen** ocurren
[9] **desfallecen** *(faint away)*

Nuestras vidas son los ríos
que van a dar en la mar
que es el morir:
allí van los señoríos
derechos a se acabar
y consumir;
Allí los ríos caudales
allí los otros medianos
y más chicos:
allegados, son iguales
los que viven por sus manos
y los ricos

~ Jorge Manrique

[10] **mañas** habilidades
[11] **arrabal** barrio o sitio fuera de la población
[12] **senectud** vejez
[13] **halago** *(flattery, delight)*

por la fama,
esfuércese la virtud
para sufrir esta afrenta
que os llama.»

«Y, pues, vos, claro varón,
tanta sangre derramastes[14]
de paganos,
esperad el galardón
que en este mundo ganastes[15]
por las manos:
y con esta confianza
y con la fe tan entera
que tenéis,
partid con buena esperanza
que esta otra vida tercera
ganaréis.»

Responde el maestro

«No gastemos tiempo ya
en esta vida mezquina[16]
por tal modo,
que mi voluntad está
conforme con la divina
para todo;
y consiento en mi morir
con voluntad placentera,
clara, pura,
que querer hombre vivir
cuando Dios quiere que muera
es locura.»

Cabo

Así con tal entender
todos sentidos humanos conservados,
cercado de su mujer,
de hijos y de hermanos
y criados,
dio el alma a quien se la dio
(el cual la ponga en el cielo
y en su gloria),
y aunque la vida murió
nos dejó harto[17] consuelo
su memoria.

[14] **derramastes** derramaste

[15] **ganastes** ganaste

[16] **mezquina** pobre

[17] **harto** bastante

PREGUNTAS

1. ¿Cómo se va el placer?
2. ¿Cómo parece cualquier tiempo pasado?
3. ¿Con qué compara Manrique nuestras vidas?
4. ¿Adónde van todos los ríos?
5. ¿Qué simboliza el mar?
6. ¿Qué simboliza el encuentro de todos los ríos en el mar?
7. ¿Qué es este mundo?
8. ¿Cuál es el viaje que hace cada hombre?
9. ¿Por qué dice Manrique que este mundo es traidor?
10. ¿Qué hace la vejez?
11. ¿Por qué quiere la muerte que el padre muestre su esfuerzo?
12. ¿Qué ganará ahora el padre?
13. ¿Qué contesta el padre de Manrique a la muerte?
14. ¿Qué le da consuelo a la familia de don Rodrigo Manrique?

Ejercicios de vocabulario

A Busque en «Las coplas» de Jorge Manrique las palabras cuyas definiciones se encuentran abajo.

1. que engaña
2. salimos
3. la senectud
4. meditando
5. haga un esfuerzo
6. hombres importantes
7. la belleza
8. ordinaria

B Busque el antónimo de las siguientes palabras.

1. olvida
2. honesto, sincero
3. distintos
4. la vida
5. la vejez
6. fieles
7. lejano de

EJERCICIOS CREATIVOS

1. Describa el viaje que tiene que hacer cada hombre. Al final de este viaje, ¿cómo somos todos? ¿Qué opina Ud.? ¿Tienen importancia o valor las ideas de Manrique en el siglo XX? ¿Por qué?
2. ¿Qué influencias de la Edad Media encontramos en las ideas expresadas por Manrique?

Soneto a Cristo crucificado

Anónimo

¹ **clavado** (*nailed*)
² **escarnecido** (*ridiculed*)

El siguiente soneto es anónimo. Sin embargo, se le atribuye entre a otros a San Juan de la Cruz, autor místico (1542–1591). Los místicos escribían poemas de tema religioso. El fin del místico era unir su propia alma con la del Creador.

No me mueve, mi Dios, para quererte
el cielo que me tienes prometido,
ni me mueve el infierno tan temido
para dejar por eso de ofenderte.

Tú me mueves, Señor, muéveme el verte
clavado¹ en una cruz y escarnecido²,
muéveme ver tu cuerpo tan herido,
muévenme tus afrentas y tu muerte.

Muévenme, en fin, tu amor, y en tal manera
que aunque no hubiera cielo, yo te amara,
y aunque no hubiera infierno, te temiera.

No me tienes que dar porque te quiera,
pues aunque lo que espero no esperara,
lo mismo que te quiero, te quisiera.

PREGUNTAS

1. ¿A quién le habla el autor?
2. ¿Le mueve al autor el cielo para amar a Dios?
3. ¿Le mueve el temor al infierno?
4. ¿Qué le mueve?
5. ¿Amaría él a Dios si no hubiera cielo?
6. ¿Le temería a Dios si no hubiera infierno?
7. ¿Qué espera el autor?
8. Aunque no lo esperara, ¿querría él igual a Dios?

Ejercicio de vocabulario

A Complete las siguientes oraciones con una palabra apropiada.

1. El que es bueno en esta vida va _____.
2. El que es malo en esta vida va _____.
3. Las dificultades que encuentra uno son _____.
4. Jesús estuvo _____ en una cruz.
5. Muchos _____ el infierno.
6. El infierno es un lugar _____.
7. Hacerle una afrenta a una persona es _____ a la persona.

EJERCICIO CREATIVO

1. En unos párrafos explique por qué Ud. es una persona religiosa o no religiosa.

Las Rimas

Gustavo Adolfo Bécquer

Las rimas de Gustavo Adolfo Bécquer (1816–1871) están entre los versos más populares en español. En tono menor, con vocabulario sencillo y natural, reflejan la angustia del autor que había sufrido en la vida tantos dolores personales y desilusiones románticas.

XXI

¿Qué es poesía? dices mientras clavas
en mi pupila tu pupila azul.
¿Qué es poesía? ¿Y tú me lo preguntas?
Poesía...eres tú.

XXXVIII

Los suspiros son aire y van al aire.
Las lágrimas son agua, y van al mar.
Dime, mujer: cuando el amor se olvida,
¿sabes tú dónde va?

¹ **golondrinas** (*swallows*)

² **refrenaban** detenían

³ **tupidas madreselvas** (*thick honeysuckle*)

⁴ **tapias** (*garden walls*)

⁵ **cuajadas de rocío** (*filled with dewdrops*)

LIII

Volverán las oscuras golondrinas[1]
en tu balcón sus nidos a colgar,
y otra vez con el ala a tus cristales
    jugando llamarán.

Pero aquéllas que el vuelo refrenaban[2]
tu hermosura y mi dicha al contemplar,
aquellas que aprendieron nuestros nombres...,
    ésas...¡No volverán!

Volverán las tupidas madreselvas[3]
de tu jardín las tapias[4] a escalar,
y otra vez a la tarde, aun más hermosas,
    sus flores abrirán.

Pero aquéllas cuajadas de rocío[5],
cuyas gotas mirábamos temblar
y caer, como lágrimas del día...
    ésas..., ¡no volverán!

Volverán del amor en tus oídos
las palabras ardientes a sonar;
tu corazón de su profundo sueño
    tal vez despertará.

Pero mudo y absorto y de rodillas,
como se adora a Dios ante su altar.
Como yo te he querido...desengáñate,
    así no te querrán.

PREGUNTAS

1. ¿Qué es poesía?
2. ¿Qué son los suspiros?
3. ¿Qué son las lágrimas?
4. ¿Qué será el amor?
5. ¿Habrá relación entre los suspiros, las lágrimas y el amor?
6. Al volver las oscuras golondrinas, ¿qué harán?
7. ¿Cuáles de las golondrinas no volverán?
8. Al volver las madreselvas, ¿qué harán?
9. ¿Volverán las flores cuajadas de rocío?
10. ¿Quién habla en este poema, el joven enamorado o ella?
11. ¿Todavía están enamorados?
12. ¿Cómo quería el chico a su novia?
13. ¿Encontrará ella otro amor como el de él?

Ejercicio de vocabulario

A Complete las siguientes oraciones con una palabra apropiada.

1. La _____ es una parte importante del ojo.
2. Amar fuertemente es _____.
3. Los muros alrededor de un jardín son _____.
4. Los pájaros viven en un _____.
5. La belleza es sinónimo de _____.
6. El que no puede hablar es _____.
7. Uno se pone _____ _____ para rezar.
8. Los pajaritos jugaban delante de los _____ de las ventanas.

EJERCICIOS CREATIVOS

1. Exprese en sus propias palabras la idea de cada una de las poesías.
2. En unas palabras describa la pintura que Ud. ve al leer *Volverán las oscuras golondrinas, Rima LIII*.
3. Una de estas rimas es algo pesimista. Identifíquela y explique en qué consiste el pesimismo.

Canción del pirata

José de Espronceda

Espronceda (1810–1842) es un poeta romántico que tuvo una vida tempestuosa e impetuosa. Fue un rebelde ardiente, tomando parte en varias revoluciones y expatriándose[1] dos veces. El vigor, el espíritu libre y la visión poética del autor se pueden ver en el estribillo de la Canción del pirata, una de sus poesías más conocidas.

on diez cañones por banda[2],
viento en popa, a toda vela,
no corta el mar, sino vuela
un velero[3] bergantín;
bajel[4] pirata que llaman
por su bravura *El Temido*,
en todo el mar conocido
del uno al otro confín[5].

La luna en el mar riela[6],
en la lona[7] gime[8] el viento,
y alza en blando movimiento
olas de plata y azul;
y va el capitán pirata,
cantando alegre en la popa,
Asia a un lado; al otro Europa,
y allá en su frente, Estambul.

—Navega, velero mío,
                    sin temor;
que ni enemigo navío[9],
ni tormenta, ni bonanza[10],
tu rumbo a torcer, alcanza,
ni a sujetar tu valor.

Veinte presas[11]
hemos hecho
a despecho
del[12] inglés,
y han rendido
sus pendones[13]
cien naciones
a mis pies.

[1] **expatriándose** abandonando su patria
[2] **por banda** *(on the side)*
[3] **velero** embarcación de vela
[4] **bajel** buque
[5] **confín** límite, horizonte
[6] **riela** *(twinkles)*
[7] **lona** *(sailcloth, canvas)*
[8] **gime** *(moans)*
[9] **navío** buque
[10] **bonanza** *(calm)*
[11] **presas** prisioneros
[12] **a despecho de** a pesar de
[13] **pendones** *(banners)*

Que es mi barco mi tesoro,
que es mi Dios la libertad,
mi ley, la fuerza del viento,
mi única patria, la mar.
Allá muevan feroz guerra
        ciegos reyes
por un palmo más de tierra,
que yo tengo aquí por mío
cuanto abarca el mar bravío[14],
a quien nadie impuso leyes.

        Y no hay playa,
        sea cualquiera,
        ni bandera
        de esplendor,
        que no sienta
        mi derecho,
        y dé pecho[15]
        a mi valor.

Que es mi barco mi tesoro....

A la voz de «¡Barco viene!»
        es de ver
cómo vira[16] y se previene
a todo trapo a escapar;
que yo soy el rey del mar;
y mi furia es temer.

        En las presas
        yo divido
        lo cogido
        por igual;
        sólo quiero
        por riqueza
        la belleza
        sin rival.

Que es mi barco mi tesoro....

¡Sentenciado estoy a muerte!
No me abandone la suerte,
y al mismo me condena
colgaré de alguna antena,
quizá en su propio navío.

[14] **bravío** (*fierce*)

[15] **dé pecho** (*pay tribute*)

[16] **vira** (*veers*)

Y si caigo,
¿qué es la vida?
Por perdida
ya la di,
cuando el yugo
del esclavo,
como un bravo,
sacudí.

Que es mi barco mi tesoro....

[17] **aquilones** vientos del norte

Son mi música mejor
aquilones[17];
el estrépito y temblor
de los cables sacudidos,

[18] **bramidos** (roars)
[19] **rugir** (to roar)

del negro mar los bramidos[18]
y el rugir[19] de mis cañones

y del trueno
al son violento,
y del viento

[20] **rebramar** (to bellow loudly)

al rebramar[20],
yo me duermo
sosegado,
arrullado
por el mar.

Que es mi barco mi tesoro,
que es mi Dios la libertad;
mi ley, la fuerza del viento;
mi única patria, la mar.

PREGUNTAS

1. ¿Cómo va el velero bergantín?
2. ¿Por qué llaman al barco *El Temido*?
3. ¿Dónde es conocido?
4. ¿Adónde va el capitán?
5. ¿Qué puede sujetar el valor del capitán?
6. Para él, ¿qué es su barco?
7. ¿Cuál es su Dios?
8. ¿Cuál es su ley?
9. ¿Cuál es su patria?
10. ¿Qué opina el autor de las guerras? ¿Por qué?

11. ¿Cómo se sabe que él es el rey del mar?

12. ¿Cuál es la riqueza que quiere el pirata?

13. ¿Le tiene miedo a la muerte? ¿Por qué?

14. Para él, ¿qué es la vida?

15. ¿Cuál es su música predilecta?

16. ¿Cómo duerme el pirata?

EJERCICIOS CREATIVOS

A Haga una lista de palabras presentadas en este poema que tengan algo que ver con el mar o con un barco.

En el poema, busque palabras relacionadas con las siguientes:

1. Este poema indica un espíritu intranquilo y rebelde. Dé ejemplos de la rebeldía.

2. El gran ideal de los románticos es la libertad. ¿Cuáles son los símbolos con que Espronceda representa este ideal?

3. ¿Cómo se manifiesta el espíritu de rebeldía en nuestra sociedad contemporánea?

4. ¿Cuál es el cuadro que Ud. ve al leer este poema?

Martín Fierro

José Hernández

La fama del argentino José Hernández (1834–1894) se basa principalmente en su poesía gauchesca. En su juventud Hernández pasó mucho tiempo en estancias de la provincia de Buenos Aires. Allí, observó, aprendió y llegó a entender las tradiciones y los pensamientos de los gauchos. Sus experiencias fueron traducidas en dos poemas épicos: Martín Fierro *(1872) y* La vuelta de Martín Fierro *(1878).*

El primero comprende trece cantos que relatan la vida doméstica de Martín Fierro y su conscripción[1] en el ejército. Después de tres años de vida militar, Martín Fierro deserta[2] y vuelve a casa. Se da cuenta de que su esposa lo ha dejado por otro y que sus hijos han desaparecido. Furioso, se hace bandido[3] y va a vivir con los indios. Entrelazados[4] con las aventuras del protagonista hay innumerables moralizaciones y preceptos gauchescos.

[1] **conscripción** reclutamiento de soldados, entrada en el servicio militar

[2] **deserta** abandona, huye

[3] **bandido** ladrón

[4] **entrelazados** (*interlaced*)

[5] **boliche** tienda
[6] **hacía alarde** (*boasted*)
[7] **de guapo y de peliador**
(peliador) de ser valiente y
luchador
[8] **pingo** caballo corredor
[9] **ramada** enramada,
protección del sol
[10] **terne** valentón (*bully*)
[11] **pago** distrito (Arg.)
[12] **reprendía** (*censured*)
[13] **enriedos** enredos,
conspiración
[14] **comendante** comandante
[15] **entonao** entonado,
arrogante
[16] **desgraciao** desgraciado

[17] **empellón** empujón
[18] **frasco** botella (*flask*)
[19] **cuñao** cuñado
[20] **cuido** cuidado
[21] **crioyo** criollo, nativo
[22] **hoyo** lugar para el entierro,
hueco
[23] **ande bala este toro** (*where
this bull bellows*)
[24] **no bala ningún ternero**
(*there's no room for a calf to
bleat*)
[25] **trenzaos** trenzados, unidos
en lucha
[26] **no era lerdo** no era pesado
ni lento
[27] **tino** habilidad
[28] **soy medio ligerón** (*I'm kind
of fast*)
[29] **sebo** grasa; aquí: úsese tripas
[30] **facón** navaja
[31] **pataliar** patalear, dar fuertes
golpes con los pies
[32] **pulpero** dueño de la tienda
[33] **palenque** (*stockade*)
[34] **haciéndome chiquito**
tratando de parecer inocente

VIII

tra vez en un boliche[5]
estaba haciendo la tarde;
cayó un gaucho que hacía alarde[6]
de guapo y de peliador.[7]
A la llegada metió
el pingo[8] hasta la ramada[9],
y yo, sin decirle nada,
me quedé en el mostrador.

Era un terne[10] de aquel pago[11]
que nadie lo reprendía[12],
que sus enriedos[13] tenía
con el señor comendante[14];
y como era protegido
andaba muy entonao[15],
y a cualquiera desgraciao[16]
lo llevaba por delante.

Se tiró al suelo, al dentrar
le dio un empellón[17] a un vaso,
y me alargó medio frasco[18],
diciendo: «Beba cuñao[19].»
«Por su hermana, contesté,
que por la mía no hay cuidao[20].»

«¡Ah, gaucho!» me respondió;
«¿de qué pago será crioyo[21]?
¿Lo andará buscando el hoyo[22]?
¿Deberá tener güen cuero?
Pero ande bala este toro[23]
no bala ningún ternero[24].»

Y ya salimos trenzaos[25],
porque el hombre no era lerdo[26];
mas como el tino[27] no pierdo
y soy medio ligerón[28],
le dejé mostrando el sebo[29]
de un revés con el facón[30].
Y como con la justicia
no andaba bien por allí,
cuando pataliar[31] lo vi
y el pulpero[32] pegó el grito,
yo pa el palenque[33] salí
como haciéndome[34] chiquito.

Un gaucho argentino

Monté y me encomendé a Dios,
rumbiando[35] para otro pago;
que el gaucho que llaman vago
no puede tener querencia[36]
y así de estrago en estrago[37]
vive llorando la ausencia.

Y se cría viviendo al viento
como oveja sin trasquila[38],
mientras su padre en las filas[39]
anda sirviendo al Gobierno
Aunque tirite[40] en invierno,
naide le ampara ni asila.

No tiene hijos ni mujer,
ni amigos, ni protectores;
pues todos son sus señores,
sin que ninguno le ampare.
Tiene la suerte del güey,
¿y dónde irá el güey que no are[41]?

Su casa es el pajonal[42],
su guarida es el desierto;
y si de hambre medio muerto
le echa el lazo a algún mamón[43],
lo persiguen como a un plaito[44]
porque es un gaucho ladrón.

[35] **rumbiando** yendo con rumbo
[36] **querencia** lugar favorito para descansar
[37] **de estrago en estrago** *(from bad to worse)*
[38] **sin trasquila** *(without being shorn, i.e., without a flock or fold)*
[39] **en las filas** en el servicio militar
[40] **tirite** tiemble de frío
[41] **el güey que no are** el buey que no trabaja *(stray bullock)*
[42] **pajonal** *(haystack)*
[43] **mamón** cochinillo
[44] **plaito** pleito

⁴⁵ **por ay** por allí
⁴⁶ **güelta** vuelta

⁴⁷ **cimarrón** esclavo que se
escapó
⁴⁸ **calabozos** celdas de las
cárceles

⁴⁹ **campanas de palo** sin valor

⁵⁰ **aguanta** tolera
⁵¹ **Déle azote.** *(Whip him.)*

Y si de un golpe por ay⁴⁵
lo dan güelta⁴⁶ panza arriba,
no hay un alma compasiva
que le rece una oración;
tal vez como cimarrón⁴⁷
en una cueva lo tiran.

Para él son los calabozos⁴⁸,
para él las duras prisiones,
en su boca no hay razones
aunque la razón le sobre;
que son campanas de palo⁴⁹
las razones de los pobres.

Si uno aguanta⁵⁰, es gaucho bruto;
si no aguanta, es gaucho malo.
¡Déle azote⁵¹, déle palo!
Porque es lo que él necesita.
De todo el que nació gaucho
ésta es la suerte maldita.

PREGUNTAS

1. ¿Qué aires se daba el gaucho recién llegado?

2. ¿Por qué tenía tanta confianza?

3. ¿Era el gaucho cuñado de Martín Fierro?

4. ¿Por qué se pelearon los dos?

5. ¿Quién ganó?

6. ¿Para dónde salió Martín?

7. ¿Qué significa: «Todos son sus señores, sin que ninguno le ampare»?

8. ¿Qué es la casa del gaucho?

9. ¿Qué significa: «En su boca no hay razones aunque la razón le sobre»?

10. ¿Cuál es la suerte maldita del que es nacido gaucho?

Ejercicio de vocabulario

A Emplee las siguientes palabras en una oración.

1. enredos
2. desgraciado
3. frasco
4. cuñado
5. encomendarse
6. aguantar
7. azote

EJERCICIOS CREATIVOS

1. Haga una lista de los acontecimientos de este poema en orden cronológico.
2. En un párrafo, escriba las ideas filosóficas del gaucho presentadas en el poema.
3. Haga una lista de las costumbres gauchescas presentadas en el poema.
4. El autor le pide al hombre culto justicia para los gauchos. ¿Cuáles son algunas de las injusticias sociales que sufría el gaucho que menciona el autor?

Versos sencillos

José Martí

José Martí (1854–1895), el gran libertador de Cuba se considera el precursor del movimiento modernista. Es clasificado como una de las figuras titánicas de Latino América debido a sus contribuciones como educador, orador, hombre de acción, periodista, y mártir a la causa de la libertad. Sus Versos sencillos son sencillamente poemas escritos con claridad, sinceridad y sencillez.

I

o soy un hombre sincero
de donde crece la palma;
y antes de morirme, quiero
echar mis versos del alma.

Yo vengo de todas partes,
y hacia todas partes voy;
arte soy entre las artes;
en los montes, monte soy.

¹ **cardo** (*thistle*)
² **ortiga** (*stinging nettle*)

Si dicen que del joyero
tome la joya mejor,
tomo a un amigo sincero
y pongo a un lado el amor.

Todo es hermoso y constante,
todo es música y razón,
y todo, como el diamante,
antes que luz es carbón.

XXXIX
Cultivo una rosa blanca,
en julio como en enero,
para el amigo sincero
que me da su mano franca.
Y para el cruel que me arranca
el corazón con que vivo,
cardo¹ ni ortiga² cultivo:
cultivo la rosa blanca.

PREGUNTAS

1. ¿Quién será el hombre sincero?
2. ¿De dónde es?
3. ¿Qué quiere hacer?
4. ¿Qué significa: «Yo vengo de todas partes»?
5. ¿Según Martí, ¿cuál es la mejor joya?
6. ¿Cuál es el significado de: «Todo, como el diamante, antes que luz es carbón»?
7. ¿Qué cultiva Martí para un amigo sincero?
8. ¿Qué cultiva para quien le haya ofendido?

Ejercicio de vocabulario

A Escriba el sustantivo que corresponda a cada uno de los siguientes adjetivos.

1. sincero
2. hermoso
3. musical

4. blanca
5. franca
6. cruel

EJERCICIO CREATIVO

1. En unas frases, analice cada uno de los versos de Martí.

Caupolicán[1]

Rubén Darío

Rubén Darío (1867–1916), nació en una pequeña aldea de Nicaragua. Abandonado por sus padres a los ocho meses, fue recogido por una tía. Tristemente le faltaba la niñez normal con propia dirección para su desarrollo moral. Era un niño prodigio y muy temprano comenzó a escribir versos. Le fascinaba la literatura y decidió dedicarse al periodismo. En 1886 fue a Chile donde se metió en la vida literario y social lo que efectuó un cambio completo en su perspectiva de la vida. Allí publicó Azul..., su primera colección de poesía y cuentos. «Caupolicán» es un tributo al indio feroz que defendió su tribu araucana.

s algo formidable que vio la vieja raza:
robusto tronco de árbol al hombro de un campeón
salvaje y aguerrido, cuya fornida maza[2]
blandiera[3] el brazo de Hércules, o el brazo de Sansón.

Por casco[4] sus cabellos, su pecho por coraza[5],
pudiera tal guerrero, de Arauco en la región,
lancero de los bosques, Nemrod que todo caza,
desjarretar[6] un toro, o estrangular un león.

Anduvo, anduvo, anduvo. Le vio la luz del día,
le vio la tarde pálida, le vio la noche fría,
y siempre el tronco el árbol a cuestas del titán.

«¡El Toqui[7], el Toqui!» clama la conmovida casta.
Anduvo, anduvo, anduvo. La Aurora dijo: «Basta,»
e irguióse la alta frente del gran Caupolicán.

[1] **Caupolicán** famoso caudillo araucano de fuerza formidable

[2] **fornida maza** palo grueso usado como arma de guerra

[3] **blandiera** (*brandish, swing*)

[4] **casco** yelmo

[5] **coraza** armadura

[6] **desjarretar** debilitar

[7] **El Toqui** palabra araucana que significa «líder en la guerra»

PREGUNTAS

1. ¿Quién era Caupolicán?
2. ¿Con quiénes compara el autor a Caupolicán?
3. ¿Qué llevaba al hombro?
4. ¿Qué línea nos dice que Caupolicán era tan fuerte que ni siquiera necesitaba armas?
5. ¿Cuáles animales podía él dominar con la fuerza de los brazos?
6. ¿Qué significa en el poema la repetición de la palabra "anduvo"?
7. ¿Qué título le daban a Caupolicán los indios araucanos?

EJERCICIOS CREATIVOS

1. Busque detalles de la vida de los indios araucanos y la resistencia que ofrecieron a la dominación española. Prepare un párrafo escrito para leer en clase.
2. Analice el poema Caupolicán. ¿Qué clase de poema es? ¿Cuáles son las características de este tipo de verso? ¿Cómo rima? ¿Qué es una cuarteta? ¿un terceto?

Lo fatal

Rubén Darío

En Cantos de vida y esperanza, su última colección, se nota la desilusión personal provocada por las malas condiciones de salud y por verse menos apreciado en el mundo literario. En «Lo fatal» se nota el pesimismo del abatido. Darío dijo que este poema inició la entrada del soneto alejandrino del estilo francés en la lengua española.

Monumento a Rubén Darío, Managua, Nicaragua.

Dichoso el árbol, que es apenas sensitivo
y más la piedra dura, porque ésa ya no siente,
pues no hay dolor más grande que el dolor de ser vivo,
ni mayor pesadumbre que la vida consciente.

Ser, y no saber nada, y ser sin rumbo cierto,
y el temor de no haber sido, y un futuro terror...,
y el espanto seguro de estar mañana muerto,
y sufrir por la vida y por la sombra y por

lo que no conocemos y apenas sospechamos,
y la carne que tienta con sus frescos racimos,
y la tumba, que aguarda con sus fúnebres ramos,
y no saber adónde vamos,
¡ni de dónde venimos...!

PREGUNTAS

1. ¿Por qué tienen suerte el árbol y la piedra?
2. ¿Cuál es el dolor más grande?
3. ¿Cuál es el futuro terror?
4. ¿Cuál es el tema de esta poesía?

Ejercicios de vocabulario

A Busque el opuesto de las siguientes palabras.

1. pasado
2. gozo
3. suave
4. dudoso
5. muerto

B Busque un sinónimo de las siguientes palabras.

1. sufrimiento
2. cierto
3. dirección
4. el sepulcro
5. lúgubre
6. espera

EJERCICIOS CREATIVOS

1. ¿Cuál es la idea principal de esta poesía?
2. ¿Puede un hombre religioso escribir tal poesía? Dé sus opiniones.

Ofertorio
Amado Nervo (1870–1919)

Este gran poeta se considera el más importante modernista mexicano. Era un señor erudito que se preocupaba de su vida espiritual. De joven fue seminarista, pero no tomó los votos finales. Muchas de sus obras reflejan las características de los místicos de España porque refleja una melancolía ascética y serena. De espíritu translucente, emplea efectos musicales, innovaciones de metro, e imágenes translucentes. Su resignación al destino le fortaleció espiritualmente, lo que le ayudó evitar las tormentas del mundo exterior para gozar la paz del mundo adentro.

ios mío, yo te ofrezco mi dolor:
¡es todo lo que puedo ya ofrecerte!
Tú me diste un amor, un solo amor,
  ¡un gran amor!
  Me lo robó la muerte
…y no me queda más que mi dolor.
  Acéptalo, Señor:
¡es todo lo que puedo ya ofrecerte!

PREGUNTAS

1. ¿A quién habla el poeta?
2. ¿Qué le ofrece a Dios?
3. ¿Por qué no le puede ofrecer otra cosa?

EJERCICIO CREATIVO

1. En un poema breve o en una composición exprese algún dolor que ha sufrido.
2. Con un compañero o en un grupo limitado converse de algunas maneras de aliviar la tristeza personal. ¿Con quién se puede consultar en tales casos?

Los heraldos negros

César Vallejo

César Vallejo (1892–1938) inicia sus obras con un modernismo personal[1] que pronto abandona por completo y se junta a los vanguardistas. Distintos eventos de su vida son claves que marcan influencias sobre sus obras y su manera de ser, pensar y actuar. Son la vida familiar en un pueblo del norte de Chile, luchas revolucionarias, cárcel, relaciones amorosas, y exilio. Su obra poética lleva un profundo espíritu humano y un misticismo con rasgos cristianos.

Se publica su primer libro Los heraldos negros *en 1918, año de la muerte de su madre. Lleva muestras del estilo modernista, con temas personales: el temor de la muerte, el hombre confuso y herido, el hombre abatido que quiere conservar la fe pero con reservas, en las cuales se notan indicaciones de vanguardismo. Después abandona totalmente el modernismo y sigue a los vanguardistas con poemas confusos y difíciles de comprender. En España durante la Guerra Civil se afilia al partido republicano y adopta una actitud nihilista con el deseo de un nuevo órden para promover una solidaridad general. Progresa del vanguardismo frío a un humanismo compasivo.*

[1] **modernismo personal** adapta rasgos modernistas a su propio estilo

ay golpes en la vida, tan fuertes...¡Yo no sé!
Golpes como el odio de Dios; como si ante ellos,
la resaca[2] de todo lo sufrido
se empozara[3] en el alma...¡Yo no sé!

Son pocos, pero son... Abren zanjas[4] oscuras
en el rostro más fiero y en el lomo más fuerte.
Serán tal vez los potros de bárbaros atilas[5];
o los heraldos negros que nos manda la Muerte.

Son las caídas hondas de los Cristos del alma,
de alguna fe adorable que el Destino blasfema.
Esos golpes sangrientos son las crepitaciones[6]
de algún pan que en la puerta del horno se nos quema.

Y el hombre...¡Pobre...pobre! Vuelve los ojos, como
cuando por sobre el hombro nos llama una palmada;
vuelve los ojos locos, y todo lo vivido
se empoza, como charco de culpa, en la mirada.

Hay golpes en la vida, tan fuertes...¡Yo no sé!

[2] **resaca** *(surf, undertow)*

[3] **se empozara (empozar)** *(to be pigeonholed, to be soaked)*

[4] **abren zanjas** *(dig ditches, make deep wounds)*

[5] **potros de bárbaros atilas** *(pests, annoyances)*

[6] **crepitaciones** *(cracklings)*

PREGUNTAS

1. ¿Qué es el tono general del poema?
2. Según el poeta, ¿qué son los heraldos negros?
3. Cite evidencias de tristeza y desesperación.
4. El poema contiene cantidad de imágenes poéticas. Haga lista de ellas y su interpretación de ellas.
5. ¿Qué nos revela en cuanto a su fe religiosa?
6. Según la última estrofa, ¿cómo percibe al hombre?
7. ¿Hay regularidad en la versificación silábica? ¿En la agrupación de versos?

EJERCICIO CREATIVO

1. Exprese su opinión del poema. ¿Le deja con ganas de leer más poemas de Vallejo? Justifique sus razones.

Vino, primero, pura

Juan Ramón Jiménez (1881–1958)

Este gran poeta español nació en Moguer, Andalucía, un área poco poblada. Desde niño fue gran amigo de la soledad. Era gran hombre de gran cultura y viajaba extensivamente, afirmándose muy español y muy universal. Conoció a Rubén Darío en 1898 con quien compartió interés en el modernismo.

También se interesó en la juventud y trató de inspirarla por medio de varias publicaciones. Emigró a América durante la Guerra Civil y fue catedrático en la Universidad de Puerto Rico. Escribió los versos más puros, más íntimos, más bellos. Es querido por su libro Platero y yo, *por el cual recibió el Premio Nóbel de Literatura en 1958.*

Se clasifica su poesía en tres etapas: 1ª poesía espontánea con metros tradicionales; inspiración en la naturaleza. Abunda el sentimentalismo y el sensualismo con rasgos neorrománticos. Se nota la influencia de Bécquer. En la 2ª se nota preocupación formal por el poema. Influencia modernista. Fervor por la belleza natural. Temas de inspiración: amor, tristeza, flores, pájaros. En la 3ª etapa la palabra poética se recrea en la sensación vivida. Deja de un lado la imaginación. Dirigida a la minoría. Se inicia el camino de la poesía pura, de particular simbolismo. Al leer el poema, nota las etapas citadas.

ino, primero, pura,
vestida de inocencia;
y la amé como un niño.

Luego se fue vistiendo
de no sé qué ropajes;
y la fui odiando, sin saberlo.

Llegó a ser una reina,
fastuosa de tesoros...
¡Qué iracundia de yel y sin sentido!
... Mas se fue desnudando.
Y yo le sonreía.

Se quedó con la túnica
de su inocencia antigua.
Creí de nuevo en ella.

Y se quitó la túnica,
y apareció desnuda toda...
¡Oh pasión de mi vida, poesía,
desnuda, mía para siempre!

PREGUNTAS

1. ¿Cuál es el tema del poema?
2. ¿Cómo describe su primer encuentro con la poesía? ¿Cuándo sintió su primera atracción por ella?
3. Más tarde, ¿por qué dejó de quererla?
4. En relación del desarrollo de la poesía, ¿cuándo habría ocurrido eso?
5. ¿Qué le atrajo otra vez? ¿Cómo fue la experiencia?

EJERCICIO CREATIVO

1. Exprese su opinión del poema. En su opinión, ¿es un poema pornográfico?
2. Explique el simbolismo de estas expresiones: «vestida de inocencia»; «de no sé qué ropajes»; «llegó a ser una reina, fastuosa de tesoros»; «iracundia de yel y sin sentido»; «se quedó con la túnica de su inocencia antigua». En la tercera estrofa «¿de qué se fue desnudando?»

La higuera

Juana de Ibarbourou

Como dice Juana de Ibarbourou (1895–1979), poeta uruguaya, la higuera es un árbol de poca belleza. Es áspera, fea y tiene ramas torcidas. Aun su fruto, según los refranes, es de poco valor (no darle a uno un higo de una cosa, equivale a no hacer caso de ella). Sin embargo, en el poema que sigue, la higuera tiene un alma sensible... tan sensible como la de la poeta que la inmortalizó en sus versos. La poesía de Juana de Ibarbourou se caracteriza por frases originales, una sinceridad extraordinaria y una sensibilidad poco común para la atracción de la naturaleza.

orque es áspera y fea,
porque todas sus ramas son grises,
yo le tengo piedad a la higuera.

En mi quinta[1] hay cien árboles bellos:
    ciruelos redondos,
    limoneros rectos,
y naranjos de brotes lustrosos.

    En las primaveras,
todos ellos se cubren de flores
    en torno a la higuera.

Y la pobre parece tan triste
con sus gajos[2] torcidos que nunca
de apretados capullos[3] se visten....

    Por eso,
cada vez que yo paso a su lado
digo, procurando
hacer dulce y alegre mi acento:
—Es la higuera el más bello
de los árboles todos del huerto.

    Si ella escucha,
si comprende el idioma en que hablo,
¡qué dulzura tan honda hará nido
en su alma sensible de árbol!

    Y tal vez, a la noche,
cuando el viento abanique su copa[4],
embriagada de gozo le cuente:
—Hoy a mí me dijeron hermosa.

[1] **quinta** casa de campo

[2] **gajos** ramas de un árbol
[3] **capullos** botones de una flor o planta

[4] **copa** *(treetop)*

PREGUNTAS

1. ¿Por qué le tiene piedad a la higuera?
2. ¿Qué árboles hay en su jardín?
3. ¿Qué tienen todos ellos en la primavera?
4. ¿Por qué parece tan triste la higuera?
5. ¿Qué dice la poetisa al pasar junto a la higuera?
6. ¿Qué diría la higuera si comprendiera el idioma de la poeta?

Ejercicio de vocabulario

A Escriba el adjetivo que corresponde a los siguientes sustantivos.

1. aspereza
2. piedad
3. belleza
4. redondez
5. tristeza
6. dulzura
7. alegría
8. rectitud

EJERCICIOS CREATIVOS

1. En este poema, ¿qué simboliza la higuera?
2. ¿Cómo se puede aplicar la idea de este poema a la vida?

El niño solo

Gabriela Mistral (1889–1957)

Esta poeta chilena inició sus primeras contribuciones educativas y sociales como maestra rural. Sufrió trágicamente la pérdida de un amor del cual se sabe muy poco, pero la dejó con añoranzas maternales nunca satisfechas. Su dedicación a la enseñanza compensó en parte esta pérdida y la fortaleció para dedicarse al servicio de otros, a su patria, y eventualmente, a la humanidad. Sus canciones de cuna son entre las más bellas de las escritas en español. Fue motivada a escribir poesías hermosas por su fe en Dios, las impresiones indelebles de los lúgubres paisajes chilenos y su gente, y la tristeza de no realizar sus deseos maternales. En 1946 sus obras recibieron la atención mundial y fueron premiadas con el cotizado Premio Nóbel de Literatura. También se distinguió representando a Chile en varias embajadas, y en las Naciones Unidas.

¹ **como escuchase**
  mientras oía
² **repecho** *(sharp, steep hill)*
³ **embriagó (embriagar)**
  (enraptured)
⁴ **curvada en el barbecho**
  (bent over planting a field)
⁵ **pezón** *(nipple)*

⁶ **ventura** felicidad

Como escuchase¹ un llanto, me paré en el repecho²
y me acerqué a la puerta del rancho del camino.
Un niño de ojos dulces me miró desde el lecho
¡y una ternura inmensa me embriagó³ como un vino!

La madre se tardó, curvada en el barbecho⁴;
el niño, al despertar, buscó el pezón⁵ de rosa
y rompió en llanto...Yo lo estreché contra el pecho,
y una canción de cuna me subió, temblorosa...

Por la ventana abierta la luna nos miraba.
El niño ya dormía, y la canción bañaba,
como otro resplandor, mi pecho enriquecido...

Y cuando la mujer, trémula, abrió la puerta,
me vería en el rostro tanta ventura⁶ cierta
¡que me dejó el infante en los brazos dormido!

PREGUNTAS

1. En parte el poema es positivo y a la vez negativa. Identifique las dos actitudes y haga comentarios personales.
2. ¿De qué satisfacción momentánea gozó la poeta? Exprese sus opiniones: ¿Hizo mal en atreverse a entrar? ¿Qué la impulsó?
3. Explique «una canción de cuna me subió, temblorosa...». ¿Hay ironía aquí?
4. ¿Qué puede significar «la luna nos miraba?»
5. ¿Cómo expresa su satisfacción personal?
6. En su opinión, ¿por qué no se asustó la madre al ver a la forastera (o intrusa) en su casa?
7. ¿Es éste un tema local de Chile?

EJERCICIO CREATIVO

Analice la estructura del poema prestando atención a: la agrupación de versos y a la rima. ¿Tiene cualidades musicales o estridentes? Exprese su reacción inicial.

Sensemayá[1]
Canto para matar una culebra

Nicolás Guillén

[1] **sensemayá, mayombe, bombe, mayombé** palabras onomatopéyicas

La voz de Nicolás Guillén (1902–1989) se juntó al coro de poetas que cantaban el abandono y el estado servil de los hombres de color en todas partes de las Américas. En esta poesía afro-cubana, Guillén retrata a sus hermanos en sus varias pasiones; los complace en sus creencias y costumbres supersticiosas.

En «Sensemayá» se puede apreciar los sonidos onomatopéyicos, la armonía de sílabas explosivas, de vocales fuertes y frases aliterativas que evocan los ritmos y las pulsaciones de canción, de corazón, de baile y de encantanción de los que viven a lo sumo emocionalmente.

¡Mayombe—bombe—mayombé!
¡Mayombe—bombe—mayombé!
¡Mayombe—bombe—mayombé!

La culebra tiene los ojos de vidrio;
la culebra viene y se enreda en un palo;
con sus ojos de vidrio, en un palo,
con sus ojos de vidrio.
La culebra camina sin patas
la culebra se esconde en la yerba;
caminando se esconde en la yerba,
caminando sin patas.

¡Mayombe—bombe—mayombé!
¡Mayombe—bombe—mayombé!
¡Mayombe—bombe—mayombé!

Tú le das con el hacha, y se muere:
¡dale ya!
¡No le des con el pie, que te muerde,
no le des con el pie, que se va!

Sensemayá, la culebra,
sensemayá.
Sensemayá, con sus ojos,
sensemayá

Sensemayá con su lengua,
sensemayá.
Sensemayá con su boca,
sensemayá...

¡La culebra muerta no puede comer;
la culebra muerta no puede silbar;
no puede caminar,
no puede correr!
¡La culebra muerta no puede mirar;
la culebra muerta no puede beber;
no puede respirar,
no puede morder!

¡Mayombe—bombe—mayombé!
Sensemayá, la culebra...
¡Mayombe—bombe—mayombé!
Sensemayá no se mueve...
¡Mayombe—bombe—mayombé!
Sensemayá, la culebra...
¡Mayombe—bombe—mayombé!
¡Sensemayá, se murió!

PREGUNTAS

1. ¿Para qué sirve este canto según el poeta?
2. ¿Con qué compara los ojos de la culebra?
3. ¿Con qué se sugiere matar la culebra?
4. ¿Por qué no se debe usar los pies para matar la culebra?
5. Cite ocho «infinitivos» que la culebra no puede hacer después de morirse.

EJERCICIO CREATIVO

1. Durante una de las lecturas de este poema, aumente el interés de la clase por su participación. Algunos miembros de la clase pueden dar acompañamiento con tambores, bongos, claves, maracas, etc. marcando el ritmo de los versos. Otros pueden acompañar la lectura en voz baja murmurando y repitiendo ...mayombe, bombe, mayombé.

Dos niños

Nicolás Guillén

Con «Dos niños» Guillén incita la necesidad de demandar igualdad con todas las clases y razas. Este autor ha llegado a ser uno de los poetas más comprometidos socialmente de su generación.

Dos niños, ramas de un mismo árbol de miseria,
juntos en un portal bajo la noche calurosa,
dos niños pordioseros llenos de pústulas,
comen de un mismo plato como perros hambrientos
la comida lanzada por la pleamar de los manteles[1].
Dos niños: uno negro, otro blanco.

Sus cabezas unidas están sembradas de piojos[2];
sus pies muy juntos y descalzos;
las bocas incansables en un mismo frenesí de mandíbulas[3],
y sobre la comida grasienta y agria[4],
dos manos: una negra, otra blanca.

¡Qué unión sincera y fuerte!
Están sujetos por los estómagos y por las noches foscas[5],
y por las tardes melancólicas en los paseos brillantes,
y por las mañanas explosivas,
cuando despierta el día con sus ojos alcohólicos.
Están unidos como dos buenos perros...

[1] **lanzada... manteles** (fig.) *(food thrown from a bountiful table)*
[2] **piojos** *(lice)*
[3] **frenesí de mandíbulas** *(frenetic movement of the jaws)*
[4] **grasienta y agria** llena de grasa y ácida
[5] **foscas** de niebla *(foggy)*

Juntos así como dos buenos perros,
uno negro, otro blanco,
cuando llegue la hora de la marcha
¿querrán marchar como dos buenos hombres,
uno negro, otro blanco?

Dos niños, ramas de un mismo árbol de miseria,
comen en un portal, bajo la noche calurosa.

PREGUNTAS

1. ¿Qué metáfora usa Guillén para indicar que los dos niños son iguales?
2. ¿Qué símil usa?
3. ¿Cuáles cosas nos indican la pobreza de los niños?
4. A pesar de ser un niño negro y el otro blanco, ¿los compara iguales?
5. ¿Sugiere el autor la esperanza o la desesperación al terminar el poema?

EJERCICIO CREATIVO

Si Ud. fuera artista y fuera a poner en lienzo esta escena, ¿qué incluiría? Haga una lista de los detalles. ¿Qué colores predominarían?

Oración por Marilyn Monroe

Ernesto Cardenal (1925–)

Este autor nicaragüense cautiva el interés por su humanismo liberal. Su vida es singular por múltiples razones. Se graduó en literatura, estudió en Nueva York, donde gozaba del ambiente intelectual. Concentró en la poesía americana, sobre todo en la de Ezra Pound. Observaba y estudiaba los problemas sociales y desarrolló un fuerte concepto político. Después entró en una abadía Gehtsemaní; seguía estudiando en México donde durante la experiencia de profunda meditación, se dio cuenta de su vocación —la de ser sacerdote para ayudar a los necesitados. Regresó a Managua donde fue ordenado. De allí se mudó a una isla donde fundó una comunidad comunista que se dedica a ayudar a los isleños. Su obra abarca toda clase de poesía: la histórica, la amorosa, la político-social. Tiene gran variedad de intereses como el cine, los avances técnicos, y en publicar sus ideas. En muchas partes deja sus influencias sobre la política y la justicia.

Este poema fue publicado en 1965 después de la muerte trágica de esta estrella de cine conocida por todo el mundo. ¿Qué pide en su oración?

eñor
recibe a esta muchacha conocida en toda la tierra con el
        nombre de Marilyn Monroe
aunque ese no era su verdadero nombre
(pero Tú conoces su verdadero nombre, el de la huerfanita violada
    a los 9 años
y la empleadita de tienda que a los 16 se había querido matar)
y que ahora se presenta ante Ti sin ningún maquillaje
sin su Agente de Prensa
sin fotógrafos y sin firmar autógrafos
sola como un astronauta frente a la noche espacial.

Ella soñó cuando niña que estaba desnuda en una Iglesia
    (según cuenta el *Time*)
ante una multitud postrada, con las cabezas en el suelo
y tenía que caminar en puntillas para no pisar las cabezas.
Tú conoces nuestros sueños mejor que los psiquiatras.
Iglesia, casa, cueva, son la seguridad del seno materno
pero también algo más que eso...
Las cabezas son los admiradores, es claro
(la masa de cabezas en la oscuridad bajo el chorro de luz).

Pero el templo no son los estudios de la 20th Century-Fox.
El templo—de mármol y oro—es el templo de su cuerpo
en el que está el Hijo del Hombre con un látigo[1] en la mano
expulsando a los mercaderes de la 20th Century-Fox
que hicieron de Tu casa de oración una cueva de ladrones.

[1] **látigo** *whip*

Señor
en este mundo contaminado de pecados y radioactividad
Tú no culparás tan sólo a una empleadita de tienda.
Que como toda empleadita de tienda soñó ser estrella de cine.
Y su sueño fue realidad (pero como la realidad del tecnicolor).

Ella no hizo sino actuar según el script que le dimos
—El de nuestras propias vidas—Y era un script absurdo.
Perdónala Señor y perdónanos a nosotros
por nuestra 20th Century
por esta Colosal Super-Producción en la que que todos hemos trabajado.

Ella tenía hambre de amor y le ofrecimos tranquilizantes.
Para la tristeza de no ser santos
    se le recomendó el Psicoanálisis.
Recuerda Señor su creciente pavor a la cámara
y el odio al maquillaje—insistiendo en maquillarse en cada escena—
y cómo se fue haciendo mayor el horror
y mayor la impuntualidad a los estudios.

Como toda empleadita de tienda
soñó ser estrella de cine.
Y su vida fue irreal como un sueño que un psiquiatra interpreta y archiva.

Sus romances fueron un beso con los ojos cerrados
que cuando se abren los ojos
se descubre que fue bajo reflectores
    ¡y apagan los reflectores!
y desmontan las dos paredes del aposento (era un set cinematográfico)
mientras el Director se aleja con su libreta
    porque la escena ya fue tomada.
O como un viaje en yate, un beso en Singapur, un baile en Río
la recepción en la mansión del Duque y la Duquesa de Windsor
    vistos en la salita del apartamento miserable.

La película terminó sin el beso final.
La hallaron muerta en su cama con la mano en el teléfono.
Y los detectives no supieron a quién iba a llamar.
Fue
como alguien que ha marcado el número de la única voz amiga
y oye tan sólo la voz de un disco que le dice: WRONG NUMBER
O como alguien que herido por los gansters
alarga la mano a un teléfono desconectado.

Señor
quienquiera que haya sido el que ella iba a llamar
y no llamó (y tal vez no era nadie
o era Alguien cuyo número no está en el Directorio de Los Angeles)
    ¡contesta Tú el teléfono!

PREGUNTAS

1. ¿Es ésta una oración seria o frívola e insignificante? Justifique su respuesta.

2. ¿Cuál fue su verdadero nombre? ¿Quién lo sabe?

3. Cite problemas que tuvo siendo todavía muy joven.

4. ¿Cómo se presenta ante el Señor?

5. Exprese algo de sus sueños y la escena en una iglesia. ¿Tiene algún significado en particular?

6. ¿Comprendía Marilyn lo que le pasaba? ¿Por qué seguía haciéndolo?

7. Cite conflictos que afectaron el cumplir con sus obligaciones.

8. ¿Había permanencia en sus relaciones con otros? ¿En el trabajo?

9. ¿Cómo terminó "la película?" ¿Parecía real? Dé detalles.

10. ¿Cuál es la súplica final? Ahora, vuelva a considerar la pregunta de la introducción. Según Cardenal, ¿quiénes se ven necesitados de la merced del Señor?

EJERCICIO CREATIVO

1. Este poema puede parecer superficial y hasta irreverente a unos. Exprese sus impresiones sobre el intento del Padre Cardenal. Cite lo que Ud. considera su meta. Explique sus ideas.

2. ¿Sabe Ud. algo de la teología de liberación? Si le interesa, investigue el por qué del desarrollo, dónde se practica, quiénes son los líderes, cuáles son sus fines.

Tu risa
Pablo Neruda (1904–1973)

Chile ha sido tierra fecunda en poetas que han enriquecido la literatura con obras significantes y de una belleza impresionante. Pablo Neruda, cuyo nombre verdadero es Ricardo Neftalí Reyes, se interesó en la literatura y publicó en revistas, periódicos, y libros de poemas. La cantidad de obras suyas es asombrosa. «Tu risa» es de la colección Crepusculario *(1923) en la cual evoca el modernismo y su individualismo frente al vanguardismo.*

Neruda también sirvió a Chile como embajador en muchos países. Sufrió detenciones y exilio por atreverse a protestar injusticias, por lo cual es conocido por todo el mundo porque su deseo de servir a su patria y su interés en ayudar a la gente común a elevar el estatus de vida le impulsó a expresarse sin temor. Recibió el Premio Nóbel de Literatura en 1971. Era hombre de gran espíritu mundial, atrevido e inflexible en su compromiso político, noble en su deseo de ayudar a los necesitados, con gran sentido de humor, y estimado ciudadano del mundo.

 uítame el pan si quieres,
quítame el aire, pero
no me quites tu risa.

No me quites la rosa,
la lanza que desgranas[1],
el agua que de pronto
estalla en tu alegría,
la repentina ola
de planta[2] que te nace.

[1] **desgrana (desgranar)** *to shell, strip, come loose*

[2] **de planta** *from the ground up*

Mi lucha es dura y vuelvo
con los ojos cansados
a veces de haber visto
la tierra que no cambia,
pero al entrar tu risa
sube al cielo buscándome
y abre para mi todas
las puertas de la vida.

Amor mío, en la hora
más oscura desgrana
tu risa, y si de pronto
ves que mi sangre mancha
las piedras de la calle,
ríe, porque tu risa
séra para mis manos
como una espada fresca.

Junto al mar en otoño,
tu risa debe alzar su cascada de espuma,
y en primavera, amor,
quiero tu risa como
flor que yo esperaba,
la flor azul, la rosa
de mi patria sonora.

Ríete de la noche,
del día, de la luna,
ríete de las calles
torcidas de la isla,
ríete de este torpe
muchacho que te quiere,
pero cuando yo abro
los ojos y los cierro,
cuando mis pasos van,
cuando vuelven mis pasos,
niégame el pan, el aire,
la luz, la primavera,
pero tu risa nunca porque me moriría.
Para que nada nos separe
que no nos una nada.

PREGUNTAS

1. ¿Qué significa mucho al poeta? Exprese todo lo que se abarca esta idea.
2. El poema contiene muchas figuras literarias. Identifique los símiles; las metáforas.
3. ¿Cómo habría sido esta persona? ¿Cómo afectó su vida?
4. Cite los sitios mencionados. ¿Qué significado habrían tenido?
5. Considere el estilo poético. ¿Se distingue por representar cierto grupo o movimiento literario?
6. Exprese su interpretación de las últimas dos líneas.

CONVERSACIÓN

Teodoro Tesoro entrevista a un gitano

TEODORO: Siento mucho haber arreglado esta entrevista para una hora tan temprana, pero como toda España duerme la siesta por la tarde, y por la noche Ud. tiene que bailar en el teatro...

GITANO: Comprendo. ¿Ud. ha visto mi compañía de danzantes andaluces?

TEODORO: Soy muy aficionado al flamenco. En mis viajes he visto a los mejores... La Argentinita, Carmen Amaya, Escudero, José Greco, José Limón... pero ninguno que me impresionó tanto como la representación que Ud. dio anoche en el Teatro Real.

GITANO: Excelentísimos los que Ud. ha visto, pero ésos son estudiantes del baile. El verdadero flamenco es cosa propia del gitano. Nosotros creamos los pasos de un baile según la disposición del ánimo en el momento. Es espontáneo y la emoción anima al público hasta que participen por dar palmadas, por estampar marcando el ritmo, por cantar y por gritar... en fin, por meterse completamente.

TEODORO: Muy emocionante.

GITANO: Gracias, señor. Es que no sólo tenemos danzantes maravillosos pero también hay músicos fantásticos en la compañía. El acompañamiento de las guitarras, las castañuelas y las panderetas es sobresaliente.

TEODORO: No se habla de otra cosa que la magia de su grupo en las tablas. Pronto serán ricos ¡Podrán vivir en palacios!

GITANO: Para los gitanos, el dinero en los bolsillos es menos importante que el espíritu en el cuerpo. Nos asociamos con una vida alegre, libres, vagando cuandoquiera, adondequiera, congregando alrededor de una fogata, cantando, bailando.

TEODORO: ¿No se interesan en sentarse los reales, plantarse, echar raíces?

GITANO: ¿Casita pequeña en el campo... con cerca blanca de estacas y pequeño jardín? ¿Vivir en palacios, como dice Ud.? ¡Por Dios! ¡Ni pensarlo! Aquí en Granada y Guadix preferimos vivir en nuestras cuevas.

TEODORO: Pero deben ser incómodas, húmedas...

GITANO: Al contrario, son agradables, secas y bien ventiladas con electricidad... algunas con veinte salas. Nuestras escuelas, tiendas e iglesias están en las cuevas.¿Y qué sería más linda que la vista de la Sierra Nevada en la distancia?

TEODORO: ¡Ya veo! Pues, ¡para los gustos se han hecho los colores!

ESTRUCTURA

Por y para

Las dos preposiciones **por** y **para,** aunque tienen la misma traducción en inglés, no son intercambiables. Tienen usos diferentes y específicos.

■ Usos de *para*

1. Para indicar movimiento hacia un destino que puede ser lugar, persona, evento o tiempo fijo. Ej.

Salen para Venezuela.
Estas flores son para mi novia.
Este regalo es para su cumpleaños.
Estaremos en Taxco para el primero de junio.

2. Para indicar la razón, el propósito de una acción (expresada en el infinitivo), el servicio que ofrece una persona o el uso de una cosa.

Estudio mucho para pasar mis exámenes.
Este poema es para aprender de memoria.
Ella come poco para no engordar.
Tiene un buen profesor para enseñarles.
La taza es para café.

3. Para indicar una comparación de desigualdad o una comparación inesperada.

Para extranjero comprende español muy bien.
Para noviembre hace mucho calor.

■ Usos de *por*

1. Para indicar movimiento libre por el espacio.

Corrieron por la calle.
Anduvieron por la playa.
Entramos por la puerta principal.

2. Para indicar el cambio de una cosa por otra.

Pagué mucho por este anillo.

3. Para indicar un período de tiempo.

Van a estar en Acapulco por dos semanas.

«Estaremos en Taxco para el primero de junio.»

4. Para indicar algo hecho en favor de otra persona.

Pago la cuenta por mi hermana.
No me gusta cantar pero lo hago por ellos.

5. Para indicar lo que uno consigue u obtiene con los verbos **ir, mandar, venir, volver.**

> **Voy por el médico.**

6. Para indicar razón o motivo de una acción.

> **No hice el viaje por falta de dinero.**
> **Luchan por la libertad del pueblo.**

7. Para indicar manera o medio.

> **La carta llegó por correo áereo.**
> **La levantó por fuerza bruta.**

8. Para indicar el agente de la voz pasiva.

> **La comida fue preparada por el cocinero.**
> **El poema fue escrito por Juana de Ibarbourou.**

9. Para indicar unidades de medidas o número.

> **El descuento en mis compras es de diez por ciento.**
> **Cuenta de cinco a cincuenta por cinco.**

10. Para indicar lo que queda por hacer en el futuro.

> **Todavía me quedan tres cartas por escribir.**

11. Para indicar el bienestar.

> **Todos preguntaron por ti, mamacita.**

12. Para indicar causa.

> **Lo hará por respeto de sus padres.**
> **Los niños corrían por tener frío.**

13. *Por* se usa en ciertas expresiones de exclamación o juramento.

> **¡Por Dios! ¿Qué haces?**
> **Una limosna, señor, por el amor de Dios.**

14. **Sutilezas:** Note las siguientes diferencias.

> 1. **Están para** salir pero parece que **está por** llover. (Preparan a salir pero parece que va a llover.)
>
>   **Estoy por** bailar porque la música me inspira. (Tengo ganas de bailar; no indica que la acción tendrá lugar)
>
> 2. Compré el libro para mi padre. (Es un regalo para el día de su santo.) Compré el libro por mi padre. (A mi padre no le gusta ir de compras. Lo compré yo pero mi padre va a regalarlo a un amigo suyo.)

EJERCICIOS

A Complete las siguientes oraciones con *por* o *para*

1. Los reyes harán guerra _____ un pedacito de guerra.
2. No aceptaría nada _____ su libertad.

3. La princesa daría a Córdoba y a Sevilla _____ Granada.
4. El moro recibía cien doblas al día _____ su trabajo.

B Complete las siguientes oraciones con *por* o *para*.

1. El Cid tuvo que dejar a su familia _____ mucho tiempo.
2. Tienen que terminar la construcción del palacio _____ el año que viene.
3. Los árabes estuvieron en Granada _____ muchos siglos.
4. El barco no llegará _____ el día ocho.
5. La poeta estará en Madrid _____ dos años.

C Complete las siguientes oraciones con *por* o *para*.

1. Estas piedras son _____ la construcción del castillo.
2. Cultiva una rosa blanca _____ el amigo sincero.
3. Su hermano no lo pudo hacer; así Andrés lo hizo _____ él.
4. La criada puso la mesa _____ mi madre, quien estuvo enferma.
5. Este dinero es _____ los labriegos.

D Complete las siguientes oraciones.

1. Antes de morir, mandó _____ sus parientes.
2. Volvió _____ la carta que había olvidado.
3. Vino _____ el dinero que le debían.
4. Fue _____ agua.

E Complete las siguientes oraciones con *por* o *para*.

1. El Cid está _____ salir y se despide de su familia.
2. Esta poesía está _____ terminar.
3. Como es la primavera, las golondrinas están _____ volver.
4. Los gitanos siempre están _____ bailar, tanto es el afán que tienen por el flamenco.
5. El sol está _____ ponerse.

F Complete las siguientes oraciones empleando *por* o *para* según el significado.

1. Este mundo es el camino _____ el otro.
2. Las golondrinas volaron _____ el jardín.
3. El pirata seguía andando _____ el mar.
4. El buque salió _____ Asia.
5. El viaje _____ el otro mundo es definitivo.
6. El gitano anda despacio _____ las cuevas.
7. El gaucho iba muy entonado _____ las pampas.
8. El dinero cunde su sarna (*spreads its "itch"*) _____ todo el mundo.

G Complete las siguientes oraciones con *por* o *para*.

1. Hará cualquier cosa _____ el dinero.
2. Lo reprendieron _____ ser gaucho. No hubo otro motivo.

3. Ella come _____ no tener más hambre.
4. No he nacido _____ sufrir tanto.
5. Planté rosales _____ cosechar rosas.
6. Compró los limones _____ hacer limonada.
7. Siguió andando por el mar _____ su fuerte deseo de libertad.
8. Volverán las madreselvas _____ escalar las tapias del jardín.
9. Quiere a Dios, no _____ temor, sino _____ amor.
10. Consiento en morir _____ el amor que le tengo.

H Complete las siguientes oraciones con *por* o *para*.

1. No tiene buenos modales _____ un hombre rico.
2. Todos lo toman _____ tonto.
3. _____ un gaucho, conoce bien la vida de la ciudad.
4. Muchos los toman _____ hermanos.
5. Le dejaron al gitano _____ muerto.
6. Aunque el poeta había pasado mucho tiempo en Italia, nunca pasaba _____ natural del país.
7. _____ peruano, habla muy bien el francés.
8. _____ un salvavidas, no es bastante fuerte.

I Complete las siguientes oraciones con *por* o *para*.

1. El Cid se fue _____ Valencia.
2. El Cid luchó _____ su patria.
3. Debemos tomar el presente _____ el pasado.
4. Según Manrique, este mundo es el camino _____ el otro.
5. El padre deja al mundo engañoso _____ otro más tranquilo.
6. _____ pagano, tiene mucha fe.
7. Hay que pagar _____ el trabajo hecho.
8. El moro la quería _____ su belleza.
9. No quiero ofenderle _____ el cariño que le tengo.
10. Los suspiros se van _____ el aire.
11. Le llaman «El Temido» _____ su bravura.
12. El pirata no sustituiría el mar _____ nada.
13. La libertad es, _____ él, la cosa más importante.
14. Encuentra su libertad andando _____ el mar.
15. La sangre corre _____ sus azuladas venas.
16. _____ rey, es muy humilde.
17. No lucharía _____ un pedazo de tierra.
18. Rubén Darío pasó su vida viajando _____ muchos países de Europa y América.
19. Estuvo _____ poco tiempo en cada país, sin echar raíces en ninguno.
20. Todavía tenemos muchas cosas _____ hacer.
21. _____ César Vallejo, no hay esperanza.
22. Hay que terminar el estudio de este poema _____ mañana.
23. Estudió _____ abogado, pero dejó esta carrera _____ ser poeta.
24. El buque está _____ salir _____ un puerto desconocido.

J Conteste las siguientes preguntas fijándose en el uso de *por* o *para*.

1. ¿Cuánto tiempo vas a quedarte allí?
2. ¿Terminaste la lectura o todavía te queda muchos capítulos por leer?
3. ¿Vas al mercado por leche o por otra cosa?
4. ¿Está su amiga para salir?
5. ¿Qué tareas tienes para mañana?
6. ¿Quieres que yo haga algo por ti?
7. ¿Es posible que llegues para las siete?
8. ¿Qué piensas comprar para tu novio (a) para Navidad?
9. Hace buen tiempo. ¿Quieres dar un paseo por el parque?
10. ¿Cuánto pagaron por la nueva vivienda?

K **¿Qué? ¿Para quién? ¿Por cuánto?** Tú y tu amigo(a) van de compras. Indiquen lo que van a comprar, para quién(es) es y cuánto piensan gastar.

> **un par de aretes... mi hermana... cuatro dólares**
> *Vamos a comprar un par de aretes para mi hermana por cuatro dólares*

1. un librito de crucigramas... mi hermano... cinco dólares
2. una caja de bombones... nuestra profesora... cinco dólares
3. una billetera... su tío... diez dólares
4. un suéter azul... Ana Gómez... quince dólares
5. dos juguetes... los peques... cinco dólares, cada regalo
6. perfume... mi mamá y su mamá... diez o quince dólares, cada regalo
7. un par de guantes... su novio (a)... doce dólares
8. un broche de plata... mi tía... diez dólares
9. un lápiz labial... mi hermana mayor... tres cincuenta

JOYA 6 EJERCICIOS GENERALES

1. En muchas de las poesías, los autores discuten el tema de la vida y la muerte: escoja a dos poetas y compare sus ideas sobre este tema.
2. En unas de las poesías, encontramos una profunda tristeza. ¿Cuál de las poesías le pareció a Ud. la más triste? ¿Por qué?
3. Hay muchos tipos de amor. Muchos de los poetas que hemos leído tratan del amor (ejemplo: el amor maternal). Discuta los distintos tipos de amor presentados en las poesías leídas. Dé ejemplos.
4. ¿Cuál es el poeta que le gustó más? ¿A cuál poeta le hubiera gustado más conocer? Justifique.
5. De todos los poemas considerados, ¿cuál le ha impresionado más? Exprese por qué.
6. Siga en forma similar con un poema estudiado de menos interés, y por qué.
7. ¿Tiene un concepto más claro de la importancia de la poesía en la vida del individuo? ¿De una nación?
8. Ya que Ud. ve que no existen reglas fijas en componer versos, trate de expresar alguna idea o sentimiento que le tenga significado especial.

JOYA SIETE

LA BIOGRAFÍA:
Berilos de inspiración creativa

MARCO LITERARIO

Para muchos es normal desear dejar testimonio de haber existido, de haber contribuido algo positivo y meritorio, de haber dejado vestigio concreto de nuestra peregrinación en esta esfera. La memoria de actividades y amistades, impresiones, positivas o no, trabajos que están apuntados en libros, documentos, fotografías, arte, o en la sonrisa de un niño ofrecen ideas que no sólo comprueban lo hecho sino que afirman lo positivo asociado con el empeño de perseguir una meta. Nos inspira enterarnos de cómo otros se han afrentado con una labor que no produjo los fines deseados sin la desilusión o fracaso, por consiguiente, la necesidad de volver a empezar. Aprendemos a aceptar el éxito modestamente sin ser altivo. Comprendemos que nuestras experiencias también pueden ser modelo para otros en forma real en el presente y en el porvenir. Por eso, nos deleitan las biografías de figuras conocidas por sus éxitos porque nos inspiran con sus sueños, sus luchas, y sus satisfacciones.

La respuesta

Sor Juana Inés de la Cruz

En 1691 la ilustre monja jerónima, Sor Juana Inés de la Cruz, contestó por carta una crítica muy severa de Sor Filotea de la Cruz. En verdad fue del poderoso Arzobispo de Puebla bajo seudónimo que decepciona por el doble sentido que tiene:

Philo-thea o hija amante de Dios de la Cruz. El prelado la criticó públicamente por sus actividades y estudios en las ciencias, matématicas, literatura, y música dentro del convento ubicado en lo que hoy es la capital de México. Sor Juana, una mujer de inteligencia extraordinaria, gozaba de una fama internacional por la alta calidad y cantidad de sus estudios en varios campos, por sus villancicos, poemas religiosos y personales lo cual resultó en una popularidad enorme y el resultante apodo de La Décima Musa. Hoy día se la reconoce como la primera feminista de América.

Ese denuncio desde el púlpito abatió a la monja y la asustó desmesuradamente porque llevaba una amenaza oculta—la de ser acusada ante los tribunales inquisitoriales. Le costó a ella tiempo para redactar una contestación en su propia defensa. Su respuesta es una autodefensa magnífica que forma parte de la literatura clásica de la época barroca. Por ser tan larga, aquí que se presenta un segmento reducido.

Prosiguiendo en la narración de mi inclinación, de que os quiero dar entera noticia, digo que no había cumplido los tres años de mi edad cuando enviando mi madre a una hermana mía, mayor que yo, a que se enseñase a leer en una de las que llaman Amigas[1], me llevó a mí tras ella el cariño y la travesura; y viendo que la daban lección, me encendí yo de manera en el deseo de saber leer, que engañando, a mi parecer, a la maestra, le dije que mi madre ordenaba me diese lección. Ella no lo creyó, porque no era creíble; pero, por complacer al donaire[2], me la dio. Proseguí yo en ir y ella prosiguió en enseñarme, ya no de burlas[3], porque la desengañó la experiencia; y supe leer en tan breve tiempo, que ya sabía cuando lo supo mi madre, a quien la maestra lo ocultó por darle el gusto por entero y recibir el galardón[4] por junto; y yo callé, creyendo que me azotarían por haberlo hecho sin orden. Aún vive la que me enseñó (Dios la guarde), y puede testificarlo.

Acuérdome que en estos tiempos, siendo mi golosina la que es ordinaria en aquella edad, me abstenía de comer queso, porque oí decir que hacía

[1] **Amigas** escuelas para niñas privilegiadas en casas particulares

[2] **donaire** (*whim*)

[3] **no de burlas** en serio

[4] **galardón** premio

rudos[5], y podía conmigo más el deseo de saber que el de comer, siendo éste tan poderoso en los niños. Teniendo yo después como seis o siete años, y sabiendo ya leer y escribir, con todas las otras habilidades de labores y costuras[6] que deprenden[7] las mujeres, oí decir que había Universidad y Escuelas en que se estudiaban las ciencias, en Méjico[8]; y apenas lo oí cuando empecé a matar[9] a mi madre con instantes e importunos ruegos sobre que, mudándome el traje, me enviase a Méjico, en casa de unos deudos que tenía, para estudiar y cursar la Universidad; ella no lo quiso hacer, e hizo muy bien, pero yo despiqué[10] el deseo en leer muchos libros varios que tenía mi abuelo, sin que bastasen castigos ni represiones a estorbarlo; de manera que cuando vine a Méjico, se admiraban, no tanto del ingenio[11], cuanto de la memoria y noticias que tenía en edad que parecía que apenas había tenido tiempo para aprender a hablar.

[5] **rudos** estúpidos

[6] **habilidades de labores y costuras** (*skills of embroidery and sewing*)

[7] **que deprenden** (*here: women learn*)

[8] **Méjico** la capital

[9] **matar** (aquí: rogar, molestar)

[10] **despiqué** (*quenched*)

[11] **ingenio** inteligencia

La ciudad de México, siglo XVII.

Empecé a deprender gramática, en que creo no llegaron a veinte las lecciones que tomé; y era tan intenso mi cuidado[12], que siendo así que en las mujeres —y más en tan florida juventud— es tan apreciable el adorno natural del cabello, yo me cortaba de él cuatro o seis dedos, midiendo hasta dónde llegaba antes, e imponiéndome ley de que si cuando volviese a crecer hasta allí no sabía tal o tal cosa que me había propuesto, deprender en tanto que crecía, me lo había de volver a cortar en pena de la rudeza[13]. Sucedía así que él crecía y yo no sabía lo propuesto, porque el pelo crecía aprisa y yo aprendía despacio, y con efecto le cortaba en pena de la rudeza: que no me parecía razón[14] que estuviese vestida de cabellos cabeza que estaba tan desnuda de noticias, que era más apetecible adorno. Entréme religiosa, porque aunque conocía que tenía el estado cosas (de las accesorias hablo, no de las formales), muchas repugnantes a mi genio, con todo, para la total negación que tenía al matrimonio, era lo menos desproporcionado y lo más decente que podía elegir en materia de la seguridad que deseaba de mi salvación; a cuyo primer respeto (como al fin más importante) cedieron y sujetaron la cerviz[15] todas las impertinencillas de mi genio, que eran de querer vivir sola; de no querer tener ocupación obligatoria que me quitara la libertad de mi estudio, ni rumor de comunidad que es el sosegado[16] silencio de mis libros. Esto

[12] **cuidado** interés

[13] **rudeza** falta de inteligencia

[14] **razón** bien

[15] **sujetaron la cerviz** (*fig., bowed to the yoke*)

[16] **sosegado** tranquilo

[17] **tomé el estado...tengo**
  tomó el velo, se hizo monja

[18] **privatio est causa**
  appetitus *privation gives*
  rise to appetite

me hizo vacilar algo en la determinación, hasta que alumbrándome personas doctas de que era tentación, la vencí con el favor divino, y tomé el estado que tan indignamente tengo[17]. Pensé yo que huía de mí misma, pero ¡miserable de mí! trájeme a mí conmigo y traje mi mayor enemigo en esta inclinación, que no sé determinar si por prenda o castigo me dio el Cielo, pues de apagarse o embarazarse con tanto ejercicio que la religión tiene, reventaba como pólvora, y se verificaba en mí el *privatio est causa appetitus*[18].

Volví (mal dije, pues nunca cesé); proseguí, digo, a la estudiosa tarea (que para mí era descanso en todos los ratos que sobraban a mi obligación) de leer y más leer, de estudiar y más estudiar, sin más maestro que los mismos libros. Ya se ve cuán duro es estudiar en aquellos carácteres sin alma, careciendo de la voz viva y explicacíon del maestro; pues todo este trabajo sufría yo muy gustosa por amor de las letras.

PREGUNTAS

1. ¿A qué edad mostró evidencias de inteligencia fuera de lo común?
2. ¿Qué evidencias mencionó de ser niña normal?
3. ¿Por qué guardó el secreto la maestra? Y, ¿por qué se calló Juana?
4. Más tarde, ¿qué quería hacer la joven para aprovecharse de estudios avanzados?
5. ¿Le costó mucho esfuerzo aprender latín?
6. ¿Qué se hacía para alcanzar sus metas personales?
7. ¿Por qué eligió hacerse monja?
8. ¿Qué problema llevó consigo al convento?
9. ¿Qué le faltaba para alcanzar lo máximo de sus estudios?

PARA AUMENTAR EL VOCABULARIO

Familias de palabras

Burlar: burla, burlador, burlería

1. Se portó mal en burlar a la joven.
2. La burla era de mal gusto.
3. Don Juan Tenorio era burlador libertino y abusivo de mujeres.
4. Manifestó su carácter cruel por sus burlerías.

Ingenio: ingenuidad, ingenioso, ingeniosidad

1. Siempre atenta y por su ingenio comprendió la materia rápidamente.
2. Todos se maravillaban de su ingenuidad.
3. Es una persona agradable e ingeniosa.
4. Tiene fama su candor e ingeniosidad.

Ejercicio de vocabulario

A Complete con una palabra apropiada.

1. Por falta de respeto, los niños comenzaron a _____ del enano.
2. La admiramos por su _____.
3. Les gusta hacer _____ de su inteligencia.
4. ¡Formidable! Es un plan _____.
5. Su éxito se debe en gran parte a su _____.
6. La ópera se trata del vengarse del _____ de su hija.
7. Todos se maravillaban de su _____.
8. No le tengo compasión por su crueldad y sus _____.

EJERCICIOS CREATIVOS

1. Cite ejemplos de tendencias barrocas en este trozo de *La respuesta* en cuanto a: (1) la sociedad; (2) el lenguaje (3) el concepto de enclaustrarse.
2. Escriba unos párrafos sobre problemas de mujeres inteligentes antes de 1860, más o menos. ¿Por qué fue considerado malo hasta innecesario la educación avanzada de las mujeres?

Nota adicional: Para informarse más sobre el tema, el autor mexicano Octavio Paz en su libro *The Traps of Faith* expresa la historia más completa de la vida de Sor Juana. La película mexicana, «Yo, la peor de todas» dirigida por Pedro Almodóvar presenta su historia.

Retrato

Antonio Machado (1875–1939)

Este gran poeta lírico conoció bien su tierra natal. Gran amante de la libertad, murió tristemente a causa del dolor profundo que le produjo la tragedia de la guerra civil española.

Nació en Sevilla, pero pasó tiempo en varias poblaciones de Castilla, enseñando el francés en diversas escuelas de segunda enseñanza.

Con su hermano Manuel colaboró en verso para el teatro, pero ninguno que revela la emoción lírica tanto como su «Campos de Castilla.» En «Retrato» de esta colección, habla el autor autobiográficamente de su vida, mostrando, a la vez el alma sensible de poeta.

Un patio en Sevilla

Mi infancia son recuerdos de un patio de Sevilla,
y un huerto claro donde madura el limonero;
mi juventud, veinte años en tierra de Castilla;
mi historia, algunos casos que recordar no
　　quiero.

Ni un seductor Mañara[1], ni un Bradomín[2] he
　　sido
—ya conocéis mi torpe aliño indumentario—,
mas recibí la flecha que me asignó Cupido,
y amé cuanto ellas pueden tener de hospitalario.

Hay en mis venas gotas de sangre jacobina[3],
pero mi verso brota de manantial sereno;
y, más que un hombre al uso que sabe su
　　doctrina,
soy, en el buen sentido de la palabra, bueno.

Adoro la hermosura, y en la moderna estética
corté las viejas rosas del huerto de Ronsard[4];
mas no amo los afeites[5] de la actual cosmética,
ni soy un ave de esas del nuevo gay-trinar.

Desdeño las romanzas[6] de los tenores huecos
y el coro de los grillos que cantan a la luna.
A distinguir me paro las voces de los ecos,
y escucho solamente, entre las voces, una.

¿Soy clásico o romántico? No sé. Dejar
　　quisiera
mi verso, como deja el capitán su espada:
famosa por la mano viril que la blandiera,
no por el docto[7] oficio del forjador preciada.

[1] **Mañara** *A corrupt resident of Sevilla and the prototype of evil in the drama* Juan de Mañara *by Antonio and Manuel Machado*

[2] **Bradomín** *Don Juanesque evil hero of Ramón del Valle-Inclán's four* Sonata *novels.*

[3] **jacobina** *possessing revolutionary tendencies*

[4] **Ronsard** *16th century French poet inspired by classics of Greece and Rome*

[5] **afeites** *make-up, cosmetics*

[6] **romanzas** *love songs*

[7] **docto** *wise, learned*

Converso con el hombre que siempre va
  conmigo
—quien habla solo espera hablar a Dios un
    día—;
mi soliloquio es plática con este buen amigo
que me enseñó el secreto de la filantropía.

Y al cabo, nada os debo; debéisme cuanto he
  escrito.
A mi trabajo acudo, con mi dinero pago
el traje que me cubre y la mansión que habito,
el pan que me alimenta y lecho en donde yago.

Y cuando llegue el día del último viaje,
y esté al partir la nave que nunca ha de tornar,
me encontraréis a bordo, ligero de equipaje,
casi desnudo, como los hijos de la mar.

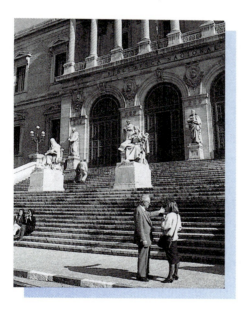

Biblioteca National, Madrid.
Un lugar favorito de Antonio Machado

PARA AUMENTAR EL VOCABULARIO

Familias de palabras

solo: soliloquio, a solas, solamente, solitario (a)

1. El joven salió solo de la casa.
2. En las tragedias de Shakespeare hay muchos soliloquios.
3. Prefiero estudiar a solas.
4. De todos los países que quiero visitar, solamente conozco a Italia.
5. Un centinela solitario guardaba la entrada al alcázar.

Ejercicio de vocabulario

A Busque en el poema sinónimos de las siguientes palabras.

1. niñez
2. florece
3. belleza
4. pájaro
5. empuñara

6. herrero
7. charlo
8. la cama
9. salir
10. el barco

PREGUNTAS

1. ¿Cuáles son los recuerdos de infancia de Machado?
2. ¿Y los recuerdos de su juventud?
3. ¿Qué dice el poeta del amor?
4. ¿Qué línea indica que era amante de la libertad?
5. Machado era francófilo...enseñó el idioma y viajó por Francia donde murió. ¿Qué líneas del poema nos dice que también se inspiraba por un poeta francés?
6. ¿Qué clase de poesía desdeña Machado?
7. ¿Qué es un soliloquio? ¿Con quién comunica Machado?
8. ¿Qué paga el autor con el dinero ganado de sus obras?
9. ¿Teme la muerte el poeta?
10. ¿Qué metáforas emplea para describir la muerte?
11. ¿Cómo rima el poema?

EJERCICIOS CREATIVOS

1. Escriba una breve composición en la cual narre algunos detalles de su vida personal. Luego, escoja una o dos ideas o pensamientos de lo escrito y trate de escribir un poema de cuatro líneas comunicándolos al lector. Imite la misma versificación que empleó Machado (a, b, a, b)
2. Entable conversación con un(a) compañero(a) de clase usando las siguientes preguntas.
   a. ¿Qué recuerdos tiene de su infancia?
   b. ¿De su juventud?
   c. ¿Qué sangre corre en sus venas?
   d. ¿Cuáles metáforas puede citar en español a la muerte?

Prólogo de
Doce cuentos peregrinos Por qué doce, por qué cuentos y por qué peregrinos

Gabriel García Márquez

Acudimos otra vez a este conocido autor colombiano que genialmente informa a los lectores que el deseo de escribir es compulsivo, demandador y exigente. El escritor potencial no puede ignorar la llamada aunque le cueste tiempo, paz mental y espiritual. Si procura ignorar la llamada, le persigue —y triunfa.
El conocido autor colombiano informa a los lectores que el deseo de escribir es irremediablemente compulsivo y que el escritor se ve motivado a tal extremo que no lo puede ignorar. Esto, sí, es una verdadera vocación.

Los doce cuentos de este libro fueron escritos en el curso de los últimos dieciocho años. Antes de su forma actual, cinco de ellos fueron notas periodísticas y guiones de cine, y uno fue un serial de televisión. Otro lo conté hace quince años en una entrevista grabada, y el amigo a quien se lo conté lo transcribió y lo publicó, y ahora lo he vuelto a escribir a partir de esa versión. Ha sido una rara experiencia creativa que merece ser explicada, aunque sea para que los niños que quieren ser escritores cuando sean grandes sepan desde ahora qué insaciable y abrasivo es el vicio de escribir.

La primera idea se me ocurrió a principios de la década de los setenta, a propósito de un sueño esclarecedor que tuve después de cinco años de vivir en Barcelona. Soñé que asistía a mi propio entierro, a pie, caminando entre un grupo de amigos vestidos de luto solemne, pero con un ánimo de fiesta. Todos parecíamos dichosos de estar juntos. Y yo más que nadie, por aquella grata oportunidad que me daba la muerte para estar con mis amigos de América Latina, los más antiguos, los más queridos, los que no veía desde hacía más tiempo. Al final de la ceremonia, cuando empezaron a irse, yo intenté acompañarlos, pero uno de ellos me hizo ver con una severidad terminante que para mí se había acabado la fiesta. «Eres el único que no puede irse», me dijo. Sólo entonces comprendí que morir es no estar nunca más con los amigos.

No sé por qué, aquel sueño ejemplar lo interpreté como una toma de conciencia de mi identidad, y pensé que era un buen punto de partida para escribir sobre las cosas extrañas que les suceden a los latinoamericanos en

¹ **azaroso** (*risky, unlucky*)

² **morrales** mochila (*book satchel*)

³ **redimidos** (*redeemed*)

⁴ **fragua** (*it works*)

⁵ **rompe** (*tears up*)

⁶ **borrasca** tempestad

Europa. Fue un hallazgo alentador, pues había terminado poco antes *El Otoño del Patriarca*, que fue mi trabajo más arduo y azaroso¹, y no encontraba por dónde seguir.

Durante unos dos años tomé notas de los temas que se me iban ocurriendo sin decidir todavía qué hacer con ellos. Como no tenía en casa una libreta de apuntes la noche en que resolví empezar, mis hijos me prestaron un cuaderno de escuela. Ellos mismos lo llevaban en sus morrales² de libros en nuestros viajes frecuentes por temor de que se perdiera. Llegué a tener setenta y cuatro temas anotados con tantos pormenores, que sólo me faltaba escribirlos.

Fue en México, a mi regreso de Barcelona, en 1974, donde se me hizo claro que este libro no debía ser una novela, como me pareció al principio, sino una colección de cuentos cortos, basados en hechos periodísticos pero redimidos³ de su condición mortal por las astucias de la poesía. Hasta entonces había escrito tres libros de cuentos. Sin embargo, ninguno de los tres estaba concebido y resuelto como un todo, sino que cada cuento era una pieza autónoma y ocasional. De modo que la escritura de los sesenta y cuatro podía ser una aventura fascinante si lograba escribirlos todos con un mismo trazo, y con una unidad interna de tono y de estilo que los hiciera inseparables en la memoria del lector.

Los dos primeros —«El rastro de tu sangre en la nieve» y «El verano feliz de la señora Forbes»— los escribí en 1976, y los publiqué en seguida en suplementos literarios de varios países. No me tomé ni un día de reposo, pero a mitad del tercer cuento, que era por cierto el de mis funerales, sentí que estaba cansándome más que si fuera una novela. Lo mismo me ocurrió con el cuarto. Tanto, que no tuve aliento para terminarlos. Ahora sé por qué: el esfuerzo de escribir un cuento corto es tan intenso como empezar una novela. Pues en el primer párrafo de una novela hay que definir todo: estructura, tono, estilo, ritmo, longitud, y a veces hasta el carácter de algún personaje. Lo demás es el placer de escribir, el más íntimo y solitario que pueda imaginarse, y si uno no se queda corrigiendo el libro por el resto de la vida es porque el mismo rigor de fierro que hace falta para empezarlo se impone para terminarlo. El cuento, en cambio, no tiene principio ni fin: fragua⁴ o no fragua. Y si no fragua, la experiencia propia y la ajena enseñan que en la mayoría de las veces es más saludable empezarlo de nuevo por otro camino, o tirarlo a la basura. Alguien que no recuerdo lo dijo bien con una frase de consolación: «Un buen escritor se aprecia mejor por lo que rompe⁵ que por lo que publica». Es cierto que no rompí los borradores y las notas, pero hice algo peor: los eché al olvido.

Recuerdo haber tenido el cuaderno sobre mi escritorio de México, náufrago en una borrasca⁶ de papeles, hasta 1978. Un día buscando otra cosa, caí en la cuenta de que lo había perdido de vista desde hacía tiempo. No me importó. Pero cuando me convencí de que en realidad no estaba en la mesa sufrí un ataque de pánico. No quedó en la casa un rincón sin registrar a fondo. Removimos los muebles, desmontamos la biblioteca para estar seguros de que no se había caído detrás de los libros, y sometimos al servicio y a los amigos a inquisiciones imperdonables. Ni rastro. La única explicación posible —¿o plausible?— es que en algunos de los tantos exterminios de papeles que hago con frecuencia se fue el cuaderno para el cajón de la basura.

Mi propia reacción me sorprendió: los temas que había olvidado durante casi cuatro años se me convirtieron en un asunto de honor. Tratando de recuperarlos a cualquier precio, en un trabajo tan arduo como escribirlos, logré reconstruir las notas de treinta. Como el mismo esfuerzo de recordarlos me sirvió de purga, fui eliminando sin corazón los que me parecieron insalvables, y quedaron dieciocho. Esta vez me animaba la determinación de seguir escribiéndolos sin pausa, pero pronto me di cuenta de que les había perdido el entusiasmo. Sin embargo, al contrario de lo que siempre les había aconsejado a los escritores nuevos, no los eché a la basura sino que volví a archivarlos. Por si acaso.

Cuando empecé *Crónica de una muerte anunciada*, en 1979, comprobé que en las pausas entre dos libros perdía el hábito de escribir y cada vez me resultaba más difícil empezar de nuevo. Por eso, entre octubre de 1980 y marzo de 1984, me impuse la tarea de escribir una nota semanal en periódicos de diversos países, como disciplina para mantener el brazo caliente. Entonces se me ocurrió que mi conflicto con los apuntes del cuaderno seguía siendo un problema de géneros literarios, y que en realidad no debían ser cuentos sino notas de prensa. Sólo que después de publicar cinco notas tomadas del cuaderno, volví a cambiar de opinión: eran mejores para el cine. Fue así como se hicieron cinco películas y un serial de televisión.

Lo que nunca preví fue que el trabajo de prensa y de cine me cambiaría ciertas ideas sobre los cuentos, hasta el punto de que al escribirlos ahora en su forma final he tenido que cuidarme de separar con pinzas mis propias ideas de las que me aportaron los directores durante la escritura de los guiones. Además, la colaboración simultánea con cinco creadores diversos me sugirió otro método para escribir los cuentos: empezaba uno cuando tenía el tiempo libre, lo abandonaba cuando me sentía cansado, o cuando surgía algún proyecto imprevisto, y luego empezaba otro. En poco más de un año, seis de los dieciocho temas se fueron al cesto de los papeles, y entre ellos el de mis funerales, pues nunca logré que fuera una parranda[7] como la del sueño. Los cuentos restantes, en cambio, parecieron tomar aliento para una larga vida.

[7] **parranda** (*wild party*)

Ellos son los doce de este libro. En septiembre pasado estaban listos para imprimir después otros dos años de trabajo intermitente. Y así hubiera terminado su incesante peregrinaje de ida y vuelta al cajón de la basura, de no haber sido porque a última hora me mordió una duda final. Puesto que las distintas ciudades de Europa donde ocurren los cuentos las había descrito de memoria y a distancia, quise comprobar la fidelidad de mis recuerdos casi veinte años después, y emprendí un rápido viaje de reconocimiento a Barcelona, Ginebra, Roma y París.

Ninguna de ellas tenía ya nada que ver con mis recuerdos. Todas, como toda la Europa actual, estaban enrarecidas por una inversión asombrosa: los recuerdos reales me parecían fantasmas de la memoria, mientras los recuerdos falsos eran tan convincentes que habían suplantado a la realidad. De modo que me era imposible distinguir la línea divisoria entre la desilusión y la nostalgia. Fue la solución final. Pues por fin había encontrado lo que más me hacía falta para terminar el libro, y que sólo podía dármelo el transcurso de los años: una perspectiva en el tiempo.

A mi regreso de aquel viaje venturoso reescribí todos los cuentos otra vez desde el principio en ocho meses febriles en los que no necesité preguntarme dónde terminaba la vida y dónde empezaba la imaginación, porque me ayudaba la sospecha de que quizás no fuera cierto nada de lo vivido veinte años antes en Europa. La escritura se me hizo entonces tan fluida que a ratos me sentía escribiendo por el puro placer de narrar, que es quizás el estado humano que más se parece a la levitación. Además, trabajando todos los cuentos a la vez y saltando de uno a otro con plena libertad, conseguí una visión panorámica que me salvó del cansancio de los comienzos sucesivos, y me ayudó a cazar redundancias ociosas[8] y contradicciones mortales. Creo haber logrado así el libro de cuentos más próximo al que siempre quise escribir.

[8] **ociosas** (*idle*)

Aquí está, listo para ser llevado a la mesa después de tanto andar del timbo al tambo[9] peleando para sobrevivir a las perversidades de la incertidumbre. Todos los cuentos, salvo los dos primeros, fueron terminados al mismo tiempo, y cada uno lleva la fecha en que lo empecé. El orden en que están en esta edición es el que tenían en el cuaderno de notas.

[9] **del timbo al tambo** sin
rumbo cierto

Siempre he creído que toda versión de un cuento es mejor que la anterior. ¿Cómo saber entonces cuál debe ser la última? Es un secreto del oficio que no obedece a las leyes de la inteligencia sino a la magia de los instintos, como sabe la cocinera cuándo está la sopa. De todos modos, por las dudas, no volveré a leerlos, como nunca he vuelto a leer ninguno de mis libros por temor de arrepentirme. El que los lea sabrá qué hacer con ellos. Por fortuna, para estos doce cuentos peregrinos terminar en el cesto de los papeles debe ser como el alivio de volver a casa.

Gabriel García Márquez
Cartagena de Indias, abril, 1992

PREGUNTAS

1. ¿Cómo es el deseo de ser autor?

2. ¿Cuándo se le ocurrió la idea de los cuentos? Dé más detalles.

3. ¿Cuándo interpretó aquel sueño? ¿Qué beneficio le ofreció?

4. Relate la historia de sus notas.

5. Después de no utilizarlas todas en una novela, ¿qué idea se le ocurrió?

6. Explique como García Márquez compara la experiencia de concebir y llevar a cabo el escribir un cuento con el escribir una novela.

7. ¿Qué chasco sufrió con el cuaderno en México en tal accidente? ¿Cómo se aseguró que no volviera a suceder?

8. ¿Qué le ocurre al escritor que no es persistente en el uso de su talento?

9. Describa el conflicto que sufrió por haber escrito guiones de cine.

10. Una vez comenzados los cuentos, se dio cuenta de que algo le faltaba. ¿Cómo resolvió ese conflicto?

11. ¿A qué compara la sensación de narrar?

12. ¿Cómo sabe el escritor cuando debe poner fin a un cuento?

13. ¿Por qué nunca vuelve a leerlos?

PARA AUMENTAR EL VOCABULARIO

Familias de palabras

Ociar: ocio, ociosamente, ociosidad, ocioso(a)

1. El hombre perezoso prefiere ociar en vez de trabajar.

2. Hay que tener tiempo y dinero para gozar del ocio.

3. Se levantó ociosamente y volvió a sentarse en seguida.

4. La ociosidad es madre de todos los vicios.

5. Ese hombre ocioso se dedica a la flojera y a dormir.

Archivar: archivo, archivero(a), archivador

1. Para no perder estos documentos los voy a archivar en orden alfabético.

2. Mis notas están en ese archivo amarillo.

3. No llega todavía la archivera. Cuando venga le dará sus documentos.

4. Compré un archivador de madera para archivar mis notas.

Ejercicios de vocabulario

A Complete con una palabra apropiada.

1. Devuelva este _____ del cliente al _____ en el rincón.
2. Soy de temperamento activo; el _____ me aburre.
3. Como no tengo prisa puedo caminar _____.
4. Espéreme. Puedo _____ estos papeles en seguida.
5. Unos alumnos siguen viviendo la vida _____ en el otoño.
6. Entregue Ud. estos papeles a la _____.
7. A mi padre no le gusta _____ en los ratos libres.
8. Yo, al contrario, confieso que prefiero la _____.

EJERCICIO CREATIVO

1. Prepare un resumen de la selección y cómo puede servirle en su propio beneficio. Para tener éxito en cualquiera empresa o proyecto, ¿Qué es necesario? Dé ejemplos.
2. Con un/a compañero/a de clase, converse sobre los puntos salientes del prólogo, de las frustraciones del autor, y de cómo las arregló.
3. Tres selecciones escritas por García Márquez están incluidas en este libro. Escriba un comentario de este autor, su talento, su personalidad. ¿Le interesaría a Ud. conocerle?

Alfonsina
Mares de versos

María Esther Vázquez

Para destacarse en la expresión poética los poetas tienen que vivir y sufrir una variedad de experiencias—muchas de las cuales son penosas y apesadumbradas, dejando huellas profundas en el alma. La poeta argentina Alfonsina Storni tenía el talento de convertir sus experiencias en versos que conmueven al lector y le hacen más comprensibles sus frustraciones y su dolor. El mar siempre era un punto focal en su vida y en muchos de sus versos. Al final de sus luchas se entregó a los brazos de ese amigo donde encontró consuelo y paz de sus luchas terrestres.

Para conmemorar la memoria de Alfonsina, María Esther Vázquez preparó este testimonial entrañable publicado en la revista La Plaza en diciembre, 1994. La calidez de su femineidad, su talento creativo, su capacidad de lucha y su profunda vulnerabilidad, cercaron el camino de Alfonsina Storni, quien no sólo fue una gran poeta sino un arquetipo de mujer valerosa.

Alfonsina Storni fue el tercer hijo del matrimonio que formaron Paulina Martignoni y Alfonso Storni, y mientras sus dos hermanos mayores nacieron en San Juan, ella lo hizo en Suiza en el cantón Ticino, italiano, en Sala Capriasca, en 1892. Curiosamente, recordaba la casa natal pese a que en 1896 la familia volvió a San Juan.

La madre, mujer culta, fue la guía literaria de su hija y quien descubrió su talento y pasión por la poesía. El padre, en cambio, era un hombre poco comunicativo y algo raro. De ambos, Alfonsina dejó sendos retratos en su libro *Ocre*. De sí misma escribió: «Nací al lado de la piedra, junto a la montaña, en una madrugada de primavera... Las primeras prendas que al nacer me pusieron, las hizo mi madre cantando baladas antiguas... Me llamaron *Alfonsina*, nombre árabe que quiere decir: «dispuesta a todo». Nunca un nombre fue más apropiado para alguien.

La situación económica de la familia se deterioró y los Storni dejaron San Juan para radicarse en Rosario. Alfonsina tenía once años: en ese momento se le acabó la infancia: debió trabajar para ayudar a los padres. Fue una época dura de miseria y privaciones que en su *Canto a Rosario* recuerda así: «Una tras otra, bolsas, el gran buque tragaba harina...trigo...¡cuánto! Yo era pobre, miraba».

Del mismo período es un hecho bastante desconsolador, que casi le cuesta la vida: una noche se quedó leyendo hasta muy tarde, pero el cansancio la venció y se quedó dormida. El libro, un ejemplar bastante deteriorado de la *Divina Comedia*, que había recogido en un tacho[1] de basura, se deslizó de sus manos, rozó la vela y empezó a arder. La madre llegó a tiempo para evitar un desastre.

[1] tacho (Arg.) de basura *(garbage can)*

Pocos años después escribió sus primeros versos: era un poema que hablaba de muertes y de cementerios; la pobre chica no tenía demasiados motivos para estar alegre. En la misma época la oyó recitar el actor español José Tallaví y decidió incorporarla a su compañía. Allí estuvo un año y le tomó el gusto al teatro, gusto que más tarde le llevó a componer sus propias obras: *El amo del mundo* y *Dos farsas pirotécnicas*, además de su teatro para niños.

Poco tiempo después de regresar a casa, murió el padre y la madre se volvió a casar. La situación económica mejoró y Alfonsina, en 1909, se inscribió en la Escuela Normal de Coronda; en dos años se recibió de maestra rural. Para solventar sus gastos se desempeñó como celadora[2] en la misma escuela y, a veces, los fines de semana iba a cantar a pequeños teatritos, con su bien afinada voz, arias de ópera.

[2] celadora (celar) *(caretaker)*

Ya egresada[3], su padrastro le consiguió un nombramiento como maestra en una escuela elemental de Rosario, donde vio publicados sus primeros trabajos y donde también conoció al hombre que cambió su destino. Cuando supo que iba a tener un hijo, con decoro y valentía enfrentó la situación sin vacilar y se fue a Buenos Aires a afrontar el destino.

[3] egresada (egresar) graduada

¡Pobre Alfonsina! Sufrió humillaciones, penurias y desprecio. El 21 de abril de 1912 nació su hijo Alejandro; ella no había cumplido veinte años. Para subsistir, trabajó en varios sitios, fue cajera en una farmacia y en una tienda que se llamaba, curiosamente, *A la ciudad de México*, y luego, en una casa importadora, supervisaba la correspondencia. Debió ser muy trabajadora y competente porque en esa época nadie quería emplear mujeres. Mientras, sus poemas empezaban a aparecer en *Caras y Caretas*. En ese momento, su empleador, un imbécil, le ofreció un considerable aumento de sueldo si renunciaba a escribir versos; por supuesto, ella renunció al empleo. Esto ocurría en 1916, el año en que publicó su primer libro: *La inquietud del rosal*, que tuvo una crítica favorable en la Revista *Nosotros*. Desde ese instante, se vinculó con la revista y anudó una fraternal amistad con su director, Roberto Giusti, y con el grupo de *Nosotros*.

En 1917 el Consejo Nacional de Mujeres le otorgó el premio anual de poesía y fue nombrada maestra en el colegio Marcos Paz. En 1918 se publicó *El dulce daño*, libro que le dio popularidad y prestigio.

Hacia 1921, Storni fue nombrada profesora del Teatro Infantil Lavardén en una cátedra[4] creada especialmente para ella; Amelia Bence fue alumna suya. En el '23 la nombraron profesora en el Lenguas Vivas y en el '26 accedió al profesorado del Conservatorio de Música y Declamación. Habían quedado atrás las penurias de la década anterior. Al mismo tiempo fueron apareciendo sus libros de poemas: *Irremediablemente* en 1919; *Languidez*, que obtuvo el Primer Premio Municipal y el Segundo Nacional en 1920; *Ocre*, en 1925. Poco después, en 1926, se estrenó en el Cervantes su comedia en tres actos *El amo del mundo* y en 1930 viajó a Europa con Blanca de la Vega. Recorrieron España, Francia y Suiza, dio conferencias en Madrid con éxito de público y de crítica. En 1932 volvió a Europa, pero ahora la acompañaba su hijo Alejandro. Y apenas dos años después apareció un libro insólito[5], distinto de todo lo que ella había ensayado hasta entonces y distinto también de lo que se había hecho en la poesía argentina: *Mundo de siete pozos*. Utiliza aquí un verso breve, de extensión irregular, sin rima, que va extendiéndose de acuerdo con las pautas[6] de una respiración interior, un verso que en la poesía contemporánea, Ungaretti, el poeta italiano, fue el primero en utilizar. En ambos hay la misma desolación de formas, de seres y de paisajes, la misma imagen dramática del hombre y de la aridez total que lo rodea.

En enero de 1938 Alfonsina se encuentra en Montevideo con Juana Ibarbourou y Gabriela Mistral. Se las reunió en un acto donde cada una habló de su forma de crear; fue una especie de confesión estética. Storni tituló su charla: «entre un par de maletas a medio abrir y las manecillas del reloj», aludiendo al hecho de que recibió la invitación a último momento y parte de la charla fue escrita sobre la tapa de la valija mientras viajaba hacia Montevideo. Leyó poemas del libro que aparecería meses después, «*Mascarilla y Trébol*.» El acto, un éxito, fue la última lectura de Alfonsina en público.

Gabriela Mistral dejó un espléndido retrato de nuestra poeta: extraordinaria cabeza, con el cabello enteramente plateado, cabello más hermoso no lo he visto... el ojo azul, la empinada nariz francesa muy graciosa, la piel rosa, le dan alguna cosa infantil que desmiente la conversación sagaz de mujer madura. Pequeña de estatura, ágil y con el gesto, la manera y toda ella jaspeada[7] (valga la expresión) de inteligencia ... Toda la fiesta de su amistad la hace su inteligencia. No se repite, no decae, mantiene a través del día entero su encanto del primer momento. Profunda cuando quiere, sin transcendentalismos; profunda porque ha sufrido y lleva como pocas la cavadura[8] de la vida. Alegre (...) con una alegría elegante, hecha de juego. Informada como nadie, sencilla, con

[4] **cátedra** (*professorship*)

[5] **insólito** fuera de lo común

[6] **pautas** (*guidelines*)

[7] **jaspeada** (*speckled*)

[8] **cavadura** excavación

una ausencia total de ingenuidad y de pedantería. Una seguridad en sí misma que nunca se vuelve alarde...siempre con la contestación lista...»

Todos los que la conocieron, coinciden con el retrato que trazó Gabriela. Sus contestaciones rápidas se hicieron famosas. Cuando el escritor italiano, Massimo Bontempelli, algo despistado, le preguntó: «Usted, señora, ¿de qué se ocupa?» Alfonsina le contestó: «Dirijo el tránsito en la Vía Láctea».

En el invierno de 1938, la enfermedad de la cual la habían operado años atrás se exacerba. Se le inflaman los ganglios de la garganta, los dolores se agudizan y recurre a los calmantes, cada día debe aumentar la dosis. El martes 18 de octubre de 1938 se va a Mar del Plata en tren; el dolor no le da tregua[9]. El sábado envía una carta para Eduardo Mallea que dirige el Suplemento Literario de la Nación, la acompaña su último poema, con un título terrible: *Voy a dormir*. El martes 25 salió muy tarde en la noche de la casa donde se hospedaba; iba a buscar el mar y el mar piadosamente la envolvió con su sal, su negrura y su olvido.

[9] **da tregua** descanso

Calle Florida,
Buenos Aires 1931

Después de saberse de su suicidio, Mallea recibió la carta: el poema se publicó al pie de la noticia necrológica: «...Voy a dormir, nodriza mía, acuéstame... Déjame sola: oye romper los brotes...Si él llama nuevamente por teléfono le dices que no insista, que he salido...».

Toda Buenos Aires acompañó su entierro. «Fue un corazón arrebatado, traspasado todo él por ese viento de apocalipsis que es la poesía... Fue una gran mujer y una gran poeta... Era noble, generosa, sabía admirar, le gustaba ayudar a los demás, y era piadosa y comprensiva, irónicamente comprensiva con las debilidades y pequeñeces de los hombres. El poeta esencial que había en ella, quedará viviendo en sus libros y desde allí hablará el corazón de los hombres de todos los tiempos,» dijo de ella Fermín Estrella Gutiérrez.

Era todo esto y algo más. Alfonsina Storni fue un ser excepcional que pasó fugazmente a nuestro lado porque este mundo no era su lugar; su lugar estaba en las estrellas, entre las olas del mar que tanto amaba, en el reflejo de la luna en el agua, en el aire de una noche de verano. Su lugar estaba en un mundo iluminado del que vino sólo un momento para dejarnos un puñado de belleza.

Voy a dormir

Alfonsina Storni

[10] **cofia** (*bonnet*)
[11] **edredón** (*soft, as of eider down*)
[12] **escardados** (*weeded out*)

Dientes de flores, cofia[10] de rocío,
manos de hierbas, tú, nodriza fina,
tenme prestas las sábanas terrosas
y el edredón[11] de musgos escardados[12].

Voy a dormir, nodriza mía, acuéstame.
Ponme una lámpara a la cabecera;
una constelación, la que te guste;
todas son buenas, bájala un poquito.
Déjame sola: oyes romper los brotes ...
te acuna un pie celeste desde arriba
y un pájaro te traza unos compases
para que olvides...Gracias...
　　　　Ah, un encargo:
si él llama nuevamente por teléfono
le dices que no insista, que he salido.

PREGUNTAS

1. Describa la familia y la niñez de Alfonsina.
2. ¿Por qué fue tan duro su primer trabajo?
3. ¿De qué peligro amenazante fue rescatada? Exprese la ironía aquí.
4. Cite los temas de sus primeros versos.
5. Nombre los episodios que le ayudaron mejorar su situación.
6. ¿Qué humillación le causó gran pena? ¿Cómo lo enfrentó?
7. ¿Cómo se mejoró su vida después?
8. ¿Cuál tono siguió característico de su poesía?
9. Describa la última lectura de Alfonsina.
10. ¿Cómo la describió Gabriela Mistral? ¿Tenía Alfonsina un sentido de humor?
11. ¿De qué enfermedad sufría? ¿Dónde y cómo murió?
12. ¿Qué habría sido su última desilusión?
13. ¿Cómo expresa la autora del artículo que Alfonsina no ha desaparecido totalmente?

PARA AUMENTAR EL VOCABULARIO

Familias de palabras

Cavar: excavar, cava, caverna, cavernoso(a)

1. El jardinero va a cavar (excavar) un hueco para plantar otro árbol.
2. Le gustan los buenos vinos y los guarda abajo en su cava.
3. Cada tarde grandes nubes negras de murciélagos salen de las cavernas.
4. Las ruinas del palacio antiguo tienen salones cavernosos.

Celar: celador(a), celada, celaje

1. Ocupan un guardia para celar los objetos valiosos del museo.
2. Un perro entrenado ayuda al celador en proteger el local.
3. Observaban al ladrón desde una celada y luego lo pescaron.
4. En el techo abrieron un celaje tapado de vidrio para admitir más luz.

Ejercicio de vocabulario

A Complete con una palabra de la lista.

1. _____ es la misma acción de _____.
2. Arrestaron al espía desde una _____.
3. Los pasajeros se perdieron en la estación _____.
4. En Granada los gitanos bailan y cantan en _____ grandes.
5. La poeta trabajó como _____ en el negocio.
6. El ciervo se desapareció en una _____ en la montaña.
7. Usan una cámara escondida para _____ las mercancías.

EJERCICIOS CREATIVOS

1. Vuelva a leer el último párrafo. Permita que le sirva de modelo y prepare un tributo para un desaparecido especial en su vida personal.
2. En su opinión, ¿Qué o quién es la nodriza? Justifique.

Confieso que he vivido
Pablo Neruda

Pablo Neruda desde muy joven desarrolló un entendimiento y aprecio de la naturaleza cuyos efectos le influenciaban con consecuencias beneficiosas, aunque a veces deprimentes y hasta destructivas. Es asombroso enterarse de que ese gran poeta chileno y ciudadano del mundo tuvo comienzos humildes en tierras frías y poco hospitalarias. No obstante las condiciones de su origen, Neruda nació favorecido de talento con capacidad de amar y el empeño de efectuar mejoras. En este breve segmento autobiográfico nos presenta vistas íntimas de su niñez.

Infancia y poesía

Comenzaré por decir, sobre los días y años de mi infancia, que mi único personaje inolvidable fue la lluvia. La gran lluvia austral[1] que cae como una catarata del Polo, desde los cielos del Cabo de Hornos hasta la frontera. En esta frontera, o Far West de mi patria, nací a la vida, a la tierra, a la poesía y a la lluvia.

Por mucho que he caminado me parece que se ha perdido ese arte de llover que se ejercía como un poder terrible y sutil en mi Araucanía[2] natal. Llovía meses enteros, años enteros. La lluvia caía en hilos como largas agujas de vidrio que se rompían en los techos, o llegaban en olas transparentes contra las ventanas, y cada casa era una nave que difícilmente llegaba a puerto en aquel océano de invierno.

[1] **austral** del sur

[2] **Araucanía** tierra de los indios del sur de Chile

Volcán Osorno en el sur de Chile

[3] **rachas** *(gusts of wind)*

Esta lluvia fría del sur de América no tiene las rachas[3] impulsivas de la lluvia caliente que cae como un látigo y pasa dejando el cielo azul. Por el contrario, la lluvia austral tiene paciencia y continúa, sin término, cayendo desde el cielo gris.

[4] **empantanado (empantanar)** *(become mired)*

Frente a mi casa, la calle se convirtió en un inmenso mar de lodo. A través de la lluvia veo por la ventana que una carreta se ha empantanado[4] en medio de la calle. Un campesino, con manta de castilla negra, hostiga a los bueyes que no pueden más entre la lluvia y el barro.

[5] **empapaban (empapar)** *(were soaking wet)*

Por las veredas, pisando en una piedra y en otra, contra frío y lluvia, andábamos hacia el colegio. Los paraguas se los llevaba el viento. Los impermeables eran caros, los guantes no me gustaban, los zapatos se empapaban[5]. Siempre recordaré los calcetines mojados junto al brasero y muchos zapatos echando vapor, como pequeñas locomotoras. Luego venían las inundaciones, que se llevaban las poblaciones donde vivía la gente más pobre, junto al río. También la tierra se sacudía, temblorosa. Otras veces en la cordillera asomaba un penacho de luz terrible: el volcán Llaima despertaba.

Temuco es una ciudad pionera, de esas ciudades sin pasado, pero con ferreterías. Como los indios no saben leer, las ferreterías ostentan sus notables

emblemas en las calles: un inmenso serrucho, una olla gigantesca, un canda-
do ciclópeo, una cuchara antártica. Más allá, las zapaterías, una bota colosal.

Si Temuco era la avanzada de la vida chilena en los territorios del sur de
Chile, esto significaba una larga historia de sangre.

Al empuje de los conquistadores españoles, después de trescientos años
de lucha, los araucanos se replegaron[6] hacia aquellas regiones frías. Pero los
chilenos continuaron lo que se llamó «la pacificación de la Araucanía», es
decir, la continuación de una guerra a sangre y fuego, para desposeer a nuestros compatriotas de sus tierras.

Mis padres llegaron de Parral, donde yo nací. Allí, en el centro de Chile,
crecen las viñas y abunda el vino. Sin que yo lo recuerde, sin saber que la
miré con mis ojos, murió mi madre doña Rosa Basoalto. Yo nací el 12 de julio
de 1904 y, un mes después, en agosto, agotada por la tuberculosis, mi madre
ya no existía.

La vida era dura para los pequeños agricultores del centro del país. Mi
abuelo, don José Ángel Reyes, tenía poca tierra y muchos hijos. Los nombres
de mis tíos me parecieron nombres de príncipes de reinos lejanos. Se llamaban Amós, Oseas, Joel, Abadías. Mi padre se llamaba simplemente José del
Carmen. Salió muy joven de las tierras paternas y trabajó de obrero en los
diques del puerto de Talcahuano, terminando como ferroviario en Temuco.

La naturaleza allí me daba una especie de embriaguez. Me atraían los
pájaros, los escarabajos, los huevos de perdiz. Era milagroso encontrarlos en
las quebradas, empavonados, oscuros y relucientes, con un color parecido al
del cañón de una escopeta. Me asombraba la perfección de los insectos.
Recogía las «madres de la culebra». Con este nombre extravagante se desig-
naba al mayor coleóptero[7], negro, bruñido y fuerte, el titán de los insectos de
Chile. Estremece verlo de pronto en los troncos de los maquis[8] y de los manzanos silvestres, de los coihues[9], pero yo sabía que era tan fuerte que podía
pararme con mis pies sobre él y no se rompería. Con su gran dureza defen-
siva no necesitaba veneno.

Es difícil dar una idea de una casa como la mía, casa típica de la frontera, hace sesenta años.

En primer lugar, los domicilios familiares se intercomunicaban. Por el
fondo de los patios, los Reyes y los Ortegas, los Candia y los Mason se inter-
cambiaban herramientas o libros, tortas de cumpleaños, ungüentos para fric-
ciones, paraguas, mesas y sillas.

Estas casas pioneras cubrían todas las actividades de un pueblo.

Don Carlos Mason, norteamericano de blanca melena, parecido a
Emerson, era el patriarca de esta familia. Sus hijos Mason eran profundamente criollos. Don Carlos Mason tenía código y biblia. En esta familia, sin que
nadie tuviera dinero, crecían imprentas, hoteles, carnicerías. Algunos hijos
eran directores de periódicos y otros eran obreros en la misma imprenta.
Todo pasaba con el tiempo y todo el mundo quedaba tan pobre como antes.
Sólo los alemanes mantenían esa irreductible conservación de sus bienes, que
los caracterizaba en la frontera.

Las casas nuestras tenían, pues, algo de campamento. O de empresas
descubridoras. Al entrar se veían barricas[10], aperos, monturas, y objetos
indescriptibles.

[6] **replegaron (replegar)**
    (moved)

[7] **coleóptero** escarabajo
    (beetle)
[8] **maquis** *(a woody plant)*
[9] **coihues** flores

[10] **barricas** barriles

Quedaban siempre habitaciones sin terminar, escaleras inconclusas. Se hablaba toda la vida de continuar la construcción. Los padres comenzaban a pensar en la universidad para sus hijos.

En la casa de don Carlos Mason se celebraban los grandes festejos.

En toda comida de onomástico[11] había pavos con apio, corderos asados al palo y leche nevada de postre. Hace ya muchos años que no pruebo la leche nevada. El patriarca de pelo blanco se sentaba en la cabecera de la mesa interminable, con su esposa, doña Micaela Candia. Detrás de él había una inmensa bandera chilena, a la que se le había adherido con un alfiler una minúscula banderita norteamericana. Ésa era también la proporción de la sangre. Prevalecía la estrella solitaria de Chile.

En esta casa de los Mason había también un salón al que no nos dejaban entrar a los chicos. Nunca supe el verdadero color de los muebles porque estuvieron cubiertos con fundas blancas hasta que se los llevó un incendio. Había allí un álbum con fotografías de la familia. Estas fotos eran más finas y delicadas que las terribles ampliaciones iluminadas que invadieron después la frontera.

Allí había un retrato de mi madre. Era una señora vestida de negro, delgada y pensativa. Me han dicho que escribía versos, pero nunca los vi, sino aquel hermoso retrato.

Mi padre se había casado en segundas nupcias con doña Trinidad Candia Marverde, mi madrasta. Me parece increíble tener que dar este nombre al ángel tutelar de mi infancia. Era diligente y dulce, tenía sentido de humor campesino, una bondad activa e infatigable.

Apenas llegaba mi padre, ella se transformaba sólo en una sombra suave como todas las mujeres de entonces y de allá.

En aquel salón vi bailar mazurcas y cuadrillas.

Había en mi casa también un baúl con objetos fascinantes. En el fondo relucía un maravilloso loro de calendario. Un día que mi madre revolvía aquella arca sagrada yo me caí de cabeza adentro para alcanzar el loro. Pero cuando fui creciendo la abría secretamente. Había unos abanicos preciosos e impalpables.

Conservo otro recuerdo de aquel baúl. La primera novela de amor que me apasionó. Eran centenares de tarjetas postales, enviadas por alquien que las firmaba no sé si Enrique o Alberto y todas dirigidas a María Thielman. Estas tarjetas eran maravillosas. Eran retratos de las grandes actrices de la época con vidriecitos engastados y a veces cabellera pegada. También había castillos, ciudades y paisajes lejanos. Durante años sólo me complací en las figuras. Pero, a medida que fui creciendo, fui leyendo aquellos mensajes de amor escritos con una perfecta caligrafía. Siempre me imaginé que el galán aquel era un hombre de sombrero hongo, de bastón y brillante en la corbata. Pero aquellas líneas eran de arrebatadora pasión. Estaban enviadas desde todos los puntos del globo por el viajero. Estaban llenas de frases deslumbrantes, de audacia enamorada. Comencé yo a enamorarme también de María Thielman. A ella me la imaginaba como una desdeñosa actriz, coronada de perlas. Pero, ¿cómo habían llegado al baúl de mi madre esas cartas? Nunca pude saberlo.

A la ciudad de Temuco llegó el año 1910. En este año memorable entré al liceo, un vasto caserón con salas destartaladas y subterráneos sombríos. Desde la altura del liceo, en primavera, se divisaba el ondulante y delicioso río Cautín, con sus márgenes pobladas por manzanos silvestres. Nos escapábamos de las clases para meter los pies en el agua fría que corría sobre las piedras blancas.

Pero el liceo era un terreno de inmensas perspectivas para mis seis años de edad. Todo tenía posibilidad de misterio. El laboratorio de Física, al que no me dejaban entrar, lleno de instrumentos deslumbrantes, de retortas y cubetas. La biblioteca, eternamente cerrada. Los hijos de los pioneros no gustaban de la sabiduría. Sin embargo, el sitio de mayor fascinación era el subterráneo. Había allí un silencio y una oscuridad muy grandes.

Alumbrándonos con velas jugábamos a la guerra. Los vencedores amarraban a los prisioneros a las viejas columnas. Todavía conservo en la memoria el olor a humedad, a sitio escondido, a tumba, que emanaba del subterráneo del liceo de Temuco.

Fui creciendo. Me comenzaron a interesar los libros. En las hazañas de Buffalo Bill, en los viajes de Salgari[12], se fue extendiendo mi espíritu por las regiones del sueño. Los primeros amores, los purísimos, se desarrollaban en cartas enviadas a Blanca Wilson. Esta muchacha era la hija del herrero y uno de los muchachos, perdido de amor por ella, me pidió que le escribiera sus cartas de amor. No recuerdo cómo serían estas cartas, pero tal vez, fueron mis primeras obras literarias, pues, cierta vez, al encontrarme con la colegiala, ésta me preguntó si yo era el autor de las cartas que le llevaba su enamorado. No me atreví a renegar de mis obras y muy turbado le respondí de sí. Entonces me pasó un membrillo que por supuesto no quise comer y guardé como un tesoro. Desplazado así mi compañero en el corazón de la muchacha, continué escribiéndole a ella interminables cartas de amor y recibiendo membrillos.

En estos recuerdos no veo bien la precisión periódica del tiempo. Se me confunden hechos minúsculos que tuvieron importancia para mí y me parece que debe ser ésta mi primera aventura erótica, extrañamente mezclada a la historia natural. Tal vez el amor y la naturaleza fueron desde muy temprano los yacimientos de mi poesía.

Frente a mi casa vivían dos muchachas que de continuo me lanzaban miradas que me ruborizaban. Lo que yo tenía de tímido y de silencioso lo tenían ellas de precoces y diabólicas. Esa vez, parado en la puerta de mi casa, trataba de no mirarlas. Tenían en sus manos algo que me fascinaba. Me acerqué con cautela y me mostraron un nido de pájaro silvestre, tejido con musgo y plumillas, que guardaba en su interior unos maravillosos huevecillos de color turquesa. Cuando fui a tomarlo una de ellas me dijo que primero debían hurgar[13] en mis ropas. Temblé de terror y me escabullí[14] rápidamente, perseguido por las jóvenes ninfas que enarbolaban el incitante tesoro. En la persecución entré por un callejón hacia el local deshabitado de una panadería de propiedad de mi padre. Las asaltantes lograron alcanzarme y comenzaban a despojarme de mi padre. Allí terminó el nido. Los maravillosos huevecillos quedaron rotos en la panadería abandonada, mientras, debajo del mostrador, asaltado y asaltantes conteníamos la respiración.

[12] **Salgari** novelista italiano de aventuras y viajes

[13] **hurgar** remover, incitar
[14] **escabullí (escabullir)** *(slipped out, wiggled out)*

Recuerdo también que una vez, buscando los pequeños objetos y los minúsculos seres de mi mundo en el fondo de mi casa, encontré un agujero en una tabla del cercado. Miré a través del hueco y vi un terreno igual al de mi casa, baldío y silvestre. Me retiré unos pasos porque vagamente supe que iba a pasar algo. De pronto apareció una mano. Era la mano pequeñita de un niño de mi edad. Cuando me acerqué ya no estaba la mano y en su lugar había una diminuta oveja blanca.

Era una oveja de lana desteñida. Las ruedas con que se deslizaba se habían escapado. Nunca había visto yo una oveja tan linda. Fui a mi casa y volví con un regalo que dejé en el mismo sitio: una piña de pino, entreabierta, olorosa y balsámica que yo adoraba.

Nunca más vi la mano del niño. Nunca más he vuelto a ver una ovejita como aquélla. La perdí en un incendio. Y aún ahora, en estos años, cuando paso por una juguetería, miro furtivamente las vitrinas. Pero es inútil. Nunca más se hizo una oveja como aquélla.

PREGUNTAS

1. ¿De qué se acuerda de su niñez?
2. ¿Cómo andaban los niños al colegio? ¿Cómo se vestían?
3. Describa Temuco, su historia y la vida de los agricultores.
4. ¿Qué ejerció gran influencia sobre el niño?
5. ¿Cómo era la vida familiar de los ocupantes? ¿Cómo se ayudaban el uno al otro?
6. ¿Dónde y cómo celebraban los onomásticos?
7. ¿Qué decoraban el sitio? Explique.
8. Describa el salón principal de esa casa.
9. Describa a la madrastra y su conducta.
10. ¿Qué descubrió el niño en el baúl?
11. Describa el liceo y las actividades allí.
12. ¿Cómo conoció a Blanca Wilson? Relate el episodio.
13. Neruda relata dos episodios personales: uno que tal vez despertó sensaciones eróticas y el otro la ternura de compartir un obsequio. ¿Qué efectos produjeron en ese niño?

EJERCICIOS CREATIVOS

1. Compare y contraste la vida en el sur de Chile con la de la «frontera americana» de los Estados Unidos.
2. En su opinión, ¿qué le motivó a escribir estas memorias? En forma similar, escriba memorias sobresalientes de su niñez, sobre todo, las que quiere dejar para el futuro.

CONVERSACIÓN

Teodoro Tesoro entrevista a la gerente de una librería.

TEODORO: Perdón, señora. Busco al gerente de esta librería. ¿Se encuentra por aquí?

LA GERENTE: A sus órdenes, señor. ¿En qué le puedo servir?

TEODORO: Me interesa saber qué ocurre. ¿Por qué está tan concurrida la librería?

LA GERENTE: ¿Conque Ud. no es de aquí? Hace poco que se acaba de inaugurar esta librería e Isabel Allende nos favorece hoy para conocer a sus admiradores y para firmar libros. ¿Ud. sabe que su libro más reciente se titula *Paula*?

TEODORO: No lo he conseguido todavía. ¿Se trata de otra casa de espíritus?

LA GERENTE: No, es una biografía entrañable y a la vez inspirativa. Se trata de su hija Paula, que se enfermó y se quedó inconsciente durante más de un año. Durante las largas horas de visita en un hospital madrileño, Isabel, convencida de que se iba a recuperar, optó relatarle de la historia de su familia, de su cariño maternal, de momentos difíciles, de memorias preciosas e imborrables, de un período político difícil en Chile, de cómo la familia sobrevivió separaciones tristes con reuniones que fortalecían las ligas familiares. En fin, aspiraba imponerle a Paula el deseo de vivir porque a pesar de que todos tenían defectos personales, espirituales, o morales se querían y se respaldaban. A veces uno tiene ganas de llorar, luego Allende estalla una bomba graciosa que le deja riendo. Durante más de un año Paula existe sin reconocer a nadie, pero la madre nunca pierde esperanza.

TEODORO: Parece que es muy íntimo e inspirador.

LA GERENTE: Sí, que lo es. Ya se va haciendo tarde, pero creo que le queda tiempo para conseguir un libro que la distinguida autora le pueda firmar.

TEODORO: Le agradezco su atención. Me da ganas de saber más de esa familia extraordinaria.

ESTRUCTURA

El subjuntivo

El español distingue entre la realidad y lo que no es una realidad. El modo indicativo expresa verdades, o mejor dicho, realidad. Indica lo que es, lo que existe, lo que se puede ver, oír, tocar, comer, pensar, creer, etc. Por el contrario, el subjuntivo expresa acciones, ideas, ilusiones o esperanzas no concretas, no reales, no realizadas. Ej: **Tú conoces a mi familia. El me da su libro.** (verdades, certezas, realidades). **Espero que conozcas a mi familia. Pido que me dé el libro.** (No es realidad, no la conoces todavía, no me ha dado el libro todavía).

Cláusulas sustantivas

1. El subjuntivo se usa en la cláusula dependiente introducida por un verbo o una expresión subjetiva. Estos verbos pueden indicar **voluntad, deseo, consejo, preferencia, esperanza, permiso y prohibición.** Si no hay cambio de sujeto, se usa el infinitivo: Ej: **Quiero leer la novela, pero quiero que Ud. la lea también.**

2. Verbos de emoción. Las emociones varían mucho y no son constantes. Por eso se emplea el subjuntivo después de verbos o expresiones tales como: **alegrarse de, dar pena, gustar, lamentar, preocuparse, sentir, sorprenderse, tener miedo, temer, esperar, lástima que.** Ej. **Me alegro de que Uds. vengan a visitarme.**

3. **Expresiones de duda.** Las expresiones o verbos de duda expresan incertidumbre o inseguridad, y el subjuntivo se emplea con ellos. Pero si el verbo o expresión indica certidumbre, se emplea el indicativo. Ej. **Dudo que estén en la biblioteca. No dudo que regresan pronto. No creo que lleguen a tiempo. Creo que llegarán a las siete.**

EJERCICIOS

A Forme frases según el modelo.

Deseo que (él habla español)
Deseo que él hable español.

1. Quiero que   (ella se viste de blanco)
                                  (Ud. es muy cortés)
                                  (nosotros recibimos buenas notas)
                                  (ellos comprenden mi filosofía)

2. Preferimos que
(Juan realiza su potencial)
(tú no te burlas de todo)
(ella está buena de salud)
(ellos se divierten en la fiesta)

3. Permito que
(todos salen temprano)
(nosotros hacemos el viaje)
(Marta llega tarde)
(el museo se abre pronto)

4. Insiste en que
(Ud. hace la tarea)
(Yo me despierto temprano)
(Nosotros lo visitamos)
(ellos saben las respuestas)

B Construyan oraciones de las varias columnas según los números indicados.

1-1-1-1
Yo dudo que Ud. sepa la respuesta.

1. Yo
2. Ud.
3. el entrevistador
4. nosotros
5. Uds.
6. ellos
7. tú

1. dudar que
2. no dudar que
3. esperar que
4. no creer que
5. sentir que
6. alegrarse de que
7. creer que

1. Ud.
2. los chicos
3. tú
4. el auditorio
5. yo
6. nosotros
7. los salvadores

1. saber las respuestas
2. ir al merendero
3. ganar la victoria
4. salvar a la niña
5. conocer al huérfano
6. visitar el museo
7. hacer un milagro
8. dar buenas noticias

a 1-1-2-3
b. 3-3-6-8
c. 5-6-2-4
d. 7-2-5-5
e. 6-4-3-7

C Forme frases según el modelo.

Temen que (Lo sabemos)
Temen que lo sepamos.

1. Tengo miedo de que   (Juan está enfermo)
                                          (ellos mueren de hambre)
                                          (tú no puedes asistir a la ceremonia)
                                          (ellos se lo van a decir)

2. Me alegro de que   (Uds. vienen a verme)
                                          (ellos han ganado el campeonato)
                                          (nosotros cenamos en ese restaurante)
                                          (ellos se casan)

3. Esperan que   (nosotros traducimos el ejercicio)
                                          (yo hago el trabajo)
                                          (ella es prudente)
                                          (Uds. ponen todo en orden)

4. Siento que   (su novia lo ha dejado)
                                          (ellos se trasladan a Francia)
                                          (tú no me acompañas)
                                          (Graciela no puede cantar)

Cláusulas adverbiales

1. En cláusulas adverbiales introducidas por una expresión temporal se emplea el subjuntivo si el verbo indica lo que puede suceder. Si el verbo indica lo que sucede o lo que ya sucedió, se emplea el indicativo. Las conjunciones temporales son: **luego que, cuando, en cuanto, tan pronto como, antes de que, hasta que, después de que.** Con las siguientes conjunciones, se emplea siempre el subjuntivo: **antes de que, a menos que, para que, con tal (de) que, sin que, en caso de que.**

2. Con las siguientes conjunciones, se emplea el subjuntivo si el verbo indica incertidumbre, duda, o estado indefinido; si el verbo indica una acción realizada, se emplea el indicativo: **así que, aunque.** Ej. Aunque llueve, saldremos. (Está lloviendo.) **Aunque llueva, saldremos.** (No sabemos si va a llover.)

EJERCICIOS

D Cambie las frases siguientes según el modelo.

Cuando trajeron las noticias, salimos en seguida.
Cuando traigan las noticias, saldremos en seguida.

1. Cuando él habló, todo el mundo se puso a reír.
2. Cuando llegó el circo, Carnavalito fue al desfile.
3. Cuando volvimos de la boda, estuvimos cansados.

4. Cuando vimos la película, nos dimos cuenta de la calidad de ella.
5. Cuando apareció el artículo, todo el mundo se puso nervioso.
6. Cuando lo vimos, nos reímos.
7. Cuando lo entrevistaron, se aclaró el asunto.
8. Cuando volvimos a Chile, nos dio sus impresiones.

E Complete las siguientes oraciones con la forma apropiada del verbo.

1. No supimos nada del asunto hasta que lo _____ en el periódico. (leer)
2. No sabremos nada del asunto hasta que lo _____ en el periódico. (leer)
3. En cuanto yo lo _____, me di cuenta de que era un fabricante de chistes. (conocer)
4. En cuanto tú lo _____, te darás cuenta de que es un fabricante de chistes. (conocer)
5. Ellos saldrán de Chile antes de que nosotros _____. (llegar)
6. Ellos salieron de Chile antes de que nosotros _____. (llegar)

F Complete las siguientes oraciones con la forma apropiada del verbo.

1. Él dice chistes para que todos _____. (reírse)
2. Él habló de modo que todos _____. (reírse)
3. Él escribe de manera que nadie lo _____. (entender)
4. Él lo dijo así para que los otros _____ en el asunto. (pensar)
5. Él lo dice así para que todos _____ más optimistas. (ponerse)

G Complete las siguientes oraciones con la forma apropiada del verbo según la indicación.

1. Ella hablará aunque no _____ nada del asunto. (saber) (Es definido que no sabe nada.)
2. Ella hablará aunque no _____ nada del asunto. (saber) (No sabemos si lo sabe o no)
3. Ella sigue siendo optimista aunque las cosas _____ mal. (andar) (No hay duda de que las cosas andan mal.)
4. Ella no tendrá miedo aunque _____ riesgos. (haber) (No se sabe si hay riesgos o no)

Cláusulas relativas

1. Si la cláusula relativa modifica un sustantivo o pronombre que es indefinido, el verbo de la cláusula subordinada se expresa en el subjuntivo. Si el antecedente es definido, se emplea el indicativo. Ej. **Busco un libro que sea interesante.** (antecedente indefinido). **Conozco a las personas que viven en esta casa.** (antecedente definido).

EJERCICIO

H Complete las siguientes oraciones con la forma apropiada del verbo.

1. Busco un artículo que _____ más interesante que éste. (ser)
2. Publican un periódico que _____ los domingos. (salir)
3. Necesitamos alguien que no _____ miedo de algunos riesgos. (tener)
4. Estoy leyendo un ensayo que _____ de la hombría. (tratar)
5. Buscamos un apartamento que _____ poco. (costar)

Expresiones impersonales

1. Se emplea el subjuntivo después de las expresiones impersonales que indican duda, necesidad, probabilidad, voluntad o cualquier otra opinión. Ej. **Es dudoso que vengan. Es posible que volvamos pronto. No es cierto que ella esté enferma.**

2. Se emplea el indicativo después de expresiones impersonales que declaran una certeza o verdad, lo obvio, lo claro, lo evidente. Ej. **Es verdad que son atletas. Es cierto que vienen el lunes. Es evidente que lo han hecho.**

EJERCICIO

I Forme oraciones según el modelo.

dudoso/ cierto   (ellos / llegar pronto)
Es dudoso que ellos lleguen pronto. Es cierto que ellos llegan pronto.

1. mentira / verdad (Luisa / ir a España)
2. probable / evidente (ella / celebrar su cumpleaños)
3. importante / seguro (la carta / llegar en tres días)
4. preciso / cierto   (mi padre / pagar todo)
5. claro / imposible (todo el mundo / saber lo que ocurrió)

Concordancia de tiempos

1. Si en la cláusula principal el verbo está en el presente o en el futuro, se usa el presente del subjuntivo en la cláusula dependiente. Ej. **Queremos que ella lo sepa. Será necesario que ellos vengan aquí.**

2. Si en la cláusula principal el verbo está en el pretérito, en el imperfecto o en el condicional, se usa el imperfecto del subjuntivo en la cláusula dependiente. Ej. **Insistieron en que lo escribiéramos de nuevo. Quería que yo se lo dijera. Sería necesario que todos se pusieran de acuerdo.**

EJERCICIOS

J Cambie las frases siguientes según los modelos.

Quiere que yo llegue temprano.
Quería que yo llegara temprano.
Será necesario que ellos estén aquí.
Sería necesario que ellos estuvieran aquí.

1. Quiero que ella se comporte mejor.
2. Preferirán que los conozcamos personalmente.
3. Tememos que todos no estén conformes.
4. Insistiré en que todos asistan a la ceremonia.
5. Será necesario que sepamos nuestras tareas específicas.
6. Será difícil que vengan en seguida.
7. Es dudoso que él me pida consejos.
8. Será imposible que les hagamos reír a todos.
9. Permiten que lo pongamos en la edición diaria.
10. Mandan que sigamos más cursos para perfeccionar nuestro adiestramiento.
11. No creo que ellos lean tal periódico.
12. No le pediré que me explique más.

El imperfecto del subjuntivo

El imperfecto del subjuntivo tiene su raíz en la tercera persona plural del pretérito, del cual se omite -ron. A la raíz se le agrega las terminaciones apropiadas: *-ra, -ras, -ra, -ramos, -rais, -ran* o *-se, -ses, -se, -semos, -seis, -sen*. Se notará que hay dos formas del imperfecto del subjuntivo, y que en la primera personal plural se necesita acento.

Infinitivo	amar	beber	vivir
Yo	amara(se)	bebiera(se)	viviera(se)
Tú	amaras(ses)	bebieras(ses)	vivieras(ses)
el, ella, Ud.	amara(se)	bebiera(se)	viviera(se)
Nosotros (as)	amáramos(semos)	bebiéramos(semos)	viviéramos(semos)
Vosotros (as)	amarais(seis)	bebierais(seis)	vivierais(seis)
Ellos, ellas, Uds.	amaran(sen)	bebieran(sen	vivieran(sen)

El presente perfecto del subjuntivo

El presente perfecto del subjuntivo se forma usando el presente del subjuntivo del verbo auxiliar haber + el participio pasado. Ej. **haya hablado.**

El pluscuamperfecto del subjuntivo

El pluscuamperfecto del subjuntivo se forma con el imperfecto del subjuntivo del verbo auxiliar (hubiera o hubiese) + el participio pasado. Ej. **hubiera amado, hubiese comido.**

Como hemos hablado de los diversos usos del subjuntivo, ahora nos toca hablar de cuál tiempo del subjuntivo es preciso emplear. Examine el siguiente gráfico de le concordancia de tiempos:

Verbo principal	Subjuntivo
Presente, imperativo, presente perfecto	Presente, imperfecto o presente perfecto
Cualquier otro tiempo	Imperfecto o pluscuanperfecto

Ejemplos:
>   Le pido que lo haga. (presente-presente del subjuntivo)
>   Le he pedido que lo haga. (presente perfecto-presente del subjuntivo)
>   Estoy alegre de que lo haya hecho. (presente-presente perfecto del subjuntivo)
>   Le pedí que lo hiciera. (pretérito-imperfecto del subjuntivo)
>   Estaba allegre de que Ud. lo hubiera (hubiese) hecho. (imperfecto-pluscuamperfecto del subjuntivo)

Frases condicionales

Una frase condicional tiene dos cláusulas: (1) la condición, generalmente introducida por si (*if*) y (2) la cláusula de resultado. Note Ud. el tiempo usado en las siguientes frases condicionales. Observe los siguientes ejemplos.

Si necesito papel, lo compraré. (Condición sencilla. Se emplea el modo indicativo igual al inglés.)

Si fuera rico, ayudaría a los pobres. (Condición contraria al hecho y la frase refiere al presente. Se emplea el imperfecto del subjuntivo en la cláusula con si y el condicional en la clausula de resultado.)

Si hubiera tenido sueño, se habría acostado. (Condición contraria al hecho, y la frase refiere al pasado. Se emplea el pluscuamperfecto del subj. en la cláusula con si y el condicional perfecto en la cláusula de resultado.)

EJERCICIOS

K Siga el modelo.

Si (venir) los niños, yo (jugar) con ellos.
     a. *Si vienen los niños, yo jugaré con ellos.*
     b. *Si vinieran los niños, yo jugaría con ellos.*
     c. *Si hubieran venido los niños, habría jugado con ellos.*

1. Si yo le (conocer), le (hablar).

2. Si ella (tener) hambre, (comer).

3. Si nosotros (estar) enfermos, no (asistir) a la fiesta.

4. Si tú (necesitar) un cepillo, te (prestar) el mío.

5. Si (haber) un incendio, nosotros (ver) el humo.

JOYA 7 EJERCICIOS GENERALES

El conocido autor colombiano informa a los lectores que el deseo de escribir es irremediablemente compulsivo y que el escritor se ve motivado a tal extremo que no lo puede ignorar. Esto sí es una verdadera vocación. Exprese detalladamente algún interés que le absorba y que le anime a dedicarse totalmente para lograr esa meta.

JOYA OCHO

EL ENSAYO:
Esmeraldas de pensamiento

MARCO LITERARIO

El ensayo es una forma literaria muy flexible. Escribiendo en prosa, el autor expone una breve visión personal sobre diversos temas de libre elección. A veces, quiere sencillamente comunicar una experiencia propia. Puede ser una carta, una reminiscencia nostálgica, una semblanza o apuntes de viaje. Otras veces, el autor quiere manifestar ideas alrededor de un tema. El campo del ensayo es amplio: puede ser filosófico, científico, académico o de crítica. Acaso quiere persuadirnos a aceptar una tesis.

Tal vez el autor escribe de una manera seria; tal vez se está burlando y deja correr la imaginación y la fantasía. Todo lo necesario es que siga un pensamiento de algo, dé una conclusión y que, de camino, señale algunas ideas nuevas.

Ha sido costumbre clasificar los ensayos en dos grupos: los formales y los informales (familiares). En el ensayo formal, el autor considera el tema con profundidad, madurez y seriedad. Trata de instruir o convencer al lector. Por eso, su estilo es cuidadoso, selecto e impersonal. El ensayo informal es mucho más sencillo y superficial. El autor revela su personalidad escribiendo de una manera natural, íntima, humorística e imaginativa.

El mundo hispánico ha producido ensayistas muy destacados. Entre ellos se puede nombrar a Unamuno, Azorín, Ortega y Gasset, españoles, y Jorge Enrique Rodó, Alfonso Reyes, Pedro Henríquez Ureña, y Octavio Paz, hispanoamericanos. Pero hoy día, el ensayo formal, así como el informal, va reemplazándose por el menos definido «artículo de revista». Generalmente tales artículos son informativos, tratando de sucesos del día, lugares interesantes, personalidades, opiniones populares o creencias personales.

Una peluquería americana

Julio Camba

Julio Camba (1884–1962), conocido periodista y humorista, nació en Galicia. Viajó mucho por todo el mundo, y caricaturizó[1] a los extranjeros así como a los españoles. Sus bosquejos literarios son imparciales,[2] agudos pero divertidos. Entre sus volúmenes se cuentan Alemania, 1916; Londres, 1916; Un año en el otro mundo (los Estados Unidos), 1917; La rana viajera, 1920. *En el ensayo que sigue nos da su impresión de una peluquería[3] americana. (Las cosas han cambiado desde que Camba escribió este ensayo. Actualmente, muchas de las peluquerías de las grandes ciudades de España son más lujosas y elegantes que las americanas.)*

No hay nada tan americano como una peluquería americana. ¡No, nada!... Ni los rascacielos americanos, ni las bebidas americanas, ni el reporterismo[4] americano... Una peluquería americana es algo mucho más mecánico, mucho más rápido, mucho más caro y mucho más americano que todo eso.

Uno entra, e inmediatamente se encuentra atacado por dos o tres boxeadores que le despojan del sombrero, de la chaqueta,[5] del chaleco,[6] del cuello y de la corbata. El procedimiento es eficaz,[7] pero demasiado violento.

—¿Por qué me boxean Uds.? —dicen que dijo una vez un extranjero— No es necesario. Yo no hago resistencia ninguna...

Consumado el despojo, uno es conducido a una silla que en una fracción de segundo se convierte en cama de operaciones. Entonces un hombre, con una mano enorme, le coge a uno la cabeza como pudiera coger un melocotón, y poniéndole con la otra mano una navaja cerca del cuello, le pregunta:

—¿Qué va a ser? ¿Afeitar? ¿Cortar el pelo? ¿Masaje facial?[8] ¿Arreglar las uñas? ¿Limpiar las botas? ¿Masaje craneano? *¿Champoing?* ¿Quinina?[9]

Uno está completamente a la merced de aquel hombre y no puede negarle nada.

—Sí —va diciendo uno—. Lo que Ud. quiera...

El hombre da ciertas órdenes, que nosotros no percibimos por qué previamente, y de un solo golpe de brocha,[10] nos ha tapado los ojos y los oídos con una capa de jabón. Notamos que alquien nos trabaja en las manos, y adivinamos que es una manicura. Algún chico debe también de estarnos limpiando las botas. Mientras tanto, el peluquero[11] nos somete a unos procedimientos científicos de tortura... Ya estamos afeitados, y a la capa de jabón ha sucedido una capa de pomada[12] La mano enorme nos da masaje. Luego nos tapa la cara con una toalla caliente, que nos abrasa[13] En seguida la toalla caliente es substituida por una toalla empapada en agua fría. No podemos ver, hablar, ni respirar. ¿Cuál será la intención de este hombre al someternos a temperaturas alternas?[14] ¿No es ése un procedimiento que se usa para matar cierta clase de microbios?

---

[1] **caricaturizó** dio una idea exagerada de cosas o personas (muchas veces en dibujos)

[2] **imparciales** objetivos

[3] **peluquería** barbería

[4] **reporterismo** la acción de reportar y escribir para los periódicos

[5] **chaqueta** prenda exterior de vestir (*jacket*)

[6] **chaleco** prenda de vestir sin mangas (*vest*)

[7] **eficaz** (*efficient*)

[8] **masaje facial** (*facial massage*)

[9] **quinina** (*quinine*)

[10] **brocha** cepillo

[11] **peluquero** barbero

[12] **pomada** mezcla de una substancia grasosa y otros ingredientes

[13] **abraza** quema

[14] **alternas** opuestas

Libres de la última toalla, podemos ver a la manicura que arregla nuestras uñas, al peluquero y al chico que limpia los zapatos. Todas nuestras extremidades están en manos ajenas. Numerosas personas trabajan por nuestra cuenta, y no deja de haber cierta satisfacción en pensar que uno le da de vivir a tanta gente.

—¿No podría Ud. emplear conmigo a alguien más? —pregunta a veces un millonario.

En realidad, nosotros no hemos enumerado a todas las personas que nos sirven. Hay todavía un hombre, en un ángulo de la peluquería, dedicado a limpiar, planchar y cepillar[15] nuestro sombrero. El sombrero también recibe su correspondiente masaje. Es nuestra sexta extremidad, como si dijéramos.

Y nuestro suplicio[16] continúa. Ahora estamos sometidos a una fuerte corriente eléctrica. El peluquero pasa por nuestra cara un aparato vibratorio, que nos hace el efecto de una máquina apisonadora[17]. Ya tenemos las botas limpias. La manicura abandona nuestra mano derecha y se nos apodera de la izquierda, mientras el peluquero comienza a cortarnos el pelo. Y, en medio de todo, estas torturas no carecen de voluptuosidad[18].

Por fin, el suplicio termina. Es decir, todavía hay que pagar la cuenta... Sacamos un fajo[19] de billetes y los distribuimos entre la multitud.

Y todo esto, incluso el pago, que es lo que nos ha parecido más largo, no ha durado ni un cuarto de hora. Todo se ha hecho rápidamente y con mucha maquinaria. No hay duda de que una peluquería americana es la cosa más americana del mundo.

[15] **planchar y cepillar** (*to iron and brush*)

[16] **suplicio** tortura

[17] **apisonadora** máquina que sirve para la construcción de caminos

[18] **voluptuosidad** placeres

[19] **fajo** (*roll*)

PREGUNTAS

1. Según Camba, ¿qué le pasa a uno al entrar en una peluquería americana?
2. ¿Con qué compara Camba la silla que está en la peluquería?
3. ¿Por qué no puede ver el que quiere un corte de pelo?
4. ¿Cuáles son algunos procedimientos del peluquero?
5. ¿Quién es el que está en el rincón de la peluquería?
6. Antes de salir, ¿qué tiene que sacar el cliente? ¿Para qué?
7. ¿Cuánto tiempo tarda todo este proceso?

PARA AUMENTAR EL VOCABULARIO

Familias de Palabras

Jabón: jabonarse, jabonaduras, jabonera

1. Hay que usar jabón para lavarse.
2. El hombre tiene que jabonarse bien la cara antes de afeitarse.
3. Las jabonaduras son la espuma que hace el jabón.
4. Después de usar el jabón, hay que ponerlo en la jabonera.

Peluquería: peluquero (a), pelo, peluca

1. Hay que ir a la peluquería por un corte de pelo.
2. Es el peluquero el que corta el pelo.
3. Carlos tiene el pelo negro.
4. Como no tiene pelo, quería comprar una peluca.

Ejercicio de vocabulario

A Prepare una lista de palabras presentadas en el ensayo, que se pueden usar en la peluquería.

EJERCICIOS CREATIVOS

1. Prepare una lista de exageraciones encontradas en esta selección.
2. Escriba el ensayo en forma de comedia para ser representada.

La sonrisa

Concha Suárez del Otero

La autora de este ensayo informal ha concentrado la atención de su obra en un solo detalle insignificante... la sonrisa.[1] Su punto de vista personal es que los españoles no saben sonreír. Alega que si alguien abriera en España una academia para enseñar a sonreír, se haría rico.

[1] **sonrisa** la acción de reír sin hacer ruido *(smile)*
[2] **a postizo** falsa

os americanos no saben estarse serios. Y los españoles, por lo general, no saben sonreír. Cuando lo hacen ponen una mueca trabajosa y dura que suena a postizo[2].

Cuando sonríe un alemán, las pocas veces que sonríe... porque el alemán poco sutil de suyo prefiere a la sonrisa la carcajada... nos parece un niño grande al que ha dicho su madre que de postre hay pasteles.

[3] **goma** *(rubber)*
[4] **apta** buena

El inglés, como tiene la cara de palo o de goma[3], no sonríe bien porque la madera no es apta[4] y la goma se estira demasiado.

La sonrisa del francés no está mal, pero es una sonrisa compuesta, con muchas cosas detrás.

[5] **de sopetón** de repente
[6] **calificativo** calificación
[7] **bicoca** cosa de poco valor

Por eso cuando un español sonríe bien, cosa no frecuente por desgracia, se gana de sopetón[5] y para siempre el calificativo[6] de simpático, cosa que bien administrada es una verdadera bicoca.[7]

Una sonrisa agradable

Los españoles no saben sonreír. Pero saben en cambio, mejor que nadie, ponerse serios, reñir y hablar muy alto de la palabra y del honor.

Cuando un español «fetén»[8] nos dice «no» hay que perder las esperanzas de salirnos con la nuestra, y si dice «no me da la gana», que es lo suyo, tenemos que echarnos a temblar. Pero cuando un español sabe, por casualidad, sonreír, se deja atrás, pero que muy atrás, la festiva sonrisa americana, la pícara francesa y la brutota[9] alemana. Y no digamos la sosa[10] inglesa de goma o de palo, porque ésa no cuenta.

[8] **un español «fetén»** un español de verdad, auténtico

[9] **brutota** extremamente tosca

[10] **sosa** a que le falta sal o gracia, insípida, aburrida

Si alguien abriera en España una academia para enseñar a sonreír se haría de oro[11]. Se haría de oro si previamente supiera convencer a los españoles que sería un negocio para ellos hacerse dúctiles[12] y sonrientes. Esta segunda parte, que habría de ser la primera, sería desde luego la más difícil. ¡Pero, oh, si se conseguía! Menuda mina.

[11] **se haría de oro** se haría rico

[12] **dúctiles** acomodadizos

Menuda mina si consiguieran convencer a los caballeros, y hasta a las damas españolas, que lo mejor para salir de una situation violenta o molesta es, casi siempre, una dúctil sonrisa. Que a la gentileza ajena se la premia mejor con un sonriente gesto de gratitud que con un ramo de flores (el ramo sin sonrisa sabemos todos que no vale para nada, pero no digamos lo mismo de la sonrisa sin ramo). Y que, hasta para castigar la grosería o la inesperada coz[13] de nuestros prójimos[14] poco selectos, lo mejor será siempre una leve sonrisa con su poco de conmiseración[15] y hasta con su poco de desprecio, ya que somos humanos.

[13] **coz** acción o palabra injuriosa, patada

[14] **prójimos** *(fellow creatures)*

[15] **conmiseración** compasión

Si consiguen esto y ponen después el negocio en marcha, yo les garantizo un verdadero filón. Un filón de oro y de algo que vale infinitamente más: la satisfacción de haber contribuido a mejorar la raza.

Brindo esta idea, pues, a todos esos señores, que tanto abundan, a quienes les gustaría hacerse ricos de repente. La idea de la academia, naturalmente. Que se den prisa. La cosa está, como siempre, en ser los primeros.

PREGUNTAS

1. ¿Cuál es la gran diferencia entre el americano y el español?
2. ¿Cómo es la sonrisa de un alemán?
3. ¿Cómo es la de un francés?
4. ¿Qué saben hacer los españoles?
5. ¿Por qué considera la autora que una sonrisa es importante?
6. Entre los efectos mencionados, ¿cuál en su opinión tiene más valor?

PARA AUMENTAR EL VOCABULARIO

Familias de Palabras

Serio: seriamente, seriedad

1. Según la autora, los españoles son más serios que los americanos.
2. Los españoles se portan seriamente.
3. El presidente siempre se porta con seriedad.

Ejercicio de vocabulario

A Cambie los siguientes verbos en sustantivos correspondientes.

1. sonreír
2. frecuentar
3. calificar
4. esperar
5. salir

6. valer
7. castigar
8. satisfacer
9. contribuir
10. abundar

EJERCICIO CREATIVO

1. ¿Cuál es el estilo de la autora: irónico, sarcástico o satírico? Defienda su opinión.

A la mujer mexicana

Gabriela Mistral

Esta selección, escrita por Gabriela Mistral (1889–1957), rinde homenaje a la mujer mexicana. En ella, la divina Gabriela (como se suele llamar a la autora chilena) ve la esperanza de toda la raza. Con ternura y compasión canta las alabanzas del bello sexo.

[1] **amamanta** (*nurses*)
[2] **delicadeza** estado de delicado

[3] **quietud** tranquilidad
[4] **languidez** estado de parecer cansado o débil
[5] **potencia** fuerza
[6] **meciendo** (*rocking*)

Mujer mexicana: amamanta[1] al niño en cuya carne y en cuyo espíritu se probará nuestra raza.

Tu sangre, bien coloreada de soles, es rica; la delicadeza[2] de tus líneas tiene concentrada la energía y engaña con su fragilidad. Tú fuiste hecha para dar los vencedores más intrépidos que necesita tu pueblo en su tremenda hora de peligro, organizadores obreros y campesinos.

Tú estás sentada silenciosamente en el corredor de tu casa y esa quietud[3] y ese silencio parecen languidez;[4] pero en verdad hay más potencia[5] en tus rodillas tranquilas que en un ejército que pasa, porque tal vez estás meciendo[6] al héroe de tu pueblo.

Cuando te cuenten, madre mexicana, de otras mujeres que sacuden[7] la carga de la maternidad, que tus ojos ardan, porque para ti todavía la maternidad es el profundo orgullo.

Cuando te digan, excitándote, de madres que no sufren como tú el desvelo junto a la cuna[8] y no dan la vaciadura[9] de su sangre en la leche amamantadora, oye con desprecio la invitación. Tú no has de renunciar a las mil noches de angustia junto a tu niño con fiebre, ni has de permitir que la boca de tu hijo beba la leche de un pecho mercenario.[10] Tú amamantas y meces. Para buscar tus grandes modelos no volverás tus ojos hacia las mujeres locas del siglo, que danzan y se agitan en plazas y salones y apenas conocen al hijo que llevaron clavado en sus entrañas. Volverás los ojos a los modelos antiguos y eternos: las madres hebreas y las madres romanas...

Campesinas mexicanas

Da alegría a tu hijo, que la alegría es la rojez[11] en la sangre y templadura[12] en los músculos. Canta con él las canciones dulcísimas de tu país; juega a su lado en la arena de los jardines y en el agua temblorosa de tu baño; llévale por el campo bajo la luz maravillosa de tu meseta...

Yo te amo, madre mexicana, hermana de la mía, que bordas exquisítamente y tejes la estera[13] color de miel; que pintas la jícara[14] coloreada y que cruzas el campo vestida de azul, como la mujer de la Biblia, para llevar el sustento del hijo o del esposo que riegan los maizales[15]

Nuestra raza se probará en tus hijos; en ellos hemos de salvarnos o de perecer. Dios les fijó la dura suerte de que la marejada[16] del Norte rompa sobre tu pecho. Por eso cuando tus hijos luchan o cantan, los rostros del Sur se vuelven hacia acá, llenos de esperanza y de inquietud a la par.[17]

Mujer mexicana: en tus rodillas se mece la raza entera, y no hay destino más grande y más tremendo que el tuyo en esta hora.

[7] **sacuden** rechazan con desdén
[8] **cuna** cama de niño
[9] **vaciadura** (*last drop*)
[10] **mercenario** (*hired*)
[11] **rojez** rojo
[12] **templadura** (*degree of toughness*)
[13] **estera** (*mat*)
[14] **jícara** (*brightly painted wooden tray*)
[15] **maizales** campos de maíz
[16] **marejada** olas grandes
[17] **a la par** juntamente, a un tiempo

PREGUNTAS

1. ¿Cómo es la mujer mexicana?
2. ¿Para qué fue hecha?
3. ¿Por qué habrá más potencia en las rodillas de la madre que en un ejército?
4. Para la mujer mexicana, ¿qué es la maternidad?
5. Según Gabriela Mistral, ¿quiénes son las mujeres locas del siglo?
6. ¿Qué modelos seguirá la madre mexicana?
7. ¿Qué debe hacer la mujer mexicana con su hijo?
8. ¿Qué significa: «En tus rodillas se mece la raza entera»?

PARA AUMENTAR EL VOCABULARIO

Familias de Palabras

Vencedores: vencer, invencible

1. La mujer mexicana fue hecha para dar los vencedores, los que conquistarán.
2. Sus hijos podrán vencer a cualquier enemigo.
3. Sus hijos son invencibles. Nadie los puede conquistar.

Ejercicio de palabras

A Emplee las siguientes palabras en oraciones originales.

1. languidez
2. fragilidad
3. mecer
4. sacudir

5. cuna
6. mercenario
7. perecer
8. a la par

EJERCICIOS CREATIVOS

1. ¿Cuál es la idea esencial de esta selección?
2. Escriba un ensayo en el cual Ud. presenta sus ideas sobre la importancia de la mujer.

Vida Social

Miguel de Unamuno (1854–1936)

Como pensador, novelista y poeta, Unamuno es la personalidad española más importante del siglo XX. Es representativo de la Generación del 98 y su personalidad refleja dos diferentes regiones de su tierra natal: el verde País Vasco del norte donde nació y la seca y espiritual Castilla donde estudió y donde vivió la mayor parte de su vida.

Como ensayista, Unamuno atacó al rey, a la Dictadura y a la República y a los dos combatientes de la Guerra Civil, revelando en sus escrituras un espíritu rebelde y batallador. Entre los veintidós volúmenes de ensayos suyos hay una colección titulada Contra esto y aquello.

En uno de sus ensayos, Unamuno dice: «Mi religión es buscar la verdad en la vida y la vida en la verdad, aun a sabiendas (knowingly) de que no he de encontrarlas mientras viva» porque el sentimiento trágico de la vida es precisamente esa lucha inmortal entre el corazón y la razón.

Me decía una vez Guerra Junqueiro: «¡Feliz usted que vive en una ciudad en donde puede uno ir por la calle soñando sin temor a que nadie le rompa el sueño!» Y, realmente, por las calles de Madrid no cabe ir soñando, no tanto por temor a los coches, tranvías y automóviles, cuanto por la continua descarga de tantas caras desconocidas. [...]

A Madrid le tengo miedo, es decir, me tengo miedo a mí mismo cuando voy allá. Porque es muy fácil decir que en esas grandes ciudades puede hacer cada cual la vida que mejor le cuadre[1], pero no es tan fácil de hacerlo como de decirlo. Cuando estoy en la corte, cada noche me retiro a casa pesaroso[2] de haber ido a la reunión o tertulia a que fui y haciendo propósitos de no volver a ella, para reincidir[3] al día siguiente. Me envuelve, ciñe y penetra un letal ambiente de condescendencia. Ambiente que brota de la llamada vida social.

Siempre he sentido aversión hacia eso que se llama vida de sociedad, y cuyo fin útil es cultivar relaciones. ¿Hay nada más terrible que una visita? [...]

Un hombre de sociedad, un hombre que resulta agradable a las damas en visita y en salón es un hombre cuyo principal cuidado es ahogar chocantes espontaneidades y no dejar transparentar su propia personalidad. Porque ésta, la personalidad propia, molesta a los demás. Las gentes gustan de encontrarse con el hombre medio, con el hombre corriente, con el que no sea excepcional en ningún respecto. La excepción molesta siempre. Las veces que habré oído esta frase terrible: «¡me carga[4] el hombre!» Y es así, carga «el hombre», y más ruda pelea para el que se siente tal es la pelea de conquistar el respeto a la individualidad. Ventajas todas de la democracia ciudadana.

Cuando algunas de las poquísimas veces que he ido al teatro he oído al salir críticas sobre si era o no verosímil[5] lo que allí se representó y si era o no posible que se diese un carácter tal como el de este o el otro personaje representado, siempre me he dicho: con que una cosa haya podido suceder una sola vez, es ya verosímil, y resulta muy cierta la paradoja del que dijo que corriendo tras la verosimilitud se huye de la verdad.

[1] **mejor le cuadre** *(that best suits one)*

[2] **pesaroso** arrepentido de una cosa *(sorrowful)*

[3] **reincidir** recaer *(to backslide)*

[4] **me carga** (el hombre) me enoja, me oprime

[5] **verosímil** que parece verdadero, probable, creíble en el relato

Palacio de Cristal en el parque del Buen Retiro, Madrid

PREGUNTAS

1. ¿Es por temor al tráfico vehicular que Unamuno no sueña por las calles de Madrid? ¿Qué teme?
2. En una ciudad grande, ¿es fácil hacer cada cual la vida que mejor le cuadre?
3. ¿Adónde va el autor cada noche?
4. ¿Qué resuelve hacer cuando se retira a casa?
5. ¿Qué le pasa al día siguiente?
6. ¿Cuál es el fin de la vida de sociedad?
7. Con los hombres de sociedad, ¿qué es lo que más molesta a los demás?
8. ¿Con quiénes gustan de encontrarse las gentes?
9. ¿Acostumbraba Unamuno a ir al teatro?
10. Según Unamuno, ¿qué discutían las gentes al salir del teatro?
11. ¿Qué puede ocurrir si uno va corriendo tras la verosimilitud?

PARA AUMENTAR EL VOCABULARIO

Familias de palabras

Soñar: sueño, soñador(a)

1. Soñar con tu presencia es mejor que saber que estás lejos.
2. El sueño de cada noche es estar cerca de ti. Espero que pronto la fantasía se convierta en realidad.
3. ¡Qué soñador soy yo! Los sueños me parecen más realistas que la vida misma.

Sociedad: social, socializar, sociable, sociabilidad

1. Formaron una sociedad de los que habían viajado al extranjero.
2. Me gusta leer de la vida social en los periódicos.
3. Ella no quiere socializar con uno tan mal criado.
4. No queremos estar en compañía de los que no son sociables.
5. Decidimos volver a visitarlos porque nos habían mostrado tanta sociabilidad.

Llamar: llamada, llamado(a) llamador(a), llamamiento, llamativo(a)

1. ¿Cómo se llama el merendero en la esquina?
2. Al saber la noticia, te daré una llamada telefónica.
3. Una chica llamada Angélica pregunta por ti, hijita.
4. El llamador no quería identificarse.
5. Los soldados obedecieron al llamamiento imperativo.
6. Ese vestido de color llamativo no te queda bien.

Ejercicio de vocabulario

A Complete con una palabra apropiada

1. El hombre es esencialmente un ser _____.
2. El baile en la embajada es el evento _____ de la estación.
3. Las iniciales S. A. significan _____ Anónima.
4. Van a botar del club a todas las personas que no son _____.
5. ¿Quiénes son las amigas con las cuales _____ Elisa?
6. Mi amiga dice que cuando duerme, _____ en colores.
7. Don Quijote quería _____ el _____ imposible.
8. Los niños son _____ incurables.
9. El sonido de la escopeta nos _____ la atención.
10. Una _____ del otro lado de la calle me detuvo.
11. Las decoraciones _____ contribuían a las festividades.
12. No sabía el nombre del _____ a la puerta.
13. El seminarista dijo que había respondido a un _____ religioso.

EJERCICIOS CREATIVOS

1. ¿Qué es la generación del 98 y quiénes son sus escritores representativos? Prepare un informe para presentar en clase.
2. Busque detalles sobre la vida y la personalidad de Unamuno y relátelos por escrito. Incluya algunos de sus pensamientos políticos, filosóficos o religiosos.

Máscaras mexicanas

Octavio Paz

Durante muchos años Octavio Paz ha gozado fama internacional como profesor universitario, poeta, ensayista, cuentista, lector y conferencista. Ha sido representante diplomático de México en Suiza, Francia, el Japón, la India, y en las Naciones Unidas. Por haberse dedicado a estudios de la ley, la historia, y las humanidades desarrolló una comprensión del hombre en general y de sus compatriotas en particular. Por sus contribuciones literarias, recibió el Premio Nóbel en Literatura. Su libro más conocido El Laberinto de Soledad *(1950), una colección de ensayos, le ha traído fama mundial por su comprensión e interpretación franca de su propia gente. Esta selección es tomada del capítulo, «Máscaras Mexicanas» en el cual declara su intento de «cambiar el hombre... cambiar la sociedad».*

I

Corazón apasionado,
disimula tu tristeza.
—Canción popular

[1] **arisca** tímida
[2] **espinoso** con espinas

Viejo o adolescente, criollo o mestizo, general, obrero o licenciado, el mexicano se me aparece como un ser que se encierra y se preserva: máscara el rostro y máscara la sonrisa. Plantado en su arisca[1] soledad, espinoso[2] y cortés a un tiempo, todo le sirve para defenderse: el silencio y la palabra, la cortesía y el desprecio, la ironía y la resignación. Tan celoso de su intimidad como de la ajena, ni siquiera se atreve a rozar con los ojos al vecino: una mirada puede desencadenar la cólera de esas almas cargadas de electricidad. Atraviesa la vida como desollado; todo puede herirle, palabras y sospecha de palabras. Su lenguaje está lleno de reticencias, de figuras y alusiones, de puntos suspensivos; en su silencio hay repliegues[3], matices, nubarrones, arcoíris súbitos, amenazas indescifrables. Aun en la disputa prefiere la expresión velada a la injuria: «al buen entendedor pocas palabras». En suma, entre la realidad y su persona establece una muralla, no por invisible menos infranqueable, de impasibilidad y lejanía. El mexicano siempre está lejos, lejos del mundo y de los demás. Lejos, también de sí mismo.

[3] **repliegues** retiros en orden

El lenguaje popular refleja hasta qué punto nos defendemos del exterior: el ideal de la «hombría» consiste en no «rajarse»[4] nunca. Los que se «abren» son cobardes. Para nosotros, contrariamente a lo que ocurre con otros pueblos, abrirse es una debilidad o una traición. El mexicano puede doblarse, humillarse, «agacharse», pero no «rajarse,» esto es, permitir que el mundo exterior penetre en su intimidad. El «rajado» es de poco fiar, un traidor o un hombre de dudosa fidelidad, que cuenta los secretos y es incapaz de afrontar los peligros como se debe...

[4] **rajarse** *(to back down)*

Todas estas expresiones revelan que el mexicano considera la vida como lucha, concepción que no lo distingue del resto de los hombres modernos. El ideal de hombría para otros pueblos consiste en una abierta y agresiva disposición al combate; nosotros acentuamos el carácter defensivo, listos a repeler el ataque. El «macho» es un ser hermético, encerrado en sí mismo, capaz de guardarse y guardar lo que se le confía. La hombría se mide por la invulnerabilidad ante las armas enemigas o ante los impactos del mundo exterior. El estoicismo es la más alta de nuestras virtudes guerreras y políticas. Nuestra historia está llena de frases y episodios que revelan la indiferencia de nuestros héroes ante el dolor o el peligro. Desde niños nos enseñan a sufrir con dignidad las derrotas, concepción que no carece de grandeza. Y si no todos somos estoicos e impasibles —como Juárez y Cuauhtémoc— al menos procuramos ser resignados, pacientes y sufridos. La resignación es una de nuestras virtudes populares. Más que el brillo de la victoria nos conmueve la entereza ante la adversidad.

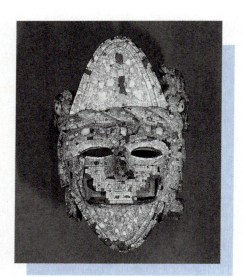

Una máscara azteca

La preeminencia de lo cerrado frente a lo abierto no se manifiesta sólo como impasibilidad y desconfianza, ironía y recelo, sino como amor a la Forma...

Si en la política y el arte el mexicano aspira a crear mundos cerrados, en la esfera de las relaciones cotidianas procura que imperen[5] el pudor, el recato[6] y la reserva ceremoniosa. El pudor, que nace de la vergüenza ante la desnudez propia o ajena, es un reflejo casi físico entre nosotros. Nada más alejado de esta actitud que el miedo al cuerpo, característico de la vida norteamericana. No nos da miedo ni da vergüenza nuestro cuerpo; lo afrontamos con naturalidad y lo vivimos con cierta plenitud —a la inversa de lo que ocurre con los puritanos. Para nosotros el cuerpo existe; da gravedad y límites a nuestro ser. Lo sufrimos y gozamos; no es un traje que estamos acostumbrados a habitar, ni algo ajeno a nosotros: somos nuestro cuerpo. Pero las miradas extrañas nos sobresaltan, porque el cuerpo no ve la intimidad, sino la descubre. El pudor, así, tiene un carácter defensivo, como la muralla china de la cortesía o las cercas de órganos y cactos que separan en el campo a los jacales[7] de los campesinos. Y por eso la virtud que más estimamos en las mujeres es el recato, como en los hombres la reserva. Ellas también deben defender su intimidad.

II

Sin duda en nuestra concepción del recato femenino interviene la vanidad masculina del señor —que hemos heredado de indios y españoles—. Como casi todos los pueblos, los mexicanos consideran a la mujer como un instrumento, ya de los deseos del hombre, ya de los fines que le asignan la ley, la sociedad o la moral. Fines, hay que decirlo, sobre los que nunca se le ha pedido su consentimiento y en cuya realización participa sólo pasivamente, en tanto que «depositaria» de ciertos valores. Prostituta, diosa, gran señora, amante, la mujer trasmite o conserva, pero no crea, los valores y energías que le confían la naturaleza o la sociedad. En un mundo hecho a la imagen de los hombres, la mujer es sólo un reflejo de la voluntad y querer masculinos. Pasiva, se convierte en diosa, amada, ser que encarna los elementos estables y antiguos del universo: la tierra, madre y virgen; activa, es siempre función, medio, canal. La feminidad nunca es un fin en sí mismo, como lo es la hombría.

El secreto debe acompañar a la mujer. Pero la mujer no sólo debe ocultarse sino que además, debe ofrecer cierta impasibilidad sonriente al mundo exterior. Ante el escarceo erótico, deber ser «decente»; ante la adversidad, «sufrida». En ambos casos su respuesta no es instintiva ni personal, sino conforme a un modelo genérico. Y ese modelo, como en el caso del «macho», tiende a subrayar los aspectos defensivos y pasivos, en una gama[8] que va desde el pudor y la «decencia» hasta el estoicismo, la resignación y la impasibilidad...

[5] **imperen** (control)
[6] **recato** modestia

[7] **jacales** chozas

Parque de la Alameda, México, D.F.

[8] **gama** (gamut)

Me parece que todas estas actitudes, por diversas que sean sus raíces, confirman el carácter «cerrado» de nuestras reacciones frente al mundo o frente a nuestros semejantes. Pero no nos bastan los mecanismos de preservación y defensa. La simulación, que no acude a nuestra pasividad, sino que exige una invención activa y que se recrea a sí misma a cada instante, es una de nuestras formas de conducta habituales. Mentimos por placer y fantasía, sí, como todos los pueblos imaginativos, pero también para ocultarnos y ponernos al abrigo de intrusos. La mentira posee una importancia decisiva en nuestra vida cotidiana, en la política, el amor, la amistad. Con ella no pretendemos nada más engañar a los demás, sino a nosotros mismos. De ahí su fertilidad y lo que distingue a nuestras mentiras de las groseras invenciones de otros pueblos. La mentira es un juego trágico, en el que arriesgamos parte de nuestro ser. Por eso es estéril su denuncia.

El simulador pretende ser lo que no es. Su actividad reclama una constante improvisación, un ir hacia adelante siempre, entre arenas movedizas. A cada minuto hay que rehacer, recrear, modificar el personaje que fingimos, hasta que llega un momento en que realidad y apariencia, mentira y verdad, se confunden. De tejido de invenciones para deslumbrar[9] al prójimo, la simulación se trueca en una forma superior, por artística, de la realidad. Nuestras mentiras reflejan, simultáneamente, nuestras carencias y nuestros apetitos, lo que no somos y lo que deseamos ser.

La simulación es una actividad parecida a la de los actores y puede expresarse en tantas formas como personajes fingimos. Pero el actor, si lo es de veras, se entrega a su personaje y lo encarna plenamente, aunque después, terminada la representación, lo abandone como su piel la serpiente. El simulador[10] jamás se entrega y se olvida de sí, pues dejaría de simular si se fundiera con su imagen. Al mismo tiempo, esa ficción se convierte en una parte inseparable —y espuria[11]— de su ser: está condenado a representar toda su vida, porque entre su personaje y él se ha establecido una complicidad que nada puede romper, excepto la muerte o el sacrificio. La mentira se instala en su ser y se convierte en el fondo último de su personalidad.

[9] **deslumbrar** (*to dazzle*)

[10] **simulador** el que pretende

[11] **espuria** falsedad

PREGUNTAS

I

1. ¿Cuál es la opinión del autor de los mexicanos?
2. Describa las armas de defensa de todos los mexicanos.
3. ¿Cómo se protege el mexicano? Explique en forma detallada.
4. ¿Por qué no honra la confianza?
5. Describa la muralla que el mexicano construye para separarse de los demás. Explique en detalle por qué es así.
6. Explique el ideal de la «hombría». ¿Cómo se mide la hombría?
7. ¿Cuáles virtudes son más apreciadas?
8. ¿Cómo describe Paz al «macho»?
9. En su opinión, ¿qué quiere decir *la forma*? Cite evidencias de la importancia de tal en su vida diaria.
10. Cite expresiones del carácter cerrado del mexicano.
11. Explique lo que es el pudor.
12. ¿Cuál es la virtud más estimada en las mujeres? ¿En los hombres?

II

1. ¿Cómo consideran los mexicanos a la mujer?
2. Explique el papel de la mujer. ¿Por qué prefieren la pasividad?
3. ¿Por qué mienten los mexicanos?
4. ¿Qué es una mentira?
5. Explique la diferencia entre el verdadero actor y el simulador.
6. ¿Cómo le afecta la mentira al simulador?

PARA AUMENTAR EL VOCABULARIO

Familias de palabras

Despreciar: desprecio, despreciable, despreciativo(a)

1. Los mexicanos desprecian al que se raja.
2. El macho siente desprecio a la debilidad.
3. Es despreciable permitir que alguien penetre en su intimidad.
4. Su actitud hacia el ajeno es despreciativa.

Injuriar: injuria, injurioso(a)

1. Se defiende por injuriar a los que no comparten sus actitudes.
2. No se da cuenta de la ofensa cometida —una injuria inolvidable.
3. Se ofende a sí mismo con acciones injuriosas.

Simular: simulador, simulado(a), simulación

1. El actor trata de simular un personaje bondadoso, pero sin éxito.
2. El simulador vive pretendiendo ser lo que no es cierto.
3. Fue una sonrisa simulada que faltaba sinceridad.
4. Este producto es una simulación sintética que falta valor.

Ejercicio de vocabulario

A Complete con una palabra apropiada.

1. El político muestra _____ por las críticas.
2. Su discurso negativo era _____.
3. Ese sofá es de cuero _____.
4. Propuso una _____ burlona y ofensiva.
5. Mientras hablaba mostraba una actitud _____.
6. Se calló para no _____ a los inocentes.
7. En Cabo Cañaveral los astronautas practican _____ extraterrestre.
8. En el trato humano es difícil _____ aceptación de lo controversial.
9. Te va a parecer _____ su política.
10. El _____ es engañoso en su representación.
11. No los odio y procuro no _____ a los humildes.

EJERCICIO CREATIVO

1. Escriba su opinión del ensayo. ¿Qué es lo que Paz procura hacer? Cite las máscaras que el autor quiere ver eliminadas.
2. Considere una situación, costumbre, manera de ser o de portarse que merece atención crítica, estudio, y corrección. Prepare un ensayo breve para enterar a otros de la situación o problema.

Presente sus opiniones de posibles soluciones. Nota (1): el intento debe ser corregir un problema sin ofender. Nota (2): ha habido cambios desde que fue escrito en 1950.

El interviéwer

Juan Montalvo (1832–1889)

Juan Montalvo, nativo de Ecuador, escribió ensayos y sátiras de varios géneros: de filosofía de historia, de la política, de la vida en general. Muy tarde en su vida Montalvo fundó un periódico diario que llamó «El Espectador», el cual, semejante a su tocayo[1] inglés del siglo dieciocho, trataba de un modo casual (indiferente) de las debilidades de la sociedad.

En «El interviéwer» se puede ver al escritor burlándose de la vida ociosa con sus flaquezas innovativas. Presenta una idea nueva para sus tiempos —the interviewer. Lea el ensayo y goce de su ironía y actitud burlona.

[1] **tocayo** *(namesake)* El Espectador fue una publicación en Inglaterra por los ensayistas Joseph Addison y Richard Steele.

Los griegos fueron artistas, los romanos conquistadores; los norteamericanos son inventores. Fulton, Samuel Morse, Edison, Graham Bell no son nada; el que descubrió el interviéwer, el repórter, ése es el grande. Si es mucho lo que perdemos en nuestros campanarios de la Cordillera con no aprovecharnos de las invenciones de esos hombres singulares, no es poco lo que ganamos con estar lejos todavía de esta nueva gracia de los yankees. Piérdase la navegación por vapor, muera el telégrafo eléctrico, perezca la fotografía, como no lleguen a nuestras ciudades ni se introduzcan en nuestras costumbres el interviéwer, repórter, monstruos recién llegados de la luna, espectros que aterran e intimidan, invaden y se apoderan de lo que no les pertenece. Ni el nombre de estos avecuchos maléficos[2] ha sonado aún, gracias a Dios, en Quito, Bogotá, Lima ni Caracas; así es que pocos sabrán por allá lo que son el interviéwer, el repórter, y muchos pensarán que son nuevos descubrimientos en el mundo de la electricidad, o maquinitas de engordar pollos. No, señor; el interviéwer es una especie de hombre entre periodista y mandadero[3], suerte de escribano que sin autoridad judicial se mete adonde se le antoja[4], pregunta lo que le da la gana, obliga a decir lo que uno tiene quizá reservado para el confesionario, pone por escrito lo que ha oído, y ¡zas! al periódico esa misma noche para que lo sepa el mundo entero.

[2] **avecuchos maléficos** aves feas y dañosas

[3] **mandadero** mensajero
[4] **adonde se le antoja** adonde quiere

¿Qué les parece a ustedes? El interviéwer hallaría en las ciudades de América que se han quedado españolas más resistencia que la fiebre amarilla y el cólera asiático hallan en los Andes. En Nueva York ha tomado tal ascendiente ese tiranuelo[5] que nadie se cree con derecho a cerrarle las puertas; y en Londres, en París, tan luego como ha llegado ese audaz americano se ha hecho señor de vidas y haciendas; el mundo es suyo. No hay personaje que se le niegue, ni actriz que no esté en su casa. Triunfo de los hombres vanos, alegría de los pueriles, el interviéwer es la pesadilla de los modestos, los callados, los que gustan de que su vida corra silenciosa entre la hombría de bien[6] y las buenas costumbres. El interviéwer tiene derecho a preguntar todo; y como dispone de los medios coercitivos del periódico que le manda, nadie puede encastillarse en la prudencia, guardando para sí lo que no quiere que sepan los demás. ¡Desdichado del que se ponga a hacer melindres[7] al interviéwer! La libertad de imprenta es torniquete al cual no hay quien resista. Al interviéwer como al confesor, hay que decirle todo.

Los franceses no tienen el menor escrúpulo en pasar a su lengua los términos que les gustan y les sirven; así el interviéwer, el repórter, sin bastardilla ni subraya, están ya en su caudal, como otros tantos que vienen de Londres y Nueva York. Aunque esto está aquí a los alcances de todos, no todos lo alcanzarán en la América Española; y así conviene advertir que *interviéwer* nace de *to interview*, tener una entrevista. De suerte que el interviéwer es el que viene a casa de usted a exigir una entrevista, y el que recibe esta visita inquisitorial el *interviéwed*. Los franceses, pueblo ligero muy prudente en lo que toca a su lengua, no han intentado traducir esos vocablos; como ni a España, ni a América Española han llegado todavía el interviéwer y el repórter, nosotros no tenemos necesidad de rompernos la cabeza por saber cómo hemos de llamar a esos personajes. El que pide la visita es el interviéwer; el que aguanta el interrogatorio es el interviéwed. Si algún día venimos a hacer tales progresos que tengamos interviéwer y repórter, ¿cómo los llamaremos en castellano? El que impone el interrogatorio será *el entrevista*, y el que responde el *entrevisto*. ¿Haremos un entrevistero? En este caso, el que aguanta la mecha[8] será *entrevistado*. Éste me parece más razonable, porque está a un

[5] **tiranuelo** (*insignificant tyrant*)

[6] **la hombría de bien** la honradez

[7] **hacer melindres** no hacer caso

[8] **la mecha** (*fuse, wick of an explosive*)

⁹ **zurrado** castigado, censurado con dureza ante el público

¹⁰ **Vercingétorix** nombre del general de Gaula, sitiado por César, capturado y ejecutado

¹¹ **hora menguada** tiempo inoportuno

¹² **Bazaine** (1811–1888) mariscal de Francia en mando de Metz cuando esa fortaleza se rindió a los alemanes en 1871. Lo sentenciaron a muerte como traidor, pero se escapó y fue a Madrid donde murió.

¹³ **batacazo** (*thud, bump*)

¹⁴ **sumido** (sumir: *to sink*), aquí, fracturado

¹⁵ **transgredir** (*to transgress*)

¹⁶ **bolsa** (*stockmarket, investments*)

paso de zurrado⁹, fregado, y desesperado. Aunque esto no es lo que importa. Lo que importa saber es cómo se verifican las entrevistas de los interviéwers y los interviéweds, esto es, en castellano, de los entrevistantes y los entrevistados.

—¿Quién va allí?

—Albert Chinchón, el repórter del Vercingétorix¹⁰.

—¡Adelante!

Entra el interviéwer, saca su cartera, su lápiz, y principia a interviéwar al desdichado personaje que en hora menguada¹¹ se metió en política, que llegó a ser notable en la diplomacia, en el teatro, o que compró una hacienda, o que volvió de un viaje, o que se casó a su gusto. Si los muertos respondieran, los interviéwers de Londres, Nueva York y París fueran a interviewarlos en el cementerio, y no salieran de la sepultura de un difunto infeliz mientras él no les hubiera dicho si ya le estaban comiendo los gusanos; de qué parte del cuerpo habían principiado la operación; si eso dolía mucho; si estaba salvo o condenado; si había dejado un tesoro oculto; si aprobaba que su viuda contrajera segundas nupcias, y otras cosas inherentes a la civilización moderna y los progresos del siglo décimonono. A los vivos no les pregunta eso, pero sí les pregunta cosas peores.

—¿Es verdad que su hermano de usted recibió cantidad de dinero cuando el proceso de Bazaine¹², para deponer en contra del mariscal?

—¡Falso!

—Se dice que usted se ha dado un batacazo¹³ en el Bosque y que se le han sumido¹⁴ cuatro costillas.

—No son sino dos...

—¿Cuántas camisas tiene usted?

—¡Caballero!

—Nada. ¿Cuántas camisas tiene usted?

—¿Qué tiene que ver eso con los intereses generales?

—Puede ser que a usted le parezca que no hay relación ninguna entre estos asuntos; mas yo no puedo renunciar las prerrogativas de mi periódico ni transgredir¹⁵ las leyes de la prensa. ¿Cuántas camisas tiene usted?

—Pues hombre... Si he de decir la verdad, las mujeres son las que están al corriente de estas cosas.

Tanto mejor. Sírvase usted anunciar mi visita a la señora. No salgo de aquí sin haberla interviewado.

—Vamos, que no hay necesidad de eso. Tengo tres docenas de lino para el verano y dos docenas de algodón para el invierno.

—Muy bien. Y de blanco ¿cómo vamos? Quiero decir de bolsa¹⁶.

—En esa materia, amigo, acabo de sufrir un golpe.

—Malo. ¿Golpe de qué naturaleza? ¿Ha jugado usted? ¿Le han robado? ¿Los malos negocios, o los hijos?...

—¡No hombre!

—Pero, vamos, ¿cómo ha perdido usted su plata?

—La he perdido.

—Nadie sufre un golpe sin que la prensa aclare la cuestión...

—Tiene usted razón. He quebrado, amigo mío, porque mi mujer ha ido sacando de diferentes casas, sin que yo lo supiera, joyas y más joyas; y lo que tomaba por ciento, lo vendía en diez para hacer dinero.

—¡Bravo! ¿No tiene usted más que decir? —Al interviéwed no le toca preguntar, sino responder, o echa usted abajo las regalías[17] de la prensa. Dejémonos de sofismas[18], y diga aquí francamente: ¿Qué opina usted, qué piensa usted de don Carlos[19], de doña Isabel[20], de la muerte de Alfonsito[21]? ¿Es verdad que este chico no se cansaba de repetir que él quería ser rey destronado, pero no tronado?

—Respeto de estas personas, no pienso nada, o no se me ha ofrecido pensar de propósito en ellas.

—En el siglo del vapor nadie tiene derecho a no pensar nada; y si hay alguien que no piensa, la prensa piensa por él. Conque vamos, ¿qué piensa usted de la reina madre?

El desdichado interviéwed tuvo que decir lo que pensaba en orden a eso y mucho más. Al día siguiente la entrevista, en dos columnas, en letra gorda[22], salió en el periódico.

Nadie puede ser notable en París sin ser objeto de escándalo; el interviéwer de hoy es el repórter de mañana. Cuando interroga el periodista, es interviéwer; cuando da cuenta de la entrevista al público, es repórter. Los que quieren ser hombres grandes y hacer ruido en el mundo no tienen más que venir a París y darse maña en ser interviewados o entrevistados; que luego sus nombres saldrán campando[23] en los periódicos principales de la capital de Francia. El interviéwer de conciencia, el repórter que sabe su deber, no solamente da cuenta de lo que ha oído, sino también de lo que ha visto en casa del interviéwed.

Carlos Chincholle, el repórter más infatigable de París, interviewó a Rochefort[24] por la centésima vez con motivo del proyecto de expulsión de los príncipes de las familias que habían reinado en Francia. De los que menos trató en el acta de la entrevista fue de la expulsión de los dichos príncipes, y se abrió al mar para decir el modo como halló al interviewed. Dijo que la gata de Rochefort había parido siete gatitos esa noche; que «el brillante linternero[25]» había estado cuando él entró con los recién nacidos entre las piernas, acariciando a todos ellos; que le dijo desde luego que a nada respondería si no le daba su palabra de tomar a su cargo uno de esos serafines[26] y de criarlo como Dios manda; que en seguida le convidó a almorzar; que comieron pescado frito, patas de puerco y otras cositas que no quería decir; que el interviéwed se levantó de la mesa y se fue a las carreras de San Ouen, dejándole plantado; y que no se debía expulsar a los príncipes, porque la República y la libertad eran para todos; pero que él daría su voto por la expulsión en el Parlamento.

Aquí tienen ustedes el interviéwer francés, el repórter parisiense. Al señor de Lesseps[27] le interviewaron no ha mucho más de cuatro interviéwers, para saber el nombre que pensaba poner al hijo que iba a nacerle en esos días, —¡el hijo duodécimo, a los 82 años de edad, si ustedes gustan! No satisfechos los interviéwers con el nombre que les dio el anciano dichoso, le preguntaron cómo los llamaría si la señora diese a luz dos gemelos, y si pensaba que serían dos los que pariese. Del canal de Suez, del istmo de Panamá, ni una palabra.

¡Dios de bondad! ya me figuro el modo como nosotros recibiéramos al interviéwer en Quito, Bogotá, u otra ciudad andina adonde no llegan aún los

---

[17] **regalías** derechos
[18] **sofismas** (*deceptive reasoning*)
[19] **don Carlos** sobrino de Fernando VII, pretendiente al trono de España
[20] **doña Isabel** Isabel II, hija de Fernando VII y reina de España después de la muerte de su padre hasta 1868 cuando fue destronada
[21] **Alfonsito** hijo de Isabel II, rey de España de 1874 hasta su muerte en 1885.
[22] **en letra gorda** (*boldfaced print*)

[23] **saldrán campando** (*ringing*)

[24] **Rochefort** (1830–1913) folletista radical, redactor de diarios anti-imperiales.

[25] **linternero** (*lamplighter; Here: one who spreads light*)
[26] **serafines** (*angels, great beauties*)

[27] **de Lesseps** (1805–1894) promotor, arquitecto y constructor del Canal de Suez entre el mar Rojo y el Mediterráneo

[28] **cáscara amarga** (*mean looking face*)

[29] **monjas visitadinas** religiosas de la Visitación

inventos de los yankees; y más si somos de esos buenos señores antiguos de pasta española y cáscara amarga[28].

—¿Quién es usted?

—Soy el repórter de «La Democracia.» Vengo a saber la opinión de usted tocante a la quiebra del «Banco de la Probidad».

—Y a usted qué le importa mi opinión?

—¿Es de buena fe? ¿es de mala fe?

—No me da la gana de decírselo.

—¿Y por qué, señor don Pedro?

—¡Porque no!

—No insistiré en esta materia, pero sí me hará usted el favor de decirme lo que piensa del señor obispo, de las monjas visitadinas[29].

—Del señor obispo no pienso nada; de las monjas tampoco; y si algo pensara, no se lo dijera a usted.

—Señor don Pedro, el voto de los buenos ciudadanos influye sobre la mayoría. La prensa, por otra parte, tiene sus privilegios.

—Me río de la prensa, de sus privilegios y de los periodistas.

—Pero no se reirá usted de la felicidad doméstica, de los fueros de la familia. ¿Es verdad que casa usted a su hija, la joven Rosa? ¿Cómo la casa? ¿Cuánto le da usted de dote? ¿Tiene la señorita mucha gana de casarse?

—¡Qué devergüenza! ¿Conque viene usted a que yo le diga todo esto?

Como don Pedro se hacía a un lado para coger un palo, el interviéwer ganó la puerta, y no se le ha vuelto a ver en la casa del interviéwed. Yo habría querido que don Pedro hubiese tenido tiempo de ajustarle la cuenta y le hubiese mandado con la cabeza rota en cuatro partes, a fin de que el interviéwer nunca más hubiera pensado en interviewar a nadie, y este monstruo no viniese jamás a ser parte de nuestras costumbres.

PREGUNTAS

1. ¿Qué opina Montalvo del que descubrió el interviéwer?

2. ¿Qué es el interviéwer según Montalvo?

3. ¿Cómo tratan al interviéwer en Nueva York? ¿Y en Londres y París?

4. ¿Cómo se debe llamar al que impone el interrogatorio? ¿Y el que responde?

5. En este relato, ¿a quién entrevista el interviéwer?

6. ¿Qué periódico representa el interviéwer?

7. Haga un comentario sobre la entrevista. ¿Es serio o juguetón el interrogatorio? ¿Hace preguntas personales el interviéwer? ¿Qué información trata de obtener y qué técnica emplea para obtenerla? ¿Tiene derechos y privilegios especiales la prensa? ¿Cuáles son?

8. ¿Cuándo se enoja don Pedro?

9. ¿Cómo termina esta entrevista?

PARA AUMENTAR EL VOCABULARIO

Familias de palabras

redactor: redacción, redactar

1. Es el redactor quien leerá el manuscrito cuando llegue a la casa editorial.
2. La redacción de un libro incluye muchos detalles como el estilo y la puntuación.
3. Hay que redactar el artículo antes que aparezca en el periódico.

entrevista: entrevistador, entrevistar

1. No puedo acompañarte; tengo una entrevista con el rector de la universidad.
2. Teodoro Tesoro es el entrevistador que escribe una columna diaria en el periódico.
3. Seguramente alguien de la prensa entrevistará al salvador de la niña.

descubrir: descubridor (a), descubrimiento, la descubierta, descubierto (a)

1. Los exploradores querían descubrir oro en el Nuevo Mundo.
2. Colón fue el descubridor de América.
3. El descubrimiento de la luz eléctrica cambió todo.
4. Los arqueólogos van a emprender un viaje de descubierta en el desierto.
5. La tumba descubierta estaba llena de cosas valiosas.

Ejercicio de vocabulario

Complete con una palabra apropiada.

1. El _____ tiene que _____ la información antes de publicar su columna.
2. En aquel tiempo no _____ la ruta a las Indias que esperaban encontrar.
3. Después de leer el libro, yo voy a _____ al autor. Será una _____ interesantísima.
4. Estas joyas de turquesa vienen de las ruinas _____ en la América Central.
5. ¿Qué fue el _____ de Alexander Graham Bell que revolucionó la comunicación?

EJERCICIO CREATIVO

1. Con un (a) compañero (a) haga una lista de preguntas que se puede hacer en una entrevista con una novelista famosa. Luego, desarrollen la conversación como pudiera suceder, practíquenla y preséntenla a la clase.

El castellano viejo

Mariano José de Larra

Mariano José de Larra (1809–1837) fue un periodista popular que escribió bajo el nombre de «Fígaro». Era ensayista, escritor de costumbres, y crítico, sobre todo de las costumbres de los españoles en general y de los madrileños en particular. El choque entre su ideal y la realidad causó un hondo pesimismo y un sarcasmo amargo. Larra se suicidió a los veintiocho años, completamente desilusionado por no haber podido realizar sus sueños.

ndaba días pasados buscando materiales para mis artículos, cuando sentí una horrible palmada que una gran mano, pegada a un grandísimo brazo, vino a descargar sobre mi espalda.

No queriendo dar a entender que desconocía este enérgico modo de anunciarse que me dejó torcido para todo el día, traté de volverme para saber quién era el que me trataba tan mal; pero mi castellano viejo siguió dándome pruebas de amistad y cariño, cubriéndome los ojos con las manos y sujetándome por detrás.

—¿Quién soy? —gritaba, alborozado[1].

—Un animal —iba a responderle; pero entonces me acordé de quién podría ser. —Eres Braulio— le dije.

—Amigo, ¡cuánto me alegro de verte! ¿Sabes que mañana es el día de mi santo?

—Felicidades —le digo.

—Déjate de cumplimientos[2] entre nosotros; ya sabes que yo soy franco y castellano viejo: al pan, pan y al vino, vino[3]. Estás invitado a comer conmigo.

—No es posible.

—No hay remedio.

—No puedo —insisto.

—Naturalmente... como no soy el duque de F. ni el conde de P...

—No es eso.

—Pues si no es eso, te espero a las dos; en casa nos gusta comer a la española, temprano. Tengo mucha gente. Vienen el famoso X., que va a improvisar unos versos, y T. va a cantar con su gracia natural.

Esto me consoló un poco y acepté, pensando que un día malo lo pasa cualquiera; en este mundo, para conservar amigos, es necesario aceptar sus favores.

—Tienes que venir, si quieres seguir siendo mi amigo.

—Sí, iré —dije con voz débil y ánimo decaído[4].

Llegaron las dos del día siguiente, y como yo conocía bien a mi amigo Braulio, no me pareció necesario vestirme muy elegante para ir a comer. Saqué mi frac y me lo puse. Me vestí, sobre todo, lo más despacio posible.

No quiero hablar de las visitas que antes de la hora de comer entraron y salieron en aquella casa; gente cuya conversación se limitaba a comentar que el tiempo iba a cambiar y que en invierno generalmente hace más frío que en

---

[1] **alborozado** *(exhilarated)*

[2] **cumplimientos** formalidades

[3] **al pan, pan y al vino, vino** *(call a spade a spade)*

[4] **decaído** *(depressed)*

verano. A las cuatro, nos quedamos solos los invitados. Desgraciadamente para mí, ni X. ni T., que debían divertirnos tanto, aparecieron. Eran las cinco cuando nos sentamos a comer.

—Señores —dijo Braulio— en mi casa no se usan cumplimientos. ¡Ah, Fígaro! Tú no estás cómodo. ¿Por qué no te quitas el frac? Así no te lo manchas...

—No lo voy a manchar —respondí, mordiéndome los labios.

—No importa; te daré una chaqueta mía.

—No hay necesidad...

—¡Sí, sí, mi chaqueta! A ver... te queda un poco grande...

Plaza de Cibeles, Madrid

Me quita él mismo el frac y quedo sepultado en una chaqueta enorme cuyas mangas probablemente no me van a permitir comer. Le di las gracias. ¡El hombre creía hacerme un favor!

Me sentaron entre un niño de cinco años y uno de esos hombres que ocupan en este mundo el espacio de tres. Interminables y de mal gusto fueron los cumplimientos con que para dar y recibir cada plato nos aburrimos unos a otros.

—Sírvase usted.

—Por favor, páselo usted a la señora...

—Perdone usted...

—Sin etiqueta[5], señores —exclamó Braulio, y se sirvió él primero. Cruza por aquí la carne; por allá la verdura; acá los garbanzos; allá el jamón; el pollo por la derecha, por el medio el tocino; le sigue un plato de pavo, que Dios maldiga, y a éste otro y otro...

—¡Qué lástima! Este pavo no está bien cocinado, decía la mujer.

—¡Oh, está excelente, excelente! —decíamos todos, dejándolo en el plato.

El niño de mi izquierda hacía saltar las aceitunas a un plato con tomate, y una vino a parar a uno de mis ojos, que no volvió a ver claro en todo el día. El señor gordo de mi derecha iba dejando en el mantel, al lado de mi pan, los huesos[6] de las suyas. El invitado de enfrente se había encargado de hacer la autopsia de un pollo. De repente, el hombre hizo algo con el tenedor, y el

[5] **sin etiqueta** sin ser formales

[6] **huesos** (*olive pits*)

[7] **despedido** (*thrust*)

pollo, violentamente despedido[7], pareció volar como en sus tiempos más felices. El susto fue general y la alarma llegó a su colmo cuando un tazón de caldo, impulsado por el animal furioso, saltó a inundar mi limpísima camisa.

¿Hay más desgracias? ¡Santo cielo! Sí, las hay, para mí. Doña Juana, la de los dientes negros y amarillos, me ofrece de su plato y con su tenedor, un trozo de carne que es necesario aceptar y tragar. El niño se divierte en despedir a los ojos de los invitados los huesos de las aceitunas. Mi gordo fuma sin cesar, convertido en una chimenea. Por fin, ¡oh, última de las desgracias! todos piden versos, y no hay otro poeta que Fígaro.

—Tiene que decir algo —gritan todos.

—¡Señores, por Dios! ¡En mi vida he improvisado! ¡Me marcharé!

—¡Cierren la puerta!

—¡No sale usted de aquí sin decir algo!

[8] **disparates** (*nonsense*)
[9] **bulla** ruido

Y recito versos y vomito disparates[8], y los celebran, y crece la bulla[9], el humo y el infierno.

A Dios gracias, logro escaparme de aquel nuevo Pandemonio. Por fin ya respiró el aire fresco de la calle. Ya no hay necios, ya no hay castellanos viejos a mi alrededor.

—¡Santo Dios, yo te doy gracias! —exclamo, respirando como el ciervo que acaba de escaparse de una docena de perros. De aquí en adelante no te pido dinero... no te pido glorias ni honores... Líbrame de estas casas en que una invitación es un acontecimiento; en que sólo se pone la mesa decente para los invitados; en que creen hacer favores cuando dan mortificaciones; en que se dicen versos; en que hay niños; en que hay gordos; en que reina, en fin, la brutal franqueza de los castellanos viejos.

PREGUNTAS

1. Describa el encuentro con un amigo al pasar por la calle.

2. ¿En qué insiste Braulio y cómo trata Larra de esquivar la invitación?

3. Según Braulio, ¿quiénes más acudirán al evento? A Larra, ¿le cayeron bien las noticias? ¿Por qué aceptó?

4. ¿A qué hora comieron? ¿Por qué tardaron tanto en comer? Dé detalles.

5. Relate la escena de la chaqueta.

6. ¿En qué consistía la comida? Explique el exceso de cortesía.

7. ¿Se portó mal el niño a su lado? Explique.

8. ¿Fue esto el final de episodios sorprendentes? Explique.

9. ¿Cómo reaccionó Fígaro a la petición de recitar versos? ¿Logró en salir sin declamar? ¿Cómo se portaron?

10. ¿Cómo se siente al librarse de ese pandemonio?

11. ¿Le gustan las costumbres de los viejos castellanos? ¿Cómo lo expresa en su oración?

PARA AUMENTAR EL VOCABULARIO

Familias de Palabras

Alborotar: alboroto, alborotado, alborotador

1. Al oír la música carnavalesca, la gente se va a alborotar.
2. El ruido del alboroto nos llegó desde el pueblo.
3. Los invitados alborotados asustaron al periodista.
4. El alborotador agresivo ofendió al huésped.

Descargar: descarga, descargo, descargue

1. Me callé pero tenía ganas de descargar mi furia.
2. El padre no se preocupó al oír la descarga del Saint-Etienne.
3. Hace bien en el descargo de su obligación.
4. Venga a ayudar con el descargue del equipaje.

Ejercicio de vocabulario

A Complete con una palabra.

1. El _____ en la calle duró un par de horas.
2. El amigo tiene que _____ esa obligación.
3. Ayúdame con el _____ de las mercancías.
4. Se encontró con un amigo _____.
5. De la base militar se oye la _____ de los cañones.
6. Es muy cumplidor en el _____ de sus compromisos.
7. Cállate o el _____ nos quitará esta paz hermosa.
8. Es normal en una fiesta ver a todos _____.

EJERCICIOS CREATIVOS

1. Con un(a) compañero(a) conversen sobre experiencias parecidas que le tenían atrapado(a) y sin salida. Después ¿cómo logró evitar la repetición de tal?

2. Prepare un relato sobre situaciones parecidas de las cuales no hay posibilidad de evitarlas. ¿Hay parientes tan alborotadores en su familia? ¿Le gustan las costumbres viejas que tiene que observar en las reuniones familiares?

CONVERSACIÓN

Teodoro Tesoro entrevista a un candidato que también quiere ser entrevistador.

TEODORO: ¿Sabe que Ud. es uno de los muchos que han llenado formularios buscando trabajo en nuestro periódico?

CANDIDATO: Me imaginaba que habría muchos aunque el pago es poco.

TEODORO: Eso cambia cuando uno se prueba. ¿Qué credenciales tiene Ud.?

CANDIDATO: Pues, salí con honores de la universidad, especializado naturalmente, en el periodismo.

TEODORO: ¿Tiene alguna experiencia práctica?

CANDIDATO: Nada formal. Durante los veranos he trabajado como aprendiz de impresor. Mucho aprendí de las imprentas, pero lo que quiero ser es reportero... mejor dicho, entrevistador como Ud.

TEODORO: ¿Cree que es un arte ser entrevistador?

CANDIDATO: ¡Ya lo creo! Para mí es un llamamiento tan fuerte como el que se dice de los religiosos.

TEODORO: ¡No me diga! Y las celebridades, ¿le interesan?

CANDIDATO: Sí, como a cualquiera. Péro soy aficionado a la gente en general. Me gusta hacer nuevas asociaciones, conocer a más gente, sobre todo a la de la calle.

TEODORO: ¿Cree Ud. que la prensa tiene regalías?

CANDIDATO: Tal vez. Creo que tiene obligaciones ...las de llevar al público no sólo las noticias del día, sino los pensamientos y reacciones que tenga hacia los eventos y circunstancias que nos rodean. Y hacerlo, claro, con honradez y con respeto a la dignidad del entrevistado.

TEODORO: ¡Válgame Dios! ¡Debo tener cuidado o no sólo tendrá empleo en este periódico sino que Ud. me va a reemplazar!

ESTRUCTURA

Los pronombres relativos

1. Un pronombre relativo une dos palabras o dos grupos de palabras que tienen algo en común. Pertenece al segundo y se refiere al primero que se llama antecedente. Véase el siguiente gráfico de los pronombres relativos:

que *(that, which, who)*
lo que *(which, neutro)*
quien, quienes, *(who, m. o f.)*
el que, la que *(he/she who/which, the one who)*
los que, las que *(those who/which, the ones who)*
el cual, la cual *(which, who)*
los cuales, las cuales *(which, who, plural)*
lo cual *(which, neutro)*
cuyo, a, os, as *(whose, adjetivo relativo)*

Avenida de José Antonio, Madrid

El pronombre que

1. El pronombre relativo más común es **que**. Se refiere a personas y a cosas. Se emplea como sujeto o complemento de la cláusula subordinada. Ej. (como sujeto) Las novelas que están en el estante son mías. (como complemento) Éstas son las personas que conozco.

2. El pronombre relativo se puede omitir en inglés pero hay que expresarlo en español. Ej. ***The house (which) we bought is pretty.* La casa que compramos es bonita.** ***The poem (that) he wrote is short.* El poema que escribió es corto.**

3. Se puede usar **que** tras una preposición cuando se refiere a una cosa. Ej. **La película de que me hablaron era cómica. Las ciencias a que me dedico son importantísimas.**

EJERCICIOS

A Transforme las siguientes oraciones según el modelo.

El chico no debe casarse joven. El chico es pobre.
El chico que es pobre no debe casarse joven.

1. La peluquería es lujosa. La peluquería está en la Avenida de José Antonio.
2. Los indios ostentaban estas piedras en sus collares. Los indios se llamaban muzos.

3. Las esmeraldas cuestan mucho. Las esmeraldas son de Colombia.
4. El extranjero está asombrado. El extranjero acaba de entrar en la peluquería.
5. El hombre es joven. El hombre está sentado a nuestra izquierda.
6. Los alemanes tienen una sonrisa seria. Los alemanes son industriosos.

B Transforme las siguientes oraciones según el modelo.

> **La sonrisa es agradable. Aquella señorita tiene la sonrisa.**
> *La sonrisa que tiene aquella señorita es agradable.*

1. La vegetación tropical es increíble. Nuestros ojos contemplan la vegetación tropical.
2. El ensayo da una impresión de la vida americana. Acabamos de leer el ensayo.
3. El hombre da ciertas órdenes. Nosotros no percibimos las órdenes.
4. La carta la puso muy triste. La madre recibió la carta.
5. Las ideas eran del siglo. Mi hermana adaptó las ideas.
6. La carta es de mi tía. La carta llegó esta mañana.

■ El pronombre *quien*

Quien y quienes se refieren sólo a personas y deben concordar en número con su antecedente. Se emplean como complemento indirecto (o de preposiciones). Se puede distinguir entre dos antecedentes que contribuyen información adicional a la idea básica y que se puede separar con una coma. Ej. **El director de quien hablo es italiano. La señorita a quien conociste es mi tía. El hombre con quien trabajo es abogado. No presentamos a Marta, quien llegó tarde. El obispo, quien pronunció el sermón, salió pronto.**

EJERCICIO

C Transforme las siguientes oraciones según el modelo.

> **El señor escribió un ensayo filosófico. Conocimos al señor ayer.**
> *El señor que conocimos ayer escribió un ensayo filosófico.*
> *El señor a quien conocimos ayer escribió un ensayo filosófico.*

1. Los indios iban a las minas. Encontramos a los indios en el camino.
2. El peluquero ganó el premio. Escogieron al peluquero para el campeonato.
3. Su hermana estudió en Francia. Conocimos a su hermana el otro día.
4. El joven era guapo. Vimos al joven en un merendero.

El que, la que, los que, las que

1. Estos pronombres equivalen a las formas el cual, la cual, los cuales, las cuales. Se usan para dar énfasis. Quieren decir "the one(s) who" o "the one(s) that". Ej. **El primo de Rosa, el que no está bien de salud, visitó la clínica.**

2. Estos pronombres se usan como objetos de las preposiciones **por, para y sin** y todas las preposiciones de dos sílabas o más: **acerca de, contra, detrás de, delante de, desde.**

EJERCICIOS

D Complete con un pronombre relativo.

1. El ciervo es un animal _____ se come.
2. La niña _____ conozco es madrileña.
3. ¿Dónde está el dibujo _____ hizo Ud.?
4. _____ se casan son mis amigos.
5. El profesor _____ me dirigí no me conoce.
6. _____ llegue primero, recibirá el premio.
7. Mi amigo, _____ tiene muchos libros, te prestará uno.
8. Vivo en la casa enfrente de _____ está el hotel.
9. Tiene muchas joyas _____ son preciosas.
10. Él tiene buen apetito _____ está bien.
11. El peque no tiene fiebre _____ nos alegra.
12. El dinero no es _____ importa.
13. ¿Dónde está la casa _____ patio ofrece una buena vista?
14. _____ tienen miedo son cobardes, ¿no?
15. Vamos a preguntarlo a mi tío _____ es un gran médico.

E Conteste según el modelo.

¿Quién vino? (mi novia)
La que vino fue mi novia.

1. ¿Quién vino? (Manuel)
2. ¿Quién está preparando la comida? (la cocinera)
3. ¿Quiénes van a hablarnos de la fiesta? (Rosa y Elena)
4. ¿Quiénes estudian ese idioma? (nosotros)
5. Según la Biblia, ¿quién partió el Mar Rojo? (Moisés)

«Entremos en esta iglesia, la cual es famosa por su arquitectura». Iglesia de la Sagrada Familia, Barcelona

F Repita las siguientes oraciones tres veces, cada vez empleando una de las tres preposiciones indicadas.

Modelo: (a, con, de)
Ella es la misma persona _____ quien hablaste.
Ella es la misma persona a quien hablaste.
Ella es la misma persona con quien hablaste.
Ella es la misma persona de quien hablaste.

1. (a, con, de) Los alumnos _____ quienes hablamos son listos.
2. (por, para, sin) Era su madre _____ la cual se sacrificó.
3. (ante, con, delante de) ¿Dónde está el juez _____ el cual apareció.
4. (en, acerca de, detrás de) Indicaron la caja _____ la cual estaban las llaves.
5. (cerca de, detrás de, contra) Las paredes _____ las cuales nos escondíamos eran altísimas.

3. Estos pronombres son preferibles a *que* o *quien* en los siguientes casos:

a. para evitar la ambigüedad cuando el pronombre relativo está separado de su antecedente. Ej. **Los abuelos de mi amiga, los cuales nacieron en Colombia, no hablan inglés.**

b. para introducir una cláusula que no es restrictiva. Ej. **Entremos en esta iglesia, la cual (la que) es famosa por su arquitectura.**

EJERCICIOS

G Transforme las siguientes oraciones según el modelo.

La revista es española. Encontramos este ensayo en la revista.
La revista en que encontramos este ensayo es española.

1. El dinero no alcanza. Los jóvenes contaban con el dinero.
2. El periódico sale los domingos. Hay buenos ensayos en el periódico.
3. La peluquería es lujosa. Hablamos de la peluquería.

H Transforme las siguientes oraciones según el modelo.

La peluquería es lujosa. Vivimos cerca de la peluquería.
La peluquería cerca de la que vivimos es lujosa.
La peluquería cerca de la cual vivimos es lujosa.

1. El merendero es humilde. Se ve nuestra casa desde allí.
2. El escritorio es antiguo. Tiene sus papeles sobre el escritorio.
3. Las cuestiones son importantes. Discutían sobre las cuestiones.

I Transforme las siguientes oraciones según el modelo.

El chico es ensayista. Nos referimos al chico.
El chico a quien nos referimos es ensayista.

1. El peluquero ganó el premio. Hablamos del peluquero.
2. La mujer es mexicana. El ensayo trata de la mujer.
3. Los hijos asisten a una escuela en Francia. Ella escribió a los hijos.

Los pronombres lo que, la cual

1. Estos pronombres son formas neutras que no se refieren a ninguna persona u objeto, sino a una idea o concepto que no tiene antecedente específico. Equivale a "what" o "that which" en inglés. Ej. **Ella no habla con nadie lo que me desagrada mucho. Lo que quiero es más respeto. (*What I want is more respect.*) Sé lo que quieren.**

2. En una pregunta indirecta, *lo que* puede reemplazar *qué*. Ej. **No sabemos qué (lo que) hizo.**

3. Lo cual (lo que) traducido "which" se refiere a una acción, actitud, o situación en vez de una persona o cosa específica. Ej. La niña llegó a tiempo, lo cual (lo que) agradó mucho a su padre. El chico perdió su juguete, lo cual (lo que) le entristeció.

EJERCICIO

J Conteste usando lo que y la respuesta indicada.

¿Qué deseas? (paz en el mundo)
Lo que deseo es paz en el mundo.

1. ¿Qué necesitas? (gran cantidad de dinero)
2. ¿Qué te hace falta? (un par de zapatos cómodos)
3. ¿Qué tienes que comprar? (un regalo para mi novio [a])
4. ¿Qué estás memorizando? (un poema por Amado Nervo)
5. ¿Qué estás leyendo? (una leyenda interesante)

Cuyo, cuya, cuyos, cuyas

1. En efecto, *cuyo* es un adjetivo posesivo que funciona como pronombre relativo y se traduce "whose" o "of which" en inglés. Hay concordancia en género y número con el sustantivo que modifica. Ej. **Es un patriota cuya vida nos sirve de modelo. Aquí tenemos el libro cuyas páginas nos encantaron.**

EJERCICIO

K Complete las siguientes oraciones con una forma de *cuyo*.

1. Es un pariente mío _____ hijos celebran un aniversario.
2. Es un héroe _____ acontecimientos son ilustres.
3. ¿De _____ vida estamos hablando?
4. Es el hombre _____ esposa es abogada.
5. No soy yo _____ interés es ser torero.
6. Las señoras _____ hijas son muy diligentes las aprecian.
7. El hombre, _____ trabajo era muy difícil, estaba siempre cansado.

JOYA 8 EJERCICIOS GENERALES

1. Escriba un ensayo en el cual Ud. explica la influencia que ha tenido su madre en su vida.
2. Escriba un ensayo sobre la importancia de la educación.
3. Escriba un ensayo crítico sobre una novela que Ud. haya leído recientemente.
4. Escriba un ensayo informal en el cual Ud. se burla de algo que le parece ridículo.
5. Escriba un ensayo satírico sobre un personaje famoso.

JOYA NUEVE

EL DRAMA:
Diamantes de acción

MARCO LITERARIO

El drama es una forma de expresión literaria que pasa del dramaturgo al público por medio de actores. Generalmente tiene la forma de una representación teatral, pero también se transmite al cine, a la radio, a la televisión o a los impresos.

La palabra *drama* procede del griego *drao* y nació con los sacerdotes y poetas del mundo antiguo. Su objetivo es divertir e instruir, y desde el principio, el drama ha reflejado la vida, las costumbres y los pensamientos del hombre.

La estructura del drama ha cambiado mucho con los siglos. Antiguamente un coro interpretaba la acción para el público. Los discursos[1] de los actores eran largos y sermoneadores,[2] muchas veces escritos en verso. Hoy día el diálogo es de conversación, corto, y animado.

Las dos grandes clases de composición teatral son la tragedia y la comedia. El primer término se aplica, de una manera general, a toda obra dramática que representa una acción solemne y que termina casi siempre con una catástrofe. El término comedia se refiere a la representación de una pieza[3] que refleja los aspectos jocosos[4] y ridículos de la vida cotidiana y que termina casi siempre alegremente. Puede ser alta comedia, que tiene caracterizaciones finas y diálogos brillantes, o puede ser farsa o sainete,[5] que saca su humor de situaciones imposibles y personajes ridículos. Después de estos dos grandes géneros, se cuentan la ópera (drama musical), la zarzuela[6] y el entremés.[7]

[1] **discursos** series de palabras que expresan un pensamiento
[2] **sermoneadores** como un sermón

[3] **pieza** obra dramática (o musical)
[4] **jocosos** alegres y divertidos

[5] **sainete** pieza dramática pequeña y de asunto jocoso
[6] **zarzuela** obra dramática en que alternativamente se declama y se canta
[7] **entremés** pieza dramática jocosa de un solo acto

Fuenteovejuna

Félix Lope de Vega Carpio

La producción literaria de Lope de Vega (1562–1635) abarca todos los géneros, pero en ella sobresalen sus obras dramáticas. Entre las más conocidas comedias podemos citar Fuenteovejuna. Basada en un hecho[1] histórico, Fuenteovejuna relata la rebelión de un pueblo entero[2] contra el despotismo del Comendador,[3] un noble

feudal que comete toda clase de abusos. Cansados de su tiranía, los habitantes de Fuenteovejuna acaban por asesinar al Comendador. Cuando el juez pesquisidor[4] manda atormentar a varios labradores para determinar el culpable,[5] no consigue otra respuesta que ésta:

—*¿Quién mató al Comendador?*
—*Fuenteovejuna, Señor.*
—*¿Y quién es Fuenteovejuna?*
—*¡Todos a una!*

A continuación aparecen tres escenas de la obra. En la primera, Laurencia, una labradora, habla a varios aldeanos, acusándolos de cobardía e incitándolos a la rebelión. En la segunda, el pueblo ya está dispuesto a matar al tirano Fernán Gómez. En la tercera, varios habitantes de Fuenteovejuna están «ensayando sus repuestas» para el momento cuando tengan que aparecer delante del juez pesquisidor.

Los personajes que aparecen en las tres escenas son: Laurencia, labradora; Esteban, alcalde de Fuenteovejuna y padre de Laurencia; Juan Rojo, Barrildo, Mengo y Frondoso, labradores; Pascuala y Jacinta, labradoras.

[1] **hecho** evento
[2] **entero** completo
[3] **Comendador** comandante de una orden militar (aquí: el que gobierna por el rey)
[4] **juez pesquisidor** oficial que investiga la causa de una muerte
[5] **el culpable** el que tiene la culpa, el responsable
[6] **desmelenada** con el pelo desarreglado

ACTO III, *Escena II*

 ala del consejo en Fuenteovejuna. Sale Laurencia, desmelenada.[6]

Laurencia   Dejadme entrar, que bien puedo,
en consejo de los hombres;
que bien puede una mujer,
si no a dar voto, a dar voces
¿Conocéisme?

Esteban   ¡Santo Cielo! ¿No es mi hija?

Juan Rojo   ¿No conoces a Laurencia?

Laurencia	Vengo tal, que mi diferencia os pone en contingencia[7] quién soy.

[7] **contingencia** cosa que
puede suceder

Esteban	¡Hija mía!
Laurencia	No me nombres tu hija.
Esteban	¿Por qué, mis ojos? ¿Por qué?
Laurencia	Por muchas razones, ... porque dejas que me roben tiranos sin que me vengues, traidores sin que me cobres.[8]

[8] **cobres** *(rescue)*

Aun no era yo de Frondoso,
para que digas que tome,
como marido, venganza;
que aquí por tu cuenta corre;
que en tanto que de las bodas
no haya llegado la noche,
del padre, y no del marido,
la obligación presupone;[9]

[9] **presupone** supone
previamente

que en tanto que no me entregan
una joya, aunque la compre,
no han de correr por mi cuenta
las guardas ni los ladrones.
Llevóme de vuestros ojos
a su casa Fernán Gómez:
la oveja al lobo dejáis
como cobardes pastores.
¿Qué dagas no vi en mi pecho?
¡Qué desatinos[10] enormes,
qué palabras, qué amenazas,[11]
y qué delitos atroces,
por rendir mi castidad[12]
a sus apetitos torpes![13]
Mis cabellos, ¿no lo dicen?
Las señales[14] de los golpes,
¿no se ven aquí, y la sangre?
¿Vosotros sois hombres nobles?
¿Vosotros padres y deudos?[15]
¿Vosotros, que no se os rompen
las entrañas[16] de dolor,
de verme en tantos dolores?
Ovejas sois, bien lo dice
de Fuenteovejuna el nombre.
Dadme unas armas a mí,

[10] **desatinos** locuras
[11] **amenazas** *(threats)*

[12] **castidad** pureza
[13] **torpes** lascivos, deshonestos,
que carecen de habilidad
[14] **señales** marcas

[15] **deudos** parientes

[16] **¿os rompen las entrañas?**
(doesn't it break your heart?)

[17] **jaspes** piedras preciosas

[18] **liebres** hares

[19] **ruecas** instrumentos que
sirven para hilar
[20] **cinta** en el cinto
[21] **trazar** señalar (*to point out*)
[22] **hilanderas** personas que se
dedican a hilar (*spinners*)
[23] **maricones** cobardes y
afeminados
[24] **amujerados** afeminados
[25] **tocas** prendas sueltas para
la cabeza (*scarves*)
[26] **basquiñas** faldas
[27] **solimanes** (*preparation used
by women to remove spots
from their faces*)
[28] **pregones** publicación que
se hace en voz alta y en
público
[29] **almena** diente o cortadura
que se hacía en los muros
de las antiguas fortalezas
[30] **huelgo** me alegro
[31] **porque** para que
[32] **amazonas** mujeres altas y
varoniles
[33] **orbe** mundo
[34] **viles** corruptos

[35] **Regidor** (*alderman*)
[36] **muramos todos** vamos a
morir juntos
[37] **descoge un lienzo** suelta
una bandera
[38] **inormes** monstruos

pues sois piedras, pues sois bronces,
pues sois jaspes,[17] pues sois tigres...
tigres no, porque feroces
siguen quien roba sus hijos,
matando los cazadores
antes que entren por el mar
y por sus ondas se arrojen.
Liebres[18] cobardes nacisteis;
bárbaros sois, no españoles.
Gallinas, ¡vuestras mujeres
sufrís que otros hombres gocen!
Poneos ruecas[19] en la cinta.[20]
¿Para qué os ceñís estoques?
¡Vive Dios, que he de trazar[21]
que solas mujeres cobren
la honra destos tiranos,
la sangre destos traidores,
y que os han de tirar piedras,
hilanderas,[22] maricones,[23]
amujerados,[24] cobardes,
y que mañana os adornen
nuestras tocas[25] y basquiñas,[26]
solimanes[27] y colores!
A Frondoso quiere ya,
sin sentencia, sin pregones,[28]
colgar el Comendador
del almena[29] de una torre;
de todos hará lo mismo;
y yo me huelgo,[30] medio-hombres,
porque[31] quede sin mujeres
esta villa honrada, y torne
aquel siglo de amazonas,[32]
eterno espanto del orbe.[33]

Esteban Yo, hija, no soy de aquellos
que permiten que los nombres
con esos títulos viles.[34]
Iré solo, si se pone
todo el mundo contra mí.

Juan Rojo Y yo, por más que me asombre
la grandeza del contrario.

Regidor[35] Muramos todos.[36]

Barrildo Descoge
un lienzo[37] al viento en un palo,
y mueran estos inormes.[38]

Juan Rojo	¿Qué orden pensáis tener?
Mengo	Ir a matarle sin orden. Juntad el pueblo a una voz; que todos están conformes en que los tiranos mueran.
Esteban	Tomad espadas, lanzones,[39] ballestas,[40] chuzos[41] y palos.
Mengo	¡Los reyes nuestros señores vivan!
Todos	¡Vivan muchos años!
Mengo	¡Mueran tiranos traidores!
Todos	¡Traidores tiranos mueran! *(Vanse todos los hombres.)*
Laurencia	Caminad, que el cielo os oye. *(Gritando.)* ¡Ah mujeres de la villa! ¡Acudid, porque se cobre vuestro honor, acudid todas!

[39] **lanzones** lanzas grandes
[40] **ballestas** máquinas antiguas de guerra para arrojar piedras, etc.
[41] **chuzos** especies de lanza

Escena VI

Salen Esteban, Frondoso, Juan Rojo, Mengo, Barrildo y otros labradores, todos armados. El Comendador, Flores, Ortuño, Cimbranos.

Esteban	Ya el tirano y los cómplices miramos. ¡Fuenteovejuna, los tiranos mueran!
Comendador	Pueblo, esperad.
Todos	Agravios nunca esperan.
Comendador	Decídmelos a mí, que iré pagando a fe de caballero esos errores.
Todos	¡Fuenteovejuna! ¡Viva el rey Fernando! ¡Mueran malos cristianos y traidores!
Comendador	¿No me queréis oír? Yo estoy hablando, yo soy vuestro señor.[42]

[42] **señor** amo

Todos	Nuestros señores. son los Reyes Católicos.
Comendador	Espera.
Todos	¡Fuenteovejuna, Fernán Gómez muera! *(Vanse y salen las mujeres armadas.)*
Laurencia	Parad en este puesto de esperanzas, soldados atrevidos, no mujeres.
Pascuala	¿Los que mujeres son en las venganzas, en él beban su sangre, es bien que esperes?
Jacinta	Su cuerpo recojamos en las lanzas.
Pascuala	Todos son de esos mismos pareceres.
Esteban	*(Dentro.)* ¡Muere, traidor Comendador!
Comendador	*(Dentro.)* Ya muero. ¡Piedad, Señor, que en tu clemencia espero!

Escena X
Saca un escudo Juan Rojo con las armas reales.

Regidor	Ya las armas han llegado.
Esteban	Mostrá las armas acá.
Juan Rojo	¿Adónde se han de poner?
Regidor	Aquí, en el Ayuntamiento.
Esteban	¡Bravo escudo!
Barrildo	¡Qué contento!
Frondoso	Ya comienza a amanecer, con este sol, nuestro día.
Esteban	¡Vivan Castilla y León, y las barras⁴³ de Aragón, y muera la tiranía! Advertid, Fuenteovejuna, a las palabras de un viejo; que el admitir su consejo

⁴³ **barras** *(stripes, of the flag)*

no ha dañado vez ninguna.
Los reyes han de querer
averiguar este caso,
y más tan cerca del paso
y jornada que han de hacer.
Concertaos todos a una
en lo que habéis de decir.

Frondoso	¿Qué es tu consejo?
Esteban	Morir diciendo *Fuenteovejuna*, y a nadie saquen de aquí.
Frondoso	Es el camino derecho. Fuenteovejuna lo ha hecho.
Esteban	¿Queréis responder así?
Todos	Sí.
Esteban	Ahora pues, yo quiero ser ahora el pesquisidor, para ensayarnos mejor en lo que habemos de hacer. Sea Mengo el que esté puesto en el tormento.
Mengo	¿No hallaste otro más flaco?
Esteban	¿Pensaste que era de veras?
Mengo	Di presto.
Esteban	¿Quién mató al Comendador?
Mengo	Fuenteovejuna lo hizo.
Esteban	Perro, ¿si te martirizo?[44]
Mengo	Aunque me matéis, Señor.
Esteban	Confiesa, ladrón.
Mengo	Confieso.
Esteban	Pues, ¿quién fue?
Mengo	Fuenteovejuna.

[44] **martirizo** atormento

⁴⁵ **cagajón** expresión vulgar
⁴⁶ **proceso** (trial)

⁴⁷ **el pueblo prendiendo van**
van arrestando a todo el
pueblo

Esteban	Dadle otra vuelta.
Mengo	Es ninguna.
Esteban	Cagajón⁴⁵ para el proceso.⁴⁶ *Sale el otro Regidor.*
Regidor	¿Qué hacéis desta suerte aquí?
Frondoso	¿Qué ha sucedido, Cuadrado?
Regidor	Pesquisidor ha llegado.
Esteban	Echá todos por ahí.
Regidor	Con él viene un capitán.
Esteban	Venga el diablo: ya sabéis lo que responder tenéis.
Regidor	El pueblo prendiendo van,⁴⁷ sin dejar alma ninguna..
Esteban	Que no hay que tener temor. ¿Quién mató al Comendador, Mengo?
Mengo	¿Quién? Fuenteovejuna.
	Vanse

PREGUNTAS

Acto III, Escena II, Escena VI, Escena X
1. ¿Cómo entra Laurencia?
2. ¿Por qué no la conocen en seguida?
3. ¿Quién es su padre?
4. ¿Por qué quiere Laurencia ser oída?
5. ¿De qué quiere ella vengarse?
6. ¿Qué significa: «La oveja al lobo dejáis»?
7. ¿Por qué habla de tal manera a los hombres?
8. ¿Qué deciden hacer los hombres?
9. ¿Con quiénes se encuentran los labradores?
10. ¿Cómo se llama el Comendador?
11. ¿Qué quiere hacer el Comendador?
12. ¿Quién mata al Comendador?

13. ¿Qué consejo les da a todos Esteban? ¿Por qué?
14. ¿Qué ensayan todos?
15. ¿Qué anuncia el otro Regidor?

PARA AUMENTAR EL VOCABULARIO

Familias de palabras

Amenazar: amenazas, amenazador

1. El Comendador pudo amenazar a las mujeres hasta que escogió a Laurencia.
2. Las amenazas del Comendador causaban temor entre las mujeres.
3. Los hombres no se dieron cuenta de las acciones amenazadoras del Comendador, hasta que Laurencia les informó.

Ensayar: ensayo

1. Los labradores querían ensayar lo que harían cuando llegara el pesquisidor.
2. Tuvieron un ensayo. Todos practicaron la famosa oración: «Fuenteovejuna lo hizo.»

Ejercicio de vocabulario

A ¿Cómo expresa Lope de Vega las siguientes ideas?

1. Sale Laurencia *con el pelo desarreglado.*
2. Si no a dar voto, a *gritar.*
3. No me *llames* tu hija.
4. Para que digas que tome, como *esposo*, venganza.
5. ¡Qué *locuras* enormes!
6. ¡Y qué *delitos horribles*!
7. Este *pueblo* honrado.
8. *Andad,* que el cielo os oye.
9. *Id en socorro* todas.
10. *Detened* en este pueblo de esperanzas.
11. No *ha hecho daño* ninguna vez.
12. ¿Queréis *contestar* aquí?
13. Perro, si te *mato como mártir.*
14. ¿Qué *ha pasado?*
15. Que no hay que tener *miedo.*

EJERCICIO CREATIVO

1. Escriba un resumen de las tres escenas que Ud. ha leído de *Fuenteovejuna.*

La vida es sueño

Pedro Calderón de la Barca

Como su contemporáneo Lope de Vega, Pedro Calderón de la Barca (1600–1681) es un dramaturgo muy prolífico. Es el mejor representante del teatro barroco español. Escribió unas doscientas obras teatrales entre las cuales se encuentran dramas trágicos, comedias de capa y espada, autos sacramentales, zarzuelas mitológicas, sainetes, entremeses, comedias religiosas, filosóficas e históricas. En la mayoría de estas obras, aparecen las ideas y los temas de todos los dramaturgos del Siglo de Oro... es decir, el sentimiento del honor, el patriotismo, la intriga, la religión... lo popular y lo costumbrista. Pero Calderón también ha creado personajes más profundos, más filosóficos y más intelectuales. Segismundo, en La vida es sueño, es el mejor ejemplo. Llena de soliloquios, imágenes barrocas y metáforas, la obra trata de si los hombres son libres para forjar su destino, o si tienen que cumplir una fortuna predeterminada.

El protagonista de La vida es sueño *es Segismundo, hijo del rey Basilio de Polonia. Desde niño, Segismundo ha estado encerrado en una fortaleza, sin ningún contacto con el mundo, porque la astrología ha pronosticado que será un monstruo y vencerá al rey. Sin embargo, después de muchos años el rey Basilio le da la libertad para probar su carácter. Lo lleva a la corte después de haberle dado un narcótico. Al despertar Segismundo se encuentra en el palacio tratado como príncipe. Desgraciadamente, muestra sus instintos brutales y comete varios abusos. En un momento de rabia, arroja por el balcón a un criado. Narcotizándolo de nuevo, el rey lo vuelve a encerrar. Segismundo, confundido al despertar en la torre, cree que todo ha sido un sueño:*

> ¿Qué es la vida? Un frenesí.
> ¿Qué es la vida? Una ilusión,
> una sombra, una ficción,
> y el mayor bien es pequeño;
> que toda la vida es sueño,
> y los sueños, sueños son.

Por fin, el pueblo se subleva en favor de Segismundo y lo libra de la torre donde está encarcelado. Vence a su padre, confirmándose los augurios, pero se porta generosamente con él, y gracias a la experiencia pasada, cambia su carácter y se conduce como un caballero.

Los personajes que aparecen en el drama son: Basilio, rey de Polonia; Segismundo, príncipe e hijo del rey; Astolfo, el duque de Moscovia, y Estrella, la Infanta, ambos sobrinos del rey; Clotaldo, ayo de Segismundo; Rosaura (hija de Clotaldo), que viene a Polonia en busca de Astolfo, creyendo que su padre murió hace años; Clarín, gracioso, criado que acompaña a Rosaura.

JORNADA I, *Escena II*

osaura, vestida de hombre y en compañía de Clarín, va a la corte de Polonia. Se encuentran perdidos en un monte. Al ver una torre alumbrada se dirigen hacia ella a pedir hospedaje. Al acercarse a la torre, oyen una voz lamentosa y el ruido de prisiones (cadenas.)

Segismundo	(Dentro.) ¡Ay mísero[1] de mí! ¡Ay infelice!
Rosaura	¡Qué triste voz escucho! Con nuevas penas y tormentos lucho.
Clarín	Yo con nuevos temores.
Rosaura	Clarín...
Clarín	Señora...
Rosaura	Huyamos los rigores desta encantada torre.
Clarín	Yo aun no tengo ánimo para huir, cuando a eso vengo.
Rosaura	¿No es breve luz aquella caduca[2] exhalación, pálida estrella, que en trémulos desmayos, pulsando ardores y latiendo rayos, hace más tenebrosa la oscura habitación con luz dudosa? Sí, pues a sus reflejos puede determinar (aunque de lejos) una prisión oscura, y porque más me asombre, que es de un vivo cadáver sepultura, en el traje de fiera yace un hombre de prisiones cargado, y sólo de una luz acompañado. Pues huir no podemos, desde aquí sus desdichas escuchemos: sepamos lo que dice.

[1] **mísero** miserable

[2] **caduca** débil, vieja

³ **cadena** (chain)

Abrense las hojas de la puerta y descúbrese
Segismundo con una cadena³ y vestido de
pieles. Hay luz en la torre.

Segismundo

¡Ay mísero de mí! ¡Ay infelice!
Apurar, cielos, pretendo,
ya que me tratáis así,
qué delito cometí
contra vosotros naciendo;
aunque si nací, ya entiendo
qué delito he cometido.
Bastante causa ha tenido
vuestra justicia y rigor,
pues el delito mayor
del hombre es haber nacido...

Nace el ave, y con las galas
que le dan belleza suma,
apenas es flor de pluma
o ramillete⁴ con alas,
cuando las etéreas salas⁵
corta con velocidad,
negándose a la piedad
del nido que deja en calma.
¿Y teniendo yo más alma,
tengo menos libertad?

⁴ **ramillete** (bouquet)
⁵ **las etéreas salas** el cielo

Nace el pez, que no respira,
aborto⁶ de ovas⁷ y lamas,⁸
y apenas bajel de escamas
sobre las ondas se mira,
cuando a todas partes gira,
midiendo la inmensidad
de tanta capacidad
como le da el centro frío.
¿Y yo, con más albedrío,⁹
tengo menos libertad?

⁶ **aborto** monstruo
⁷ **ovas** huevos
⁸ **lamas** (slime)

⁹ **albedrío** (free will)

Nace el arroyo, culebra
que entre flores se desata,
y apenas, sierpe¹⁰ de plata,
entre las flores se quiebra,
cuando músico celebra
de las flores la piedad,
que le da la majestad
del campo abierto a su huida.
¿Y teniendo yo más vida,
tengo menos libertad?

¹⁰ **sierpe** serpiente

Rosaura	Temor y piedad en mí Sus razones han causado.
Segismundo	¿Quién mis voces ha escuchado? ¿Es Clotaldo?
Clarín	*(Aparte a su ama.)* Di que sí.
Rosaura	No es sino un triste, ¡ay de mí! que en estas bóvedas[11] frías oyó tus melancolías.
Segismundo	Pues muerte aquí te daré; porque[12] no sepas que sé *(Asela.[13])* que sabes flaquezas[14] mías...
Clarín	Yo soy sordo, y no he podido escucharte.
Rosaura	Si has nacido humano, baste el postrarme a tus pies para librarme.
Segismundo	Tu voz pudo enternecerme,[15] tu presencia suspenderme[16] y tu respeto turbarme. ¿Quién eres? Que aunque yo aquí tan poco del mundo sé, que cuna y sepulcro fue esta torre para mí; y aunque desde que nací —si esto es nacer— sólo advierto este rústico desierto donde miserable vivo, siendo un esqueleto vivo, siendo un animado muerto; ...y aunque nunca vi ni hablé sino a un hombre solamente que aquí mis desdichas siente, por quien las noticias sé de cielo y tierra, y aunque aquí, porque más te asombres y monstruo humano me nombres, entre asombros y quimeras,[17] soy un hombre de las fieras y una fiera de los hombres; ...

[11] **bóvedas** techos de forma cilíndrica

[12] **porque** para que
[13] **ásela** la ase, la coge
[14] **flaquezas** debilidades, faltas de vigor y fuerzas

[15] **enternecerme** moverme a ternura
[16] **suspenderme** causar admiración

[17] **quimeras** cosas imaginarias

Con cada vez que te veo
nueva admiración me das
y cuando te miro más,
aun más mirarte deseo.
Ojos hidrópicos[18] creo
que mis ojos deben ser,
pues cuando es muerte el beber,
beben más, y desta suerte,
viendo que el ver me da muerte,
estoy muriendo por ver.

Pero véate yo y muera;
que no sé, rendido ya,
si el verte muerte me da,
el no verte qué me diera.
Fuera más que muerte fiera,
ira, rabia y dolor fuerte;
fuera muerte; desta suerte
su rigor he ponderado,
pues dar vida a un desdichado
es dar a un dichoso muerte.

Rosaura   Con asombro de mirarte,
con admiración de oírte,
ni sé qué pueda decirte,
ni qué pueda preguntarte:
sólo diré que a esta parte
hoy el cielo me ha guiado
para haberme consolado,
si consuelo puede ser
del que es desdichado, ver
otro que es más desdichado.

Cuentan de un sabio, que un día
tan pobre y mísero estaba,
que sólo se sustentaba[19]
de unas hierbas que cogía
¿Habrá otro—entre sí decía—
más pobre y triste que yo?
Y cuando el rostro volvió,
halló la respuesta viendo
que iba otro sabio cogiendo
las hojas que él arrojó.

Quejoso[20] de la fortuna
yo en este mundo vivía,
y cuando entre mí decía:
«¿Habrá otra persona alguna

---

[18] **ojos hidrópicos** ojos de
que salen mucha agua

[19] **se sustentaba** se mantenía
vivo, se alimentaba

[20] **quejoso** que queja
frecuentemente

de suerte más importuna?»
piadoso me has respondido;
pues volviendo en mi sentido,
hallo que las penas mías,
para hacerlas tú alegrías
las hubieras recogido.
Y por si acaso mis penas
pueden en algo aliviarte,[21]
óyelas atento y toma
las que de ellas me sobraren.

Escena VI

Basilio   En aqueste, pues, del sol
ya frenesí, ya delirio,
nació Segismundo, dando
de su condición indicios,
pues dio la muerte a su madre...
Yo, acudiendo a mis estudios,
en ellos y en todo miro
que Segismundo sería
el hombre más atrevido,
el príncipe más cruel
y el monarca más impío,
por quien su reino vendría
a ser parcial, y diviso,
escuela de las traiciones
y academia de los vicios;
y él, de su furor llevado,
entre asombros y delitos,
había de poner en mí
las plantas, y yo rendido
a sus pies me había de ver:
(¡con qué vergüenza lo digo!)
siendo alfombra de sus plantas
las canas del rostro mío...
Pues dando crédito yo
a los hados que adivinos
me pronosticaban[22] daños
en fatales, vaticinios,[23]
determiné de encerrar
la fiera que había nacido...
Publicóse que el infante
nació muerto y prevenido,
hice labrar una torre
entre las peñas y riscos
de esos montes, donde apenas
la luz ha hallado camino...
Allí Segismundo vive,

[21] **aliviarte** ayudarte, mejorarte

[22] **a los hados que adivinos me pronosticaban** (*to the destiny that fortune tellers predicted*)
[23] **vaticinios** pronósticos

mísero, pobre y cautivo, ...
adonde solo Clotaldo
le ha hablado, tratado y visto.
Este le ha enseñado ciencias;
éste en la ley le ha instruído
católica, siendo sólo
de sus miserias testigo...

*(El rey Basilio decide poner
a prueba a su hijo Segismundo
y lo hace llevar al palacio.)*

JORNADA II, *Escena III*

 n la corte de Polonia. Músicos cantando, y criados dándole ropas a Segismundo, quien está ahora en el palacio.

Segismundo	¡Válgame el cielo, qué veo!
	¡Válgame el cielo, qué miro!
	Con poco espanto lo admiro,
	con mucha duda lo creo.
	¿Yo en palacios suntuosos?[24]
	¿Yo entre telas y brocados?[25]
	¿Yo cercado[26] de criados
	tan lucidos y briosos[27]?...
	Decir que sueño es engaño:
	bien sé que despierto estoy.
	¿Yo Segismundo no soy?
	Dadme, cielos, desengaño.
	Decidme, ¿qué pudo ser
	esto que a mi fantasía
	sucedió mientras dormía,
	que aquí me he llegado a ver?
	Pero sea lo que fuere,
	¿quién me mete en discurrir?
	Dejarme quiero servir,
	y venga lo que viniere...
Clotaldo	Con la grande confusión
	que el nuevo estado te da,
	mil dudas padecerá
	el discurso y la razón;

[24] **suntuosos** magníficos, ricos y costosos
[25] **brocados** (*brocades*)
[26] **cercado** rodeado
[27] **briosos** que tienen espíritu

pero ya librarte quiero
de todas, si puede ser,
porque has, Señor, de saber
que eres príncipe heredero

de Polonia. Si has estado
retirado y escondido,
por obedecer ha sido
a la inclemencia[28] del hado,[29]
que mil tragedias consiente[30]
a este imperio, cuando en él
el soberano laurel
corone tu augusta frente.

Mas fiando a tu atención
que vencerás las estrellas,
porque es posible vencellas[31]
un magnánimo[32] varón,[33]

a palacio te han traído
de la torre en que vivías,
mientras al sueño tenías
el espíritu rendido.

Tu padre, el rey mi señor,
vendrá a verte y dél sabrás,
Segismundo, lo demás.

Segismundo   Pues vil, infame, traidor, ...

¿qué tengo más que saber,
después de saber quién soy,
para mostrar desde hoy
mi soberbia y mi poder?

[28] **inclemencia** rigor
(*harshness*)
[29] **hado** destino inevitable
(*fate*)
[30] **consiente** permite

[31] **vencellas** vencerlas
[32] **magnánimo** generoso
[33] **varón** hombre de respeto,
persona del sexo masculino

¿Cómo a tu patria le has hecho
tal traición, que me ocultaste
a mí, pues que me negaste
contra razón y derecho
este estado?

Clotaldo	¡Ay de mí triste!

[34] **lisonjero** persona que dice cosas que agradan aunque no sean la verdad, adulador

Segismundo	Traidor fuiste con la ley,
	Lisonjero[34] con el rey,
	y cruel conmigo fuiste;

y así el rey, la ley y yo,
entre desdichas tan fieras,
te condenan a que mueras
a mis manos.

Criado 2°	Señor....

[35] **diligencia** negocio

Segismundo	No
	me estorbe nadie,que es vana
	diligencia:[35] ¡y vive Dios!
	si os ponéis delante vos
	que os eche por la ventana.

Criado 2°	Huye, Clotaldo.

Clotaldo	¡Ay de ti,
	qué soberbia vas mostrando,
	sin saber que estás soñando!
	(*Vase.*)

Escena XVIII

Por su mala conducta devuelven a Segismundo a la torre. Como al principio, está vestido de pieles y encadenado, echado en el suelo.

(El rey Basilio y Clotaldo, escondidos escuchan a Segismundo.)

[36] **dispertarle** despertarle

Basilio	Llega a dispertarle[36] ya,
	que fuerza y vigor perdió
	con el opio que bebió.

Clotaldo	Inquieto, Señor, está
	y hablando.

Basilio   ¿Qué soñará
ahora? Escuchemos pues...

Segismundo   ¡Válgame Dios!
¡Qué de cosas he soñado!

Clotaldo   (Acercándose)
A mí me toca llegar,
a hacer la deshecha ahora.—[37]
¿Es ya de dispertar hora?

Segismundo   Sí, hora es ya de dispertar.

Clotaldo   ¿Todo el día te has de estar
durmiendo? ¿Desde que yo
al águila que voló
con tardo vuelo seguí.
y te quedaste tú aquí,
nunca has dispertado?

Segismundo   No,
ni aun agora he dispertado;
que según, Clotaldo, entiendo,
todavía estoy durmiendo,
y no estoy muy engañado;
porque si ha sido soñado
lo que vi palpable[38] y cierto,
lo que veo será incierto,
y no es mucho que rendido,
pues veo estando dormido,
que sueñe estando despierto.

Clotaldo   Lo que soñaste me di.[39]

Segismundo   Supuesto que sueño fue,
no diré, lo que soñé;
lo que vi, Clotaldo, sí.
Yo disperté, yo me vi
(¡qué crueldad tan lisonjera!)
en un lecho, que pudiera
con matices y colores
ser el catre[40] de las flores
que tejió[41] la primavera.

Aquí mil nobles, rendidos
a mis pies, nombre me dieron
de su príncipe, y sirvieron
galas, joyas y vestidos.

[37] **a hacer la deshecha** a disimular

[38] **palpable** evidente

[39] **Lo que soñaste me di.** Dime lo que soñaste.

[40] **catre** camilla
[41] **tejió** (wove)

La calma de mis sentidos
tú trocaste en alegría
diciendo la dicha mía,
que, aunque estoy de esta manera,
príncipe en Polonia era.

Clotaldo   Buenas albricias⁴² tendría.

Segismundo   No muy buenas; por traidor,
con pecho atrevido y fuerte,
dos veces te daba muerte.

Clotaldo   ¿Para mí tanto rigor?

Segismundo   De todos era señor,
sólo a una mujer amaba
y de todos me vengaba.
Que fue verdad, creo yo,
en que todo se acabó,
y esto solo no se acaba.

Vase el rey.

Clotaldo   (*Aparte.*)
Enternecido se ha ido
el rey de haberle escuchado.—
Como habíamos hablado
de aquella águila, dormido,
tu sueño imperios han sido;
mas, en sueños, fuera bien
honrar entonces a quien
te crió en tantos empeños,
Segismundo, que aun en sueños
no se pierde el hacer bien.
(*Vase.*)

Escena XIX

Segismundo   Es verdad; pues reprimamos
esta fiera condición,
esta furia, esta ambición,
por si alguna vez soñamos;
y sí haremos, pues estamos
en mundo tan singular,
que el vivir sólo es soñar;
y la experiencia me enseña
que el hombre que vive sueña
lo que es hasta dispertar.

Sueña el rey que es rey, y vive
con este engaño mandando,
disponiendo y gobernando;
y este aplauso, que recibe
prestado, en el viento escribe,
y en cenizas le convierte
la muerte (¡desdicha fuerte!),
¿que hay quien intente reinar
viendo que ha de dispertar
en el sueño de la muerte?

Sueña el rico en su riqueza,
que más cuidados le ofrece;
sueña el pobre que padece
su miseria y su pobreza,
sueña el que a medrar[43] empieza,
sueña el que afana y pretende,
sueña el que agravia y ofende,
y en el mundo, en conclusión,
todos sueñan lo que son,
aunque ninguno lo entiende.

[43] **medrar** prosperar

Yo sueño que estoy aquí
destas prisiones cargado,
y soñé que en otro estado
más lisonjero me vi.
¿Qué es la vida? Un frenesí.[44]
¿Qué es la vida? Una ilusión,
una sombra, una ficción,
y el mayor bien es pequeño,
que toda la vida es sueño
y los sueños, sueños son.

[44] **frenesí** delirio furioso

JORNADA III, *Escena III*

 a misma decoración de la primera jornada en la torre. Los soldados llegan a la torre.

Soldado 1°   Gran príncipe Segismundo
(que las señas que traemos
tuyas son, aunque por fe
te aclamamos señor nuestro),
tu padre, el gran rey Basilio,
temeroso que los cielos
cumplan un hado, que dice
que ha de verse a tus pies puesto,
vencido de ti, pretende

quitarte acción y derecho
y dárselo a Astolfo, duque
de Moscovia. Para esto
juntó su corte, y el vulgo,
penetrando ya, y sabiendo
que tiene rey natural,
no quiere que un extranjero
venga a mandarle. Y así,
haciendo noble desprecio
de la inclemencia del hado,
te ha buscado donde preso
vives, para que asistido
de sus armas, y saliendo
desta torre a restaurar[45]
tu imperial corona y cetro,[46]
se la quites a un tirano.
Sal, pues, que en ese desierto
ejército numeroso
de bandidos y plebeyos[47]
te aclama: la libertad
te espera; oye sus acentos.
(Voces Dentro.)

Segismundo   ¿Otra vez, ¡qué es esto, cielos!
queréis que sueñe grandezas,
que ha de deshacer el tiempo?
¿Otra vez queréis que vea
entre sombras y bosquejos[48]
la majestad y la pompa
desvanecida del viento?
¿Otra vez queréis que toque
el desengaño o el riesgo
a que el humano poder
nace humilde y vive atento?
Pues no ha de ser, no ha de ser
mirarme otra vez sujeto
a mi fortuna; y pues sé
que toda esta vida es sueño,
idos, sombras, que fingís
hoy a mis sentidos muertos
cuerpo y voz, siendo verdad
que ni tenéis voz ni cuerpo;
que no quiero majestades
fingidas, pompas no quiero
fantásticas, ilusiones
que al soplo menos ligero
del aura han de deshacerse,
bien como el florido almendro,[49]
que por madrugar sus flores,

[45] **restaurar** reparar, recobrar
[46] **cetro** vara de oro que usan los reyes como insignia de su autoridad

[47] **plebeyos** gente del pueblo

[48] **bosquejos** ideas vagas de alguna cosa (*sketches*)

[49] **almendro** árbol que da almendras

sin aviso y sin consejo,
al primer soplo se apagan,
marchitando y desluciendo[50]
de sus rosados capillos
belleza, luz y ornamento.
Ya os conozco, yo os conozco,
y sé que os pasa lo mesmo
con cualquiera que se duerme;
para mí no hay fingimientos,[51]
que, desengañando ya,
sé bien que *la vida es sueño.*

Soldado 2°

Si piensas que te engañamos,
vuelve a esos montes soberbios
los ojos, para que veas
la gente que aguarda en ellos
para obedecerte.

Segismundo   Ya
otra vez vi aquesto mesmo
tan clara y distintamente
como ahora lo estoy viendo,
y fue sueño.

Soldado 2°   Cosas grandes,
siempre, gran señor, trajeron
anuncios, y esto sería
si lo soñaste primero.

Segismundo

Dices bien, anuncio fue;
y acaso que fuese cierto;
pues que la vida es tan corta,
soñemos, alma, soñemos
otra vez; pero ha de ser
con atención y consejo
de que hemos de dispertar
deste gusto al mejor tiempo;
que llevándolo sabido
será el desengaño menos,
que es hacer burla del daño
adelantarle el consejo.
Y con esta prevención[52]
de que cuando fuese cierto
es todo el poder prestado
y ha de volverse a su dueño,
atrevámonos a todo.
Vasallos, yo os agradezco
la lealtad; en mí lleváis
quien os libre osado y diestro[53]

50 marchitando y desluciendo
perdiendo la hermosura y
lustre

51 fingimientos simulaciones,
engaños

52 prevención preparación

53 osado y diestro *(boldly and
skillfully)*

de extranjera esclavitud.
Tocad el arma, que presto
veréis mi inmenso valor.
Contra mi padre pretendo
tomar armas y sacar
verdaderos a los cielos.
Presto he de verle a mis plantas....
(Aparte.)
Mas si antes desto despierto,
¿no será bien no decirlo
supuesto que no he de hacerlo?

Todos   ¡Viva Segismundo, viva!

Escena IV

54 **alboroto** ruido causado por
varias personas

Clotaldo   ¿Qué alboroto[54] es éste, cielos?

Segismundo   Clotaldo.

Clotaldo   Señor....
(Aparte.)   En mí
su rigor prueba.

Clarín   *(Aparte.)*   Yo apuesto

55 **despeña** arroja desde un
precipicio

que le despeña[55] del monte.
(Vase.)

Clotaldo   A tus reales plantas llego,
ya sé que a morir.

Segismundo   Levanta,

56 **quien fíe** a quien haga
confianza
57 **aciertos** *(successes)*
58 **crianza** *(rearing)*

levanta, padre, del suelo,
que tú has de ser norte y guía
de quien fíe[56] mis aciertos;[57]
que ya sé que mi crianza[58]
a tu mucha lealtad debo.
Dame los brazos.

Clotaldo   ¿Qué dices?

Segismundo   Que estoy soñando, y que quiero
obrar bien, pues no se pierde
el hacer bien aun en sueños.

Clotaldo   Pues, Señor si el obrar bien
es ya tu blasón, es cierto
que no te ofenda el que yo
hoy solicite lo mesmo.

¡A tu padre has de hacer guerra!
Yo aconsejarte no puedo
contra mi rey ni valerte.
A tus plantas estoy puesto,
dame la muerte.

Segismundo   ¡Villano,
          traidor, ingrato!
          (Aparte.)   Mas, ¡cielos!
          el reportarme[59] conviene,   [59] reportarme moderarme
          que aun no sé si estoy despierto.—
          Clotaldo, vuestro valor
          os envidio y agradezco.
          Idos a servir al rey,
          que en el campo nos veremos.
          Vosotros, tocad el arma.

Clotaldo   Mil veces tus plantas beso.
          (Vase.)

Segismundo A reinar, fortuna, vamos;
          no me despiertes si duermo,
          y si es verdad, no me aduermas.
          Mas sea verdad o sueño,
          obrar bien es lo que importa;
          si fuere verdad, por serlo;
          si no, por ganar amigos
          para cuando despertemos.

          Vanse tocando cajas.[60]   [60] cajas tambores (drums)

PREGUNTAS

Jornada I, Escena II, VI

1. ¿Dónde está Segismundo?
2. ¿Dónde están Rosaura y Clarín?
3. ¿Qué ven?
4. ¿Qué oyen?
5. Al ver la torre, ¿qué quiere hacer Rosaura?
6. ¿Por qué no pueden huir?
7. ¿Cómo describe ella la torre?
8. ¿Cómo encuentran a Segismundo?
9. ¿Que se pregunta Segismundo?
10. ¿Cuál es la comparación que hace Segismundo entre él y el ave?
11. ¿Entre él y el pez?
12. ¿Entre él y el arroyo?

13. ¿Qué causan en Rosaura las lamentaciones de Segismundo?
14. ¿Qué quiere hacer Segismundo al descubrir a Rosaura? ¿Por qué?
15. Según Segismundo, ¿qué fue la torre para él?
16. ¿Por qué dice Segismundo que es un hombre de las fieras y una fiera de hombres?
17. ¿Por qué dice Basilio que ha encerrado a Segismundo?
18. ¿Qué había publicado para que nadie lo supiera?

Jornada II, Escena III, Escena XVIII, Escena XIX

19. ¿Por qué está tan asombrado Segismundo?
20. ¿Qué dice para sí Segismundo en cuanto a Clotaldo?
21. ¿Qué le explica Clotaldo?
22. ¿Quién vendrá a ver a Segismundo?
23. ¿Por qué ha ido a la torre Basilio?
24. ¿Cómo está Segismundo?
25. ¿Qué dice entre sueños?
26. ¿Qué está empezando a dudar Segismundo?
27. ¿Qué falsedad le dice Clotaldo?
28. ¿Qué había soñado él?

Jornada III, Escena III, Escena IV

29. ¿A quién ha escogido rey de Polonia, Basilio?
30. ¿Por qué han buscado a Segismundo los soldados?
31. ¿Qué cree Segismundo que son los soldados? ¿Por qué?
32. ¿Cómo trata el soldado de convencer a Segismundo?
33. ¿Qué dice Segismundo al aceptar?
34. Al tener su libertad, ¿cómo trata Segismundo a Clotaldo? ¿Por qué?
35. ¿Por qué le dice Clotaldo «dame la muerte»?
36. ¿Cómo va a obrar Segismundo?

PARA AUMENTAR EL VOCABULARIO

Familias de palabras

Consolar: consolarse, consolación, (consuelo), consolador

1. Las condiciones en que vivía Segismundo podían consolar a Rosaura.
2. Cualquier infeliz puede consolarse al ver las malas condiciones de otro.
3. Rosaura encontró consolación (consuelo) al ver al pobre Segismundo.
4. El infeliz siempre busca algo consolador para animarse.

Aviso: avisar, avisado

1. Segismundo no sabía de antemano que vendrían los soldados. No le habían mandado ningún aviso.
2. No querían avisarle; querían llegar sin que él lo supiera.
3. Segismundo se demostró más avisado (prudente) de lo que había imaginado Basilio.

Aliviar: alivio, aliviado(a)

1. Las penas de Segismundo podían aliviar las de Rosaura. Es que las de ella no parecían tan serias comparadas con las de él.
2. Las penas de Segismundo le sirvieron de alivio a Rosaura.
3. Rosaura se sintió aliviada al ver a Segismundo.

Ejercicio de vocabulario

A Escriba dos palabras relacionadas con cada una de las siguientes.

1. contrariedad
2. curiosidad
3. flaquezas
4. habitación
5. castigar
6. gozar
7. sabio
8. restaurar

EJERCICIOS CREATIVOS

1. Algunas características del teatro de Calderón son **(a)** una técnica elaborada y trabajada, **(b)** la alegoría, **(c)** lirismo perfecto en los versos, (d) soliloquios. Dé ejemplos de estas características.
2. Un tema importante de su obra es el conflicto entre la predestinación y el libre albedrío. ¿Cómo desarrolla este tema en *La vida es sueño*? ¿Cuál triunfa?
3. Analice el desarrollo del carácter de Segismundo.
4. Hay un proverbio árabe que dice: «no tenía zapatos y me quejaba hasta ver un hombre que no tenía pies.» ¿Cómo expresa Rosaura la misma idea?
5. Aprenda de memoria el famoso soliloquio que empieza: «¿Qué es la vida?»
6. Dé su interpretación de este soliloquio.
7. Prepare una crítica de esta obra. Considere el tema y el estilo.

Mañana de sol

Serafín y Joaquín Álvarez Quintero

Porque colaboran tan cuidadosamente es casi imposible separar a los hermanos Quintero... Serafín (1871–1938) y Joaquín (1873–1944). Mencionar sus nombres es recordar el género chico, porque en esta categoría son maestros. Han escrito muchas piezas en un acto... sainetes, jugetes cómicos, pasos de comedia... en donde el tema es insignificante, pero el diálogo y los detalles cómicos tienen mucha gracia y toda la sal de la tierra andaluza. Entre estas obras maestras en miniatura se destaca Mañana de sol (1905).

Los personajes que aparecen son: doña Laura, una vieja; Petra, la criada de doña Laura; don Gonzalo, un viejo; Juanito, el criado de don Gonzalo.

*L*ugar apartado de un paseo público, en Madrid. Un banco a la izquierda del actor. Es una mañana de otoño templada[1] y alegre. Doña Laura y Petra salen por la derecha. Doña Laura es una viejecita setentona,[2] muy pulcra,[3] de cabellos muy blancos y manos muy finas y bien cuidadas. Aunque está en la edad de chochear,[4] no chochea. Se apoya de una mano en una sombrilla, y de la otra en el brazo de Petra, su criada.

Doña Laura	Ya llegamos.... Gracias a Dios. Temí que nos hubieran quitado el sitio. Hace una mañanita tan templada....
Petra	Pica el sol.
Doña Laura	A ti, que tienes veinte años. (*Siéntase en el banco.*) ¡Ay!... Hoy me he cansado más que otros días. (*Pausa. Observando a Petra, que parece impaciente.*) Vete, si quieres, a charlar con tu guarda.
Petra	Señora, el guarda no es mío; es del jardín.
Doña Laura	Es más tuyo que del jardín. Anda en su busca, pero no te alejes.
Petra	Está allí esperándome.
Doña Laura	Diez minutos de conversación, y aquí en seguida.
Petra	Bueno, señora.
Doña Laura	(*Deteniéndola.*) Pero escucha.
Petra	¿Qué quiere Ud.?
Doña Laura	¡Que te llevas las miguitas[5] de pan!
Petra	Es verdad; ni sé dónde tengo la cabeza.
Doña Laura	En la escarapela[6] del guarda.
Petra	Tome Ud. (*Le da un cartucho de papel pequeñito y se va por la izquierda.*)
Doña Laura	Anda con Dios. (*Mirando hacia los árboles de la derecha.*) Ya están llegando los tunantes.[7] ¡Cómo me han cogido la hora! (*Se levanta, va hacia la derecha y arroja adentro, en tres puñaditos,[8] las migas de pan.*) Éstas, para los más atrevidos.... Éstas, para los más glotones.... Y éstas, para los más granujas,[9] que son los más chicos... Je.... (*Vuelve a su banco y desde él observa complacida el festín de los pájaros.*) Pero, hombre,

[1] **templada** no hace ni frío ni calor
[2] **setentona** de setenta años
[3] **pulcra** limpia, bien arreglada, bonita
[4] **chochear** conducta de un viejo que tiene debilitadas sus facultades mentales
[5] **miguitas** pedacitos finos
[6] **escarapela** adorno que identifica el regimiento de un soldado o la autoridad de un policía

[7] **tunantes** pícaros, bribones
[8] **puñaditos** porciones de algo que caben en el puño o en la mano
[9] **granujas** pícaros, vagabundos

que siempre has de bajar tú el primero. Porque eres el mismo: te conozco. Cabeza gorda, boqueras[10] grandes.... Igual a mi administrador. Ya baja otro. Y otro. Ahora dos juntos. Ahora tres. Ese chico va a llegar hasta aquí. Bien; muy bien: aquél coge su miga y se va a una rama a comérsela. Es un filósofo. Pero, ¡qué nube! ¿De dónde salen tantos? Se conoce que ha corrido la voz.... Je, je.... Gorrión habrá que venga desde la Guindalera.[11] Je, je.... Vaya, no pelearse que hay para todos. Mañana traigo más.

Salen Don Gonzalo y Juanito por la izquierda del foro.[12] Don Gonzalo es un viejo contemporáneo de doña Laura, un poco cascarrabias.[13] Al andar arrastra los pies. Viene de mal temple,[14] del brazo de Juanito, su criado.

Don Gonzalo	Vagos[15], más que vagos.... Más valía que estuvieran diciendo misa....
Juanito	Aquí se puede Ud. sentar: no hay más que una señora. *Doña Laura vuelve la cabeza y escucha el diálogo.*
Don Gonzalo	No me da la gana, Juanito. Yo quiero un banco solo.
Juanito	¡No lo hay!
Don Gonzalo	¡Es que aquél es mío!
Juanito	Pero si se han sentado tres curas....
Don Gonzalo	¡Pues que se levanten!...¿Se levantan, Juanito?
Juanito	¡Qué se han de levantar! Allí están de charla.
Don Gonzalo	Como si los hubieran pegado al banco.... No, si cuando los curas cogen un sitio..., ¡cualquiera los echa![16] Ven por aquí, Juanito, ven por aquí. *(Se encamina hacia la derecha resueltamente. Juanito lo sigue.)*
Doña Laura	*(Indignada.)* ¡Hombre de Dios!
Don Gonzalo	*(Volviéndose.)* ¿Es a mí?
Doña Laura	Sí, señor; a Ud.
Don Gonzalo	¿Qué pasa?
Doña Laura	¡Que me ha espantado Ud. los gorriones,[17] que estaban comiendo miguitas de pan!

[10] **boqueras** *(large and drooping corners of the mouth)*

[11] **Guindalera** suburbio de Madrid

[12] **foro** *(stage)*

[13] **cascarrabias** de mal humor

[14] **de mal temple** de mal humor

[15] **vagos** los que no trabajan

[16] **cualquiera los echa** difícil es sacarlos de donde están

[17] **gorriones** *(sparrows)*

	Don Gonzalo	¿Y yo qué tengo que ver con los gorriones?
	Doña Laura	¡Tengo yo!
	Don Gonzalo	¡El paseo es público!
[18] **no se queje** (*don't complain*)	*Doña Laura*	Entonces no se queje[18] Ud. de que le quiten el asiento los curas.
	Don Gonzalo	Señora, no estamos presentados. No sé por qué se toma Ud. la libertad de dirigirme la palabra... Sígueme, Juanito. (*Se van los dos por la derecha.*)
[19] **demonio** como el diablo	*Doña Laura*	¡El demonio[19] del viejo! No hay como llegar a cierta edad para ponerse impertinente. (*Pausa.*) Me alegro; le han quitado aquel banco también. ¡Anda! para que me espante los pajaritos. Está furioso.... Sí, sí; busca, busca. Como no te sientes en el sombrero....¡Pobrecillo! Se limpia el sudor.... Ya viene, ya viene.... Con los pies levanta más polvo que un coche.
	Don Gonzalo	(*Saliendo por donde se fue y encaminándose a la izquierda.*) ¡Se habrán ido los curas, Juanito?
	Juanito	No sueñe Ud. con eso, señor. Allí siguen.
[20] **Ayuntamiento** gobierno municipal	*Don Gonzalo*	¡Por vida! ... (*Mirando a todas partes perplejo.*) Este Ayuntamiento,[20] que no pone más bancos para estas mañanas de sol.... Nada, que me tengo que conformar con el de la vieja. (*Siéntase al otro extremo que doña Laura, y la mira con indignación.*) Buenos días.
	Doña Laura	¡Hola! ¿Ud. por aquí?
	Don Gonzalo	Insisto en que no estamos presentados.
	Doña Laura	Como me saluda Ud., le contesto.
	Don Gonzalo	A los buenos días se contesta con los buenos días, que es lo que ha debido Ud. hacer.
	Doña Laura	También Ud. ha debido pedirme permiso para sentarse en este banco, que es mío.
	Don Gonzalo	Aquí no hay bancos de nadie.
[21] **vieja chocha** (*doddering old woman*)	*Doña Laura*	Pues Ud. decía que el de los curas era suyo.
[22] **haciendo calceta** tejiendo medias	*Don Gonzalo*	Bueno, bueno, bueno... se concluyó. (*Entre dientes.*) Vieja chocha[21].... Podía estar haciendo calceta[22]....

Doña Laura	No gruña Ud. porque no me voy.
Don Gonzalo	(*Sacudiéndose las botas con el pañuelo.*) Si regaran un poco más, tampoco perderíamos nada.
Doña Laura	Ocurrencia es: limpiarse las botas con el pañuelo de la nariz.
Don Gonzalo	¿Eh?
Doña Laura	¿Se sonará[23] Ud. con un cepillo?
Don Gonzalo	¿Eh? Pero, señora, ¿con qué derecho? ...
Doña Laura	Con el de vecindad.
Don Gonzalo	(*Cortando por lo sano.*[24]) Mira, Juanito, dame el libro; que no tengo ganas de oír más tonteras.
Doña Laura	Es Ud. muy amable.
Don Gonzalo	Si no fuera Ud. tan entrometida[25]....
Doña Laura	Tengo el defecto de decir todo lo que pienso.
Don Gonzalo	Y el de hablar más de lo que conviene. Dame el libro, Juanito.
Juanito	Vaya, señor, (*Saca del bolsillo un libro y se lo entrega. Paseando luego por el foro, se aleja hacia la derecha y desaparece.*) *Don Gonzalo, mirando a doña Laura siempre con rabia, se pone unas gafas*[26] *prehistóricas, saca una gran lente, y con el auxilio de toda esa cristalería se dispone a leer.*
Doña Laura	Creí que iba Ud. a sacar ahora un telescopio.
Don Gonzalo	¡Oiga Ud.!
Doña Laura	Debe Ud. de tener muy buena vista.
Don Gonzalo	Como cuatro veces mejor que Ud.
Doña Laura	Ya, ya se conoce.
Don Gonzalo	Algunas liebres[27] y algunas perdices[28] lo pudieran atestiguar.[29]
Doña Laura	¿Es Ud. cazador?
Don Gonzalo	Lo he sido.... Y aun.... aun....

[23] **se sonará** (*I wonder if you blow your nose*)

[24] **cortando por lo sano** no insistir en un asunto que puede traer discordia

[25] **entrometida** una que se mete donde no la llaman

[26] **gafas** anteojos

[27] **liebres** especie de conejos (*hares*)

[28] **perdices** (*partridges*)

[29] **atestiguar** dar testimonio

Doña Laura	¿Ah, sí?
Don Gonzalo	Sí, señora. Todos los domingos, ¿sabe Ud.? cojo mi escopeta y mi perro, ¿sabe Ud.? y me voy a una finca de mi propiedad, cerca de Aravaca... a matar el tiempo, ¿sabe Ud.?
Doña Laura	Sí; como no mate Ud. el tiempo[30]..., ¡lo que es otra cosa!
Don Gonzalo	¿Conque no?[31] Ya le enseñaría yo a Ud. una cabeza de jabalí[32] que tengo en mi despacho.
Doña Laura	¡Toma! y yo a Ud. una piel de tigre que tengo en mi sala. ¡Vaya un argumento!
Don Gonzalo	Bien está, señora. Déjeme Ud. leer. No estoy por darle a Ud. más palique.[33]
Doña Laura	Pues con callar, hace Ud. su gusto.
Don Gonzalo	Antes voy a tomar un polvito. (*Saca una caja de rapé.*[34]) De esto sí le doy. ¿Quiere Ud.?
Doña Laura	Según. ¿Es fino?
Don Gonzalo	No lo hay mejor. Le agradará.
Doña Laura	A mí me descarga[35] mucho la cabeza.
Don Gonzalo	Y a mí.
Doña Laura	¿Ud. estornuda?[36]
Don Gonzalo	Sí, señora: tres veces.
Doña Laura	Hombre, y yo otras tres: ¡qué casualidad!
	Después de tomar cada uno su polvito, aguardan los estornudos, y estornudan alternativamente.
Doña Laura	¡Ah ... chis!
Don Gonzalo	¡Ah ... chis!
Doña Laura	¡Ah ... chis!
Don Gonzalo	¡Ah ... chis!
Doña Laura	¡Ah ... chis!

[30] **como no mate Ud. el tiempo** creo que es todo lo que puede matar
[31] **¿Conque no?** ¿No lo cree Ud.?
[32] **jabalí** (*wild boar*)
[33] **darle a Ud. más palique** continuar la conversación
[34] **rapé** (*snuff*)
[35] **descarga** (*clears*)
[36] **estornuda** (*sneeze*)

Don Gonzalo	¡Ah ... chis!
Doña Laura	¡Jesús!
Don Gonzalo	Gracias. Buen provechito.
Doña Laura	Igualmente. (Nos ha reconciliado el rapé.)
Don Gonzalo	Ahora me va Ud. a dispensar que lea en voz alta.
Doña Laura	Lea Ud. como guste: no me incomoda.
Don Gonzalo	(*leyendo.*) «Todo en amor es triste; mas, triste y todo, es lo mejor que existe.» De Campoamor; es de Campoamor.
Doña Laura	¡Ah!
Don Gonzalo	(*Leyendo.*) «Las niñas de las madres que amé tanto, me besan ya como se besa a un santo.» Éstas son humoradas.[37]
Doña Laura	Humoradas, sí.
Don Gonzalo	Prefiero las doloras.[38]
Doña Laura	Y yo.
Don Gonzalo	También hay algunas en este tomo. (*Busca las doloras y lee.*) Escuche Ud. ésta: «Pasan veinte años: vuelve él....»
Doña Laura	No sé qué me da[39] verlo a Ud. leer con tantos cristales....
Don Gonzalo	¿Pero es que Ud., por ventura, lee sin gafas?
Doña Laura	¡Claro!
Don Gonzalo	¿A su edad? ... Me permito dudarlo.
Doña Laura	Déme Ud. el libro. (*Lo toma de mano de don Gonzalo y lee.*) «Pasan veinte años: vuelve él, y al verse, exclaman él y ella: (—¡Santo Dios! ¿y éste es aquél? ...) (—¡Dios mío! ¿y ésta es aquélla? ...)» (*Le devuelve el libro.*)
Don Gonzalo	En efecto: tiene Ud. una vista envidiable.
Doña Laura	(¡Como que me sé los versos de memoria!)

[37] **humoradas** pequeños poemas humorosos

[38] **las doloras** poemas tristes

[39] **no sé qué me da** no puedo decirle qué impresión me causa

⁴⁰ **mocedad** juventud

Don Gonzalo	Yo soy muy aficionado a los buenos versos.... Mucho. Y hasta los compuse en mi mocedad.[40]
Doña Laura	¿Buenos?
Don Gonzalo	De todo había. Fui amigo de Espronceda, de Zorrilla, de Bécquer.... A Zorrilla lo conocí en América.
Doña Laura	¿Ha estado Ud. en América?
Don Gonzalo	Varias veces. La primera vez fui de seis años.
Doña Laura	¿Lo llevaría a Ud. Colón en una carabela?
Don Gonzalo	(*Riéndose.*) No tanto, no tanto.... Viejo soy, pero no conocí a los Reyes Católicos....
Doña Laura	Je, je ....

Don Gonzalo	También fui gran amigo de éste: de Campoamor. En Valencia nos conocimos.... Yo soy valenciano.
Doña Laura	¿Sí?
Don Gonzalo	Allí me crié; allí pasé mi primera juventud.... ¿Conoce Ud. aquello?
Doña Laura	Sí, señor. Cercana a Valencia, a dos o tres leguas de camino, había una finca que si aun existe se acordará de mí. Pasé en ella algunas temporadas. De esto hace muchos años; muchos. Estaba próxima al mar, oculta entre naranjos y limoneros ... le decían... ¿cómo le decían? ... Maricela.
Don Gonzalo	¿Maricela?
Doña Laura	Maricela. ¿Le suena a Ud. el nombre?
Don Gonzalo	¡Ya lo creo! Como que si yo no estoy trascordado[41] ... con los años se va la cabeza...allí vivió la mujer más preciosa que nunca he visto. ¡Y ya he visto algunas en mi vida! ... Deje Ud.,[42] deje Ud.... Su nombre era Laura. El apellido no lo recuerdo.... (*Haciendo memoria.*) Laura ... Laura ... ¡Laura Llorente!
Doña Laura	Laura Llorente....
Don Gonzalo	¿Qué? (*Se miran con atracción misteriosa.*)
Doña Laura	Nada.... Me está Ud. recordando a mi mejor amiga.
Don Gonzalo	¡Es casualidad!
Doña Laura	Sí que es peregrina casualidad. La «Niña de Plata.»
Don Gonzalo	La «Niña de Plata.»... Así le decían los huertanos[43] y los pescadores. ¿Querrá Ud. creer que la veo ahora mismo, como si la tuviera presente, en aquella ventana de las campanillas azules? ... ¿Se acuerda Ud. de aquella ventana?
Doña Laura	Me acuerdo. Era la de su cuarto. Me acuerdo.
Don Gonzalo	En ella se pasaba horas enteras.... En mis tiempos, digo.
Doña Laura	(*Suspirando.*) Y en los míos también.
Don Gonzalo	Era ideal, ideal.... Blanca como la nieve.... Los cabellos muy negros.... Los ojos muy negros y muy dulces.... De su fren-

[41] **como que si yo no estoy trascordado** si no he perdido la memoria

[42] **deje Ud.** déjeme pensar

[43] **huertanos** habitantes de ciertas comarcas como la «huerta de Valencia»

te parecía que brotaba luz.... Su cuerpo era fino, esbelto, de curvas muy suaves....

«¡Qué formas de belleza soberana[44]

modela Dios en la escultura humana!»

Era un sueño, era un sueño.

[44] **soberana** superior

Doña Laura   (¡Si supieras que la tienes al lado, ya verías lo que los sueños valen!) Yo la quise de veras, muy de veras. Fue muy desgraciada. Tuvo unos amores muy tristes.

Don Gonzalo   Muy tristes. *(Se miran de nuevo.)*

Doña Laura   ¿Ud. lo sabe?

Don Gonzalo   Sí

Doña Laura   (¡Qué cosas hace Dios! Este hombre es aquél.)

Don Gonzalo   Precisamente el enamorado galán, si es que nos referimos los dos al mismo caso....

Doña Laura   ¿Al del duelo?

[45] **de toda mi predilección** a quien prefería

Don Gonzalo   Justo: al de duelo. El enamorado galán era ... era un pariente mío, un muchacho de toda mi predilección.[45]

Doña Laura   Ya, vamos, ya. Un pariente.... A mí me contó ella en una de sus últimas cartas, la historia de aquellos amores, verdaderamente románticos.

Don Gonzalo   Platónicos. No se hablaron nunca.

[46] **veredilla** sendero

Doña Laura   Él, su pariente de Ud., pasaba todas las mañanas a caballo por la veredilla[46] de los rosales, y arrojaba a la ventana un ramo de flores, que ella cogía.

Don Gonzalo   Y luego, a la tarde, volvía a pasar el gallardo jinete, y recogía un ramo de flores que ella le echaba. ¿No es esto?

Doña Laura   Eso es. A ella querían casarla con un comerciante ... un cualquiera, sin más títulos que el de enamorado.

[47] **rondaba** paseaba de noche
[48] **de improviso** de repente

Don Gonzalo   Y una noche que mi pariente rondaba[47] la finca para oírla cantar, se presentó de improviso[48] aquel hombre.

Doña Laura   Y le provocó.

[49] **se enzarzaron** pelearon

Don Gonzalo   Y se enzarzaron.[49]

Doña Laura	Y hubo desafío.
Don Gonzalo	Al amanecer: en la playa. Y allí se quedó malamente herido el provocador. Mi pariente tuvo que esconderse primero, y luego que huir.
Doña Laura	Conoce Ud. al dedillo[50] la historia.
Don Gonzalo	Y Ud. también.
Doña Laura	Ya le he dicho a Ud. que ella me la contó.
Don Gonzalo	Y mi pariente a mí.... (Esta mujer es Laura.... ¡Qué cosas hace Dios!)
Doña Laura	(No sospecha quién soy: ¿para qué decírselo? Que conserve aquella ilusión....)
Don Gonzalo	(No presume que habla con el galán.... ¡Qué ha de presumirlo! ... Callaré.) (*Pausa.*)
Doña Laura	¿Y fue Ud., acaso, quien le aconsejó a su pariente que no volviera a pensar en Laura? (¡Anda con ésa!)
Don Gonzalo	¿Yo? ¡Pero si mi pariente no la olvidó un segundo!
Doña Laura	Pues, ¿cómo se explica su conducta?
Don Gonzalo	¿Ud. sabe? ... Mire Ud., señora: el muchacho se refugió primero en mi casa, temeroso de las consecuencias del duelo con aquel hombre, muy querido allá; luego se trasladó a Sevilla; después vino a Madrid.... Le escribió a Laura, ¡qué sé yo el número de cartas! algunas en verso, me consta.... Pero sin duda las debieron de interceptar los padres de ella, porque Laura, no contestó. ... Gonzalo, entonces desesperado, desengañado, se incorporó al ejército de África, y allí, en una trinchera,[51] encontró la muerte, abrazado a la bandera española y repitiendo el nombre de su amor: Laura ... Laura ... Laura.
Doña Laura	(¡Qué embustero!)
Don Gonzalo	(No me he podido matar de un modo más gallardo.)
Doña Laura	¿Sentiría Ud. a par del alma[52] esa desgracia?
Don Gonzalo	Igual que si se tratase de mi persona. En cambio, la ingrata, quién sabe si estaría a los dos meses cazando mariposas[53] en su jardín, indiferente a todo....

[50] **conoce Ud. al dedillo**
conoce perfectamente

[51] **trinchera** (*trench*)

[52] **a par del alma**
profundamente

[53] **mariposas** (*butterflies*)

Doña Laura Ah, no, señor; no, señor....

Don Gonzalo Pues es condición de mujeres....

Doña Laura Pues aunque sea condición de mujeres, la «Niña de Plata» no era así. Mi amiga esperó noticias un día, y otro, y otro ... y un mes, y un año ... y la carta no llegaba nunca. Una tarde, a la puesta del sol, con el primer lucero[54] de la noche, se la vio salir resuelta camino de la playa ... de aquella playa donde el predilecto de su corazón se jugó la vida. Escribió su nombre en la arena, el nombre de él, y se sentó luego en una roca, fija la mirada en el horizonte.... Las olas murmuraban su monólogo eterno ... e iban poco a poco cubriendo la roca en que estaba la niña.... ¿Quiere Ud. saber mas? ... Acabó de subir la marea [55]... y la arrastró consigo....

54 lucero estrella

55 marea movimiento alternativo y diario de las aguas del mar

Don Gonzalo ¡Jesús!

Doña Laura Cuentan los pescadores de la playa, que en mucho tiempo no pudieron borrar las olas aquel nombre escrito en la arena. (¡A mí no me ganas tú a finales poéticos!)

Don Gonzalo (¡Miente más que yo) (*Pausa.*)

Doña Laura ¡Pobre Laura!

Don Gonzalo ¡Pobre Gonzalo!

Doña Laura (¡Yo no le digo que a los dos años me casé con un fabricante de cervezas!)

56 me largué me fui

Don Gonzalo (¡Yo no le digo que a los tres meses me largué[56] a París con una bailarina!)

57 añeja vieja de tiempos pasados

Doña Laura Pero, ¿ha visto Ud. cómo nos ha unido la casualidad, y cómo una aventura añeja[57] ha hecho que hablemos lo mismo que si fuéramos amigos antiguos?

Don Gonzalo Y eso que empezamos riñendo.

Doña Laura Porque Ud. me espantó los gorriones.

Don Gonzalo Venía muy mal templado.

Doña Laura Ya, ya lo vi. ¿Va Ud. a volver mañana?

58 desde luego por supuesto

Don Gonzalo Si hace sol, desde luego.[58] Y no sólo no espantaré los gorriones, sino que también les traeré miguitas....

Doña Laura	Muchas gracias, señor.... Son buena gente; se lo merecen todo. Por cierto que no sé dónde anda mi chica.... *(Se levanta.)* ¿Qué hora será ya?
Don Gonzalo	*(Levantándose.)* Cerca de las doce. También ese bribón de Juanito.... *(Va hacia la derecha.)*
Doña Laura	*(Desde la izquierda del foro, mirando hacia dentro.)* Allí la diviso con su guarda.... *(Hace señas con la mano para que se acerque.)*
Don Gonzalo	*(Contemplando, mientras, a la señora.)* (No ... no me descubro.... Estoy hecho un mamarracho[59] tan grande. ... Me recuerde siempre al mozo que pasaba al galope y le echaba las flores a la ventana de las campanillas azules....)
Doña Laura	¡Qué trabajo le ha costado despedirse! Ya viene.
Don Gonzalo	Juanito, en cambio....¿Dónde estará Juanito? Se habrá engolfado[60] con alguna niñera. *(Mirando hacia la derecha primero, y haciendo señas como doña Laura después.)* Diablo de muchacho.
Doña Laura	*(Contemplando al viejo.)* (No...no me descubro. Estoy hecha una estantigua[61].... Vale más que recuerde siempre a la niña de los ojos negros, que le arrojaba las flores cuando pasaba por la veredilla de los rosales....)
	Juanito sale por la derecha y Petra por la izquierda. Petra trae un manojo de violetas.
Doña Laura	Vamos, mujer; creí que no llegabas nunca.
Don Gonzalo	Pero, Juanito, ¡por Dios! que son las tantas....
Petra	Estas violetas me ha dado mi novio para Ud.
Doña Laura	Mira qué fino.... Las agradezco mucho.... *(Al cogerlas se le caen dos o tres al suelo.)* Son muy hermosas....
Don Gonzalo	*(Despidiéndose.)* Pues, señora mía, yo he tenido un honor muy grande ... un placer inmenso....
Doña Laura	*(Lo mismo.)* Y yo una verdadera satisfacción....
Don Gonzalo	¿Hasta mañana?
Doña Laura	Hasta mañana.

[59] **mamarracho** figura grotesca

[60] **habrá engolfado** estará

[61] **estoy hecha una estantigua** (*I look like a fright*)

Don Gonzalo	Si hace sol....
Doña Laura	Si hace sol.... ¿Irá Ud. a su banco?
Don Gonzalo	No, señora; que vendré a éste.
Doña Laura	Este banco es muy de Ud. *(Se ríen.)*
Don Gonzalo	Y repito que traeré miga para los gorriones.... *(Vuelven a reírse.)*
Doña Laura	Hasta mañana.
Don Gonzalo	Hasta mañana. *Doña Laura se encamina con Petra hacia la derecha. Don Gonzalo, antes de irse con Juanito hacia la izquierda, tembloroso y con gran esfuerzo se agacha a coger las violetas caídas. Doña Laura vuelve naturalmente el rostro y lo ve.*
Juanito	¿Qué hace Ud., señor?
Don Gonzalo	Espera, hombre, espera....
Doña Laura	(No me cabe duda: es él....)
Don Gonzalo	(Estoy en lo firme: es ella....) *(Después de hacerse un nuevo saludo de despedida.)*
Doña Laura	(¡Santo Dios! ¿y éste es aquél?...)
Don Gonzalo	(¡Dios mío! ¿y ésta es aquélla?.....)

Se van, apoyado cada uno en el brazo de su servidor y volviendo la cara sonrientes, como si él pasara por la veredilla de los rosales y ella estuviera en la ventana de las campanillas azules.

PREGUNTAS

1. ¿Dónde tiene lugar la acción?
2. ¿Quiénes entran?
3. ¿Por qué está un poco distraída Petra?
4. Al salir Petra, ¿qué hace doña Laura?
5. ¿Quiénes salen?
6. ¿Cómo es el carácter de don Gonzalo?
7. ¿Por qué no quiere sentarse don Gonzalo?
8. ¿Por qué le empieza a hablar doña Laura?
9. ¿Qué critica don Gonzalo?

10. Por fin, ¿dónde se sienta él?
11. ¿Por qué no quiere hablar con doña Laura?
12. ¿Cuáles son unas «tonteras» que le dice doña Laura?
13. ¿Qué dicen los dos de la caza?
14. ¿Por qué estornudan?
15. ¿Por qué puede leer los versos sin gafas doña Laura?
16. ¿Dónde había viajado don Gonzalo?
17. ¿De dónde era?
18. ¿Qué finca describe doña Laura?
19. ¿Quién vivía allí?
20. ¿Quién era doña Laura llorente, según doña Laura?
21. ¿Cómo era Laura Llorente?
22. ¿Cuál es el episodio que discuten los dos?
23. ¿De qué empiezan a darse cuenta?
24. ¿Se revelan el secreto?
25. Según don Gonzalo, ¿qué había hecho su pariente después del duelo? ¿Cómo encontró la muerte?
26. Según doña Laura, ¿qué había pasado a la chica?
27. ¿Qué había hecho ella en realidad?
28. ¿Qué había hecho él en realidad?
29. ¿Cuándo se verán de nuevo? ¿Qué traerá don Gonzalo?
30. ¿Por qué cree don Gonzalo que ella no lo había reconocido? ¿Y qué cree ella?
31. ¿Cómo salen los dos?

PARA AUMENTAR EL VOCABULARIO

Familias de palabras

Charlar: charla, de charla, charlatán

1. Don Gonzalo no quería charlar con doña Laura, porque nadie se la había presentado.
2. La charla que tuvieron resultó muy divertida.
3. Pasaron un rato de charla.
4. ¡Qué charlatán! Siempre está hablando de algo.

Entrometida: entrometerse

1. ¡Qué entrometida es ella! Siempre se mete en los asuntos de otro.
2. La viejecita siempre quiere entrometerse en los asuntos de otro.

Envidiable: envidiar, envidia, envidioso

1. Para don Gonzalo, doña Laura tenía una vista envidiable. Él también quisiera poder leer sin gafas.
2. El no tenía nada que envidiar. Ella tampoco podía ver sin gafas.
3. Nadie respeta la envidia en el carácter de otro.
4. Es una persona envidiosa: nunca está satisfecho con lo que tiene.

Ejercicio de vocabulario

A Emplee las siguientes expresiones en una oración.

1. en busca de
2. no sé dónde tengo la cabeza
3. ver con
4. soñar con
5. tener el defecto
6. al dedillo
7. ¡que sé yo!
8. desde luego

EJERCICIOS CREATIVOS

1. Escriba un resumen de la comedia.
2. Note los incidentes cómicos de la obra.
3. Note los incidentes nostálgicos de la obra.
4. ¿A Ud. le gustó el humor de esta obra? ¿por qué sí o por qué no?

Corona de sombra

Rodolfo Usigli

Varios años de revolución y de guerra en México, a mediados del siglo diecinueve, habían costado caro. Como resultado, el presidente Benito Juárez se vio obligado a suspender pagos de deudas extranjeras. El emperador francés Napoleón III se aprovechó del momento para enviar tropas a México y establecer una monarquía bajo el mando del archiduque Maximiliano de Austria. La oposición del pueblo mexicano y la fuerte protestación del gobierno de los Estados Unidos (Monroe Doctrine) *trajeron como resultado el retiro de las tropas francesas. Maximiliano se vio abandonado, sin protección y sin poder. Su ambiciosa mujer Carlota fue a Europa a buscar ayuda, pero sin éxito. Maximiliano fue capturado y ejecutado.*

Esta época dramática en la historia de México, sirve de fondo para la obra Corona de sombra, *escrita por el dramaturgo mexicano Rodolfo Usigli (1905–). Usigli ha trabajado para crear un teatro puramente mexicano, combinando lo tradicional con nuevos temas y técnicas. Sus obras, ricas en ironía y penetración sicológica, incluyen* El apóstol *(1931),* Otra primavera *(1938),* Corona de sombra *(1943),* El gesticulador *(1944) y* La exposición *(1960).*

En las tres escenas ejemplares se presentan los siguientes personajes históricos: Maximiliano (1832–1867), emperador de México (1864–1867); Carlota Amalia (1840–1927), su esposa, emperatriz de México (1864–1867); François Achille Bazaine (1811–1888), mariscal de Francia; Tomás Mejía (1815–1867), general mexicano; José Luis Blasio, secretario del emperador Maximiliano; Antonio de Labastida (1816–1891), arzobispo de México; el padre Augustus Fischer; Miguel Miramón (1832–1867), general mexicano; un capitán.

ACTO II, *Escena I*

E*l telón se levanta sobre el salón derecha, mientras el de la izquierda permanece en la oscuridad. Maximiliano y Carlota descienden del trono. Bazaine está de pie, cerca de la puerta divisoria. Mejía, Blasio y Labastida componen otro grupo, a poca distancia del cual está, a la derecha, el padre Fischer.*

Maximiliano	He satisfecho al fin vuestro deseo, Mariscal.[1] Tenéis el apoyo de ese decreto.[2] Procurad serviros de él con moderación, os lo encarezco.[3]
Bazaine	Vuestra Majestad sabe que el decreto era necesario. No es cuestión de regatear ahora.
Carlota	Su Majestad el Emperador no es un mercader ni el Imperio de México es un mercado, señor Mariscal. Se os recomienda moderación, eso es todo.
Bazaine	Permitidme, señora, que pregunte a Su Majestad el Emperador por qué firmó el decreto si no estaba convencido de que no había medio mejor de acabar con la canalla.[4]

Mejía hace un movimiento. Maximiliano se vuelve a él y lo contiene con una señal.

Maximiliano	Ocurre, Mariscal, que esa canalla es parte de mi pueblo, al que vos parecéis despreciar.[5]
Bazaine	¿Quiere Vuestra Majestad que admire a gentes desharrapadas[6] que se alimentan de maíz, de chile y de pulque? Yo pertenezco a una nación civilizada y superior, como Vuestras Majestades.
Carlota	Es cosa que a veces podría ponerse en duda, señor Mariscal. ¿No casasteis con una mexicana?
Bazaine	Como mujer, aunque extraordinaria, Vuestra Majestad pierde de vista ciertas cosas, señora.

Esta vez Mejía lleva la mano al puño de la espada y adelanta un paso.

Maximiliano	Basta, señor Mariscal. Todo lo que os pido es que conservéis mi recomendación en la memoria. Habláis de los alimentos del pueblo, pero olvidáis dos que son esenciales: el amor y la fe. Yo vine a traer eso alimentos al pueblo de México, no la muerte. *(Se vuelve a Labastida.)* Su Ilustrísima comparte mi opinión sin duda.

[1] **mariscal** oficial superior
[2] **decreto** resolución del jefe de un estado
[3] **encarezco** recomiendo
[4] **canalla** gente baja

[5] **despreciar** no respetar ni estimar

[6] **desharrapadas** vestidas de ropa muy usada

El Emperador Maximiliano

[7] **blandir** mover con movimiento trémulo
[8] **anule** cancele

[9] **populacho** gente común, pueblo

[10] **pelados** los de la clase baja y sin dinero

[11] **venia** permiso

[12] **choque** encuentro violento

[13] **mais regardez-moi donc le petit Indien** qué pretensiones tiene el indio

Labastida   Señor, Jesucristo mismo tuvo que blandir[7] el látigo para arrojar del templo a los mercaderes. Vuestra Majestad ha sacrificado, por razones de Estado, a muchos conservadores leales, en cambio. Lo que es necesario es necesario.

Bazaine   Eso es lo que nos separa a los militares de las gentes de iglesia: ellos hacen política, nosotros no. Ellos creen en el amor y en el látigo; nosotros creemos en el temor y en la muerte. Todo gobierno tiene dos caras, señor, y una de ellas es la muerte.

Maximiliano   No mi gobierno, señor Mariscal.

Bazaine   En ese caso, anule[8] Vuestra Majestad su decreto. Yo dudo mucho que sin una garantía de seguridad por parte de vuestro gobierno consienta el emperador Napoleón en dejar más tiempo a sus soldados en México.

Carlota   ¿Pretendéis dar órdenes o amenazar a Su Majestad, señor Mariscal?

Bazaine   *(Con impaciencia.)* Lo que pretendo, señora, es que su Majestad haga frente a la verdad de las cosas. Pero Su Majestad es un poeta y cree en el amor. Excusadme por hablar libremente: soy un soldado y no un cortesano. Como soldado, encuentro vergonzoso el pillaje del populacho,[9] la amenaza de la emboscada contra mis soldados, que son como hijos míos, que son la flor de Francia: valientes y galantes. Me importa la vida de mis soldados, no la de los pelados[10] de México.

Maximiliano   Os serviréis retiraros y esperar mis órdenes, señor Mariscal.

Bazaine hace un saludo.

Mejía   *(Temblando de cólera.)* Si Vuestras Majestades me dan su graciosa venia[11] para retirarme....

Tiene los ojos en alto y la mano en la espada. Bazaine se vuelve a mirarlo. Todos comprenden la inminencia del choque.[12]

Maximiliano   Quedaos, general, os lo ruego. *(Mejía hace un movimiento.)* Os lo mando.
Pero la tensión persiste un momento aun. Mejía y Bazaine se miden lentamente de pies a cabeza.

Bazaine   *(Sonriendo, a media voz.)* Mais regardez-moi donc le petit Indien.[13]

Maximiliano (*Conteniendo a Mejía.*) Mariscal, voy a.....

Padre Fischer (*Interponiéndose.*) Con perdón de Vuestra Majestad, desearía hacer algunas preguntas al señor Mariscal antes de que se retire.

Maximiliano Podéis hacerlo, Padre.

Bazaine, que tenía la mano en el picaporte,[14] la baja y espera sin acercarse. Mejía se retira junto a Blasio y Labastida. Carlota se acerca a Maximiliano.

Padre Fischer ¿No estimáis acaso, señor Mariscal, que el decreto de Su Majestad, grave como es, encierra un espíritu de cordialidad[15] hacia el emperador Napoleón y hacia el ejército francés?

Bazaine Así parece, en principio.

Padre Fischer Entonces, ¿por qué no dais prueba de un espíritu análogo[16] acatando[17] el deseo de moderación que os ha expresado Su Majestad? Aun así, haríais menos de lo que ha hecho el Emperador.

Bazaine Yo no soy político, padre Fischer. Entiendo lo que queréis decir, sin embargo: debería plegarme[18] en apariencia al deseo de Su Majestad y hacer después lo que me pareciera mejor, ¿no es eso?

Padre Fischer (*Descubierto.*) Interpretáis mal[19] mis palabras, señor Mariscal. No añadiré nada. Yo no soy un traidor.

Bazaine Si insinuáis que yo....

Carlota Había yo entendido que el señor Mariscal se retiraba.

Bazaine (*Asiendo el toro por los cuernos.*) Ya sé, señora, que en vuestra opinión no soy más que una bestia. (*Carlota se vuelve a otra parte.*) Mi elemento es la fuerza, no la política. Soy abierto y franco cuando me conviene, y ahora me conviene. Mis maneras son pésimas, pero mi visión es clara. El imperio estaba perdido sin ese decreto, que no es más que una delaración de ley marcial, normal en tiempos de guerra. El imperio estará perdido si lo mitigamos ahora.[20] Lo único que siento es que Su Majestad lo haya promulgado[21] tan tarde. Unos cuantos colgados hace un año, y estaríamos mucho mejor ahora. El único resultado de la indecisión del Emperador es que ahora tendremos que colgar unos cuantos miles más.

[14] **picaporte** (*door-handle, latch*)

[15] **cordialidad** amistad

[16] **análogo** semejante
[17] **acatando** respetando

[18] **plegarme** someterme

[19] **interpretáis mal** entendéis mal

[20] **si los mitigamos** si lo tratamos con menos severidad
[21] **promulgado** decretado

Maximiliano	Creía yo que vuestro ejército se batía, Mariscal, y que se batía por la gloria.
Bazaine	No contra fantasmas que no luchan a campo abierto, señor, y la gloria es una cosa muy relativa si no está bien dorada.
Maximiliano	Se ha pagado a vuestros soldados, ¿o no?
Bazaine	Con algún retraso,[22] sí. Hasta ahora.
Maximiliano	¿Creéis que he cerrado voluntariamente los ojos ante el pillaje innecesario de vuestro ejército? No, señor Mariscal. Tengo que esperar por fuerza el momento oportuno para ponerle fin. Pero le pondré fin.
Bazaine	Con mi bestial franqueza diré a Vuestra Majestad que no hay que impedir que los soldados se diviertan. Para algo se juegan la vida, ¡qué diablo! si Su Majestad la Emperatriz me permite jurar. No os aconsejo que reprimáis a mis soldados, sire. Sabéis de sobra que sin ellos vuestro imperio no duraría un día más. Seamos francos.
Carlota	Seamos francos, sí. ¿Pretendéis acaso gobernar a México en nombre del emperador de Francia, imponernos vuestra ley?
Bazaine	Señora, yo tengo mis órdenes y las cumplo.
Maximiliano	¿Órdenes de quién?
Bazaine	De Napoleón III, señor.
Mejía	Permitidme deciros, Mariscal, que el único que puede daros órdenes en México es el emperador Maximiliano.
Bazaine	Para eso sería preciso que tuviera yo la dudosa fortuna de ser mexicano, General.
Mejía	Retiraréis esas palabras.
	Bazaine ríe entre dientes.
Maximiliano	¡Señores! ¿Qué significa todo esto? Si no podéis conteneros en nuestra presencia....
Mejía	Pido humildemente perdón a Sus Majestades. Yo también soy soldado, pero creo en la gloria, en la devoción y en el heroísmo. Si el ejército francés se retirara, como lo insinúa el Mariscal, aquí estaríamos nosotros, señor, para morir por vos, para que nuestra muerte diera vida al imperio.

[22] con algún retraso, sí sí, pero un poco tarde

Bazaine	Yo no pienso morir por nadie, aunque mate por Vuestra Majestad.
Mejía	(*A Maximiliano.*) Y he pensado que me gustaría, señor, encontrarme con el Mariscal y su ejército en mi pueblo y en mi sierra.
Labastida	Majestad.... (*Maximiliano le hace seña de que hable.*) Señor Mariscal, creo que nos hemos salido del punto. Yo comprendo los nobles escrúpulos del Emperador. Son los escrúpulos[23] de un alma cristiana; pero creo que no hay que exagerarlos. Toda causa tiene sus mártires y sus víctimas; los del otro partido son siempre los traidores. Quizá esta nueva actitud del Emperador cambie la penosa impresión que subsiste[24] en el ánimo de Su Santidad Pío IX, y traiga nuevamente al gobierno a los leales conservadores. Mi impresión es que la índole[25] tan drástica del decreto impondrá el orden y el respeto a la ley que Vuestra Majestad necesita para gobernar en paz, y que es una garantía contra los facciosos juaristas,[26] enemigos, de su propio país. Por una parte, veo sólo efectos benéficos[27] en lo moral, y por la otra creo que se derramará muy poca sangre — la estrictamente necesaria — gracias a la amplitud[28] misma del decreto.
Bazaine	No se hace una tortilla[29] sin romper los huevos, señor. Lo que me maravilla, Ilustrísima, es que la iglesia siempre se las arregla para tener razón.
Labastida	La iglesia es infalible,[30] señor Mariscal, gracias a Su Santidad Pío IX. (*Se acerca a Maximiliano.*) Tranquilizad vuestra conciencia, Majestad, con la idea de que un poco de sangre juarista no agotará[31] a México, en tanto que el triunfo de Juárez sería la destrucción y la muerte del país. Y meditad en mi consejo, os lo ruego. (*Va a Carlota.*) Señora, en vuestras manos está el devolver la paz al ánimo de Su Majestad el Emperador con vuestro inteligente y dulce apoyo y con vuestra clarísima visión de las cosas.
Maximiliano	Agradezco a Su Ilustrísima este consuelo — es el de la iglesia.
	Labastida palidece,[32] va a añadir algo más, pero se contiene. Da su anillo a besar a Carlota y a Maximiliano, en vez de hablar, y sale sonriendo ante esta pequeña venganza.
Bazaine	En todo caso, señor, me permitiré indicar a Vuestra Majestad que escribiré sobre esta entrevista al emperador Napoleón.
Maximiliano	Os ruego que lo hagáis, señor Mariscal. Quizá el mismo correo pueda llevarle mi versión personal de las cosas.

[23] **escrúpulos** incertidumbres hacia lo que debe hacer

[24] **subsiste** existe

[25] **índole** condición, calidad

[26] **facciosos juaristas** miembros del partido de Juárez que son difíciles de controlar

[27] **benéficos** buenos

[28] **amplitud** extensión

[29] **tortilla** (*omelet*)

[30] **infalible** incapaz de cometer errores

[31] **agotará** hará débil

[32] **palidece** se pone pálido

³³ **los monarcas** el emperador
y la emperatriz
³⁴ **vacío** espacio

*(Bazaine se inclina ligeramente ante los monarcas*³³ *y sale. Carlota se acerca al trono en cuyo brazo se apoya. Allí permanece, de pie, mirando al vacío,*³⁴ *durante la escena siguiente.)* Padre Fischer, os ruego que penséis en una manera de poner fin a esta situación.

Mejía — Si Vuestra Majestad me diera permiso, yo tendría mucho gusto en pedir su espada al mariscal Bazaine.

³⁵ **desunión** discordia

Maximiliano — No, General. Hay que evitar la desunión³⁵ en nuestras filas.

Padre Fischer — Aunque el Mariscal me ha ofendido, autoríceme Vuestra Majestad para conversar con él en privado. Parece como si la presencia de la Emperatriz y la vuestra propia, sire, lo exasperaran siempre. Procede groseramente³⁶ por no sé qué sentimiento de humillación,³⁷ porque cree que así se pone a la altura.³⁸ Es una especie de.... No encuentro la palabra precisa. *(Piensa.)* Creo que no la hay. En todo caso, Majestad, no hay que precipitar la enemistad³⁹ de Francia. El Mariscal es un hombre con intereses humanos. Permitidme....

³⁶ **groseramente** de manera
vulgar
³⁷ **humillación** rebajar el
orgullo, afrenta
³⁸ **se pone a la altura** se
iguala
³⁹ **enemistad** odio entre dos o
más personas

Maximiliano — *(Cansado.)* Habladle, Padre. Gracias. *(El padre Fischer sale después de saludar.)* General Mejía, sois un hombre leal.

Mejía — Gracias, señor. Quisiera poder hacer algo más. Quizá si enviáramos a Napoleón un embajador de confianza, un hombre hábil⁴⁰....

⁴⁰ **hábil** capaz, inteligente

Maximiliano — Se necesitaría vuestra lealtad....

⁴¹ **cazurro** insociable, de
pocas palabras

Mejía — *(Sonriendo.)* El indio es cazurro⁴¹ y es valiente, pero no es diplomático.

Maximiliano — *(Pensativo.)* De confianza.... Gracias otra vez, General. *(Mejía se inclina y va hacia la puerta.)* Blasio. *(Blasio se acerca.)* Hoy no trabajaremos en mis memorias. *(Blasio se inclina y se dirige a la puerta.)* Y, Blasio.... *(Blasio se vuelve. Maximiliano duda.)*

Blasio — ¿Sí, Majestad?

Maximiliano — Y omitiremos esta conversación de ellas. Id, amigos míos.

Blasio — Comprendo, sire.

Mejía — *(Desde la puerta.)* Majestad, permitidme desafiar al Mariscal entonces. No puedo soportar su insolencia para con⁴² el Emperador.

⁴² **para con** hacia

Maximiliano	No, Mejía, reservad vuestra vida y vuestro valor para el imperio. (*Mejía suspira, se inclina y sale. Blasio lo imita. Una vez solos, Maximiliano y Carlota se miran. Él va hacia ella.*) ¿He hecho bien? ¿He hecho mal, Carlota mía? Los mexicanos me odiarán cuando yo quería que me amaran. ¡Oh, si sólo me atreviera yo a deshacer lo hecho! Pero me siento inerte, perdido en un bosque de voces que me dan vértigo. Nadie me dice la verdad. Sí, quizá Bazaine.
Carlota	Ese bajo animal.
Maximiliano	¿He hecho bien? ¿He hecho mal, Carlota? Dímelo tú — necesito oírlo de tus labios. Tu voz es la única que suena clara y limpia en mí. ¡Dímelo!
Carlota	Has hecho lo que tenías que hacer, Max. Para gobernar, para conservar un imperio, hay que hacer esas cosas. No me preocupa tanto eso como la insolencia desbocada[43] de ese cargador,[44] soldado de fortuna, detestable palurdo.[45] Ya sabía yo que Napoleón no haría bien las cosas, pero nunca creí que nos infligiera[46] la humillación de este hombre repulsivo y vil.
Maximiliano	¿Por qué hablas así, Carla, por qué?
Carlota	Detesto a Bazaine — me estremezco a su sola presencia, como si estuviera cubierto de escamas[47] o de gusanos.
Maximiliano	Pero yo he hecho lo que tenía que hacer, dices. Y yo no lo sé y no sé cuándo sabré si eso es verdad. No traía más que amor, no buscaba más que amor. Ahora encuentro muerte.
Carlota	La muerte es la otra cara del amor también, Max. Era preciso defendernos. Tu amor lo han pagado con odio y con sangre. ¿No te das cuenta? Nos matarían si pudieran.
Maximiliano	Cuando llegamos aquí, aun antes de llegar, cuando el nombre, de México, sonaba mágicamente en mis oídos, sentí que había habido un error original en mi vida — que no pertenecía yo a Europa, sino a México. El aire transparente, el cielo azul, las nubes increíbles me envolvieron, y me di cuenta de que era yo mexicano, de que no podía yo ser más que mexicano. Y ahora se matará en mi nombre — quizá por eso. «Por orden de Maximiliano matarás.» «Por orden de Maximiliano serás muerto.» Me siento extranjero por primera vez y es horrible, Carlota. Mejía hablaba de un embajador de confianza. Y yo busqué entonces mi confianza de antes y no la encontré ya en mi alma. Estamos solos, Carlota, entre gentes que sólo matarán o morirán por nosotros.

[43] **desbocada** acostumbrada a decir palabras ofensivas e indecentes, descarada

[44] **cargador** (*message bearer*)

[45] **palurdo** rústico

[46] **nos infligiera** nos impusiera

[47] **escamas** (*fish scales*)

La Emperatriz Carlota

[48] **soledad** falta de compañía

[49] **explotar** usar en provecho propio

[50] **resortes** medios de que se vale uno para lograr un fin

[51] **con inquietud** con ansiedad

[52] **voluntades** personas de buena voluntad

[53] **los belgas** los de Bélgica

Carlota Yo siento esa soledad[48] como tú — más que tú. Me mato trabajando para olvidar que a ti te han amado las mujeres.

Maximiliano Carlota, ¿cómo puedes ahora...?

Carlota No siento celos, Max — no hablo por eso. He dejado de ser mujer para no ser ya más que emperatriz. Es lo único que me queda.

Maximiliano ¿No me amas ya?

Carlota Me acuerdo siempre de nuestra primera noche en México, cuando nos fuimos cogidos de la mano a caminar por el bosque — nuestra última noche de amantes. Ese recuerdo llena mi vida de mujer y te amo siempre. Pero el poder ha cubierto mi cuerpo como una enredadera, y no me deja salir ya, y si me moviera yo, me estrangularía. No puedo perder el poder. Tenemos que hacer algo, Max. Napoleón nos ahoga con la mano de ese insolente Bazaine con algún objeto. Cuando nos haya hecho sentir toda su fuerza, nos pedirá algo, y si no se lo damos se llevará su ejército y nos dejará solos y perdidos aquí. Hay que impedir eso de algún modo.

Maximiliano ¿Qué piensas tú?

Carlota Tu familia no quiere mucho a Napoleón desde Solferino. Si explotas eso con habilidad, Austria puede ayudarnos.

Maximiliano Tienes razón, Escribiré a Francisco-José, a mi madre. Pero tú sabes que mi familia...

Carlota No vas a explotar[49] ahora sentimientos de familia, Max, sino a tocar resortes[50] políticos, a crear interés. Tampoco a Bismarck le gusta Napoleón — lo detesta y lo teme, y lo ve crecer con inquietud.[51] Estoy segura de que haría cualquier cosa contra él pero hay que ser hábiles. Yo recurriré a Leopoldo, aunque no es muy fuerte ni muy rico. ¡Si mi padre viviera aún! Pero no caeremos, Max. No caeremos. Yo haré lo que sea.

Maximiliano ¿Pero, no es aquí más bien donde habría que buscar apoyo y voluntades?[52] Ni los austríacos, ni los alemanes ni los belgas[53] nos darían tanta ayuda como un gesto de Juárez.

Carlota	El indio errante, el presidente sin república, que nos mata soldados en el Norte. No, Max. Ese es el peor enemigo.
Maximiliano	¡Quién sabe! Carlota... he vuelto a escribirle.
Carlota	¿A quién?
Maximiliano	A Juárez. Lo haría yo primero ministro y gobernaríamos bien los dos.
Carlota	¡Estás loco, Max! Has perdido el sentido de todo. El imperio es para ti y para mí, nada más. Seríamos los esclavos de Juárez. Lo destruiremos, te lo juro. Podemos... eso es. Mandemos a alguien que acabe con él.
Maximiliano	*(Dolorosamente.)* ¡Carlota!
Carlota	¿Qué es un asesinato político para salvar un imperio? ¡Max, Max! Vuelve en ti, piensa en la lucha. ¿O prefieres abdicar, convertirte en el hazmerreír[54] de Europa y de América, en la burla de tu madre y de tu hermano; ir, destronado,[55] de ciudad en ciudad, para que todo el mundo nos tenga compasión y nos evite? No puedes pensarlo siquiera.
Maximiliano	No lo he pensado, Carlota. Pero he pensado en morir: sería la única forma de salvar mi causa.
Carlota	¿En morir? *(Muy pausada, con voz blanca.[56])* Yo tendría que morir contigo entonces. No me da miedo. *(Reacciona.)* Pero es otra forma de abdicar, otra forma de huir, Maximiliano.
Maximiliano	Tienes razón.
Carlota	No tenemos un hijo que dé su vida a la causa por la que tú darías tu muerte. *(Maximiliano pasea pensativo. Carlota se sienta en el trono y reflexiona.)* Victoria[57] es demasiado codiciosa[58] y no nos quiere; pero con los ingleses siempre se puede tratar de negocios. Sería bueno enviar a alguien, ofrecer alguna concesión.... *(Maximiliano, de pie junto a la mesa, no responde.)* Max... *(Él se vuelve lentamente.)* ¿En qué piensas?
Maximiliano	En ti y en mí. Hablamos de política, hacemos combinaciones, reñimos, como si el poder nos separara.
Carlota	No digas eso, ¡por favor! Ven aquí, Max. *(El se acerca al trono. Ella le toma las manos.)* Esta crisis pasará pronto, y cuando haya pasado nos reuniremos otra vez como antes, como lo que éramos.

[54] **hazmerreír** objeto de la burla y la risa, persona ridícula

[55] **destronado** sacado del trono

[56] **con voz blanca** con voz débil

[57] **Victoria** reina de Inglaterra

[58] **codiciosa** avarienta

Maximiliano	(*Con una apagada sonrisa.*) ¿Una cita en el bosque mientras el imperio arde?
Carlota	(*Suavemente.*) Eso es, Max. Una cita en el bosque, dentro de muy poco tiempo. Ahora hay que luchar, eso es todo — y hay que desconfiar — y hay que matar.

Maximiliano se deja caer en las gradas del trono y se cubre la cara con las manos.

Maximiliano	«¡Por orden del Emperador!»

Carlota baja del trono, se sienta a su lado en las gradas y le acaricia los cabellos.

Carlota	¡Niño! (*Lo abraza.*)

Maximiliano solloza. Las luces de las velas se extinguen,[59] una a una, sobre las pobres figuras silenciosas y confundidas en las gradas del trono.

Escena II

En la oscuridad se escucha:

Voz de Carlota	Entonces vino la última noche. Luces. ¿Dónde están las luces? La última noche.

Se enciende una bujía[60] en el salón izquierdo. Es el boudoir de Carlota. Hay un secrétaire, un sillón, una otomana[61] y cortinas. Es una doncella quien enciende las luces. Permanece de espaldas mientras lo hace y sale por la segunda puerta izquierda, apartando la cortina. Se oye afuera, por la primera puerta:

Voz de Maximiliano	Carlota. ¡Carlota!

Maximiliano entreabre la puerta y entra. Se acerca al secrétaire y toma un sobre cerrado que hay en él. Lo mira pensativamente y lo deja otra vez en el mueble. Pasea, pensativo. Va al fondo y llama de nuevo.

Maximiliano	¡Carlota! ¿Estás allí?
Voz de Carlota	¿Eres tú? Un instante, Max.
Maximiliano	Te lo ruego.

[59] **se extinguen** se apagan, se agotan

[60] **bujía** vela
[61] **otomana** especie de sofá

Maximiliano se abandona en la otomana. Tiene aspecto de gran fatiga. Su voz es opaca. Carlota entra al cabo de un momento, cubierta con un chal[62] o una manteleta.[63]

Carlota	¿Qué ocurre, Max?
Maximiliano	Es preciso que hablemos cuanto antes con Bazaine. *(Carlota hace un gesto negativo, lleno de desdén.)* Es preciso, Carlota. Tiene algo malo para nosotros. ¿Me permites que lo haga entrar aquí?
Carlota	¿Aquí? ¡Oh, no, Max, por favor!
Maximiliano	Es preciso que nadie nos oiga, te lo suplico.
Carlota	*(Dominándose.)* Bien, si es necesario.... *(Va al secrétaire y toma de él el sobre.)* Max... escribo otra vez a mi hermano Leopoldo.
Maximiliano	Gracias, Carlota. *(Se dirige a la primera puerta izquierda y llama.)* Pasad, señor Mariscal. *(Bazaine entra. Su saludo a Carlota es más profundo, pero parece más irónico esta vez.)* Os escuchamos.
Bazaine	Nadie podrá oírnos, ¿no es cierto? *(Maximiliano no contesta.)* ¿No nos oirá nadie, Majestad?
Maximiliano	Podéis hablar libremente.
Bazaine	*(Después de una pausa deliberada.)* Y bien, tengo noticias importantes para Vuestras Majestades — noticias de Francia. *(Se detiene deliberadamente, Maximiliano permanece inconmovible,[64] Carlota espera sin moverse.)* He recibido orden del emperador Napoleón de partir con mis tropas.

Carlota se yergue;[65] Maximiliano sonríe

Maximiliano	¿Y para eso tanto misterio, Mariscal? Hace mucho que esperaba oír esa noticia. Veo que Napoleón se ha acordado al fin de nosotros....
Carlota	*(Interrumpiéndolo.)* En la única forma en que podía acordarse.
Maximiliano	¿Habéis esparcido ya tan misteriosa noticia en el palacio, señor Mariscal?
Bazaine	Hasta el momento nadie sabe nada fuera de nosotros, sire.

[62] **chal** paño de seda o lana que sirve de abrigo o adorno

[63] **manteleta** paño de seda o lana que sirve de abrigo o adorno

[64] **inconmovible** sin conmoverse

[65] **se yergue** se pone orgullosa y altiva, se levanta

Maximiliano En ese caso debéis de tener algo más que decirnos.

Bazaine Vuestra Majestad ha acertado.

Espera la pregunta, que no viene. Maximiliano se pule dos o tres veces las uñas de la mano derecha en la palma de la izquierda. Bazaine espera, sonriendo. Carlota lo mira y se adelanta hacia él.

Carlota ¿Qué es lo que pide Napoleón ahora?

Bazaine Como sea, señora, no podrá negarse que sois una mujer práctica. Señora, el imperio se hunde sin remedio. Lo que os dije cuando Su Majestad firmó el decreto empieza a realizarse.

Maximiliano Olvidáis, señor Mariscal, que asegurasteis entonces que ese decreto nos salvaría.

Bazaine Vuestra Majestad me recomendó moderación.

Carlota Si no estuvierais ante el emperador de México, a quien debéis respeto, Mariscal, creería que estáis jugando a no sé que siniestro juego.

Maximiliano Las pruebas de vuestra moderación me son bien conocidas, señor Mariscal. Decid pronto lo que tengáis que decir.

Bazaine Si mis soldados dejan el país, señor, las hordas de Juárez no tardarán en tomar la capital. Pero antes de que eso ocurra, las turbas de descamisados y de hambrientos[66] asaltarán el palacio y el castillo, y las vidas de Vuestras Majestades se encontrarán en un serio peligro.

Maximiliano ¿No pensáis que nos hacéis sentir miedo?

Bazaine Conozco el valor personal de Vuestras Majestades. Sin duda que sabréis hacer frente al peligro, pero eso no os salvará. Sabéis de sobra que vuestros soldados no sirven. Y no hablo de Miramón, de Mejía o de Márquez, sino del ejército, que no cuenta, porque en este país parece que no hay más que generales. Si salváis la vida, señor, tendréis que hacer frente a la deshonra, a la prisión; o podréis huir, y entonces — perdonad mi franqueza[67] de soldado — tendréis que hacer frente al ridículo. Claro que yo, personalmente, os aconsejo que abdiquéis.[68] Pienso que vale más un archiduque vivo que un emperador muerto. Pero yo no soy más que un plebeyo.

Carlota Decid de una vez lo que pide Napoleón.

[66] **las turbas de descamisados y de hambrientos** las multitudes de gente pobre y con hambre

[67] **franqueza** sinceridad

[68] **abdiquéis** abandones el trono

Bazaine	Ya he tenido el honor de poner a Vuestras Majestades al corriente de los deseos del Emperador. Un pedazo de tierra mexicana no vale los cientos de millones de francos que México cuesta a Francia, pero sí la vida y el triunfo de Vuestras Majestades.
Maximiliano	¿Cree Napoleón que conseguirá amenazándome lo que no consiguió con halagos,[69] con trampas y mentiras? Conozco sus deseos y hace ya tiempo que veo sus intenciones con claridad. El glorioso ejército francés fracasó en sus propósitos en 1862, y Napoleón pensó entonces que podía mandar a México, en calidad de agente de tierras, a un príncipe de Hapsburgo.
Carlota	Sacar las castañas con la mano del gato[70] (*A Maximiliano, graciosamente.*) Perdonad mi expresión, señor, pero no se puede hablar de Napoleón sin ser vulgar.
Maximiliano	Decid a Napoleón, señor Mariscal, que se equivocó de hombre. Que mientras yo viva no tendrá un milímetro de tierra mexicana.
Bazaine	Si ésa es la última palabra de Vuestra Majestad, me retiraré con mi ejército previo el pago de las soldadas vencidas,[71] que Francia no tiene por qué pagar, señor.
Maximiliano	No escapa a vuestra malicia,[72] Mariscal, que estáis en México, y que el emperador de México tiene todavía la autoridad necesaria para pediros vuestra espada y someteros a un proceso.
Bazaine	¿Declararía Vuestra Majestad la guerra a Francia de ese modo? No tenéis dinero ni hombres, señor. Y si me pidierais mi espada, como decís, aparte de que yo no os la entregaría no serían las hordas juaristas sino el ejército francés el que tomaría por asalto palacio y castillo.
Maximiliano	Exceso de confianza. ¿No sabéis que vuestros hombres os detestan ya? No pueden admirar a un mariscal de Francia vencido siempre por hordas de facciosos. Y sería milagrosa cosa: si los franceses nos atacaran, México entero estaría de mi lado.
Bazaine	Hagamos la prueba, señor.
Carlota	Conocéis mal a Napoleón, Mariscal. No movería un dedo por un soldado de vuestra clase, que no ha sabido dominar una revuelta de descamisados mexicanos.

[69] **halagos** adulación (*flattery*)

[70] **sacar las castañas con la mano del gato** (*let someone else do the dirty work*)

[71] **previo el pago de las soldadas vencidas** después de cobrar los sueldos ya debidos

[72] **malicia** mala intención

El Presidente Benito Juárez

⁷³ **hacer polvo** vencer, conquistar, destruir
⁷⁴ **engrandecimiento** la acción de hacer más grande
⁷⁵ **entrever** ver parcialmente
⁷⁶ **derrota** vencimiento *(defeat)*
⁷⁷ **consumarse** completarse
⁷⁸ **desesperadamente** con desesperación
⁷⁹ **estremecimiento** acción de temblar
⁸⁰ **lo presiento** lo preveo
⁸¹ **funesto** lamentable, triste

⁸² **grandeza** nobleza, majestad
⁸³ **retiro** *(withdrawl)*

⁸⁴ **desmontado** más humilde

Bazaine	*(Herido.)* Señora, Vuestra Majestad olvida que hice la guerra de la Crimea y que soy mariscal de Francia. Ya os dije una vez que tenía órdenes, ¿no es cierto? ¿Creéis que no hubiera podido hacer polvo⁷³ a los facciosos y colgar a Juárez de un árbol hace mucho tiempo?
Maximiliano	Vos lo decís.
Bazaine	Pero Napoleón III es un gran político. Me dijo: «Ponedles el triunfo a la vista, pero no se lo deis si no es en cambio del engrandecimiento⁷⁴ de Francia.» Me dijo: «Hacedles entrever⁷⁵ la derrota,⁷⁶ pero no la dejéis consumarse⁷⁷ a menos que sea necesario para Francia.» Y ahora es necesario para Francia, Majestad.
Maximiliano	Pongo en duda eso, y añadiré algo más, Mariscal. Os diré que es difícil vencer a soldados que, como los de Juárez, defienden desesperadamente⁷⁸ a su patria. Su valor os escapa porque no sois más que el invasor.
Bazaine	¡Sire!
Carlota	Eso es lo que yo sentía en su presencia, Maximiliano. El estremecimiento,⁷⁹ la repulsión invencible de la traición.
Bazaine	Yo soy leal a mi Emperador.
Carlota	Dejaréis de serlo un día, Mariscal. Lo presiento.⁸⁰ Sois un hombre funesto.⁸¹ Traidor a uno, traidor a todos.
Bazaine	*(Colérico.)* ¡Señora!
Maximiliano	*(Enérgicamente, con grandeza.⁸²)* Esperaréis mi venia, señor Mariscal, para proceder al retiro⁸³ de vuestras tropas. Podéis retiraros ahora.
Bazaine	Esa orden, señor, se opone con la que he recibido del emperador de Francia.
Maximiliano	Sabed que el ejército que me envía Francisco-José llegará de un momento a otro. Servíos hacer vuestros arreglos y esperad mis noticias.
Bazaine	*(Desmontado.⁸⁴)* ¿Un ejército austríaco? Pero eso sería la guerra con Francia, contra Napoleón.

Maximiliano	Creíais saberlo todo, ¿no es verdad? como Napoleón creía dominarlo todo. La guerra contra él tenía que venir de todos modos, desencadenada[85] por su ambición y por su hipocresía, y está muy lejos de ser el amo de Europa. *(Bazaine quiere hablar.)* Se os odia mucho en México, señor Mariscal: no publiquéis demasiado vuestra partida — podría atentarse[86] contra vos.
Bazaine	¿Debo sentir miedo, Majestad?
Maximiliano	Recordad solamente que, para vos, vale más un mercenario vivo que un mariscal muerto.
Carlota	Buenas noches, señor Mariscal. *(Bazaine duda. Está tan furioso que podría matar. Con un esfuerzo, se inclina tiesamente[87] ante Maximiliano, luego ante Carlota, y sale. Carlota corre hacia Maximiliano.)* ¡Estuviste magnífico, Max! ¿Es cierto, dime, es cierto?
Maximiliano	¿Qué?
Carlota	El ejército de tu hermano. ¿Viene en camino? ¿Llegará pronto?
Maximiliano	*(Lentamente, con amarga ironía.)* Cuando un monarca necesita apoyar su trono sobre bayonetas extranjeras, eso quiere decir que no cuenta con el amor de su pueblo. En un caso semejante, hay que abdicar o que morir.
Carlota	¿Qué es lo que dices?
Maximiliano	Repito, más o menos, las palabras de Francisco-José. Estamos perdidos, Carlota, abandonados por el mundo entero.
Carlota	¡No!
Maximiliano	Toda Europa odia a Napoleón, pero nadie se atreve aun contra él — ni los franceses. Tengo otros informes que me prueban que no valemos la pena para nadie allá. Si Austria nos enviara soldados — Bazaine lo dijo — sería la guerra con Francia; si Inglaterra nos prestara dinero, sería en cambio de tierras, y yo no puedo vender la tierra de México. Además, eso sería la guerra con los Estados Unidos. Te digo que es el fin.
Carlota	¡No, Max!
Maximiliano	Y ahora es tarde ya para buscar ayuda aquí, para atraer a Juárez o a Díaz a nuestro partido — o para destruirlos. ¡Y

[85] **desencadenada** causada

[86] **atentarse** tratar de cometer un crimen

[87] **tiesamente** rígidamente

yo que sentía que mi destino era proteger, salvar a Juárez del odio de México! ¿Por qué salimos de Miramar, Carlota? Por un imperio. Por un espejismo[88] de tres años, por un sueño. Y ahora no podemos irnos de aquí, porque eso sería peor que todo. Ni el ridículo ni la abdicación ni la cobardía de la fuga me detienen. Estoy clavado en esta tierra, y arrancarme de ella sería peor que morír, porque tiene algo virginal y terrible, porque en ella hay amor y hay odio verdaderos, vivos. Mejor morir en México que vivir en Europa como un archiduque de Strauss. Pero tú tienes que salvarte.

88 **espejismo** ilusión óptica
(*mirage*)

Carlota   ¡No, Max, no!

Maximiliano   Tenías razón tú, como siempre: aquí está nuestro destino.

Carlota   (*Creciendo como fuego mientras habla.*) Nuestro destino está aquí, Max, pero es otro. Eramos la pareja más hermosa y más feliz de Europa. Seremos los emperadores más felices del mundo. Max, yo iré a Europa.

Maximiliano   ¿Qué dices?

89 **advenedizo** extranjero
90 **concordato** tratado sobre asuntos eclesiásticos que el gobierno de un estado hace con el Papa
91 **intrigaré** (*I will plot*)
92 **desencadenaré** desenfrenaré
93 **aborrecimiento** odio

Carlota   Iré a Europa mañana mismo: sé que hay un barco. Veré a ese advenedizo[89] Napoleón, lo obligaré a cumplir. Y si no quiere, veré a Bismarck y a Victoria; veré a tu hermano y a tu madre; veré a Pío IX; buscaré un concordato[90] y una alianza, intrigaré;[91] desencadenaré[92] sobre Napoleón la furia y el aborrecimiento[93] de toda Europa — interrumpiré el vals en que vive con los cañones de Alemania. Es fácil, Max, ¡es facil! Les prometeré a todos el tesoro de México, y cuando seamos fuertes, cuando estemos seguros, ¡que vengan a reclamar su parte! Sabremos cómo recibirlos. Haré luchar a Dios contra el diablo o al diablo contra Dios, pero venceremos. No perderemos nuestro imperio, Max, ¡te lo juro! Seré sutil y encantadora, tocaré todos los resortes, jugaré a todas las cartas. Mañana mismo, Max, mañana mismo. No tenemos tiempo que perder! Triunfaremos: ¿no dices tú que el bueno es más fuerte que el malo?

Maximiliano   No, amor mío, no te irás. ¿Qué haría yo sin ti? Es preciso no perder la cabeza. Todavía hay mucho que intentar en México, y lo intentaré todo. Te ofrecí un imperio y he de conservártelo, y México tendrá que abrir los ojos a mi amor.

94 **iluso** engañado

Carlota   ¡Iluso, iluso,iluso![94] Nuestro mal no está en México, está en Europa, en Francia. Nuestro mal es Napoleón, y hay que acabar con él.

Maximiliano	¡No te vayas, Carlota!
Carlota	Tú defenderás nuestro imperio aquí; yo lo defenderé allá. No podemos perder. (*Maximiliano se levanta, pasea, reflexiona mientras Carlota habla.*) Ya sé que aquí parece una locura, un sueño, pero lo mismo nos pareció el imperio cuando estábamos allá. Y no tomará mucho tiempo lograrlo. Si es preciso, provocaré una revolución en Francia — ¡yo, una princesa de Sajonia-Coburgo! Es fantástico, Max, te digo que es fantástico. Los Borbones siguen ambicionando[95] el trono, y si ellos no quieren, allí están Thiers y Lamartine, Gambetta y Víctor Hugo. ¡Conspiraré con ellos y Napoleón caerá.
Maximiliano	(*Suavemente.*) Carlota.
Carlota	(*Saliendo de su sueño de furia.*) ¿Sí?
Maximiliano	No digas locuras, amor mío.
Carlota	¡Locuras! Ahora veo que no confías en mí. Te han dicho que eres débil y que yo te manejo a mi capricho. Te han dicho que el odio del pueblo no se dirige contra ti sino contra mí, que te impongo mi voluntad, que soy yo quien gobierna. Te lo han dicho, ¿no es cierto?
Maximiliano	Nadie sabe lo que hay entre nosotros.
Carlota	Hace mucho que lo sé, Max. Dicen que te dejo en libertad de amar a otras para que tú me dejes en libertad de gobernar. Soy ambiciosa y soy estéril,[96] soy tu ángel malo. Te digo que lo sé todo.
Maximiliano	Te prohibo que hables así, Carlota.
Carlota	No quieres que parezca que yo voy a servirte de agente en Europa, y prefieres que perezcamos aquí mientras Napoleón baila y festeja. Ya no tienes confianza en mí, Max. Me duele muy hondo, saber, sentir que desconfías de mí.
Maximiliano	No, amor mío, no es eso. Lo que hay entre tú y yo es sólo nuestro. Tengo miedo a que te forjes ilusiones excesivas, a que sufras una humillación en Europa. ¿No ves en la actitud de Bazaine un indicio[97] claro de que Europa nos desprecia y no quiere nada con nosotros?
Carlota	Bazaine es un servil[98] y un traidor. No, Max, no me forjo ilusiones — no es imaginación ni es locura. Sé que ésa es la

[95] **ambicionando** deseando ansiosamente

[96] **estéril** no puedo tener hijos

[97] **indicio** indicación

[98] **servil** bajo

única forma de triunfar, y tienes que ayudarme. ¿O prefieres que nos quedemos aquí los dos, inertes, vencidos de antemano, y que caigamos como Luis XVI y María Antonieta?

Maximiliano (*Reaccionando violentamente.*) No. Tienes razón, Carlota. Siempre tienes razón. Es preciso que partas. Confío en ti, y me devuelves mi esperanza.

[99] **dubitativa** su manera indica duda

Carlota (*Dubitativa[99] de pronto.*) ¿Estás seguro?

Maximiliano Tienes razón, claro. Es lo que hay que hacer. Pero verás a Napoleón antes que a nadie. No sabemos si Bazaine ha estado jugando con cartas dobles. Si Napoleón duda o niega, verás a Su Santidad.[100] Si el Papa aceptara el concordato....

[100] **Su Santidad** (*His Holiness*)

[101] **tiernamente** con ternura

Carlota (*Tiernamente.[101]*) Y así dicen que soy yo la que gobierna. (*Seria de pronto.*) Max, ¿estás completamente seguro?

Maximiliano (*Mintiendo.*) He pasado semanas preguntándome a quién podría yo enviar a Europa. Perdóname por no haber pensado antes en ti.

Carlota Júrame que estás seguro, Max.

Maximiliano ¿Es preciso? (*Ella asiente.*) En ese caso, te lo juro, amor mío.

Carlota ¿Te cuidarás en mi ausencia? No quiero que te expongas demasiado en los combates.

Maximiliano Me cuidaré por ti y por México.

Carlota ¿Y me amarás un poco mientras esté ausente?

Maximiliano Nunca he amado a nadie más que a ti.

[102] **devaneos** amoríos pasajeros, delirios

Carlota Entonces, esos devaneos[102] de que te acusan.... Cuernavaca....

Maximiliano Carlota.

Carlota Perdóname, no debí decir eso. Es vulgar y estúpido. Max, ¿sabes lo que siento?

Maximiliano ¿Qué?

Carlota Que ha llegado la hora de nuestra cita en el bosque. Ya no hay nada que nos separe — volveremos a estar tan cerca como al principio, mi amor. (*Maximiliano mira su reloj.*) ¿Qué pasa?

Maximiliano	Tengo dos o tres cosas urgentes — órdenes para mañana, instrucciones especiales para impedir que Bazaine desmoralice[103] a nuestra gente con la noticia de su partida; el dinero para sus soldados. Tendrás que perdonarme, Carlota.
Carlota	No podría. Estaré esperándote, Max. Dentro de media hora, en el bosque.
Maximiliano	Dentro de media hora, amor mío. (*Besa la mano de Carlota, profundamente. Luego la atrae hacia él. Se miran a los ojos un momento.*) ¡Carlota!
Carlota	¿Por qué me miras así, Max? Tienes los ojos tan llenos de tristeza que me dan miedo. ¿Qué te pasa?
Maximiliano	(*Desprendiéndose.[104]*) Media hora. ¿No es demasiado esperar? Carlota....
Carlota	¿Qué?
Maximiliano	No quería decírtelo. Tengo que dar órdenes de campaña a mis generales. La situación es grave. Quizá pasaré toda la noche en esto. Tú tienes que preparar tu viaje...
Carlota	Sí. Estamos condenados, ya lo sé.
Maximiliano	¡No lo digas así!
Carlota	Nos veremos en el bosque, Max; pero a mi regreso. Sólo entonces podremos volver a ser nosotros mismos.
Maximiliano	A tu regreso....
Carlota	En el bosque, Max.

Sale por el fondo, no sin volverse a dirigir una sonrisa melancólica a Maximiliano, que la sigue con la vista. Cuando ha desaparecido la figura de Carlota, Maximiliano toma el candelabro y sale por la segunda puerta izquierda.

ACTO III, *Escena III*

Salón derecha. La celda de Maximiliano en el Convento de Capuchinas, en Querétaro. Maximiliano aparece sentado ante una mesa; termina de escribir. Levanta y espacia la vista[105] fuera del ventanillo de su celda y sonríe misteriosa y tristemente. Luego pliega[106] con melancolía[107] sus cartas. Un centinela abre la puerta de la celda y deja entrar a Miramón.

[103] **desmoralice** quite el ánimo, desaliente

[104] **desprendiéndose** soltándose

[105] **espacia la vista** distrae la vista
[106] **pliega** dobla
[107] **melancolía** tristeza

Maximiliano	(*Sonriendo.*) Buenos días, general Miramón.
Miramón	Buenos días, Majestad.
Maximiliano	Es un amanecer bellísimo. Mirad aquellas nubes rojas, orladas[108] de humo, que se vuelven luz poco a poco. Nunca vi amaneceres ni crepúsculos[109] como los del cielo de México. ¿Habéis escrito a vuestra esposa, a vuestros hijos?
Miramón	Sí, sire. Mejía hace otro tanto.
Maximiliano	Pobre Mejía. Se aflige demasiado por mí. Por lo menos, podéis estar seguros de que vuestras cartas serán recibidas. Yo no sé si la Emperatriz podrá leer la mía. Las últimas noticias que tuve me hacen temer por su lucidez[110] más que nunca. (*Se acerca a Miramón.*) Necesito haceros una confesión. (*El centinela abre una vez más la puerta. Entra Mejía, muy deprimido.*[111]) Llegáis a tiempo, general Mejía. Quiero que los dos oigáis esta carta. No sé por qué, pero no pude resistir la tentación[112] de escribir a mi hijo.
Mejía y Miramón	¡Señor! ¡Sire!
Maximiliano	No. Al hijo que no tuve nunca. (*Toma un pliego de la mesa.*) Fantasía de poeta aficionado. ¿Qué importancia tiene? A todos los que van a morir se les otorga[113] un último deseo. (*Despliega la carta.*) ¿Queréis fumar? (*Les tiende su purera,[114] Mejía presenta el fuego y los tres encienden ritualmente sus cigarros puros.*) Echaré de menos el tabaco mexicano.
Mejía	(*Desesperadamente.*) ¡Señor!
Maximiliano	¿Queréis que os lea mi carta? Es muy breve: «Hijo mío: Voy a morir por México. Morir es dulce rara vez; el hombre es tan absurdo que teme la muerte en vez de temer la vida, que es la fábrica[115] de la muerte. He viajado por todos los mares, y muchas veces pensé que sería perfecto sumergirse en cualquiera de ellos y nada más. Pero ahora sé que el mar se parece demasiado a la vida, y que su única misión es conducir al hombre a la tierra, tal como la misión de la vida es llevar al hombre a la muerte. Pero ahora sé que el hombre debe regresar siempre a la tierra, y sé que es dulce morir por México porque en una tierra como la de México ninguna sangre es estéril. Te escribo sólo para decirte esto, y para decirte que cuides de tu muerte como yo he procurado cuidar de la mía, para que tu muerte sea la cima de tu amor y la coronación de tu vida.» Es todo. La carta del suicida.[116]

[108] **orladas** con los bordes decorados
[109] **crepúsculos** luz del amanecer, primera luz del día, aurora
[110] **lucidez** salud mental
[111] **deprimido** triste, abatido
[112] **tentación** impulso repentino que excita a hacer algo
[113] **otorga** concede
[114] **purera** recipiente para cigarros puros
[115] **fábrica** lugar donde se fabrica algo
[116] **suicida** el que se mata a sí mismo

Mejía	¡Majestad! *(Hay lágrimas en su voz.)*
Maximiliano	*(Quemando la carta y viéndola consumirse.)* Vamos, Mejía, vamos, amigo mío. Es el último derecho de la imaginación. No hay por qué afligirse.[117]
Miramón	Nunca creí, señor, que el amor de Vuestra Majestad por México fuera tan profundo.
Maximiliano	Los hombres se conocen mal en la vida, general Miramón. Nosotros llevamos nuestra amistad a un raro extremo; por eso nos conocemos mejor. A propósito, tengo que pediros perdón.
Miramón	¿A mí, señor?
Maximiliano	No os conservé a mi lado todo el tiempo, como debí hacerlo.
Miramón	Perdonadme a mí, señor, por haberme opuesto a la abdicación.
Maximiliano	Eso nunca podré agradecéroslo bastante.
Mejía	No es justo, señor, ¡no es justo! Vos no debéis morir.
Maximiliano	Todos debemos hacerlo, general Mejía. Cualquier día es igual a otro. Pero ved qué mañana, ved qué privilegio es morir aquí.
Mejía	No me importa morir, Majestad. Soy indio y soy soldado, y nunca tomé parte en una batalla sin pensar que sería lo que Dios quisiera. Y todo lo que le pedía yo era que no me mataran dormido ni a traición. Pero vos no debéis morir. Hay tantos indios aquí, tantos traidores, tantas gentes malas — pero vos sois único.
Miramón	Los republicanos piensan que los traidores somos nosotros, Mejía.
Mejía	Lo he pensado, ¡lo he pensado mil veces! Sé que no es cierto.
Miramón	Quizá seremos el borrón[118] de la historia, pero la sinceridad de nuestras convicciones se prueba haciendo lo que vamos a hacer.
Mejía	¡Pero no el Emperador! ¡El Emperador no puede morir!
Maximiliano	Calmaos, Tomás — permitidme que os llame así — y dejadme deciros lo que veo con claridad ahora. Me contasteis un día vuestro sueño de la pirámide, general Miramón, y eso

[117] **afligirse** acongojarse

[118] **borrón** mancha ignominiosa

119 **cósmico** universal

120 **acertijo** especie de enigma
para entretenerse en
acertarlo

121 **prevalece** existe, se destaca
122 **funeral** relativo al entierro

123 **pecador** el que viola la ley
divina

124 **agradado** gustado

125 **me alienta** me anima

explicó para mí toda vuestra actitud. Vos, Tomás veis en mí, en mi vieja sangre europea, en mi barba rubia, en mi piel blanca, algo que queréis para México. Yo os entiendo. No queréis que el indio desaparezca, pero no queréis que sea lo único que haya en este país, por un deseo cósmico,[119] por una ambición de que un país tan grande y tan bello como éste pueda llegar a contener un día todo lo que el mundo puede ofrecer de bueno y de variado. Cuando pienso en la cabalgata loca que han sido estos tres años del imperio, me siento perdido ante un acertijo[120] informe y terrible. Pero a veces la muerte es la única que da su forma verdadera a las cosas.

Miramón   Os admiré siempre, pero nunca como ahora, Majestad.

Maximiliano   Llamadme Maximiliano, querido Miguel. En la casa de Austria prevalece[121] una vieja tradición funeral.[122] Cuando un emperador muere hay que llamar tres veces a la puerta de la iglesia. Desde adentro un cardenal pregunta quién es. Se le dice: «El Emperador nuestro señor,» y el cardenal contesta: «No lo conozco.» Se llama de nuevo, y el cardenal vuelve a preguntar quién llama; se dan los nombres, apellidos y títulos del difunto, y el cardenal responde: «No sé quién es.» Una tercera vez llaman desde afuera. Una tercera vez el cardenal pregunta. La voz de afuera dice: «Un pecador, nuestro hermano,» y da el nombre cristiano del muerto. Entonces se abre la puerta. Quien va a morir ahora es un pecador:[123] vuestro hermano Maximiliano.

Miramón   Maximiliano, me tortura la idea de lo que va a ser de México. Mataros es un gran error político, a más de un crimen.

Maximiliano   Yo estoy tranquilo. Me hubiera agradado[124] vivir y gobernar a mi manera, y si hubiéramos conseguido vencer a Juárez no lo habría yo hecho fusilar, lo habría salvado del odio de los mexicanos como Márquez y otros, para no destruir la parte de México que él representa.

Mejía   Vuestro valor me alienta,[125] señor, Maximiliano.

Maximiliano   ¿Mi valor? Toda mi vida fui un hombre débil con ideas fuertes. La llama que ardía en mí para mantener vivos mi espíritu y mi amor y mi deseo de bondad era Carlota. Ahora tengo miedo.

Miramón   ¿Por qué, señor?

Maximiliano   Miedo de que mi muerte no tenga el valor que le atribuyo en mi impenitente deseo de soñar. Si mi muerte no sirviera para nada, sería un destino espantoso.

Mejía	No, México os quiere; pero los pueblos son perros bailarines que bailan al son[126] que les tocan.
Maximiliano	Ojalá. Un poco de amor me vendría bien. Estoy tranquilo excepto en dos puntos: me preocupa la suerte de mi Carlota, y me duele no entender el móvil[127] que impulsó[128] a López.
Miramón	Ese tlaxcalteca.[129]
Mejía	Ese Judas.
Maximiliano	No digáis esa palabra, Miguel, ni vos esa otra, Tomás. Los tlaxcaltecas ayudaron a la primera mezcla[130] que necesitaba México. Y decir Judas es pura soberbia. Yo no soy Cristo.
Mejía	Os crucifican, Maximiliano, os crucifican entre los dos traidores.

[126] **son** música, ritmo

[127] **móvil** factor, causa
[128] **impulsó** empujó, incitó

[129] **tlaxcalteca** persona de la provincia de Tlaxcala, México

[130] **mezcla** unión de las dos razas

Patio interior del Palacio de Chapultepec

Maximiliano	Sería demasiada vanidad,[131] Tomás, pensar que nuestros nombres vivirán tanto y que resonarán en el mundo por los siglos de los siglos. No. El hombre muere a veces a semejanza de Cristo, porque está hecho a semejanza de Dios. Pero hay que ser humildes.
	Se escuchan, afuera, una llamada de atención y un redoble de tambores. Se abre la puerta y entra un capitán.
Capitán	Sírvanse Uds. seguirme.
Maximiliano	Estamos a sus órdenes, Capitán. ¿Puedo poner en sus manos estas cartas? (*El capitán las toma en silencio.*) Gracias. Pasad, Miguel; pasad, Tomás. Os sigo. (*Cuando Miramón va*

[131] **vanidad** deseo de ostentación

a salir, Maximiliano habla de nuevo.) Miguel.... (Miramón se vuelve.) Soberbia —sería... sí, eso es. Miguel, López nos traicionó por soberbia, por vanidad. Ojalá este defecto no crezca más en México. (Hace una seña[132] amistosa. Miramón y Mejía salen. Maximiliano permanece un segundo más. Mira en torno suyo.) Hasta muy pronto, Carla. Hasta muy pronto en el bosque.

[132] **seña** movimiento, gesto

[133] **se adentra** entra

Sale. Un silencio. La luz del sol se adentra[133] en la celda, cuya puerta ha quedado abierta.

Voz de Carlota   ¿Y luego?

Voz de Maximiliano   (Lejana, pero distinta.) Ocupad el centro, general Miramón. Os corresponde. Soldados de México: muero sin rencor hacia vosotros, que vais a cumplir vuestro deber. Muero con la conciencia tranquila, porque no fue la simple ambición de poder la que me trajo aquí, ni pesa sobre mí la sombra de un solo crimen deliberado. En mis peores momentos respeté e hice respetar la integridad de México. Permitid que os deje un recuerdo, este anillo para vos, Capitán; este reloj, Sargento. Estas monedas con la efímera[134] efigie[135] de Maximiliano para vosotros, valientes soldados de México. (Pausa.) No. No nos vendaremos los ojos. Morir por México no es traicionarlo. Permitid que me aparte la barba y apuntad bien al pecho, os lo ruego. Adiós, Miguel. Adiós, Tomás.

[134] **efímera** que dura un solo día, pasajera
[135] **efigie** representación

Voz del Capitán   ¡Escuadrón! ¡Preparen! ¡Apunten! ¡Fuego!

Una descarga de fusilería.

Voz de Maximiliano   ¡Hombre!

PREGUNTAS

Acto II, Escena I, Escena II

1. Al levantarse el telón, ¿qué están discutiendo todos?
2. ¿A quiénes se refiere Bazaine cuando habla de la «canalla»?
3. ¿Qué opina Maximiliano de la canalla?
4. ¿Cuál es la nacionalidad de Bazaine?
5. ¿Para qué vino a México Maximiliano?
6. Según Bazaine, ¿cuál es una cara que tiene todo gobierno?
7. ¿Está de acuerdo Maximiliano?

8. ¿Por qué no dejará Napoleón a sus soldados en México?
9. ¿En qué tiene interés Bazaine? ¿En qué no tiene interés?
10. ¿Qué declara el decreto del cual hablan todos?
11. Según Bazaine, ¿cuál es el resultado de la indecisión del Emperador?
12. ¿Qué le pasaría al imperio si no fuera por los soldados de Bazaine?
13. ¿Por qué se enfada Carlota?
14. ¿De quién recibe sus órdenes Bazaine?
15. ¿Qué opina Labastida de los juaristas?
16. ¿Qué sugiere Mejía para poner fin a la situación?
17. ¿Por qué no está de acuerdo Maximiliano?
18. ¿Qué le pregunta Maximiliano a Carlota?
19. ¿Cómo se sintió Maximiliano al llegar a México?
20. ¿Cómo se siente ahora? ¿Por qué?
21. ¿Qué ha causado cambios en Carlota?
22. ¿Qué quiere impedir Carlota?
23. ¿Dónde quiere buscar ayuda Carlota?
24. ¿Qué sugiere Maximiliano?
25. ¿Qué ha ofrecido Maximiliano a Juárez?
26. ¿Qué quiere hacer Carlota?
27. Al terminar la primera escena, ¿por qué ésta tan triste Maximiliano?

Acto II, Escena II
28. ¿Con quién tienen que hablar Maximiliano y Carlota?
29. ¿Qué noticias trae Bazaine?
30. ¿Cómo reacciona Maximiliano ante las noticias?
31. Según Bazaine, ¿qué les pasará a Maximiliano y a Carlota en cuanto salgan las tropas francesas? ¿Por qué?
32. ¿Qué consejos da Bazaine?
33. ¿Qué quiere Maximiliano que le diga Bazaine a Napoleón?
34. Según Maximiliano, ¿quiénes van a llegar?
35. Al salir Bazaine, ¿por qué dice Maximiliano que están perdidos?
36. ¿Por qué no puede enviar soldados Austria?
37. ¿Por qué no puede Maximiliano pedir dinero a Inglaterra?
38. ¿Por qué no puede salir de México Maximiliano?
39. ¿Para qué irá a Europa Carlota?
40. ¿Qué hora ha llegado por fin?
41. ¿Por qué no se puede realizar la cita?
42. ¿Cuándo se verán?

Acto III, Escena III
43. Al abrir esta escena, ¿dónde está Maximiliano?
44. ¿Qué dice de los amaneceres?
45. ¿A qué le teme Maximiliano? ¿Por qué?
46. ¿Qué carta quiere leer el Emperador?
47. ¿De qué habla en la carta? ¿Por qué muere?
48. ¿Qué habría hecho Maximiliano si hubiera capturado a Juárez?
49. ¿Por qué muere el Emperador con la conciencia tranquila?

PARA AUMENTAR EL VOCABULARIO

Familias de palabras

Apoyo: apoyarse

1. Carlota salió para Francia a buscar el apoyo de Napoleón.
2. Maximiliano tenía que apoyarse en alguien para buscar consolación.

Deprimido: deprimir, deprimente

1. Mejía se puso muy deprimido al pensar en la inminente muerte de su querido emperador.
2. Aunque se sintió tan triste, no quería deprimir a los otros.
3. La despedida entre Maximiliano y Carlota era una escena deprimente.

Codicioso: codicia, codiciar

1. Por la ansiedad de poder que tenía se le consideraba a Bazaine una persona codiciosa.
2. Carlota no pudo tolerar la codicia de Bazaine.
3. Codiciar la gloria de otro, es perder su confianza.

Ejercicio de vocabulario

A Dé los sustantivos que correspondan a los siguientes verbos. Emplee cada sustantivo en una oración.

1. regatear	8. promulgar
2. mercadear	9. jurar
3. despreciar	10. causar
4. alimentar	11. permitir
5. amenazar	12. humillar
6. interpretar	13. atrever
7. forzar	

B Cambie los siguientes sustantivos en adjetivos que les correspondan. Emplee cada adjetivo en una oración.

1. soledad	4. compasión
2. política	5. codicia
3. interés	

EJERCICIOS CREATIVOS

1. ¿Cuál será el significado del título *Corona de sombra*?
2. Analice el carácter de los siguientes personajes:
   (a) Bazaine; (b) Maximiliano; (c) Carlota.
3. En los pasajes que hemos leído aprendemos que Carlota fue a Europa en busca de ayuda. Prepare un informe sobre la vida de Carlota.

4. Prepárese a criticar la obra en clase. Considere estas ideas: (a) El interés histórico del tema. (b) El estilo del autor. ¿Es realista o romántico? ¿Tiene rasgos nacionalistas? (c) La presentación y el desarrollo de los personajes principales. ¿Han sido desarrollados hasta parecer verdaderos, o le parecen falsos? Explique y dé ejemplos. (d) ¿Le gustó la obra? Exponga brevemente su opinión sobre la misma.

La casa de Bernarda Alba

Federico García Lorca (1899–1936)

García Lorca, que nació en la provincia de Granada, era el poeta de los gitanos españoles. Tenía gran capacidad para revelarnos una emocionante visión poética de las cosas, para poetizar la materia mediante emocionantes imágenes de color y de música. Así son sus Canciones, Poema del Canto Jondo *y* Romancero gitano.

También Lorca llevó su poesía al teatro y nos ha dejado inmortales dramas y comedias en verso y en prosa. Entre sus mejores son Bodas de Sangre *(frustración del matrimonio),* Yerma *(frustación de la maternidad) y* La casa de Bernarda Alba *(la pasión en la España trágica tradicional). Las dos escenas que siguen son de esta última obra.*

Acto primero

Habitación blanquísima del interior de la casa de Bernarda. Muros gruesos. Puertas en arco con cortinas de yute rematadas con madroños y volantes. Sillas de anea[1]. Cuadros con paisajes inverosímiles de ninfas o reyes de leyenda. Es verano. Un gran silencio umbroso se extiende por la escena. Al levantarse el telón está la escena sola. Se oyen doblar las campanas.)
    (Sale la criada.)

[1] **anea** reed, cattail

(Terminan de entrar las doscientas mujeres y aparece Bernarda y sus cinco hijas.)

Bernarda	*(a la Criada).* ¡Silencio!
Criada	*(llorando).* ¡Bernarda!
Bernarda	Menos gritos y más obras. Debías haber procurado que todo esto estuviera más limpio para recibir al duelo. Véte. No es éste tu lugar. *(La Criada se va llorando.)* Los pobres son como los animales; parece como si estuvieran hechos de otras sustancias.
Mujer 1a	Los pobres sienten también sus penas.
Bernarda	Pero las olvidan delante de un plato de garbanzos.
Muchacha	*(con timidez).* Comer es necesario para vivir.

Bernarda	A tu edad no se habla delante de las personas mayores.
Mujer	Niña, cállate.
Bernarda	No he dejado que nadie me dé lecciones. Sentarse. *(Se sientan. Pausa. Fuerte.)* Magdalena, no llores; si quieres llorar te metes debajo de la cama. ¿Me has oído?
Mujer 2a	*(a Bernarda).* ¿Habéis empezado los trabajos en la era[2]?
Bernarda	Ayer.
Mujer 3a	Cae el sol, como plomo.
Mujer 1a	Hace años no he conocido calor igual. *(Pausa.) (Se abanican todas.)*

² **en la era:** en los campos

³ **Pepe el Romano:** personaje del pueblo de quien las hijas de Bernarda están enamoradas

Bernarda	¿Está hecha la limonada?
La Poncia	Sí, Bernarda *(Sale con una gran bandeja llena de jarritas blancas que distribuye.)*
Bernarda	Dále a los hombres.
La Poncia	Ya están tomando en el patio.
Bernarda	Que salgan por donde han entrado. No quiero que pasen por aquí.
Muchacha	*(a Angustias).* Pepe el Romano[3] estaba con los hombres del duelo.
Angustias	Allí estaba.

Federico García Lorca

Bernarda	Estaba su madre. Ella ha visto a su madre. A Pepe no lo ha visto ella ni yo.
Muchacha	Me pareció...
Bernarda	Quien sí estaba era el viudo de Darajalí. Muy cerca de tu tía. A ése lo vimos todas.
Mujer 2a	*(aparte, en voz baja).* ¡Mala, más que mala!
Mujer 3a	*(lo mismo).* ¡Lengua de cuchillo!
Bernarda	Las mujeres en la iglesia no deben de mirar más hombres que al oficiante y ése, porque tiene faldas. Volver la cabeza es buscar el calor de la pana.

Mujer 1a	*(en voz baja)*. ¡Vieja lagarta recocida[4]!
La Poncia	*(entre dientes)*. ¡Sarmentosa por calentura de varón[5]!
Bernarda	¡Alabado sea Dios!
Todas	*(santiguándose)*. Sea por siempre bendito y alabado.
Bernarda	¡Descansa en paz con la santa compaña de cabecera!
Todas	¡Descansa en paz!
Bernarda	Con el ángel San Miguel y su espada justiciera.
Todas	¡Descansa en paz!
Bernarda	Con la llave que todo lo abre y la mano que todo lo cierra.
Todas	¡Descansa en paz!
Bernarda	Con los bienaventurados y las lucecitas del campo.
Todas	¡Descansa en paz!
Bernarda	Con nuestra santa caridad y las almas de tierra y mar.
Todas	¡Descansa en paz!
Bernarda	Concede el reposo a tu siervo Antonio María Benavides y dále la corona de tu santa gloria.
Todas	Amén.
Bernarda	*(se pone de pie y canta)*. Requiem aeternam donat eis domine[6].
Todas	*(de pie y cantando al modo gregoriano)*. Et lux perpetua luce ab eis[7]. *(Se santiguan[8].)*
Mujer 1a	Salud para rogar por su alma. *(Van desfilando.)*
Mujer 3a	No te faltará la hogaza[9] de pan caliente.
Mujer 2a	Ni el techo para tus hijas. *(Van desfilando todas por delante de Bernarda y saliendo.) (Sale Angustias por otra puerta que da al patio.)*
Mujer 4a	El mismo trigo de tu casamiento lo sigas disfrutando.
La Poncia	*(entrando con una bolsa)*. De parte de los hombres esta bolsa de dineros para responsos.

[4] **lagarta recocida:** *(sanctimonious old lizard)*

[5] **sarmentosa... varón:** *(itching for a man)*

[6] **Requiem...** *(Lord, grant him eternal rest.)*

[7] **Et lux perpetua...** *(And may the perpetual light shine on him.)*

[8] **se santiguan:** hacen señal de la cruz

[9] **hogaza:** pan grande

Bernarda	Dáles las gracias y échales una copa de aguardiente.
Muchacha	*(a Magdalena).* Magdalena...
Bernarda	*(a Magdalena que inicia el llanto).* Chiss[10]. *(Salen todas.) (A las que se han ido.)* ¡Andar a vuestras casas a criticar todo lo que habéis visto! ¡Ojalá tardéis muchos años en pasar el arco de mi puerta!
La Poncia	No tendrás queja ninguna. Ha venido todo el pueblo.
Bernarda	Sí; para llenar mi casa con el sudor de sus refajos[11] y el veneno de sus lenguas.
Amelia	¡Madre, no hable usted así!
Bernarda	Es así como se tiene que hablar en este maldito pueblo sin río, pueblo de pozos, donde siempre se bebe el agua con el miedo de que esté envenenada.
La Poncia	¡Cómo han puesto la solería[12]!
Bernarda	Igual que si hubiese pasado por ella una manada de cabras. *(La Poncia limpia el suelo.)* Niña, dáme el abanico.
Adela	Tome usted. *(Le da un abanico redondo con flores rojas y verdes.)*
Bernarda	*(arrojando el abanico al suelo).* ¿Es éste el abanico que se da a una viuda? Dáme uno negro y aprende a respetar el luto de tu padre.
Martirio	Tome usted el mío.
Bernarda	¿Y tú?
Martirio	Yo no tengo calor.
Bernarda	Pues busca otro, que te hará falta. En ocho años que dure el luto no ha de entrar en esta casa el viento de la calle. Hacemos cuenta que hemos tapiado con ladrillos puertas y ventanas. Así pasó en casa de mi padre y en casa de mi abuelo. Mientras, podéis empezar a bordar el ajuar[13]. En el arca tengo veinte piezas de hilo con el que podréis cortar sábanas y embozos[14]. Magdalena puede bordarlas.
Magdalena	Lo mismo me da.
Adela	*(agria).* Si no quieres bordarlas irán sin bordados. Así las tuyas lucirán más.

[10] **chiss:** sh! sh!

[11] **refajos:** *(wraps)*

[12] **la solería:** el suelo

[13] **bordar el ajuar:** *(embroider the hope-chest linens)*

[14] **embozos:** coberturas, sobrecamas

Magdalena	Ni las mías ni las vuestras. Sé que yo no me voy a casar. Prefiero llevar sacos al molino. Todo menos estar sentada días y días dentro de esta sala oscura.
Bernarda	Eso tiene ser mujer.
Magdalena	Malditas sean las mujeres.
Bernarda	Aquí se hace lo que yo mando. Ya no puedes ir con el cuento a tu padre. Hilo y aguja para las hembras. Látigo y mula para el varón. Eso tiene la gente que nace con posibles. (*Sale Adela*).
Voz	¡Bernarda! ¡Déjame salir!
Bernarda	(*en voz alta*). ¡Dejadla ya! (*Sale la Criada.*)
Criada	Me ha costado mucho sujetarla. A pesar de sus ochenta años, tu madre es fuerte como un roble.
Bernarda	Tiene a quien parecerle. Mi abuelo fue igual.
Criada	Tuve durante el duelo que taparle varias veces la boca con un costal[15] vacío porque quería llamarte para que le dieras agua de fregar siquiera, para beber y carne de perro, que es lo que ella dice que tú le das.
Martirio	¡Tiene mala intención!
Bernarda	(*a la criada*). Dejadla que se desahogue[16] en el patio.
Criada	Ha sacado del cofre sus anillos y los pendientes de amatista; se los ha puesto, y me ha dicho que se quiere casar. (*Las hijas ríen.*)
Bernarda	Vé con ella y ten cuidado que no se acerque al pozo.
Criada	No tengas miedo que se tire.
Bernarda	No es por eso... Pero desde aquel sitio las vecinas pueden verla desde su ventana. (*Sale la Criada.*)
Martirio	Nos vamos a cambiar de ropa.

[15] **un costal:** un saco grande

[16] **que se desahogue:** que se alivie al aire fresco

ACTO TERCERO

(*Entra Adela. Mira a un lado y otro con sigilo* [17] *y desparece por la puerta del corral. Sale Martirio por otra puerta y queda en angustioso acecho* [18] *en el centro de la escena. También va en enaguas.* [19] *Se cubre con un pequeño mantón negro de talle.* [20] *Sale por enfrente de ella* María Josefa.)

[17] **sigilo:** secreto, discreción, prudencia

[18] **en angustioso acecho:** espiando con angustia

[19] **enaguas** (*petticoats, underskirts*)

[20] **mantón... talle:** (*black, waist-length cloak*)

Martirio	¿Abuela, dónde va usted?
María Josefa	¿Vas a abrirme la puerta? ¿Quién eres tú?
Martirio	¿Cómo está aquí?
María Josefa	Me escapé. ¿Tú quién eres?
Martirio	Vaya a acostarse.
María Josefa	Tú eres Martirio, ya te veo. Martirio, cara de Martirio. ¿Y cuándo vas a tener un niño? Yo he tenido éste.
Martirio	¿Dónde cogió esa oveja?
María Josefa	Ya sé que es una oveja. ¿Pero por qué una oveja no va a ser un niño? Mejor es tener una oveja que no tener nada. Bernarda, cara de leoparda. Magdalena, cara de hiena.
Martirio	No dé voces.
María Josefa	Es verdad, Está todo muy oscuro. Como tengo el pelo blanco crees que no puedo tener crías,[21] y sí, crías y crías y crías. Este niño tendrá el pelo blanco y tendrá otro niño y éste otro, y todos con el pelo de nieve, seremos como las olas, una y otra y otra. Luego nos sentaremos todos y todos tendremos el cabello blanco y seremos espuma. ¿Por qué aquí no hay espumas? Aquí no hay más que mantos de luto.
Martirio	Calle, calle.
María Josefa	Cuando mi vecina tenía un niño yo le llevaba chocolate y luego ella me lo traía a mí y así siempre, siempre, siempre. Tú tendrás el pelo blanco, pero no vendrán las vecinas. Yo tengo que marcharme, pero tengo miedo que los perros me muerdan. ¿Me acompañarás tú a salir del campo? Yo no quiero campo. Yo quiero casas, pero casas abiertas y las vecinas acostadas en sus camas con sus niños chiquitos y los hombres fuera sentados en sus sillas. Pepe el Romano es un gigante. Todas lo queréis. Pero él os va a devorar porque vosotras sois granos de trigo. No granos de trigo. ¡Ranas sin lengua!
Martirio	Vamos, Váyase a la cama. (*La empuja.*)
María Josefa	Sí, pero luego tú me abrirás, ¿verdad?
Martirio	De seguro.

[21] **crías**: niños

María Josefa	*(llorando).* Ovejita, niño mío. Vámonos a la orilla del mar. La hormiguita estará en su puerta, yo te daré la teta²² y el pan. *(Martirio cierra la puerta por donde ha salido María Josefa y se dirige a la puerta del corral. Allí vacila, pero avanza dos pasos más.)*

²² **teta:** órgano glanduloso que produce la leche en las hembras

Martirio	*(En voz baja).* Adela, *(Pausa.)* *(Avanza hasta la misma puerta.)* *(En voz alta.)* ¡Adela! *(Aparece Adela. Viene un poco despeinada.)*
Adela	¿Por qué me buscas?
Martirio	¡Deja a ese hombre!
Adela	¿Quién eres tú para decírmelo?
Martirio	No. Es ése el sitio de una mujer honrada.
Adela	¡Con qué ganas te has quedado de ocuparlo!
Martirio	*(En voz alta).* Ha llegado el momento de que yo hable. Esto no puede seguir así.
Adela	Esto no es más que el comienzo. He tenido fuerza para adelantarme. El brío y el mérito que tú no tienes. He visto la muerte debajo de estos techos y he salido a buscar lo que era mío, lo que me pertenecía.
Martirio	Ese hombre sin alma vino por otra. Tú te has atravesado.
Adela	Vino por el dinero, pero sus ojos los puso siempre en mí.
Martirio	Yo no permitiré que lo arrebates. Él se casará con Angustias.
Adela	Sabes mejor que yo que no la quiere.
Martirio	Lo sé.
Adela	Sabes, porque lo has visto, que me quiere a mí.
Martirio	*(Despechada).* Sí
Adela	*(acercándose).* Me quiere a mí. Me quiere a mí.
Martirio	Clávame un cuchillo si es tu gusto, pero no me lo digas más.

Adela	Por eso procuras que no vaya con él. No te importa que abrace a la que no quiere, a mí tampoco. Ya puede estar cien años con Angustias, pero que me abrace a mí se te hace terrible, porque tú lo quieres también, lo quieres.
Martirio	*(Dramática)* ¡Sí! Déjame decirlo con la cabeza fuera de los embozos.[23] ¡Sí! Déjame que el pecho se me rompa como una granada[24] de amargura. ¡Le quiero!
Adela	*(en un arranque y abrazándola).* Martirio, Martirio yo no tengo la culpa.
Martirio	¡No me abraces! No quieras ablandar[25] mis ojos. Mi sangre ya no es tuya. Aunque quisiera verte como hermana no te miro ya más que como mujer. *(La rechaza.)*
Adela	Aquí no hay ningún remedio. La que tenga que ahogarse que se ahogue. Pepe el Romano es mío. Él me lleva a los juncos de la orilla.[26]
Martirio	¡No será!
Adela	Ya no aguanto el horror de estos techos después de haber probado el sabor de su boca. Seré lo que él quiera que sea. Todo el pueblo contra mí, quemándome con sus dedos de lumbre, perseguida por los que dicen que son decentes, y me pondré la corona de espinas que tienen las que son queridas de algún hombre casado.
Martirio	¡Calla!
Adela	Sí. Sí. *(En voz baja.)* Vamos a dormir, vamos a dejar que se case con Angustias, ya no me importa, pero yo me iré a una casita sola donde él me verá cuando quiera, cuando le venga en gana.
Martirio	Eso no pasará mientras yo tenga una gota de sangre en el cuerpo.
Adela	No a ti que eres débil. A un caballo encabritado[27] soy capaz de poner de rodillas con la fuerza de mi dedo meñique[28].
Martirio	No levantes esa voz que me irrita. Tengo el corazón lleno de una fuerza tan mala, que sin quererlo yo, a mí misma me ahoga.
Adela	Nos enseñan a querer a las hermanas. Dios me ha debido dejar sola en medio de la oscuridad, porque te veo como si no te hubiera visto nunca.
	(Se oye un silbido y Adela corre a la puerta, pero Martirio se le pone delante.)

[23] **embozos:** *(here, mufflers, artful way of expressing one's thoughts, laying cards on the table)*

[24] **granada:** pomegranate

[25] **ablandar:** hacer blando *(soften)*

[26] **juncos de la orilla:** *(rushes that grow near the river)*

[27] **encabritado:** *(up on hind feet)*

[28] **dedo meñique:** *(little finger, pinkie)*

Martirio	¿Dónde vas?
Adela	¡Quítate de la puerta!
Martirio	¡Pasa si puedes!
Adela	¡Aparta! (*Lucha.*)
Martirio	(*A voces*) ¡Madre, madre!

(*Aparece Bernarda. Sale en enaguas con un mantón negro.*)

Bernarda	Quietas, quietas. ¡Qué pobreza la mía, no poder tener un rayo entre los dedos!
Martirio	(*Señalando a Adela*). ¡Estaba con él! ¡Mira esas enaguas llenas de paja de trigo!
Bernarda	¡Ésa es la cama de las mal nacidas! (*Se dirige furiosa hacia Adela.*)
Adela	(*haciéndole frente*). ¡Aquí se acabaron las voces de presidio! (*Adela arrebata un bastón a su madre y lo parte en dos.*) Esto hago yo con la vara[29] de la dominadora. No dé usted un paso más. En mí no manda nadie más que Pepe.
Magdalena	(*Saliendo*). ¡Adela!

(*Salen La Poncia y Angustias.*)

Adela	Yo soy su mujer. (*A Angustias.*) Entérate tú y vé al corral a decírselo. Él dominará toda esta casa. Ahí fuera está, respirando como si fuera un león.
Angustias	¡Dios mío!
Bernarda	¡La escopeta! ¿Dónde está la escopeta? (*Sale corriendo.*) (*Sale detrás Martirio. Aparece Amelia por el fondo, que mira aterrada con la cabeza sobre la pared.*)
Adela	¡Nadie podrá conmigo! (*Va a salir.*)
Angustias	(*Sujetándola*). De aquí no sales con tu cuerpo en triunfo. ¡Ladrona! ¡Deshonra de nuestra casa!
Magdalena	¡Déjala que se vaya donde no la veamos nunca más! (*Suena un disparo.*)

[29] **la vara:** (*staff, rod, emblem of authority*)

Bernarda	*(Entrando).* Atrévete a buscarlo ahora.
Martirio	*(Entrando)* Se acabó Pepe el Romano.
Adela	¡Pepe! ¡Dios mío! ¡Pepe! *(Sale corriendo.)*
La Poncia	¿Pero lo habéis matado?
Martirio	No. Salió corriendo en su jaca.[30]
Bernarda	No fué culpa mía. Una mujer no sabe apuntar.
Magdalena	¿Por qué lo has dicho entonces?
Martirio	¡Por ella! Hubiera volcado un río de sangre sobre su cabeza.
La Poncia	Maldita.
Magdalena	¡Endemoniada!
Bernarda	Aunque es mejor así. *(Suena un golpe.)* ¡Adela, Adela!
La Poncia	*(En la puerta).* ¡Abre!
Bernarda	Abre. No creas que los muros defienden de la vergüenza.
Criada	*(entrando).* ¡Se han levantado los vecinos!
Bernarda	*(En voz baja como un rugido).* Abre, porque echaré abajo la puerta *(Pausa. Todo queda en silencio.)* ¡Adela! *(Se retira de la puerta.)* ¡Trae un martillo! (La Poncia *da un empujón y entra. Al entrar da un grito y sale.* ¿Qué?
La Poncia	*(Se lleva las manos al cuello).* ¡Nunca tengamos ese fin! *(Las hermanas se echan hacia atrás. La Criada se santigua. Bernarda da un grito y avanza.)*
La Poncia	¡No entres!
Bernarda	No. ¡Yo no! Pepe: tú irás corriendo vivo por lo oscuro de las alamedas, pero otro día caerás. ¡Descolgarla![31] ¡Mi hija ha muerto virgen! Llevadla a su cuarto y vestirla como una doncella. ¡Nadie diga nada! Ella ha muerto virgen. Avisad que al amanecer den dos clamores las campanas.
Martirio	Dichosa ella mil veces que lo pudo tener.

[30] **jaca:** *(nag, pony)*

[31] **descolgarla:** *(to bring her down, let her down gently)*

Bernarda   Y no quiero llantos. La muerte hay que mirarla cara a cara. ¡Silencio! (*A otra hija.*) ¡A callar he dicho! (*A otra hija.*) ¡Las lágrimas cuando estés sola! Nos hundiremos todas en un mar de luto. Ella, la hija menor de Bernarda Alba, ha muerto virgen. ¿Me habéis oído? ¡Silencio, silencio he dicho! ¡Silencio!

TELÓN

PREGUNTAS

1. ¿Quién se ha muerto? ¿Quién es él?
2. ¿Para qué viene tanta gente a la casa de Bernarda Alba?
3. ¿Dónde están los hombres?
4. Según las mujeres, ¿cómo es Bernarda Alba?
5. ¿Qué significa «lengua de cuchillo»?
6. ¿Qué dice Bernarda Alba de las mujeres después de que hayan salido?
7. ¿Cuánto tiempo va a durar el luto?
8. ¿Cómo va a estar la casa de Bernarda durante este tiempo?
9. ¿Qué pueden hacer las hijas de Bernarda Alba durante este período?
10. ¿Quién es María Josefa?
11. ¿Cómo está ella?
12. ¿De qué manera trata Bernarda a su madre?
13. ¿Quién es Pepe el Romano?
14. ¿Aparece Pepe el Romano en la escena?
15. ¿De cuál de las hijas estaba Pepe enamorado al principio?
16. Sin embargo, ¿con cuál se ha acostado?
17. ¿Por qué se disputan tanto Adela y Martirio?
18. ¿Por qué quiere Bernarda la escopeta? ¿Lo mata?
19. ¿Por que se cuelga Adela?
20. ¿Qué dice Bernarda Alba de la muerte de Adela?
21. ¿Qué piensa Ud. de esta familia de mujeres? Discuta.

PARA AUMENTAR EL VOCABULARIO

Familias de palabras

Cría: criar, criado(a), criador(a), crianza, criatura

1. Los gauchos se dedican a la cría del ganado.
2. Si van a criar ovejas, tendrán que cuidarlas.
3. Ese chico mal criado hace lo que le da la gana.
4. El criador de gallinas las vende en el mercado.
5. Mientras trabajaba la madre, una vecina se preocupaba de la crianza de los niños.
6. No lo acaricie; es una criatura feroz.

Sangre: sangrar, sangría, sangriento(a), sanguinario(a), sanguinoso(a)

1. La sangre es un líquido rojo que circula por las venas y las arterias.
2. Parece que la herida sangra mucho.
3. En tiempos remotos, la sangría se usaba para curar ciertas enfermedades.
4. Esa herida sangrienta necesita una venda.
5. El general era tan sanguinario que no quería dejar vivo a ningún defensor.
6. La lucha sanguinosa duró varias horas.

Ejercicio de vocabulario

Complete con una palabra apropiada.

1. Las enfermedades de la _____ tienen gran importancia en la patología.
2. El _____ del ganado Santa Gertrudis es muy orgulloso de su rancho.
3. Dan el nombre de _____ a esa bebida hecha de agua gaseosa, vino y azúcar porque tiene el color de la _____.
4. El ganadero se interesa en la _____ de los toros que más tarde se usarán en las corridas.
5. Tras una riña _____ los dos hombres se abrazaron como si fueran buenos amigos.
6. Con los dientes agudos y los ojos penetrantes, el lobo es una _____ que da miedo.
7. Si no metes un torniquete en el brazo, la herida no dejará de _____.
8. La influencia de los padres determina si los hijos resultan bien o mal _____.
9. No hay duda que tal comportamiento indica que ese villano es una persona sin _____.

EJERCICIOS CREATIVOS

1. En Bodas de Sangre, Lorca explota la frustración del matrimonio. Escriba un breve párrafo sobre lo que puedan ser en su opinión las frustraciones del matrimonio.
2. En Yerma, Lorca explota la frustración de la maternidad. Escriba un breve comentario sobre lo que puedan ser en su opinión las frustraciones de la maternidad.
3. En la casa de Bernarda Alba, Lorca nos presenta realísticamente la pasión de la España trágica tradicional. Haga un comentario escrito.

CONVERSACIÓN

Teodoro Tesoro entrevista a un director de cine.

TEODORO: El anuncio que su estudio ha comprado los derechos para producir «Corona de Sombra» es la razón que he pedido esta entrevista.

DIRECTOR: Sí, hemos querido hacer la película hace tiempo pero todavía no hemos contratado al que escribirá el guión y adaptará la obra para la pantalla.

TEODORO: ¿Han determinado quiénes van a desempeñar los papeles principales?

DIRECTOR: Tampoco. Aunque tenemos algunas ideas. El que hace el papel de Maximiliano es lo que nos preocupa al momento.

TEODORO: ¿Y la Carlota?

DIRECTOR: Tiene que ser bonita... una estrella de cine que sea sensible y emotiva sin ser irascible. No vamos a repartir otros papeles hasta saber quién va a representar a Maximiliano.

TEODORO: ¿Y el que va a ponerla en escena?

DIRECTOR: Tal vez voy a servir como productor así como director. Lo que más nos importa es la elección de auxiliadores... diseñadores y sastres del vestuario y de la decoración. Sumamente importante en este caso.

TEODORO: ¿En este caso?

DIRECTOR: Sí. Cuando se trata de la historia, hay que ser auténtico... evitar los anacronismos. Es una obra de período con trajes de la época, et cétera. ¡Épica!

TEODORO: En el estilo de «El Cid» y «Capitán de Castilla»?

DIRECTOR: Más o menos.

TEODORO: No puedo esperar hasta que estrene. ¡Que tengan éxito!

ESTRUCTURA

Pronombres como complementos

1. El sustantivo que recibe la acción de un verbo es el objeto o el complemento directo. El pronombre que reemplaza el sustantivo complemento es el pronombre de complemento directo.

Véase el siguiente gráfico de las diversas formas de los pronombres de complemento.

Objetos directos

me (me)
te (you, fam, sing.)

Objetos indirectos

me (to me)
te (to you)

2. Cuando en la tercera persona singular el complemento directo es una persona masculina, el pronombre puede ser *le* o *lo*. Ej. **Veo a Tomás. Lo (le) veo.**

le* (you, m., him)
la (you, f., her, it)
lo (it, m., him)

le (to you, m. and f.)
(to him, to her, to it)

nos (us)
os (you, fam. plural)
los (you, m. plural, (them, m.)
las (you, f. plural, them, f.)

nos (to us)
os (to you, fam. plu.)
les (to you, pl, to them)

Objetivos reflexivos

me (myself)
te (yourself, fam. sing.)
se (yourself, himself,
    herself, itself)

nos (ourselves)
os (yourselves, fam. plu)
se (yourselves, themselves)

Con preposiciones

mí
ti
Ud.
él, ella
ello (neutro)
sí (himself, herself,
    yourself, itself)
nosotros
vosotros
Uds.
ellos
ellas
sí (themselves, yourselves)

EJERCICIOS

A Transforme las siguientes oraciones según el modelo.

Los hombres discuten la situación.
Los hombres la discuten.

1. Narran sus infamias.
2. Declara que matará al intruso.
3. Deshereda a su hijo.
4. Tomó sus votos en seguida.
5. Escuchó la triste voz de Segismundo.
6. Cometió un delito.
7. Todos tuvieron muchos privilegios.
8. ¿Quién mató al intruso?
9. Los gorriones comían las migas de pan.
10. El rey abdicó el trono.

B Conteste las siguientes preguntas en forma afirmativa.

1. ¿Te encontró la criada?
2. ¿Los vio a Uds. el soldado?
3. ¿Te quemó el fuego?
4. ¿Los escuchó el mensajero?
5. ¿Te convidó a dar un paseo el señor?

C Siga las instrucciones.

1. Pregúntele a un amigo si te esperará en el banco.
2. Dígale a una amiga que Ud. la verá antes de la ceremonia.
3. Pregúnteles a unos amigos si lo acompañarán al teatro.
4. Dígales a unas amigas que Ud. las acompañará al teatro.
5. Dígale a un amigo que Ud.lo verá en la plaza a las ocho.

Complementos indirectos

1. Los pronombres de complemento indirecto de la tercera persona son *le, les.* Como el pronombre puede referirse a varias personas, a veces es necesario destacar la persona a quien el pronombre se refiere. Ej. **Le hablo a Ud. Le hablo a ella. Le hablo a él. Les aconsejan a ellas. Les aconsejan a ellos.**

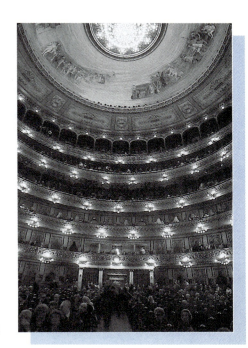

Teatro Colón, Buenos Aires, Argentina

EJERCICIOS

D Transforme las siguientes oraciones según el modelo.

Avisaron al rey ayer.
Le avisaron (a él) ayer.

1. No es Satanás quien da este amor a tu amigo.
2. Escribió un papel a su novia.
3. Dio unos consejos a los campesinos.
4. Dará un buen esposo a su hija.
5. Echaban migas de pan a los pájaros.
6. Mandó un mensaje al rey.
7. Ofreció sus gafas a la vieja.

E Conteste las siguientes preguntas en la forma afirmativa.

1. ¿Te han quitado tus derechos?
2. ¿Te han mandado un mensaje?
3. ¿Te han dicho lo de Carlota?
4. ¿Les han quitado el honor?
5. ¿Les han pedido ayuda?
6. ¿Les han escrito una contestación?

Pronombres preposicionales

1. Se notará que los pronombres que sirven de complemento de una preposición son los mismos que se emplean como sujeto con la primera y segunda persona del singular.

Excepción: **conmigo, contigo, consigo**

2. Hay que notar también que el pronombre **ello** es neutro, refiriéndose a toda una idea o frase en vez de un sustantivo específico. A veces **sí** se puede emplear tras una preposición.

Dos complementos en una oración.

1. Cuando hay dos pronombres en la misma oración, el pronombre de complemento indirecto precede al pronombre de complemento directo. Se notará que los pronombres *le* y *les* se convierten en *se*. Se pueden clarificar empleando la preposición *a* + complemento indirecto después del verbo. Ej. Se lo doy a ella. Se la explica a Ud. Se lo repito a ellos.

EJERCICIOS

F Transforme las siguientes oraciones según el modelo.

Me pidieron ayuda.
Me la pidieron.

1. El amor me arranca el corazón.
2. Nunca perdonará el insulto al joven.
3. Escribío un mensaje al rey.
4. Entregaron los papeles al embajador.
5. Tú has robado el honor a mi hija.
6. Gritó insultos a los campesinos.
7. Nos cerraron la puerta.
8. Clotaldo le ha enseñado ciencias.
9. Os suplico vuestra paciencia.

G Reemplace las palabras indicadas con pronombres e indique la colocación correcta.

1. No preste Ud. *el cortaplumas a Juan.*
2. ¿Quién va a pagar *el dinero al médico?*
3. No quiero leer *el cuento al peque.*
4. Envíe Ud. *las cartas a nuestros amigos.*
5. No deseaban pedir *informes a Chabela.*
6. Han dicho *la verdad a sus tíos.*
7. Di *la respuesta al maestro.*
8. ¿Por qué no mandaron *tarjetas a los otros?*
9. Quiero entregar *los paquetes a Mamá.*
10. Debiera contar *la aventura a su novio(a).*

Colocación de los pronombres.

1. En una oración declarativa o interrogativa el pronombre directo o indirecto o reflexivo precede al verbo conjugado. Ej. **¿La conoces? Sí, la conocí la semana pasada. Ella nos dio la respuesta.**

2. Los pronombres de complemento pueden añadirse al gerundio o al infinitivo o pueden preceder al verbo auxiliar. Ej. **Va a dármela o me la va a dar. Estoy diciéndotelo o te lo estoy diciendo.**

Nota: Si los pronombres se añaden al verbo, hay que poner un acento sobre la vocal de la sílaba acentuada para preservar el énfasis original.

3. Hay que añadir los pronombres de complemento al mandato afirmativo. (También se necesita acento). Ej. **Dígame. Devuélvenosla.**

4. Los pronombres de complemento preceden al mandato negativo. Ej. **No me diga. No nos la devuelvas.**

EJERCICIOS

H Transforme las siguientes oraciones según el modelo.

Estaba explicando la historia de Carlota a los estudiantes.
Se la estaba explicando a ellos.
Estaba explicándosela a ellos.

1. Quería escribir varias cartas a Laura.
2. No quería oír las tonterías.
3. Estaba pidiendo ayuda a su familia.
4. El padre quería trasladar al príncipe de la torre al palacio.
5. El Comendador estaba engañando a los campesinos.
6. Los dos estaban echando migas de pan a los gorriones.
7. Napoleón no quería mandar más tropas a Maximiliano.

I Indique la construcción alternativa según el modelo.

Me están asustando.
Están asustándome.

1. Se lo está leyendo.
2. La estamos discutiendo.
3. Nos la está explicando.
4. Lo está abrazando.
5. Les estamos hablando.

J Transforme las siguientes oraciones según los modelos.

Cuéntame el episodio. Cuéntamelo.
No me cuentes el episodio. No me lo cuentes.

1. No me digas tonterías.
2. Escríbele una carta a tu novio(a).
3. Déme las noticias ahora.
4. Deja a la chica en paz.
5. No me arranques el corazón.
6. Oye las palabras del Comendador.
7. Pidan Uds. más tropas al rey.

K Siga el modelo.

Voy a buscar mi cartera ahora.
Búscala ahora.
No la busques ahora.

1. Pienso invitar a todos mis compañeros de clase.
2. Pagamos la cuenta más tarde.
3. Habla a Juan pronto.
4. Voy a decírselo a ella en español.
5. Están sorprendiéndoles.
6. Hacen los ejercicios con cuidado.

L Den la forma afirmativa de los siguientes mandatos.

1. No me lo dé Ud.
2. No le asustes.
3. No me mires.
4. No lo empieces ahora.
5. No se la manda Ud. a Pepita.

Otras excepciones

1. Las tres preposiciones que reciben la forma del sujeto en vez de **mí o ti** son: **entre, excepto y según.** Ej. **Entre tú y yo, no hay problemas. Todos saldrán excepto yo, y tal vez tú. Según tú, la cosa es muy seria.**

2. Al contestar una pregunta con un complemento de preposición se repite la preposición de la pregunta. Ej. —**¿Con quién vas? —Con él.; —¿A quiénes escribes? —A mis amigos.; —¿Para quién es el regalo? —Para mi prima.**

3. Los pronombres de complementos directos (*lo, la, los* y *las*) se usan como objetos de *hay* y *había*. EJ. **¿Hay gente en la calle? Sí, la hay.; ¿Había libros en la mesa? No, no los había.**

4. El pronombre de complemento directo *lo* se usa al referir a un sustantivo predicado o un adjetivo predicado que precede verbos intransitivos como *ser, estar, parecer,* etc. Ej. **¿Son ricos aquellos hombres? Sí, lo son.; ¿Está Ana enferma? No, no lo está.; ¿Parece fuerte el mocetón? Sí, lo parece.**

5. Los siguientes verbos toman el pronombre de complemento indirecto como lo hacen en inglés: *asustar, encantar, enfurecer, enojar, importar, interesar, molestar, sorprender.* Con frecuencia el sujeto de la oración sigue el verbo. Ej. **Al profesor le encantaron (enojaron, importaron) las respuestas.**

En español los verbos *gustar* (to like, to be pleasing to) y *faltar* (to be lacking, to need) se usan con los pronombres de complemento indirectos. Ej. **A mí me gusta la música clásica. (*I like classical music. It is pleasing to me.*) Me faltan dos boletos. (*I need two tickets. Two tickets are lacking or missing*)**

EJERCICIOS

M **¿Para quién es?** Conteste afirmativamente las siguientes preguntas empleando un pronombre de complemento en su repuesta.

1. Este regalo, ¿es para mí?
2. Estas flores, ¿son para Rosa?
3. Estos guantes, ¿son para Antonio?
4. Estos consejos, ¿son para Ricardo y Ana?
5. Esta pluma, ¿es para la moza?
6. Estas invitaciones, ¿son para mí y mi familia?
7. Todos van excepto yo, ¿no?
8. Esa carta, ¿es para tu novia?
9. Según yo, nos divertiremos, ¿verdad?

N Escriba diez frases en las cuales Ud. indica las cosas que le importan o que le interesan.

Modelo: **A mí me interesan los estudios de astronomía. A mí me importa que haya paz en el mundo.**

O Escriba las oraciones sugeridas según el modelo

Jorge / gustar / las tragedias
A Jorge le gustan las tragedias.

1. mi prima / gustar / flores
2. mi hermano / faltar / licencia para manejar
3. ellos / faltar / cámara
4. los chicos / gustar / jugar al fútbol
5. nosotros / faltar / tocadiscos
6. su papá / gustar / leer obras dramáticas
7. nadie / gustar/ trabajar tanto
8. niños / gustar / payasos
9. tú / faltar / libro de español
10. mi novio (a) / faltar / zapatos nuevos

P Sustituya con pronombres las palabras indicadas y arregle las frases.

1. En el desierto vimos *los camellos.*

2. El joven mandó *flores a su novia.*

3. El río corre entre *las montañas.*

4. Esta novela era *del profesor.*

5. No molesten Uds. *a los padres.*

6. Los alumnos deben preparar *las lecciones.*

7. No digas *mentiras a tus amigos,* Roberto.

8. Hemos colgado *el retrato* en la pared.

9. Mañana vamos al cine con *María y Rosa.*

10. El cartero entregó *la carta a Pepita.*

11. Anochece. Enciende *las luces,* por favor.

12. Los platos están en *el armario.*

13. José, no comas *dulces* antes de cenar.

14. Estábamos tomando *café* cuando llegaron.

15. Manolo está explicando *el asunto a su papá.*

JOYA 9 EJERCICIOS GENERALES

1. De las obras leídas, ¿cuál es la más filosófica? ¿En qué sentido es filosófica? ¿Por qué?

2. ¿Cuál es la obra que trata de un problema social? ¿Cuál es el problema social?

3. ¿Cuál es la obra más histórica? ¿Cuál es el fondo histórico?

4. ¿Cuál es la obra que tiene como tema principal el amor? ¿Qué tipos de amor se presentan en la obra?

5. ¿Cuál es la obra más cómica? ¿Cuáles son los elementos cómicos?

6. De las obras leídas, ¿cuál es su predilecta? ¿Por qué?

JOYA DIEZ

LA TRADUCCIÓN:
Turquesas de arte

MARCO LITERARIO

Con los años, las actitudes hacia la traducción han sido diversas. Alguien ha dicho que, a lo más, la traducción es un eco. Otro la ha comparado con el revés de un tapiz de Turquía. Un antiguo proverbio italiano (*traduttori, traditori*) mantiene que los traductores son traidores, siempre falsos al genio del original. La mayoría está de acuerdo en que las traducciones aumentan los defectos de una obra y dañan sus bellezas.

Por definición, la traducción es el arte de verter una obra de una lengua a otra. Aunque sea importante conformar con el estilo original, muchos traductores se propasan. Algunos se esfuerzan por obtener una equivalencia estilística; otros sencillamente parafrasean; aun otros expurgan, adaptan o añaden notas copiosas. La traducción literaria nunca es cuestión de equivalencia «palabra por palabra.» El significado de un párrafo, con todas las asociaciones que tenía para su autor, tiene que ser comunicado. Si esto se hace, las oraciones probablemente tendrán una vaga semejanza con las del original.

Como ciertas obras exigen exactitud en la traducción, y otras se pueden satisfacer con adaptaciones, es fácil ver que la traducción es un verdadero arte ... un arte tan delicado, tan demandante, tan absorbente como la literatura misma.

El ingenioso hidalgo don Quijote de la Mancha

Miguel de Cervantes Saavedra

Entre las más conocidas aventuras del inmortal don Quijote está la que refiere a los molinos de viento. Se relata en el capítulo ocho del famoso libro de Cervantes, El ingenioso hidalgo don Quijote de la Mancha. *Después de leer el original, compárelo con las dos traducciones que siguen. La primera es la traducción de John Ormsby, y la segunda de Samuel Putnam.*

VIII

*Del buen suceso que el valeroso
don Quijote tuvo en la espantable y
jamás imaginada aventura de
los molinos de viento, con otros sucesos
dignos de felice recordación*

En esto descubrieron treinta o cuarenta molinos de viento que hay en aquel campo; y así como don Quijote los vio, dijo a su escudero: La ventura va guiando nuestras cosas mejor de lo que acertáramos a desear; porque ves allí, amigo Sancho Panza, donde se descubren treinta o pocos más desaforados gigantes con quien pienso hacer batalla y quitarles a todos las vidas, con cuyos despojos comenzaremos a enriquecer; que ésta es buena guerra, y es gran servicio de Dios quitar tan mala simiente de sobre la faz de la tierra. ¿Qué gigantes? dijo Sancho Panza. Aquellos que allí ves, respondió su amo, de los brazos largos, que los suelen tener algunos de casi dos leguas. Mire vuestra merced, respondió Sancho, que aquellos que allí se parecen, no son gigantes, sino molinos de viento, y lo que en ellos parecen, brazos son las aspas, que volteadas del viento hacen andar la piedra del molino. Bien parece, respondió don Quijote que no estás cursado en esto de las aventuras: ellos son gigantes, y si tienes miedo, quítate de ahí y ponte en oración en el espacio que yo voy a entrar con ellos en fiera y desigual batalla. Y diciendo esto, dio de espuelas a su caballo Rocinante sin atender a las voces que su escudero Sancho le daba, advirtiéndole que sin duda alguna eran molinos de viento y no gigantes, aquellos que iba a acometer. Pero él iba tan puesto en que eran gigantes que ni oía las voces de su escudero Sancho, no echaba de ver, aunque estaba ya bien cerca, lo que eran, antes iba diciendo en voces altas: Non fuyades, cobardes y viles criaturas, que un solo caballero es el que os acomete. Levantóse en esto un poco de viento, y las grandes aspas comenzaron a moverse, lo cual visto por don Quijote, dijo: Pues aunque mováis más brazos que los del gigante Briarco, me lo habéis de pagar. Y en diciendo esto, y encomendándose de todo corazón a su señora Dulcinea, pidiéndole que en tal trance le socorriese, bien cubierto de su rodela, con la lanza en el ristre, arremetió a todo el galope de Rocinante, y embistió con el primer molino que estaba delante, y dándole una lanzada en el aspa, la volvío el viento con tanta furia, que hizo la lanza pedazos, llevándose tras sí al caballo y al caballero, que fue rodando muy mal trecho por el campo. Acudió Sancho Panza a socorrerle a todo el correr de su asno, y cuando llegó, halló que no se podía menear: tal fue el golpe que dio con él Rocinante. ¡Válame Dios! dijo Sancho: ¿no le dije yo a vuestra merced que mirase bien lo que hacía, que no eran sino molinos de viento, y no lo podía ignorar sino quien llevase otros tales en la cabeza? Calla, amigo Sancho, respondió don Quijote, que las cosas de la guerra más que otras están sujetas a continua mudanza: cuanto más que yo pienso, y es así verdad, que aquel sabio Frestón, que me robó el aposento y los libros, ha vuelto estos gigantes en molinos por quitarme la gloria de su vencimiento: tal es la enemistad que me tiene; mas al cabo han de poder poco sus malas artes contra la bondad de mi espada. Dios lo haga como puede, respondió Sancho Panza, y ayudándole a levantar, tornó a subir sobre Rocinante, que medio despaldado estaba. Y hablando en la pasada aventura, siguieron el camino del Puerto Lápice, porque allí decía don Quijote que no era posible dejar de hallarse muchas y diversas aventuras, por ser lugar muy pasajero; sino que iba muy pesaroso por haberle faltado la lanza, y diciéndoselo a su escudero, le dijo: Yo me acuerdo haber leído que un caballero español, llamado Diego Pérez de Vargas, habiéndosele en una batalla roto la espada, desgajó de una encina un pesado ramo o tronco, y con él, hizo tales cosas aquel día, y machacó tantos moros, que le quedó por sobrenombre Machuca, y así él como sus descendientes se llamaron desde aquel día, en adelante Vargas y Machuca. Héte dicho esto, porque de la primera encina o roble que se me depare, pienso desgajar otro tronco tal y tan bueno como aquél, que me imagino y pienso hacer con él tales hazañas, que tú te tengas por bien afortunado de haber merecido venir a verlas, y a ser testigo de cosas que apenas podrán ser creídas. A la mano de Dios, dijo Sancho, yo lo creo todo así como vuestra merced lo dice; pero enderécese un poco, que parece que va de medio lado, y debe de ser del molimiento de la caída.

The Ingenious Gentleman Don Quixote of La Mancha

VIII

*Of the good fortune which the valiant
Don Quixote had in the terrible and
undreamt-of adventure of
the windmills, with other occurrences
worthy to be fitly recorded*

At this point they came in sight of thirty or forty windmills that there are on that plain, and as soon as Don Quixote saw them he said to his squire, "Fortune is arranging matters for us better than we could have shaped our desires ourselves, for look there, friend Sancho Panza, where thirty or more monstrous giants present themselves, all of whom I mean to engage in battle

and slay, and with whose spoils we shall begin to make our fortunes; for this is righteous warfare, and it is God's good service to sweep so evil a breed from off the face of the earth."

"What giants?" said Sancho Panza.

"Those thou seest there," answered his master, "with the long arms, and some have them well-nigh two leagues long."

"Look, your worship," said Sancho, "what we see there are not giants but windmills, and what seem to be their arms are the sails that turned by the wind make the millstone go."

"It is easy to see," replied Don Quixote, "that thou art not used to this business of adventures; those are giants; and if thou art afraid, away with thee out of this and betake thyself to prayer while I engage them in fierce and unequal combat."

So saying, he gave the spur to his steed Rocinante, heedless of the cries his squire Sancho sent after him, warning him that most certainly they were windmills and not giants he was going to attack. He, however, was so positive they were giants that he neither heard the cries of Sancho, nor perceived, near as he was, what they were, but made at them shouting, "Fly not, cowards and vile beings, for it is a single knight that attacks you."

A slight breeze at this moment sprang up, and the great sails began to move, seeing which Don Quixote exclaimed, "Though ye flourish more arms than the giant Briareus, ye have to reckon with me."

So saying, and commending himself with all his heart to his lady Dulcinea, imploring her to support him in such a peril, with lance in rest and covered by his buckler, he charged at Rocinante's fullest gallop and fell upon the first mill that stood in front of him; but as he drove his lance-point into the sail the wind whirled it round with such force that it shivered the lance to pieces, sweeping with it horse and rider, who went rolling over on the plain, in a sorry plight. Sancho hastened to his assistance as fast as his ass could go, and when he reached him found him unable to move, with such a shock had Rocinante come down with him.

"God bless me!" said Sancho, "didn't I tell your worship to mind what you were about, for they were only windmills? And no one could have made any mistake about it but one who has something of the same kind in his head."

"Hush, friend Sancho, replied Don Quixote, "the fortunes of war more than any other are liable to frequent fluctuations; and moreover I think, and it is the truth, that that same sage Friston who caried off my study and books, has turned these giants into mills in order to rob me of the glory of vanquishing them, such is the enmity he bears me; but in the end his wicked arts will avail but little against my good sword."

"God order it is as he may," said Sancho Panza, and helping him to rise got him up again on Rocinante, whose shoulder was half out; and then, discussing the late adventure, they followed the road to Puerto Lapice, for there, said Don Quixote, they could not fail to find adventures in abundance and variety, as it was a great thoroughfare. For all that, he was much grieved at the loss of his lance, and saying so to his squire, he added, "I remember having read how a Spanish knight, Diego Perez de Vargas by name, having broken his sword in battle, tore from an oak a ponderous bough or branch, and with it did such things that day, and pounded so many Moors, that he got the surname of Machuca, and he and his descendants from that day forth were called Vargas y Machuca. I mention this because from the first oak I see mean I to rend such another branch, large and stout like that, with which I am determined and resolved to do such deeds that thou mayest deem thyself very fortunate in being found worthy to come and see them, and be an eye-witness of things that will with difficulty be believed."

"Be that as God will," said Sancho; "I believe it all as your worship says it; but straighten yourself a little, for you seem all on one side, maybe from the shaking of the fall."

VIII

Of the good fortune which the valorous Don Quixote had in the terrifying and never-before-imagined adventure of the windmills, along with other events that deserve to be suitably recorded

At this point they caught sight of thirty or forty windmills which were standing on the plain there, and no sooner had Don Quixote laid eyes upon them than he turned to his squire and said, "Fortune is guiding our affairs better than we could have wished; for you see there before you, friend Sancho Panza, some thirty or more lawless giants with whom I mean to do battle. I shall deprive them of their lives, and with the spoils from this encounter we shall begin to enrich ourselves; for this is righteous warfare, and it is a great service to God to remove so accursed a breed from the face of the earth."

"What giants?" said Sancho Panza.

"Those that you see there," replied his master, "those with the long arms some of which are as much as two leagues in length."

"But look, your Grace, those are not giants but windmills, and what appear to be arms are their wings which, when whirled in the breeze, cause the millstone to go."

"It is plain to be seen," said Don Quixote, "that you have had little experience in this matter of adventures. If you are afraid, go off to one side and say your prayers while I am engaging them in fierce, unequal combat."

Saying this, he gave spurs to his steed Rocinante, without paying any heed to Sancho's warning that these were truly windmills and not giants that he was riding forth to attack. Nor even when he was close upon them did he perceive what they really were, but shouted at the top of his lungs, "Do not seek to flee, cowards and vile creatures that you are, for it is but a single knight with whom you have to deal!"

At that moment a little wind came up and the big wings began turning.

"Though you flourish as many arms as did the giant Briareus," said Don Quixote when he perceived this, "you still have to answer to me."

He thereupon commended himself with all his heart to his lady Dulcinea, beseeching her to succor him in this peril; and, being well covered with his shield and with his lance at rest, he bore down upon them at a full gallop and fell upon the first mill that stood in his way, giving a thrust at the wing, which was whirling at such a speed that his lance was broken into bits and both horse and horseman went rolling over the plain, very much battered indeed. Sancho upon his donkey came hurrying to his master's assistance as fast as he could, but when he reached the spot, the knight was unable to move, so great was the shock with which he and Rocinante had hit the ground.

"God help us!" exclaimed Sancho, "did I not tell your Grace to look well, that those were nothing but windmills, a fact which no one could fail to see unless he had other mills of the same sort in his head?"

"Be quiet, friend Sancho," said Don Quixote. "Such are the fortunes of war, which more than any other are subject to constant change. What is more, when I come to think of it, I am sure that this must be the work of that magician Frestón, the one who robbed me of my study and books, and who has thus changed the giants into windmills in order to deprive me of the glory of overcoming them so great is the enmity that he bears me; but in the end his evil arts shall not prevail against this trusty sword of mine."

"May God's will be done," was Sancho Panza's reponse. And with the aid of his squire the knight was once more mounted on Rocinante, who stood there with one shoulder half out of joint. And so, speaking of the adventure that had just befallen them, they continued along the Puerto Lápice highway; for there, Don Quixote said, they could not fail to find many and varied adventures, this being a much traveled thoroughfare. The only thing was, the knight was exceedingly downcast over the loss of his lance.

"I remember," he said to his squire, "having read of a Spanish knight by the name of Diego Pérez de Vargas, who, having broken his sword in battle, tore from an oak a heavy bough or branch and with it did such feats of valor that day, and pounded so many Moors, that he came to be known as Machuca, and he and his descendants from that day forth have been called Vargas y Machuca. I tell you this because I too intend to provide myself with just such a bough as the one he wielded, and with it I propose to do such exploits that you shall deem yourself fortunate to have been found worthy to come with me and behold and witness things that are almost beyond belief."

"God's will be done," said Sancho. "I believe everything that your Grace says; but straighten yourself up in the saddle a little, for you seem to be slipping down on one side, owing, no doubt, to the shaking up that you received in your fall."

The Rose of the Alhambra

Washington Irving

En 1826 Washington Irving (1783–1859) se encontraba en España. Bajo los auspicios de la Embajada de los Estados Unidos trabajaba en un singular proyecto literario ... el de preparar una traducción al inglés del recién publicado libro, Colección de los viajes y descubrimientos de Cristóbal Colón *(por Martín Fernández de Navarrete). Mientras investigaba y escribía, Irving se fascinó con todo lo español, sobre todo con la región cerca de Granada. Inspirado por las andanzas que realizó por la Alhambra y el encanto del folklore regional, escribió bosquejos y leyendas de sabor morisco-español.* La rosa de la Alhambra *pertenece a este grupo. La traducción al español es de José Méndez Herrera.*

uyz de Alarcon was struck with these traces of female taste and elegance in a lonely, and, as he had supposed, deserted tower. They reminded him of the tales of enchanted halls, current in the Alhambra; and the tortoise-shell cat might be some spell-bound princess.

He knocked gently at the door —a beautiful face peeped out from a little window above, but was instantly withdrawn. He waited, expecting that the door would be opened; but he waited in vain: no footstep was to be heard within, all was silent. Had his senses deceived him, or was this beautiful apparition the fairy of the tower? He knocked again, and more loudly. After a little while, the beaming face once more peeped forth: it was that of a blooming damsel of fifteen.

The page immediately doffed his plumed bonnet, and entreated in the most courteous accents to be permitted to ascend the tower in pursuit of his falcon.

"I dare not open the door, *señor*," replied the little damsel blushing; "my aunt has forbidden it."

"I do beseech you, fair maid; it is the favourite falcon of the queen; I dare not return to the palace without it."

"Are you, then, one of the cavaliers, of the court?"

"I am, fair maid; but I shall lose the queen's favour and my place if I lose this hawk."

"*Santa María!* It is against you cavaliers of the court that my aunt has charged me especially to bar the door."

"Against wicked cavaliers, doubtless; but I am none of those, but a simple, harmless page, who will be ruined and undone if you deny me this small request."

The heart of the little damsel was touched by the distress of the page. It was a thousand pities he should be ruined for the want of so trifling a boon. Surely, too, he could not be one of those dangerous beings whom her aunt had described as a species of cannibal, ever on the prowl to make prey of thoughtless damsels; he was gentle and modest, and stood so entreatingly with cap in hand, and looked so charming. The sly page saw that the garrison began to waver, and redoubled his entreaties in such moving terms, that it was not in the nature of mortal maiden to deny him. so, the blushing little warden of the tower descended and opened the door with a trembling hand; and if the page had been charmed by a mere glimpse of her countenance from the window, he was ravished by the full-length portrait now revealed to him.

Her Andalusian bodice and trim *basquina* set off the round but delicate symmetry of her form, which was as yet scarce verging into womanhood. Her glossy hair was parted on her forehead with scrupulous exactness, and decorated with a fresh plucked rose, according to the universal custom of the country.

Ruyz de Alarcon beheld all this with a single glance, for it became him not to tarry; he merely murmured his acknowledgments, and then bounded lightly up the spiral staircase in quest of his falcon. He soon returned with the truant bird upon his fist. The damsel, in the meantime, had seated herself by the fountain in the hall, and was winding silk; but in her agitation she let fall the reel upon the pavement. The page sprang, picked it up, then dropping gracefully on one knee, presented it to her, but, seizing the hand extended to receive it, imprinted on it a kiss more fervent and devout than he had ever imprinted on the fair hand of his sovereign.

"*Ave María! Señor!*" exclaimed the damsel, blushing still deeper with confusion and surprise, for never before had she received such a salutation.

The modest page made a thousand apologies, assuring her it was the way, at court, of expressing the most profound homage and respect.

Her anger, if anger she felt, was easily pacified; but her agitation and embarrassment continued, and she sat blushing deeper and deeper, with her eyes cast down upon her work, entangling the silk which she attempted to wind.

The cunning page saw the confusion in the opposite camp, and would fain have profited by it, but the fine speeches he would have uttered died upon his lips; his attempts at gallantry were awkward and ineffectual; and, to his surprise, the adroit page who had figured with such grace and effrontery among the most knowing and experienced ladies of the court, found himself awed and abashed in the presence of a simple damsel of fifteen.

In fact, the artless maiden, in her own modesty and innocence, had guardians more effectual than the bolts and bars prescribed by her vigilant aunt. Still, where is the female bosom proof against the first whisperings of love? The little damsel, with all her artlessness, instinctively comprehended all that the faltering tongue of the page failed to express, and her heart was fluttered at beholding, for the first time, a lover at her feet—and such a lover!

The diffidence of the page, though genuine, was short-lived and he was recovering his usual ease and confidence, when a shrill voice was heard at a distance.

"My aunt is returning from mass!" cried the damsel in affright. "I pray you, *señor*, depart."

"Not until you grant me that rose from your hair as a remembrance."

She hastily untwisted the rose from her raven locks. "Take it," cried she, agitated and blushing, "but pray begone."

The page took the rose, and at the same time covered with kisses the fair hand that gave it. Then placing the flower in his bonnet, and taking the falcon upon his fist, he bounded off through the garden, bearing away with him the heart of the gentle Jacinta.

When the vigilant aunt arrived at the tower, she remarked the agitation of her niece, and an air of confusion in the hall, but a word of explanation sufficed. "A ger-falcon had pursued his prey into the hall."

"Mercy on us! To think of a falcon flying into the tower. Did ever one hear of so saucy a hawk? Why, the bird in the cage is not safe."

At length King Philip cut short his sojourn at Granada, and suddenly departed with all his train. The vigilant Fredegonda watched the royal pageant as it issued forth from the gate of justice, and descended the great avenue leading to the city. When the last banner disappeared from her sight, she returned exulting to her tower, for all her cares were over. To her surprise, a light Arabian steed pawed the ground at the wicket gate of the garden—to her horror she saw through the thickets of roses, a youth, in gaily embroidered dress, at the feet of her niece. At the sound of her footsteps he gave a tender adieu, bounded lighly over the barrier of reeds and myrtles, sprang upon his horse, and was out of sight in an instant.

The tender Jacinta in the agony of her grief lost all thought of her aunt's displeasure. Throwing herself into her arms, she broke into sobs and tears.

"*Ay de mí!*" cried she, "he is gone! He is gone! And I shall never see him more."

"Gone! Who is gone? What youth is this I saw at your feet?"

"A queen's page, aunt, who came to bid me farewell."

"A queen's page, child," echoed the vigilant Fredegonda faintly, "and when did you become acquainted with a queen's page?"

"The morning that the ger-falcon flew into the tower. It was the queen's gerfalcon, and he came in pursuit of it."

"Ah. silly, silly girl! Know that there are no gerfalcons half so dangerous as these prankling pages, and it is precisely such simple birds as thee that they pounce upon."

Days, weeks, months elapsed, and nothing more was heard of the page. The pomegranate ripened, the vine yielded up its fruit, the autumnal rains descended in torrents from the mountains; the Sierra Nevada became covered with a snowy mantle, and wintry blasts howled through the halls of the Alhambra: still he came not. The winter passed away. Again the genial spring burst forth with a song, and blossoms, and balmy zephyr; the snows melted from the mountains, until none remained, but on the lofty summit of the Nevada, glistening through the sultry summer air: still nothing was heard of the forgetful page.

In the meantime, the poor little Jacinta grew pale and thoughtfull. Her former occupations and amusements were abandoned; her silk lay entangled, her guitar unstrung, her flowers were neglected, the notes of her bird unheeded, and her eyes once so bright, were dimmed with secret weeping. If any solitude could be devised to foster the passion of a lovelorn damsel, it would be such a place as the Alhambra, where every thing seems disposed to produce tender and romantic reveries. It is a very Paradise for lovers; how hard then to be alone in such a Paradise; and not merely alone, but forsaken.

La rosa de la Alhambra

Sorprendióse Ruiz de Alarcón ante aquellas muestras de buen gusto y elegancia femeninos en una torre solitaria y que suponía deshabitada. Acordóse de las leyendas de los salones encantados, tan populares en la Alhambra. Y el gato pintojo muy bien pudiera ser alguna princesa hechizada.

Llamó suavemente a la puerta. Un hermoso rostro se asomó a un alto ventanillo, mas al instante desapareció. Esperó confiado que se abriría la puerta, mas en vano; dentro no se oía ruido de pasos, todo continuaba en silencio. ¿Le habrían engañado sus sentidos o fue aquella hermosa aparición el hada de la torre? Volvió a llamar con más fuerza. Tras una corta pausa, se asomó una vez más aquel rostro resplandeciente; era el de una lozana joven de quince años.

El paje quitóse inmediatamente su gorro de plumas y suplicó con los más corteses acentos que se le permitiera subir a la torre para coger a su halcón.

— No me atrevo a abriros la puerta, señor — respondió la joven, ruborizándose —; mi tía me lo tiene prohibido.

— Os lo suplico, hermosa doncella; se trata del halcón favorito de la reina, y no me atrevo a volver al palacio sin él.

— ¿Sois, pues, uno de los caballeros de la Corte?

— Lo soy, linda doncella; mas perderé el favor de la reina y mi puesto si perdiese este halcón.

— ¡Santa María! Precisamente me ha encargado mi tía que cierre la puerta, sobre todo a los caballeros de la Corte.

— A los malos caballeros, sin duda; pero yo no soy de ésos, sino un sencillo e inofensivo paje, que se verá perdido si os negáis a tan simple solicitud.

Conmovióse el corazón de la damisela ante el dolor del paje. Era una lástima que se perdiese por falta de tan insignificante merced. Además, seguramente, no podía ser uno de esos peligrosos seres a quienes su tía describiera como una especie de caníbales, siempre acechando para hacer presa en las incautas jóvenes; él era amable y modesto; ¡resultaba tan encantador, en su actitud suplicante, con el gorro en la mano!

El astuto paje comprendió que la guarnición comenzaba a titubear, y redobló sus súplicas en tan conmovedores términos que no era posible que ninguna mortal doncella se negase a ellas. Así, pues, la ruborosa guardiana de la torre bajó a abrirle la puerta con mano trémula, y si el paje quedara embelesado con sólo ver su rostro en la ventana, ahora se sentía arrobado ante la completa imagen que se descubría ante él.

Su corpiño andaluz y su historiada basquiña realzaban la redonda y delicada simetría de su figura, que apenas rayaba todavía en la edad de mujer. Llevaba el lustroso cabello partido sobre su frente con escrupulosa exactitud y engalanado con una rosa recién cortada, según la costumbre general del país.

Ruiz de Alarcón apreció todo esto con una sola mirada, pues no le convenía detenerse; simplemente murmuró sus frases de agradecimiento y subió velozmente la escalera de caracol en busca de su halcón.

Pronto volvió con el pícaro pájaro en la mano. La joven, entre tanto, habíase sentado cabe la fuente del salón a devanar seda; mas, en su turbación, dejó caer la madeja sobre el pavimento.

Al darse cuenta de ello, el paje corrió en seguida a recogerla, y doblando graciosamente una rodilla se la ofreció; mas apoderándose de la mano que se tendió para recibirla, imprimió en ella un beso más ardiente y fervoroso que el que dejara jamás sobre la linda mano de su soberana.

—¡Ave María, señor!— exclamó la damisela ruborizándose aun más, llena de confusión y sorpresa, ya que nunca había recibido semejante saludo.

Profirió mil excusas el modesto paje, asegurando que aquélla era la forma de expresar en la Corte el más profundo homenaje de respeto.

El enojo de la joven — si enojo fue lo que sintió — se apaciguó fácilmente; mas aun continuaron su turbación y embarazo, y sentóse cada vez con mayor sonrojo, fijos los ojos en su labor, enredando la seda que trataba de devanar.

El pícaro paje se dio cuenta de la confusión del campo contrario, y hubiese querido aprovecharse de ella; mas las dulces palabras que pensara pronunciar murieron en sus labios; torpes e ineficaces resultaban sus pretendidos galanteos, y con gran sorpresa suya, el avisado paje, que apareciera con tal gracia y desparpajo entre

Patio interior de la Alhambra

las más hábiles y experimentadas damas de la Corte, se sentía amilanado y confuso en presencia de una simple joven de quince años.

En efecto, la cándida doncella tenía guardianes más eficaces en su modestia e inocencia que los cerrojos y barrotes preparados por su vigilante tía. Mas, ¿dónde está ese corazón de mujer capaz de resistir a los primeros murmullos del amor? La joven, a pesar de toda su ingenuidad, comprendió instintivamente todo cuanto la balbuciente lengua del paje dejaba de expresar, y agitábase su tierno corazón al contemplar por vez primera un amante rendido a sus pies. ¡Y qué amante!

La cortedad del paje, aunque auténtica, duró poco, y cuando ya comenzaba a recobrar su acostumbrada desenvoltura y serenidad, oyóse una voz chillona a lo lejos.

— ¡Mi tía vuelve de misa! — exclamó la joven, aterrada —. Señor, os ruego que os marchéis.

— No sin que me concedáis esa rosa de vuestro cabello como recuerdo.

Desenredóla apresuradamente de sus negras y lustrosas crenchas.

— Tomadla — le dijo, agitada y ruborosa —; pero marchaos, por favor.

Cogió el paje la rosa y al mismo tiempo cubrió de besos la linda mano que se la ofrecía. Después, colocando la flor en su gorro y apresando al halcón en su mano, atravesó aceleradamente el jardín, llevándose consigo el corazón de la gentil Jacinta.

Cuando la vigilante tía llegó a la torre advirtió la agitación de su sobrina y un ambiente de desorden en el salón; mas bastaron unas palabras de explicación.

— Un gerifalte ha perseguido su presa por el salón.

—¡Alabado sea Dios! ¡Pensar que un halcón ha entrado en la torre! ¡Habráse visto ave más desvergonzada! Pues, Señor, ¡ni siquiera está seguro el pájaro en la jaula!

Al fin, el rey Felipe interrumpió su estancia en Granada y partió inesperadamente con todo su cortejo. La vigilante Fredegonda vio salir la regia comitiva por la puerta de la Justicia y descender por la gran avenida que conduce a la ciudad. Cuando hubo perdido de vista el último pendón, volvió gozosa a su torre, pues que habían terminado todos sus cuidados. Mas, con gran sorpresa suya, vio que un ligero corcel árabe piafaba ante el portillo del jardín, y observó con horror, por entre los macizos de rosales, a un joven vestido con traje bordado, a los pies de su sobrina. Al ruido de sus pasos, dióle un tierno adiós, transpuso con presteza el vallado de cañas y mirtos y saltó sobre el caballo, perdiéndose de vista al instante.

La dulce Jacinta, con la angustia de su dolor, olvidóse por completo del disgusto de su tía y arrojándose en sus brazos, prorrumpió en sollozos y lágrimas:

— ¡Ay de mí! ¡Se ha marchado! ¡Y ya no le veré más! ¿Quién se ha marchado? ¿Quién se ha marchado? ¿Quién es ese joven que he visto a tus pies?

— Un paje de la reina, tía, que vino a despedirse de mí.

— ¿Un paje de la reina, hija? — repitió la vigilante Fredegunda con voz desfalleciente —. ¿Y cuándo le has conocido?

—La mañana en que el gerifalte entró en la torre. Era el halcón de la reina, y él vino en su persecución.

—¡Ay, cándida niña! Sabe que no hay gerifaltes tan peligrosos como estos jóvenes y revoltosos pajes, y precisamente caen sobre las aves tan inocentes como tú.

Días, semanas, meses transcurrieron, y nada volvió a saberse del paje. Maduró la granada, dio su fruto la cepa, descendieron las lluvias otoñales en torrentes por las montañas, cubrióse la Sierra Nevada con su blanca túnica y ulularon los vientos invernales por los salones de la Alhambra, mas él no volvió. Pasó el invierno. De nuevo la primavera cordial estalló en canciones, y flores, y céfiros perfumados; fundiéronse las nieves de las montañas hasta que sólo quedó en la elevada cumbre de la Sierra, reluciendo a través del bochornoso aire estival. Pero nada se supo del olvidadizo paje.

Entre tanto, la pobre Jacinta poníase cada vez más pálida y triste. Abandonadas quedaron sus antiguas ocupaciones y distracciones, enredada seguía su seda, flojas las cuerdas de su guitarra, olvidadas sus flores, despreciados los trinos de su pájaro, y sus ojos, antes tan brillantes, estaban ahora velados con secretos llantos. Si se pensase en un lugar solitario para alimentar la pasión de una joven abandonada por su amor, ninguno mejor que la Alhambra, donde todo parece dispuesto para provocar tiernos y románticos ensueños. Es un verdadero paraíso para los enamorados, ¡y cuán cruel, entonces, sentirse sola en semejante paraíso, y no ya sola, sino abandonada!

Paula

Isabel Allende

En este trozo de su libro, Paula, *Isabel Allende nos conmueve con su emocionante relato autobiográfico. En agonías, la autora presencia la muerte de su hija, repasando la vida para la que, en su enfermedad, no oye las palabras consoladoras.*

Escucha, Paula, voy a contarte una historia, para que cuando despiertes no estés tan perdida.

La leyenda familiar comienza a principios del siglo pasado, cuando un fornido marinero vasco desembarcó en las costas de Chile, con la cabeza perdida en proyectos de grandeza y protegido por el relicario de su madre colgado al cuello, pero para qué ir tan atrás, basta decir que su descendencia fue una estirpe de mujeres impetuosas y hombres de brazos firmes para el trabajo y corazón sentimental. Compraron tierras fértiles en las cercanías de la capital que con el tiempo aumentaron de valor, se refinaron, levantaron mansiones señoriales con parques y arboledas, casaron a sus hijas con criollos ricos, educaron a los hijos en severos colegios religiosos, y así con el correr de los años se integraron a una orgullosa aristocracia de terratenientes que prevaleció por más de un siglo, hasta que el vendaval del modernismo la reemplazó en el poder por tecnócratas y comerciantes. Uno de ellos era mi abuelo. Nació en buena cuna, pero su padre murió temprano de un inexplicable escopetazo. En todo caso, su familia quedó sin recursos y, por ser el mayor, debió abandonar la escuela y buscar empleo para mantener a su madre y educar a sus hermanos menores. Esa época de penurias la templó el carácter, creía que la existencia es sólo esfuerzo y trabajo, y que un hombre honorable no puede ir por este mundo sin ayudar al prójimo. Ya entonces tenía la expresión concentrada y la integridad que lo caracterizaron, estaba hecho del mismo material pétreo de sus antepasados y, como muchos de ellos, tenía los pies plantados en suelo firme, pero una parte de su alma escapaba hacia el abismo de los sueños. Por eso se enamoró de mi abuela, la menor de una familia de doce hermanos. Me crié oyendo comentarios sobre el talento de mi abuela para predecir el futuro, leer la mente ajena, dialogar con los animales y mover objetos con la mirada. Cuentan que una vez desplazó una mesa de billar por el salón, pero en verdad lo único que vi moverse en su presencia fue un azucarero insignificante, que a la hora del té solía deslizarse errático sobre la mesa. Esas facultades despertaban cierto recelo y a pesar del encanto de la muchacha los posibles pretendientes se acobardaban en su presencia; pero para mi abuelo la telepatía y la telequinesia eran diversiones inocentes y de ninguna manera obstáculos serios para el matrimonio.

Para mí esta pareja fueron siempre el Tata y la Memé. De sus hijos sólo mi madre interesa en esta historia, porque si empiezo a contar del resto de la tribu no terminamos nunca. Mi madre nació entre dos guerras mundiales un día de primavera en los años veinte, una niña sensible, incapaz de acompañar a sus hermanos en las correrías por el ático de la casa cazando ratones para guardarlos en frascos de formol. Creció protegida entre las paredes de su hogar y del colegio, entretenida en lecturas románticas y obras de caridad, con fama de ser la más bella que se había visto en esa familia de mujeres enigmáticas. Desde la pubertad tuvo varios enamorados rondándola como moscardones, que su padre mantenía a la distancia y su madre analizaba con sus naipes del Tarot, hasta que los coqueteos inocentes terminaron con la llegada a su destino de un hombre talentoso y equívoco, quien desplazó sin esfuerzo a los demás rivales y le colmó el alma de inquietudes. Fue tu abuelo Tomás, que desapareció en la bruma, y lo menciono sólo porque llevas algo de su sangre, Paula, por ninguna otra razón. Este hombre de mente rápida y lengua despiadada, resultaba demasiado inteligente y desprejuiciado para esa sociedad provinciana, un ave rara en el Santiago de entonces. Se le atribuía un pasado oscuro, circulaban rumores de que pertenecía a la Masonería, por lo tanto era enemigo de la Iglesia, y que mantenía oculto un hijo bastardo, pero nada de eso podía esgrimir el Tata para disuadir a su hija porque carecía de pruebas y él no era persona capaz de manchar sin fundamento la reputación ajena. En esos tiempos Chile era una torta de milhojas —y en cierta forma todavía lo es—, había más castas que en la India y existía un epíteto peyorativo para colocar a cada cual en su sitio: *roto, pije, arribista, siútico* y muchos más hasta alcanzar la plataforma cómoda de la *gente como uno*. El nacimiento determinaba a las personas; era fácil descender en la jerarquía social, pero para subir no bastaban dinero, fama o talento, se requería el esfuerzo sostenido de varias generaciones.

Mira, Paula, tengo aquí el retrato del Tata. Este hombre de facciones severas, pupila clara, lentes sin montura y boina negra, es tu bisabuelo. En la fotografía aparece sentado empuñando su bastón, y junto a él, apoyada en su rodilla derecha, hay una niña de tres años vestida de fiesta, graciosa como una bailarina en miniatura, mirando la cámara con ojos lánguidos. Ésa eres tú, detrás estamos mi madre y yo, la silla me oculta la barriga, estaba embarazada de tu hermano Nicolás. Se ve al viejo de frente y se aprecia su gesto altivo, esa dignidad sin aspavientos de quien se ha formado solo, ha recorrido su camino derechamente y ya no espera más de la vida. Al final de sus años le costaba moverse, pero se ponía trabajosamente de pie para saludar y despedir a las mujeres y apoyado en su bastón acompañaba a las visitas hasta la puerta del jardín. Hablaba en refranes contundentes y a cualquier interrogatorio contestaba con otras preguntas, de modo que no sé mucho de su ideología, pero conocí a fondo su carácter. Fíjate en mi madre, que en este retrato tiene algo más de cuarenta años y se encuentra en el apogeo de su esplendor, vestida a la moda con falda corta y el pelo como un nido de abejas. Está riéndose y sus grandes ojos verdes se ven como dos rayas enmarcadas por el arco en punta de las cejas negras. Ésa era la época más feliz de su vida, cuando había terminado de criar a sus hijos, estaba enamorada y todavía su mundo parecía seguro.

¿Dónde andas, Paula? ¿Cómo serás cuando despiertes? ¿Serás la misma mujer o deberemos aprender a conocernos como dos extrañas? ¿Tendrás memoria o tendré que contarte pacientemente los veintiocho años de tu vida y los cuarenta y nueve de la mía?

Dios guarde a su niña, me susurra con dificultad don Manuel, el enfermo que ocupa la cama a tu lado. Dios guarde a su niña, me dijo también ayer una mujer joven con un bebé en los brazos, que se había enterado de tu caso y acudió al hospital a ofrecerme esperanza. Sufrió un ataque de porfiria hace dos años y estuvo en coma más de un mes. Me aseguró que el estado de coma es como dormir sin sueños, un misterioso paréntesis. No llore más, señora, dijo, su hija no siente nada, saldrá de aquí caminando y después no se acordará de lo que le ha pasado. Cada mañana recorro los pasillos del sexto piso a la caza del especialista para indagar nuevos detalles. Así es esta condición, unos se recuperan de la crisis en poco tiempo y otros pasan semanas en terapia intensiva, antes los pacientes simplemente se morían, pero ahora podemos mantenerlos vivos hasta que el metabolismo funciona de nuevo, me dice sin mirarme a los ojos. Bien, si es así sólo cabe esperar. Si tú resistes, Paula, yo también.

Cuando despiertes tendremos meses, tal vez años para pegar los trozos rotos de tu pasado o mejor aún podemos inventar tus recuerdos a medida según tus fantasías; por ahora te contaré de mí y de otros miembros de esta familia a la cual las dos pertenecemos, pero no me pidas exactitudes porque se me deslizarán errores. Has emprendido un extraño viaje por los médanos de la inconsciencia. ¿Para qué tanta palabra si no puedes oírme? ¿Para qué estas páginas que tal vez nunca leas?

Hoy es 8 de enero de 1992. En un día como hoy, hace once años, comencé en Caracas una carta para despedirme de mi abuelo, que agonizaba con un siglo de lucha a la espalda. Sus firmes huesos seguían resistiendo, aunque hacía mucho él se preparaba para seguir a la Memé, quien le hacía señas desde el umbral. Yo no podía regresar a Chile y no era el caso molestarlo con el teléfono que tanto lo fastidiaba, para decirle que se fuera tranquilo porque nada se perdería del tesoro de anécdotas que me contó a lo largo de nuestra amistad, yo nada había olvidado. Poco después el viejo murió, pero el cuento me había atrapado y no pude detenerme, otras voces hablaban a través de mí, escribía en trance, con la sensación de ir desenredando un ovillo de lana, y con la misma urgencia con que escribo ahora. Al final del año se habían juntado quinientas páginas en una bolsa de lona y comprendí que eso ya no era una carta, entonces anuncié tímidamente a la familia que había escrito un libro. ¿Cómo se titula? preguntó mi madre. Hicimos una lista de nombres, pero no logramos ponernos de acuerdo en ninguno y por fin tú, Paula, lanzaste una moneda al aire para decidirlo. Así nació y se bautizó mi primera novela, *La casa de los espíritus*, y yo me inicié en el vicio irrecuperable de contar historias. También un 8 de enero comencé mi segunda novela y después ya no me atreví a cambiar aquella fecha afortunada, en parte por superstición, pero también por disciplina; he comenzado todos mis libros un 8 de enero.

Hace varios meses terminé *El plan infinito*, mi novela más reciente, y desde entonces me preparo para este día. Tenía todo listo: tema, título, primera frase, sin embargo no escribiré esa historia todavía, porque desde que enfermaste sólo me alcanzan las fuerzas para acompañarte, Paula. No logro hilar dos pensamientos, menos podría sumergirme en la creación de otro libro. Me vuelco en estas páginas en un intento irracional de vencer mi terror, se me ocurre que si doy forma a esta devastación podré ayudarte y ayudarme, el meticuloso ejercicio de la escritura puede ser nuestra salvación. Hace once años escribí una carta a mi abuelo para despedirlo en la muerte, este 8 de enero de 1992 te escribo, Paula, para traerte de vuelta a la vida.

Paula

Listen, Paula. I am going to tell you a story, so that when you wake up you will not feel so lost. The legend of our family begins at the end of the last century, when a robust Basque sailor disembarked on the coast of Chile with his mother's reliquary strung around his neck and his head swimming with plans for greatness. But why start so far back? It is enough to say that those who came after him were a breed of impetuous women and men with sentimental hearts and strong arms fit for hard work. The Basque's descendants bought fertile land on the outskirts of the capital, which with time increased in value; they became more refined and constructed lordly mansions with great parks and groves; they wed their daughters to rich young men from established families; they educated their children in rigorous religious schools; and thus over the course of the years they were integrated into a proud aristocracy of landowners that prevailed for more than a century—until the whirlwind of modern times replaced them with technocrats and businessmen. My grandfather was one of the former, the good old families, but his father died young of an unexplained shotgun wound. In any case, his family was left without means and, because he was the oldest, my grandfather had to drop out of school and look for work to support his mother and educate his younger brothers. Those years of penury tempered his character; in his credo, life was strife and hard work, and an honorable

Vista parcial de Santiago, Chile.

man should not pass through this world without helping his neighbor. Still young, he already exhibited the concentration and integrity that were his characteristics; he was made of the same hard stone as his ancestors and, like many of them, had his feet firmly on the ground. Even so, some small part of his soul drifted toward the abyss of dreams. Which was what allowed him to fall in love with my grandmother, the youngest of a family of twelve. I grew up listening to stories about my grandmother's ability to foretell the future, read minds, converse with animals, and move objects with her gaze. Everyone says that once she moved a billiard table across a room, but the only thing I ever saw move in her presence was an insignificant sugar bowl that used to skitter erratically across the table at tea time. These gifts aroused certain misgivings, and many eligible suitors were intimidated by her, despite her charms. My grandfather, however, regarded telepathy and telekinesis as innocent diversions and in no way a serious obstacle to marriage.

To me, they were always Tata and Memé. Of their children, only my mother will figure in this story, because if I begin to tell you about all the rest of the tribe we shall never be finished. My mother was born between the two world wars, on a fine spring day in the 1920's. She was a sensitive girl, temperamentally unsuited to joining her brothers in their sweeps through the attic to catch mice they preserved in bottles of Formol. She led a sheltered life within the walls of her home and her school; she amused herself with charitable works and romantic novels, and had the reputation of being the most beautiful girl ever seen in this family of enigmatic women. From the time of puberty, she had lovesick admirers buzzing around like flies, young men her father held at bay and her mother analyzed with her tarot cards; these innocent flirtations were cut short when a talented and equivocal young man appeared and effortlessly dislodged his rivals, fulfilling his destiny and filling my mother's heart with uneasy emotions. That was your grandfather Tomás, who disappeared in a fog, and the only reason I mention him, Paula, is because some of his blood flows in your veins. This clever man with a quick mind and merciless tongue was too intelligent and free of prejudice for that provincial society, a rara avis in the Santiago of his time. It was said that he had a murky past; rumors flew that he belonged to the Masonic sect, and so was an enemy of the Church, and that he had a bastard son hidden away somewhere, but Tata could not put forward any of these arguments to dissuade his daughter because he lacked proof, and my grandfather was not a man to stain another's reputation without good reason. In those days Chile was like a mille-feuille pastry. It had more castes than India, and there was a pejorative term to set every person in his or her rightful place: *roto, pije, arribista, siútico*, and many more, working upward toward the comfortable plateau of "people like ourselves." Birth determined status. It was easy to descend in the social hierarchy, but money, fame, or talent was not sufficient to allow one to rise, that required the sustained effort of several generations.

Look, Paula, this is Tata's picture. This man with the severe features, clear eyes, rimless eyeglasses, and black beret is your great-grandfather. In the picture he is seated, hands on his cane, and beside him, leaning against his right knee, is a little girl of three in her party dress, a pint-size charmer staring into the camera with liquid eyes. That's *you*. My mother and I are standing behind you, the chair masking the fact that I was carrying your brother Nicolás. The old man is facing the camera, and you can see his proud bearing, the calm dignity of the self-made man who has marched straight down the road of life and expects nothing more. At the end of his days it was painful for him to move, but he always struggled to his feet to say hello and goodbye to the ladies and, hobbling along on his cane, escort them to the garden gate as they left. He spoke in ringing aphorisms and answered direct questions with a different question, so that even though I knew his character to the core, I know very little about his ideology. Look carefully at Mother, Paula. In this picture she is in her early forties, and at the peak of her beauty. That short skirt and beehive hair were all the rage. She's laughing, and her large eyes are two green lines punctuated by the sharp arch of black eyebrows. That was the happiest period of her life, when she had finished raising her children, was still in love, and the world seemed secure.

Where are you wandering, Paula? How will you be when you wake up? Will you be the same woman, or will we be like strangers and have to learn to know one another all over again? Will you have your memory, or will I need to sit patiently and relate the entire story of your twenty-eight years and my forty-nine.

"May God watch over your daughter," don Manuel told me, barely able to whisper. He's the one in the bed next to yours. "May God watch over your daughter" was also what a young woman with a baby in her arms said yesterday. She suffered an attack of porphyria two years ago and was in a coma for more than a month. She assured me that being in a coma is like a sleep without dreams, a mysterious parenthesis. "Don't cry anymore, Señora," she said, "your daughter doesn't feel a thing; she will walk out of here and never remember what happened." Every morning I prowl the corridors of the sixth floor looking for the specialist, in hopes of learning something new. He tells me—without meeting my eyes—"That's how it is with this condition; some recover quickly after the crisis, while others spend weeks in intensive therapy. It used to be that the patients simply died, but now we can keep them alive until their metabolism resumes functioning." Well, if that's how it is, all we can do is wait and be strong. If you can take it, Paula, so can I.

When you wake up we will have months, maybe years, to piece together the broken fragments of your past; better yet, we can invent memories that fit your fantasies. For the time being, I will tell you about myself and the other members of this family we both belong to, but don't ask me to be precise, because inevitable errors will creep in. Have you begun some strange trek through the sand dunes of the unconscious? What good are all these words if you can't hear me? Or these pages you may never read?

Today is January 8, 1992. On a day like today, eleven years ago in Caracas, I began a letter that would be my goodbye to my grandfather, who was dying, leaving a hard-fought century behind him. His strong body had not failed, but long ago he had made his preparations to follow Memé, who was beckoning to him from the other side. I could not return to Chile, and he so detested the telephone that it didn't seem right to call, but I wanted to tell him not to worry, that nothing would be lost of the treasury of anecdotes he had told me though the years of our comradeship; I had forgotten nothing. Soon he died, but the story I had begun to tell had enmeshed me, and I couldn't stop. Other voices were speaking through me; I was writing in a trance, with the sensation of unwinding a ball of yarn, driven by the same urgency I feel as I write now. At the end of a year the pages had grown to five hundred, filling a canvas bag, and I realized that this was no longer a letter. Timidly, I announced to my family that I had written a book. "What's the title?" my mother asked. We made a list of possibilities but could not agree on any, and finally it was you, Paula, who tossed a coin in the air to decide it. Thus was born and baptized my first novel, *The House of the Spirits*, and I was initiated into the ineradicable vice of telling stories. I also began my second novel on an eighth of January, and since have not dared change that auspicious date, partly out of superstition, but also for reasons of discipline. I have begun all my books on a January 8.

When some months ago I finished my most recent novel, *The Infinite Plan,* I began preparing for today. I had everything in my mind —theme, title, first sentence— but I shall not write that story yet. Since you fell ill I have had no strength for anything but you, Paula. I cannot string together two thoughts, much less immerse myself in creating a new book. I plunge into these pages in an irrational attempt to overcome my terror. I think that perhaps if I give form to this devastation I shall be able to help you, and myself, and that the meticulous exercise of writing can be our salvation. Eleven years ago I wrote a letter to my grandfather to say goodbye to him in death. On this January 8, 1992, I am writing you, Paula, to bring you back to life.

THE PERVERSE ART OF TRANSLATION

Attempting to present the myriad aspects of the New Spain presents many problems, not the least of which is translating accurately *and smoothly* articles and information from Spanish to English. Like a rumor, transition is often transforming. Offered below is an experiment in the languages—a bit of lyrical whimsy composed initially in English, then to Spanish, back to English. The two translators are both professional and experienced, but still the art can be very perverse.

Quiet Jazz

And brass the sing song wander of a falling leaf!
Swing the absent measure of a tipsy bell
With the fluted echo of a sigh;
Beat the animated pause of a breaking wave.
Against the timpani of a blistered sky
And brass the sing song wander of a falling leaf!

Jazz tranquilo

Balancea el compás distraído de un címbalo achispado
con el eco flauteado de un suspiro;
da con la pausa animada de una rompiente
contra los timbales de un cielo ampollado
y ¡reviste en latón el sonsonete vagueante de una hoja
girante!

Soft Jazz

Heedless of a tipsy cymbal the beat
Hesitates with the flutelike echo of a sigh;
With the suspenseful pause of a waterfall
It strikes against the kettledrums of a nubilous sky
And cloaks in brass the wandering sound of a
Turning sheet.

Castellana, Madrid

DECALOG OF DON'TS

1. Do not translate literally but idiomatically.

Todo el mundo lo sabía.
Wrong   All the world knew it.
Right   **Everybody knew it.**

2. Do not forget that the verb is usually the most important element in a sentence. Be sure you have the proper tense and person.

Los compró ayer.
Wrong   I bought them yesterday.
Right   **He bought them yesterday.**

3. Do not translate Spanish words by their English cognates unless the latter mean the same and fit in the sentence being translated.

Lo vi en la librería.
Wrong   I saw it in the library.
Right   **I saw it in the bookstore.**

4. Do not use repeatedly the same translation for Spanish words that have several meanings.

andar   **to walk, walk about, pace, go, go about, go away, be going, pass, behave, work, move, function, progress, act, get along, be, be involved, feel**
cabo   **end, cord, line, rope, cable, cape, master, chief, corporal, tip, extreme, end, holder**

5. Do not let the word order of the Spanish sentence determine the English word order unless you are certain that the latter is acceptable.

De tales meditaciones vino a sacarle la voz lastimera de un hombre que allí cerca se quejaba.

Wrong   From such meditations came to arouse him the sorrowful voice of a man who was moaning near there.
Right   **He was aroused from those meditations by the sorrowful voice of a man who was moaning nearby.**

6. Do not use, in translating, words which do not fit the person speaking, the situation involved, or the tone of the passage.

— Es una real moza — exclamaba el coronel de milicias.

Wrong   "She is a beautiful woman," exclaimed the colonel of the militia.

Right   **"She is a swell girl," exclaimed the colonel of the militia.**

7. Do not ignore the little words. Study their function carefully.

En la mesa inmediata a la en que se sentó...

Wrong   At the next table, at which he was seated...

Right   **At the table next to the one at which he was seated...**

8. Do not translate in piecemeal fashion: translate thought units, clauses, sentences.

Lo mismo Capistun que Martín tenían como punto de descanso el pueblo de Zaro.

Wrong   Capistun, the same as Martin, had as their headquarters the town of Zaro.

Right   **Capistun, as well as Martin, had made the town of Zaro his headquarters.**

9. Do not forget that a good translation is impossible unless you have first found the subject.

Dentro de la casa habían cesado ya tiempo hacía los ruidos del fregado de los platos.

Wrong   Inside the house they had stopped some time before the noise of dishwashing.

Right   **Inside the house the noise of dishwashing had ceased some time before.**

10. Do not translate mechanically. Strive to blend accuracy with good taste even if it becomes necessary to omit or supply a word or to break a sentence into two parts.

Como soy tan vieja no he sabido enseñarle la vida.

Wrong   Since I am so old I have not known how to teach life to her.

Right   **Since I am so old I have been unable to teach her anything about life.**

Lloyd A. Kasten y Eduardo Neale-Silva Redactores

CONVERSACIÓN

Entre amigos: La traducción

ESCENA: Un norteamericano, estudiante de español, está en un restaurante con una amiga mexicana. Parece que el joven Raúl todavía no ha dado cuenta de muchas sutilezas del lenguaje.

MARÍA: Te encuentro muy simpático, Raúl. Siempre me divierto muchísimo cuando salgo contigo.

RAÚL: Es que te hago reír. Siempre estás riéndote.

MARÍA: Son las cosas que dices que me hacen reír tanto.

RAÚL: ¿Por ejemplo?

MARÍA: Hace poco me preguntaste por qué la camarera se había puesto roja. La expresión es «ponerse colorada».

RAÚL: ¿Y eso te causó tanta risa?

MARÍA: Fíjate... Tú preguntaste a la moza si tenía leche. Notaste qué desconcertada estaba ella. No te expresaste bien. «Tener leche» se refiere a una madre que acaba de dar a luz... el flujo de leche para alimentar al recién nacido. ¿Sabes lo que quiere decir «dar a luz»?

RAÚL: Para encender un cigarrillo, ¿no?

MARÍA: No, chico, esa expresión es: «dar lumbre». Dar a luz significa la llegada de un bebé. Tú hubieras preguntado a la moza si «hay leche», no si «tiene» leche.

RAÚL: Dios mío, estoy tan embarazado.

MARÍA: (muriendo de risa) ¡Imposible! Acabas de decir algo más que me hace reír. ¡Cuidado con las traducciones! Mira, te lo voy a explicar...

CONSEJOS

¡Cuidado! La traducción traiciona. No metas la pata. El natural de un país habla su idioma automáticamente. El extranjero que quiere aprender ese idioma tiene que ser muy circunspecto para no caer en una de las siguientes trampas:

1. traducir literalmente de una lengua a otra

2. no hacer caso de ciertas sutilezas de la lengua desconocidas en inglés

3. atribuir a palabras españolas el significado de sus cognados en inglés

4. no reconocer palabras y expresiones que tienen «doble sentido« o que tienen diversos usos según el país donde se emplean.

Cognados falsos

asistir: El infinitivo significa «to attend» y no «to assist». Lo sigue siempre la preposición «a» Asistí a la clase= I attended class. «To assist» es ayudar.

atender: Sólo quiere decir «to attend» en el sentido de cuidar o atender «a». Nunca significa «to be present at». Atiendo a lo que hago.= I'm attending to what I'm doing. Asistí a la reunión. I attended the meeting.

carga: Significa «burden», «load« o «cargo». No significa «charge». Para decir «charge» en el sentido de «price», la palabra es «precio»; si se refiere a un «legal charge» (corte), se dice «acusación».

cargo: Para decir «cargo», hay que decir «carga». Cargo significa «the act of loading», «care», «assignment», pero nunca «cargo». La carga está a mi cargo.= The cargo is in my care.

colegio: No corresponde a la palabra inglesa «college». El «college» americano es más avanzado que el colegio español y corresponde más a la palabra «universidad». De ordinario, el colegio es una escuela privada que incluye los grados de la escuela primaria y la escuela secundaria.

constipado: No significa lo que parece. Estar constipado sencillamente quiere decir tener un resfriado (o catarro). El verbo constiparse significa «to catch a cold».

cuestión: «Question», en el sentido de una interrogación, es siempre «pregunta». Cuestión se puede usar con significado de «question» cuando quiere decir «matter» o «problem». Le hice una pregunta= I asked him a question. No es cuestión de dinero.= It's not a question (matter) of money.

curso: No es un «course» en la escuela sino el año escolar. «Course» es asignatura aunque en México curso iguala a asignatura. No quiero tomar esta asignatura= I don't want to take this course. Roberto es estudiante de primer curso.= Roberto is a first year student. «Course of study» (cierto número de asignaturas individuales) es una «carrera».

droguería: Una droguería vende mucho más que drogas y medicinas, mientras que la farmacia o la botica es un verdadero «drug store».

embarazada: Sólo quiere decir «pregnant». Hay que usar «turbado (a)» o desconcertado (a) para decir «embarrassed».

éxito: Quiere decir «success», nunca «exit». «Exit» es salida. No tuve éxito en encontrar la salida. = I was unsuccessful in finding the exit.

facultad: No es «the faculty» de un colegio o de una universidad. En ese sentido la palabra correcta es «profesorado». Facultad en círculos académicos quiere decir un departamento dentro de una universidad. No se le paga bastante dinero al profesorado.= The faculty isn't paid enough money. La Facultad de Derecho= The School of Law. Facultad también puede referirse a «faculty» mental o corporal. Facultades del alma= mental faculties.

firma: Quiere decir «signature» (de firmar). No significa «firm» que en español es casa de comerico o casa comercial. La casa Sánchez y Cía (abreviación de compañía)

grosería: No es «grocery». La palabra significa «coarseness», crude action or speech. La tienda donde se compran comestibles es la abacería, la tienda de ultramarinos (productos importados), abarrotería o tienda de abarrotes en México, bodega en Cuba y Venezuela, almacén en la Argentina y el Uruguay. El que vende en estas tiendas es el abacero) (abarrotero en México) que significa «grocer». Grosero (a) es el adjetivo que quiere decir «crude, ill-bred, vulgar.»

librería: la tienda donde se venden libros. «Library» es siempre biblioteca.

matrimonio: Quiere decir la pareja casada. Un matrimonio vive en esta casa = A married couple lives in this house. «Matrimony» es casamiento.

nativo: Un adjetivo como en «mi lengua nativa» (my native language) «Native» es natural. Es natural de la Argentina = He is native of Argentina. Si quiere hablar de «native tribes», use aborigen o indígena.

pariente: Quiere decir «family relative». Traduzca «parents» por «padres». El pariente es masculino; la parienta es la forma femenina.

realizar: Quiere decir «to carry out» o «to perform». Realizó su proyecto = He carried out his plan. Realizaré mi promesa. = I shall keep my promise. En un sentido comercial realizar significa «to sell at a profit». La casa realizó todas sus mercancías. = The firm converted all its merchandise to cash. «To realize» en el sentido de comprender es darse cuenta de o hacerse cargo de. No se dio cuenta (o no se hizo cargo) de su error. = He didn't realize his mistake.

relación: No se usa en el sentido de «kinfolk». La palabra correcta es pariente. Mis parientes hablan español. = My relatives (relations) speak Spanish. «Related to» se expresa por estar emparentado con. «Relaciones» significa «relations» en el sentido de intereses comunes. Mis relaciones con mis parientes son muy amistosas. = My dealings (relations) with my relations (relatives) are very friendly. Note que relativo es un adjetivo que significa «lo que está en relación con». Nuestras situaciones relativas = our relative positions.

sentencia: Sólo significa «sentence» en el sentido legal... lo que se pronuncia en los tribunales. Cuando se refiere a un grupo de palabras es necesario emplear «frase» u «oración».

simpático: No quiere decir «sympathetic». Tiene un sentido evasivo y difícil de definir pero corresponde a «pleasant», «nice». Es un cumplido.

suceso: No tiene nada que ver con «success» que es éxito en español. Quiere decir «ocurrencia» o «evento». Del mismo modo «suceder» quiere decir «to happen» u «ocurrir». ¿Qué sucedió? = What happened?

Traducciones peligrosas

1. Se aconseja nunca usar la palabra *coger* (to get, grasp, catch) con personas. Use *agarrar, pillar, recoger.* En ciertos países de habla española la palabra coger tiene un sentido crudo o vulgar (Chile, Argentina)

2. Evite el uso de las palabras «caliente» y «hembra» hablando de personas como han adquirido sentidos vulgares. En México muchas veces se emplea la palabra «blanquillos» en vez de «huevos» por la misma razón.

3. En España «señorito» es un título de respeto hablando a o de los jóvenes. Equivale a «Master» en inglés. Ej: Master Johnny. En la América del Sur, sin embargo, no es un cumplido sino que significa que el joven es afeminado.

4. Hay que tener cuidado con expletivos o expresiones de vituperación que empiezan con las letras *ca*. Mientras que unas son inocentes como *caramba, caray, caracoles, cáspita*, otras son ofensivas.

5. A veces, los nombres de frutas tienen doble sentido y es preciso ser cuidadoso al usarlos. En Cuba, por ejemplo, diga «fruta bomba» en vez de «papaya».

6. El uso de aumentativos y diminutivos es muy común en español. A veces, sin embargo, tienen significado muy sutil no comprendido por los extranjeros.

¡Cuidado!

Según el país de habla española, al contestar el teléfono, «hello» se expresa de distinta manera.
¡Diga! ¿Sí? (España)
¿Mande? ¡Bueno! (México)
¡A ver! (Colombia)
¡Hola! (Argentina, Uruguay y la mayoría de los otros países)
¿Qué hay? (Cuba)

Otras expresiones relacionadas:
¿Quién habla? ¿Con quién hablo? = Who is speaking?
¿Qué casa es ésa? (Cuba)
¿Está el señor Paredes? = Is Mr. Paredes there?
Dígale a Miguel que se ponga al aparato.= Tell Michael to come to the phone.
Con él (Miguel) habla. = This is he. (Michael)
¿De parte de quién? = Who shall I say is calling?
De parte de Juan Salinas.= Juan Salinas is calling.
Le llaman al aparato. = You're wanted on the phone.

¿Qué hay en un nombre?

¿Te confunden los nombres de personas hispanas? A primera vista pueden dejar perplejo a una persona.

En español una persona tiene dos apellidos (*family names*). Por ejemplo: Miguel Díaz y García. Díaz es el nombre de familia (*family name*) de su padre y García es el nombre de familia o nombre de soltera (*maiden name*) de su madre. Sólo Díaz, sin embargo, sirve como apellido que continúa durante las generaciones de su familia. El nombre de la madre, claro, cambiará de una generación a otra. Se pone tras el apellido del padre y de ordinario (pero no siempre) se conecta por *y*.

Ricardo Díaz (y) Pérez (padre)
Ana García (y) Gómez (madre)
Miguel Díaz (y) García (hijo)

El nombre de una mujer soltera tiene la misma construcción pero a veces hay una *de* delante del nombre de su padre. Por ejemplo:

Pedro Valdez y Orrego (padre)
Clemencia Jiménez y Silva (madre)
María (de) Valdez y Jiménez (hija)

Ahora, supongamos que María de Valdez y Jiménez se casa con Miguel Díaz y García. Entonces su nombre se convierte en María Valdez de Díaz, (Note que se pone *de* delante del nombre de su marido). Conviene recordar que *de* sirve para indicar a quien pertenece la mujer. Al casarse una mujer normalmente suelta (abandona) el apellido de su madre aunque puede ser que elija guardarlo. (María Valdez de Díaz y Jiménez).

Los hijos de esta unión serían:

Padre: Miguel Díaz y García

Madre: María Valdez y Jiménez
Nombre de casada: María Valdez de Díaz

Hijo: Pablo Díaz y Valdez (hijo)
Hija: Luisa Díaz y Valdez

Nunca se puede dirigirse a una persona por sólo el apellido de su madre. En el caso ejemplar arriba, se puede decir Señor Díaz o Señor Díaz y García.

El apellido de la madre a veces se abrevia a una sola letra: Miguel Díaz G.

Ricardo Ocampo V. Santiago Vallejo
Manuela Rodríguez de Ocampo Sofía Arango de Vallejo

Participan a Uds. la boda de sus hijos

Víctor Ocampo Rodríguez
Beatriz Vallejo Arango

Que se celebrará el día 22 de Diciembre de 1995 a las
7:00 p.m. en la iglesia Nuestra Señora del Socorro.
Los novios saludarán en el atrio.

Además de todo lo dicho, hay que recordar que una persona tiene uno o dos nombres de pila (*given*) y en la religión católica puede añadir otro nombre (de santo[a]) en la ceremonia de confirmación. Ejemplo: Miguel José Luis Díaz y García que un día se va casarse con María Elena Teresa de Valdez y Jiménez.

Ya no estás confundido, ¿verdad? ¿Y los hijos de este matrimonio?

¡Olvídatelos!

Ejercicios de traducción

Entre los maestros de lenguas, existen opiniones que conflictan en relación con el mérito que se debe dar a las actividades de traducción, ya sea del español al inglés o viceversa. Sin embargo, ya que esta Joya del texto está dedicada al «arte de traducir», creemos que es apropiado presentar los siguientes ejercicios de traducción, opcionales para aquellos que tengan esta inclinación.

A Siguen dos relatos. Escoja uno y tradúzcalo al inglés.

1. Ahora tengo con quien hablar: No sabría decir si me alegro o si lo siento. Yo había venido aquí para estar solo, para no hablar con nadie. Y ahora las cosas han cambiado. Les contaré como sucedió. Ayer en la escalera del hotel, mientras yo subía, bajaba una hermosa señorita de cabello rubio y de ojos verdes. Era inglesa, sin duda. Se le cayó la bolsa que llevaba en la mano. Yo se la recogí y ella me dio las gracias con un gesto. A mediodía, nos encontramos en la plaza del pueblo. Yo me quité el sombrero y ella inclinó ligeramente la cabeza. Por la noche, me senté en la veranda del hotel para tomar el fresco y pensar en mis cosas; de repente oí unos pasos y volví la cabeza; allí estaba la inglesa de los cabellos rubios y de los ojos verdes. ¿Para qué decirles más? Ahora tengo con quien hablar...¡y yo que había venido para estar solo! (Adaptado de Gregorio Martínez Sierra, «Aventura»)

2. Pamplona es una verdadera casa de locos durante las fiestas de San Fermín en el mes de julio. Los habitantes de los pueblos y de las montañas vecinas acuden en masa, así como innumerables personas de las naciones de Europa y América. El público llena las calles, invade los hoteles y pensiones y algunos tienen que pasar la noche al aire libre. El ruido es incesante. Se canta, se baila, se ríe, se grita en las calles y los paseos, en las plazas y en los restaurantes.

Lo que atrae a tantas personas a esta ciudad es un espectáculo cuya fama ha llegado a los curiosos de todo el mundo. Es costumbre en Pamplona llevar los toros desde el corral, en que han pasado la noche, hasta la plaza de toros a través de unas cuantas calles estrechas de la ciudad. Las ventanas y los balcones están todos llenos.

Llega el momento deseado de todos. Se lanzan unos cohetes, se abren las puertas del corral, y los toros se precipitan en dirección a la plaza. Sólo unos cuantos muchachos, de camisa blanca y un pañuelo rojo alrededor del cuello, se atreven a correr delante de los toros, exponiéndose al peligro de heridas y a veces, la muerte. Ellos son los héroes de la fiesta.

B Escoja de los siguientes grupos de preguntas (dos o tres) y escriba un párrafo relacionado en español contestando cada grupo seleccionado.

1. Of what club are you a member? How many members does it have? What do you do in the club?

2. Where do you plan to spend the summer? What will you do? Who will be with you? What did you do last summer?

3. Who is your best friend? How long have you known him (her)? Where did you meet? Under what circumstances?

4. What trip would you like to take? How long would it take to get there? Why would you like to go there?

5. Give the name and author of a Spanish selection you read this year. What was it about? Why did you like (or dislike) it?

C ¿Cuáles son 5 expresiones idiomáticas (modismos) que se puede usar en las siguientes situaciones? Escoja 2 de las sugerencias.

1. una conversación con un amigo(a) en el teléfono

2. en un restaurante

3. en la estación de ferrocarriles

4. en una tienda de antigüedades

5. en una carta a un comerciante

6. en la biblioteca

7. con un agente de viajes (turismo)

8. al presentar a un(a) amigo(a) a sus padres

D Después de haber leído bien el siguiente trozo de *The Sun Also Rises,* escríbalo en español. No haga referencia al trozo original mientras Ud. lo escribe en español.

Outside, the fence that led from the last street of the town to the entrance of the bullring was already in place and made a long pen; the crowd would come running down with the bulls behind them on the morning of the day of the first bullfight. Out across the plain, where the horse and cattle fair would be, some gypsies had camped under the trees. The wine and *aguardiente* sellers were putting up their booths. One booth advertised *Anis del toro.* The cloth sign hung against the planks in the hot sun. In the big square that was the center of the town there was no change yet. We sat in the white wicker chairs on the terrace of the café and watched the motorbuses come in and unload peasants from the country coming in to the market, and we watched the buses fill up and start out with peasants sitting with their saddle-bags full of the things they had bought in the town. The tall gray motor-buses were the only life of the square except for the pigeons and the man with a hose who sprinkled the gravelled square and watered the streets.

I looked through the glasses and saw the three matadors. Romero was in the center, Belmonte on his left, Marcial on his right. Back of them were their people, and behind the banderilleros, back in the passageway and in the open space of the corral, I saw the picadors. Romero was wearing a black suit. His tricornered hat was down low over his eyes. I could not see his face clearly under the hat, but it looked badly marked. He was looking straight ahead. Marcial was smoking a cigarette guardedly, holding it in his hand. Belmonte looked ahead, his face wan and yellow, his long wolf jaw out. He was looking at nothing. Neither he nor Romero seemed to have anything in common with the others. They were all alone. The president came in; there was handclapping above us in the grandstand, and I handed the glasses to Brett. There was applause. The music started. Brett looked through the glasses.

E Después de haber leído bien el siguiente trozo de *San Manuel Bueno, Mártir,* escríbalo en inglés. No haga referencia al trozo original mientras Ud. lo escribe en inglés.

Aquellos años pasaron como un sueño. La imagen de don Manuel iba creciendo en mí sin que yo de ello me diese cuenta, pues era un varón tan cotidiano, tan de /cada día como el pan que a diario pedimos en el padrenuestro. Yo le ayudaba cuando podía en sus menesteres, visitaba a sus enfermos, a nuestros enfermos, a las niñas de la escuela, arreglaba el ropero de la iglesia, le hacía, como me llamaba él, de diaconisa. Fui unos días invitada por una compañera de colegio, a la ciudad, y tuve que volverme, pues en la ciudad me ahogaba, me faltaba algo, sentía sed de la vista de las aguas del lago, hambre de la vista de las peñas de la montaña; sentía, sobre todo, la falta de mi don Manuel y como si su ausencia me llamara, como si corriese un peligro lejos de mí, como si me necesitara. Empezaba yo a sentir una especie de tanto afecto maternal hacia mi padre espiritual; quería aliviarle del peso de su cruz del nacimiento.

Así fui llegando a mis veinticuatro años, que es cuando volvió de América, con un caudalillo ahorrado, mi hermano Lázaro. Llegó acá, a Valverde de Lucerna, con el propósito de llevarnos a mí y a nuestra madre a vivir a la ciudad, acaso a Madrid.

— En la aldea — decía — se entontece, se embrutece y se empobrece uno.

Y añadía:

— Civilización es lo contrario de ruralización; ¡aldeanerías no! que no hice que fueras al colegio para que te pudras luego aquí, entre estos zafios patanes.

Yo callaba, aun dispuesta a resistir la emigración; pero nuestra madre, que pasaba ya de la sesentena, se opuso desde un principio. «¡A mi edad, cambiar de aguas!» dijo primero; mas luego dio a conocer claramente que ella no podría vivir fuera de la vista de su lago, de su montaña, y sobre todo de su don Manuel.

— ¡Sois como las gatas, que os apegáis a la casa! — repetía mi hermano.

Biografía de autores

Biografías de autores que aparecen en Tesoro literario

Pedro Antonio de Alarcón *(1853–1891)*

Nació en Guadix, Granada. Su vida se caracterizó por cambios de partidos e ideas, lo cual se refleja en sus obras. Fue periodista y corresponsal de la guerra de África, y director de un periódico anticlerical de Madrid.

Debido a sus artículos se creó numerosos enemigos. Trató de entrar en el ambiente teatral, pero produjo pocas obras no bien recibidas por los críticos. Sus obras basadas en hechos históricos y tradiciones conocidas cuyo trama está lleno de vida y espontaneidad fueron bien recibidas y le trajeron fama y respeto. Fue nombrado miembro de la Real Academia Española. Se considera uno de los mejores cuentistas del siglo XIX. Sus mejores conocidas obras son *El sombrero de tres picos* (1874) y *El capitán veneno* (1881).

Isabel Allende *(1942–)*

Escritora chilena, nacida en el Perú. De joven viajó mucho y vivió en varios países ya que sus padres trabajaban para la embajada de Chile. Estudió periodismo y por varios años ejerció su carrera en Venezuela y en Chile. En la actualidad es probablemente la escritora hispanoamericana mejor conocida en todo el mundo, ya que sus obras, que han sido traducidas a más de 20 idiomas, gozan de gran admiración. En las novelas y cuentos de Isabel Allende se hace evidente la técnica del realismo mágico. Sus obras más populares son: *La casa de los espíritus, Eva Luna, Cuentos de Eva Luna, De amor y de sombra, El plan infinito* y *Paula.*

Gustavo Adolfo Bécquer *(1836–1870)*

Poeta posromántico. Nació en Sevilla. Su verdadero nombre era Gustavo Adolfo Domínguez Bastida, pero adoptó el nombre de tías que criaron al poeta y a su hermano, Valeriano. Buscando una carrera periodística, se trasladó a Madrid donde se enfermó de tuberculosis, la causa de su muerte. Toda la vida problemas económicos le persiguieron. Se casó en 1861 con Casta Esteban y tuvieron tres hijos. Bécquer fue el precursor de una forma de poesía llena de sencillez, intimismo y musicalidad que llega hasta nuestros días. Su poesía es de gran gusto popular. Sus obras *Las rimas* y *Las leyendas* son verdaderas joyas de la literatura hispana.

Jorge Luis Borges (1899–1986)

Nació en Argentina. Vivió en Suiza y en España. Durante los años de la guerra civil española regresó a Buenos Aires donde fue reconocido como líder del movimiento ultraísta en oposición al arte visual y decoradora de Darío y su escuela. Aquéllos representaban la imagen y el verso sin rima, y hasta declaró: «las rimas nos cansan.» Su cultura e intereses se basaban en América. Su cultura literaria es asombrosa. En Borges la metafísica y la lírica son una misma cosa. Entre sus obras en verso están: *Fervor de Buenos Aires, Luna de enfrente y Poemas*. Pero son sus cuentos que le dieron más fama como escritor. Las colecciones de cuentos más conocidas son: *El Aleph, Ficciones, Historia universal de la infamia*.

Pedro Calderón de la Barca (1600-1681)

Nació en Madrid donde fue educado por los Jesuitas. De joven viajó por Italia y Flandes. En 1640 participó en la guerra de Cataluña. En 1651 se convirtió en el capellán de los Reyes Nuevos después de ser ordenado sacerdote. En 1661 en Madrid fue nombrado capellán del Rey donde podía dedicarse por entero a organizar fiestas dramáticas para la Corte. Sus obras se conocen por representar el virtuosismo de la instrumentación teatral del período barroco con grandes efectos teatrales de todas clases: la música, el escenario, el vestuario. Hoy día se le conocen 120 comedias, 80 autos sacramentales y una 20 piezas menores. Algunas de sus obras más destacadas son: *La vida es sueño. El gran teatro del mundo, El pintor de su deshonra, El médico de su honra, El príncipe constante y El alcalde de Zalamea*.

Miguel de Cervantes Saavedra (1547-1616)

Máximo exponente de la literatura española del Siglo de Oro. Nació en Alcalá de Henares, una pequeña población de Castilla la Nueva. Pasó su niñez en varias ciudades, debido a la profesión de su padre. En 1569 se trasladó a Italia y sirvió al Cardenal Acquaviva. Entra al ejército en 1570 y participó en la Batalla de Lepanto contra los turcos, en la cual fue herido y perdió el movimiento de la mano izquierda. En 1575 a bordo de la galera "Sol" fue cautivado por piratas argelinos. Cinco años de cautiverio, llenos de muchos peligros e intentos de fuga, fueron fuente de inspiración para el futuro escritor. Consiguió el cargo de proveedor da la "Armada Invencible" y recaudador de impuestos. Otra vez por problemas económicos fue encarcelado, donde comenzó a desarrollar sus grandes obras literarias, como: *El ingenioso hidalgo Don Quijote de la Mancha, Novelas ejemplares, La Galatea, Numancia,* y otras comedias y poesías. Murió en Madrid el 23 de abril, 1616.

San Juan de la Cruz (Juan de Yepes) (1542-1591)

Nació en Fontiveros, provincia de Ávila. Trabajó como enfermero. Ingresó en el noviciado de los Carmelitas en el año 1563, y luego estudió teología en la Universidad de Salamanca. Santa Teresa logró asociarle a su obra reformista, y como resultado fundó el primer convento de monjes carmelitas descalzos de

Duruelo. A diferencia de Santa Teresa, se dedicó a la vida de contemplación, lo que marca su obra. Escribió poesía de carácter lírico-religioso que son adaptaciones de la poesía lírica profana. Murió en Ubeda, provincia de Jaén. Es canonizado con el nombre de San Juan de la Cruz en 1726.

Sor Juana Inés de la Cruz *(1648-1695)*

Nació en México. Escribe en prosa espléndida, fina y sencilla; y aunque su estilo es estrictamente barroco, no es pomposo ni pretencioso. En su famoso ensayo *Respuesta a Sor Filotea de la Cruz,* Sor Juana nos da datos autobiográficos que cuentan de su temprana vocación por el estudio, su incansable curiosidad intelectual, las desventajas de su condición de mujer, sus esfuerzos por liberarse de las impertinencias, prejuicios, incomprensiones y boberías con las que la gente trataba a las mujeres. No sólo cultivó la poesía, sino también el ensayo filosófico, el drama y cantos navideños. Sirviendo de enfermera en el convento durante una etapa de la plaga, cayó víctima de la misma y murió. Lleva el honor de ser considerada la primera intelectual feminista del Nuevo Mundo. A Sor Juana la llaman "La décima musa".

Rubén Darío *(1867-1916)*

Nació en Metapa, Nicaragua. Fue criado por una tía materna, y después por la tía de su padre. Era un niño precoz e imaginativo, pero de poca disciplina personal. Sufrió en su desarrollo personal por falta de dirección y cariño. Cuando tenía trece años comenzó a escribir y publicar versos en periódicos y revistas. Se dio cuenta de su talento y deseo de ser periodista. Viajó mucho y trabajó en Chile, donde publicó *Azul...,* y en muchos otros países. *Azul* le ganó fama internacional por la pureza del idioma y un nuevo estilo, basado en la literatura parnasiana y llamado "Modernismo". Pronto captó la atención del mundo hispano. Obtuvo gran popularidad, pero no gozó la felicidad personal debido a problemas matrimoniales y en su vida privada. Publicó *Prosas profanas (1896)* y *Cantos de vida y esperanza (1905)*. Abatido por la crítica severa de poetas de la Generación del '98, perdió interés en su carrera, y regresó a su patria donde murió solo y desilusionado.

José Espronceda y Delgado *(1808-1842)*

Nació en Almendralejo, Badajoz. Espronceda es la representación poética del romanticismo. Estudió en Madrid con buenos maestros, pero por su participación en una sociedad secreta fue condenado a reclusión en un convento. Las persecuciones continuaron bajo Fernando VII, y Espronceda se escapó, huyéndose a Lisboa, Inglaterra, Bélgica y Francia, donde luchó en las barricadas en París. En Lisboa se enamoró de Teresa Mancha, casada con un comerciante rico. El poeta la raptó y se la llevó a Madrid donde vivieron juntos por algún tiempo hasta que ella lo abandonó. Después de la muerte de Teresa, le dedicó el «Canto a Teresa» que incluyó en el poema más ambicioso llamado *El diablo mundo*. Tanto por su vida como por su obra, Espronceda es considerado como ejemplo característico del temperamento romántico.

Rómulo Gallegos *(1884-1969)*

Nació en Venezuela. Perteneció a la literatura modernista. Entre sus obras están: *Los aventureros, El último solar, La trepadora, Canaima, Pobre negro, El forastero* y *Doña Bárbara*, obra que lo consagró como uno de los pocos novelistas americanos que satisfacen la expectativa de un público internacional.

Federico García Lorca *(1898-1936)*

Nació en Granada donde hizo sus estudios universitarios en filosofía y letras con licenciatura en Derecho. Se trasladó a Madrid y fundó el teatro universitario llamado «La Barraca». Sus obras se orientan hacia lo dramático y lo lírico. En su poesía se ve el realismo y el superrealismo. Los libros que le dan a conocer son: *Romancero gitano, Poemas del cante jondo* y *Poeta en Nueva York*. En el drama se distinguió con obras universalmente reconocidas, tales como *La casa de Bernarda Alba, Yerma, Doña Rosita la soltera* y *Bodas de Sangre*. Desgraciadamente tuvo un fin trágico.

Gabriel García Márquez *(1928-)*

Nativo de Colombia, es autor prolífico de novelas, cuentos, guiones para el cine y la televisión, periodista y crítico. Su obra maestra *Cien años de soledad* es honrada con el famoso Premio Nobel en 1983. Se nota la influencia de Alejo Carpentier y la de otros contemporáneos de Latino América en la presentación de situaciones imaginarias y llenas de fantasía y superrealismo que a la vez reflejan la historia con conflictos verdaderos y absurdos contrastados con la que todavía puede o debe ocurrir. Parece que Márquez ha vivido para presentar una novela extraordinaria, aunque ha publicado muchas otras. Es innegable que *Cien años de soledad* resulta su obra maestra y se destaca sobre las primeras. Terminada en 1976, es la novela sobresaliente del siglo que ha captado el interés de más lectores que todas las otras. Otras obras importantes son, *La hojarasca, El coronel no tiene quién le escriba, El otoño del patriarca, Los funerales de la Mama Grande, Crónica de una muerte anunciada, El general en su laberinto,* y *El amor en los tiempos del cólera*.

Beatriz Guido *(1924-1988)*

Nació en Argentina. Era novelista y cuentista distinguida. Es una de las escritoras hispanoamericanas de mayor fama. También adquirió fama en Europa debido a que sus obras han sido traducidas a otros idiomas. Entre sus obras figuran: *La casa del ángel, La caída, Fin de fiesta, El incendio y las vísperas*. Creía que su compromiso era denunciar lo que observaba en su ciudad Buenos Aires. Su obra *La mano en el trampa* fue llevada al cine, película que ganó el premio del Festival de Cannes en 1961.

Nicolás Guillén (1902-1989)

Nació en Cuba. Poeta mulato. Con sus obras se convirtió entre broma y en serio en vocero de su raza. Mostró preocupaciones sociales, raciales y humanas. Entre sus obras se pueden mencionar: *Sóngoro, consongo, España, Cantos para soldados y sones para turistas.*

José Hernández (1834-1939)

Nació en Argentina en 1834. Simpatizaba con la causa de los gauchos y desconfiaba de los políticos de esa época. Su más célebre poema es *Martín Fierro*, uno de los poemas más originales que ha dado el romanticismo hispánico. Es un poema popular en el que el poeta expone la vida y costumbres del gaucho argentino. Sus escritos están dirigidos tanto a lectores cultos como a lectores gauchos.

Juana de Ibarbourou (1895-1939)

Nació en Uruguay. Se le llamó «Juana de América» por la pureza de su canto. A diferencia de las obras de las otras mujeres hispanoamericanas se distinguió por una actitud optimista con que miraba la vida y el amor. Entre sus obras más importantes se destacan *Raíz salvaje, las lenguas de diamante,* y *La rosa de los vientos.*

Carmen Laforet (1921-)

Nació en Barcelona, España, pero desde muy pequeña residió en Canarias hasta 1939. Hizo sus estudios universitarios en Barcelona. En 1944 recibió el Premio Nadal, y en 1949 el Premio Fastenrath de la Real Academia Española por su novela, *Nada,* en la cual se reflejan las consecuencias de la guerra civil española en forma autobiográfica. Se desarrolla en un ambiente sórdido con personajes anormales y traumatizados por los horrores vividos. Revela el absoluto vacío espiritual y moral de una juventud que ha perdido la fe en todos los valores tradicionales. En 1956 se publicó *La mujer nueva,* y dos libros de cuentos, pero no logró superar a la anterior.

Mariano José de Larra (1809-1837)

Nació en Madrid. Su padre fue médico del ejército de Napoleón. Como consecuencia al terminar la Guerra de la Independencia la familia tuvo que emigrar. Regresó a España en 1818 e hizo sus estudios en Valladolid y en Valencia. Este escritor se rebeló contra el ambiente familiar y abandonó sus estudios para fundar un periódico. A los veinte años se casó, pero su matrimonio terminó en fracaso. Se dedicó a escribir artículos de crítica literaria, política, y cuadros de costumbres. Era un idealista pero los desengaños le llevaron a una amarga y fría desesperación. En 1837 se suicidó debido a un desengaño amoroso. Se le considera el más importante ensayista y satirista del siglo XIX.

Félix Lope de Vega y Carpio (1562-1635)

Nació en Madrid en una familia humilde. A los doce años se escapó a Segovia. Realizó sus estudios universitarios en Alcalá. Se enamoró de la actriz Elena Osorio. Debido a la enérgica oposición de la familia de ésta. Lope responde con violentos escritos; por lo que a los veintiséis años es desterrado de Madrid. Poco tiempo después volvió para raptar a Isabel, hija del pintor Diego de Urbina, quien se convertiría en su primera esposa. Cinco años después quedó viudo y se vio envuelto en amoríos con otra actriz quien le dio siete hijos. Pero a pesar de esto se ordenó sacerdote en el año 1614. Se le considera el escritor más fecundo de las letras españolas y quizás de toda la literatura occidental. También se le considera el fundador del teatro nacional español. Cultivó la poesía y la prosa, pero es mejor reconocido como dramaturgo. Se cree que escribió más de dos mil obras de teatro. Algunas de sus obras son: *El caballero de Olmedo, Fuenteovejuna, Peribañez y el comendador de Ocaña, El castigo sin venganza, y El perro del hortelano.*

Antonio Machado (1875-1939)

Nació en Sevilla e hizo sus estudios universitarios en Madrid. Al morir su padre, se vio obligado a trabajar para mantener a su familia. Trabajó como traductor y catedrático de francés. Dos amores tuvieron gran influencia en su vida, dato importante porque llegaron a estar presentes en sus obras. Escribió un fiel retrato de sí mismo al comienzo de su obra *Campos de Castilla*. Sus poemas más conocidos se encuentran en su libro *Soledades*. Su hermano, Manuel Machado, fue también un poeta de gran calidad lírica. Hacia el final de su vida, los poemas de Antonio Machado muestran ribetes filosóficos del genio literario español. Murió en el exilio en 1939.

Don Juan Manuel (1283-1349)

El infante Don Juan Manuel era sobrino del rey Alfonso X el Sabio y nieto de Fernando III el Santo. Gozaba una vida privilegiada que fue enriquecida aun más por vivir en Sevilla donde su tío había unido los famosos sabios de muchas naciones e intereses para compilar enciclopedias y unificar conocimientos de toda clase. Don Juan fue el primer prosista conocido con conciencia literaria y artística. Guerrero, estadista y político, es considerado el prosista más importante de su época.

José Martí (1853-1895)

Nació en Cuba, donde vivió y murió heróicamente al servicio de la libertad de Cuba. Era ensayista, cronista y orador. Escribir para él era un modo de servir. Las ideas de Martí sobre el arte variaron a lo largo de su carrera. Flexibilizó la prosa para que fuera portadora de sus experiencias impresionistas. Se le considera uno de los precursores del Modernismo. Entre sus obras se encuentra: *Amistad funesta, La edad de oro, Ismaelillo, Versos libres y Versos sencillos.*

Ana María Matute *(1926-)*

Nació en Barcelona donde fue educada por monjas católicas pero no asistió a la universidad. Desde niña se dedicó a escribir cuentos. Se destaca su interés en los niños. Entre sus obras que recibieron premios se puede citar las siguientes: *Primera memoria* ganó el Premio Nadal, *Los hijos muertos* ganó el Premio Nacional de Literatura "Miguel de Cervantes", *Pequeño teatro* recibió el Premio Planeta, y *Fiesta al noroeste*, su obra más elogiada por la crítica, le ganó el Premio Café Gijón.

Gabriela Mistral *(1889-1957)*

Nació en Chile. Fue maestra rural. Su gran tema es el amor, y todas sus poesías son variaciones en ese tema. A los diecisiete años se enamoró de un hombre que murió trágicamente, acontecimiento que marca la vida de esta gran poetisa. Se dedicó a mejorar condiciones de la educación de los niños, mejoras en el trabajo para hombres y mujeres, y alabar la maternidad. Representó a Chile en las Naciones Unidas y fue honrada con el Premio Nobel de Literatura en 1945. Entre sus obras están: *Desolación, Los sonetos de la muerte, Juegos florales.* También escribió rondas, canciones y cuentos para niños.

Juan Montalvo *(1832-1889)*

Nativo de Ecuador. Gran parte de su obra parte de su lucha contra los males del Ecuador. Escribió poesía, relatos y dramas. La prosa de Montalvo es una de las más ricas escritas en español del siglo XIX. Tenía el extraordinario don de acuñar frases, de desviarse del camino trillado y encontrar una salida portentosa, de evocar la realidad con mínimos toques de prosa imaginativa. Lo mejor de Montalvo son sus ensayos *Siete tratados, Las Catilinarias, Geometría moral, El Cosmopolita, El Espectador.*

Pablo Neruda *(1904-1978)*

Nació en el sur de Chile. Su verdadero nombre era Neftalí Ricardo Reyes. Pasó su infancia en Temuco. El haber vivido antes la presencia del inmenso océano y la naturaleza influyeron poderosamente en toda su obra. También dedicó gran parte de su vida a la política de su país. Ganó el Premio Nobel de la Literatura en 1971. Entre sus obras se encuentran: *La canción de la fiesta, Cresuculario, Veinte poemas de amor y una canción desesperada, Tentativas del hombre infinito, Residencia en la tierra, Las furias y las penas, Tercera residencia, Canto general, Odas elementales.*

Amado Nervo (1870-1919)

Este poeta prolífico nació en México. Se le conocen más de treinta volúmenes con poesía, novelas, cuentos, críticas, crónicas, poemas en prosa, ensayos y hasta una pieza teatral. Se dice que una crisis moral después de diez años de amar a una mujer le inspiraron un cambio estético que iniciaron la época de sus mejores poesías. Dedicó una buena parte de su vida al servicio de su patria como diplomático. Entre sus numerosas colecciones de poesía se encuentran *Los jardines interiores, Elevación, Serenidad* y *La amada inmóvil*.

Emilia Pardo Bazán (1851-1921)

Nació hija única de los Condes de Pardo Bazán en La Coruña, Galicia. Ayudada por su alta posición social, su inteligencia extraordinaria y su gran afición a la lectura y la crítica fue considerada la mujer más importante de España después de Santa Teresa de Jesús. Introdujo el naturalismo a España, por lo cual fue censurada por algunos escritores. Fue la primera mujer en obtener una cátedra en la Universidad Central de Madrid puesto que mantuvo hasta su muerte. De producción prolífica se encuentra su ensayo sobre el Naturalismo titulado «La cuestión palpitante». Entre sus mejores novelas se encuentran *Los pazos de Ulloa* y *La madre naturaleza*.

Octavio Paz (1914-1998)

Ganador del Premio Nobel de la Literatura en 1990, nació en México en 1914. Empezó a escribir desde su adolescencia. Se ha distinguido como historiador, poeta, ensayista, diplomático, y distinguido profesor universitario. Se notan en sus escritos temas metafísicos, de una profunda seriedad. Tanto su poesía como sus ensayos representan una claridad artística de primer orden. Entre sus obras se destacan *El laberinto de la soledad, El arco y la lira, Libertada bajo palabra* y *Ladera este*.

Benito Pérez Galdós (1843-1920)

Nació en Las Palmas de Gran Canaria. Después de graduarse de la escuela secundaria a la edad de veinte años, se marchó a Madrid para estudiar leyes. En 1868 inició su trabajo como periodista y publicó la novela *La fontana de oro*. En 1897 fue nombrado miembro de la Real Academia Española y en 1906 fue elegido diputado republicano. En sus obras, llenas de detalles, se inscribió plenamente el realismo de fines del siglo XIX. Galdós fue analista y caricaturista que presentaba al público español la realidad que muchos vivían a duras penas y que muchos preferían ignorar. Entre sus numerosas obras figuran *Doña Perfecta, Misericordia, La desheredada, Fortunata y Jacinta, Marianela* y *Episodios Nacionales*. Sus últimos años fueron duros y llenos de problemas económicos. Quedó ciego y murió en Madrid en 1920.

Horacio Quiroga (1878-1937)

Nació en Uruguay y pasó gran parte de su vida aislado en la selva que influyó su temperamento, carácter, y su obra. Escribió ocasionalmente versos y prosas artísticas, novelas y dramas, pero sobresalió en el cuento corto. Publicó varias colecciones: *El crimen del otro, Cuentos de amor, de locura y de muerte, Cuentos de la selva, Los desterrados y Más allá.* Quizás sus mejores cuentos *El almhadón de plumas* y *El hijo,* aparecieron entre 1907-1928. Era autor de compleja espiritualidad, refinado en su cultura con una mórbida organización nerviosa. Se nota la influencia de Edgar Allen Poe y de Kipling. No se le conoce cuento perfecto; en general escribía demasiado rápido y cometía fallas, no sólo de estilo, sino de técnica narrativa. Se trastornó debido al aislamiento, el abuso de alcohol y drogas lo llevó al suicidarse.

Juan Ruiz, Arcipreste de Hita (1283-1351)

Son escasos los datos que se conocen de su vida. Se cree que nació en Alcalá. A juzgar por sus escritos que reflejan una personalidad alegre y apasionada es considerado la personalidad más interesante de la poesía en el siglo XIV. Se cree que pasó algún tiempo en prisión. Su *Libro de buen amor* representa el mejor documento conservado acerca de la vida y costumbres de la España medieval.

Félix María de Samaniego (1745-1801)

Nació en La Guardia, provincia de norte de España. No se conocen algunas de sus obras debido a que Samaniego antes de morir hizo quemar sus obras. Entre las que aún quedan, se encuentran: *Observaciones* y *Memorias de Cosmé Durán,* escritas en verso y prosa. Pero lo que más le hizo popular son sus famosas fábulas morales que se caracterizan por su aguda intención y lenguaje castizo en las que ridiculiza los defectos humanos como la ambición, la hipocresía y la vanidad.

Ramón J. Sender (1901-1982)

Nació en Chamalero, Huesca. Se trasladó a Madrid muy joven e inició su carrera literaria a los 18 años, colaborando en periódicos y revistas. Su primera novela, *Imán* (1930) se trata de la guerra en Marruecos. En 1935 recibió el Premio Nacional de Literatura con *Mr. Witt en el cantón.* Al terminar la guerra civil emigró a México y después a los Estados Unidos, donde enseñó Literatura Española durante muchos años. La colección *Novelas y Cuentos* refleja lo extenso y variado de sus obras con variedad de temas y personajes de este autor aragonés.

Alfonsina Storni (1892-1938)

Nació en Argentina. Su poesía oscila entre lo elegíaco y lo satírico; el verso amplio y el epigramático. Desdén y resentimiento hacia el hombre al que considera su inferior y del que sin embargo necesita. Se sentía mujer humillada, vencida y no obstante, con una pagana necesidad de amor. Entre sus obras se encuentran: *El dulce daño, Ocre, El mundo de los siete pozos, Mascarillas y trébol.* Al final escribió un soneto "Voy a dormir" después del cual se suicidó en el mar.

Miguel de Unamuno (1864-1936)

Nació en Bilbao. Estudió Filosofía y Letras en la Universidad de Madrid. Después fue maestro de griego en la Universidad de Salamanca, donde también fue rector. Fue desterrado por el gobierno de Primo de Rivera, por le que emigró a Francia. Al caer la república, regresó a su alta posición en Salamanca, donde se quedó hasta verse obligado a abandonar a España otra vez. Fue ensayista de temas filosóficos, crítico literario, novelista y poeta. Algunas de sus libros de ensayo más conocidos son: *En torno al casticismo, Del sentimiento trágico de la vida* y *La vida de don Quijote y Sancho.* Entre sus novelas están, *Niebla, La Tía Tula, Tres novelas ejemplares y un prólogo, Paz en la guerra, Abel Sánchez* y *San Manuel Bueno, mártir.*

Juan Valera (1824-1905)

Nació en Cabra, Córdoba, de una familia de la alta sociedad, realizó estudios de filosofía en el seminario de Málaga y de Derecho en las Universidades de Granada y Madrid. Desempeñó diferentes cargos políticos en el extranjero, y fue reconocido por ser gran humanista. En 1861 fue elegido a la Real Academia Española. Era escritor prolífico de poemas y críticos literarios, pero sus novelas más conocidas son *Pepita Jiménez* y *Juanita la Larga.* Es el más elegante de los realistas del siglo XIX.

César Vallejo (1892-1938)

Nació en Perú. Los temas de sus obras son el amor, erótico u hogareño, la vida cotidiana, la tristeza, la desilusión, la armagura y el sufrimiento. El impulso de solidaridad humana lo lleva a la rebelión poética. Después que su obra *Trilce,* Vallejo se expatrió y se apartó de la poesía. Escribió cuentos, novelas, drama y mucho periodismo. Vivió en Francia, España, Rusia y otros países. Era comunista e hizo literatura de propaganda marxista y revolucionaria. Después de la guerra civil española escribió *Poemas humanos* que se publicaron póstumamente en 1939.

Términos literarios

Alejandrinos. Versos de catorce sílabas.

Anáfora. La misma palabra comienza varias oraciones seguidas. Por ejemplo: *Juegos de manos, juegos de villanos.*

Antítesis. Contraposición de ideas o palabras. Por ejemplo: *Con mayor frío vos, yo con mayor fuego.*

Apóstrofe. Es la invocación vehemente, exclamación o pregunta, a un ser presente o ausente, real o imaginario. Por ejemplo: *A ti, hermano, te encomiendo el futuro de la familia.*

Barroco. El estilo dominante del siglo XVII: ornamentista, decorativo, adornado. En la literatura española, para mayor claridad, se le divide en dos aspectos: conceptismo y culteranismo.

Caballería, libros de caballería. Se le considera descendientes de la épica francesa pero estos libros alcanzan en España su máxima expresión. Se refiere a los acontecimientos heroicos alrededor de un modelo, o el héroe central. En ellos se inspiraron los españoles, no solamente los escritores de leyenda, sino también los hombres de acción de la conquista española en América. La reacción contra los libros de la caballería está representada por el *Quijote*.

Cancionero. Colección de poesía medieval y renacentista en que se recogen lo mismo poemas artísticos que poemas populares. Las colecciones españolas más importantes son el *Cancionero de Baena* (1445) y el *Cancionero de Stúñiga* (hacia 1458). El más importante es el *Cancionero general*, del año 1511, que recoge cerca de mil composiciones. A través de los cancioneros se pueden conocer todos los aspectos de la poesía española de su época.

Cantar de gestas. Poema épico de origen anónimo. La épica se refiere a los mitos, a los héroes y a los semidioses, y el poema épico suele tomar un personaje histórico y convertirlo en una leyenda. El más importante de los cantares de gesta es el *Cantar de mío Cid*, compuesto hacia 1140.

Conceptismo. La manifestación del barroco en la prosa, en un estilo en el que predomina el ingenio y la agudeza, contrastes violentos y metáforas atrevidas. En el conceptismo la frase encierra más ideas que palabras. Son sus representantes Quevedo (1580-1645) y Gracián (1601-1658).

Costumbrismo. Como su nombre indica, es el aspecto del realismo que se fija en las costumbres de la época y ambiente. Se encuentra este reflejo de ambiente en casi todas las obras de la literatura española, pero en literatura hemos establecido una categoría de escritores costumbristas para referirnos a los que reflejan la vida del siglo XIX, entre ellos Ramón de Mesonero Romanos (1803- 1882), Serafín Estébanez Calderón (1799-1867) y Cecilia Böhl de Faber (Fernán Caballero, 1796-1877).

Culteranismo. El barroco en la poesía, que busca la originalidad en palabras nuevas, el cambio de la estructura y la música del lenguaje, las comparaciones atrevidas y en temas mitológicos. Su representante es Luis de Góngora (1561-1627). Del culteranismo parten, en cierta forma, las tendencias poéticas más recientes, entre ellas "la poesía pura" y la "poesía hermética".

El drama. El drama es una forma literaria para ser representada en forma teatral. El asunto puede ser cómico o trágico. Como obras de drama mayor se puede reconocer la tragedia, que trata de asustos trágicos, la comedia, con asuntos ligeros y llenos de humor, y el drama, en el cual se incluye elementos trágicos y cómicos. Otras obras dramáticas menores son el auto sacramental, la loa, la farsa, los entremeses y el sainete.

Descriptiva. Es la presentación de las cosas con sus elementos y cualidades. La realidad percibida por el autor puede ser reproducida con fidelidad—realismo—o puede transformar la realidad recreándola en forma distinta—subjetivismo. El campo de la descripción abarca todo tipo de objetos físicos, lugares, épocas, personajes y estados psíquicos. Las descripciones pueden ser de la dialogada y epistolar.

> a) Forma dialogada. Es la reproducción de una conversación. Es fundamental en la dramática y auxiliar de la narración. Es una forma totalmente objetiva, ya que los autores se esconden tras las palabras directas de los personajes.

> b) La forma epistolar. Asume la forma de correspondencia escrita, enviada, recibida, hablada. Tiene relación directa con el monólogo y soliloquio, estando próximo al diálogo potencial.

Diéresis. La pronunciación en una poesía de un diptongo en dos sílabas: *sü-a-ve, rü-i-do.*

Endecasílabos. Versos de once sílabas.

La épica. Es el género literario que canta el mundo externo al poeta. Predomina la narración. La épica se puede subdividir en dos grupos: la épica en verso y la épica en prosa. Las obras épicas en verso son la epopeya, el poema épico, el cantar de gesta y el romance. Las obras épicas en prosa son la novela y la novela corta o el cuento. Las novelas pueden ser de caballería, pastoriles, picarescas, sentimentales, históricas, de costumbres, sicológicas y de aventuras.

Existencialismo. Una escuela francesa, representada principalmente por Sartre, que plantea los problemas del ser y existir y los conflictos del hombre en el mundo moderno. Se basa, principalmente, en las tendencias filosóficas de Kierkegaard. *El sentimiento trágico de la vida* de Miguel de Unamuno y las novelas del mismo autor que plantean los problemas esenciales del ser humano están considerados como antecedentes del existencialismo.

Fábula. Composición alegórica en la cual se muestran verdades, consejos o lecciones útiles. Los personajes son comúnmente animales con características humanas.

Generación del 98. Grupo de escritores españoles que comprende, en su sentido general, a Unamuno (1864-1936), Gavinet (1865-1898), Valle Inclán (1866-1936), Blasco Ibáñez (1867-1928), Baroja (1872-1956), Azorín (1873-1966), Manuel Machado (1874-1947) y Antonio Machado (1875-1939). La característica general es la preocupación por España y especialmente la interpretación del paisaje de Castilla.

Géneros literarios. Estilos de las obras literarias que se distinguen por tener ciertas formas y reglas en común. Los géneros literarios, sean ya en verso o en prosa, pueden categorizarse en épico, lírico y dramático.

Hiato. La pronunciación en una poesía de dos vocales en dos sílabas separadas cuando una palabra termina en vocal y la siguiente empieza en vocal: la aurora, allá arriba.

Hipérbole. Ponderación exagerada, generalmente acompañada de comparaciones.

Impresionismo. Escuela de pintura francesa de mediados del siglo XIX. Un pintor impresionista no reproduce un objeto directamente sino que pinta su sentido e impresión del objeto para que el espectador vea su presencia y no una fotografía. Esta actitud pasó a la literatura con los relatos que no describen sino que transmiten sensaciones y matices cromáticos. Se considera que Juan Ramón Jiménez es el representante de esta escuela en España.

Letrilla. Un breve poema escrito en metro de seis, siete u ocho sílabas que empieza con un pensamiento que sirve de tema a la composición, la cual se divide en estrofas simétricas, terminadas con un verso llamado *estribillo*.

Mester de juglaría. La epopeya española transmitida por juglares recibe este nombre general. El juglar se ganaba la vida distrayendo al público, con música, danza, canciones, imitaciones, juegos, etc. Los juglares también recitaban y dieron a conocer y conservaron los cantares de gesta. Con el mester de juglaría se identifica el *Libro de buen amor* del Arcipreste de Hita. Se caracteriza por usar versos irregulares asonantados.

Mester de clerecía. En los siglos XIII y XIV fue cultivado por los hombres cultos o letrados. Se inspira en fuentes latinas o en leyendas piadosas, y se caracteriza por el uso de la cuaderna vía (cuatro versos monorrimos de catorce sílabas cada uno). El más antiguo representante es Gonzalo de Berceo (mediados del siglo XIII).

Metáfora. Identificación de una cosa por otra. Por ej. *La perla que se deja ver en tu sonrisa.*

Misticismo. Movimiento literario típicamente español que se inspira directamente en el amor y la comunión con Dios. Ha producido grandes poetas, principalmente Santa Teresa de Jesús (1515-1582) y San Juan de la Cruz (1542-1591).

Modernismo. La inquietud universal de fines del siglo XIX da lugar en la América española a una escuela literaria que se destaca por su preferencia por el verso brillante, lleno de color, sonoro y delicado. Los principales poetas fueron José Martí, cubano (1853-1895), y Rubén Darío, nicaragüense (1867-1916), al que se considera el maestro máximo de la escuela. En España el modernismo se identifica con las tendencias de la generación del 98.

Narrativa. Es la forma dedicada a relatar hechos. Es la forma de relatar la acción. Los elementos básicos de la narración son: acción, personajes y ambiente.

Hay tres modalidades que generalmente adopta la narración:

a) Relatos en primera persona: El autor se transforma en un personaje más, pero es personaje privilegiado al ser narrador.

b) El monólogo interior: Le permite al lector leer la conciencia del personaje.

c) Las narraciones objetivas: Se relatan los acontecimientos externos a los personajes.

Naturalismo. Movimiento literario francés, representado generalmente por Emilio Zolá a mediados del siglo XIX, que quería darle a la novela un valor científico basado en la observación directa, incluyendo los detalles más desagradables. En España se considera que Emilia Pardo Bazán (1852-1921) y a veces Benito Pérez Galdós (1843-1920) son los mejores representantes del naturalismo.

Neoclasicismo. La tendencia más importante del siglo XVIII en España que estableció el imperio y la rigidez de las reglas y preceptos literarios. Bajo esta influencia se funda la Real Academia Española de la Lengua con su lema "Limpia, fija y da esplendor" para explicar su interés en un idioma español puro y claro.

Octosílabos. Versos de ocho sílabas.

Oda. Composición poética lírica, de lenguaje elevado, cuyo carácter principal es el entusiasmo y en la que surge la personalidad del poeta por su interpretación de la naturaleza.

Onomatopeya. Imitación de los sonidos mediante el lenguaje. Por ejemplo:

En el silencio sólo se escuchaba
Un susurro de abejas que sonaba.

Paradoja. Contraposición aparente de dos ideas. Por ejemplo:

Vivo sin vivir en mi

y tan alta vida espero

que muero porque no muero.

       -Anónimo

Pastoril. Novela de género bucólico que alcanza gran auge en España durante el Siglo de Oro. Presenta príncipes y princesas, disfrazados de pastores en una campiña idealizada.

Picaresca. Grupo de novelas españolas de los siglos XVI y XVII, casi siempre autobiográficas. El héroe picaresco es el antihéroe en contraste al conquistador y al santo. Las más importantes novelas son *La vida de Lazarillo de Tormes* (1554) y *La vida de Guzmán de Alfarache* (1599).

Realismo. Característica de la literatura del siglo XIX que busca la objetividad. Refleja el ambiente local, describe las costumbres, sigue la imitación casi fotográfica, se fija en los detalles. Es también una reacción contra el romanticismo. Un aspecto literario es el costumbrismo. El realismo extremo constituye el naturalismo.

Regional. Es la literatura que representa la lengua y costumbres de una provincia o región determinada. Aparece hacia el siglo XIX y se relaciona con el costumbrismo y con el realismo. Los ejemplos más citados son las novelas *Sotileza* y *Peñas arriba* de José María de Pereda (1833-1906), que reflejan la marina y la montaña de Santander.

Rima asonante. Las mismas vocales a partir de la última vocal acentuada, pero las consonantes son distintas: cabaña-venganza.

Rima consonante. Igualdad de letras a partir de la última vocal acentuada, incluyéndola: huracán- volcán, activo-positivo.

Rima libre. Versos que no riman.

Romancero. Colección de composiciones españolas, basadas en los cantares de gesta, en leyendas, en hechos históricos, que se han transmitido en su mayoría a través de la tradición oral y que se conservan a la vez en juegos y canciones del pueblo, en obras literarias, en pliegos sueltos y en colecciones. Es uno de los fenómenos más extraordinarios de la literatura universal.

Romanticismo. Nombre de las tendencias europeas de principios del siglo XIX que también se reflejaron en la vida literaria de España y de América. La figura de más amplia influencia es posiblemente Byron, y en España Mariano José de Larra (1809-1837), José de Espronceda (1808-1842) y el duque de Rivas (1791-1865). En el romanticismo hispanoamericano se distinguen Esteban Echeverría (la Argentina, 1805-1851) y José Zorrilla San Martín (Uruguay, 1855-1931). La consecuencia más importante de este movimiento en América fue el desarrollo de la literatura gauchesca argentina.

Sátira. Composición poética que critica los defectos y los vicios humanos.

Simbolismo. Movimiento literario francés del siglo XIX que buscaba ante todo la música de la palabra y que en lugar de describir, sugiere. Ha influido en toda la poesía universal y llegó a la española a través de Rubén Darío.

Sinalefa. La pronunciación en la poesía de dos vocales como una sola sílaba cuando aparecen una al final de una palabra y la otra al pricipio de la siguiente: *La a-troz, senten-cia e-fectua-da.*

Sinéresis. La pronunciación en la poesía de dos vocales que se suelen pronunciar separadas, en una sola sílaba: *aho-ra, real.*

Surrealismo. Llamado también superrealismo o suprarrealismo, es una de las grandes escuelas artísticas del siglo XX, de origen francés. El más conocido de los surrealistas españoles es el pintor, también escritor, Salvador Dalí. Se basa en el uso de la fuerza creadora subconsciente, sin el control de la razón o de las reglas.

Ultraísmo. Aspecto que toman en España las tendencias literarias del siglo XX (hacia 1920) como el dadaísmo y el cubismo. Trata de suprimir todas las notas ajenas a un poema, como la narración, y se concentra en la imagen. Son ultraístas, en cierta forma, Gerardo Diego (1896-1987), Pedro Salinas (1892-1951), Jorge Guillén (1893-), a veces Federico García Lorca (1898-1936) y Rafael Alberti (1902-). El creacionismo es el aspecto que tomó el ultraísmo en la América española y que influyó mucho en España a través de Vicente Huidobro (Chile,1893-1948). Uno de sus más distinguidos cultivadores fue Jorge Luis Borges (la Argentina, 1899-1986).

Vanguardismo. El cansancio de los movimientos literarios del siglo XIX provocó una serie de nuevas modalidades literarias que se agruparon bajo el nombre general de vanguardia, es decir que están al frente y que en España y en América se pueden llamar ultraísmo, creacionismo, dadaísmo, surrealismo, etc. Todos estos movimientos se caracterizan por tratar de romper con las tradiciones.

Verbos

Regular verbs

Infinitive	**hablar**	**comer**	**vivir**
	to speak	to eat	to live
Present Participle	hablando	comiendo	viviendo
Past Participle	hablado	comido	vivido

Simple tenses

Indicative

	hablar	comer	vivir
Present	hablo	como	vivo
	hablas	comes	vives
	habla	come	vive
	hablamos	comemos	vivimos
	habláis	coméis	vivís
	hablan	comen	viven
Imperfect	hablaba	comía	vivía
	hablabas	comías	vivías
	hablaba	comía	vivía
	hablábamos	comíamos	vivíamos
	hablabais	comíais	vivíais
	hablaban	comían	vivían
Preterite	hablé	comí	viví
	hablaste	comiste	viviste
	habló	comió	vivió
	hablamos	comimos	vivimos
	hablasteis	comisteis	vivisteis
	hablaron	comieron	vivieron
Future	hablaré	comeré	viviré
	hablarás	comerás	vivirás
	hablará	comerá	vivirá
	hablaremos	comeremos	viviremos
	hablaréis	comeréis	viviréis
	hablarán	comerán	vivirán
Conditional	hablaría	comería	viviría
	hablarías	comerías	vivirías
	hablaría	comería	viviría
	hablaríamos	comeríamos	viviríamos
	hablaríais	comeríais	viviríais
	hablarían	comerían	vivirían

Subjunctive

Present	hable	coma	viva
	hables	comas	vivas
	hable	coma	viva
	hablemos	comamos	vivamos
	habléis	comáis	viváis
	hablen	coman	vivan

Imperfect	hablara	comiera	viviera
	hablaras	comieras	vivieras
	hablara	comiera	viviera
	habláramos	comiéramos	viviéramos
	hablarais	comierais	vivierais
	hablaran	comieran	vivieran

Compond tenses

Indicative

Present Perfect	he has ha hemos habéis han	hablado	comido	vivido

Pluperfect	había habías había habíamos habíais habían	hablado	comido	vivido

Future Perfect	habré habrás habrá habremos habréis habrán	hablado	comido	vivido

Conditional Perfect	habría habrías habría habríamos habríais habrían	hablado	comido	vivido

Subjunctive

Present Perfect	haya hayas haya hayamos hayáis hayan	hablado	comido	vivido

Pluperfect	hubiera			
	hubieras			
	hubiera	hablado	comido	vivido
	hubiéramos			
	hubierais			
	hubieran			

Direct commands

Informal
(tú and vosotros forms)

Affirmative	habla (tú)	come (tú)	vive (tú)
	hablad	comed	vivid
Negative	no hables	no comas	no vivas
	no habléis	no comáis	no viváis

Formal

| | (no) hable Ud. | (no) coma Ud. | (no) viva Ud. |
| | (no) hablen Uds. | (no) coman Uds. | (no) vivan Uds. |

STEM-CHANGING VERBS

First class

	-ar verbs		-er verbs	
	e → ie	o → ue	e → ie	o → ue
Infinitive	sentar[1]	contar[2]	perder[3]	soler[4]
	to seat	to tell	to lose	to be accustomed
Present Participle	sentando	contando	perdiendo	soliendo
Past Participle	sentado	contado	perdido	solido

Indicative

Present	siento	cuento	pierdo	suelo
	sientas	cuentas	pierdes	sueles
	sienta	cuenta	pierde	suele
	sentamos	contamos	perdemos	solemos
	sentáis	contáis	perdéis	soléis
	sientan	cuentan	pierden	suelen

Subjunctive

Present	siente	cuente	pierda	suela
	sientes	cuentes	pierdas	suelas
	siente	cuente	pierda	suela
	sentemos	contemos	perdamos	solamos
	sentéis	contéis	perdáis	soláis
	sienten	cuenten	pierdan	suelan

[1] Cerrar, comenzar, despertar, empezar, and pensar are similar.
[2] Acordar, almorzar, apostar, colgar, costar, encontrar, jugar, mostrar, probar, recordar, rogar, and volar are similar.
[3] Defender and entender are similar.
[4] Disolver, doler, envolver, llover, and volver are similar.

Second and third classes

[5] Mentir, preferir, and sugerir are similar.

[6] Morir is similar; however, the past participle is irregular—muerto.

[7] Conseguir, despedir, elegir, medir, perseguir, reír, repetir, seguir, and servir are similar.

	second class	third class	
	e ie, i	o ue, u	e i, i
Infinitive	sentir[5]	dormir[6]	pedir[7]
	to regret	to sleep	to ask for, to request
Present Participle	sintiendo	durmiendo	pidiendo
Past Participle	sentido	dormido	pedido

Indicative

Present	siento	duermo	pido
	sientes	duermes	pides
	siente	duerme	pide
	sentimos	dormimos	pedimos
	sentís	dormís	pedís
	sienten	duermen	piden
Preterite	sentí	dormí	pedí
	sentiste	dormiste	pediste
	sintió	durmió	pidió
	sentimos	dormimos	pedimos
	sentisteis	dormisteis	pedisteis
	sintieron	durmieron	pidieron

Subjunctive

Present	sienta	duerma	pida
	sientas	duermas	pidas
	sienta	duerma	pida
	sintamos	durmamos	pidamos
	sintáis	durmáis	pidáis
	sientan	duerman	pidan
Imperfect	sintiera	durmiera	pidiera
	sintieras	durmieras	pidieras
	sintera	durmiera	pidiera
	sintiéramos	durmiéramos	pidiéramos
	sintierais	durmierais	pidierais
	sintieran	durmieran	pidieran

Irregular verbs

	andar *to walk, to go*
Preterite	anduve, anduviste, anduvo, anduvimos, anduvisteis, anduvieron
	caber *to fit*
Present Indicative	quepo, cabes, cabe, cabemos, cabéis, caben
Preterite	cupe, cupiste, cupo, cupimos, cupisteis, cupieron
Future	cabré, cabrás, cabrá, cabremos, cabréis, cabrán
Conditional	cabría, cabrías, cabría, cabríamos, cabríais, cabrían

Present Indicative	**caer**[8] *to fall* caigo, caes, cae, caemos, caéis, caen

[8] Spelling changes are found in the present participle *cayendo*; past participle *caído*; and preterite *caíste, cayó, caímos, caísteis, cayeron*.

Present Indicative	**conocer** *to know, to be acquainted with* conozco, conoces, conoce, conocemos, conocéis, conocen

dar *to give*

Present Indicative	doy, das, da damos, dais, dan
Present Subjunctive	dé, des, dé, demos, deis, den
Preterite	di, diste, dio, dimos, disteis, dieron

decir *to say, to tell*

Present Participle	diciendo
Past Participle	dicho
Present Indicative	digo, dices, dice, decimos, decís, dicen
Preterite	dije, dijiste, dijo, dijimos, dijisteis, dijeron
Future	diré, dirás, dirá, diremos, diréis, dirán
Conditional	diría, dirías, diría, diríamos, diríais, dirían
Direct Command	di (tú)

estar *to be*

Present Indicative	estoy, estás, está, estamos, estáis, están
Present Subjunctive	esté, estés, esté, estemos, estéis, estén
Preterite	estuve, estuviste, estuvo, estuvimos, estuvisteis, estuvieron

haber *to have*

Present Indicative	he, has, ha, hemos, habéis, han
Present Subjunctive	haya, hayas, haya, hayamos, hayáis, hayan
Preterite	hube, hubiste, hubo, hubimos, hubisteis, hubieron
Future	habré, habrás, habrá, habremos, habréis, habrán
Conditional	habría, habrías, habría, habríamos, habríais, habrían

hacer *to do, to make*

Past Participle	hecho
Present Indicative	hago, haces, hace, hacemos, hacéis, hacen
Preterite	hice, hiciste, hizo, hicimos, hicisteis, hicieron
Future	haré, harás, hará, haremos, haréis, harán
Conditional	haría, harías, haría, haríamos, haríais, harían
Direct Command	haz (tú)

Present Indicative	**incluir**[9] *to include* incluyo, incluyes, incluye, incluimos, incluís, incluyen

[9] Spelling changes are found in the present participle *incluyendo*; and preterite *incluyó, incluyeron*. Similar are *atribuir, constituir, contribuir, distribuir, fluir, huir, influir,* and *sustituir.*
[10] A spelling change is found in the present participle —*yendo.*

ir[10] *to go*

Present Indicative	voy, vas, va, vamos, vais, van
Present Subjunctive	vaya, vayas, vaya, vayamos, vayáis, vayan
Imperfect Indicative	iba, ibas, iba, íbamos, ibais, iban
Preterite	fui, fuiste, fue, fuimos, fuisteis, fueron
Direct Command	vé (tú)

[11] Spelling changes are found in the present participle —*oyendo;* past participle —*oído;* and preterite —*oíste, oyó, oímos, oísteis, oyeron.*

oír[11] *to hear*

Present Indicative	oigo, oyes, oye, oímos, oís, oyen

poder *to be able*

Present Participle	pudiendo
Preterite	pude, pudiste, pudo, pudimos, pudisteis, pudieron
Future	podré, podrás, podrá, podremos podréis, podrán
Conditional	podría, podrías, podría, podríamos, podríais, podrían

poner *to put, to place*

Past Participle	puesto
Present Indicative	pongo, pones, pone, ponemos, ponéis, ponen
Preterite	puse, pusiste, puso, pusimos, pusisteis, pusieron
Future	pondré, pondrás, pondrá, pondremos, pondréis, pondrán
Conditional	pondría, pondrías, pondría, pondríamos, pondríais, pondrían
Direct Command	pon (tú)

producir *to produce*

Present Indicative	produzco, produces, produce, producimos, producís, producen
Preterite	produje, produjiste, produjo, produjimos, produjisteis, produjeron

querer *to wish, to want*

Preterite	quise, quisiste, quiso, quisimos, quisisteis, quisieron
Future	querré, querrás, querrá, querremos, querréis, querrán
Conditional	querría, querrías, querría, querríamos, querríais, querrían

saber *to know*

Present Indicative	sé, sabes, sabe, sabemos, sabéis, saben
Present Subjunctive	sepa, sepas, sepa, sepamos, sepáis, sepan
Preterite	supe, supiste, supo, supimos, supisteis, supieron
Future	sabré, sabrás, sabrá, sabremos, sabréis, sabrán
Conditional	sabría, sabrías, sabría, sabríamos, sabríais, sabrían

salir *to leave, to.go out*

Present Indicative	salgo, sales, sale, salimos, salís, salen
Future	saldré, saldrás, saldrá, saldremos, saldréis, saldrán
Conditional	saldría, saldrías, saldría, saldríamos, saldríais, saldrían
Direct Command	sal (tú)

ser *to be*

Present Indicative	soy, eres, es, somos, sois, son
Present Subjunctive	sea, seas, sea, seamos, seáis, sean
Imperfect Indicative	era, eras, era, éramos, erais, eran
Preterite	fui, fuiste, fue, fuimos, fuisteis, fueron
Direct Command	sé (tú)

tener *to have*

Present Indicative	tengo, tienes, tiene, tenemos, tenéis, tienen
Preterite	tuve, tuviste, tuvo, tuvimos, tuvisteis, tuvieron
Future	tendré, tendrás, tendrá, tendremos, tendréis, tendrán
Conditional	tendría, tendrías, tendría, tendríamos, tendríais, tendrían
Direct Command	ten (tú)

traer[12] *to bring*

Present Indicative	traigo, traes, trae, traemos, traéis, traen
Preterite	traje, trajiste, trajo, trajimos, trajisteis, trajeron

[12] Spelling changes are found in the present participle —*trayendo;* and past participle —*traído.*

valer *to be worth*

Present Indicative	valgo, vales, vale, valemos, valéis, valen
Future	valdré, valdrás, valdrá, valdremos, valdréis, valdrán
Conditional	valdría, valdrías, valdría, valdríamos, valdríais, valdrían

venir *to come*

Present Participle	viniendo
Present Indicative	vengo, vienes, viene, venimos, venís, vienen
Preterite	vine, viniste, vino, vinimos, vinisteis, vinieron
Future	vendré, vendrás, vendrá, vendremos, vendréis, vendrán
Conditional	vendría, vendrías, vendría, vendríamos, vendríais, vendrían
Direct Command	ven (tú)

ver *to see*

Past Participle	visto
Present Indicative	veo, ves, ve, vemos, veis, ven
Imperfect Indicative	veía, veías, veía, veíamos, veíais, veían

Vocabulario

A

abad *m* abbot
abadía *f* abey
abalanzar(se) to rush
abandonar to abandon, to desert, to give up
abandono *m* solitude, loneliness
abanicar to fan
abarcar to clasp, to embrace
abasto *m* supply, abundance
 dar _ to be sufficient
abatido dejected
abatimiento *m* discouragement
abatir to knock down
abdicación *f* abdication, withdrawal, resignation
abdicar to abdicate, to resign
aberración *f* aberration, hallucination, deviation
abierto open, frank
abismo *m* abyss, gulf
abogacía *f* law profession
abogado *m* lawyer
abogar to plead
abolengo *m* ancestry
abolir to abolish
abonar to repay (on what is due)
abordar to approach, to touch upon, to undertake
aborrecer to abhor, to hate
aborrecimiento *m* hatred
aborto *m* monster, abortion
abotonar to button
abra *f* dale, valley
abrasar to sear, to burn
abrazadera *f* sling
abrazado united, joined, embraced
abrazar to embrace, to hug
abreviar to summarize, to shorten
abrigado sheltered, protected
abrigo *m* protection, overcoat
abrochar to clasp, to buckle, to fasten
abrumar to annoy, to overwhelm
absorto absorbed in thought, amazed
abstener to refrain, to abstain
abstraerse (en) to become absorbed in
abultado bulky, massive
abundar to be abundant
aburrido bored

aburrir to bore
abyección *f* dejection
abyecto abject
acabamiento *m* end, finish, demise
acabar to finish, to end, to complete
 _ de to have just
acaecer to occur
acalorar to warm, to incite
acantilado bold, steep, *m* grandstand, escarpment
acariciador caressing
acariciar to caress
 _ se to stroke (as a beard)
acaso perhaps
acatar to respect, to venerate
acaudillado commanded, led
acceder to agree, to give in
acechar to lie in ambush, to lurk
acecha *m* spying, lying in ambush
aceite *m* oil, olive oil
acelerador *m* accelerator
acentuar to accentuate
acera *f* sidewalk
acerbamente sharply
acercar(se) to approach, to get close
acero *m* steel, fig. sword tener_ to be strong
acertadamente opportunely, fitly
acertado asserted
acertar (ie) to hit the spot, to do the right thing , to guess rightly
acertijo *m* riddle
aciago *m* bad omen
acierto *m* good hit, act and effect of hitting
aclaración *f* explanation, clarification
aclarar to make clear, to clarify
acogedor protective and inviting
acogimiento *m* lodging
acometer to track, to assault
acomodado rich, wealthy
acomodarse to get used to, to reconcile
acomodo *m* adjustment
acompañar to accompany, to go with
acompasar to mark, to keep time to
acondicionado of good or bad disposition
 aire _ air conditioning
acondicionar to pack, to make comfortable, to prepare

aconsejar to advise, to counsel
acontecer to happen
acontecimiento *m* event, happening
acorazado(a) covered
acordar (ue) to decide, to agree upon _se to remember
acorralar to fence in, to trap
acortar to shorten, to lessen
 _ terreno to take a shortcut
acre crid, unpleasant
acritud *f* acrimony
acta *f* act or record of proceeding, certificate
actitud *f* attitude, behavior, pose
actuación *f* performance
actual present day
actualidad *f* present time, current event
actualmente at the present time
actuar to act
acudir to come to, to aid
acueducto *m* aqueduct
acuerdo *m* accord, agreement de _ con according to, in accordance with estar **de _ con** to agree with
acumular to accumulate
acusador *m* accuser
acusar to accuse
achaque *m* purpose, objective, excuse
adalid *m* chief, leader
adecuadamente adequately, suitably
adecuado adequate, suitable
adelantar to advance, to get ahead, to gain
adelanto *m* advancement, progress
ademán *m* gesture, look, manner
además furthermore, besides, in addition, moreover
adentrar(se) to enter, to come in
adentro within, inside para sus _ s under his breath
aderezar to dress, to prepare, to repair, to lead
adherido stuck
adiestramiento *m* training, teaching, leading
adiestrar to guide, to train
adivinar to guess
admirador *m* admirer
admirar to admire, to wonder at
admitir to admit

adornar   to adorn, to decorate
adquirir   to acquire
aduana *f*   customs, customs house
aducir   to bring forth
adueñarse   to take possession
adulador   flattering
adulto   adult
adusto(a)   austere. rigid, unwavering
advenedizo   foreign
advenimiento *m*   advent, coming
adversario *m*   opponent
adversidad *f*   adversity
advertir (ie, i)   to notice, to warn
afán *m*   anxiety, eagerness, toil, labor
afanar   to labor, to urge
_se   to act anxiously
afear   to make ugly
afecto *m*   affection, love
afectuoso   affectionate
afeitar(se)   to shave
aferrar   to grasp or seize; to tie or bind
afianzar   to guarantee, to become security for
afición *f*   fondness (for), hobby, interest por_ by choice
aficionado   fond of, *m* fan
afinar   to be exact
_ la puntería   to aim well
aflicción *f*   sorrow, grief
afligido   disturbed, upset
afligirse   to be upset, to be disturbed, to grieve
aforrado   covered, dressed
afrancesado   an affected French sympathizer
afrentarse   to be offended
afrontar   to confront, to face, to defy
agachar(se)   to stoop (down), to bend over
ágape *m*   banquet
agarrado   grasped, seized
agarrar   to grab, to take hold of
agasajar   to entertain
agasajo *m*   friendliness, kindness
agazapar   to crouch, to hide oneself
agente *m*   agent
ágil   agile, limber, flexible
agitación *f*   agitation
agitar   to agitate, to shake, to move violently or nervously
aglomerar   to heap upon
aglutinante (*fig.*)   attractive, with drawing power

aglutinar   to be drawn, to stick together
agonizar   to suffer terribly, to assist dying persons
agotar   to drain, to exhaust
agraciado   graceful, genteel, handsome
agradable   agreeable
agradar   to please, to give pleasure to
agradecer   to thank, to give thanks, to be grateful
agradecimiento *m*   thanks, gratitude
agrado *m*   pleasure, joy
agregar   to add, to collect and unite
agrícola   agricultural
agruparse   to form a group, to gather in a group
agua *f*   water
aguaitar   to spy
aguantar   to tolerate, to endure
aguardar   to wait, to await
agudo   sharp, pointed
águila *f*   eagle
aguja *f*   needle
agujero *m*   hole
aguzar   to sharpen, to incite, to stir up
aherrojado   chained, in irons
ahinco *m*   eagerness, earnestness
ahogador   stifling
ahogar(se)   to drown
ahorrar   to save
ahuecado   hollowed out, loosened
ahuyentar   to drive away, to put to flight
aislado   isolated, alone
aislar   to isolate, to detach
ajado   faded, withered
ajeno   another's, foreign, strange, remote
ajo *m*   garlic
ajonjolí   sesame seed
ajustado   adjusted, close fitting
ajustar   to adjust _cuentas to settle accounts
ala *f*   wing
alabar   to praise
alabastro *m*   alabaster
alacena *f*   cupboard, closet
alambicado   distilled, oversubtle, scrutinized
alambrado *m*   fence made of wire
alambre *m*   wire
_ de púas   barbed wire
álamo *m*   poplar tree
alancear   to strike with a lance, to spear

alarde *m*   boasting, vanity, showing off hacer _ to boast or brag of something
alardear   to brag, to boast
alargar   to make long, to stretch out
alarido *m*   shout, yell
alazano   sorrel-colored
alba *f*   dawn
albañil *m*   mason
albaricoque *m*   apricot
albeante   white, white hot
albedrío *m*   freedom of will
alberca *f*   (Mex.) pools, reservoirs
albergar   to lodge
alborear *m*   dawning, beginning
alborotar   to arouse, to stir up
alboroto *m*   disturbance, loud noise
alborozo *m*   merriment, elation
albricias *f*   pl good tidings, congratulations
alcaide *m*   jailer
alcalde *m*   mayor
alcance *m*   reach
al _ de   within reach
alcanzar   to overtake, to attain, to reach, to catch
alcuza *f*   cruet (kind of bottle for oil or medicine
aldabonazo *m*   blow with a (door) knocker, knocking
aldea *f*   village
aldeano *m*   villager
alearse   to ally oneself
aledaño *m*   common boundary, border, limit
alegrarse (de)   to be happy
alegre   gay, happy, cheerful
alejado   distant, separate, removed to a distance
alejar   to draw away (from), to separate
_se   to move away, to go away
alemán(a)   German
alentar (ie)   to animate, to encourage, to comfort
aletas *f pl*   fins
aletear   to flutter
alevoso(a)   `treacherous
alfana *f*   strong, spirited horse
alfiler *m*   pin, brooch
alforja *f*   saddle bag, knapsack
algarabía *f*   uproar, noise of confusion, jargon
algazara *f*   shout of a multitude, clamor
algo   something
algodón *m*   cotton

alguacil *m* constable, peace officer

alhucema *f* lavender (botanical)

aliciente *m* incentive

aliento *m* breath

aligerar to make lighter, to lessen the weight

alijo *m* smuggled goods, contraband

alimentación *f* food, nutrition

alimentado fed

alivantar *coll.* to get up
¡**Alivántense**! Get up!

aliviar to help, to relive, to mitigate grief

alma *f* soul, person

almacén *m* deparment store, warehouse

almena *f* merlon of battlement

almenado battlemented

almendra *f* almond

almendro *m* almond tree

almohadón *m* large, stuffed cushion

almoneda *f* auction, clearance sale

alocado(a) crazy

alojamiento *m* lodging, room

alondra *f* lark (bird)

alpargatero *m* sandal maker

alquilar to rent

alquiler *m* rent, rental
de_ rented, for rent

alquitrán *m* tar

alrededor around
los _ es surrounding area, outskirts

altanería *f* haughtiness, arrogance

altanero arrogant, haughty, insolent

alterado disturbed,angry

alterar to alter, to change, to anger, to disturb

alternado alternating

alterno alternate

Alteza:Vuestra _ Your Highness

altillo *m* small hill, rising ground

altiplanicie *f* plateau, table land

altivez *f* pride, haughtiness, iordliness

altivo haughty, lofty, proud

¡**alto**! stop!
hacer _ to stop

alucinar to deceive, to lead into error, to fascinate, to delude

alud *m* avalanche

aludir to allude, to refer

alumbrado *m* light, city or town lighting system

alumbrado shined upon, to lit up

alvéolo *m* socket, small cavity

alzar to raise, to lift

allegado near, related, partisan

allende over there, on the other side

ama *f* housewife, lady of the house

amabilidad *f* kindness, pleasantness

amado beloved, adored

amadrinador *m* horseman who accompanies the trainer

amamantadora nursing

amamantar to nurse

amanecer *m* dawn, daybreak
al _ at dawn

amaneramiento *m* mannerism, affectation

amansado subdued, tamed

amansador *m* tamer

amansar to tame, to pacify

amante *mf* lover, one who is fond

amar to love

amarga bitter

amargura *f* bitterness

amarrar to bind, to tie

amazona *f* Amazon (very tall and strong woman warrior)

ambicionar to covet

ambicioso ambitious

ambiente *m* environment, atmosphere

ambos both

amén de in addition to

amenaza *f* threat

amenazado threatened,placed in danger

amenazar to threaten

amedrentar to be frightened

amenguar to diminish, to lessen

ameno pleasant, agreeable, charming

amilanar to intimidate
_se to threaten

aminorar to decrease

amistad *f* friendship, friend

amistoso friendly

amo *m* master, owner

amodorrado very sleepy, half awake, drowsy

amor *m* love
_ propio self love, conceit, pride

amoroso loving, amorous

amortiguar to deaden, to muffle, to lessen, to soften

amotinado riotous, rebellious, insurgent

amparar to shelter, to conceal

amparo *m* aid, support, protection

amplio ample, full

amplitud *f* extent, greatness, largeness

amujerado effeminate

amuleto *m* amulet, good luck charm

anafe *m* brazier

analfabeto *m* illiterate

análogo *m* analogy, similarity

anciano old

ancla *f* anchor

ancho wide, broad

anchuroso spacious, very wide

andada *f* adventure, track, trail

Andalucía Andalusia

andaluz Andalusian

andino Andean

andrajoso: hecho un _ looking ragged

anfitrión *m* host

ánfora *f* amphora, voting urn

anglosajón Anglo Saxon

angustia *f* anguish, distress

anhelar to desire anxiously, to covet

anidar to nestle, to make a home, to dwell, to reside

anillo *m* ring

animado lively, gay, animated

animalucho *m* ugly, hideous animal

animar to encourage, to excite

Ánimas *f pl* ringing of bells at certain hour of the evening

ánimo *m* soul, spirit, courage

aniquilamiento *m* annihilation, extinction

anís *m* anise

anochecer to grow dark

anónimo anonymous
sociedad _a corporation

anotar to jot down, to make notes

ansia *f* anxiety, eagerness, longing

ansiedad *f* anxiety

ansioso anxious, eager, greedy

antaño olden times

ante before, *m* suede

antecedente *m* antecedent, *pl* background

antemano: de _ beforehand, in advance

anteojos *m pl* eyeglasses

antepasado *m* ancestor

antiguamente formerly

antiguo old, ancient

antípoda   diametrically opposite

antojarse   to seem to desire, to long for, to fancy

antojo *m*   whim, fancy, caprice

anular   to annul, to cancel

anunciación *f*   annunciation

añadir   to add

añejo   old

añil   blue, *m* bluing

añoranza *f*   nostalgia

apabullar   to squash, to flatten

apacible   peaceful, mild, gentle

apaciguar   to calm, to appease

apadrinar   to support, to act as godparents or best man and maid of honor in a wedding, to sponsor

apagar   to put out, to extinguish, to placate

apaleado   beaten

aparato *m*   apparatus, machine, gadget

aparecer   to appear

aparear   to join, to match, to pair

apartar   to separate, to get away

aparte de   aside from, beside

apasionado   passionate, devoted, in love

apatía *f*   apathy, indifference

apearse   to dismount

apego *m*   attachment, fondness

apelar   to appeal

apelotonado   falling in heap

apellido *m*   family name, last name

apercibir   to advise, to warn

apero *m*   equipment, outfit, saddle and trappings

apertura *f*   opening

apetecer   to desire

apisonador   tamping, for pounding

   máquina _a   tamping machine

aplaudido   praised, highly rated

aplaudir   to applaud

aplauso *m*   applause, clapping

aplicar   to apply, to devote

aplomo *m*   aplomb, composure

apocado   of little spirit, cowardly

apoderarse   to seize, to grasp, to take hold of, to take possession

apodo *m*   nickname

apogeo *m*   height, apogee, zenith

apolillado   moth-eaten

apólogo *m*   fable

aporrear   to beat, to club

aportacion *f*   contribution

aposento *m*   bedroom

apostar (ue)   to bet, to lay a wager

apóstol *m*   apostle, disciple (of Christ)

apoyar   to lean, to support

apoyo *m*   support, assistance

apreciar   to apreciate, to esteem

apremiante   urgent, pressing

apremiar   to reward, to award

aprensión *f*   apprehension, unfounded fear, mistrust, suspicion

aprestar   to prepare, to get ready

apresuradamente   quickly, hastily

apresurar   to hasten, to speed up _se   to hurry up

apretado   tight

apretar (ie)   to squeeze, to press tight

apretón *m*   quick hug

apretujado(a)   crowded together

aprieto *m*   tight spot, worry

aprisa   fast, quickly, hurriedly

apropiado   appropriate, proper, fitting

aprovechar   to become useful, to take advantage

aproximadamente   approximately

apuradas colillas *f*   cigarette stub

archivar   to file, deposit in archives

arco   (addenda) chest, cask

armario *m*   wardrobe, closet

arrasar   to level, to raze

arrastrar   to drag, to carry off, to flash

¡arre!   get up! (used by muleteers to animals)

arrear   to drive horses or mules

arrebatado *m*   rash and inconsiderate man

arrebatar   to carry off, to snatch away

arredramiento *m*   act of removing to a greater distance

arredrar   to drive back, to frighten

arreglar   to arrange, to fix, to repair

arrellanarse   to sit at ease, to sit back, to sprawl

arremangado *m*   rolled up sleeve

arremetida *f*   attack, assault

arremolinarse   to gather, to form a crowd

arrepentida   sorry, repentant

arrepentimiento *m*   repentance

arrepentirse (ie, i)   to repent

arribo *m*   arrival

arriendo: en arriendo   rented

arriero   driver of pack train, muleteer

arriesgado   dangerous, risky, perilous, hazardous

arrimar(se)   to get close, to seek protection or shelter

arrinconar   to move aside

arrobamiento *m*   ecstasy

arrobo *m*   rapture, trance

arrodillado   kneeling

arrodillarse   to kneel, to kneel down

arrogancia *f*   arrogance, haughtiness, air of superiority

arrogante   arrogant, haughty

arrojado   throw (out), expelled

arrojar   to throw, to toss, to cast _se to jump, to throw oneself

arrojo *m*   courage, boldness

arrollador   sweeping, of or pertaining to steam roller

arroyo *m*   brook, small stream, gulley or ditch formed by a stream of water

arruga *f*   wrinkle

arrullar   to lull to sleep

arteria *f*   artery

artimaña *f*   trick, trap

arzobispo *m*   archbishop

asa *f*   handle

asaltar   to assault, to attack

asar   to roast

asaz   enough

ascendencia *f*   line of ancestors, rising

ascender (ie)   to ascend, to rise

ascendiente *m*   power

asco *m*   loathing, disgust

asegurar   to fasten, to make sure, to assure

asegurarse   to assure, to be assured

asentar (ie)   to place, to seat

asentir (ie,i)   to assent

asequible   obtainable, available

asesinar   to assassinate, to murder

asesinato *m*   assassination, murder

asesino *m*   assassin, murderer

asestar   to shoot, to aim

asiento *m*   seat, chair

asignar   to assign

asignatura *f*   course, subject (of study)

asilar   to give asylum

asilo *m*   asylum, sanctuary

asimismo   exactly so, in the same manner

asir   to grasp or seize with the hand

asido de   holding onto

asirio   Assyrian

asistencia *f*   attendance

asnal   asinine, idiotic

asno *m*   ass, donkey

asociado   associated

asomar   to appear, to become visible, to peek out

asombrado   surprised, astonished

asombrarse   to be amazed

asombro *m*   astonishment, amazement, surprise

aspereza *f*   harshness

áspero   coarse, rough

aspirar   to aspire, to desire

astilla *f*   chip, sliver, splinter

astro *m*   star, heavenly body

astucia *f*   cunning, craft, slyness

astuto   astute, clever, smart

asunto *m*   matter, affair, case

asustadizo   timid

asustado   frightened, scared

asustar   to frighten, to scare

_se   to become frightened or scared

atambor *m*   drum

atapar   to cover

atar   to tie, to fasten

atardecer *m*   late afternoon

atascado   stopped short, stopped by some obstacle, stuck

ataúd *m*   coffin

atender (ie)   to pay attention, to take care of, to listen

atenderse   to depend (on), to rely (on), to abide (by), to stick to (the subject)

atentamente   attentively, courteously

atentar   to attempt, to commit a crime against

atento   attentive, helpful, courteous

ateo *m*   atheist

aterrar   to terrify

atesorarse   to treasure or hoard up riches, to possess many amiable qualities

atestiguar   to witness, to testify (to)

atinar   to hit the mark, to guess, to find out

atleta *m*   athlete

atónito   astonished, amazed

atormentado   tormented, tortured

atormentar   to torture, to torment

atracar   to moor, to make the shore

atraer   to attract

atravesar (ie)   to cross, to walk across, to run through

atrayente   fascinating, evocative

atreverse (ie) (a)   to dare, to be bold

atrevido   bold, daring

atrevimiento *m*   daring, boldness

atribuir   to attribute

atronador   thundering, deafening

atropellar   to trample, to tread underfoot

atroz   atrocious, horrible

aturdido   stunned, dumbfounded

atusarse   to smooth

audacia *f*   audacity, boldness, courage

audaz   bold, daring

augurar   to augur, to foretell, to predict (through signs)

augurio *m*   augury, prophecy

augusto   august, venerable, magnificent

aumentar   to increase

aumento *m*   increase

aura *f*   gentle breeze

áureo   golden, resplendent

aurora *f*   dawn

austríaco   Austrian

autenticación *f*   confirmation

autorización   authorization, permission from authorities

autorizar   to authorize, to give permission

auxilio *m*   help

avance *m*   advance, advancement

avanzar   to advance, to go forward, to travel

avaricia *f*   avarice, greed

avariento *m*   selfish man

avasallador   enslaving

ave *f*   bird, fowl

avenirse   to agree

aventura *f*   adventure, experience

aventurero *m*   adventurer

avergonzar   to shame, to embarrass

_se   to be ashamed, to be embarrassed

avería *f*   injury, damage, breakdown

averiguar   to inquire, to find out, to determine, to ascertain

aviador *m*   airplane pilot

avilantez *f*   audacity, insolence

avión *m*   airplane, jet plane

avisar   to be alert, to warn or to give warning, to notify

aviso *m*   warning

avispa *f*   wasp

avistar   to sight, to descry

ay *m*   cry of pain

¡_ de mí!   woe is me!

ayudante *m*   helper

ayuna *f*   fast

en _s   fasting, without eating

ayuno *m*   fasting

ayuntamiento *m*   municipal government, city council

azahar *m*   orange blossom

azar *m*   chance, fate, destiny

al _   at random

azogue *m*   mercury, quicksilver

azotar   to beat, to whip

azote *m*   whip, lash of a whip

azulado   blue, bluish

azular   to dye, to color blue

B

bacante *f*   bacchante, a lewd, drinking person

bachiller *m*   babbler, one who has received the first degree in arts and sciences

bahía *f*   bay

baile *m*   dance, ball

bajada *f*   descent

bajar   to go down, to come down, to get out

bajel *m*   vessel, ship

bajeza *f*   meanness, mean act

bajo   low, soft

bala *f*   bullet

balada *f*   ballad

balancear   to balance

_se   to sway, to rock, to swing

balar   to bellow, to bleat

balbucear   to stammer

balbucir   to stammer, to lisp, to prattle

balconear *fig.*   to flirt

baldosas *f pl*   paving tiles

balsa *f*   raft, pool

_ de aceite   place in the country (i.e. uncultured area)

bálsamo *m*   balm

baluarte *m*   bulwark

ballesta *m*   cross bow

banca *f*   bench

bancario   banking

banco *m*   bank, bench

bandera *f*   flag

bandido *m*   bandit, outlaw

bandolero *m*   highwayman, robber

bandullo *m*   belly (vulgar)

bandurria *f* string instrument similar to the guitar
bañado *m* swampy land
bañar to bathe
baño *m* bath, bathroom
barato cheap
barba(s) *f* beard
bárbaro barbarious
barbecho *m* plowing
barbero *m* barber
barbilla *f* point of the chin
barca *f* small boat
barco *m* boat
barda *f* rail (of a fence)
barniz *m* varnish
barón baron
baronía *f* barony
barra *f* stripe, bar
barrer to sweep
barriga *f* belly
barril *m* barrel
barrio *m* ward, quarter (section of town)
barrizal *m* mudhole
barro *m* mus, clay
barrote *m* bar (of cell)
barruntar to foresee
basquiña *f* skirt, upper petticoat worn by Spanish women
bastar to suffice, to be enough
bastón *m* cane, walking stick
bata *f* dressing gown, bathrobe
batacazo *m* upset, violent overturn
batalla *f* battle
batallar to battle, to fight, to struggle
batir to beat, to whip, to fight
batracio *m* frog
baúl *m* trunk
bayeta *f* baize, a sort of flannel cloth
bayoneta *f* bayonet
bayonetazo *m* bayonet thrust
bebedor *m* tippler, toper, one who drinks
beber to drink
bebida *f* drink
belfo *m* lips of an animal
belga *mf* Belgian
bellaquería *f* act of swindling or deceiving, knavery, roguery
belleza *f* beauty
bellísimo very beautiful
bello beautiful
bellota *f* acorn
bendecir to bless
bendición *f* blessing
beneficio *m* benefit, good, profit

benéfico kind
beneplácito *m* good will, permission, approval
benigno good, kind, harmless
berenjena *f* eggplant
bergantín *m* brigantine, a two-masted sailing vessel with a square sail
berza cabbage
besar to kiss
beso *m* kiss
bibliófilo *m* bibliophile, book lover
biblioteca *f* library
bicicleta bicycle
bicoca *f* trifle, something of little value
bien *m* good, benefit
 _es goods, property
bienvenida *f* welcome
bigote(s) *m* mustache
billete *m* ticket, bill, paper money
biombo *m* screen
bizantino byzantine
bizarría *f* extravagance, fortitude, generosity
bizcar to squint
blancura *f* whiteness
blandamente gently, softly, tenderly
blandir to brandish, to rattle (a sword), to crack (a whip)
blando soft, gentle, bland
blandura *f* softness, delicacy
blanquear to whiten, to turn white
blasfemar to blaspheme, to insult verbally, to curse
blasonar to boast, to brag
bloque *m* block, whole
boato *m* ostentation, pageantry
bobo *m* fool
boca *f* mouth
 con un palmo de _ abierta with his mouth wide open, astounded
 de _ en _ from mouth to mouth
boda *f* wedding, marriage
bohemio Bohemian
boina *f* beret
bola *f* ball
 dar pie con _ to pay attention
boleto *m* ticket
boliche *m* small general store, small bowling ball
bolsa *f* bag, purse, stock exchange
bolsillo *m* pocket
bomba *f* pump

bombero *m* fireman
bonanza fair weather, calm
bondad *f* goodness, kindness, worth
bondadoso kind, good natured
bonito pretty
boqueras *f* corners of the mouth
borbotón: a _es in spurts or gushes
bordado embroidered
bordar to embroider
borde *m* edge, border
bordear to border, to form a natural border
bordo *m* border, outer edge
 a _ aboard
borracho drunk
borrar to erase, to rub out
borrasca *f* storm
borrical relating to a burro
borrico *m* donkey
borrón *m* blemish which defaces, stigma
borroso rubbed out, faded
bosque *m* woods, forest, grove
bosquejo *m* sketch, vague idea of something
bota *f* boot, shoe
bote *m* boat, container made of pottery, skin or metal
botecito *m* small jar, vial
botella *f* bottle
botica *f* drugstore
boticario *m* druggist
botín *m* booty, spoils
botón *m* button
bóveda *f* vault, dome, cave
bozal *m* headstall
bramido *m* roar, bellow
bravío ferocious, untamed
bravo mean, wild, brave, *m* brave man
bravuconada *f* boasting, bravado
bravura *f* courage, ferocity
brazalete *m* bracelet
brazo *m* arm
bribón *m* scoundrel, rascal
bribonada *f* villany, mischievous trick
bribonaza *m* great cheat, impostor
brida *f* bridle, reins of a bridle
brillantez *f* brilliance
brillar to shine, to be brilliant
brincar to jump, to hop, to leap
brindar to drink a toast, to offer, to praise
brío *m* vigor, spirit, enterprise
brioso vigorous, spirited, lively

brocado brocade, *m* brocade cloth

brocha *f* brush

broche *m* brooch, pin

broma *f* joke

   estar de _s to be joking, to be in a joking mood

bromista *mf* joker

bronce *m* bronze

brotado burst out of

brotar to issue, to come forth, to burst forth, to bud

brote *m* bud (of trees)

brujo(a) *mf* sorcerer, conjurer, wizard (witch)

brújula *f* sea compass

brutado extremely rude or coarse

brutalidad *f* brutality

brutalizar to brutalize

brute *m* brute, beast

bruto coarse, rough, stupid

   en _ indelicate, unrefined

buceo *m* scuba diving

bucle *m* curl

buey *m* ox

bufar to snort

buitre *m* buzzard

bujía *f* wax candle

bulto *m* package, bulk, anything which appears to be massive

bullicio *m* clamor raised by a crowd, noise, bustle

bullicioso lively, restless, boisterous

bullir to boil

buñuelo *m* fried pastry

buque *m* ship

buquinista *m* book collector, bookstore

burbujas *f* bubbles

burla *f* jest, joke, fun, mockery, deceit

burlar to trick, to deceive, to elude

   _se to make fun

burlón mocking

busca *f* search

   en _ de in search of

busto *m* bust

butaca *f* armchair, theater seat

buzón *m* mailbox

C

cabalgata *f* cavalcade

caballeresco chivalrous

caballería *f* steed, mount, cavalry, chivalry, knighthood

caballero *m* gentleman, knight, cavalier

caballerosidad *f* honor, conduct as a gentleman

caballista *m* horseback rider

caballo *m* horse

cabaña *f* cabin

cabecilla *f* leader, chief, ringleader

caber to fit (an object into a container), to be possible, to be appropiate

cabeza: andar de _ to be worried, to be upset

cabezada *f* headstall

cabo *m* end, extreme, cape, corporal

   a _ at last

   al_ de finally

   al fin y al _ after all

   llevar a _ to carry out, to accomplish

cachete *m* cheek, slap, blow

cacho *m* story, anecdote, small piece

cachorro *m* cub, offspring of a beast, fig. little one

cada each, every

   _ quien o _ cual everyone, each one

cadáver *m* cadaver, dead body

cadena *f* chain

cadenciosa in rhythm with music or some other sound

caducar to dote, to be worn out, to expire, to be out of date

caduco frail, exhausted, worn out with fatigue

caer to fall

   _se to fall down

cafre *m* fig. uncouth one

cagajón *m* slang expression, vulgar

caída *f* fall

caja box, snuffbox, body (of a carriage), coffin, drum

cajilla small box

cajón *m* drawer

calabaza *f* pumpkin

calabazada *f* knock with the head against something

calabozo *m* jail cell

calamidad *f* calamity

calavera *f* skyull, madcap, silly, hair-brained person or his actions

calaverada *f* recklessness, escapade

calceta *f* stocking

   hacer _ to knit

calcular to calculate, to figure

caldo *m* broth

   _ viscoso *m* sticky mass

calefacción *f* heating, central heating

calendario *m* calendar

calentar (ie) to warm

calidad *f* quality, state of being good

cálido warm, ardent, spirited

caliente hot, warm

calificativo *m* qualification

cáliz calyx, external covering of a flower

calleja *f* narrow street, alley

calumniar to slander, to accuse falsely or unjustly

calumnioso slanderous

calurosa warm, heated, hot

calva *f* bald head, bare spots

calvario *m* sorrow, horrible event

calvo bald

calzada *f* boulevard

calzado with shoes on, *m* footwear

calzón *m* drawers, underwear, pants

calzones *m pl* trousers

callado quiet, silent

callar(se) to quiet, to be quiet, to keep quiet

calle *f* street

cama *f* bed

cámara f hall, chamber, camera

cambiar to change, to exchange

   _ de opinión to change one's mind

cambiando un guiño winking at one another

cambio *m* change, exchange

   en _ on the other hand

camelia *f* camellia

caminante *mf* traveler

caminar to walk, to travel

camino *m* road, way

   _ de on the way to

camión *m* truck, bus

camisa *f* shirt

campamento *m* camp, encampment

campanada *f* bell

campanario *m* bell tower, belfry

campanilla *f* bluebell

campaña *f* campaign

campar to encamp

campeón *m* champion, defender

campesino *m* peasant, farmer

campo *m* field, country

camposanto *m* cemetery, burial ground

cana *f* gray hair

canal *m* canal, channel

canaleja *f* canon's (churchman) hat
canalla *f* scoundrel, ruffian, mob, rabble
canasto *m* basket
cancelar to cancel
canción *f* song
candelabro *m* candelabra, candlestick
candente white hot, incandescent
candidez *f* candor, innocence
cándido candid
candor *m* candor, truthfulness, frankness
caney *m* hut, log cabin
cangrejo *m* crab
canicular *m* dog day, heat wave
canónigo *m* canon (churchman)
cansado tired, weary
cansar to tire out
_se to get tired
cantante *mf* singer
cantar to sing, to chant, to crow
cantarilla *f* small jug
cántaro *m* jug
cantidad *f* queantity, amount
canto *m* song
caña *f* cane, sugar cane
_ de azúcar *m* sugar cane
_ de pesca fishing pole
cañabrava *f* bamboo
cañada *f* brook, gully, ravine
cañafístola (cañafístula) cassia tree (tropical)
cañon *m* cannon
caoba *f* mahogany
caos *m* chaos, confusion
capa *f* cape, cloak, cover, layer
capacidad *f* capacity, ability
capaz capable, able
capellán *m* chaplain
capelo *m* cardinal's hat
capilla *f* chapel
capitanear to lead, to direct
capote *m* cape
capricho *m* caprice, whim, crazy notion
caprichoso capricious, flighty
capturar to capture
capullo *m* bud (flower or tree)
cara *f* face
carabela caravel, brigantine
caracol *m* shell, snail
carácter *m* character, disposition, letter, inscription
¡caramba! confound it!
caravana *f* caravan
carbón *m* coal
carcajada *f* outburst of laughter
cárcel *m* jail

carcelero *m* jailer
cardenal *m* cardinal
cardo *m* thistle
carecer to lack, to be lacking
carencia *f* lacking, absence of
careta *f* mask
carga *f* load, suffering
cargador *m* bearer, shipper, carrier, porter
cargar to load, to carry a heavy load
cargo *m* office, charge, load. shipment
a _ de in charge of, under the direction of
caricaturizar to caricature
caricia *f* caress, endearment
caridad *f* charity
carillos *m* cheeks
cariño *m* affection
con __ affectionately
cariñoso affectionate, loving
carmín *m* crimson
carnaval *m* carnival
carne *m* meat, flesh
carnero *m* mutton, sheep, ram
caro dear, expensive, costly
carpa *f* tent
carrasca *f* evergreen, oak
carrera *f* course, profession, race
carreta *f* wagon, cart
carretera *f* highway, road
carruaje *m* carriage
carta *f* letter, playing card
cartelón *m* placard
cartoncejo *f* small carton
cartuchera *f* cartridge, bullet, paper cone
casaca *f* dress coat of a gentleman
casado married
casamiento *m* marriage, wedding
casarse to get married
cascada *f* cascade, torrent
cascarrabias *mf pl* grouchy person
un poco _ somewhat grouchy, irritable
casco *m* hoof, helmet
cascote *m* helmet
caso *m* case, affair
hacer _ to pay attention
no es del _ it is impossible
castaño chestnut colored
castañuella castanet
castidad *f* chastity, purity
castigar to punish
castigo *m* punishment
castillo *m* castle

castrense military, connected with the army
casualidad *f* coincidence
catalán *m* person from Cataluña, a provice in northeastern Spain
catalejo *m* spyglass
catarata *f* cataract, cascade, waterfall
catástrofe *f* catastrophe, sad or tragic event
catecúmeno *m* neophyte, one who is receiving rudimentary instruction in any set of principles
catedral *f* cathedral
catedrático *m* full University professor
categoría *f* category, class, kind, quality
católico Catholic
catre *m* cot, bed
cauce riverbed
caucho *m* rubber
caudal *m* fortune
caudaloso carrying, much water (rivers), rich, wealthy
caudillo *m* chief, military leader
causa *f* cause
causar to cause, to produce, to effect
cáustico caustic
cautelosamente carefully, cautiously
cautivar to capture
cavar to dig, to excavate
caviloso thoughtful, worried
cazar *f* hunt, hunting
cazador *m* hunter
caza to hunt (game)
cazuelillo *m* small earthen pot
cazurro taciturn
chacal *m* jackal
chafalote *m* short or broad Turkish sword
chal *m* shawl
chalán horse dealer
chaleco *m* vest
chambergo *m* round uncocked hat
chanza *f* tomfoolery, joke, jest
chapado plated, veneered
chaparrón *m* shower, downpour
chaqueta *f* jacket
charco *m* puddle of water
charlar to chat, to talk
charretera *f* epaulette used on military uniforms to distinguish rank
chasquear to crack or pop (a whip)
chasquido *m* crack of a whip

chichón *m*   bruise
chillar   to scream
chinería *f*   Chinese curio
chinesco   Chinese
chiquillo *m*   small boy
chispa   spark
  datado de _ de razón   endowed
chistar   to mumble, to mutter, to complain
chiste *m*   joke
chocar   to hit, to hit against
chocha *f*   doddering woman
chochear   to be childish
chófer   chauffeur, driver
choque *m*   collision, clashing (of opinions or personalities)
chorro *m*   spurt
choza   hut, cabin, poorly built house
chuchería *f*   toy, bauble, trinket
chulo *m*   rogue, rascal
chupar   to suck, puff
chusma *f*   crew of galley slaves, mob, rabble
chuzo *m*   pike
cebado   fed, fattened
cebolla *f*   onion
cebra *f*   zebra
ceder   to yield, to give up, to surrender
  _ el paso   to allow to go ahead
cegar (ie)   to blind
ceguera *f*   blindness, disease causing blindness
ceja *f*   eyebrow, projecting part of an object
cejar   to slacken, to flag
celada *f*   helmet
celar   to cover, conceal, to watch with suspicion
celador *m*   guard, warden, caretaker
celebrar   to celebrate, to be glad to perform
  _se   to take place
célebre   famous
celeste   blue, sky, heavenly
celos n   jealousy
  tener _ o sentir _   to be jealous
cementerio *m*   cemetery
cena *f*   supper
cenagosa   muddly, miry, marshy
cenar   to dine, to sup, to est supper
ceniciento   ash colored
ceniza *f*   ash
censura *f*   censure, censorship

centauro *m*   centaur (figure with head, arms and trunk of a man joined to the body and legs of a horse)
centavo *m*   cent
centeno   rye
centillo *m*   flash
centinela *m*   sentinel, guard
céntrico   central, centrally located
centuria *f*   century
ceñido   clasped, held fast
ceñir   to gird
ceñido   el acero, with a sword girded on
ceño *m*   frown
cepillar   to brush
cepillo *m*   brush
cepo *m*   stock, pillory
cera *f*   wax
cerbatana *f*   blowgun
cerca (de)   near
cerca   *f*   fence
cercado   surrounded, enclosed
cercano   near, nearby
cercar   to fence in
cerceta *f*   widgeon
cerciorar   to assure, to ascertain, to affirm
cerebro *m*   mind, brain
cereza *f*   cherry
cerril   untamed, unbroken
cerro *m*   hill, mountain
cerrojo *m*   bolt
certero   accurate, correct, appropriate
certeza *f*   certainty
certificado *m*   certificate
cerveza *f*   beer
cerviz *f*   back of the neck
  inclinar o bajar _   to bow one's head
cesar   to cease, to stop
cetro *m*   scepter
ciclo *m*   cycle
cidra   citron
ciego   blind
cielo *m*   sky, heaven
ciénaga *f*   swamp
científico   scientific
ciento   one hundred
  de _ al cuarto   of little value
ciertamente   certainly, surely
cierto   certain, sure
  por _   certainly
ciervo *m*   deer, stag
cierzo *m*   cold, northerly wind
cifra *m*   important symbol
cigarro *m*   cigarette
cimarrón   runaway slave

cimiento *m*   foundation
cincel *m*   chisel
cincelar   to chisel, to engrave
cine *m*   movie, motion picture show, cinema
cinegético   hunting, pertaing to the hunt
cinematográfico   pertaining to the cinema or movies
cinismo *m*   cynicism
cinta *f*   tape, ribbon, film
cinto *m*   belt, girdle
cintura *f*   waist
ciprés *m*   cypress tree
circo *m*   circus
circuir   to surround, to encircle
circulación *f*   circulation, traffic
círculo   circle
circundar   to encircle, to surround
circunflejo   oblique, slanting
circunstancia *f*   circumstance
ciruelo *m*   plum tree
cirujano *m*   surgeon
cisne n   swan
cita *f*   date, appointment, rendezvous, quotation
citar   to summon, to make an appointment, to cite, to quote
ciudad *f*   city
ciudadanía *f*   citizenship
ciudadano *m*   citizen
ciudadela *f*   citadel
cívico   civic, civil
civil   civil, civic
civilización *f*   civilization
clamorosamente   clamorously, loudly
claramente   clearly
clarear   to brighten, to clear up
claridad *f*   clarity, understanding
  con _   clearly
clarificar   to clarify
clarín   trumpet
clasicista *m*   classical writer
claustro *m*   cloister, convent
clausura *f*   adjournment, close
clausurar   to close, to adjourn
clavado   nailed firmly
clavar   to nail, to fasten, fix
clavados en sus sillas   stuck to their chairs
clave *f*   key
clavo   nail
clemencia *f*   clemency, mercy
clemente   merciful
cobrar   to collect, to charge, to recover
cobre *m*   copper

cocer   to cook
cochero *m*   coachman
codicia *f*   covetousness, greediness
codo *m*   elbow
  _ **con** _   elbow to elbow
codicia *f*   greediness, ardent desire
código *m*   code
coerción   coercion, restraint
cofre *m*   trunck for clothes, coffe, box, chest
cojo *m*   lame or clippled person
colgado   pending, unsettled drooping
colocar   to put, to place
coloquio *m*   talk, conversation
colorado   red, ruddy
coloreado   colored
colorido   coloring
coloso(a)   of enormous magnitude
comarca *f*   region, territorry, province
combar   to bend, curve, to warp
combate   combat
combatir   to fight, to oppose, to combat
comedimiento *m*   courtesy, moderation
comedor *m*   dining room
comendador *m*   knight commander of a military order
comensal *m*   diner, one who is eating, fellow diner
comentar   to comment on
comentario *m*   commentary
comenzar (ie)   to start, to begin, to commence
comer   to eat
  dar de _   to feed
comerciante *mf*   merchant
comercio *m*   commerce, trade
cometer   to commit, to perform, to perpetrate
comillas *f   pl*   quotation marks
comino *m*   cumin plant or seed
comisario *m*   commissary, supply agent
compaginado   joined, united, put together
compartir (con)   to share (in)
compás *m*   beat, rhythm, measure
compasión *f*   compassion, pity, mercifulness
compasivo   compassionate
compatriota *m*   fellow countryman
compendio *m*   abridgment, summary
compenetrado   identified with something or someone, intermingled

competidor *m*   competitor
competir (i, i)   to compete
complacer   to please, to satisfy
complejidad *f*   complexity
complejo *m*   complex
complementar   to complement
componer   to compose, to repair, to fix, to settle
comportamiento *m*   performance, behavior
comportar(se)   to behave, to act
compra *f*   purchase
comprador *m*   buyer
comprensión *f*   comprehension, understanding
comprimir   to restrain, to compress
comprobado   confirmed
comprobar (ue)   to verify, to confirm, to prove
comprometer   to compromise, involve, to agree
comprometido   compromised, involved, engaged
compromiso *m*   engagement, appointment, commitment
compuesto   composed, neat, tidy, *m* composition
comunicar   to communicate, to connect
con   with, by
  para _   towards
  _ **que**   so that
  _ **tal que**   provided that
conato *m*   endeavor, effort
concavidades   hulls
concebir (i, i)   to conceive
conceder   to concede, to grant
concentrar   to concentrate
concepto *m*   opinion, concept, idea, thought, judgment
concernir (ie, i)   to concern, to pertain to
conciencia   conscience, awareness, mind
conciliar   to conciliate
  _ **el sueño**   to get to sleep
concluir   to conclude, to finish
concordancia *f*   agreement
concordado *m*   concordat, a covenant made by a state government with the Pope upon ecclesiastical matters
concurrido(a)   crowded, well attended
concurrir   to gather, to meet, to agree in ideas
condado *m*   county, district, province
conde *m*   count

condenar   to condemn
condiscípulos *m pl*   classmates
cóndor *m*   condor
conducir   to lead, to guide, to direct
conducta *f*   conduct, behavior
conductor *m*   bearer, chaffeur, conductor, leader
conectar   to join, to connect
conejo *m*   rabbit
confección *f*   preparation, any handwork
conferir (ie, i)   to confer
confesar   to confess
confiado   trusted
confiar   to trust
confín *m*   limit, confine
confirmar   to confirm
conflicto *m*   conflict, problem, struggle
conflictuarse   to struggle, to get into trouble
conformar   to agree, to adjust
  _ **se**   to yield, to accommodate, to submit
conforme   agreed, in agreement, in proportion to
confundir   to confuse
confuso   confusing, perplexing
conglomerado   closely clustered in a mass
congoja *f*   anguish, anxiety
congojar   to afflict, to oppose
congreso *m*   congress
conjunto *m*   combination, whole, entire
conjurar   to conjure up, to call forth
conjuro *m*   superstitious encantation
conllevar   to cooperate, to bear, to aid
conmemorar   to commemorate, to celebrate
conmemorativo   commemorative, memorial
conmiseración *f*   commiseration, pity, compassion
conmovedor   moving, touching
conmover (ue)   to move, stir, touch (with sentiment)
conocer   to know, to be acquainted with, to meet, to recognize
conocimiento *m*   knowledge, acquaintance
conquista *f*   conquest
consagrar   to assure, to consecrate
consciente   conscious

conscripción *f*   recruitment or pressing of men into military service

consecutivo   consecutive

conseguir (i, i)   to obtain, to manage to, to succeed in

consejero *m*   councelor, counsel, court

consentimiento *m*   consent

consentir (ie, i)   to consent, to permit

conservador *m*   conservative

conservar   to preserve, to keep

consistente (en)   consisting of

consistir en   to consist, to depend

consolador   compassionate

consolar   to console, to comfort

consorte *m*   consort, companion, partner

conspirador *m*   conspirator, plotter

conspirar   to conspire, to plot

constar   to be clear, to be evident

_ de   to be composed of

construir   to construct, to build

consuelo *m*   consolation

cónsul   consul

consulta   consultation, inquiry

consultar   to consult

consumado   complete, perfect

consumar   to consummate, to finish, to complete

consumir   to consume

contado   rare, scarce, uncommon, infrequent

de _   instantly, immediately, cash

contar(ue)   to count, to tell, to relate

_ ... años   to be ... years old

_ con   to count on

contemplación *f*   contemplation, meditation

contemplar   to contemplate, to stare, to gaze at, to look at

contemporáneo *m*   contemporary

contemporizador *m*   complier, one who is easy to get along with

contener   to contain, to hold back

contenido   restrained

contentar   to satisfy

_se   to be content

contestar   to answer

contienda *f*   contest

contiguo(a)   adjoining

continente *m*   countenance, continent

contingencia *f*   risk, danger, contingency

contradicción *f*   contradiction contraer to contract

contraer   to contract

contrahacer   to transform, to falsify, to impersonate

contrapuntearse   to treat one another with abusive language, to wrangle

contrariedad *f*   contradiction

contrario *m*   opponent, adversary

contravenir   to violate the law

contrayente *m*   person forming a contract (used only in a reference to weddings)

contribuir   to contribute

contrición *f*   contrition, penitence

contrito   contrite, penitent

control *m*   check, control

contundente   causing a bruise, i.e. harshly

convencer   to convince

convencimiento *m*   conviction, certainty

convenientemente   conveniently, suitably

convenir   to be convenient, to be suitable, to be agreeable

convento *m*   convent, monastery

convertir (ie,i)   to convert, to change

convidado *m*   guest, invited one

convidar   to invite

convocar   to call together

cooperar   to cooperate

copa *f*   wine glass or glass with a stem, treetop

copia *f*   copy, act of copying

copiar   to copy, to imitate, to reflect

copiosa   copious, great in number

copla *f*   ballad, couplet

coraje *m*   courage, bravery

corazón *m*   heart

corbeta *f*   type of warship, corvette

corcel *m*   horse, steed

corcovear   to buck

cordialidad *f*   cordiality, friendliness

cordillera *f*   mountain range

cordura *f*   prudence, judgment

cornada *f*   goring, heavy blow that causes a gash

coro *m*   choir, chorus

de _   by memory

corona   crown, wreath

coronado   crowned

corotos *m pl*   implements of an art or trade, feminine tricks, belongings

corpulento   corpulent, heavy, big

corral *m*   yard, corral, enclosure

corraleja *f*   corral

correa *f*   strap, band, tether

corredor *m*   hall, porch

corregir (i, i)   to correct

correo *m*   mail, post office

correr   to run

correspondencia *f*   correspondence

corresponder   to correspond, to reciprocate

corretear   to roam about, to gambol

corriente *f*   current, present

cortaplumas *m*   pen knife

cortar   to cut

cortejo *m*   cortege, procession

cortés   polite, courteous

cortesano   courteous, gentle, mild

cortesía *f*   courtesy, politeness

corteza *f*   bark (of a tree), crust

cortina *f*   curtain

cortinaje *m*   curtain, hangings

corvejón *m*   joint of a beast's hind legs

cosecha *f*   crop, harvest

coser   to sew

cósmico   cosmic, expansively vast and grandiose

cosquilleo *m*   tickle, a tickling sensation

costado: de _   on its side

costear   to go around the edge (of a given area), to pay for

costilla *f*   rib

costillar *m*   side

costo *m*   cost

costoso   costly, expensive

costumbre *f*   custom, habit

como de _   as usual,

de _   usual, usually

costumbrista   concerning customs, habits and manners

cotidiano   daily

cotizar   to quote prices

coz *f*   kick, action or criticism that offends or slanders

craneano   cranial

masaje _   scalp massage

cráneo *m*   cranium, scalp

creación *f*   creation

creador   creative

crear   to create

crecida *f*   freshet

creciente   increasing, growing, crescent

horas de _   time when tide rises

crédito *m*   credit

creencia *f*   belief

crepúsculo *m*   twilight, dawn

cría *f*   act of nursing, breeding, rearing

criado *m*   servant

Criador *m*   Creator, God

crianza *f*   breeding, manners, rearing

criar   to raise, to rear

criatura *f*   creature, newborn child

cribar   to sift whith a sieve, to screen

crimen *m*   crime

crin *f*   mane

crispar(se)   to twitch

cristal *m*   glass, pane, window

cristalería *f*   glassware

cristalino   crystalline, clear

cristianismo *m*   christianity

cristiano   Christian

criterio *m*   criterion, judgment, standard

criticar   to criticize

crónica *f*   chronicle, register for events

cronista *mf*   reporter, feature writer, columnist

crucero *m*   ship that patrols the coast, cruise

crucificado   crucified

crucificar   to crucify, to torment

crudo   crude, raw

crueldad *f*   cruelty

crujir   to creak, to squeak

cruz *f*   cross, crossing of different racial groups

cruzar   to cross

cuadra *f*   block, stockade, stable

   de _   square

cuadrar   to regulate, to please, to accommodate, to square, to trim

cuadrilla *f*   group, crew

cuadro *m*   picture, square

cuajado   immobile, paralyzed, motionless, adorned

cualidad *f*   quality

cuanto   as much as, all that

   _ antes   as soon as possible

   en _   as soon as

   en _ a   regarding

cuartel *m*   quarter, military barracks

cuarto *m*   room, one fourth, *pl* quarters

   de ciento al _   of little value

   _s traseros   hind quarters

cuba *f*   cask for wine or oil

cubicularia   what hot

cubierto (de)   covered (with)

cubrir   to cover, to pay

cucurbitáceo   gourd shaped

cuello *m*   neck, collar

cuenca *f*   socket of the eye, basin, hollow

cuenta *f*   bill or statement requesting payment, bead of a rosary, etc.

   darse _ de   to realize

   por su _   on one's own

cuentista *mf*   story teller

cuento *m*   story, tale

cuerda *m*   cord, rope, string

cuero *m*   hide, skin, leather

cuerpo *m*   body, corps

cuesta *f*   hill, slope

   en _ baja   down-hill

cueva *f*   cave

cuidadosamente   carefully

cuidadoso   careful

cuidar   to take care, to be careful

culebra *f*   snake

culminante   highest, peak, superior, outstanding

culpa *f*   guilt, fault, blame

   echar la _   to blame

culpabilidad *f*   guilt, guiltiness, culpability

cultivar   to cultivate, to learn

cumbre *f*   peak, top, height

cumpleaños *m*   birthday

cumplir   to keep one's word, to fulfill an agreement, to perform one's duty

cuna *f*   cradle

cundir   to spread, to swell, to increase

cuneta *f*   ditch

cuña *f*   wedge

cuñado *m*   brother-in-law

cuota *f*   fee, rate

cura *m*   priest

curar   to cure, to care about

curiosidad *f*   curiosity, curio

curtido   tanned, cured, accustomed

curvado   curved, bent (over)

curvo   curved, folded

cúspide *m*   high point, top, peak

D

dádil *m*   date

daga *f*   dagger

dama *f*   lady

dañero *m*   evildoer

dañoso   harmful

dar   to give, to hit, to strike, to face, to present

   _ a conocer   to make known

   _ con   to come upon, to meet, to bump into, to stumble upon

   _ golpes   to hit, to beat

   _ vueltas   to turn around or over

   _ no _ se un bledo   not caring two hoots

débil   weak

debilidad *f*   weakness, shortcoming

debilitar   to weaken

decaído   decadent, fallen, weak, useless

decorado   decorated, adorned

decrépito   delapidated, tumbledown

decreto *m*   decree

dedicar   to dedicate, to devote, to give

dedo *m*   finger, toe

   _ meñique *m*   little finger, pinkie

deducir   to deduc

definir   to define

deformado   deformed, misshapen

degollar   to slash another's throat, to behead

degradar(se)   to degrade (one self)

dehesa *f*   pasture, field

delantal *m*   apron, smock

deleitable   delectable, pleasing, delightful

deleitar   to delight, to get pleasure

delgado   thin

deliberado   deliberate, intentional, studied

delicadeza *f*   delicateness

delirar   to rave, to be delirious

delito *m*   crime, fault

demandadero *m*   messenger (in a convent)

demás   the other, the rest

demasía *f*   excess

   en_   excessively, too

demasiado   too, too much, *pl* too many

demonio *m*   devil

   ¡el _ del viejo!   devilish old man!

demora *f*   delay

demorar(se)   to delay

demostrado: queda _   it has been proven

demostrar (ue)   to show, to demonstrate

demudado   altered, changed (as by a sudden change of color)

dengue *m*   fastidiousness, prudery

denominador común m   common denominator

denominar   to name, to call, to entitle

dentado   with teeth

dentadura de repuesto f   false teeth

dentro   within, inside

_ **de sí**   within itself

denuedo m   intrepidity, boldness, courage

denuesto m   affront, insult

denunciar   to denounce, to accuse, to report

deparar   to offer, to furnish, to present

departir   to converse

deporte m   sport

depositar   to deposit

deprimido   downcast, oppressed

depurado   perfect, refined, skilled

derecho   straight, m right, law

derramar   to spill, to shed

derredor   around, about

en _ de   around

derretir (i, i)   to melt

derribar   to knock down, to tear down, to throw down

derrota f   defeat

derrotar   to defeat

derruído   ruined, demolished

derrumbado   fallen, tumbledown

desacuerdo m   discord, error

desafiar   to dare, to defy, to challenge

desafío m   challenge, duel

desaforado   huge, disorderly, outrageous

desagradar   to displease, to dislike

desahuciado   hopeless

desairado   slighted, overlooked, unrewarded

desaliño   slovenliness, neglect

desalmado   merciless

desamparado   unprotected, without shelter, forsaken, needy

desamparar   to forsake, to abandon, to relinquish

desaparecer   to disappear

desarraigar   to uproot

desarrapado m   ragged

desarrollado   developed

desarrollar   to develop

desarticlar   to separate, to dislocate

desastrado   unhappy, disgraced

desatar(se)   to untie, unfasten

desatinar   to derange, to bewilder, to drive one crazy

desatino m   madness, extravagance, nonsense

desavenencia f   discord, disagreement, hostility

desbocado   open mouthed (as though breathless or surprised), foul mouthed, indecent

desbordar   to overflow

descalzo   barefooted

descamisado   shirtless, naked, very poor

descansar   to rest

descanso m   rest, repose

descarga f   discharge, shot

descargar   to discharge, to clear, to unload

descargo m   exoneration, acquittal from blame

descarnado   emaciated

descaro m   audacity, insolence

tendrá el _   he will have the nerve

descender (ie)   to descend

descendiente m   descendant

descenso m   descent, decrease

descerrajar   to take the lock off of

descifrar   to decipher, to explain

descoger   to unfurl, to loosen something that is bound

descolgarse   to let oneself slip or drop

descollar   to stand out, to excel

díscolo m   wayword, ungovernable

descomunal   extraordinary, monstrous, unusual

desconcertado   disorderly

desconcierto m   upset, loss of composure, disagreement

desconfianza f   distrust, mistrust, suspicion

desconfiar   to distrust

desconocer   to be unfamiliar with, to not know

desconocido   unknown, m stranger

desconsuelo m   grief, sorrow

descorrer   to flow

_ **la cortina**   to draw the curtain

descortés   discourteous, impolite

descreída   disbeliever, doubting

describir   to describe

descuartizar   to cut into pieces

descubierto   discovered, uncovered

poner al _   to reveal

descubridor m   discoverer

descubrimiento m   discovery

descubrir   to discover, to uncover, to reveal

descuido   careless, unworried, untroubled

descuidar   to be careless, to neglect

desdén   disdain, scorn, reproof

desdeñar   to scorn, to reject

desdicha f   misery, unhappiness

desdoblamiento m   unfolding, explanation

desdoblar   to unfold, to reveal

deseable   desirable

desear   to desire, to wish

desechar   to depreciate, to undervalue, to put aside sorrow or fear, to renounce or to not admit

desembarazado   free, clear, unencumbered

desembocar   to flow, to empty, to come out of

desempacar   to unpack

desempeñado   held, being filled, performed, free of debt

desempeñar   to perform, to play, to redeem

descencadenado   set loose, unleashed

descencadenamiento m   act of breaking loose

descencadenar   to unchain, to unleash

desenclavarse   to loosen

desenfreno m   sudden and violent looseness (of passion)

desenganchar   to unhook, to unfasten

desengañar   to undeceive, to set right

_ **se**   to be honest with oneself

desenlace m   outcome, development of a plot

desenmascaramiento m   unmasking, revealing hidden inentions

desenmascarar   to unmask, to expose

desenojar   to appease

desenterrar   to disinter, to dig up, fig. to remember

desenvainar   to unsheathe

desenvolvimiento m   unfolding, elucidation, development

deseoso   desirous

desertar (ie)   to desert, to defect

desesperación f   desperation, frustration

desesperarse   to despair, to lose hope

desfallecer   to die, to expire, to grow weak, to lag

desfallecido   weak, faint

desfalleciente   pale, faint

desfile *m* parade
desgana *f* aversion, disgust, repugnance
desgarbadamente uncouth
desgarbado(a) uncouth
desgarrar to claw, to tear forcefully
desgarro *m* impudence
   con _ impudently
desgastar to wear out, to erode
desgraciadamente unfortunately
desgraciado unfortunate
desgranar to thrash, flail, to beat or shake out the grain from
deshacer to undo, to destroy
   _se to dissolve, to break
desharrapado ragged, dressed in rags
deshecho undone, exhausted
deshonra *f* dishonor, shame
deshonrar to dishonor
desierto *m* desert
designación *f* designation, naming
desigual uneven, unequal, changeable
desilusión *f* disappointment
desilusionar to disillusion, to disappoint
desistir to desist, to cease
desleal unloyal
deslizar(se) to slip, to slide
deslucir to tarnish, to lose the luster and splendor of a thing
deslumbrante dazzling, radiant
deslumbrar to dazzle
desmayado faint, weak, in a faint
desmayar(se) to faint
desmedrado(a) depleted
desmejorar to impair, to decline, coll, grow thin, weak
desmelenado disheveled, with disarranged hair
desmontado dismounted, unmounted
desmoralizar to demoralize, to corrupt, to deprave
desnucadero *m* breakneck spot, i.e. dangerous spot
desnudar to undress
desnudo bare, naked
desobedecer to disobey
desocupado empty, unoccupied
desolación *f* affliction, want of consolation or comfort, desolation
desolado desolate
despabilado wide awake, vigilant
despacio slow
despachar to send, to settle, to dispatch

despacho *m* office, study, den
despampante outstanding or exceptional deed
desparramar to scatter
   _ la vista to look around
despectivamente contemptuously
despecho: a _ in spite of
despedezar to break into pieces
despedida *f* farewell
despedir (i, i) to dismiss, to fire, to take leave of
   _se de to say good bye
despeñar to fling down a precipice
desperdiciar to squander, to misspend, to waste
despertar (ie) to arouse, to awaken
   _se to wake up
desplazar to displace, to replace
desplegar (ie) to unfold, to open or spread out
desplomarse to collapse, to topple over, to tumble down
despojar to strip one of his property, to divest
despojo *m* remains, dispossession, plunder
desposada *f* bride, newlywed
despotismo *m* despotism, tyranny
despreciar to scorn, to rebuff, to look down upon
desprecio *m* scorn, contempt
desprender to loosen, to separate
desprenderse to detach, to unfasten, to get loose
desprendimiento *m* detached
despreocupar to be set right
desproporcionado disproportionate, out of proportion, unequal
desprovisto lacking, devoid, deprived
destacado outstanding, distinguished
destacarse to stand out, to be distinguished
destartalado shabby, poorly furnished
destello *m* flash, sparkle, beam
desterrar (ie) to banish, to send into exile
destilar to flow
destinar to destine, to assign
destino *m* destiny
destreza *f* skill, dexterity
destronado dethroned
destrozado destroyed, torn to pieces
destrozar to destroy
destrozos *m pl* scraps, remains
destruir to destroy
desunión *f* discord

desvanecer to disappear
desvanecido fainting, in a faint
desvarío *m* madness, delirium, raving, unaccustomed behavior
desvelo *m* want or privation of sleep, watchfulness, anxiety
desventaja *f* disadvantage
desventura *f* misfortune, mishap
desviar to avert, turn away, detour
desviación *f* detour
detalle *m* detail
detención *f* detention, stopping, delay
detener to stop, to detain, to arrest
determinar to determine, to discover, to decide
detestar to detest, to hate
deuda *f* debt
   _s de juego *m pl* gambling debts
deudo parent, relative
devaneo *m* dissipation, idle or mad pursuit, love affair
devolver to return, to give back
devorar to devour, to consume
diácono *m* deacon
dicha *f* luck, happiness
dichoso happy, lucky
diestro dexterous, prudent
diferir (ie, i) to differ, to be different, to defer, to delay, to put off
difunto deceased, *m* dead man
digresión *f* digression, straying away
dije *m* trinket (used for personal adornment)
diligencia *f* diligence, activity, business, stagecoach
dilucidar to elucidate, to explain
dinero *m* money
diosa *f* goddess
diputado *m* deputy, representative to the legislature or Congress
dirigir to direct, to turn
   _se to move toward, to address oneself to another person
discernimiento *m* discernment, judgment
discípulo *m* student, pupil
discrepar to differ, to disagree
discreto discreet
disculpa *f* excuse, pardon
disculpar to pardon
discurso *m* discourse, speech, oration
discutir to discuss, to argue
disentir (ie, i) to dissent, to disagree, to differ with

diseño *m*   design
disfrazado   disguised, in disguise
disfrutar   to enjoy
disgustar   to displease
  _se   to be displeased, to be hurt
disgusto *m*   unpleasantness,
   annoyance
disimular   to conceal, to hide feeling,
   to overlook
disipar   to dissipate, to scatter
dislocar   to dislocate
disparar   to shoot
disparado   irrational, not logical
disparate *m*   nonsense, absurdity,
   blunder
disparo *m*   shot
dispensar   to excuse, to pardon
dispersar   to disperse, to scatter
disponerse   to get ready
dispuesto   disposed, ready, willing
disputar   to argue
distar   to be distant
distinguir   to distinguish, to be able
   to see
  _se   to distinguish oneself
distinto   clear, distinct
distraer   to distract, to divert
distraído   absent-minded
distribuir   to distribute
distrito *m*   district
diversión *f*   entertainment
diverso   varied, different, *pl* various
divertido   funny, amusing,
   entertaining
divertirse (ie, i)   to have a good time,
   to enjoy oneself
divisar   to perceive indistinctly, to
   make out
divisorio   dividing, which divides or
   separates
dobla *f*   old Spanish gold coin
doblar   to double, to fold, to turn
docente   teaching, educational
dócil   quiet, mild, gentle
docto   learned, trained, well-
   informed
doctrina *f*   doctrine
documentación *f*   record, official
   paper
documental *m*   documentary
dolencia *f*   pain, sorrow
doler (ue)   to hurt, to ache, to grieve,
   to distress
  _se   to complain
dolido   grieved, hurt
dolor   sorrow, pain
doma *f*   breaking of a horse
domar   to tame
dominar   to rule

dominio *m*   domain, authority,
   control
  _ de sí mismo   self control
don *m*   gift, talent
donaire *m*   witty saying,
   gracefulness, gentility
  con _   gracefully
doncella *f*   maid, servant, young
   maiden
dorado   golden, gilded
dorar   to gild, to paint gold
dotar   to endow
dote *f*   dowry
dramaturgo *m*   dramatist
drástico   drastic, harsh
dubitativo   dubious, doubtful
ducha *f*   shower (bath)
dúctil   ductile, capable of being
   drawn out, flexible
dudoso   doubtful
duelo *m*   duel, sorrow, grief
dueño *m*   master, owner
duque *m*   duke
durar   to last
durmiente   sleeping
duro   hard, *m* unit of Spanish
   currency

E

e   and
ebrio   drunk, intoxicated
eco *m*   echo
ecuestre   equestrian
ecuménico: lo _   universal idea
echar   to throw, to cast, to throw
   out
  _ una flor   to flatter
  _ a perder   to waste, to ruin
  _ una siesta   to take a nap
edad *f*   age
edén *m*   eden, paradise
edificar   to build
edificio *m*   building
editar   to publish
editor *m*   publisher, editor
educar   to educate
efectivamente   effectively, truly
efecto *m*   effect
efectuar   to accomplish, to do, to
   make
eficacia *f*   efficacy, activity
eficaz   efficient
efigie *f*   effigy
efímero   ephemeral, beginning and
   ending in one day, short lived
egipcio   Egyptian

egoísmo *m*   egoism, self-centered
   nature, selfishness
egoísta *mf*   self-centered person
eje *m*   axis
ejecución *f*   execution
ejecutar   to execute
ejemplar *m*   copy, *f* model,
   example
ejemplarizar   to set an example to
ejercer   to exercise, to practice, to
   perform
ejercicio *m*   exercise, employment
ejercitar   to put into practice
ejército *m*   army
elaborar   to manufacture, to develop
   futher
elegancia *f*   elegance
elegía *f*   elegy
elegir (i, i)   to elect, to choose
elevado   elevated, high, lofty
elevar   to elevate, to raise
eliminar   to eliminate
elocuente   eloquent
elogiar   to praise
elogio *m*   praise, tribute
eludir   to elude, to evade
embadurnar(se)   to dab, smear
embajador *m*   ambassador
embarazar   to embarrass, to perplex,
   to hinder
embarcarse   to embark, to go
   aboard
embargo *m*   embargo
  sin _   however, nevertheless
embastecido   heavy, unrefined
embaulado   packed into
embellecer   to beautify, to make
   beautiful
embestirse (i, i)   to attack, to clash
emborracharse   to get drunk
emborronar   to scribble
emboscada *f*   ambush
embotado   blunt, dull
embotar   to blunt, to dull
embozado   muffled, wrapped
embozar(se)   to throw into a well,
   to collet in puggles
embravecido   infuriated, enraged,
   wild, rough
embriagar   to intoxicate, to enrapture
embustero *m*   liar
embutir   to cram, to eat much
emerger   to emerge, to burst forth
emigrar   to emigrate, to migrate
emitir   to emit, to issue, to utter
emoción *f*   emotion, feeling,
   passion, sentiment
emocionante   exciting, thrilling,
   moving

empacho *m*   indigestion, bashfulness

empalagoso   overly sentimental, cloying

empapado   soaked, drenched, splattered, imbibed

empaque *m*   packaging

empavonado   shiny

empedrar   to pave

empellón *m*   push, shove

empeñar   to pawn

  _ se   to insist

empeño *m*   perseverance in overcoming difficulties, determination

  hacer _   to attempt

emperador *m*   emperor

emperatriz *m*   empress

emperijilado   adorned

empero   yet, however

empezar (ie)   to begin

emplasto *m*   poultice, salve

emplear   to employ, to use

empleo *m*   employment, job

empleomanía *f*   *coll.* zeal or eagerness to hold public office

empobrecerse   to become poor, to become impoverished

empolvarse   to get dusty

empollar   to hatch

emponzoñar   to corrupt one's morals, to poison

empotrado   embedded

emprender   to understake, to begin

  _ su camino   to go his own way

empresa *f*   venture, undertaking, enterprise, symbol, motto

empresario *m*   manager

empujar   to push

empujón *m*   push

  a _es   by shoving

empuñar   to grasp, to clutch

enaguas *f*   *pl.* skirt, petticoat

enajenado   enraptured, restless. alienated

enajenar   to alienate, to transfer or give away to enrapture, to be restless or uneasy

enamoradizo   of an amorous disposition

enamorado   in love

enamorar   to enamor, to excite or inspire love

  _se   to fall in love

enano *m*   dwarf

enantes   before

enardecido   inflamed, excited

encabritarse   to rise on hind legs, to rear up

encadenado   linked (together)

encalado   whitewashed

encaje *m*   lace

encaminarse   to walk toward, to set up

encantado   enchanted, delighted

encantador   enchanting

encantamiento *m*   enchantment

encanto *m*   charm

  como por _   as if by charm

encapotado   clouded

encapotar   to cloak, to veil

  _se   to cloud (up or over)

encarado: bien __   well featured,

  mal __   ill featured, ugly

encaramado   climbing

encarar   to face

  _se con   to face

encarcelación *f*   incarceration, act of being jailed

encarcelar   to put in jail

encarecer   to recommend

encargarse   to take charge of

encarnar   to embody, to incarnate

encarnizado   bloodthirsty, fierce, bitter, hard fought

encarranchado   slouching

encauzar   to channel (a current)

encender (ie)   to kindle, to light, to see the flame

encendido   burning, lighted

encerrado   enclosed, locked up, cloistered

encías *f*   gums

encierro *m*   enclosure, confident, act of driving the bulls to the pen, group of bulls penned for bullfight

encima: por _ de   above, over

encina *f*   live oak

encoger   to draw up, to shrink

  _se de hombros   to shrug one's shoulders

encolerizar   to anger, to infuriate

encomendar (ie)   to commit oneself to another's protection, to recommend

encono *m*   rancor, ill will, steadfast implacability

encontrar (ue)   to find

  _se   to be

  _se con   to meet

encuentro *m*   encounter, meeting

enderezar   to make straight, to take the direct road, to set straight

  _se   to straighten (up)

enemigo *m*   enemy

enemistad *f*   enmity, hatred

energía *f*   energy

enérgico   energetic

enfado *m*   anger

enfadar   to anger, to irrate

  _se   to get angry

énfasis *m*   emphasis

enfermo *m*   sick person

enfrentar   to face, to confront

  _se con   to deal with, to cope with

enfurecerse   to become furious

enganchar   to hook, to snag

enganchones   snaggings

engañado   deceived, tricked

engañar   to deceive

engaño *m*   trick, act of deceit

engastado(a)   encased

engendrar   to beget, to bear a child

engolfarse(se)   to become absorbed, to take up with

engordar   to fatten

  _se   to get fat

engrandecimiento *m*   engrandizement, increase, enlargement, exaggeration

engreído   vain, conceited

enigmático   enigmatic

enjaular   to cage, to put in a cage, to put in a cage or prison

enjugar   to dry up

enlace *m*   joining, marriage, wedding

enlazar   to lasso, to rope, to connect

enlodar   to soil with mud, to throw mud at, to besmirch

enloquecer   to engage, to madden

  _ se   to go mad

enmarañado   entangled

enojo *m*   anger, passion

ensayo *m*   test, essay, experiment, rehearsal

ensordecedor(a)   deafening

entrañable   deep, intimate, affectionate

entrañar   to penetrate to the core, to know profoundly, to contract intimacy and familiarity

entrañas *f*   *pl*   heart, soul, insides, entrails, hull of a ship

entretanto   meanwhile, meantime

entretejer   to interweave

entreabrir   to half-open

entrecortado   broken, hesitating, confused, short of breath

entrega *f*   delivery, handing over, dedication

entregar   to deliver, to give, to hand over

_se   to give oneself up

entrelazado   interwoven

entremés *m*   short one act comedy of a lively theme (in previous centuries, presented between acts of another drama)

entresacar   to pick out, to select, to thin out (trees)

entretejer   to interweave

entretener   to entertain, to amuse

entretenimiento *m*   entertainment, amusement

entrever   to have a glimpse of

entrevista *f*   interview

entrevistar   to interview

entristecer   to sadden

_se   to become sad

entrometido   meddlesome

entusiasmarse   to become enthusiastic

enumerar   to enumerate

enunciar   to state

envejecer   to age, to become old

envenenado   poisoned

envenenar   to poison

enviar   to send, to ship

envidia *f*   envy

envidioso   envious

envío   shipment

envión *m*   push, shove, tug

envolver (ue)   to wrap (up), to surround

enzarzarse   to become involved, to fight

epidemia *f*   epidemic

episodio *m*   episode

epopeya *f*   epic poem

equilibrar   to balance

equipaje *m*   luggage

equitación *f*   horseback riding

equivocación *f*   mistake

equivocarse   to make a mistake, to be mistaken

era *f*   era, age, period, place where wheat is threshed

erguido   erect

erguir   to erect, to raise up straight

_se   to be puffed up with pride

erizar(se)   to straighten up, to bristle

ermita *f*   hermitage

errado   in error, mistaken

errante   roving, wandering, rambling

esbelto   slender, tall, graceful

esbozar   to outline, to make a sketch

escala *f*   scale, step, ladder

escalar   to scale, to climb

escalera *f*   stairway, stairs

escama *f*   fish scale

escapar   to escape

_ con   to make off with

escaparado   sloped, craggy, rugged

escaparate *m*   showcase, display case

escapatoria *f*   escape, flight

escarabajo *m*   black beetle

escarapela *f*   badge

escarbar   to dig

escarcha *f*   frost

escarlata   scarlet

escarmentado   punished

escarnecer   to scoff, to mock, to ridicule

escasez *f*   shortage

escaso   scarce, scant, slight, *pl* few

escena *f*   scene, stage

escénico   scenic, belonging to stage

esclavitud *f*   slavery

esclavo *m*   slave

escoger   to choose, to select

escollo *m*   difficulty, danger

escoltado   escorted

escoltar   to escort

escombros *m*   rubbish

esconder   to hide

escopeta *f*   shotgun

escorbuto *m*   scurvy

escribano *m*   actuary, scribe, notary public

escribiente *m*   writer

escrito *m*   writing

escritor *m*   writer

escritorio *m*   desk

escritura *f*   writing, handwriting

escrúpulo *m*   scruple, doubt, hesitation as to action or decision

escuadrón *m*   squadron

escuálido   repulsive, emaciated

escudero *m*   squire

escudo *m*   coat of arms

escurrir   to run, to drain

esfinge *m*   sphinx

esforzar (ue)   to force

_se   to make an effort

esfuerzo *m*   effort

esgrima *f*   fencing

esmeralda *f*   emerald

espaciar   to space, to spread

espacio *m*   space

espada *f*   sword, *m* swordsman

espalda *f*   back, shoulder

a _s   behind

de _s a   with the back to

espantar   to frighten, to scare

espanto *m*   fear, scare, fright

espantoso   frightful

españolismo *m*   love, devotion to Spain, patriotism

esparcir   to scatter, sow

espárrago *m*   asparagus

esparraguera *f*   asparagus plant

espartillo *m*   feather grass, rafia

espátula *f*   palette, knife, spatula

especie *f*   kind, species

espectáculo *m*   spectacle, unusual view or event

espectador *m*   spectator

espectro *m*   spectre, phantom

espejismo *m*   mirage

espejito   small mirror

espejo *m*   mirror

espejuelos *m pl*   spectacles, lenses of spectacles

espera *f*   wait, waiting

esperanza *f*   hope

esperar   to hope, to wait, to wait for

espeso   thick

espesura *f*   thickness, denseness

espía *mf*   spy

espiar   to spy

espiga *f*   head of wheat

espina *f*   thorn

espionaje *m*   espionage

espíritu *m*   spirit, mind

espiritual   spiritual

espléndido   splendid

esplendor *m*   splendor

esponjarse   to be puffed out

esponjoso   spongy

espontaneidad *f*   spontaneity, voluntariness

esposas *f pl*   handcuffs

espuela *f*   spur

espuma *f*   foam

esqueleto *m*   skeleton

esquema *m*   outline

esquilón *m*   large hand bell

esquina *f*   corner

esquivo   scornful, reserved

establecer   to establish, to found

_se   to settle

estacas *f*   stakes

estación *f*   station, season

estacionar   to park

estadía *f*   stay

estadizo   stagnant

estado *m*   state, conditions

estadounidense   belonging to United States

estallar   to burst, to explode, to shatter

estampar   to stamp, to affix

estampido *m*   report of a gun, shot

estampilla *f*   stamp

estancia f   small farm, *arg.* ranch, living room
estandarte m   standard, banner
estante m   shelf
estantigua f   fright
   estar hecha una _   to look a fright
estático   static, immovable
estatua f   statue
estepa f   steppe, barren plain
estera f   sleeping mat
estéril   sterile, barren, unfruitful
estero m   small creek into which water flows, salt marsh
estilo m   slyle
estimar   to esteem
estimular   to stimulate, to encourage
estío m   summer
   al _   in the summer
estirar   to stretch, to stretch out, to extend
estocada f   thrust
estómago m   stomach
estoque m   long, narrow sword
estorbar   to bother
estornudar   to sneeze
estornudo m   sneeze
estrados m pl   courtrooms
estragar   to spoil, damage, destroy
estrago m   waste, wickedness, depravity
   de _ a _   from bad to worse
estrangular   to strangle
estrechar(se)   to clasp, to embrace, to shake, to hold tighly
estrecho   narrow
estrella f   star
estrellar   to smash, to shatter
estremecer   to shake, tremble, to make tremble
estremecimiento m   shivering, quivering
estrenar   to use for the first time, to perform
estreno m   premiere, first performance
estrépito m   noise
   con _   noisily
estribar   to be supported by
estribillo m   refrain of a song
estricto   strict, severe, harsh
estrofa f   stanza, verse
estructura f   structure, grammar
estuche   case, jewel case
etapa f   stage, period
etéreo   ethereal, heavenly
eternamente   eternally
eternidad f   eternity, hereafter

eterno   eternal, everlasting
étnica   innate, characteristic of a race or a culture
europeo   European
evadir   to evade, to escape from danger
evangélico   evangelical ,
evangelio m   doctrine of Jesus, Gospel, special kind of letter soliciting pardon
evangelista mf   public stenographer, evangelist
evaporar   to evaporate
evidencia f   evidence
evidente   evident
evitar   to avoid
evocación f   evocation, reminder
evocar   to evoke, to call out, to recall
exactitud f   correctness, exactness
exageradamente   exceedingly, excessively
exagerar   to exaggerate, to overemphasize
exaltado   exalted, lofty
exaltar   to praise
   _se   to become excited
examen m   examination
examinar   to examine
exánime   deceased, lifeless
excelente   excellent
excepción f   exception
excitado   excited, aroused
excitar   to excite, to arouse
exclusivo   exclusive
excomulgado   excommunicated (hence, infidel)
exhalación f   shooting star, exhalation
exhibición f   exhibition
exigencia f   requirement, demand, pressing necessity
exigir   to demand
existencia f   existence
existir   to exist, to be
éxito m   success, result, outcome
exotista mf   exotic writer
expatriar   to exile
expedición f   expedition
expedicionario m   excursionist
expediente m   expedient measure
experimentar   to experience, to experiment
expirante   dying, dead
expirar   to die, to come to an end
explicar   to explain
explorar   to explore
explotar   to exploit
expresar   to express

extasiado   enraptured
extender (ie)   to spread, to stretch out
exterminador m   exterminator
extinguir   to extinguish, to go out, to quench
extracción f   extraction
extraer   to extract
extrahumano   inhuman
extramura   outside of the city walls
extranjero m   foreigner
   en el _   abroad
extrañar   to be strange, to surprise
   _se   to wonder
extraño   strange, foreign
extremidad f   extremity, end

F

fábrica f   maker, producer, manufacturer, factory
fabricante m   manufacturer, inventor, creator
fabrica   to manufacture
fábula f   fable
fabulista mf   fabulist, author of fables
fabuloso   astounding, incredible, unusual
facción   feature, faction
faccioso   factious, unruly
fachada f   façade, front
faceta f   facet
facial   facial
facilidad f   facility, equipment, ease
facón m   *Arg.* knife
faena f   task, labor, action in a bullfight
faja   belt, girdle
fajón m   bundle, large band
falsear   to lie, to bear false witness, to perjure
falsedad f   falsity, deceit
falseta f   checkrein
falsificar   to forge (with a signature)
falta f   shortage, lack, fault, error
   hacer _   to need, to be necessary
faltar   to be lacking, to lack
fallar   to be deficient, to be wanting, to be cowardly, to not function properly
fallecer   to die
fallecimiento m   death, passing
familiarizarse   to become familiar
fango m   mud
farmacéutico m   pharmacist

faro *m* beacon, lighthouse. headlight

farol *m* lamp, street light

farsa *f* farce, sham

fascinador *m* charmer, fascinator

fascinar to fascinate

fatídico prophetic of gloom

fatiga *f* fatigue

favorecer to help, to protect, to favor, to be becoming to

favorito favorite

faz *f* face

fe *f* faith

fecundar to fertilize

fecundidad *f* fertility, fruitfulness

fecundo fertile, numerous, prolific

fecha *f* date

felice *poet.* happy

felicidad *f* happiness

felino feline

feliz happy

fenecer to finish, to close, to die

feo ugly

féretro *m* bier, coffin

feria *f* fair, market

feriante *m* person in attendance at a fair

ferocidad *f* ferocity, fierceness

feroz ferocious

fervor *m* fervor, zeal, eagerness

festejar to celebrate

festín *m* party, feast

festivo festive, gay

  día _ holiday

feudal of the Middle Ages

fez *m* fez, woolen cap used in the Middle East

fiambrera *f* dinner pail, lunch basket

fiarse to trust

  _ de to trust in, to rely on

al fiado on credit

fidedigno worthy of credit, deserving to be believed

felicidad *f* fidelity, loyalty

fiebre *f* fever

fiel faithful

fieltro *m* felt

fiera *f* beast, wild animal, savage

fiero proud, fierce

fieros *m pl* fierce threats and bravados

fiesta *f* party, holiday

figle *m* wind instrument

figurar(se) to figure out, to determine

fijación *f* stability, fixing

fijamente attentively, intensely

fijar(se) to notice, to pay attention to

fijo fixed, set, permanent

fila *f* military service, row

filípica philippic, invective

filmar to film

filón *m* vein, lode, mineral layer

filosofía *f* philosophy

filosófico philosophical

filósofo *m* philosopher

filtrar to filter

  _se to filter in, to slip in

filtro *m* filter, love potion

fin *m* objective, end

  a _ de que in order to

  al _ finally

  al _ y al cabo after all

  en _ anyway

  por _ finally, at last

finalizar to finish, to end

fingimiento *m* deceit, simulation, pretense

fingir(se) *m* deceit, feign, to pretend

firma *f* signature

firmar to sign

firmeza *f* firmness

fisco *m* treasury deparment, tax department

físicamente physically, in person

fisonomía *f* physiognomy, facial features

flaco skinny, thin, frail, weak of resolution

flaqueza *f* weakness, shortcoming

flauta *f* flute

flecha *f* arrow

flemático phlegmatic

flor *f* flower

florecer to flourish

florecimiento *m* flourishing, flowering, development

florido florid, highly ornamental, pleasant, flowery

flotante floating

foco *m* focus, center, light bulb

fogata *f* bonfire, blaze

follaje *m* foliage

folleto *m* little pamphlet, small booklet

follón *m* rogue, despicable fellow

fomentar to foment (e.g. hatred), to promote, to encourage, to warm

fonda *f* hotel, inn, tavern

fondita *f* small tavern

fondo *m* bottom, depth, background

forastero *m* outsider, stranger

forjar to forge, to shape

fornido(a) robust

foro stage

forrado(a) upholstered

fortaleza *f* fortress

forzar (ue) to force

forzoso necessary, forced

fosa *f* hole, grave

fosco frowning, cross

fracasar to fail

fracaso *m* failure, shattering, breaking, destruction

fragilidad *f* fragility

fraile *m* friar

frámea *f* javelin

franco frank, sincere

francotirador *m* sniper

franqueza *f* frankness, sincerity, openness

frasco *m* flask, bottle

fraternidad *f* fraternity

fray *m* brother (title of respect addressed to religious men)

frazada *f* blanket

frecuencia *f* frequency

  con _ frequently

frecuentar to visit often

frecuente frequent

fregar (ie) to scrub

fréjol (frijol) *m* bean

frenesí *m* frenzy

freno *m* brake, bit (of a bridle)

  sin _ without brakes

frente *mf* front, *f* forehead

  _ a against

  _ a _ face to face

  en _ opposite, in front

fresa *f* strawberry

frescura *f* freshness

frisar to frizzle, to fasten, to agree on

frisol (frijol) *m* bean

frondoso leafy

fructificar to make fruitful, to yield profit

fruncir to pucker, to contract

  _ el ceño to frown

fuego *m* fire

fuente source, spring, fountain

fuentecilla *f* small jet, spout

fuera outside, out, out of the way

  _ de sí beside one self

fueros *m pl* rights laws

fuerte strong, heavy, *m* fort

fuerza *f* force, power

  a _ de by force of

fuga flight, escape

  ponerse en _ to run away

fugaz fleeting

  estrella _ shooting star

fulano *m* so and so

fulgurante shiny

fulminante thundering, threatening, striking thunder, explosive
fumar to smoke
función *f* function, performance
funcionar to work, to go (of machine)
fundación *f* foundation, establishment
fundador *m* founder
fundar to found, to establish
fundido fused, blended, finished, done in
fundir to fuse, to melt, to mix
funesto sad, dismal, mournful, lamentable
funicular *m* cable, railway
furgón *m* caisson, transport wagon
furia *f* fury
　con _ furiously
furibundo furious, enraged, frantic
furor furor, rage
furtivo furtive, sly
fusil *m* gun
fusilado shot
fusilamiento m execution by shooting
fusilería *f* artillery
fusta *f* rod, whip
fustanero *m* henpecked man

G

gacela *f* gazelle, small antelope
gafas *f* *pl* eyeglasses
gajo *m* branch of tree
gala *f* festive occasion, gala, *pl* finery, elegant dress
galán *m* suitor
galardón *m* reward, prize
galgo *m* greyhound
galope *m* gallop
　al _ hurriedly, speedily
gallardo graceful, elegant
gallear to stand out, to excel, to trust, *coll.* to yell and threaten
gallo *m* rooster
gama *f* range, gamut
gana *f* desire, appetite
　no me da la _ I don't want to
ganadero *m* owner, dealer in cattle, herdsman
ganado *m* cattle, livestock
ganancia *f* earning, income
ganar to gain, to win, to earn, to beat

gangoso nasal
garantía *f* guarantee
garbanzo *m* chickpea
garboso graceful, charming
garete: al ___ adrift
garganta *f* throat
gárgola *f* gargoyle
garrocha *f* kind of javelin with a hooked head used to goad bulls
garrulidad *f* chatting, garrulousness
gárrulo garrulous, talkative
garza *f* heron
gasa *f* gauze, thin fabric
gastar to spend, to use, to waste
gasto *m* expense
gauchesco pertaining to the Gaucho
gaucho *m* gaucho, traditional figure of Argentina
gaveta *f* drawer
gaviota *f* sea gull
gazpacho *m* cold vegetable soup typical of Andalusia
gélido frigid, freezing cold
gema *f* gem, jewel
gemido *m* moan
gemir (i, i) to moan, to howl, to roar
generalizar to generalize
género *m* kind, class, genre, literary, style
generosidad *f* generosity
genial genial, pleasant **genio** *m* genius, temper, disposition
gente *f* people
gerente *m f* manager
gérmen *m* germ, source
germinador germinating
gesto *m* movement, motion, gesture, expression, sign
　hacer _ a to make a sign
gigantesco gigantic, belonging to the giants
girar to turn, to spin,
giro *m* turn, trend, revolution, rotation, money order
gitano gipsy, gipsylike, artful
glotón *m* glutton, greedy one
golfo(a) *mf* scamp, rascal
golfillo(a) person of loose morals
golondrina *f* swallow (bird)
goloso tasty, ready
golosina *f* delicacy, sweet morsel
golpe *m* blow, strike, hit
　dar _s to hit
golpear to hit, to strike
goma *f* rubber
gordo fat
gorro(a) *mf* cap
gorrión sparrow

gota *f* drop
gótico Gothic
gozar to enjoy
gozo *m* pleasure
grabado etched, engraved, *m* engraving
　_s a fuego branded
gracia *f* grace, charm
　hacerle _ to think something is amusing or funny
gracioso graceful, attractive. witty
grada *f* step
granada *f* pomegranante
granadero *m* grenadier
grandeza *f* greatness, magnificence, nobleness
granjearse to get, to obtain
grano *m* grain
　ir al _ to get to the point
granuja *m* rascal, rogue
grasa *f* fat, grease
grato graceful, pleasing, pleasant
grave serious
gresca *f* uproar, reveling
grieta *f* crack, crevice
grifo *m* griffin, fabled animal, faucet
grillos *m* *pl* fetters, shackles
gritar to shout, to yell, to scream
grito *m* shout, cry
grosería *f* rudeness, ill breeding, coarseness
grosero coarse, lacking in good manners
grueso thick, heavy, fat, bulky
grupa *f* flanks, rump of a horse
grupo *m* group
guante *m* glove
guapo courageous, bold, clever, handsome
guarda *m* guard, custodian
guardar to keep, to save, to be careful of
guardarropas *m* wardrobe, clothes closet
guardia *m* guard
guarismo *m* cipher, figure, number, digit
guiar to guide, to lead, to conduct
guinda cherry red, *f* cherry
guiñar to wink
guiños eléctronicos intermittent flashes
guión scenario, script (of movie, etc.)
guiri *m* liberal
guisa *f* guise, manner
　a _ de_ in appearance

guisar to cook
gusanera *f* wormhole
gusano *m* worm
gustar to please, to be pleasing
  _ **de** to enjoy
gusto *m* pleasure, taste
gustoso cheerful, pleasant, pleasing

H

habas *f pl* beans
haber to have
  _ **de** to have to, should, must
hada *f* fairy
hay there is, there are
hay que one must, it is necessary
he aquí here is
hábil capable, able, skillful
habitación *f* room, house, dwelling, habitation
habitar to inhabit, to occupy, to live in
hábito *m* habit
hacienda *f* estate, fortune, wealth
hacha *f* ax
hachón *m* large torch
hado *m* fate, destiny, inevitable doom
¡hala! come on! get up! get going! haul!
halagador flattering, pleasing
halagar to flatter, to please
halago *m* flattery, compliment
hallar to find
  _**se** to find oneself, to be
hambre *f* hunger
hambriento hungry, starving, famished
haragán idle, lazy, *m* idler, loiterer, lazy person
  de _es of laziness
harapo *m* rag, tatter person held in low esteem
hartagazo *m* glutting or eating beyond natural desire
harto full, fed up, very, quite, enough
hastiado sated
hastío *m* disgust, dislike, repulsiveness
hato *m* herd (of cattle), ranch
haya *f* beech tree
haz *m* bundle
hazaña *f* heroic deed, exploit
hazmerreír *m* laughing stock
hebilla *f* buckle
hebreo of Israel, *m* Hebrew
hechicería *f* witchcraft

hechizado(a) bewitched, enchanted
hecho *m* event, happening, action, deed, fact
helado frozen
helar (ie) to freeze
henchido filled, swollen
herbolario *m* herb fancier
heredad *f* piece of ground cultivated and bearing fruit
heredado inherited
herencia *f* inheritance
herida *f* wound, injury, injured or wounded person
herir (ie, i) to wound, to injure
hermético hermetic, airtight, impenetrable, *m* tightlipped person
hermoseado beautified, ornamented (landscape)
heroísmo *m* heroism
herradura *f* horseshoe
herramienta *f* tool
hervir (ie, i) to boil
heterogéneo heterogeneous
hidalgo *m* nobleman, person of noble descent
hidrópico hidropsical, with an excessive amount of fluid in the body
  ojos _s water eyes
hiel gall, bile, bitterness
hielo *m* ice
hierático sacred
hierba *f* grass, herb
  mala _ weed
hierbabuena *f* mint, spearmint
hierro *m* iron, branding iron
  marca del _ brand
higiene *f* hygiene
higuera *f* fig tree
hilandero *m* one who spins (or weaves)
hilo *m* wire, thread
himeneo *m* marriage, wedding song
hincarse to kneel, to kneel down
hincha *f* follower, hatred, enmity
hinchar to puff up, to swell, to inflate
hiperbólico hyperbolic
hipertenencia *f* exaggerated sensitivy
hípnico hypnotic
hipocresía *mf* hypocrisy
historiador *m* historian
histórico historical
hogar *m* home, hearth
hoguera *f* fire, hearth
hoja *f* leaf

_s de la puerta section of a door
hojear to leaf through
holgadamente easily, effortlessly
holganza *f* repose, ease
holgar (ue) to rest, to cease from labor, to take it easy, to sport or play the fool
holgazán loafing, lazy, *m* loafer, bum
hollín *m* soot
hombrachón *m* heavily built man
hombría manliness, virility
hombro *m* shoulder
homenaje *m* homage, testimonial
honda *f* slingshot
hondo deep
  en lo _ in the depths
hondura *f* depth
honra *f* honor
honradez *f* honesty, integrity, fairness
honrado honest, honorable
honroso honorable
horadar to bore or piece from side to side
horario *m* schedule
horca *f* gallows
horda *f* horde
horno *m* oven
horquilla *f* hairpin
horrendo dreadful, hideous, monstrous, horrible
hostia *f* host (in the Communion)
hoyo *m* hole, spot to be buried in
hueco hollow, empty
huella *f* trace, track, footprint, sound
huérfano *m* orphan
huerta *f* large orchard
huertano *m* farmer
huerto *m* small orchard, fruit garden
hueso *m* bone
huésped *m* guest
huestes *f pl* host, armies in combat
huevo *m* egg
huir to flee, to take flight
humanidades *f pl* humanities, arts and sciences
humedad *f* dampness, humidity
húmedo moist, damp
humildad *f* humility
humilde humble
humillación *f* humiliation, embarrassment

humo *m*   smoke
humor *m*   humor, disposition, mood
hundir   to sink, to submerge
huronear   to ferret about, to explore
husmear   to track by smelling, to scent

I

ibérico   Iberian, of the Iberian peninsula
ida *f*   going, departure
   de _ y de vuelta   round trip
idea *f*   idea
idealismo *m*   idealism
idéntico   identical
identificar   to identify
   _se   to identify oneself
idilio *m*   idyll
idioma *m*   language
idiota *mf*   idiot
ídolo *m*   idol
idolatrar   to idolize, to worship
iglesia *f*   church
ignominiosamente   ignominiously, shamefully, dishonorably
ignorante   ignorant
ignorar   to not know, to be ignorant
ignoto   unknown
igual   equal, similar, like another, even, smooth
   por _   equally
igualar   to be equal, to be the same
igualdad *f*   equality
igualmente   equally
ijada *f*   flank (of animal)
ijadear   to plant or quiver from fatigue
ijar *m*   flank
ilegal   illegal
ilegible   illegible, unreadable
iletrado   illiterate
iluminar   to illuminate, to light up
iluso   deluded, deceived
ilustrar   to illustrate, to color
ilustre   illustrious, celebrated, glorious
imagen *f*   image, picture
imaginar   to imagine
imán *m*   magnet, charm, attraction
imborrable   indelible
imitar   to imitate
impacto *m*   impact

impar   unequal, not divisible into equal numbers
impedir (i ,i)   to intervene, to block, to hinder, to prevent, to keep from
impeler   to propel, to drive
impersonable   unforgivable
imperfección *f*   imperfection
imperio *m*   empire, rule
imperioso   commanding, overbearing
impertinente   impertinent, intrusive, insolent, disrespectful
ímpetu *m*   impetus, stimulus
impetuoso   impetuous, passionate, violent
impío   impious, irreligious, profane
implacable   implacable, not to be pacified
implacar   to implore, to beg, to beseech
implemento *m*   utensil
imponer   to impose, to advise, to give notice, to instruct in, to assert
importancia *f*   importance
importante   important
importar   to import, to matter, to be important
importe *m*   amount, earned, profit, cost, price
imposibilidad *f*   impossibility
imposible   impossible
impregnar   to permeate
imprenta *f*   printing, printing firm
imprescindible   that which cannot be put aside, necessary, essential
impresión *f*   impression, printing
impresionante   impressive
impresionar   to impress
impreso   printed
imprimir   to print
impropio   unsuitable, unfit for
improvisar   to improvise, to make use of
improviso: de   suddenly, unexpectedly
impuesto *m*   tax, duty
impulsar   to impel, to give an impulse, to urge on
impulso *m*   impulse
   dar _   to stimulate, to encourage
   a _s de   propelled by, blown by
impulsor   driver, impeller
impureza *f*   impurity
inadecuado   inadecuate, insufficient
inadvertido   unnoticed
inanimado   still, quiet, dead

inapreciable   inestimable, imperceptible, inappreciable
inaudito   unheard of, most extraordinary
incansable   untiring, indefatigable
incapaz   incapable
incendiado   burning
incendiar   to set on fire
incendiario   flaming
incendio *m*   fire, blaze
incertidumbre *f*   uncertainty
incesante   incessant, constant
incierto   uncertain, unsure
incitante   exciting, moving
incitar   to incite, to arouse, to excite
inclemencia *f*   inclemency, severity, harshness
inclinación *f*   tendency
inclinarse   to incline, to lean, to lean toward any direction, to bend over, to bow
inclusivo   including
incluso   including
incógnito   disguised
incomodarse   to be angry, to be upset
incómodo   uncomfortable, unpleasant
incomunicado   isolated, out of contact
inconcuso   incontestable
inconmovible   firm, immovable, inalterable
inconsciencia *f*   lack of realization, unconsciousness
inconveniente   inconvenient
incorporar   to incorporate
   _se   to set up
   _se a   to join, to enlist
incrédulo   incredulous, unbelievable
increíble   unbelievable
inculto   uncivilized, ignorant
indecible   indescribable
indecisión *f*   indecision, unsteadiness
indeciso   undecided
independencia *f*   independence
independiente   independent
indicar   to indicate, to show, to point out
índice *m*   index, index finger
indicio *m*   indication
indiferencia   indifferent
indígena   indigenous, *mf* native
indignación *f*   indignation
   con _   indignantly
indignado   indignant
indignidad *f*   indignity

indigno   unworthy
indio *m*   Indian
individuo *m*   person, individual
indocta   uneducated
índole *f*   disposition, temper, class, kind
indómito   indomitable, unruly
inducir   to induce, to persuade, to influence
indudable   indubitable
inédito   new, unknown
inefablemente   ineffably, unspeakably
inerte   inert, still, motionless, unable to move
inesperado   unexpected, sudden
inexorablemente   relentlessly, unbendingly
inexperto   inexperienced
inexpugnable   impregnable, firm, stubborn
infalible   infallible, incapable of being wrong
infame   infamous, dishonorable
infamia *f*   infamy, infamous act
infancia *f*   infancy, childhood
infecundo   unfruitful, barren
infelicidad *f*   unhappiness
infeliz   unhappy, unfortunate
inferioridad *f*   inferiority
inferir (ie,i)   to infer, to deduce, to draw conclusions
infernal   infernal
infierno *m*   hell, inferno
infinidad *f*   endless amount, innumerable quality
inflamar   to inflamate, to set afire
infligir   to inflict, to force upon
influir   to influence, to prevail upon one, to inspire with grace, to effect a change, to guide
informar   to inform
informe *m*   report
infortunado   unfortunate, unlucky
infracción *f*   act of breaking the law
infringir   to infringe
infructuosamente   fruitlessly, uselessly
infundir   to infuse
influsión *f*   infusion, inspiration
ingeniería *f*   engineering
ingeniero *m*   engineer
ingenio *m*   genius, talent,
   _ de azúcar   sugarmill
ingenioso   ingenious, clever
ingenuidad *f*   ingenuousness, candor
ingrato *m*   ingrate, ungrateful person

ingresos *m   pl*   income
iniciar   to start, to begin
injuria *f*   insult, damage
injusticia *f*   injustice
inmaculado   clean, pure
inmediato   inmediate, adjoining, next
inmejorable   unbeatable, unable to be improved upon, unsurpassable
inmensidad *f*   infinity, great amount, immensity
inmenso   immense, huge
inmotivado   without cause or motivation
inmóvil   motionless, firm, constant
inmundicia *f*   filth
innegable   that cannot be denied
inolvidable   unforgettable
inquieto   restless, anxious, uneasy, turbulent
inquietud *f*   nervousness, unrest, anxiety
   con _   anxiously
inquirir   to inquire
Inquisición *f*   Inquisition
insaciado   unsatisfied, unquenched
inscripción *f*   inscription, enrollment
inseguro   unsure, uncertain
insensatez *f*   stupidity, senselessness, folly
insensato   stupid, mad, out of one's wits
insensiblemente   insensibly
insertar (ie)   to insert
insigne   notable, remarkable
insinuante   insinuating, engaging
insinuar   to insinuate, to suggest, to drop a hint
insistencia *f*   insistence
insistir (en)   to insist
insolencia *f*   insolence
insolentar(se)   to be(come) insolent
insolente   insolent
insolidaridad *f*   lack of unity
insoportable   unbearable
inspirar   to inspire
instinto *m*   instinct, nature
instruir   to instruct
insubordinar   to rebel
insuficiente   insufficient, inadequate
ínsula *f*   isle, island
insultar   to insult
insuperable   unsurpassable
insurgente *m*   rebel
íntegramente   completely
integridad *f*   integrity

inteligencia *f*   intelligence, understanding
intentar (de)   to try, to attempt, to intend
intento *m*   intent, intention, attempt
interceptar   to intercept, to obstruct
interés *m*   interest, concern
interesar   to interest, to be interesting
   _ se   to become interested
interinamente   in the interim, provisionally
interminable   interminable, endless
internar   to go beneath the surface
interno   internal, from within
interpretar   to interpret, to translate
intérprete *mf*   interpreter
interrogar   to question
interrumpir   to interrumpt
interrupción *f*   interruption
intervalo *m*   interval
intervenir   to come between, to intervene
íntimo   intimate
intranquilo   restless, disturbed, nervous
intransigencia *f*   state of being uncompromising or irreconcilable
intriga *f*   plot, scheme
intrigar   to plot, to form plots
introducción *f*   introduction
introducir   to introduce, to insert, to put in
   _se   to get in
inundación *f*   flood
inundar   to flood, to rush, to surge
inútil   useless
inutilidad *f*   uselessness
inútilmente   uselessly, in vain
invadir   to invade
invasión *f*   invasion
invasor *m*   invader, outsider
invencible   invincible, unconquerable
inventar   to invent
invertir (ie ,i)   to invest
invisible   invisible
invocar   to invoke
involuntario   involuntary, unintentional
inyección *f*   injection, shot
ira *f*   ire, anger
iracundia *f*   irascibility, ire
ironía *f*   irony
irónico   ironic

irradiar   to irradiate, to emit beams of light
irrecusable   unimpeachable
irregularidad *f*   irregularity
irregularmente   irregularly
irresistible   irresistible, not to be resisted
irritar   to irritate
isla *f*   island
islote *m*   small barren island, key
itinerario *m*   intinerary
izar   to raise, to hoist
izquierdo   left

J

¡ja, ja!   ha, ha!
jabalí *m*   wild boar
jabón *m*   soap
jaco *m*   nag
jactarse   to boast
jadeante   panting, breathless
jaez *m*   kind, sort, quality
jalde   yellow, gilded
jamás   never, not ever
jamón *m*   ham
Japón *m*   Japan
japonería *f*   Japanese curio
japonés   Japanese
jardín *m*   garden
jarra   jug
jarrazo *m*   blow struck with a jug
jaspe *m*   jasper, a precious stone
jaula *f*   cage
jefe *m*   chief, leader, boss
jeme *m* *coll.*   distance from end of thumb to end of forefinger
jergón *m*   straw mattress
jerigonza *f*   language used by low class people, jargon, slang
jícara *f*   wooden tray usually highly ornamented
jinete *m*   horseman, rider
jinetear   to ride (horseback)
jocoso   jocose, gay, merry
jornada *f*   journey, trip, session, division of a drama
joya *f*   gem, jewel
joyería *f*   jewelry store
joyero *m*   jeweler
judaico   Jewish
judía *f*   bean, green bean
juego *m*   game, set,
  hace _   to match
juez *m*   judge
jugar (ue)   to gamble, to play

juicio *m*   judgment, sense, reasoning
  muela de _   wisdom tooth
jumento *m*   beast of burden, ass
junco *m*   rush, reed
juntar   to put together, to join
  _se   to gather, to get together, to meet
juntillas   together, joined together
junto   together, joined
  _ a   next to
  muy _   very close together
juramento *m*   oath
jurar   to swear
jurisconsulto *m*   jurisconsult, jurist
jurisdicción *f*   deparment or state, county
justamente   exacty
justicia *f*   justice
justificar   to justify, to substantiate
juventud *f*   youth
juzgado   judged
juzgar   to judge
  _se   to consider oneself

L

laberinto *m*   labyrinth
labio *m*   lip
labor   labor, work, effort
labrador *m*   farmer
labranza *f*   cultivation of the soil
labrar   to work, to cultivate
labriego *m*   peasant
laca *f*   lacquer, lacquered wear
lacayo *m*   liveried servant
ladera *f*   side
lado *m*   side
ladrar *m*   to bark, barking
ladrillo *m*   brick
ladrón *m*   thief
ladronzuelo *m*   small thief
lago *m*   lake
lágrima *f*   tear
laguna *f*   pool, lagoon, small lake
lama   mud, slime
lamentable   deplorable
lamentar   to lament, to regret
lamer   to lick
lámpara *f*   lamp
lana *f*   wool
  _s de tejer   knitting thread
lance *m*   critical moment, occurrence, episode
lancero *m*   lancer
landó   landau, type of carriage

languidez *f*   languidness, weariness, faintness
lanzar   to throw, to hurl, to pitch
lápida *f*   tombstone
lápiz *m*   pencil
largamente   for a long while, at length
largo   long
  a lo _   along, through
largueza *f*   generosity
larguísimo   very long
lástima *f*   sorrow
  ¡qué _!   what a shame!
lastimar(se)   to hurt (oneself)
latente   latent, obscure
látigo *m*   whip
latir   to beat, to throb
laurel *m*   laurel, bay tree, bay leaf, laurel wreath (symbol of success, glory)
lauro   laurel
lavanco *m*   wild duck
lavar   to wash
lazo *m*   knot, tie
leal   loyal, faithful
lealtad *f*   loyalty
lebrel *m*   greyhound
lebruno *m*   of, pertaining to or like a hare
lector *m*   reader
lectura *f*   reading
leche *f*   milk
lechera *f*   milkmaid, dairymaid
lecho *m*   bed
lechón   suckling pig
lechuga *f*   lettuce
legislar   to legislate
legítimo   legitimate
legua *f*   league
legumbre *f*   vegetable
lejanía *f*   distance
lejano   distant, far away
lejos   far, far off
  a lo _   in the distance
lema *m*   motto, slogan
lengua *f*   tongue, language
lenguado *m*   flounder (fish)
lenguaje *m*   language, speech
lenguaraz   talkative, speaking several languages
lentamente   slowly
lente *m*   lens, magnifying glass, *pl* glasses, eyeglasses
lenteja *f*   lentil
lentisco *m*   mastic tree
lentitud   slowness
lento   slow
leña *f*   firewood
leño *m*   log

león lion
leonado lion colored, tawny
lerdo *m* slow, heavy
letargo *m* lethargy
letra *f* letter of alphabet, handwritting
  bellas _s fine arts
levantar to raise, to lift
  _se to rise, to get up, to stand up
leve light in weight
levita *f* coat, frock coat
ley *f* law, quality or strength
  plata de _ sterling silver
leyenda *f* legend
liberación f liberation, freedom
liberar to free
libertad *f* liberty
libertador *m* liberator, savior
liberto *m* man freed from slavery
libra *f* pound (weight)
librar to free, to liberate
libre free
librea *f* livery, clothes given to a servant, uniform
librería *f* bookstore
librero *m* bookseller
libro *m* book
liceo *m* lyceum
lícito lawful
lid battle, fight, dispute, match of wits and arguments
líder *m* leader
liebre *m* hare, coward
lienzo *m* cloth, linen, canvas
ligeramente swiftly, quickly
ligero fast, quick
  a la _a quickly
ligerón rather fast
limar to file
limitar to limit
límite *m* limit
limón *m* lemon
limonero *m* lemon tree
limosna *f* alms, charity
limpiar to clean
limpio clean
  en _ net price, clearly
linaje *m* lineage
linajudo *m* one who boasts of his family or lineage
linde *m* landmark, boundary, limit
lindero *m* limit, boundary
lindo pretty
línea *f* line
lineamiento *m* exterior feature
linfático lymphatic, pertaining to the lymph glands
linterna *f* lantern
lírico lyrical

lisonjero *m* flatterer, fawner, parasite
listo alert, smart, intelligent, ready
literario literary
literato *m* writer
litigar to litigate, to dispute (a case in a court of law)
litigio *m* lawsuit, litigation
litro *m* liter (1.0567 quarts)
liviano light, of little weight
llaga wound, ulcer, sore
llama *f* fire, flame
llamar to call
  _se to be named
llanería *f* skill of the cowboy
llanero *m* plainsman
llanito even, level
llano flat, level, *m* plains
llanto *m* weeping, flood of tears
llanura *f* prairie, vast tract of level ground
llave *f* key
llegar to arrive, to reach
  _a ser to become
llenar to fill
  _se to fill up
lleno full
llevar to carry, to take, to wear
llorar to cry, to weep
llorón *m* mourner, weeping willow
llovediza: agua rain water
llover (ue) to rain
lloviznar to drizzle
lluvioso rainy
lobo *m* wolf
lóbrego obscure, sad, murky
localizar to locate, to find
loco crazy, mad
locuacidad *f* loquaciousness
locura *f* madness, insanity, crazy deeds, folly
locutorio *m* reception room
lodo *m* mud, mire
lograr to succeed, to obtain, to attain, to get accomplish
loma *f* long low hill, ridge, loin, back
lona *f* sail, canvas
Londres London
loquillas *f* cigarrette holders
loro m parrot
losa *f* flagstone
lote *m* lot
lozanía *f* vigor, robustness
lozano verdant, vigorous, proud
lucero *m* star
lucidez *f* clarity, sanity
lúcido lucid, clear in reason

lucir to shine, to show off, to wear
lucha *f* fight, struggle
luchar to fight, to struggle
luengo *m* place, space, long
  dar _ a to give occasion for
lugareño *m* inhabitant of a village
lúgubre sad, mournful, gloomy, melancholic
lujo *m* luxury
lumbre *f* fire
luminario shining
luminoso luminous, bright, shining
luna *f* moon
  _ de miel honeymoooon
lunar *m* mole, beauty spot
luz *f* light

M

machamartillo: a _ firmly, lightly, with blind faith
machete *m* machete, large knife used for cutting cane, etc.
macho *m* male
machucar to pound, to bruise
madera *f* wood
madreselva *f* honeysuckle
madrigal *m* madrigal, poem or song of love
madriguera *f* burrow, hole made in the ground by rabbits
madrileño of or from Madrid
madrina *f* godmother, bridesmaid, small herd of tame cattle or horses used to guide or help roundup wild animals
madrugada *f* early, morning, dawn
magrugador(a) *mf* early riser
madurez *f* maturity
maestrazgo *m* dignity or jurisdiction of a great master
maestría *f* mastery, skill
maestro *m* teacher
magia *f* magic, magic charm
magnánimo magnanimous, heroic, generous, honorable
magnetismo *m* magnetism, power or attaction
magnificencia *f* magnificence
magnífico magnificent, splendid, grand
magullado bruised
maíz *m* corn
maizal *m* cornfield
majadería *f* folly, annoyance

malandrín perverse, malign

malaventurado unfortunate one

malbaratar to lower the price, to make cheap

malcriado rude, bad mamnered, ill bred, impolite

maldecir to wear, to cure

maldito cursed, accuced

maléfico injurious, harmful, malicious, evil

maleta *f* suitcase

maletín *m* suitcase, briefcase

malévolo evil

maleza *f* underbrush

malhaya *f* exclamation

malicia *f* malice, intention of mischief to another

maligno *m* evildoer

malo bad, wicked, evil, wrong, sick

maltratar to mistreat, to abuse, to insult

maltrecho mistreated, battered

malva *f* mallow

malla *f* net, web

mamarracho *m* grotesque figure, e.g. scarecrow

mamón *m* suckling pig

mampostería *f* rubblework mansonry, employment of collecting alms

manada *f* flock, herd

mancebo *m* youth, young man

mancha *f* spot, stain, cap. area in central Spain

mandar to send, to order, to command

mandíbula *f* jaw, jawbone

mando command

manea *f* hobble, ferrer

manejar to handle, to drive

manía *f* mania, frenzy, overwhelming desire

maniatar to tie

manicura *f* manicure, manicurist

maniobra *f* maneuver

  de _s drilling

manipular to manipulate, to handle

manjar *m* plate, food, tidbit

mano *f* hand, forefoot

  poner_s en la obra to get to work

manojo *m* bunch

manotada *f* cuff, blow, stroke

  a _s by stripping

manotazo *m* blow with the hand, hard pat, cuff or stroke

manoteo *m* theft, robbery

mansedumbre *f* gentleness

manso docil, tame, meek

manta *f* blanket

manteamiento *m* tossing in a blanket

mantel *m* tablecloth

manteleta *f* small mantle or cloak worn by ladies

mantener to keep, to maintain, to keep up

manto *m* mantle, cap

manual manual by hand

manuscrito handwritten *m* manuscript

manzana *f* apple

maña *f* dexterity, skill

mapa *m* map

maquillaje *m* make-up

máquina *f* machine

maquinal mechanical, unconscious, unaware

maquinalmente mechanically

maquinaria *f* machinery

maravilla *f* marvel, wonder

marca *f* brand, mark, stamp, trademark

marcar to stamp, to mark, to dial

marcial martial, warlike

marco *m* frame

marcha *f* march, motion

  poner en _ to start, to put in operation

marchar to march, to go, to run, to work, to function

  _se to leave

marchitar to wither

marchito faded, withered, dispirited, exhausted

marea *f* tide

marejada *f* swell of seas

marfil *m* ivory

margen *mf* margin, border, edge

  al _ related to

maricón *m* coward, man who is effeminate

marina *f* pertaining to the sea

mariposa *f* butterfly

mariscal *m* marshal, highranking, military office

mármol *m* marble

marota *f* rope

marotear to tie, to rope

marqués *m* marquis

martillazo *m* hammer blow

martilleo *m* hammer blow

martillo *m* hammer

mártir *m* martyr

martirizar to make a martyr, to torture

masaje *m* massage

  _ craneano scalp massage

_ facial facial massage

mascar to chew

máscara *f* mask

mástil *m* mast

mastín mastiff

mastranto *m* mint

mata *f* plant, shrub

matador *m* killer, slayer, assassin

matar to kill

materia *f* matter, material, subject

matinal morning, belonging to early morning

matiz *m* hue, shade

matorral *m* fiel of brambles, thicket

matrimonio *m* marriage, maried couple

maula *f* deceitful trick

máximo *f* maximum

mayorazgo *m* eldest son, who will inherit the entire family estate

mayordomía *f* stewardship

mayordomo *m* butler, steward

mayoría *f* majority

mayúsculo capital

mazonería *f* stone massony, relief

mazurca *f* mazurka

mecánico mechanical, *m* mechanic

mecedora *f* rocking chair

mecer to rock, to sway

mecanógrafo *m* typist

mecha *f* stub (of a candle)

medalla *f* medal

mediado half full

  a _s de about the middle of

mediano medium, medium sized

medianoche *f* midnight

mediante though, by means of

medias *f pl* stockings, hose

medio *m* middle

  a _s halfway

  por _ de by means of

mediodía *m* noon, midday

medir (i, i) to measure

meditar to think, to meditate

medo *m* Mede

medrar to thrive, to prosper, to grow rich

medroso fearful, cowardly

mejilla *f* cheek

mejor better, best

  a lo _ maybe, probably, like as not

mejoramiento *m* improvement

mejorar to improve

  _se to recover, to get better

melocotón *m*   peach
melón *m*   cantaloupe
melonar *m*   cantaloupe patch
membranoso   membranous
membrillo *m*   quince tree
membrudo   strong, robust, corpulent
mendigar   to beg
mendigo *m*   beggar
menester *m*   need, necessity, job
  ser _   to be necessary
menganito *m*   so and so
mengua *f*   ebb, decline, decay
menor   smaller, smallest, younger, youngest, minor, lesser, least
menos   less, least, fewer, fewest
  a _ que   unless
  cuando _   at least
  _ mal   fortunately
mensaje *m*   message
mensual   monthly
mente *f*   mind
mentir (ie, i)   to lie
mentira *f*   lie, falsehood
menudo   small, slender, minute, of little value
  a _   repeatedly, frequently
mequetrefe *m*   insignificant person, noisy fellow, conceited silly man
mercader *m*   dealer, trader shopkeeper
mercar   to buy or sell, to trade
merced *f*   mercy
mercenario *m*   mercenary, one who hires himself to others
merecer   to merit, to deserve, to be worth
merengue *m*   sugar plum
merienda *f*   snack, picnic
mérito *m*   merit, worth, value
meseta *f*   plateau, highlands
mesianismo *m*   teachings of Christ, the Messiah
Mesías *m*   Messiah
mesón *m*   inn
mesonero *m*   innkeeper
meta *f*   goal
metafísica *f*   metaphysical
metafísicamente   metaphysically
metáfora *f*   metaphor
meter   to put in, to get involved
método *m*   method
métrico   composed in verse
metro *m*   meter (39.37 inches), subway
metrópoli *f*   important city
mezcla *f*   mixture, combination
mezquino   paltry, miserable, poor, petty

microbio *m*   microbe, germ
miel *f*   honey
miembro *m*   member
mientras   while, so long as
  _ tanto   meanwhile
mies *f*   grain
miguita (miga) *f*   crumb
milagro *m*   miracle
milagroso   miraculous
milímetro *m*   millimeter
militar   military, *m* soldier
milla *f*   mile
millar *m*   thousand
millón *m*   million
mimar   to spoil
mina *f*   mine
minero *m*   miner
miniatura   miniature
minúsculo   small, small letter (lower case)
mira *f*   expectation, design
mirada *f*   look, glance
mirador *m*   viewing, place, lookout tower, balcony
mirar   to look, to look at, to watch
mirlo *m*   blackbird
misa *f*   mass
misántropo *m*   misanthropist, one who hates mankind
miseria *f*   misery, poverty
misericordia *f*   mercy, loving kindness, charity
mísero   miserable, lowly, wretched
misiva *f*   letter or small note
mitayo *m*   Indian who worked in the mines of Peru and Bolivia during the period of the Spanish Colony
mitigar   to mitigate, to soften, to become less harsh
mixto   mixed, joint
mocedad *f*   youth
mocetón *m*   young, robust person
modalidad *f*   way, manner, method
modelado   outlived, modeled
moderación *f*   moderation, caution
moderar   to restrain, to moderate, to suppress
modernizarse   to modernize
modo *m*   way, manner, means
  de _   so that
mofar   to deride, to jeer, to scoff
mohín *m*   gesture, facial expression
mohino   disgusted, sad, gloomy, *m* one who plays alone against several others
mohoso   mouldy
mojar   to wet, to moisten
mole *m*   vast size, massiveness

moler (ue)   to grind
molestar   to bother, to disturb
molestia *f*   bother, disturbance, inconvenience
molino   ground, beaten
molino *m*   mill
  _ de viento   wildmill
momentáneo   momentary
momia   mummy
mona *f*   female monkey, mimic
monarca *mf*   monarch, king, queen, ruler of noble linage
monarquía *f*   monarchy
moneda *f*   coin
monja *f*   nun
monje *m*   monk
monólogo *m*   monolog
monstruo   monstrous
montado   mounted, rested upon
montaña *f*   mountain
montañoso   mountainous
montar   to mount, to get on
  _ a caballo   to ride horseback
monte *m*   mount, mountain, woods
montón *m*   pile, stack, heap
montuoso   full or woods and thickets, mountainous, hilly
mora *f*   blackberry
morada *f*   residence
morador *m*   inhabitant, lodger
moraleja *f*   moral
morar   to live, to dwell
morder (ue)   to bite
morería *f*   Moorish quarter, Moorish land
moribundo   dying, weak
morir (ue, u)   to die
moro *m*   Moor
morro *m*   crown of the head
morrocutudo   strong, hard
mortuorio   burial, funeral, belonging to the dead
mosca *f*   fly
mostaza *f*   mustard
mostrador *m*   counter, showcase
mostrar (ue)   to show
mostrenco   strayed, *m* stray
mote *m*   motto, nickname
motín *m*   riot
motivo *m*   reason, cause
  con _ de   on the occasion of
mover (se) (ue)   to move
móvil *m*   moving, capable of moving or being moved, that which causes something to move
moza *f*   girl, maid servant
mozo *m*   man, man servant, youth
muchedumbre *f*   crowd, mob

mudable changeable, movable, fickle
mudanza *f* change
mudar to move
  _ **se** to change (clothes)
mudo silent, mute
mueble *m* piece of furniture
  _**s** furniture
mueca *f* grimace, wry face
muela *f* molar, tooth
muellemente tenderly, gently, softly
muerte *f* death
  dar _ a to kill
muerto dead
muestra *f* example, indication, sign
mugido *m* lowing of a cow, ox or bull
mugir to low, to bellow (like an ox)
mujerona *f* mannish woman (used deprecatorily)
mujerzuela *f* worthless hag
mula *f* mule
muleta *f* red flag on a staff, crutch
multa *f* fine
  _ **fuerte** big fine
múltiple multiple, manifold
mundial worldwide, world
mundo *m* world
  todo el _ everybody
municiones *f pl* ammunition
municipal municipal
muñeca *f* wrist, doll
muralla *f* wall
murar to build a wall, to surround an area with a wall
murmullo *m* murmur
murmuración *f* gossip
murmurar to murmer, to mutter, to whisper
muro *m* wall
musgo *m* moss
musitar to say in a low voice, to whisper
mutuo mutual
muzo *m* indian of Columbia

N

nácar *m* mother or pearl, nacre
nacer to be born
naciente growing, which grows or springs up
nacimiento *m* birth
nadar to swim
naranja *f* orange
naranjal orange grove
naranjo orange tree
narcótico *m* narcotic, drug

narcotizar to drug
narices *f* pl nostrils, nose
narrar to narrate
natal native
natural *m* native
naturaleza *f* nature, disposition, tempereament
naufragar to shipwreck
naufragio *m* calamity, shipwreck
navaja *f* knife, blade
navarro from Navarra, a province or northen Spain
navegar to sail
Navidad *f* Christmas
navío *m* ship, especially a large ship of war
nebuloso misty, cloudy, foggy, hazy
necedad *f* foolishness, stupidity
necesidad to need, to be in need of
necio stupid, foolish, silly
negación *f* denial, refusal
negar (ie) to deny
  _**se** to refuse
negocio *m* business
negrero *m* black slave trader
nervio *m* nerve center
neurastenia *f* nervous fatigue
neumático m automobile tire
neutro neuter, neutral
nevar (ie) to snow
ni nor, not ever, neither
ni ... ni neither ... nor
nicaragüense native to Nicaragua
nicho *m* niche, indentation in a wall
nido *m* nest
niebla fog, mist
nieta *f* granddaughter
nieto *m* grandson
nieve *f* snow
nimio insignificant, unimportant
ninfa *f* nymph
ningún, ninguno no, none, not, any
niñera *f* nursemaid
niñería *f* childish thing
nipón Japanese
níspero *m* medlar tree
nivel *m* level
nobleza *f* nobility
noción *f* notion
nocturno night, nocturnal
noche *f* night
  dejar a buenas _s to leave in the dark
  quedar a buena _s to be left in the dark
nodriza *f* wet nurse
nogal *m* walnut
nombrar to name

nombre *m* name, noun
nomenclatura *f* nomenclature, classification
nonada *f* trifle
norte *m* north, north star (guiding star)
nostalgia *f* longing, nostalgia, homesickness
nostálgico nostalgic, longing (for a other place o times)
nota *f* note
notar to note, to notice
notorio notorious, publicly known
novel new, inexperienced
novedad *f* novel
novedoso novelty, strange
novelica *f* novel of no literary value
novia *f* bride, girlfriend
novio *m* groom (in a wedding), boyfriend
nubarrón *m* large heavy cloud
nube *f* cloud
nuca *f* nape of the neck
núcleo *m* nucleus
nudo *m* knot
nuevamente newly, recently, again
nuez *m* nut, pecan, acorn, etc.
numeroso numerous, many
númida *m* Numidian, of Numidia
nunca never
nupcial nuptial
nutrir to nourish, to feed

O

obedecer to obey
  _ **a** to be due a
obediencia *f* obedience
obispo *m* bishop
objetivo *m* objective, goal
oblicuo *m* slanting
obligar to oblige, to force
obra *f* work, deed
obrar to work, to act
obrero *m* laborer, worker
obscuro dark
obsequiar to give, to present, to treat
obsequio *m* treat, courtesy, attention, gift
obtenido obtained
obviamente obviously
ocasionar to cause, to arouse
ocaso *m* death
occidental western, belonging to western civilitation
occidente *m* west

ociar to borter, to be at leisure
ocre *m* ochre
octavo eighth
oculto hidden
ocultar to hide
ocultismo *m* belief in the occult
ocupado busy
ocupar to occupy, to fill
  _se de to bother about, to concern oneself with
  _se en to be busy (doing something)
ocurrir to occur, to happen
  _se to get an idea
ochenta eighty
oda *f* ode lyric, poem
odalisca *f* odalisk, a woman who serves in a harem
odiar to hate
odio *m* hatred, hate
  tener _ to hate
odioso despicable, capable of being hated
oeste *m* west
ofender to offend
  _se to take offense
oferta *f* offer
oficial *m* official, officer
oficio *m* trade, work, employment
ofrecer to offer
  _se to volunteer
ofrenda *f* offering
ofuscar to obscure
oído *m* ear, (inner)
  lo _ what had been heard
oír to hear
ojeada *f* glance
ojeo *m* flushing out game by shouting or other loud noises
ojera *f* bluish cicle under lower eyelid
ojeriza f grudge, ill will
ojo *m* eye
ola *f* wave
oleada *f* wave, series of waves
oler to smell
  _ a to seem like
oliscar to smell, to sniff
olivar *m* olive grove
olor *m* odor, aroma,, smell
olvidadizo forgerful
olvidar(se) to forget
Omar conqueror of Egypt and caliph from 634 to 644; accused of burning the famous library in Alexandria because it alledgedly contained works contrary to the Moslem faith

omitir to omit, to leave out
omnipotente omnipotent, allpowerful
onda *f* wave
ondear to wave
onza *f* ounce, small amount of money
opaco opaque, cloudy, not transparent
operar to work, to operate
opinar to have an opinion, to think
opio *m* opium
oponer to set against
  _se to oppose, to object
oportuno opportune, right, timely
oprimido oppressed, abused
oprimir to oppress, to squeeze, to depress, to put a heavy load upon
oprobio *m* shame, ignominy
optar to choose, to select
optimismo *m* optimism
opuesto opposite, contrary, opposing
oración *f* sentence, prayer
oráculo *f* sentence, fig. wise person
orar to pray
orbe *m* glove, world
orden *mf* order, command
ordenar to oder, to command
orégano *m* oregano (seasoning)
oreja *f* ear
orfebre *m* goldsmith, silversmith
orfelinato *m* orphanage
organizador *m* organizer
organizar to organize
orgía *f* orgy
orgullo *m* pride
orgullosamente proudly
orgullo proud
oriente *m* east
origen *m* origin, beginning
originar to originate, to begin, to create
orilla *f* bank, shore, edge
orillo *m* salvage of choth
orlar to border, to decorate with an edging
ornado ornamented, decorated
oro *m* gold
ortiga *f* stinging nettle
oruga caterpillar
osadía *f* daring, audacity
osado daring, bold, highspirited
osar to dare, to be bold
oscilante flickering
oscilar to oscillate, to swing, to sway, to vary
oscurecer to darken, to become dark
oscuridad *f* obscurity, apathy
oso *m* bear

ostentar to demostrate, to show, to boast or brag
otomana *f* ottoman, footrest
otoño *m* autumn, fall
otorgar to grant, to bestow
otro other, another
ova *f* egg
ovacionar to praise, to acclaim
oveja *f* sheep
ovillo *m* object round in shape, skein, ball
oxígeno *m* oxygen
oyente *m* listener

P

pa (para) to
pabellón *m* flag, pavilion
paciente patient
pacífico peaceful, gentle
padecer to suffer
padrastro *m* stepfhater
padrino *m* godfather, best man
  _s sponsors
pagano pagan
pagar to pay, to pay for
página *f* page
pago *m* pay, payment, Arg. district
pailas *f pl* kettles
paisaje *m* landscape
paja *f* straw
pájaro *m* bird
pajonal *m* haystack
pala *f* shovel
palacio *m* place
paladín paladin, warrior, knight
palanca *f* lever, crowbar
palanquear to brace oneself
palenque *m* stockade
palidecer to turn pale or white
pálido pale
palillo *m* toothpick, drumstick
palique small talk, chitchat
palizada *f* stockade
palma *f* palm
palmada *f* slap, pat
  dar _s to clap hands
  se dio una _ en la frente hit himself on the forehead
palo *m* stick, blow with a club
paloma *f* dove
  _s torcaces wild doves
palmo *m* breadth of the hand
palpable capable of being touched with the hands, tangible, evident
palpar to touch, to feel

palurdo *m*   clown a rustic
pampa *f*   pampa, vast plain
pandereta *f*   tambourine
panera *f*   granary, breadbasket
panoplia *f*   panoply, collection of arms
pantalón *m*   trousers
pantalla *f*   screen
pantano *m*   pool of stagnant water, marsh
panteón *m*   pantheon, cementery
panza *f*   belly, paunch
paño *m*   cloth
pañuelo *m*   handkerchief
papa *m*   pope, *f*   potato
papilla *f*   mush
paquete *m*   package, parcel
par   equal, even, *m* pair
   sin —   without equal
para   to , for, in order to
   — con   toward
parábola *f*   parable, parabola
paracaídas *m*   parachute
parada *f*   stop, pause, parade
paradísiaca *f*   like paradise
paradójicamente   paradoxically, contradictorily
paraguas *m*   umbrella
paraíso *m*   paradise
parar   to stop
parcial   partial
¡pardiez!   for heaven's sake!
pardo   brown, dark
   gramática —a   sagacity, horse sense
parecer   to seem, to look like, to appear
parecer *m*   appearance, opinion
   al —   seemingly, apparently
parecido   like, similar
pared *f*   wall
parejo   even, like *f* couple, partner
parentesco de familia *m*   blood relations
pariente *m*   relative
parir   to bring forth , to give birth to
párpado *m*   eyelid
párrafo *m*   paragraph
parricidio *m*   murder of father, mother, brother or sister
párroco *m*   rector of parish, reverent, parson
parroquia *f*   parrish, district
parroquial   belonging to a parish
parte *f*   part, direction
   en ninguna —   nowhere
   por todas —s   everywhere
participar   to participate, to give notice, to inform

participio *m*   participle
partida *f*   departure, beginning, game
partidiario *m*   partisan, adherent, supporter
partido *m*   party, team, side
partir   to open, to slice apart, to depart
   a—de   after, beginning with
partitura *f*   complete score for a musical work, the only thing heard
pasaje *m*   ticket, passage, event, incident
pasajero *m*   passenger
pasar   to pass, to happen, to spend time
pasatiempo *m*   diversion, amusement, game, pastime
paseo *m*   walk, ride, drive, boulevard
   dar un _   to stroll, to take a walk
pastar   to graze
pastel *m*   pastry, pie
pastor *m*   shepherd
pastosidad nacarada *f*   mother of pearl pastiness
pata *f*   hoof, foot (animal or piece of furniture)
patada *f*   kick
patalear   to kick about violently
patán *m*   boor, lout, coll. villager, peasant
paternidad *f*   fatherhood, title or respect given to religious men
patíbulo *m*   gallows
patiquincito *m*   fop, dude
pato *m*   duck
patria *f*   native country, fatherland
patriarcal   patriarchal
patrón *m*   boss, owner, pattern
patrono *m*   owner of a house, etc., master
pausa *f*   pause
pauta *f*   ruler, guideline, model
pavo *m*   turkey
pavor *m*   fear, dread, terror
pavoroso   frightful, frightening
paz *f*   peace
pazo *m*   country home in Galicia
peatón *m*   pedestrian
pecado *m*   sin
pecador *m*   sinner
pecar   to sin, to err
pecho   breast, chest, esteem, respect
pecera *f*   fishbowl
pedante   pedantic
pedazo *m*   piece
   hacer(se) _s   to fall to pieces

pedrada *f*   blow with a stone
pedregal *m*   place full of stones
pedregoso   rocky, covered with rocks
pedrusco *m*   large, rough stone
pegar   to stick, to fasten, to adhere, to glue, to be glued, to beat
pelado   penniless, lowbrow, *m* very low class person, a nobody
pelea *f*   fight, quarrel, struggle
peleador *m*   fighter
pelear   to fight
pelele *m*   rag doll, insignificant man
película *f*   film, motion picture
peligro *m*   danger
pelo *m*   hair
   a caballo en _   riding bareback
pelota *f*   ball
pelotón de fusilamiento *m*   firing squad
peluches *m* pl   plushes
peluquería *f*   barbershop
peluquero *m*   barber
pellejo *m*   skin
pena *f*   sorrow, pain
   a duras _s   with great difficulty
penacho *m*   plume, crest
pendencia *f*   quarrel, feud
pender   to hang
pendiente   dependent, unfinished, paying attention to, attentive, hanging
pendón *m*   banner, flag
penetrar   to penetrate, to enter
penitencia *f*   penitence, regret, sorrow for a wrong done
penitenciario *m*   eccl. penitentiary churchman
penosamente   sadly, sorrowfully
penoso   apinful, grievous, distressinf
pensamiento *m*   thought
pensativo   thoughtful
pensión *f*   boarding house
penumbra *f*   semidarkness
penuria *f*   lack, indigence
peña *f*   cliff, boulder
peón *m*   laborer
peonada *f*   group of peons
peor *m*   worse, the worst
peplo *m*   peplum, tunic or loose flowing garment as used by the Grecians
pequeñez *f*   trifle, smalleness
pera *f*   pear
percance *m*   misfortune
percibir   to percive, to observe
percutir   to beat on
perder (ie)   to lose
   echar a _   to ruin

perdición perdition, act of losing
pérdida f loss, damage
perdiz f partridge
perdón m pardon
perdonar to pardon, to forgive
perdurable lasting, everlasting
perecer to perish, to suffer
peregrinar to make a pilgrimage, to travel, to roam
peregrino strange, wonderful, very handsome or perfect, m pilgrim
perentorio absolute, decisive
pereza f laziness
perfeccionar to perfect, to improve
perfil m profile, outline (silhouette)
periódico m newspaper
periodista mf newspaper, writer, journalist
peripecia f change in fortune
periquete m wink of the eye, instant
perita f small pear
perjurar to perjure
perla f pearl
  llegar de _s to be very appropiate
perlado rippling
perpetuo perpetual
perplejo perplexed
persa m Persian
persecución f pursuit
perseguidor m pursuer
perseguir (i,i) to pursue
personaje m character in a story or play
perspectiva f perpective, view, prospect
pertenecer to belong, to concern, to pertain
pertinaz obstinate, persistent, opinionated
perturbar to disturb, to upset
pesadilla f nightmare
pesado heavy, boring, annoying
pesadumbre f sorrow, grief, heaviness
pesantez f gravity, force of gravity
pesar to weigh, to be heavy, to regret, to cause sorrow
  a _ de in spite of, notwithstanding
pesca f fishing, catch (of fish)
pescador m fisherman
pescante m drive's seat (of a stagecoach or wagon)
pescar to fish, to catch
pese it is due to, on a account of
pesimismo m pessimism
pésimo very bad

peso m weight, common monetary unit in Latin America
pesquisidor m examiner
  juez _ magistrate who investigates cause of death
peste f plague, any thoublesome or vexatious thing, bad odor
pestilencia f stench, bad smell
pestillo m latch, bolt of a lock
petaca f cigarette case
petrificado petrified, turned to stone
petulancia f petulance, insolence, flippancy, pertness
pez m fish
pezón m nipple
piadoso pious, godly, merciful
piamontés m native of Piamonte, Italy
pica f pike
picacho m peak
picada f S.A. path, road
picaporte m latchkey
picar to burn, to sting, to chop, to mince
  _un cigarro to chop or to mince tobacco to roll a cigarrette
picardía f knavery, ro guery
pícaro m rascal, pest, thieving
picarón m augmentative of pícaro
pico m peak
pie m foot, base
  a _ on foot
  de _ o en _ standing
  no dar _ con bola to not do anything right
piececilla f small work
piedad f pity, compassion
piedra f stone, rock
piel f skin, hide, fur
pierna f leg
pieza f piece (musical or theatrical), room
pífanos fifes, shrill flutes
píldora pill
  _s de plomo bullets
pillaje m pillage, sacking, looting
pillar to lay hold of, to pillage
pinar m pine grove
pincel m artist's brush
pingo m fine saddle horse
pintoresco picturesque
pintura f painting
pipa f pipe
piragua f dugout
pisada f footstep, hoofbeat, footprint
pisar to tread, to step on
piso m floor
pistola f pistol

pistoletazo m pistol shot
pita f century plant
pitillo m cigarrete butt
placentero pleasant
placer m pleasure
plácido placid, quiet, peaceful
plaga f plague, torment
planchar to iron
planear to flatten, to plan
planicie m plain
plano m plain, flat, plan, map
planta f plant, pl feet
plantar f to plant
  _se to place oneself
plata f silver
plateado silvery, silver colored
plática f discourse, conversation, speech delivered on some public occasion
platicar to chat
playa f beach
plaza f square, place
  sentar _ to gain entry
plazo m period (of time)
plebeyo m commoner
plegar (ie) to fold, to double, to bow
pleito m lawsuit, dispute, quarrel
plenamente fully, completely
plenitud f abundance
pliego m sheet of paper
  _ de imprenta printed sheet
plinto m baseboard
plomo m lead
pluma f feather, pen
poblar (ue) to populate, to found, to settle
pobreza f poverty
podenco m hound
poder m to be able, power
  en _ de in the hands of
poeta mf poet
polilla f moth
político m politician
  hermano _ brother-in-law
polvareda f cloud of dust
polvito m fine powder, snuff
polvo m dust, powder
pollo m chicken
pomada f pomade, cream
pomo m jar
poner to put, to place
  _se triste to become sad
  _se de pie to stand up
popa f poop, stern
populacho m mob, rabble, crowd
popularidad f popularity

por through, along, by, because of, due, to, for, in return of, for the sake of, in behalf of, down, in, at
porcelana *f* porcelain
porcentaje *m* percentage
pordiosero *m* beggar
porfía *f* stubbornness, obstinacy, a kind of illness
pormenor *m* detail
porque *m* because, for, the reason why
porquería *f* insignificant thing, trifle
portarse to behave, to conduct one-self
porte *m* bearing, carriage, posture
portento *m* prodigy, wonder
portentoso(a) prodigious, marvellous
portezuela *f* little door
portillo *m* portico, piazza, porch
pos: en de after
posada *f* inn
posadero *m* innkeeper
posar to lodge, to pose
poseer to own, to possess
posma *m* stupid person
posta *f* post horse
posterior later, subsequent
postigo *m* small door
postillón *m* driver or guide of a stagecoach or hired vehicle
postizo false, artificial
postrar to postrate, to humble, to postrate oneself, to kneel
postre *m* dessert
de _ for dessert
postrero last (in order)
postura *f* posture, position, attitude, situation
potencia *f* strength
potestades *f* pl power
potrero *m* pasture
potro *m* colt
postergar to delay, to postpone
postizo(a) false
pote m large iron cooking pot
pozo *m* well
practicar to practice
pradera *f* meadow
prado *m* meadow, fiel
prebenda *f* dowry
precaver to prevent, to obviate
precepto *m* rule
precio *m* price, cost, value worth
precioso precious, lovely, delightful
precipitar to rush
preciso precise, exact, nesesary
precursor *m* forerunner, herald
predicador *m* preacher

predicar to preach
predilección *f* partiality, favoritism
de toda mi _ of whom I vas very fond
predominar to predominate, to stand out
preferir (ie, i) to prefer
pregón *m* cry shouted in public as a news item or advertisement
preguntar to ask, to inquire
_se to wonder
prejuicio *m* prejudice
premiar to award, to give a prize, to reward
premio *m* prize, reward, premium
premiación *f* award ceremony
prenda *f* article, garment, article of clothing
prender to arrest, to seize, to grasp, to pin, to attach
preocupar to preoccupy, to concern
_se to worry, to be concerned
preparar to prepare, to get ready, to fix
presa *f* capture, seizure, catch, prey, dam
presbítero *m* priest, presbyter
presenciar to witness
presentación *f* presentation, appearance, introduction
presentar to present, to introduce, to offer
_se to show up, to appear
presentir (ie,i) to foretell, to have a forewarning
president *m* president
presidio *m* fortress, prison, penitentiary
presidir to preside over, to have first place, to dominate
preso seized, imprisoned, *m* prisoner
prestado loaned
pedir _ to borrow
prestar to lend, to add to, to perform, to pay attention
presteza *f* haste, speed, swiftness, readiness
con _ speedily
presto quick, ready, right away
presumido(a) vain, conceited
presuponer to presuppose, to take for granted
pretender to pretend, to claim, to court, to seek, to try
pretendido *m* suitor
pretendiente *m* pretender to throne, suitor
pretérito *m* past tense, preterite

pretexto *m* pretext, excuse
pretil *m* parapet
prevalecer to prevail, to be
prevalido taking advantage of
prevenir to prevent, to forestall
prever to foresee, to foretell
previamente previously, in advance
previo previous, prior
prez *mf* honor, glory, merit, worth
primavera *f* spring
primeramente firstly, to bein with
primor *m* charm
con _ gracefully
primorosamente finely, delicately, exquisitely
principal principal, main
príncipe *m* prince
principiante *mf* beginning
principio *m* beginning, origin, source, principle
prior *m* prior, curate
prisa *f* haste
privado private, exclusive
privar to deprive, to dispossess
Pro: en _ de in favor of, in behalf of, in the interest of
proa *f* prow
probable probable, likely
probar (ue) to prove, to try, to test, to taste, to sample
procedimiento *m* procedure
proceso *m* trial, legal procedure
proclamar to proclaim
procurar to try, attempt, to provide
prodigar to lavish, to waste, to spend foolishly
prodigio *m* prodigy, marvel
producir to produce
producto *m* product
proeza *f* prowess, feat, stunt
profano profane, worldly
proferir (ie) to utter, to express
profesión *f* profession
profeta *m* prophet
profundo deep, sunken
progenie *f* descent, offspring
prójimo *m* fellow creature, neighbor
prolífico prolific
promesa *f* promise
prometer to promise
promulgar to promulgate, to pass a law, to issue a decree
pronosticar to predict, to foretell
pronto quick, prompt, soon, right away
de _ suddenly

por lo _ for the time being, for the present
pronunciar to pronounce, to deliver (a speech)
propalar to disclose, to divulge
propender to tend to
propicio propitious, favorable
propiedad *f* property
propietario *m* propietor, owner
propina *f* tip
propio proper, correct, suitable, same, one's own (self)
proponer to propose, to suggest
_se to plan, to intend, to mean
proporcionar to provide, to furnish, to supply
propósito *m* purpose, intention
a _ by the way
prorrumpir to burst out
proseguir (i, i) to prosecute, to continue, to keep on
prosperar to prosper, to thrive
protagonista *mf* leading character of a play, etc.
protectorado *m* protectorate
proteger to protect
protestar to protest, to object
provecho *m* benefit, profit
buen _ may it do much good to you (used when eating or drinking)
proveedor *m* provider
provocador *m* inciter, one who provokes
provocar to provoke, to rouse, to excite, to start
próximo next, nearest
proyectar to project, to plan
proyecto *m* plan, project
prueba *f* proof, test
púa *f* barb
alambre de _ barbed wire
publicar to publish, to announce publicly
público *m* public, audience, followers, adhrents
puente *m* bridge, deck
hace _ to have an extra holiday
pudrir to rot
puertecillo *m* small port or door
pues well, then, certainly, anyhow, because, for, since
puesto since, as, for, *m* vendor's stand
_ que since
pulcro neat, tidy
pulido polished, beautiful, charming
pulir to polish, to shine
pulla *f* cutting remark, filthy remark

pulmón *m* lung
pulpero *m* storekeeeper, / Arg. bartender
pulque *m* potent alcoholic drink made and consumed by the Indians of Mexico
pulso *m* pulse
a _ the hard way
pulular to swarm
punta *f* point, tip, end
puntapié *m* kick
a _s by kicking
puntería *f* aim, marksmanship
puntillas : en _ on tiptoe
punto *m* point, period, dot
_ de arranque beginning, starting point
puntual punctual
puñada *f* fisticuff
puñadito *m* small handful
puñado *m* handful
a _s abundantly
puñal *m* dagger
puñada *f* stab
puñetazo *m* punch, blow
puño *f* fist,
de su _ y letra in his own handwriting
pupila *f* pupil, eye
purera *f* cigar holder
purificar to purify
puro *m* pure, cigar

Q

quebradero *m* breaker
quebrado broken, *f* ravine, gorge
quebrantado broken
quebrar (ie) to break
quedar to stay, to remain, to be left
_ en to agree on, to agree to
quehacer *m* task, chore
queja *f* complaint
quejarse to complain
quejido *m* complaint, rumbling
quejoso apt to find fault, habitually complaining
quemante burning
quemar(se) to burn (oneself)
_se las cejas to study with intense application
querencia *f* favorite and frequent place of resort
querer to want, to decide, to love
sin _ unintentionally, unwillingly
querido dear, beloved
queso *m* cheese

quídam *m* nonentily, worthless person
quienquiera whoever, whomever
quieto quiet, still, calm
quietud *f* quiet, still, motionless, tranquility
quijotesco quixotic, absurd
quilate *m* carat
quilla *f* keel
quimera *f* wild fancy, imaginary monster
quinina *f* quinine
quinta *f* country house
quinto fifth, *m* the fifth (part, section)
quitar to remove, to take away, to prevent
_se to take off
quitasol *m* umbrella
quizá perhaps, maybe

R

rábano *m* radish
rabia *f* anger, rage, fury, madness
con _ angrily
rabo *m* tail
_ del ojo corner of the eye
racial racial
raciocinador *m* one who reasons
raciocinio *m* reason, argumentent, reasoning
ración *f* ration, serving
racionero eccl. prebendary
radiante radiant, bright
ráfaga *f* violent gust of wind
raíz *f* root
rama *f* branch
ramada *f* thicket, covering
ramillete *m* bouquet
ramo *m* bunch of flowers, bouquet, limb, branch
ranchero *m* rancher
rancho *m* ranch,mess (food given to soldiers or prisoners)
rango *m* rank, class
rapar to shave
rapaz rapacious, ferocious, *m* boy, lad
rapé *m* snuff
rápido rapid, swift, fast
rapto *m* kidnaping, abduction, faint
raptor *m* kidnapper
rareza *f* rarity, uncommonness, oddness
raro rare, unusual, curious, strange
rascacielos *m* pl skyscraper

rascar(se)   to scratch, to scrape
rasgo *m*   trait, trace
raso   smooth, *m* satin
rastro *m*   trail, trace
ratearse   to share
rato *m*   while, time
raudales, a _   in torrents, in streams
rayo *m*   ray, flash of lightning
raza *f*   race
razón *f*   reason, sense
  a _ de   at the rate of
  en _   sensibly
  tener _   to be right
razonable   reasonable
reacio(a)   stubborn, obstinate
reaccionar   to react, to recover
real *m*   true, real, genuine, royal, former unit of Spainish currency
realismo *m*   realism
realeza *f*   royalty
realización *f*   fulfillment
realizar   to fulfill (a dream or ambition), to be fulfilled, to attain
reanimar   to rejuvenate, to lift one's spirits
rebaño *m*   herb or flock
rebelarse   to rebel
rebelde *m*   rebel
rebosar   to run over, to overflow, to abound, to be able to hide an affection
rebozo *m*   act of muffling oneself up, act of being silent
  sin _   without secrecy
rebramar   to bellow loundly
rebuznar   to bray
recado *m*   message
recaer   to fall back, backslide
recámara *f*   bedroom
recelar   to be anxious, uneasy, or jealous
recibir   to receive
recién   recently, just, newly
reciente   recent
recinto *m*   area, place, encloure
recio   hard, robust, clumsy, vigorous, arduous, uncouth
recitar   to recite
reclamar   to reclaim, to demand, to protest
recluirse   to be enclosed, to be lost in
reclusión *f*   reclusion, shutting up, place of retirement
recobrar   to recover
recoger   to gather, to collect, to pick up

recomendar (ie)   to recommend
recompensa *f*   payment
reconciliar   to reconcile, to make friends with someone
reconocer   to recognize, to acknowledge
reconocimiento *m*   gratitude, recognition
recordar (ue)   to remenber, to recall
recorrer   to cross, to go over, to go through
recortar   to cut out, to clip
recostar(ue)   to recline, to lean against
recrear   to amuse, to gladden
  _se   to have a good time
rectamente   directly, straight
rectificar   to rectify, to change, to correct
recto   straight
rector *m*   rector, president
recuerdo *m*   recollection, reminder, memory, souvenir
  _s   regards
recuperar(se)   to get well, to regain what has been lost
  _ el tiempo perdido   to make up for lost time
recurrir   to recur, to have recouse to, to revert
recursos   resources
rechinar   to squeak, to creak
red *f*   net
redacción *f*   writing, editing
redactar   to edit, to write, to draw up
redactor *m*   editor
rededor *m*   surroundings
  al _   round about, there about
redención *f*   redemption
redentor *m*   redeemer
redoblar   to double
redoble *m*   drum roll
redoma *f*   flask
redondilla *f*   short poem composed of four verses of eight syllables
redondo   round
redor: en _   *poet.* round about
reducir   to reduce, to diminish, to reduce something to smaller dimensions
redundar   to be redundant, to overflow, to contribute
reemplazar   to replace, to restore
reencarnar   to reincarnate
referir (ie, i)   to refer, to tell
refilón: de _   obliquely, *m.* sideglance
reflejar   to reflect

reforma *f*   reform, revision
refrenar   to halt, tu put on the brake, to restrain
refriega *f*   skirmish
refugiar(se)   to hide, to take refuge
refunfuñar   to grumble
regalado   given as a gift
regalía *f*   rights, privileges, esemptions
relegar   to give as a gift, to present
regañadientes: a _   reluctantly
regar (ie)   to water, to sprinkle, to shed
regatear   to bargain, to haggle
regato *m*   small stream
regazo *m*   lap
renegar   to regenerate, to reproduce
régimen *m*   regime
regimiento *m*   regiment
regir (i, i)   to govern, to direct, to control
registrar   to search, to examine
registro *m*   registry, registration
  partida de _   registry of vital statistics
reglamentario   regular, prescribed
reglamento *m*   regulation
  _ de tráfico   traffic control
regocijar   to celebrate, to enjoy
regocijo *m*   joy
regordete   chubby, short and plump
regresar   to return
regreso *m*   return
regularidad *f*   regularity
reina *f*   queen
reinar   to reign
reino *m*   kingdom
reír   to laugh
  echarse a _   to burst out laughing
reivincación *f*   recovery, revival
reinvindicador *m*   one who recovers
reja *f*   iron bar, grating, grill
relación *f*   realtion, story, account
relámpago *m*   lightning
relampaguear   to flash
relatar   to relate, to tell
relato *m*   story
relevo *m*   relief
religioso   religious, *f* nun
relinchar   to neigh
reliquia *f*   relic, trace
relleno   filled, stuffed
relucir   shine
remachado   clinched, riveted
remachar   to affirm, to rivet
rematar   to finish, to put an end to, to kill off, to come to ruin

remedar   to copy, to imitate or mimic
remediar   to remedy, to help
remedio *m*   remedy, resource
remo *m*   oar
remoción *f*   removal, act of removing
remojar   to soak
remontar   to rise, to repair
 _se   to go back in time, to have origin
remordimiento *m*   remorse
remos *m* pl   hind and fore legs of an animal, oars
remoto   remote, far, off, unlikely
remover (ue)   to remove
renacer   to be born again
rencor   rancor, birrerness
rendija *f*   crack, split, slit
rendir (i, i)   to render, to surrender, to supply
 _se   to become exhausted
renglón *m*   line
renta *f*   rent, profit, income
reñir (i, i)   to fight, to quarrel, to scold
reo *m*   prisoner, accused
reparar   to observe with careful attention, to regain strength, to repair
repartición *f*   distribution
repartidor *m*   distributor
repartir   to share, to distribute, to divide something between several parties
repasar   to review, to look over
repecho *m*   declivity, slope
repeler   to repel, to refuse, to reject
repente: de _   suddenly
repentino   sudden
repetidamente   repeatedly
repetir(se) (i, i)   to repeat (oneself)
replicar   to reply, to answer
reportaje *m*   reporting, news report
reportar   to report, to moderate, to repress
 _se   to control oneself
reporte *m*   report, news
reporterismo *m*   news reporting
reportero *m*   reporter
reposar   to rest, to repose
reprender   to scold, to reprimand, to blame
representante *mf*   representative
representar   to perform, to act out, to represent
reprimir   to suppress
réprobo *m*   scoundrel
reprochar   to reproach
reproche *m*   reproach

hacer _s   to reproach, to blame
repugnar   to be repulsive, to dislike intensely
requerir (ie, i)   to require
res *f*   one head of cattle
resaca *f*   undertow, surf
resbaladizo   slippery
resbalar   to slip, to slide, to glide
rescatar   to rescue
rescoldo m   spark
resentimiento *m*   resentment
reseñar   to make a review of something
reservar   to reserve
resistir   to resist, to bear
 _se   to refuse
resolver (ue)   to resolve, to settle
resonar (ue)   to resound, to echo back
resoplar   to snort
resoplido *m*   whistle, toot, sound made by blowing on an instrument
resorte *m*   means, medium, spring
respaldar(se)   to back, to indorse, support
respaldo *m*   back of chair
respectivo   respective, relative
respecto *m*   relativeness, relation
respetable   respectable
respetar   to respect
respeto *m*   respect, politeness
respirar   to breathe
resplandor *m*   splendor, brightness
responder   to respond, to answer
responsabilidad *f*   responsibility
respuesta *f*   reply
restar   to subtract
restauración *f*   restoring, restoration
restaurar   to restore, to rebuild
restituir   to restore, to give back, to return
resto *m*   rest, remainder, pl mortal remains
resucitar   to resuscitate
resueltamente   resolutely
resultar   to result, to turn out
resumir   to resume, to sum up, to summarize
retardar   to retard, to slow down
retemblar (ie)   to temble, to quiver
retener (ie)   to retain, to hold
retirar   to remove
 _se   to retire, to withdraw, to move away

retiro *m*   retirement, withdraw
retorcer (ue)   to twist
retórica *f*   rhetoric
retozar   to frolic, to romp, to become aroused
retozo *m*   prank, frolic
retraso *m*   backwardness, tardiness, delay
retrato *m*   picture
retruécano *m*   play on words, pun
retumbar   to resound, to make a great noise
reuma *f*   rheumatism
reunir   to congregate, to unite
 _se   to meet, to get together
revelar   to reveal
reventar (i,e)   to burst
reverencia *f*   reverence, bow
reverendo *m*   reverend
revés *m*   reverse, setback
 al _   backward on the back
revista *f*   magazine
revivir   to relive
revolar (ue)   to fly about
revolcar   to knock down, to fall on
revolotear   to fly around
revuelta *f*   revolt
revuelto   upside down, in confusion, winding
rey *m*   king, pl king and queen
rezagado *m*   remainder, straggler
rezar   to pray
rezumarse   to ooze, to leak, to make leak
riachuelo *m*   brook, small river
ribera *f*   bank shore
ricachón *m*   rich, old rich man
rielar   to twinkle
rienda *f*   rein
riente   laughing
riesgo *m*   risk, danger
rígido   rigid, firm
rigor *m*   sternness, severity, harshness
rima *m*   rhyme, pl poetry
rincón *m*   corne
riqueza *f*   wealth, riches
risa *f*   laughter, laugh
risotada *f*   guffaw, loud laugh
soltar una _   to burst out laughing
ristre *m*   rest of socket for a lance in the posture of attack
risueño   smiling, pleasing, agreeable
ritmo *m*   rhythm, beat
ritualmente   ritually, tradicionally
rivalidad *f*   rivalry, competition
rizo *m*   curl
robar   to steal, to rob

roble *m*   oak tree
robo *m*   theft, robbery
roca *f*   rock
rociar   to sprinkle
rocío *m*   dew
rodar (ue)   to roll, to film
rodear *m*   round up of cattle or horses
rodilla *f*   knee
   de _s   kneeling
roer   to gnaw, to trouble
rogar (ue)   to beg, to entreat
rojez *f*   redness
rollizo   fat, bouncy, round
romanticismo *m*   romanticism
romboide *m*   parallelogram with unequal adjacent sides
romper   to break, to tear
roncar   to roar, to snore
ronda *f*   patrol
rondar   to take a walk by night about the streets, to patrol, to serenade
ronronear   to buzz, to purr
ropaje *m*   wearing apparel, clothes
rosa *f*   rose
rosado   rosy, pink
rosal *m*   rosebush
rostro *m*   face, countenance
roto   broken, torn
rotura *f*   cut, abrasion
rozagante   pompous
rozar   to rub, to scrape
rubio   reddish,blonde, fair
rúbrica *f*   distinctive mark on a signature, flourish, fancy ending
rudo   rude, rough, unpolished, stupid, dull
rueca *f*   distaff (used in spinning hence a symbol of women)
rueda *f*   wheel
ruedo *m*   ring, arena for bullfighting
rugido *m*   roar
rugir   to roar, to crack
ruido *m*   noise
ruidoso   noisy
ruin   base, mean, evil
ruina *f*   ruin
ruiseñor *n*   nightingale
rumbo *m*   course, destination
   _ a   going toward, on the way to
rumiar   to chew the cud
rumor   sound
ruso   Russian,
rústico   rustic, relating the country, coarse, crude
rusticidad *f*   backwardness, lack of polish
ruina *f*   routine

S

sabana *f*   savanna, extended plain
sábana *f*   sheet
saber   to know, to know how, to taste, *m* knowledge, wisdom
sabiduría *f*   wisdom, knowledge
   sabiendas: a _   consciously, knowingly
sabio   wise, learned, *m* wise man
sabor *m*   taste, flavor
saborear   to enjoy, to relish, to taste
sabroso   delicious
sacar   to pull, to take out, to get, to derive
   _ en limpio   to get out of
sacerdote *m*   priest
saciar   to satiate
saco *m*   sack, bag, coat
sacrílego   sacreligious
sacristán *m*   sacristan, sexton
sacudir   to shake, to beat, to dust, to reject disdainfully
   _se   to shake off
sagaz   wise
sagrado   sacred, holy
sainete *m*   farce, short dramatic composition
sajón   Saxon
sal *f*   salt
salacidad *f*   salaciousness
salario *m*   salary, pay
salida *f*   exit, departure, outburst
salir (de)   leave, to go out
   _se con la suya   to have one's own way
salga lo que salga   whatever the outcome
salmo *m*   psalm, hymn
salmodia *f*   music or singing of psalms
salón *m*   salon, large room, meeting room
saltamontes *m*   grasshopper
saltaneja *f*   furrow, rut
saltar   to jump, to leap, to bounce
saltarín   restless, involuntary
saltimbanco(quis) *m*   puppeteer, magician
salto *m*   jump, waterfall
saludar   to greet, to salute
saludo *m*   greeting
salvado *m*   bran
salvador *m*   savior, rescuer
salvaje *m*   wild, savage
salvar   to save, to pass or climb over

salvo   saving, saving, except
   a _   without losing any
salvoconducto *m*   pass, safe conduct
sanar   to heal
sandalia *f*   sandle
sanguinario(a)   cruel
sangrar   to bleed, to draw water from a canal or river
sangre *f*   blood
santiguar(se)   to make the sign of the cross
santo *m*   holy, saint, saint's day
santoral *m*   listing of the saints
saña *f*   anger, passion, rage and its effects
sañudo   furious, enraged
sapo *m*   toad
sarao *m*   ball, dance
sarcástico   sarcastic
sarna *f*   itch
sarta *f*   series
sartal *m*   string of beads
satisfacer   to satisfy
saturar   to saturate
sauce *m*   willow
   _ llorón   weeping willow
saya *f*   skirt, petticoat
sazón *f*   season, opportunity, occasion
   a la _   at that time
sebo *m*   tallow, suet, grease, coll. guts
secar   to dry, to dry out
   secas: a _   solely
secretario *m*   secretary
secreto *m*   secret
sector *m*   section
secuela *f*   consequence, result, sequel
secuestrado   kidnapped
sed *f*   thirst
seda *f*   silk
sede *f*   seat (of goverment)
Santa Sede   Holy See
sedoso   silky
seducir   to reduce, to overpower
seductor   seductive
seguir (i, i)   to follow, to pursue, to continue, to keep on
segundo *m*   second, second
seguramente   surely, certainly
seguridad *f*   security, certainty
   con _   for sure, with certainty
seleccionar   to select
selecto   select, choice
selva *f*   jungle, woods
selvacultura *f*   forestry
sello *m*   seal, stamp

semáforo *m*   traffic light
semanal   weekly
semblante *m*   semblance, appearance, expression
semejante *m*   similar, like, such, fellow man
semilla *f*   seed
sencillez *f*   simplicity, unsophisticated
sencillo   simple, plain
senda *f*   path
sendero *m*   path
senectud *f*   old age
seno *m*   bosom, breast, heart
sensibilidad *f*   sensibility, sensiitvity
sensible *f*   affected sentimentalism, sentimentality, mawkishness
sensualidad *f*   sensuality, lust
sentar (ie)   to seat, to fit, to suit
    _se   to sit down
sentencia *f*   sentence
sentenciar   to sentence
sentido *m*   sense, meaning, direction
sentimiento *m*   sentiment
sentir (ie, i)   to regret, to be sorry
    _se   to feel
seña *f*   signal, sign, motion of recognition
    _s   address
señal *f*   sign, signal, mark
señalar   to point (out), to show, to designate
señorear   to rule despotically, to dominate
separado   separate
    por _   separately
separar   to separeate, under separate cover
séptimo   seventh
sepulcro *m*   sepulchre, tomb, grave
sepultar   to bury
sepultura *f*   tomb, grave
ser *m*   to be, being
    a no _   unless it be, except
serenar   to clear up, to calm
sereno   serene, calm, peaceful, *m* night watchman
seriamente   seriously
seriedad *f*   seriousness, reliability
serio   serious, reliable
sermoneador   like a sermon
serpiente *f*   serpent, snake
servicio *m*   service
servidor *m*   servant, helpful person

servidumbre *f*   group belonging to the serving class, servants, absolute obligation to do something
servil *m*   servile, low, mean person
servilleta *f*   napkin
servir (i ,i)   to serve, to do a favor
sesión *f*   session
setentón *m*   septuagenarian, seventy years old
seudónimo *m*   pseudonym, pen name
severo   severe, harsh
sevillano *m*   native of Sevilla
sí   yes, indeed
    dar el _   to tell yes
sideral   astral, starry
siega *f*   harvest, reaping, time
siembra *f*   sowing, seeding, planting
siempre   always, ever
    _ que   provided that, whenever
sien *f*   temple (of head)
sierpe *f*   serpent
sierra *f*   range, mountain range
siesta *f*   nap
siglo *m*   century, age
significado *m*   meaning
significar   to mean, to signify, to indicate
signo *m*   sign, mark, emblem
siguiente   following, next
sílaba   syllable
silbar   to whistle
silencio *m*   silence
silvestre   wild
silla *f*   chair, saddle
simbólico   symbolic
simbolismo *m*   symbolism
simboliza   to symbolize, to represent
similar   similar
simpatía *f*   sympathy. liking, congeniality
simpático   sympathetic, friendly, pleasant, likeable
simulacro *m*   drill, pretense
simulado   simulated, pretended
sin   without
    _ embargo   nevertheless, however
    _ que   without
sincero   sincere
singular   strange, exceptional
siniestro   sinister, dangerous
sinnúmero *m*   great number
sinópsis *f*   synopsis
síntesis *f*   synthesis, combination of separate elements

siquiera   even, al least, although, even if
    ni _   not even
sirviente *m*   servant
sistema *m*   system
sitio *m*   place, spot, siege
situar   to locate, to situate
    _se en el terreno   to meet on friendly terms
sobar   to whip to soften
soberano   suberb superior, haughty, sovereing
soberbia *f*   pride, arrogance, conceit
soberbio   proud, spirited, arrogant, superb
sobornar   to bribe
sobra *f*   excess, lefover
    de _   too, excessively
sobrar   to have more than enough, to be left
sobre   on, upon, above, over, about, *m* envelop
sobrecoger   to overwhelm
sobremanera   exceedingly
sobrenatural   supernatural
sobrentender   to be undestood
sobreponer   to master, to overcome
sobresaliente   outstanding
sobresaltado   suprised, frightened
sobrevivir   to survive
socarrón   cunning, sly, crafty
sociedad *f*   society
socio *m*   partner, member
socorrer   to help, to aid, to assist
sofisma *m*   sophism
sofocar   to suffocate, to stifle
soga *f*   rope
solapadamente   cautiously
soldada *f*   wages, pay given for service
soldado *m*   soldier
soldar   to seal tightly, to solder
soleado   sunburned
soledad *f*   solitude
soler (ue)   to be accustomed, to have a custom
solidaridad *f*   entire union of interest and responsabilities within a group
solidez *f*   firmness, rigidity, strength
soliloquio *m*   soliloquy
solimán *m*   cosmetic used by women in ancient times
solo   alone, single, only
    a solas   alone
sólo   only, merely

sollozo *m*   sob
soltar (ue)   to loosen, to let go of, to release
  _ **la carcajada**   to burst out laughing
soltero   unmarried
solucionar   to solve, to resolve
sollozar   to weep, to sob
sombra *f*   shadow, shade
sombrilla *f*   parasol
sombrío   somber, sad, gloomy
someter(se)   to submit, to surrender, to subdue
son *m*   sound, tune, music
sonable   loud
sonaja *f*   noise maker
sonar (ue)   to sound, to resound, to ring
  _se   to blow one's nose
sondear   to sound, to fathom, to explore
sonido *m*   sound, noise
sonoro   sonorous, musical, vibrant
sonreír   to smile
sonriente   smiling
soñador *m*   dreamer
soñar (ue)   to dream
  _ **con**   to dream about
soñoliento   sleepy, drowsy
sopa *f*   soup
sopetón: de   suddenly
soplamocos *m*   punch in the nose
soplo *m*   act of blowing, gust
soportar   to bear, to put up with, to tolerate
sorber   to sip
sorbido   sipper, swallowed up or absorbed
sorbo *m*   sip, act of sipping
  entre_ y _   between sips
sordo   deaf, deafening
sorna *f*   slowness, feigned indifference
sorprender   to surprise
sorpresa *f*   surprise
sosegado   quiet, calm, peaceful
sosegar (ie)   to calm
  _se   to calm down
soso   insipid, dull, tasteless
sospecha *f*   suspect, suspicion
sospechar   to suspect
sospechoso   suspicious
sostén *m*   sustenance, support
sostener   to hold, to support, to maintain, to hold up
sortear   to cast lots, to avoid, to trip a lock
sortilegio *m*   sorcery, witchery
sotana *f*   cassock, col. beating

soterrar   to bury, to put underground
sotil (sutil)   subtle
suave   soft
subdividir   to subdivide
subida *f*   climb, ascent
subir   to climb, to go up, to get on, to rise
súbito   suden, unexpected, suddenly
sublevación *f*   revolt, uprising
subleva(se)   to rise up, to rebel
subrayar   to underline, to emphasize
subsistir   to subsist, to exist
subrayar   to subjugate, to subdue
suceder   to happen, to occur
suceso *m*   event, incident
sucesor *m*   successor
sucio   dirty
sucumbir   to succumb, to die
sudar   to sweat
sudeste *m*   southeast
sudoeste *m*   southwest
sudor *m*   sweat
suegro *m*   father in law
sueldo *m*   salary, pay
suelo *m*   ground, floor
suelta *f*   fetter, hoble
suelto   loose, separate, unatttached, not connected
sueño *m*   sleep, dream
suerte *f*   luck, fate, fortune, lot, kind
  de esta _   in this way
sugerir (ie, i)   to suggest
suicida *mf*   person who commits suicide
sujetar   to subdue, to fasten, to hold
sujeto *m*   held, fastened, subject
suma   very, great, *f* sum, amount
sumamente   quite, extremely, exccedingly
suma   to add
sumergir(se)   to sink, to submerge
sumidero *m*   drain, sewer
sumir   to be swallowed up, to sink underground, to be sunk
sumisión *f*   submission, obedience
sumiso   meek, humble, resigned
suntuoso   sumptuous, expensive
supeditar   to subdue, trample underfoot
superación *f*   surpassing, excelling
superar   to ovecome, to conquer, to supress
superficie *f*   surface, top
superior   superior, better, upper
superiora *f*   mother superior

superposición *f*   geom. superposition
supersticioso   superstitious
superviviente *m*   supervivor
súplicar   request, petition
suplicio *m*   torture, suffering
suponer   to suppose, to surmise, tọ weigh authority
suprimir   to suppress, to omit
supuesto   supposed
  por _   of course
surgir   to rise, to come out, to spring up
suroeste *m*   southwest
susceptibilidad *f*   sensibility, sensitivity
suscitar   to excite, to stir up
suscribir   to subscribe
suspender   to suspend, to stop, to delay
suspenso   suspended, in a state of indecision, *m* suspense
suspiro *m*   sigh
sustantivamente   in essence
sustantivo *m*   noun
sustentar(se)   to sustain, to feed, to nourish
sustento *m*   sustence, food
sustituir   to substitute
susto *m*   fright
susurro *m*   whisper, humming, murmur
sutil   subtle

T

tabla *f*   board, pl stage
tablero *m*   board
  _ **de damas**   checkerboard
tacos de billar *m pl*   billiard cues
tácito   silent, tacit, implied
taconear   to tap or click one's heel
tal   such, such a , so, in such a way, so and so
  _ **cual**   so so, such as it is
  _ **cual letra**   fair amount of cunning
taladrado   carved
talar   to desolate, to lay waste to
talento *m*   talent
talón *m*   heel
taller *m*   shop, workshop
tamaño *m*   size
tambalear(se)   to stagger
tambor *m*   drum
tanto   so, so much, as much, in such a manner

estar al _ de to be aware, to know

por lo _ therefore, for the reason expressed

tapado covered

tapaojos *m* pl blinders, blinkers

tapar to cover

tapia *f* wall

tapiar to send off, to enclose

tapiz *m* tapestry

tararear to hum

tardar to delay, to be late

tarea *f* task, job, work, care, worry

tarifa *f* rate, fare

tazón *m* bowl

teatral of or pertaining to the theater, theatrical

técnico technical

techo *m* roof, ceiling

tedio *m* boredom

tejado *m* roof, tile roof

tejer to weave

tela *f* cloth, fabric

telar *m* loom, frame, sewing press

teleférico *m* cable car

telefonear to telephone

telefónico by telephone

telescopio *m* telescope

telón *m* stage curtain

_ de fondo background

telúrico pertaining to the earth or a particular region, telluric

tema *m* theme, topic, subject

temblar (ie) to shake, to tremble

tembloroso rippling, quivering

temer to fear, to be afraid

temerario rash, reckless

temeridad *f* temerity, rashness, imprudence, foolhardiness

temor *m* fear

temperatura *f* temperature

tempestad *f* storm

tempestuoso tempestous, stormy

templado *f* temper, act of tempering

templar to temper

temple *m* temper, frame of mind, dash, boldness

templo *m* temple

temporada *f* period of time, season

temporal *m* storm

temprano early

tenaz tenacious, insistent

tender (ie) to extend, to tend, to hang up

_se to stretch out

tenebroso gloomy, horrid

tenedor *m* fork

tener to have, to keep, to hold, to have an opinion

_ que to have to

teniente *m* lieutenent

tentación *f* temptation

tentador tempting

tentar (ie) to touch, to grope, to prove by touch

tenue faint, soft, subdue

teósofo *m* theosophist

tercero third

terceto *m* kind of metric composition

terciopelo *m* velvet

terco stubborn, obstinate

terminar to end, to finish

término *m* end, limit, term, period

en primer _ in the foreground

en segundo_ in the second place

terne *m* bully

ternero *m* calf, *f* veal

terneza *m* tenderness

ternura *f* tenderness

terracota *f* red clay

terrenal *m* groundly, mundane

terreno *m* ground, land

terrible terrible

territorio *m* territory

terrorífico terrible, horrible

terruño *m* piece of ground, country, native soil

tertulia *f* social gathering

tertuliano *m* member of a club, assembly or circle of friends

tertulio *m* person attending a reunion

tesis *f* thesis, conclusion

tesorero *m* treasure

testamentaría *f* estate, inheritance, meeting of executors

testimonio *m* testimony, will

tetanizar to paralyze

tez *f* skin, complexion

tibiamente lukewarm

tibio *m* warm

tiburón *m* shark

tiempo *m* time, weather

a_ on time

tienda store

_de campaña tent

tiento *m* touch, act of feeling

con _ by touching, prudently

dar _s to touch carefully

tiernamente tenderly

tierno tender, imploring

tiesamente firmly, stiffly

tiesto *m* flower pot

tijeras *f* scissors

pez_ scissor fish

tilo *m* linden tree, lime tree

timbal *m* drum

timbalero *m* kettle drummer

timbre *m* stamp, bell, merit, glorious deed or achievement

timidez *f* timidity, shyness

tinieblas *f* pl darkness, shadows

tino *m* steady hand to hit the mark, knack, dexterity

sin _ without moderation

tintero *m* inkwell, inkstand

tiña *f* ringworm

típico typical

tipo *m* type, model, figure, fellow, character

tiranía *f* tyranny, unjust rule

tiranizar to tyrannize

tirano *m* tyrant, despot

tirar to shoot a firearm

tiritar to shiver, to shake with cold or fever

tiro *m* team (of horses), trace (of a harness), shot

en _ s on shooting matches

de_ draft

tirón *m* pull, tug

titán *m* giant

titulado *m* title (or office) holder

titular to title, to entitle

título *m* title, degree, certificate

toalla *f* towel

toca *f* hood, kind of headdress

tocado *m* headgear, headdress

tocar to touch, to play, to hit, to concern

tocayo(a) *mf* namesake, person with same name

tolerar to tolerate

tomar to take, to drink, to eat, to have

tonelada *f* ton

tono *m* tone

tontera *f* nonsense

tontería *f* foolishness

tonto foolish

topar to come across

toponimia *f* study of the origen and significance of the proper name of places

toque *m* touch

torada *f* herd or drove of bulls

torcer(se) (ue) to twist, to swerve, to turn

torcido twisted

tordillo   dapple gray
torear   to fight bulls
torera *f*   tight unbuttoned jacket
torero *m*   bullfighter
tormenta *f*   storm, tempest, misfortune, adversity
tornadizo   fickle, unstable
tornar   to turn, to return
tornero *m*   doorkeeper
torno *m*   lathe
   en_ a   around, round about
torpe   slow, dull, awkward, lascivious, unchaste
torpeza *f*   slowness, sluggishness
torre *f*   tower
torrencial   torrential
tortilla *f*   omelette, cake made of maize
tortillería *f*   tortilla factory
tórtola *f*   turtle dove
tosco   rough, boorish, uncultured
toser   to cough
tostado   toaster, brown, darkcolored
tostao (tostado):   dark sorrel bronco
total *m*   in short, total, sum
totumo *m*   large dish made from gourd
trabado   tied, fastened, robust
trabajador   industrious, *m* worker
trabajoso   painful, hard
trabar   to join, establish
tracio *m*   from Thrace
traducción *f*   translation
traducir   to translate
traductor *m*   translator
traer   to bring, to carry, to wear, to have
tragar   to swallow
tragedia *f*   tragedy
trágico   tragic
trago *m*   swallow, gulp
traición *f*   betrayed, treason
traidor *m*   traitor, deceitful person
traje *m*   dress, suit
trajinar   to work around
trama *f*   plot
trámite *m*   permission, procedure, legal process
tramo *m*   morsel, flight of stairs
trampa *f*   trick, tramp
tramposo   deceitful
tranco *m*   long stride
tranquero *m*   gatepost
tranquilo   tranquil, calm, quiet
   dejar_ a alguien   to leave alone, to not disturb
transfigurado   changed

transformación *f*   change
transitar   to pass
tránsito *m*   traffic
transitorio   transitory, not lasting
transparencia *f*   transparency
transparentar(se)   to be transparent, to shine through
transporte *m*   transportation, transport
tranvía *m*   streetcar
trapo *m*   rag
   a todo _   with all the might
tras   behind, after
trascordado: estar _   to forget
trasladar   to tranfer, to transport, to move
traspasar   to pierce
trasquilar   to shear (sheep)
trasto *m*   utensil, pl tools
trastornar   to upset, to disturb, to excite
transtorno *m*   inconvenience
tratado *m*   treaty
tratamiento *m*   treatment
tratar   to treat, to be friendly with
   _de   to try
   _se de   to concern, to deal with
trato *m*   matter, case, appearance, treatment
través: a _de   though, across
travesaño *m*   crossbar
travesía *f*   crossing
travesura *f*   prank, frolic, caper
travieso   bold
trayectoria *f*   trajectory, curve which a body follows in space, course or path
trazar   to trace, to mark out, to plan out, to scheme
trecho *m*   distance, space of time
tremendismo *m*   exaggeration
tremendo   tremendous
trémulo   trembling, quivering
trenzado   braided, interwined
trepar   to climb
tribu *f*   tribe
tribulación *f*   tribulation
tricornio   three horned, tricornered, *m* tricornered hat
trigo *m*   wheat
trilladora *f*   threshing machine
trinar   to trill
trinchera *f*   trench
tripa *f*   intestine
trípode *mf*   tripod
tripulación *f*   crew
tristeza *f*   sadness
triunfador   triumphant, *m* conqueror

triunfo *m*   triumph, victory, exaltation
triturar   to grind, tear into small pieces
trocar(ue)   to change, to equivocate, to exchange,
   _se   to be changed, to be transformed
trofeo *m*   trophy, victory
trompa *f*   trumpet
trompicón *m*   blow
trono *m*   throne
tropezar (ie) con   to meet, to stumble (upon)
trópico   tropical
tropiezo *m*   slip, error, obstacle, impediment
trote *m*   trot
trozo *m*   section, piece, segment
trueno *m*   thunder, roar
tuerto   one eyed
tumba *f*   tomb, grave
tumbar   to knock down
tumultuoso   tumultuous
tunante *m*   rascal
tupé *m*   toupee, hairpiece, wig
tupido   thick, dense
turba *f*   crowd, confused multitud
turbamulta *f*   coll.   mob, rabble
turbar   to disturb, to make unclear (out of focus)
   _se   to become disturbed
turbio *m f*   dark, muddy
turbión *m*   violent discussion
turco   Turkish
turgente   swollen
turquí   of a deep blue color
tutear   to address in a second person

U

u   or
ubicado   located
ulcerado   ulcerated
ulterior   ulterior, base
último   final, last
por _   finally
ultraje *m*   slander, abuse
ultramar   overseas
ultranacional   above nationality
unánime   unanimous
undoso   wavy
único   only, unique
unir   to unite, to join
untar   to spread
uña *f*   fingernail
   _ córnea *f*   finger nail

urbanidad f   unbanity, correct manners
urbe f   city, metropolis
urna f   urn, vase, ballot box
uso m   use
usurero m   usures
útil   useful
utilizar   to utilize, to use
utopía f   utopia
uva f   grape

V

vaca f   cow
vacante   vacant, f vacancy
vaciadura f   emptying out, the "last drop"
vacilar   to hesitate, to be uncertain
vacío   empty, emptiness, meaningless, void
vacuno   bovine
  ganado _   beef cattle
vagabundear   to wander
vagamente   vaguely
vago   vague, inconsistent, undetermined, m idler, loafer
valentía f   courage
valer   to cost, to be worth, to avail, to protect
valeroso   brave
valía f   appraisal, value
válido   valid, in good condition
valiente   brave, courageous
valioso   valuable
valor m   valor, strength, value
vals m   waltz
vallado m   area fenced in with stakes, poles, etc.
valle m   valley
vanagloriarse   to boast, to be conceited
vanidad f   vanity, pride, conceit, nonsense, foolish speech
vano   vain, arrogant, inane, futile
vapor m   vapor, steam, steamship
vaquería f   herd of cattle, round up and branding
vara f   measure equaling approximately 1 yard
  _de mimbre f   reed stick
variar   to change, to vary
variedad f   variety
vario   various, several
varón m   man, male, man of respectability
vasallo m   vassal, subject

vasco m   Basque, person from Basque provinces of north Spain
vascuense m   Vascongado, language of the Basque provinces
vaso m   glass
vecindad f   vicinity, neighborhood, proximity
vega f   open plain of fertile land
vegetal m   vegetable
vehemencia f   violence
vehículo m   vehicle
vejez f   old age
vela f   sail, candle
velar   to watch over, to keep vigil
velero   swift sailing, m pilgrim, sailor
velo m   veil
velocidad f   velocity, speed
veloz   fast, rapid
vencedor m   conqueror
vencer   to conquer, to defeat, to expire, to fall due
vencido   overdue, past due
vencimiento m   victory, conquest
venda f   bandage
vendar   to cover the eye, to bandage
vendedor m   vendor, salesman
vender   to sell
veneno m   poison
venenoso   venemous, poisonous, burning
venganza f   vengeance
vengar   to avenge
venia f   pardon, permission
venidero   future, coming
venta f   inn, sale
ventaja   advantage
ventero m   innkeeper
ventilar   to ventilate, to air
ventura f   fortune, chance, happiness
  buena_   good fortune
  mala_   misfortune
  por _   perchance
venturoso(a)   successful, fortunate
veras: de _   really, truly
verbal   verbal
verbosidad f   verbosity, wordiness
verdad f   truth
verdadero   true, real, genuine
verde   green
verdoso   greenish
verdura f   green, greenery, vegetable
vereda f   path, narrow, trail
veredilla f   dimin. path
vergonzoso(a)   shameful

vergüenza f   shame, embarassment
verificar   to verify, to check
  _se   to take place
verja f   iron gate, fencing
verliniano   Verlainian, of or pertaining to Verlaine
versión f   version, account
verter   to shed, to spill
vertido   shed
vertiginoso   dizzy
vértigo m   dizziness
  dar_   to make dizzy
vestido m   dress, clothes
vestimenta f   clothing
vestir (i, i)   to dress
vela f   vein (of ore in a mine)
verosimil   having appearance of truth or reality
vetusto   very ancient
vez f   time
  en _ de   instead of
  a la _   at the same time
vía f   route, way, road
viaje m   trip, journey
vianda f   meal, food
vibrador   vibrant, tremulous, quivering
vibrante   vibrating, shaking
vicio m   vice
victoria f   victory
vid   vine, grapevine
vidrio m   glass
viejecito m   dimin. old man
viento m   wild
vientre m   abdomen
viga f   timber, beam, rafter
vigilar   to care for, to watch over
vil   vile, infamous, corrupt
villa f   town, village
villano m   peasant, villain
vinculado   associated, connected with
vinoso   affected by vine
violencia f   violence
violeta f   violet
virar   to turn, to twist
virgen f   virgin, pure
virginal   virginal, new, unspoiled
virreinato m   viceroyalty
virrey n   viceroy
virtualidad f   vistuality, efficacy
virtud f   virtue, power
viruela f   smallpox
visaje m   grimace
  hacer_   to make wry faces
visera f   visor, bill or a cap
visión f   vision, eyesight
visitante mf   visitor
visitar   to visit

vislumbre *f*   glimpse, glimmer
viso *m*   prospect, appearence
vista *f*   sight, view
   a la _ de   in sight of
visto   evident, clear
   por lo _   evidently
vistoso   showy, flashy
vital   vital, relative to life
vitalicio(a)   lasting for life
vítor *m*   applause, public rejoicing
vitorear   to acclaim, to shout with joy, praise and clap
vitrina *f*   showcase
viuda *f*   widow
vivaz   lively, active, vigorous
viveza *f*   vividness
vivienda *f*   dwelling
viviente   living, animated
vivo   alive, lively, bright
vizcaíno *m*   man from Vizcaya
vocal *f*   vowel
volante *m*   steering wheel
volar (ue)   to fly
volcán *m*   volcano
voltear   to toss, to tumble, to turn, to turn over
voltereta *f* tumble, cartwheel
voluntad *f*   will, choice, determination
   tener _   to be willing

voluntario   voluntary, intentional, *m* volunteer
voluntarioso   strong willed
voluptuosidad *f*   voluptuousness, pleasure
volver (ue)   to return, to come back
   _ a + infinitive   to do... again
   _ en sí   to regain consciousness, to come to
voraz   voracious, gredy
votar   to vote, to swear
voto *m*   vow, vote
vuelo *m*   flight
vuelta *f*   turn, spin, return
   dar_s   to turn (around)
   dar la _   to turn around
vulgar   vulgar, in poor taste
vulgo *m*   vulgar, common people, multitude, populace

Y

ya   already, now, finally
   _ no   no longer
   _que   since
ya... ya adv.   now this, now that
yacer   to lie, to be lying down, to rest
yangüés(a) *m*   native of Yanguas

yate *m*   yacht
yegua *f*   mare
yerba *f*   herb
yerno *m*   son-in-law
yeso *m*   plaster of Paris (cast)
yugo *m*   yoke
yunta *f*   pair, couple, yoke

Z

zaguán *m*   vestibule, entry
zaherir (ie)   to reproach, scold shamefully
zalamería *f*   flattery
zalema *f*   salaam, bow
zambullir l   to dive
zanja *f*   ditch
zapatero *m*   shoemaker
zaquizamí *m*   garret, disty little room
zarandear   to spin around
zarzuela   light opera or operetta
zorro *m*   fox
zozobra *f*   uneasiness, anxiety
zumbido *m*   buzzing
zumbón   making jokes, waggish
zurdo   lefthanded

Créditos

PHOTOGRAPHY

The Bettmann Archives/NY © The Bettmann Archive: 2; Photofest © Christian Steiner, *Alicia de Larrocha:* 23; Comstock/NY © Stuart Cohen, *Colonial Santo Domingo, Dominican Republic:* 25; The Bettman Archives/NY © The Bettman Archives, *Medieval Church Wedding, undated, woodcut:* 33; Odyssey/Chicago © Robert Frerck, *Lighthouse at Cape Vilano, North Coast, Galica:* 45; Chapter Opener: Art Resource/NY © Giraudon, Picasso, Les Deux Saltimbanques, di aussi, *Harlequin et sa Compagne 1901. Moscow:* 49; Lladro USA/NY, © Lliadro USA, *Circus Fanfare:* 51; Odyssey/Chicago © Robert Frerck, *Beach Picnic and Windsurfing, Malaga:* 55; Comstock/NY © Comstock, Inc., *Chacanab National Marine Park and Recreational Beach, Cozumel, Mexico:* 57; Odyssey/Chicago © Robert Frerck, *China, Art and History Yaun Dynasty, 1300AD, porcelain vase from the Shangai Museum:* 71; Lladro USA © Lladro, USA: 72; Glencoe © Glencoe, *Mountain Landscape, Panama:* 77; The Bettmann Archives/NY © The Bettmann Archives, *Political Demonstration, 1945:* 83; The Granger Collection/NY © The Granger Collection, *Jorge Luis Borges, 1899- :* 84; Comstock/NY © Edward Pieratt, *View of the City, Across the Tajo River, Toledo, Spain:* 85; Odyssey/Chicago © Robert Frerck, *Processional Frieze from Ishtar Gate, Babylon, 604-562 BC:* 88; The Bettmann Archives/NY © The Bettmann Archives, *Gabriel Garcia Marquez:* 94; Comstock, Inc./NY © Comstock, *Carta, Columbia:* 96; Archive Photos/NY © Horst Tappe, *Isabel Allende:* 99; *Louis Albini:* 104; The Bettman Archives/NY © The Bettman Archives, *Medieval woman writes handbook duplicated by copyists, undated illustration:* 108; Odyssey/Chicago © Robert Frerck, *Cortes, Conqueror of Mexico:* 110; Odyssey/Chicago © Robert Frerck, *Tenochtitlan: Capital of Aztecs, now Mexico City:* 112; Stock/Boston © Peter Manzel, *Plaza of 3 Cultures, Mexico City:* 113; The Bettmann Archives/NY © The Bettmann Archives, *Simon Bolívar, South American Liberator:* 119; The Bettmann Archive/NY © The Bettmann Archives, *Simon Bolívar, Equestrian Statue in Plaza, Bolívar, Caracas:* 120; The Granger Collection/NY © The Granger Collection, *Juan Valera, 1824-1905, Spanish writer and diplomat, line engraving, 1884:* 123; Odyssey/Chicago © Robert Frerck, *Skyline with Cathedral and Moorish, Torre del oro (Tower of Gold), Seville, Spain:* 126; Odyssey/Chicago © Robert Frerck, *Costa del sol, beach, cliffs and watertowers, Andalucia, Spain:* 152; Stock/Boston © Michael Dwyer: 154; Comstock/NY © Comstock, *Venezuela: Apure cowboy herding horses:* 156; The Bettmann Archives/NY © The Bettmann Archives, *Men in a narrow street of Toledo, Spain:* 170; Odyssey/Chicago © Robert Frerck, *Plaza Mayor, foreground, Royal Palace, background:* 175; Scribner/MacMillan © Robert Frerck: 179; The Granger Collection/NY © The Granger Collection, *Republic forces poster from the outbreak of the Spanish Civil War in 1936:* 180; Comstock © Georg Gerster, *Spain city of Bilbao:* 184; The Granger Collection © The Granger Collection, *Title page of the first edition of Cervantes Don Quijote:* 196; Odyssey/Chicago © Robert Frerck, *Castile Burgos, El Cid Statue, Spain:* 204; The Bettmann Archive/NY © The Bettmann Archive, *Fleet of the Barbary Coast Pirates:* 217; Stock/Boston © Michel Dwyer, *Gauche, Tierra del Fuego, Argentina:* 221; The Bettmann Archives/NY © The Bettmann Archives, *José Martí, Writer and National Hero of Cuba:* 223; Superstock © Superstock, *Rubén Dario, Theater and Monument, Managua, Nicaragua:* 226; The Bettmann Archives/NY © The Bettmann Archives, *Gabriela Mistral, 1945:* 234; The Bettmann Archives/NY © The Bettmann Archives, *Comparsas:* 236; Comstock/NY © Comstock, Inc.: 237; The Bettmann Archives/NY © The Bettmann Archives, *Marilyn Monroe:* 239; The Granger Collection/NY © The Granger Collection, *Pablo Neruda, Chilean poet and diplomat:* 242; Odyssey/Chicago © Robert Frerck, *Colonial Architecture, Taxco Guerro: Santa Prisa Cathedral. c1748:* 245; The Granger Collection/NY © The Granger Collection, *Juana Inés de la Cruz, 1651-1695, Spanish nun and poet, Mexican painting, 18th century:* 252; Odyssey/Chicago © Robert Frerck, *Mexico, Museum of Mexico City, plan showing Mexico City in 1693:* 253; Odyssey/Chicago © Robert Frerck, *Andalucía, Seville, Spain, open air tapa bars and restaurants in the barrio Santa Cruz:* 256; Scribner/Macmillan © Robert Frerck: 257; The Bettmann Archives/NY © The Bettmann Archives, *The Fifth Avenue of Buenos Aires:* 267; Comstock/NY © Comstock, *Osorno Volcano:* 270; The Bettmann Archives/NY © The Bettmann Archives, *Dodgers Nomo:* 289; Odyssey/Chicago © Robert Frerck, *Mexico Markets, Oaxa State TLA Colula:* 291; Scribner/Macmillan © Robert Frerck: 293; Art Resource © Werner Forman Archive, *Mask representing Chalchiuitlicue, Mexico:* 296; Glencoe: 297; Stock/Boston © Bob Daemrich, *Media in Action, Capital Press Corp, State Capital, Austin, TX:* 301; Gerhard Gscheidle © Gerhard Gscheidle, *Paseo del Prado, Madrid, Spain:* 307; Stock/Boston © Michael Dwyer, *Street Interview in Buenos Aires, Argentina:* 310; Gerhard Gscheidle © Gerhard Gscheidle, *Gran via Madrid, Spain:* 311; Scribner/Macmillan © Robert Frerck: 313; The Granger Collection/NY © The Granger Collection, *Lope de Vega, Spanish Writer, Aquatint, 18th century:* 318; Odyssey/Chicago, Robert Frerck, *Spain Castille Leon, Medieval Castle at Fernande de Duero:* 333; The Granger Collection/NY © The Granger Collection, *Maximilian 1832-1867. Archduke of Austria and Emperor of Mexico (1864-67):* 360; The Granger Collection/NY © The Granger Collection, *Carlota 1840–1927, Empress of Mexico 1864–1867:* 366; The Granger Collection/NY © The Granger Collection, *Benito Pablo Juarez, 1806– 1872, Mexican Statesman:* 372; Odyssey/Chicago © Robert Frerck, *Mexico, Mexico City, Chapultepec, Chapultapec Castle and Museum, Rooftop Gardens:* 381; The Granger Collection/NY © The Granger Collection, *Federico Garcia Lorca, 1899–1936, Spanish Man of Letters:* 386; Scribner/Macmillan © Scribner Macmillan: 399; Art Resource/NY © Girandon, *Don Quixote and The Windmill:* 410; The Bettmann Archive/NY © The Bettmann Archive, *Cervantes, Don Quixote:* 412; Comstock, Inc./NY © Stuart Cohen, *Lion Court at Alhambra, Granada, Spain:* 417; Comstock, Inc./NY © Stuart Cohen, *View from Sta. Lucia Hill E. over park, downtown, Santiago, Chile:* 422.

ILLUSTRATION

Hannah Bonner: 5, 6, 9, 12, 30, 39, 53, 66, 69, 75, 81, 91, 100, 101, 102, 115, 127, 131, 159, 187, 192, 202, 209, 214, 250, 261, 284, 316, 350, 406; José Ramón Sánchez: 140; José A. Blanco: 14; Max Ranft: 348.

REALIA

Realia courtesy of the following: Banco Bilbao Vizcaya: 207